Have a good time!

GUTE NA

D1726962

Gold! Gold! Gold! Für die vierte(!) Unvollendete des wunderbaren bes... penführers der Welt. Die Bibel für Vergnügungen, Zerstreuungen und Genuß wurde schon vor Erscheinen stürmisch gefeiert!

Wir haben alles im Biß! Je oller, je doller! Wirtschaftswunder auf dem Tanzparkett. Die Mutti tanzt Tutti Frutti. Anneliese Schmidt überwindet ihre tiefempfundene dramatische Einsamkeit des Würstchens. Was zählt, ist Stil.

Und das kam dabei heraus: Das Non-Plus-Ultra für hemmungslose Nachtschwärmer und Tagträumer. Ekstatische, gestylte Leiber, Ozeane voller Minderwertigkeitskomplexe — die schönsten Scheiterhaufen der Eitelkeiten. Das Buch vereint Kampftrinker mit Überzeugungsabstinenzlern. Männertheater und Frauenscenen. Überall, auf Rennbahnen für Sturzbesoffene wie in heiligen Hallen der Möchtegern-Snobiety, präsentieren wir gefährlichste, höchst lustvolle Spiele mit dem Unheimlichen. Bis hin zur Ausnüchterungszelle. Klare Linien. Ausgewogene Proportionen. Das Schwimmbad war übrigens beheizt!

Ein Festival der Gaumenfreuden für Gourmets! Tagelang werden sie daran zu schlucken haben. An Hühnersuppen, die garantiert noch nie ein Huhn gesehen haben.

Wir spielten gekonnt rücksichtslos den Geschmacksdikator: wo es uns gefällt, geht's lang! Wer sich unterwirft, ist selber schuld. Der »Doppelkorn-Tester« ging ohne Voranmeldung um. Wir waren einfach da. So überraschend, wie Gäste kommen und gehen. Die Anonymität ersparte uns peinliche Selbstbeweihräucherungsorgien »wer einmal ein Unterseeboot gebaut hat, kann auch ein Lokal einrichten«, und blöde Ausreden: »Auch im Keller wird gekocht«.

Die Liebe geht bekanntlich seltsame Wege! Dieses Buch ist ausschließlich Euch gewidmet, ohne die es nie zustande gekommen wäre: allen Liebhaberinnen und Liebhabern, Seelenmasseusen und Nerventötern, Gegnern, Bewunderern, Hassern. Also allen, die uns mit Leidenschaft begegnen und lustvoll leben und leiden können. Ganz besonders liegen uns alle Ignoranten, abgestandene Zyniker, asketische Fanatiker, geschlagen vom seelischen Urknall der puritanischen Erziehungsethik am Herzen. Wir möchten Laune machen. Lebenslust vermitteln. Mut zum Genuß! Vor allem für die lieben Schlaffis und Schnarchis, Sesselfurzer und Ödlinge, die man vor lauter Langeweile vor jeder langen Autobahnfahrt an den nächsten Bahnhof fahren würde.

Der Doppelkorn — Konfektionsware von übermorgen? Synthi-Standards? Nöö. Still handmade! Textlich sauberster Garagensound! Was hatten wir einen Spaß an der Sache! Fast hätten wir uns gegenseitig totgebissen. Da konnten wir so richtig spüren: Wir leben — und wie! Oder: Es gibt eben keinen Widerspruch zwischen der Phantasie des Trinkers und der des Dichters! ★

TIGER PALAST

VARIETE IN FRANKFURT

HEILIGKREUZGASSE 16—20

INTERNATIONALE ARTISTENREVUE

DI—SA 20.00   FR + SA auch 24.00

DI — DO 23 UHR BALLHAUS-TANZ

☎ 20 770

VOR — WÄHREND — UND NACH DER SHOW

TÄGLICH 18.00—4.00 UHR
AUSSER SONNTAG UND MONTAG

RESTAURANT BAR

VORVERKAUF
DIENSTAG—SAMSTAG
15.00—18.00 UHR
IM VARIETE FOYER

KARTENKIOSK
SANDROCK
HAUPTWACHE

TICKETS PER POST
TEL. 49 04 06/07

NACHT

Frankfurt	11
Offenbach	45
Darmstadt	46
Wiesbaden	49
Mainz	55
Bad Homburg	58
Bad Vilbel	58
Dieburg	59
Dreieich	60
Hanau	60
Langen	60
Laudenbach	61
Nieder-Ramstadt	62
Taunusstein	62

CAFÉS

Frankfurt	65
Offenbach	92
Darmstadt	93
Wiesbaden	101
Mainz	106
Dieburg	108
Dreieich	108
Friedrichsdorf	110
Hanau	110
Hofheim	110
Kilianstätten	112
Ober-Ramstadt	112
Riedstadt	114
Rüsselsheim	114

FRÜH

Frankfurt	116
Offenbach	119
Darmstadt	122
Wiesbaden	123
Mainz	124

MUSIK

Frankfurt	127
Offenbach	133

Darmstadt	134
Wiesbaden	135
Mainz	138
Bad Homburg	139
Friedrichsdorf	142
Hanau	142
Hattersheim	146
Hochheim	146
Hofheim	147
Kelkheim	147
Königstein	147
Laudenbach	148
Nieder-Ramstadt	148
Neu-Isenburg	148
Weiterstadt	148

KULTUR

Frankfurt	151
Darmstadt	155
Wiesbaden	156
Mainz	164
Bad Homburg	165
Münster b. Dieburg	165
Nauheim	165
Raunheim	165
Rüsselsheim	165

KNEIPEN

Frankfurt	169
Offenbach	205
Darmstadt	209
Wiesbaden	222
Mainz	232
Bad Homburg	252
Dieburg	254
Dreieich	255
Hochheim	261
Hofheim	261
Königstein	262
Münster	264
Nauheim	264
Oberursel	265

Neu-Isenburg	265
Oppenheim	266
Raunheim	266
Riedstadt	267
Rüsselsheim	267
Sindlingen	268

KÜCHE DEUTSCH

Frankfurt	271
Offenbach	293
Darmstadt	293
Wiesbaden	296
Mainz	298
Bad Homburg	301
Eschborn	302
Hanau	302
Kelsterbach	302
Königstein	302
Kronberg	303
Oberursel	304

KÜCHE EXOTISCH

Frankfurt	307
Offenbach	345
Darmstadt	347
Wiesbaden	356
Mainz	361
Bad Homburg	363
Bad Soden	364
Bad Vilbel	364
Büttelborn	365
Dreieich	365
Hanau	365
Kelkheim	368
Königstein	368
Maintal	369
Ober-Ramstadt	369
Oberursel	369
Rüsselsheim	369

SCHNELLER ESSEN

Frankfurt	373

Offenbach.....................381
Darmstadt 381
Wiesbaden 382
Mainz 382
Hanau 384
Sulzbach 384
Weiterstadt 384

ÖKO
Frankfurt.....................387
Offenbach.....................392
Darmstadt 392
Wiesbaden 393
Mainz 394
Erzhausen 395
Hanau 396
Sulzbach 396

BISTRO
Frankfurt.....................399
Offenbach.....................411
Darmstadt 412
Wiesbaden 415
Mainz 417
Bad Homburg 420
Kelkheim 420
Neu-Isenburg 420
Schöneck Kilianstätten 420

FRAUEN
Frankfurt.....................423
Offenbach.....................427
Darmstadt 427
Wiesbaden 428
Mainz 429
Hanau 430
Rüsselsheim 430

SCHWUL
Frankfurt.....................433
Offenbach.....................437
Darmstadt 437
Wiesbaden 437

Mainz 438
Hanau 438

WEIN
Frankfurt.....................443
Offenbach.....................446
Darmstadt 446
Wiesbaden 447
Mainz 448
Bad Vilbel 449
Hanau 450

KURIOS
Frankfurt.....................453
Offenbach.....................457
Darmstadt 457
Mainz 460
Bad Homburg 461
Hanau 462

APFELWEIN
Frankfurt.....................465
Offenbach.....................485
Darmstadt 485
Hochstadt 486
Kronberg 486
Neu-Isenburg 486

AUSFLUG
Frankfurt.....................489
Wiesbaden 493
Bad König 493
Bad Nauheim 493
Bischbrunn/Spessart 496
Butzbach 497
Flörsbach 498
Friedberg 499
Gettenbach 500
Giessen 500
Hain/Spessart 501
Hanau 501
Hofheim 501
Katzenelnbogen 501

Kelkheim 502
Königstein 502
Langenselbold 503
Lich 503
Limburg/Elz 503
Maibach 504
Münzenberg 506
Schmitten 506
Schotten 507
Seligenstadt 507
Waldems 507
Weilrod 508
Wiesen 508

GARTEN
Frankfurt.....................511
Offenbach.....................512
Darmstadt 513
Wiesbaden 515
Mainz 515
Dreieich 515
Hanau 515
Hofheim 516
Königstein 516
Neu-Isenburg ....

ANHANG
Kneipentips für die BRD.......518
Taxi-Funk 521
Geldautomaten 522
Nachttankstellen 525
Hotels 526
Notrufe.......................530
Peter Polaroid Band '89 532
Alphabetisches Verzeichnis....534

Foto: Foc Kun

STAPELLAUF DER LUST

Die Macht der Nacht reißt viele Wunden und gibt Antworten auf geheimste Fragen. Im Gegensatz zu Londons snobistischer »Styleculture« in Sachen Designerlook und cooles Gehabe regiert in neueren Rhein-Main-Nachtläden bunter, flippiger Stilsalat. Alle sind freundlich, total euphorisch. Aus den Ventilatoren dringt von Apfelgeruch versetzte Luft, während das Stroboskop-Licht einem die Wahrnehmung in Scheiben schneidet. KeineR steht gelangweilt an der Bar, man kommt nicht, um gesehen zu werden, sondern um zu tanzen. Auf dem Dance-Floor war auf einmal die Hölle los. Eine Brünette: »Weshalb hat mein Lover behauptet, er stände nur auf Dunkelhaarige?« Der Doppelkorn-Agent: »Weil wir ihn letzte Woche mit einer Blonden im Arm gesehen haben«. Tja, Rhein-Main tanzt ums Goldene Kalb und nach eigenen Tönen. Nirgendwo sonst ist der Amüsieretat von Kulturdezernenten so hoch, arbeiten Wirtschaft und Discjockeys, »der bewaffnete Arm der Produktion« (Gabi Delgado), so gut zusammen. Wer bislang neidisch auf Trends und Life-style-Moden des Auslands schielte, kann sich längstens auch »Dehaam« austoben. Klare Sicht auf dampfende Leiber in Seckbach, Weiterstadt, Gonsenheim und Schierstein!

Acid-House-Rausch hautnah: Noch nie war der Bewegungsdrang so groß wie heute. Noch nie das Angebot so vielfältig. »Dancefloor« auf seine pursten Elemente destilliert, nähert sich so dem Technosound europäischer Prägung, trancehervorrufende Dubproduktionen — alles ist Musik, selbst das banale Tröpfeln eines Wasserhahns, das Sirren von Fahrradreifen. Ergebnis: Überfüllte Tränken und Dance-terias sind neben den Toiletten zu den wichtigsten Aufenthaltsorten der jungen Generation geworden.

Ab sofort sind die Nächte nicht mehr die einsamsten Stunden des zeitgeistigen jungen Werthers. Längst schläft er nicht mehr allabendlich auf dem Futon vor dem Fernseher ein. Das Bett ist wochenlang unberührt geblieben. Er tingelt, streunt und schlingelt sich durch Discos, Musikkneipen, Cocktailbars, Frühlokale, Apfelweinkneipen. »Dieser Doppelkorn«, sabbert er so vor sich her, »dieses Buch — unglaublich. Wirklich schlau gemacht, gut durchdacht und unbedingt zu beachten«! Bei einer dieser »Cash & Carry«-Touren ging dem flügellahmen Techno-Trashcore-Beat und Teutonic-Jazz-Fan der Schwung in den Hüften verloren. Er spürte sie kommen. Die Identitätskrise. Und schon war sie da. Mit einer Frage löschte sie alles bisherige aus: »Was wäre wenn…«   ★

bahnhofsviertel

BELLA ITALIA, Münchener Str. 25. ☎ 251446. Durchgehend Tag und Nacht geöffnet. Pizza 4-8.

Extrem enge Stehpizzeria, leicht zu übersehen. Keine Gefahr unnötiger Geldbeutelbeschädigung zu erwarten. Weniger Schwergewicht auf teuren Schalentieren, vielmehr Pizza classico ab 4 Mark. Pasta ab 6. Die Freundlichkeit der in disch-pakistanischen Pizzabäcker tröstet über die räumliche Enge hinweg. EXTRAKLASSE. ★

BIERSTUBE, Elbestr. 16. ☎ 234571. 06-01. Äpfler 3, Rindswurst 3.

Absolutes Hardcore-Etablissement. Das Verhältnis von alkoholischen Flüssigkeiten und menschlichen Trieben ist mit das beliebteste Thema damaliger wie heutiger Zeiten. Von Pöseldorf bis Harlaching ist das bittere Erfolg des in Frankfurt abgefüllten Gesöffs und die »niederen Instinkte« das ganze Lokal. Er betrieb sein »Hand«-werk zur lauten Freude aller Gäste unverschämt offen. Mit Herz. Die Einrichtung seit den frühen 60-ern wird seit viert — bös' vergilbt. Ein schmales Handtuch für die endgültigen Verlierer des Milieus. So wurden sie von der Zeit auch gezeichnet. So sehen sie aus. Männer und Frauen zwischen 60 und 70. Ausnahmsweise Jüngere, die aber nicht weniger alt. Nein, hier wird kein Snobappeal-Getränk zur Konsumgewohnheit von Trendsettern. Hier herrscht das »Schöppche« und zwar in Export-Qualität! Der Gefühlsde-

sperado fraß der »ungarischen Gräfin«, so wurde sie nie müde sich zu titulieren, mehr als nur die Geburtstagstorte weg. Sie soff sich zu, in der Hoffnung, alle anderen unter den Tisch trinken zu könnnen. Einschließlich der schlachtenerprobten Kampftrinkerinnen hinter dem Tresen. Dieser Irrtum bringt ihr heftigstes Flirten des Gigolos ein: »Komm' Süße ich setz' dich im Flur auf die Colakisten, dort macht dir mein Bruno gut«. Also höchst geistvolle, witzige, vor Erotik prickelnde Komik, mit jenem legendären subtilen Schuß beißender Ironie, wie er nur solchen Traumpaaren eigen ist. Kostete die Dame aber mindestens ein goldenes Halsband und zwei schwermetallene Edelohrringe durch wunderbar filigrane Teamarbeit der Leute vor und hinter dem Tresen. Ihre Hand folgte ausgesprochen gerne jener rührigen Pfote des Gigolos abwärts in die unteren Regionen, der zuvor eindrucksvoll, unter dem Jubel aller, die Hose weit geöffnet hatte. Pralles erwartend. Überm' Tresen eine Plastik-Coca-Cola-Uhr ohne Zeiger. Am Glasschrank kleben gefälschte Banknoten. Deutsche. Spanische. Belgische. Amerikanische. Während die Zunge des Lovers der wankenden aber nicht fallenden »Gräfin« unaufhörlich im Ohr den Samba tanzt, spekulierten die Akteure bereits auf den goldenen Armreif. Im Hintergrund dröhnt aus der Musikbox: »Bitte bleib' mir treu, bis wir uns wiedersehn. Dann wird alles so wunderschön.« Leider sind Selters und Tonic Water als praktische Stimulanzien bis hierher noch nicht vorgedrungen. Andererseits warum nicht? »Die Gräfin« — sie steht nicht allein in der Weltgeschichte. Hemmingway, Greene und Chandler ertränkten Frauenfrust und Macholust auch in Alkohol. Da blieb so manchem weiblichen Opfer nichts Gescheiteres übrig als ganz wagnerisch zu »versinken, ertrinken, unbewußt, (in) höchste(r) Lust«. Eine alte, zahnlose Frau mit der Stimme einer Drahtbürste zu dem Bukowski-Ver- schnitt an ihrer Seite: »Auf den Buckel legen und mit dem

Schwanz wedeln, das ist richtig.« Der Konter sitzt: »Davon hab' ich nix. Du bist nämlich keine richtige Melkerin!« Irgendwie schön. Apropos Schönheit dieses Milieus: Nicht alles Schöne wird nur hervorgebracht, um zu vergehen — nein, es gibt auch Schönes, was Zeit und Vergänglichkeit widersteht. ANSCHMIEGSAM. ★

CAFÉ EXPRESS, Kaiserstr. 42. ☎ 234353. Restaurant 10-19, Bar 19-04, Sa So zu.

Das ist ihr Revier. Das Revier der schamlos teueren Schönen der Nacht mit dem Outfit »Gattin Top-Manager Deutsche Bank«. Rosemarie Nittribitts Enkelinnen könnten aber auch dem Katalog einer Agentur für Top-Models entsprungen sein. So schön, so gepflegt, so »kultiviert«, so teuer sind sie. Vom Milieu Unbelleckte würden eher in Ehrfurcht erstarren als ihren Beruf erraten. Die Damen reagieren wunschgemäß. Sie kommt mit. Die »Kollegin« am Tisch nimmt das nicht übel. Das Time-Sharing-Pärchen geht in eines der besseren Hotels der Stadt. Interconti, Canadian Pacific, Esso Motor Hotel. Tagsüber Bistro und Resto der gehobenen, angenehm exclusiven Art. Sommers Bewirtung im Freien auf der Kaiserstraße. Sehr übersichtlich. Excellent und dezent gestylt. Der Zwan zigmark-Billigficker bleibt draußen, denn die Ästhetik setzt ihm ausreichend hohe Barrieren in Form massiver Schwellenängste. Ab 22 Uhr ist im hinteren Kontakthof Barbetrieb nach Gutsher ren-Art. Hier herrscht ein ausgesprochen »gesittetes«, »wohlerzogenes« Anmachritual. Wen wundert's. Den Herren wurden in besten Elternhäusern von einer strengen Mamma Manieren beigebracht. Zuweilen recht unterhaltsam, die Beobachtung, wie die Stecher die einfachsten gewerblichen Vereinbarungen der Welt ungeheuer linkisch, verklemmt bis bekloppt-verbogen treffen. Die Preisunterschiede zu den Billig-Fluren in den Hinterhäusern der Elbestraße sind so gravierend wie die Unterschiede zwischen den Bekleidungspreisen der Kaufhalle und der Herrenausstatter in der Goethestraße. Das »Express« in den zwanziger Jahren als Varieté und in den frühen Siebzigern in die Gegenwartsliteratur eingegangen. Jörg Schröder, Böse-Bub-Verleger und Literat plauderte in seiner brillanten Enthüllungsstory »Siegfried« über die Trivialität des Literaturgewerbes und beleidigte nahezu alle damaligen Promis mit ausführlichen Schilderungen über »nette« Begegnungen und Ereignisse der Jahre 66 bis 76 mit der Buch- und Halbwelt. Man weiß als Leser nie so recht: Bin ich jetzt im Puff oder im Lektorat, oder im Vorzimmer eines Bankdirektors gelandet. Alles ist irgendwie »Bordell«, wie die Franzosen zu sagen pflegen. In emotionalen Extremsituationen, wenn's ihm blendend oder beschissen ging, brannte es unterm Gürtel. Dann tauchte er ins Express ab, um seine Erlebnisse später in dieser vorbildlich skandalösen Sittengeschichte zu erinnern. »Gib dem Mädchen mal was zu trinken. Renate kam. Sie hatte Schiß, daß ich versuche, unsere Beziehung auszunutzen, die übliche Nuttenangst. Dann kam Angelika dazu, eines der schönsten Mädchen, die es im Express gibt, sie ist Deutsche und stammt aus Ecuador. Sie kommt nur selten ins Express, hat ein paar feste Freunde und bummst nicht nur wegen der Kohlen«. An einem anderen Tag: »Morgens brachte ich meine Frau Erika zum Flughafen, abends fing ich an im »Café Express«. Später fuhr ich zu einer oder zur anderen Bar, kurz vor vier Uhr morgens sagte ich mir: ›Mach ein Gottesurteil, du fährst zurück zum ›Express‹, wenn da noch ein Mädchen ist, dann schön, wenn nicht, dann nicht.‹ Ich fuhr hin, der Laden hatte zu, zwei Mädchen kamen noch heraus...« Heute fehlt der Glanz von Schröder-Typen. Es geht bei höheren Preisen vergleichsweise langweilig, dafür »vornehmer« zu. Leute wie Schröder lebten hier nicht nur ihre Triebe aus, kamen nicht nur wegen Samenkoller rein. Sie waren Teil des Milieus. Quasi die andere Seite der gleichen Medaille. Jörg Schröder hat 1987 zum x-ten Mal seinen März-Verlag ruiniert.

Es geht nun wieder auf den März zu, und es sieht so aus, wie es immer aussieht, wenn Schröder am Boden ist. Es kann nicht mehr lange dauern und er taucht mit einem verlegerischen Paukenschlag wieder auf. Der »gesäuberten« oberen Kaiserstraße wird er jedoch gar keinen neuen Glanz mehr verleihen wollen. Gewiß. Es wird ihn wieder ins »Express« ziehen. Jeden grandiosen »Täter« überkommen hin und wieder seine komischen, nostalgischen fünf Minuten. Er wird nur noch den Kopf schütteln über die Steril-Anmachgeschichten, die sich heutzutage abspielen. Es trägt zwar noch den gleichen Namen, aber mit dem sensationellen »Café Express« der Sechziger und Siebziger ist es definitiv nichts mehr gemein. VORWÄRTS UND VERGESSEN. ★

DAMPFKESSEL, BIERSTÜBCHEN Münchener Str. 33. ☎ 253980. Apfelwein, Bier 0.3l 2.

Zwei Kneipen, mit einem Quergang verbunden. Gleiches Milieu. Zentrale Anlaufstelle für Rechtsradikale im Milieu. Aufkleber: »Wahlrecht für Ausländer — ich spinne«, »Ein Herz für Deutschland« und diverse NPD-Aufkleber. Im Spiegel hinterm Tresen vom Bierstübchen locken zwei »reinrassige« superblonde deutsche, Kinder, ein Junge und ein Mädchen in Trachtenlook. Kennt man ja aus der Aufklärungsliteratur. An der Wand ein Bild mit Belegschaft, aufgenommen vorm Dampfkessel: Zwei Männer schwingen martialisch dicke Ba-

seballschläger. Noch kurioser: Kann sein, daß die ganze Thekenmannschaft auf Männer steht. Aber wehe, eine progressive Tunte verirrte sich hierher! UNGENIESSBAR. ★

HEDI'S BIERSTUBE, Tanusstr. 37, Tgl. -04.

Einer der völlig überflüssigen Kneipen-Orte. Sollte man einen Kinderladen draus machen, oder eine Eisdiele, damit wäre dem Viertel mehr gedient. Der »Chef« hinter der Theke, war die absolut unsympathischste Gestalt einer langen Testnacht. Der Mann im Bundeswehr-Kampfanzug betonte, er würde seine deutschnationale vaterländische Einstellung, wenn's sein müßte, mit den Fäusten vor der Tür, verteidigen. DANEBEN. ★ ☆

IMBISS MARMARIS, Münchener Str. 44. Türk. Küche -04.

Orientalischer Imbiß. Ganz gut. Preislich vertretbar. Personal korrekt. NEU. ★

INTERCONTI, im Hotel Intercontinental. Wilhelm-Leuschner-Str 43. ☎ 230561, Mo-So -02.

Brunch am Sonntag für 45 Mark — da hält Alfred vom DGB einige Hausnummern vorher in der Straße den Atem an. Vorsicht Alfred, nicht zu voreilig mit dem Urteil. In der sogenannten freien Marktwirtschaft zählt einzig das Preis-Leistungsverhältnis. Was hier an Kulinarischem, Zartem, vom Frühstück über Mittagsbis Nach tisch bis zum Platzen angeboten wird, würde manchen Nachbarschaftswirt in die

Pleite treiben. Gewiß, jedes dieser über-
schlauen Schlawinerangebote hat einen Ha-
ken: Es gibt niemanden, der sich dermaßen
zufressen könnte, daß es die Geschäfte des Ho-
tel-Multis tatsächlich schädigen könnte. Selbst
Poldi mußte daran scheitern. Das Personal ist
sehr aufmerksam und lacht immer. Auch
wenn's ihm nicht gut geht. Das gehört zum Job.
Jeder faux pas trifft auf Verständnis. Wenn sie
das Glas runterknallen, bekommen sie ein
neues. Wenn der Kaffee angeblich nicht
schmeckt, kommt der gleiche nochmal daher.
Dann schmeckt er ihnen. Wetten daß? Und
wenn sie niesen — na dann niesen sie halt laut.
Das Publikum übersieht das. Schließlich hat
man eine gute Erziehung »genossen«. Sollten
sie vor Übersättigung die Hose geöffnet, aber
vor dem Aufstehen zu schließen vergessen haben, gerät garantiert ein alter Kämpfer aus
dem Publikum aus dem Häuschen. »Zumachen, zumachen« redet er reichlich nervös auf
sie ein. Weshalb diese Hektik? »Erinnerungen,
junger Mann, wissen sie Erinnerungen«. Ja, ja,
aus einem Kampf auf Biegen und Brechen zog
sich so mancher entrechtete Penis wie ein ge-
schlagener Champion zurück. Nur eines mögen die Damen und Herren vom Service nicht.
Jene ältere Lady mit dem Samtkleid im Four-
ties-Look will es nicht wahrhaben. Die Reste
von der Entenbrust in die schwere Stoffser-
viette einpacken und in die Handtasche
stecken — ist nicht! Wegen der teuren Serviet-
tenstoffe! Der Rest der Woche verläuft extrem
langweilig. Den Männern, vor allem typischen
Hotelgästen, steht bekanntlich das Wasser bis
zum Hals. Jedes weitere Wort wäre zuviel.
Wirklich. WERDEN SIE HANDELSVER-
TRETER.   ★

KEBABHAUS ISTANBUL, Münchener Str. 44,
tgl.-04.
      Wie der Name es schon sagt. Interessant
die lange Öffnungszeit.NEU.   ★

KRONPRINZENECK, Elbestraße/Ecke Münchener Straße. ☎ 233363. 09-01. Apfelwein 2.
Keine Speisen.
      Eckkneipe fürs Milieu. Leute, die im Vier-
tel leben und »arbeiten«. »Midlife-Scene« aus
Laufkundschaft, Prosties und Zuhältern. Damen um die Mitte Vierzig, entsprechend ab-
gearbeitet. Zuhälter zwar noch sehr kräftig gebaut, die Muskeln nicht mehr stahlhart, eher
mit Puddingfüllung. Dennoch unbedingt jedem Streit aus dem Weg gehen, keinesfalls un-
nötig blöde provozieren! Führt bei Ungeübten
immer noch zum Schädelbasisbruch. Nein,
kein Widerspruch: Sehr friedliche Grundstim-
mung hier, wenn besagte Spielregeln ein-
gehalten werden. Zitat: DIE DUNKELSTE
KNEIPE IST BESSER ALS DER HELLSTE
ARBEITSPLATZ.   ★

MAIER GUSTLS' BAYRISCH ZELL, Münchener Str. 57. ☎ 232092. Mo-So 19-04. Kein Eintritt.
1 Ltr. Bier 10; 1 ganzes Eisbein, Sauerkraut und
Pürree 15. Warme Küche bis 03. Tgl. zwei Kapellen, eine bayrische Trachtenkapelle und
eine moderne Showband.   s.S. **453**

MAXIM'S, Karlstr. 17. ☎ 2356 72, Mo-So 8-04,
Fr & Sa 8-07. Bier 4,50, Kaffee 4, Cola 4. Bistro
und Spielclub.
      Nur noch eine Kleinstabfüllstation. Beson-
ders imponierend wegen der durchgehenden
Öffnungszeiten. NOTDIENST.   ★

MÄCKIE MESSER, Mainzer Landstr. 17. ☎
231901. Mo-So 21-04. Export 5, Pils 6, O-Saft 5.
Kein Eintritt.
      Für einige Stunden Zwischenspiel ins
Mäckie Messer. Am Eingang ein vertrauens-
weckender Rausschmeißer im Piratenlook:
»Bei uns kommen die Mädels umsonst 'rein.«
Hafenspelunkenatmosphäre: Pärchen knut-
schen bei rotem und blauem Laternenlicht.
Musik: Manfred Man, Fleetwood Mac, Phil
Collins, dazwischen ein paar Hits und die
Leute fetzen mit Begeisterung los. Man fühlt

Lopos Werkstatt

sich zehn Jahre zurückversetzt. Ein wahres Nostalgiecenter. Irgendwie schwebt immer noch die Ex-Uni-Disco-Atmosphäre durch die dämmrigen Höhlen. Die Preise: 10 Mark Eintritt pro Mann. Getränke ab 5 aufwärts. Schwoof-Schuppen für (Alt-)Freaks mit ein bißchen Disco-Glamour. Dienstags regelmäßig Live-Bands. Ab 1.30 Uhr wird der Laden erst richtig voll. ᶜᵇ

MONI'S BIERSTUBE, Mainzer Landstr. 78. Tgl.-04. Schweinebraten mit Nudeln, Salat 12,50, Cordon Bleu, Beilagen 15,50.

Mit die sympathischste Nachtkneipe angrenzend an das Red-Light-District. Gewiß, ein paar Fellini-Typen wie überall wo Frühaufsteher und Dauerzecher verkehren. Vor allem geschätzt von Frankfurts Taxifahrern um den toten Punkt ihrer Nachtschicht herum. So zwischen 02 und 04 Uhr. Da wird dann im hinteren Teil der Kneipe gezockt. Die Liebe zum Kar-

tenspiel hat zum Teil schon etwas Religiöses. Natürlich finden sich hier ausgefallene GesprächspartnerInnen. Nur etwas Geduld. Ob man will oder nicht, man läßt sich schon mal 'ne Story über die tollen Teufelserscheinungen reindrehen, die nachts auf Friedhöfen zu sehen seien. Oder: Es müsse ja keine Lohnarbeit sein, wenn es keine gäbe und diese fade sei. Man könne doch Alten helfen und Lieder schreiben. Dinge machen, die Sinn hätten. Geschichten sind halt Geschichten: schauerlich, gruselig, abstrus zuweilen, aber irgendwie sehr sehr schön. Klar, das führe ich auf zuviel Phantasie und Schnaps zurück. Aber lieber zuviel Phantasie und zuviel Schnaps als dumm und verbohrt. HEIMATLICH. ★

OLDIES KISTE, Elbestr. 19. ☎ 232454. Mo-So 06-04.

Weine, weine. Die Geschichten sind zu Ende. Geschichten, die die Wahrheit des Milieus so eindringlich wie einfühlsam erzählten. Letztes Jahr hieß es: »Wenn es diese Kulisse nicht gäbe, müßte sie schnellstens gebaut werden«. Die Kulisse ist verbaut worden. Neonlicht statt schummrig-schönem Halbdunkel. Geldspielautomaten statt runder Stehtische. Es war einmal ein respektloser Treffpunkt der Stricherscene, gut durchmischt mit Nachtfaltern aller Couleur in der Preisklasse Normalverdiener. Hier spürte man am engen Eingangsschlauch die harmlosere Gewalt des Outsiderlebens. Die auf ihre Weise artifiziellen, prächtigen Kostüme der Gäste gaben dem Laden die Atmosphäre eines Bunuelschen Spielortes. Für zarte Seelen völlig ungeeignet. Keiner machte den Fehler, sich zu wichtig zu nehmen. Ob männlicher Freier, Stricher, oder Heroin-Prosti, alle wußten, daß sie den Zenit ihrer Karriere längst überschritten hatten. Die Einrichtung in knallhartem Western-Look wirkte, mindestens ein Jahrzehnt nach Installation, wie nicht ohne Witz gemacht, goutierbar vor allem für die Altersstufe ab Mitte 30. Die Regiemätzchen mit dem innenarchitektonischen Lifting produzieren neuerdings ein so dürftiges Nachtkneipengeschehen, so verworren gemixt, daß man nur abraten kann, Zeit, Geld, Gefühl und den Rest von Engagement an derart Nutzloses zu verschwenden. Das was das Leben im Viertel ausmacht, die knallharte Ehrlichkeit, ist abgestellt. Diese Sendung ist nicht mehr zu hören: »Ist doch kein Verbrechen, anschaffen zu gehen«, oder »du bist nicht hysterisch du bist so historisch«. Literatur life, von der trockenen Art »keep smiling-Niedlichkeit«. Vorbei. Härtere Stories erspare ich der Leserschaft. Keine Da ny-Snacks mehr, und gegen 03 Uhr nur noch Westfälinger Mettwürtse in der top frisch gestrichenen Vitrine. »Mecki« die junge Kellnerin mit dem Igelschnitt hat am Wochenende nicht mehr alles im Griff. Mecki gibt's nicht mehr. Die Damen hinterm Tresen sind propper aufgemacht. Ebenso außergewöhnlich wie anspruchslos.

Vorbei die reale Tristesse eines nächtlichen Niemandslandes für Grenzgänger aller Geschlechter. Immer wenn sich Kaufleute zu den größten Rindviechern aller Zeiten mausern und erdreisten, lebende Literatur noch profitlicher auszupressen, wird alles so Penny-Markt-like primitiv inszeniert und mit billigen »sauberen« Scheußlichkeiten garniert, daß sich das alte Publikum in Lachkrämpfen windet und zurückzieht. VORSICHT SCHÄNDER.

★

PRINZ-STUBE, Münchener Str. 54.

Äußerst sympathisches, handfestes Frauenpersonal. Keine überkandidelten Schnepfen, aber auch keine abgewrackten ausrangierten Damen aus dem horizontalen Gewerbe. Hier treffen sich die Hausmeister aus dem Viertel, kleine Gewerbetreibende, Eisenbahner. »Normalos« spielen gemütlich Karten, während der Messegast plötzlich meint durchdrehen zu müssen und dem Frankfurter Bub von knapp 60 androht – »du Gartenzwerg« – die Gurgel durchzuschneiden. Das sind nur verbale Exzesse und die absolute Ausnahme. Sonst geht's schon übermäßig friedlich zu. Das Markante dieser Kneipe, die absolute Antipathie zu dem bayrischen Staatssekretär Gauweiler entwickelte: sie ist dermaßen klein, daß all das, was ich beschrieben habe, gar nicht auf einmal stattfinden könnte. TOP-SYMPATHISCH.

★

bockenheim

MUSIC HALL, *Disco*. Voltastr. 74-80. ☎ 779041/2. Mi 20-04, Do 20-04, Fr 20-06, Sa open end, So 20-04. Bei Konzerten auch an den anderen Tagen geöffnet. Bier 0.4l 5, Cola 0.3l 5.

Nightlife jenseits der »Volksdis co«-Schallmauer. Oder wie Werbeplakate bildlich verheißen: »Hier können Sie die Sau rauslassen«.

Was selbstverständlich unzutreffend ist. Trotzdem: Was für ein Image! Dem gemeinen »Volk«, mit seiner Popel- und Prolo-Kultur will man nichts abgewinnen. Eher hat man's wochenends mit den »Schönen« vom Lande. Süße Naivchen, die noch bei viel Angebotsmasse ins Schwärmen kommen, gemischt mit aufgedonnerten Frankfurter Nachtfaltern der Marke »viel und wenig auf dem Modeleib, wenig in der Birne«. Über die Selek tions-Unkultur der Tür-Gorillas wurde in der »az« schon ausführlich geschrieben. Resümierend sind diese Tiere mit 'ner Menge persönlicher und beruflicher Deformationen geschlagen, und sie strafen sich für solcherlei inhumane Verkehrsformen selber. Offene Formen von Rassismus, mit dem feinen Unterschied, daß ihn hier auch mal »Deutsche« am eigenen Leib erfahren. Daß die Dummbeutel, auf ihr Willkür- und Terrorverhalten angesprochen, nur mit dem Argument, »das ist hier Privateigentum«, reagieren können, spricht sowohl für die Schlichtheit und Dumpfheit der Gemüter der Rausschmeißer als auch für die Machtarrogaz und die Schulungspersonals aus der Geschäftsleitung. Unbestritten die beste Musikanlage. Was hätte man aus diesem Tempel machen können! Das kleine Live-Programm mit internationalen Bands präsentiert nahezu alle Stile. Von Hard-Rock über Pop, Funk, bis zum Edelpunk. Bleibt festzuhalten: Die Akustik ist vorbildlich, die Sicht auf die Bühne von jedem Stehplatz aus frei! Essen gibt es im integrierten »Blue Lounge Restaurant« die ganze Nacht hindurch. Das Frühstück nach der endlosen samstäglichen Nacht ist ausreichend. Manchmal geht's melodramatisch zu, sicherlich, aber dann sind es die gelungenen Träume vom Wochenende, mit denen die Massen von Umländlern die Halle erbeben lassen. Diese Rituale erinnern an die Umdeutung von Stammeskulten zu Spektakeln der Anrufung des Liebesregens, die sich zuweilen zu Kitsch verfremden. The show must go on, das Wochenendfieber kennt keine Rast-

plätze oder Geschwindigkeitsbeschränkungen. Montags und Dienstags schlägt dann die totale Ereignislosigkeit zu: geschlossen! Viel vom eingebildeten Glanz, viel von suggerierter Ekstase und jeder Menge Glitter bleiben nicht übrig. GROSS & MÄSSIG.   ★

YELLOW, *Disco*. Laden Galerie, Leipziger Str. 1. ☎ 7072434. Di bis Sa ab 20 Uhr geöffnet.

Einkaufspassagen-Frust. Man gibt sich viel Mühe, aus der kleinen Keller-Disco in der Laden-Pas sage was zu machen. Ohne den erwarteten Publikumszuspruch bisher. Das Interieur ist reichlich abgestanden. Kunstpalmen, Videos und Liegestühle. Na ja. Die Traumwelten der Werbestrategen werden von den Art-Direktoren in den Spots einfach besser umgesetzt. Kleine Gastronomen sollten damit vorsichtig sein. Symbole, die zum Kauf von Rum motivieren, sind nicht zwangsläufig geliebtes Feier abend-Ambiente. So kommt's zusammen: die Einrichtung, Kellerlage und mitten im Einkaufsdorf, in dem um 18.30 Uhr die Rolläden knallen — ein hartes Los. COUNTDOWN LÄUFT.   ☆

*b*ornheim

7th HEAVEN, *Bistrothek*. Bergerstr.159. ☎ 452249. 5 DM Mindestverzehr.

Rosafarben, himmelblau, und überall schweben kleine zarte Wölkchen. . . . So ungefähr soll's im siebten Himmel zugehen. . . . Nach dem langen Samstag in der Schuhabteilung im Kaufhof werden die geschwollenen Beine massiert, die müden Wangen gerougt, die mit Personalrabatt gekauften Fransenstiefelchen ausgepackt, und man trifft sich vielleicht im »Siebten Himmel« der Bergerstraße. Zugeschnitten auf das kleine Portemonnaie und die traumlosen Träume der JeansverkäuferInnen, Bürofrauen und Friseure mit der Sehnsucht nach Sascha Hehn und Bar cadi-Karibik. Freie Zeit ist knapp, gute Laune muß schnell her. Bieder und bemüht. Ein Keller mit der Atmosphäre, nicht aber der Originalität des Aufenthaltraums des Raumschiff Orions. Vor dem Besuch ist dringend ein Zahnarzttermin zu empfehlen und das Mieder eine Öse enger zu schnallen — ist nur, um sicher zu gehen, daß das Stechen im Zahn nicht von Karies herrührt, sondern von dem süßen roten Neonherzchen an der Wand, das, kombiniert, mit dem niedlichen Hellblau der entzückenden Sitzcouchs, als purer Zucker auf angeschlagene Zähne wirken kann. Gezahlt wird am Ausgang — und dann Abgang. SÜßLICHE TRÄUME.   ☆

KLEINER PETER, Scheidswaldstr. 61. ☎ 434135. Tgl. 19-04.

Spaß hat die körperliche und seelische Aktion gemacht. Das Durchstreifen der nächtlichen Stadt. Dann dieser gigantische Ölschinken an der Wand und die Frage: Wer könnte jemals ein Interesse oder noch besser — die Pflicht verspüren, dieses Bild zu entfernen? Am Eingang ein überdimensioniertes Aquarium. Man muß kein Halbblinder sein, um die Decke des »schmalen Handtuches« als, gelinde gesagt, renovierungsbedürftig zu bezeichnen. Sie ist von Millionen Zigaretten und deren Nikotinausdünsten wunderschön gelblich gefärbt: Die Wände ebenso. Nun, tot zusammengebrochen ist noch niemand von dem Anblick, weder aus Begeisterung, Abscheu, Erregung oder einfach Angst. Der riesige schwarz-rote Schirm, der von der Decke herunterhängt, signalisiert keinen politischen Standort des Hauses, eher vermutet man ein Auffanggefäß für eindringendes Regenwasser. Was auch nicht stimmt. Treffpunkt zur Nachtzeit für freßgeile Reserve-Rocker, Alt-Bornheimer, Taxifahrer, Freaks, Schicki Mickis und Neo-Punker. Der Weg zum Ziel, nämlich eine Hühnersuppe zu ergattern, ist mit Geduldssteinen gepflastert. Das Warten lohnt, der Chef kocht selbst, und so reichlich mit Fleischeinlage gefüllt, erlebte

ich diese Suppe in dieser Stadt noch nie. Man versucht solche Kneipen immer mit anderen zu vergleichen. Vergeblich. Keine Kopie — ein Original. HERVORRAGEND.   ★

*e*schersheim

BATSCHKAPP, Maybachstr. 24. ☎ 531037. Fr Sa -02, an Messetagen bis 03. Konzerte Einlaß 20 Uhr. Fr und Sa Disco. Eintritt 4 Mark. 0.5l Bier 3,50, Tequilla 4.   s.S. 127

*f*lughafen

DORIAN GRAY, *Disco*. Flughafen. ☎ 6902212. Mi-So ab 21 durchgehend. Eintritt 10. Bier 0.3l 6, Weißwein 0.2l 6, Kaffee & Cappuccino 3.

Hier begegnet man einer der wenigen, wirklich ewigen, Klatsch-Tüten. Marika Kilius, der verblichenen Eissport-Madonna. Mittlerweile etwas faltenreicher und nicht nur bezüglich der Röcke, schlittert die vereiste Schlittschuh-Prinzessin mit ihrem bodygebuildeten Jung-Frosch noch immer übers glatte Parkett. Und nur in der mittlerweile doch schon sehr zur popularisierten Volkstanzhalle degenerierten Luxusarena kann es jährlich einmal geschehen, daß sich eine Mischung aus Rippchen, Kraut und Sprachbehinderung mit viel Holz um Busen und Arsch zur Miss Frankfurt wählen läßt. Ähnliche Programmpunkte, schriller wie kurioser Art, gibt es monatlich. Aber auch dieser Schuppen will kontinuierlich gut gefüllt sein. Die Gesichtskontrolle hat folglich an Schärfe nachgelassen. Verständlich, will man doch besuchermäßig — nicht mehr nur prominent bestückt sein. Manche Jungbänker sind gar nicht mehr so spitz drauf, im Dorian Gray gesehen zu werden. Die Heimfahrt mit der S-Bahn ist mittlerweile auch viel zu beschwerlich. Außerdem sind die innerstädti-

Discjockeys

— die Einheizer, ohne die die Nacht
nur halb so schön wär'
Von Doris Schubert und Sigrid Weiser

Musiker, Student, Taxifahrer, Zeitungsmacher, Rastloser in den Kneipen — was auch immer sie früher machten, heute sind sie die kleinen Helden der Nacht: Discjockeys. Kein Hobby, keine Passion oder Mission, wie so mancher vielleicht vermuten mag, vielmehr ein knallharter Beruf in ständiger Nachtarbeit. Meistens kann sich das Publikum nicht vorstellen, welche Anstrengung und welche Konzentration hinter der Musik steht, die da mitunter bis zu 10 Stunden von einem Plattenmann oder -frau aufgelegt wird. Was für die einen ein schönes Freizeitvergnügen ist, ist für den, der die Musik zusammenstellt, ein Job mit höchsten Erfolgsanforderungen. Klar, denn letztendlich geht's um die Mark. Kein nächtliches Tanzvergnügen ohne die entsprechende Rentabilität für die Discobesitzer. Es geht um hohe Investitionen, die sich amortisieren sollen. Für den Discjockey heißt das, dafür zu sorgen, daß die Tanzfläche immer voll ist. Dazu braucht er eine gute Handwerksschulung, aber vor allem ein gelerntes gutes Feeling. Immer gut drauf zu sein, die Vibrations im Publikum wahrnehmen. Das ist sein letztendliches Erfolgsrezept und sein Marktwert.

Ralf, DJ in Frankfurts Musichall, der größten Disco hier, mit einem Publikumsdurchlauf von 3000 Leuten an jedem Wochenende, hat es gelernt. „Als DJ mußt du immer das Gesamtbild des Ladens im Auge behalten, wie eine Antenne oder ein Seismograph, jede Bewegung und Veränderung im Publikum mitkriegen und darauf reagieren." Das besondere Flair, der Mythos, der um diese Nachtarbeit gewoben wird, ist für die alten Hasen schon lange keiner mehr. Sie sind sich bewußt, wie sehr ihr Arbeitsplatz von dem Erfolg beim Publikum abhängt. „DJ ist ein stinknormaler Job, eine ganz normale Arbeit, kein Beruf zur Selbstverwirklichung, das ist doch

lächerlich. Ich habe eine Verpflichtung den Leuten gegenüber und schließlich geht es um viel Geld, für den Besitzer muß es sich lohnen", Monrö ist seit zwei Jahren hauptberuflicher DJ. Bevor er in die „Wartburg" nach Wiesbaden kam, arbeitete er im Frankfurter „Roxanne", „Le Jardin" und „Amadeus". Eigentlich ist er Musiker, DJ zu werden war für ihn eine ganz einfache Entscheidung, nämlich eine existentielle. Er hatte kein Geld mehr und es „ist das naheliegendste für einen Musiker, DJ zu werden." Immer auf Draht sein, immer das richtige Gefühl für die Stimmung im Publikum, das ist wesentlicher Bestandteil der Geschicklichkeit in diesem Berufsstand. Den Leuten muß eingeheizt werden. Das hat ständige Anspannung und Streß zur Folge, die Leute müssen wiederkommen. Das Programm aufzubauen, das kann nicht zu Hause am Schreibtisch überlegt werden, das „entsteht im Wechselspiel mit dem Publikum. Die Tanzfläche ist hier das Zentrale." Das sagt Pippo vom Niederramstädter „Steinbruchtheater". Nebenberuflich DJ, hat er eine ganz eigene Vorstellung von dem, was er will und was seine Aufgabe ist. „Tanzen ist doch ein sehr sinnliches Vergnügen, das nach bestimmten Regeln abläuft, wie ein Sexakt. Das ist qualitativ dieselbe Form, auf die es auch beim Musikmachen ankommt." Für Pippo ist die Disco ein Dienstleistungsbetrieb. Das sinnliche Vergnügen, die Spannung aufzubauen, das ist sein Ziel. „Eine typische Sache, wie ich den Spannungsbogen aufbaue, ist z.B., daß ich am Anfang keine hektischen Sachen spiele. Ich spiele zuerst runde, harmonische Sachen, sehr zarte, feminine Stücke, weil Mädchen eine sehr viel niedrigere Hemmschwelle haben, auf die Tanzfläche zu gehen. Die Jungens wiederum stellen ihren Voyeurismus viel offener zur Schau als die Mädels. Bei härteren, schnelleren Beats sind die dann auch bald mittendrin." Pippo will ein Gebilde aufbauen, das im Fluß ist, und daß in einer immer mehr gesteigerten Spannung alle miteinander zu einem Höhepunkt treibt. „so wie beim Sexakt zum Orgasmus, wo sie dann ausflippen können. Ich freue mich immer, wenn ich die Leute drei bis viermal dazu bringe, daß sie bis zur Ekstase tanzen." Eine volle Tanzfläche ist das Wichtigste für die Disco. Je größer das Musik-Repertoire, das der DJ auf Lager hat, desto besser kann er in seinem Job sein. Mit dem richtigen Feeling. Klar, die Technik des Mixens, das Handwerk zum

Überleiten zum nächsten Stück, den Cut und das Ausblenden, das muß ein DJ beherrschen. Das allein ist jedoch nicht das Erfolgsrezept. Es gibt Abende, wo selbst die sicheren Bänke und Reihenfolgen nicht zünden. Die Reaktion des Publikums ist von Abend zu Abend unterschiedlich. Umsomehr kommt es auf die Reaktionen des DJ an. Schlechte Laune, mal mies drauf sein, das kann sich in diesem Geschäft niemand leisten. Heinz, seit 1981 DJ im Frankfurter „Cookys" auf die Frage, was passiert, wenn er mal einen schlechten Tag hat: „Das geht einfach nicht. Du mußt immer eine gute Show abliefern. Ein DJ wird dafür bezahlt, daß er gut ist." Eine nicht geringe Anforderung an eine Person, die neben der Arbeit auch noch Mensch mit schlechter Laune, Beziehungsknatsch und dickem Kopf sein kann. Das muß ein DJ akzeptieren. Dafür wird er gut bezahlt. Immer das Beste geben. Hunderte von Leute, die sonst nichts mit sich anzufangen wissen, wollen unterhalten sein. Nicht nachdenklich werden, dann klappt gar nichts mehr.

Und was tut der DJ zu Hause. Feierabend? Ruhepause, bis die Nacht wieder hereinbricht? Von wegen. Zu Hause fängt der Job von neuem an. Am Tag müssen die Grundlagen für den nächtlichen Erfolg geschaffen werden. Für Heinz vom „Cookys" heißt das: Ohren aufhalten, hören, was es Neues gibt. Auf dem Laufenden bleiben. Er kauft im Monat 50-70 neue Platten. Die wollen erst mal ausgewählt sein. Das heißt, sich informieren. „Alle Medien sind wichtig, Fachzeitschriften, Fernsehen, Radio und Video." Um nicht einzutrocknen und in seinem Wissen stehenzubleiben, fährt Heinz jedes Jahr nach London, Berlin und in andere Großstädte, kauft Platten und holt sich Inspirationen. Und dann, nachdem die Nacht vollbracht, der Abend Revue passiert ist, nachdem das Grübeln, weshalb der letzte Abend nicht so gut lief, abgeschlossen ist, der Alptraum eines jeden DJ's, in dem Hunderte von Leuten auf der Tanzfläche stehen, die Platte abgelaufen und noch keine andere aufgelegt ist, nachdem dieser Traum vorbei ist, die neuesten Musikzeitschriften gesichtet, die Platten angehört und eingekauft sind, dann haben sie alle von Musik genug, dann legt sich DJ Thomas vom Mainzer „Terminus" genüßlich in die Badewanne und guckt Videos. Recht hat er.

schen Fleischtöpfe schwer im Aufwind. ERSTE ADRESSE. ★ ∞

gallus

GALLUS-DISCO, im Gallus Theater, Kriftelerstr. 55. ☎ 7380037. Nur Do 22-01. Eintritt 3. Bier 2,50, Kaffee 2.

Im Frankfurter Industrie- und Arbeiterviertel treffen sich (Ex)-Hausbesetzer, Punks und solche, die's gern wären, New Waver, Studenten und vereinzelt weibliche Exoten. »Ich geh' hierhin, um Leute zu treffen, die ich schon lange nicht mehr gesehen hab'.« Eigentlich unvergleichlich. Einzigartig. Im niedrigen Kellergewölbe bei improvisierter Lightshow und auf kleiner Tanzfläche eine Szenerie, die ob der erdrückenden Nähe heißer Leiber mit Freud'schen Traumsymbolen arbeitet, wenn die ganze Truppe ausflippt. Hans läßt seine Doro einen Schrei proben und hört sich selbst kreischen. Sprung zurück in den Strudel wilder bis ekstatischer Tanzrituale. Ein Gefühl unermeßlicher Potenz und Kräfte, die ihn über alle Gefahren hier unten, überall und vor allem über vergangene, gegenwärtige und kommende Nebenbuhler hinwegtragen wird. Jedenfalls nix für Schickis und Frischluftfanatiker. Lederjacke, Schmuddel-Jeans und die neueste Trash-Scene-Mode sind angesagt. Getanzt wird, wie die Legende sagt, bis der Schweiß von der Decke tropft. Der DJ legt auch mal Michael Jackson und andere US-Hits auf. Dafür dürfen auch die Scene-Edelschnulzen von Nick Cave, »lieber Gott laß'es mir auch morgen wieder dreckig gehn« und Marc Almont »weine nur kleine Lena« nicht fehlen. Das Publikum ist ziemlich homogen und amüsiert sich blendend. EINZIGARTIG. ★ Gisela Knab

TAVERNE SEVILLA, span./intern. Mainzer Landstr.243. ☎ 735959. Tgl. 20-04. Gambas a la plata 10,50.

ginnheim

MÜNCHENER HOF, Ginnheimer Landstr. 183. ☎ 523014. Mo-Sa 18-04, So zu.

Aber nichts vermochte die Wahrheit dieser Nacht zu verhüllen: Das Blut zweier Diskutanten, männlich, weiblich, eine entsetzlich kalte Angelegenheit, eingesponnen in formvollendete pseudointellektuelle Konstruktionen, die zu nichts führten und vor allem nichts aussagten. Es fehlte die eigentlich belebende Materie. Sozusagen Substanz. Die einzige Rettung: In dem Etablissement mit Nachtkonzession 40 Jahren, Magen mit Speis und Trank beruhigen, Nerven mit Alk beleben. Vielleicht hatte man sich einfach satt. Der alltägliche Egozentriker hatte sich bei beiden im Schneckenhaus verkrochen, was selten genug vorkommt. Hier im vielfältigen Milieu unter Ärzten des Markuskrankenhauses, Mädchenhirten aus dem Bahnhofsviertel, Taxifahrern und Liebespaaren, die darauf warten, im frühen Nebel, ganz romantisch gegen 04 Uhr durch die Wiesen des Niddatales zu laufen, (nach reichlich Anheftung), ist für jeden billig und preisgünstig was los. Einlaß wird nach Klingeln und Gesichtskontrolle gewährt. Allzu groß ist der Laden nicht, den Erich Wetzel, ehemals Wirt im Folkpub Lindenhöhe, führt. Hier läßt es sich gut abhängen, erfüllt von Träumen über Unsterblichkeit, große Kunst und Reichtum, aber man fragt sich irgendwann: Weshalb können Träume beim Anblick des Muskelmanns mit der freiliegenden martialischen Tätowierung am Oberarm und seiner platinblonden Begleiterin am Nebentisch nur Blaßheit anstatt poetische Visionen provozieren? Erich möchte unbedingt vermerkt wissen: Es schläft keiner mehr am Tresen! (Wie es im letzten Doppelkorn stand). Recht hat er. Dafür bietet das Haus Hotelzimmer an. EXTREM SPANNEND. ★

COOL-CLUB, *Disco*. Tho-mas-Mann-Str. 6a (kl. Zentrum). ☎ 570878. Tgl. 20-01, Di zu. 0.3l Pils 4, Cola 3, Säfte 5, Cocktails 11-13. So alles zum halben Preis.

Eine der wenigen rühmlichen Ausnahmen im Gewerbe: Nichtalkoholisches billiger als Alk! Hier werden die Verhältnisse auf den Kopf gestellt: Die einzige Disco, die den Verzehrbon *nicht* abkassierte, sondern auszahlte. Das ehemalige Schreibwarengeschäft im Einkaufszentrum glänzt durch Null-Ausstattung. Ein Traum in Fertigbeton. Jedes kaputte Glas kostet zwei Mark. Der Volks-Warhol von Woolworth nebenan schlug innenarchitektonisch voll zu. Die Seitenwände wunderschön, aber doch spärlich dekoriert. Ein überdimensionales rotes Plastiktelefon — irgendwie hat das was. Mittwochs Bingo. Nun gut, wir sind ja so tolerant. Daß eine typische Vorstadtdisco nicht gerade zu den Highlights der Branche zählt, dürfte sich von selbst verstehen. Aber dieses Faible, dieses gnadenlose Faible der Raumausstatter für Weinkistenholz... Die Tanzstile sind Hochverrat an moderner Tanzkultur. Wirklich lobenswert ist die sehr gute Musikanlage. KOMMT MITTELMÄSSIG. ★

*h*öchst

AUTOMATENDISCO NR. 1, *Disco*. Kranengasse 2. ☎ s.S. 453

*i*nnenstadt

BISTRO, Stiftstr.

Die ehemals letzte Abfüllstätte nach Batschkappbesuchen ist zwar renoviert, aber irgendwie ziemlich in die Jahre gekommen.

Heute strahlt alles g
Safes Styling, wie »
den ausgewählten
besnacht noch sch
laden. Niemand r
hen. Es ergab si
man sich mit gut
sen anschließen
kommener Übe:

Woche 3 (2 Mark', ende 5 (5 Mark' Samstags' getünchter Winkelr raum M·

Zeitpunkt angelegte »Cooky's Nig...
ödet man sich, bequem in die Polster der Couches versunken, an. Die dösige Stimmung als leidvolle Konsequenz hat das ausdruckslose Publikum verursacht. Einmalig, der kleinste Balkon in einer kleinen Kneipe, so arrogant größenwahnsinnig konzipiert, daß man vor dem Mut dieser Verirrung schon wieder Achtung empfindet. Diese obere, freie Ebene hat schon wilde Zeiten erlebt. Ist aber von Händlern mit frohmachenden Stimulanzien erfolgreich »gesäubert« worden. Von oben kommt der allabendliche Voyeur prima auf seine Kosten. Alles im Blick, jeder Neuankömmling wird sofort registriert. Gesprochen wird weniger, man muß sich die Schönheit dieser Ruhestätte suchen, um im glanzvollen Licht des Nightlife's voll in Blüte zu stehen. Raufereien sind rückläufig. Die Bedienungen überdurchschnittlich hysterisch, weil permanent überarbeitet. Der Chefbüffetier hat daraus offensichtlich die richtige Konsequenz gezogen. Er rennt mogens in die Rebstock-Sauna. Dort ist er der netteste Gesprächspartner in Person. Die vielen neueröffneten Scene-Lokalitäten raubten dem Bistro einiges an Publikum. Die Konkurrenz schläft nie. In den frühen Abendstunden ist von dem Café abzuraten. Wer will schon die einer Leichenhalle ähnelnde Atmosphäre über sich ergehen lassen. Das macht schlapp und schlechte Laune für den wertvollen Rest der Nacht. KONDITIONSMÄNGEL. ★

CENTRAL PARK, *Disco*. Holzgraben 9. ☎ 287235. Tgl. 21-01, Fr Sa 21-04. Eintritt unter der

Mindestverzehr), Wochen-
Mindestverzehr).
abend 23 Uhr: Hinab in einen hell
Keller, weiter in einem schmalen
ang, Ankunft in einem dunklen Bar-
mit langgestreckter Theke. Videos, laute
sik, nicht zuviel Leute. Die Massen werden
ochenends von der Geschäftsleitung syste-
matisch angezogen. Fast ein richtiger Mot-
to-Abend: Land sucht Metropole und andersrum. Stefan & Stefan, die beiden Nachtjäger,
verbringen Wochen später schon mal ein Wochenende bei einer »Bekannten« im Vogels-
berg. Im Disco-Raum gibt's eine zweite Theke.
Relativ große Tanzfläche, drumherum stehen
und lauern die Zuschauer. Das Publikum entspricht der Musik: Mixed Pickles. Die meisten
Besucher sind jüngeren Jahrgangs, aber ab
und zu schwoft auch mal unbeirrt ein/e Über-
dreißiger/in mit. Musikalisch wird Genesis
über aktuelle Hits bis hin zu gewagtesten »In-
dependents« angeboten. An alle Freibiergie-
sichter: Die legendäre Freibier-Nacht am
Dienstagabend ist endgültig abgesagt.
SPITZE.   ♫★

COOKYS, *Disco*. Am Salzhaus 4 ☎ 287662. So-
Fr 22-04, Fr & Sa ab 22 open end. Bier/Cola 6.
Eintritt: Bei Konzerten 12-20, Di, Mi, Do 6 (Verzehr), Fr, Sa 12 (Verzehr).
    Der Eingang liegt eher unauffällig im Salz-
haus, nahe der Hauptwache. Einlaß 22 Uhr hat
so gut wie nichts zu sagen, denn »Insider« tauchen hier frühestens gegen ein Uhr früh unter. Sie kommen denn auch mit einem freundlichen »Hallo« durch die Kassenschleuse, während Normal-Besucher dort ihre obligatorischen sechs Mark, bei Konzerten das Doppelte, abgeben müssen. Dafür gibt's dann einen mickrigen Getränkebon. Im Kellerlokal ist
es laut, eng und — nach 24 Uhr gerammelt voll.
Entweder man stürzt sich in die tanzende
Meute oder läßt sich zum Spannen an einer
der zwei Theken nieder. Ein ausdrückliches
Lob dem erfahrenen Thekenpersonal! Auch

bei dichtester Belagerung hat man innerhalb
von zwei Minuten sein Bier. Neben der zentralen Abfüllstelle drängeln sich abgenervte Kellner, je nach Nachtzeit mehr oder weniger an-
sprechbar, durch die Menge. Montags Live-
konzerte mit Rundum-Tuchfühlung. Der Besucher ist »nah dran«, darf jedoch keinen perfekten Sound erwarten. Die musikalischen Gäste
wählt seit Jahren Matthias aus. Konzept ist sein
situativer Geschmack. Viele »Geheimtips« aus
England, aber auch aus der heimischen Inde-
pendent-Szene Station dürfen sich hier vorstellen, bevor sie in der Versenkung verschwinden oder als Neuentdeckung einige Monate
später große Arenen stürmen. Den Rest der
Woche bedienen DJ's die Musikbedürfnisse
der Gäste. Mal düstere, mal soulige Klänge,
mal affenscharfe Riffs, und die beste Stimmung kommt auf, wenn sich der DJ am Thema
entlang in die Musikgeschichte begibt. Der
Coo ky's-Plattenbestand bunkert viele Schätze.
Vom einstigen Image der »Musiker« Kneipe hat
man sich entfernt, trotzdem begegnet dem
Kenner der Musikscene das ein oder andere
Gesicht. Abzuraten ist von den verteuerten Wo-
chenenden (Fr/Sa), an denen das Doppelte zu
löhnen ist. An diesen Tagen wird das Cooky's
von den Umlandkids bevölkert und musikalisch überwiegt der Disco-Dudel. SCHWEIß-
TREIBEND.   ⧫★

DAS CAFÉHAUS, Große Eschenheimer Str. 13,
Lorey-Passage. Tgl. 06-03. Cola 2,90, Brasil-Spieß 22,50.   s.S. **83**

EL PATIO, *span.* Goethestr. 31. Tgl. 18-04. Küche -2.30. Tintenfisch römische Art mit Aioli
15,50, Knoblauchsuppe 6, Paella für zwei Personen 39,50.
    Daß sich hier ein Spanier mit mittlerem
Preisniveau etabliert hat, tut dem Viertel gut.
Kontrastprogramm zu den Edelfreßschuppen
in der Umgebung. ZUM LUFT HOLEN.
                                        ★ ☆

FLO, Große Eschenheimer Str.41. Tgl. 11-04, So zu. Licher Pils 0.4l 3,60, Cola 1,50.

Ein neues Licht am Art-De co-Himmel. Schon die Fassade blendet. Vor allem nach Feierabend um fünf treffen sich die oberen Büroleiter. Manche sind älter, kantig und schön gebräunt, weder reich noch jung. Irgendwie geben sie sich so spendabel und wohltätig dem Wirt gegenüber wie bei einer Rot-Kreuz-Gala. Das Trinkgeld wird zum Mythos. Dazu noch einer der nicht lebt. Man muß irgendwie niemals hin. Dafür exclusive Männergesellschaft mit den Sprüchen über die Jagd nach steinreichen Frauen. Nur außerordentliche Dummheit und Witzlosigkeit verhelfen zu solcher Verkalkung. Aus diesem Dilemma führt nur die Luxuswoche auf einer Beauty-Farm mit Power-Package heraus. Wertes Laufpublikum: bedenkt das Dunkel und die große Kälte in diesem Tale, das von Jammer schallt (Brecht). OBLIGATORISCH.　　★

FUNKADELIC, *Disco*. Brönnerstr. 11. ☎ 283808. So-Do 22-04, Fr/Sa 22-06. Bier 5, Cola 5, Säfte 5. Eintritt 10 mit Verzehrbon.

Welche Disco kann schon Fünfjähriges feiern!? Für das schnellebige Disco-Geschäft wahrlich eine beachtenswerte Kontinuität. Kerim Saka kam vom längst verstorbenen »Höhenkoller« und leitet zusammen mit Thomas Weber und Andreas Matle diesen musikalisch eindeutig profilierten Laden. Keine Gesichtskontrolle, kein »Schuhtest«, kein Zwang zu Patronengurt und Armygürtel mit Klappschnalle links. Selektionsperversitäten anderer Diskotheken dieser Art werden rundweg abgelehnt. Die Musik macht den Laden und versammelt hier Anhänger aller schwarzen Musikstile. Täglich wechselt der DJ. Donnerstags ist eine Frau dran, für Frankfurt wohl ein einmaliger Einbruch in eine traditionelle Männerdomäne. Ich will's nicht glauben, aber an jenem Tag erhält jede einlaufende Frau eine Flasche Sekt

(!), gemeint ist wohl ein Piccolo gratis. Von 18-45, seit Jahren hat sich ein treues Stammpublikum herausgebildet. Für sie gibt es Club-Karten, d.h. Eintritt frei. Montags ist »Reggae-Time« und einmal im Jahr eine riesige Ri verboat-shuffle, das besondere Dankeschön an die Gäste. Kerim Soccer hat bereits zwei Maxi-Sing les veröffentlicht und bereitet mit Frank Faerian die dritte vor. Andreas Motke schreibt an der Biographie eines Catchers und Thomas Werber möbelt uralt englische Autos auf. Für die Zukunft gilt wie für die Vergangenheit: Black is beautiful. Besonders, wenn sich das Publikum so reichhaltig mit weiß kombiniert. Musikalische wie persönliche Nuancen sind allemal gewünscht. Leisetreter wie Röhrhirsche, Träger vulkanisierter Gummisohlen, ebenso wie Liebhaber von Pastellsocken aus Baumwolle. Herzlichen Glückwunsch zum Geburtstag. Seit es diese Disco gibt, reißen melodramatische Abenteuer jenseits der Eis-am-Stil-Niederungen nicht mehr ab. BEWUNDERNSWERT. ★

JAZZHAUS, Kleine Bockenheimer Str. 12. ☎ 287194. Mo-So 18-01. Dortmunder Bier 3,30, Tuborg 3,60, Alt 3,30. Draußen sitzen.

Die Stadt lag noch in Trümmern, als hier, nach dem zweiten großen Krieg, Frankfurts Ruf als Hauptstadt des Jazz gegründet wurde — fast ein Museum. Heute laufen die Auftritte in den anderen Kneipen mit »Jazz-« vorne, geblieben ist eine urige Pinte in mehreren Stockwerken. Nur an den Pressemenschen der Alten Oper, die sich gelegentlich im Parterre glasigen Auges ineinander krampfen, sollte man sich nicht stören. TRADITIONELL. ∞

JAZZKELLER, Kleine Bockenheimerstr. 18a. ☎ 288537. Tgl. 21-03. Konzerte ab 22. Mo zu. Cola 3, Wasser 2, Säfte 3. Täglich Liveveranstaltungen. s.S. 128

JAZZ-KNEIPE, Berlinerstr. 70. ☎ 287173. Tgl. 20-04. Tgl ab 22 Jazz- Bands bis 3 in der früh.

KONTIKI, *polyn.-thail.*, Cocktail Lounge. Bis 04. Rem-Cocktail 9, Goa Rum Kokos-Drink 10.

Die Südsee mit ihren Gaumengenüssen, ihren phantasievollen Drinks und ihren Traumreisen bereichern die Haspel-mit Kraut-Hauptstadt ungemein in Form dieses kleinen Ersatzhappens. Als Newcomer kommt man sich seltsam vor, wie ein scheues Wesen, von allen Seiten kritisch begutachtet. Arglos begibt man sich in die Hände von wuseligen, umtriebigen asiatischen Frauen und Männern und fühlt sich unwohl. Aber wie gesagt. Was der Metropolen-Lümmel nicht kennt . . .Dabei sind Männer und Frauen herzlich willkommen, und für den Kenner des Nachtlebens sind solche Aneignungsrituale neuer kultureller Praktiken heute obligatorisch, will man immer vorne dabei bleiben. Nach einer Stunde ist das katharische Erlebnis durchlaufen, der Tod des Kneipen-Testers endgültig geleugnet. Die Realität ist nicht mehr ganz so entsetzlich, er hat entdeckt, daß dies ein Ort ist, wo man auch sowas wie eine gute Gemüse-Lasa gne erhält. Nur heißt sie hier anders. Immerhin: Der Blick ins Branchenbuch hat sich vollauf gelohnt. EXPERIMENTELL. ★ ☆

KUTSCHER-KNEIPE, Eschenheimer Anlage 40, Tgl.-04, Fr, Sa -06. Cola 2,50, 0.3l Alt 3. Fischsuppe 5,50, Thunfischsalat 9,50.

Die vielen Feierabendgesichter sind wohl nicht unbedingt der Glanz dieses Etablissements. Doch bis gegen 02 Uhg muß sich jeder Wirt umsatzmäßig durchschlagen. Daß kommunikative Umwelt-Gift stoffe auch unter die Haut gehen, wird jeder Neuankömmling zu spüren bekommen. Die Kellnerin ist unwerfend freundlich, eine wahre Giftspritze. Vielleicht sollte sie sich mal eine Seelenmassage verschreiben lassen. Die heilte den verbissenen Gesichtsausdruck. Die Fischsuppe für kleine fünffünzig versöhnt. Die deftige Einlage mit Krabben und Muscheln, das Ganze mit einem Sahnehäubchen überzogen, muß dem Wirt des Scene-Luxikos »Immanuel Kant« die

Schamröte ins Gesicht treiben. Seine »Bretonische Fischsuppe« für 10 Mark ist dagegen lauwarmes Spülwasser. Jede weitere Zigarette, jeder weitere Schoppen tun ihr übriges. Selten so über völlig witzlose »Witze« gelacht wie hier. Merkste was? Die Atmosphäre bevor die Taxifahrer kommen, erinnert an biederstes Volkstheater mit leicht ungewollt parodistischen Einlagen. A propos Einlagen. Die Kneipe durchzieht eine kräftige Brise, die nach »warmgemachter« Kartoffelsuppe riecht. Wenn mir jetzt nur noch jemand erklären könnte, warum ein Nichtschwimmer unter Wasser atmen können soll....INSGESAMT GELUNGEN.

★ ☆

LE JARDIN, *Disco*. Kaiserhofstr.6. ☎ 288956.

Als Boris Becker nach einem Festhallen-Match hier an einem Cola nippte und die Aushilfskellnerin Regina Neder mit einem Eye-Break übers Netz zog, waren alle bundesdeutschen Muttis über ihren liebsten »Bub« moralisch entrüstet und die Auflagen der Frankfurter Asphalt-Presse kletterten für einige Tage ins ungewohnt Gigantische. Acht Zuhälter sollten sich angeblich miteinander geprügelt haben, doch Boris habe nicht von ihr abgelassen und sie noch in der selben Nacht in den »Hessischen Hof« abgeschleppt, wo er logierte. Wirtin Tatjana Gemming, von den Mitternachtskindern immer wieder zur aufregendsten Erscheinung des Frankfurter Nachtlebens hochgelobt, ständige Wiederholungen produzieren zwangsläufig keine Wahrheiten, wehrte sich mit Gegendarstellungen, die Schlägerei sei keine gewesen, bestenfalls ein kleines Thekengeplänkel. Wirkliche Kenner heißer Frankfurter Nächte meinen, auch ohne Boris gehe es hier bei der Bussi-Bus si-Schickeria zu wie in Wimbeldon zur Hauptsaison und in der Pariser Rue St.Denis. Eintritt nur nach vorheriger Doppelkontrolle möglich. Der obligatorische Tür-Gorilla sortiert das Grobe und der Scheckkartenautomat öffnet die Tür. ABSURDITÄTENKABINETT. ★

OMEN, *Disco*. Junghofstr. 14. ☎ 282233. Mo + Mi 22-04, Fr/Sa 22-06. Barcadi Cola 9, Bier 5. Mo + Mi Eintritt frei. Scheckkartensystem zur Bezahlung! Bei Verlust zahlt man 80 DM.

Die Discos kommen und gehen, aber die Tanzlust bleibt bestehen. Die Showplätze wechseln — manchmal nur den Namen und das Outfit. Sozusagen tanzt hier die Disco-Queen schon seit Jahren auf dem selben Fleck. Im »Omen« ist das »Vogue« ein Denkmal seiner selbst geworden. Nur die Klientel aus Trash-Core-Gymnasiasten und wildgewordenen Bankangestellten hüpfen ein bißchen ausgeflippter herum.

Bernhard: »Das hier ist ein Weltladen. Stimmung wie im Astoria. Das Publikum bist du selbst. Ich finde es gut, daß es Klassenunterschiede gibt. Ich stehe auch zur Arbeitslosigkeit. Warum soll ich mich mit jemandem abgeben, der nichts in der Birne hat und nicht meinem Niveau entspricht«. Neuester Trick zur Abwehr unerwünschter Gäste: Körperkontrolle. »Security, wir achten darauf, daß keine Waffen eingeschmuggelt weren«. Die neue Zeit ist hier voll auf der Höhe. Großes Raumerlebnis, gigantischer Sound bis an die körperliche Schmerzgrenze. Abseits zum Relaxen ein Bistro-Raum mit Kerzen und weißen Deckchen auf den Tischen. Schwarze Rollos besorgen dämmrige Atmosphäre. Gestyltes Jungvolk im aktuellen Tanzschritt, schwarze Nachtfalter, ab und an echte Exoten und hier und da verschimmelt ein Normalo. Das Bedienungspersonal: Niemals ein Jahr zu alt. Keines der »Mädchen« benötigt einen neuen Putz. Dumpfe Disco-Trommelrhythmen im endlos gleichen Synthi-Rhythmus hämmern auf die Trommelfelle. Entweder tanzt man sich sofort in besinnungslose Trance, oder man gewöhnt sich im Bistro-Raum erstmal an der Theke an diesen Dis co-Rausch. Irgend ein zweitklassiges Musikmagazin ortete hier das BRD-Zentrum von »Body-Music«. Ein Modegag, der sich von da an infektiös und rentierlich wie einst der Aerobic-Wahn ausbreiten sollte. Die

meisten zieht es unweigerlich auf die Tanzfläche. Manuell gesteuerte Lichtorgeln, Video-
wände, Rauchsäule mit aromatisierten Düften.
Trillerpfeifen schrillen quer zur Musik, Alarm-
lichtfluten über der Tanzfläche, wie von einem
Polizeihubschrauber, grelle Blitze in leuchtenden Neonröhren an der Decke. Für die besonderen Fischlinge bietet das Podest die Möglichkeit zur Profilierung durch Inszenierung ei-
genwilliger Individualität. Es rüttelt und schüt-
telt sich der schwitzende Körper. Andere haben es ihnen nachgetan. Alles fertig zum Zu-
pfen, Klopfen und Blasen? Niemand, der auf
der Höhe der Zeit sein will, kommt an den ko-
pulierenden Bewegungen vorbei. Sehr, sehr
elastisch, aber extrem unerotisch. Tanzfieber
der digitalen Art. SCHMERZHAFT EHRLICH.

★ ☆ □

PLASTIK, *Disco*. Seilerstr. 34. ☎ 285055. So
18-22.30: Schwulentanztee, Mo, Mi, Do, Fr 21-04,
Di& Sa zu. Pils 5, Hamburger 6.Cola 5, Säfte 6,
Sekt 8, Kaffee 4, Wein 7. Salat von 6-17, Sand-
wiches von 9-14, Portion Pommes 3, Kansas
Steak 23.

Ob die Toiletten schon mit den modernsten
Gummi-Spendern aus Plastik ausgestattet sind,
weiß ich nicht mehr zu sagen. Der Laden ist
durch und durch bastardiert. Ach nein. Aufgesetzt cool, um jede Bewegung zuviel verlegen,
vibrieren und wippen Fönfrisuren und Kom-
paktschnauzer um die Wette. Wanderer der
Nacht, gerätst du in äußerst freundlicher Stimmung hier rein, sei sicher, du wirst nicht willkommen sein. Zielgerichtete Arroganz, Protz-
zereien, dokumentieren die vielfältige Armut
des Gebotenen. Jeder muß die real exitie-
rende Hierarchie auspacken. Unten Tanz,
oben fressen. Alles Plastik, amerikanische Eßkultur. Natürlich stilecht überteuert. Im Gegensatz zur Betonbunker-Architektur anderer Discotheken gibt das »Plastik« im alten Odeon-Bau
zumindest von außen einiges her. Der Innen-
ausstatter ließ sich davon jedoch nicht bee-

indrucken und übte sich auf beiden Etagen,
oben Café, unten »Tanzsaal«, in gewohnter Langeweile. Am Wochenende ist hier ab 1 Uhr die
Hölle los, die Woche über blinken die Lichter
eher ins Leere. Wir sind um 23.30 Uhr eindeutig zu früh, verdrücken oben erst mal einen mit-
telmäßigen Käsekuchen mit Sahne und
schauen der Bedienung etwa eine Stunde
beim Nägelfeilen zu. Die Dame arbeitet mit absoluter Perfektion. Kurz nach eins beginnt sich
die Dröhnbox unter uns zu füllen. Man geht erst
mal nach oben, erst wenn hier auch keine Massen zu sehen sind, trödelt einer nach dem anderen wieder die Treppe herunter. Man ist
jung, schön und vorwiegend männlich. Keine
Ausfälle, der Tanzstil gehört zur Uniform. Mit
Lauschigkeit hat es in der Disco ein Ende.
Praktisch, gut, vier Boxen grenzen die Tanzfläche quadratisch in der Mitte ein. Keine Nischen und Winkel, Sitzgelegenheiten nur an
der Bar. Atmosphäre kann hier nur aufkommen, wenn der Laden voll ist und dann haben
wir wieder das, was Frankfurts Discotheken
ohnehin ausmacht. NIGHTLIFE IN DER SAR-
DINENBÜCHSE. DEN BASS IM BAUCH. ★

POUR TOI, Goethestr. 31-33. ☎ 292535. Mo Sa
10.30-04, So. 16-04. Küche bis 04. s.S. 406

SCHILDKRÖTE, Große Eschenheimer 41, ☎
281036. Tgl. 18-04. Bouillabaise Marseiller Art
kl. Portion 37,50, Salatteller 10,50. Fisch- und
Meeresfrüchtespezialitäten.

Der Pseudo-Gourmet schlürft seine »hui-
tres« (Austern) mit einem Schluck »Muscadet«,
beißt herzhaft in Atlantik-Garnelen, läßt sich
Haifischsteak servieren. Innerlich kochend
wird er die hohe Kunst der Selbstbeherr-
schung zelebrieren, wenn der Meister dreimal
mit der Rechnung klingelt. Dem geizigen
Schleckermäulchen fällt vieles ein, worin es
sich gerne zum Preise von Pommes mit Mayo
kulinarisch ausleben möchte. Drum kann es
niemals nüchtern sagen, was es wirklich
denkt. Ab und zu begibt sich solch ein Pfen-

Rat und Hilfe gibt's bei uns anonym und kostenlos.

AIDS
Beratungs-Zentrum
der Stadt Frankfurt

Jetzt Mörfelder Landstraße 6
Telefon: 069/75 00 32 70 + 75 00 32 67

Gesundheitsamt der Stadt Frankfurt am Main

Man kann sich
vor AIDS schützen!

Roter Plüsch und lila Licht

Die Rückkehr des Voyeurs
— der Striptease kommt wieder.
Von Dieter Bartetzko

Im Wilden Westen wurde er erfunden. Der Striptease. Von dort aus eroberte er die amerikanischen Metropolen und etablierte sich, in gezähmter Form, in den Revuen der Zigfield Folies. Erst nach dem Krieg wurde in den westeuropäischen Großstädten gestrippt. Skeptikern, denen die Nacktänze einer Anita Berber in den 20er Jahren in Berlin einfallen, oder die von Nackten gestellten ,,Lebenden Bilder" in Wintergarten, Scala und Haus Vaterland, seien daran erinnert, daß Striptease in der Kunst des langsamen, aufreizenden Ausziehens besteht. Es endet — meist blitzartig — mit dem Nacktsein. Die Kunst liegt im Verzögern eben dieses Endes. Dennoch, wer an Striptease denkt, denkt auch an die 20er Jahre und an Josephine Baker. Jeder, der über Gelegenheitsbesuche hinaus Interesse an Striptease hat, kennt die Aufnahmen der Baker, worauf zu sehen ist, wie sie splitterfasernackt, ent- und nicht verhüllt von einem Lendenschurz aus Bananen, 1926 über die Bühne des Berliner Wintergarten tobte. Die phallische Trophäensammlung — zugleich eine spöttische Reminiszenz an Urwald und Wilde, denen ihr weißes Publikum sexuelle Urgewalt unterstellte — brachte (nicht nur) Männer zur Raserei. Die Baker kalkulierte perfekt damit. Was rote Köpfe und tosender Beifall nur unzureichend verbargen, welche inneren Ekstasen man(n) beim Bakerschen Strip durchlief, hat Bruno Frank in einer 1929 publizierten Novelle aufgedeckt: ,,...nun begann sie im Charleston ... mit fabelhafter Beherrschung ... Keiner entzog sich; es war ein seltsames, klassisch gewordenes Opfer der Würde... Der Saal vibrierte und genoß. Alle die Blasierten, nicht zu Bewegenden, hier fanden sie die geheime Lust der Unterwerfung ... Lust und Fleischesanbetung vor aller Augen, dies eigentlich war der neue, der ungeheure Trick, mit dem die Dunkle dort eine Welt erregte und hielt''. Sage niemand, dies sei passé, ein Yuppie heute sei meilenweit entfernt von den damaligen, gepanzerten und autoritätsfixierten Männlichkeits-Propen: 1988 war der Renner unter bundesdeutschen Filmplakaten das der ,,Venusfalle''. Ein stillgestellter Strip das Ganze, mit gerecktem Hintern kniend, der Titelstreifen als Phallussymbol und Cache-sex über das Schamdreieck geklebt — diesem plakativen Striptease verdankte der eher fade Film ein Gutteil seiner Besuchermassen. Und in den Vergnügungsvierteln erobert der Striptease, nach einem Jahrzehnt Kümmerdasein, verlorenes Terrain zurück. Die Fleischesanbetung, von der Frank berichtet, hält sich zwar (vorläufig noch) in Grenzen. Aber — sofern die Stripperin nur einiges von ihrem Metier versteht — das Vibrieren im Zaum gehaltener Lüste ist erneut in Kraft getreten. Im Mief- und Klemmklima der Adenauer-Ära war der nackte Körper tabu. Ein Treibhausklima also für Striptease. So hoch schoß das Gewerbe ins Kraut, daß die Artisten-Loge beantragte, Schönheitstänze (Striptease als solchen zu bezeichnen, war verpönt) zu verbieten. ,,Sie machen die herkömmlichen Varietékünstler brotlos''. Staatsanwälte regelten den Strip: ,,Schlüpfer oder ähnliches müssen bleiben — mindestens drei Finger breit über dem Haaransatz''. 1959 wurde Künstleragenturen verboten, Stripperinnen zu vermitteln. Was Wunder, daß Striptease-Bars wie das Münchner ,,Eve'', das Westberliner ,,Eden'', ,,Salambo'' Hamburg oder das Frankfurter ,,Café Express'', um zu überleben, ihr Raffinement steigerten und international berühmt wurden. Den Striptease-Stars auf den Bühnen, Rita Cadillac, Carol Doda, mit eigener Beleuchtung, ausgefeilter Choreographie, Requisite und eigener Band, entsprachen die Stars im Publikum: Soraya, Eva Bartok, Curd Jürgens, Gunter Sachs... Striptease hierzulande also lockte auf seine Weise wider den spießigen Sitten-Kodex der Republik, wie ein wildes Unternehmen: Als Frankfurts wilde Jahre werden inzwischen offiziell die Monate zwischen 1945 und 1949 bezeichnet. Die Stadt war Hauptquartier der amerikanischen Truppen in Deutschland, stand dicht davor, Bundeshauptstadt zu werden, war Zentrale des Schwarzmarktes und kurz darauf wieder Handels- und Bankenzentrum. Und war eine Hauptstadt des Striptease. Es begann im Bahnhofsviertel, genauer: in einer hölzernen Würstchenbude mit Hinterzimmer direkt am Bahnhofsvorplatz. Nachts schoben die beiden Inhaberinnen — Ingrid, blond, ein bißchen preußische Strenge à la Marlene (welcher GI wußte schon, daß Chemnitz in Sachsen lag) und Dora, dunkler, üppig-wienerischer Charme (jeder GI kannte Wien, keiner Himmelberg in Kärnten) — nachts also schoben Ingrid und Dora zwei Tische im Hinterzimmer zusammen und stripptten. Schieber, Schwarzhändler und GIs waren ihr Publikum. Letztere brachten ihnen bei, daß zum Striptease mehr gehört als Vorzeigen nackter Tatsachen. Sie besorgten Swing für's Grammophon, Lucky Strike und Dollars für Dessous. Einer erteilte Unterricht für Hüftschwung und gleitende Bewegungen. Als er's eines Nachts öffentlich tat, folgte dem rauschenden Erfolg der Absturz ins männliche Nichts. Das Gerücht, mit ihm sei irgendetwas nicht in Ordnung, erledigte ihn. Ein Mann als Stripper, das konnte nur ein Warmer sein. (Diesbezüglich haben die Zeiten sich geändert. Männer-Strip ist heute in). Ingrid und Dora machten übrigens anschließend gutbürgerliche Karriere. Eine, die in dieser Art nur in den wilden Jahren und ihren noch ungeordneten gesellschaftlichen Schichtungen möglich war. Die Blonde heiratete einen Bauunternehmer, bildete später Mannequins aus, hat sich in Italien zur Ruhe gesetzt. Die Dunkle lebt nach zwei erfolgreichen Scheidungen bestens versorgt in Wien. Als beide ihren ersten Pelzmantel längst erarbeitet und den zweiten gerade erheiratet hatten, als beide den Kaiserplatz mieden, um nicht von Rosemarie Nittribit, der durch ihre Ermordung später zur Legende gewordenen Frankfurter Prostituierten, lautstark-fröhlich als Kolleginnen begrüßt zu werden, ab Mitte der 50er Jahre also, bot sich knapp hinter dem Kaiserplatz ein Eldorado des Striptease. Von nobel bis billig, von Seidenwäsche, Strass-Strapsen, Lederband-Geriesel und ellenlangen Boas vor Samt-Paravants, Riesenmuscheln oder Stühlen bis hin zur zwischen Theken-Dienst und Kurz-Strip pendelnden Kellnerin waren alle Güte- und Preisklassen vertreten. Wie reagiert der kapitalistische freie Markt — so falsch wie regelmäßig — auf Absatzkrisen? Mit Überangebot: Kaum, daß Oswald Kolle und Beate Uhse, kurz nachdem die im Film strippenden Idole Romy Schneider, Sophia Loren und endgültig die 68er-Bewegung mit libertären Parolen die bundesdeutsch-bigotten Sexual-Codici ins Wanken (beileibe aber, wie man heute weiß, nicht zum Stürzen) brachten, kaum daß also sexuelle Freizügigkeit die Moral-Panzer der Bundesdeutschen antipste, flogen auf den Striptease-Bühnen die Korsetts massenweise. Quantität statt Qualität, ausziehen statt entkleiden, nicht die auf dem letzten Höhepunkt fallenden Slips, sondern gar keine, Strip am Fließband und schließlich nur noch als Vorstufe für echten Sex auf der Bühne — die überschwappende Striptease-Welle ersoff an sich selbst. Allenfalls die Mammut-Shows der Gastspiele des Alcazar, der Folies Bergers bewahrten sich mit dem Abglanz des eigentlichen Strip ein interessiertes Publikum. Als das Striptease endgültig zur kuriosen, antiquarisch angehauchten Veranstaltung oder zur Peep-Show verkommen drohte, kam die Wende. Safer Sex, so meinen Experten und scheinen die steigenden Besucherzahlen zu beweisen, setzt das Striptease als (gefahrloses) Stimulans, als verfeinertes Sexual-Ritual wieder in Kraft.

Frankfurter Striptease 1988: roter Plüsch und lila Licht wie eh und je. Zahlreiches, zahlkräftiges Publikum. Auffallend viele Männer in Frauenbegleitung, Yuppies als neue Besucher der Buchmesse als wiedergewonnene Kunden. Eine Flasche Sekt, Hausmarke, zum Preis von 570,- DM. Der Umsatz floriert. Eine scheppernde Lautsprecherstimme, kein Conferencier, kündigt ,,unsere bezaubernde Monique" an. Musik, gleichfalls vom Band, Stuhl, Monique rekelt sich, streichelt Schenkel und Brüste, spricht Männer an. Gesten und Tonfall sind routiniert, sachlich beinahe. Die Lust des Voyeurs kommt hier ebensowenig zum Zuge wie das Doppelspiel aus Unterwerfung und Herrschaft, mit dem ehemals eine gute Stripperin ihr männliches Publikum fesselte und erregte. Schlußblende, müder Beifall, Lautsprecher ,,Sehen Sie nun die geheimen Spielchen unserer Lolita, gerade erst aus London hierher gekommen...". Nein, die anlockenden und zurückweisenden Erotikerinnen, die zwischen Aufreizen und Zähmen gratwandernden Stripperinnen jener diesbezüglich goldenen 50er Jahre, haben noch keine Nachfolgerinnen gefunden.

nigfuchser in Gefahr und kommt beinahe darin um. Dem Wirt würde er seine Verbitterung niemals ins Gesicht schleudern. Hinterher, zu Hause, muß die Ehefrau dran glauben. Der Fuzzi gibt die Parole aus: Ab sofort Erbsensuppe für drei Wochen vorkochen! Bei Bekannten, unter Freunden wird hergezogen über diese »Apotheke«, über die mittelmäßige Frische der toten Tiere und natürlich – über die unverschämten Preise. Für Schizophrenie gibt es keine Verfallszeit, für Vul gär-Schlemmer kein Ablaufdatum. Ein Glück, sonst würden sie uns noch als Sonderangebote in der Tiefkühltruhe des Edeka-Marktes angeboten. Die vollkommene Trostlosigkeit ist die Trostlosigkeit in der Vollkommenheit. Oder etwas einfacher: die Küche ist formidable, die Preise recht hoch, die Preisliste an der Tür angeschlagen. Moulinex macht's niemals möglich! SEHR GUT. ★

SINKKASTEN, *Disco*. Brönnerstr.9. ☎ 280385. Im Sommer So-Do von 21-02, Fr Sa 21-03. Im Winter So- Do von 20-01, Fr Sa 20-02. Di & Do Disco. Live-Veranstaltun gen. Eintritt je nach Veranstaltung. s.S. 129

TIGER-PALAST, Heiligkreuzgasse 16-20. ☎ 20770. Tgl. 20-04, So zu. s.S. 151

TIK-TREFF IM KELLER, Theaterplatz 1-3. ☎ 232328. Tgl. 21-04.

Gebaren, Gesten und Gerede. Schon wieder will alles ganz anders sein. Pomadiges Haupthaar macht aus einem Heddernheimer Bub noch lange kein Weltstadtbürger. Nicht einmal einen Le bens-Kleinkünstler. Bloß weil er vielleicht an der Börse oder mit Immobilien gut spekuliert hat. Gewiß, glänzende Kontraste zu der Theaterwelt über dem Lokal. Die Freunde der schönen Künste sind oft nicht minder arrogant, aber immerhin liefern sie sich nicht total den Mächten der Geistesfinsternis aus. Viel Spiegelglas zur Pflege von Persönlichkeitsschäden, mondäner schwarz-grau-Kon

trast und ganz postmodern, also gewollt kontraproduktiv »Kerzenlicht«. So mancher fühlt sich gerne mit scharzer Sonnenbrille als Kosmopolit. Wichtig ist vor allem die Güte des Materials! Neonstreifen in Pink an der Decke. Ganz besonders zu empfehlen der Literarische Brunch am Sonntagmittag. Hans Magnus Enzensberger wird sich auch bald die Ehre geben. Das Publikum nicht zu teure Musiker, die sich geschmack voll-großzügig bewegen und mit »Sade-Santana- und Barrelhouse Musik«-Ambitionen niemals liebgewonnene Musikgewohnheiten ins Schrille transzendieren würden. Die Krawatten sind nicht nur blau. Die Anzüge der Herren de zent-lebendig. Die Kleider der Damen gewagt konservativ. Einerlei was die Leute hier anhaben, sie sehen blendend aus. MITLÄUFER. ★

TONG'S ALOHA, Schillerstr. 42. Cocktail-Bar. Tgl. -04. Blue Hawai 12, Fruchtcocktail 12.

Konzepttreue ist alles! Wenn man keine Südseeinsulanerin zum Ausstellen hinter der Theke hat, muß sich ein echt Frankforder Mädsche eben verkleiden. Der intelligente Wirt ist da ziemlich eitel! Natürlich wurden zur Verwandlung der jungen Frau in ein Vier-Stunden-Hula-Mädchen pro Abend Softlaser und Kosmetikbehandlung kombiniert. Die personelle Oberflächenpolitur gibt dem Bambusrohr-Verschlag im Keller auch nicht den entscheidenden Kick. Nein, hier badet niemand in süßlichen Klängen von Hawaii-Musik, angenehmer Duft von Sonne, Salzwasser und Meer, hier badet man seine Illusionen aus. So mancher Nachtfalter betreibt unaufhörlich seine Selbstbeschädigung. Auf einmal mehr oder weniger kommt es da auch nicht mehr an. KURIOS. ★

UNO, *Disco*. Biebergasse 9. ☎ 287697. Di-Sa 22-04.

Auf die Plätze fertig los. Es darf getanzt werden. Die These, daß deutsches Diskothekenpublikum lange schon keine Modemuffel mehr kennt, findet hier ihre Bestätigung. Die vermeintlich Schönen der Nacht spulen gekonnt das Life-Style Programm für den zwischen Goethestraße, Hochstraße, Freßgass und Zeil herumlaufenden passionierten Disco-Renner ab. Wer es erwartet hat, der wird enttäuscht. Die Geschäftsleitung achtet penibel darauf, daß sich kein »horizontales Gewerbe« festsetzt. Was bringt die Zukunft? Eine von vielen ebenso tiefschürfenden wie banalen Fragen, die sich die Fan-Gemeinde hier permanent stellt. Die Scenerie hält Neuzuschauer konstant auf Distanz. Wer liebt nicht, die etwas intimeren Höhlen? Das Publikum wirkt hier alltäglich aufgedonnert als ein bemerkenswerter Kontrast zum kühl-arrivierten Ambiente su per-exclusiver Wave-Läden. Frankfurt hat nicht erst nach Mitternacht Ausgang — aber ab dann wird es hier spannend. TRENDSETTER. ★

WAIKIKI, im Hard-Rock-Café, Taubenstr. 11. ☎ 284761. Mo-So 19-01, Fr Sa 19-02, Messe bis 4. Hier gibt es nur Cocktails.

Die Bar ist wie das Hard-Rock Café aus älterer wie neuerer Zeit. Kaum andere Etablissements setzten in dem Maß vor bald 10 Jahren innenarchitektonisch wie konzeptionell dermaßen markante Meilensteine, ohne schon wenige Monate später dem modischen Wechsel unterworfen zu werden. Die Bar ist immer noch geprägt von ihren Aquarien, die Drinks sind bezahlbar, das Publikum eher jünger und angenehmer als die vielen geschäftlichen Weltenbummler in so manch anderer Bar. Wenn schon mal ein Barbesuch, dann geldbeutelschonend hier. Das Ganze ist nicht bierernst aufgezogen, mit Kellner im schwarzen Frack und so, sondern spiegelt durchaus ein notwendiges Maß an ironischer Selbstdistanz. AUSNAHMEERSCHEINUNG. ★

ZUR PINTE, Kl. Bockenheimer Str. 41. Tgl. -04. Veltins Pils 0.3l 2,70, Apfelwein 1,80, Cola 2,50.
Exclusiv, mit Tradition, das Innenleben hochkompliziert. So präsentiert sich im Frankfurter Wucherdreck Goethestraße, Freßgaß, Opernplatz eine wohltuende Alternative. Männer mit diesem Selbstbild fallen hier aus: Reinkommen, gesehen werden und schon hat er gesiegt! Der gehobene Normalverdiener kann sich hier sein Bier noch leisten. ERHOLUNGSHEIM. ★ ☆

*n*ordend

MOLLIS PINTE, Spohrstr. 26. ☎ 598600. Di-Do 16-01, Fr Sa 16-04, So 16-01, Mo zu. Apfelwein 2. Mollis Hits: Cuba libre 4,50, Whisky-Coke 4,50, Frikadelle 1,80, Gulaschsuppe 3,80, Kartoffelsalat 2,50.

«Ich hätte nie gedacht, daß das mit dem Gummipimmel jemand mitkriegen würde!« reagierte die Chefin erstaunt auf den 88er »Doppelkorn«. Mit ihren Sechsundsechzig bedient die deftigste und orginellste Wirtin seit mehr als zwanzig Jahren das größte Stammpublikum der kleinsten Eckkneipe im Nordend. Nach dem Tod der legendären »Toni« aus dem »Künstlerkeller« ist sie mit »Oma Rink« aus dem Sandweg die Dienstälteste im Schoppe-Show-Business. Noch nach Jahren kommen Gäste und fragen nach anderen Stammgästen. Das gemischte Publikum verbindet eins: Alle lieben Molli. Alles eingeschworene Fans. Tägliches Programm? Kurz und klar beantwortet: Witze! Humorvoller, romantischer, aber auch deftigster Art. Kurz vor Feierabend wird plötzlich ein riesiger batteriegetriebener Gummipimmel am Tresen rumgereicht. Eine Frau von Welt, fernab vom Fluch der Jungfräulichkeit: »Ich denk' der leuchtet! Der hat doch Batterie!« Molli: »Gibt kein Pimmel der leuchtet!« Gast: »Aber ein Gummipimmel mit Batterien hat doch Batterien zum Leuchten!« Molli: »Schwachkopp, der vibriert über die Theke!« Welche Wirtin kann sich rühmen, daß eine Rockband nach ihr benannt ist? »Molly-Nordend-Band«. Alkoholiker ist im Prinzip jeder. Hier die »Bekennenden«, dort die zwanghaft Cleanen. Letztere rennen in Kneipen, trinken kübelweise Mineralwasser pur und Säftchen und brauchen den Alk nicht minder wie die aktiven Schluckspechte. Folglich suchen sie seine Nähe, wollen wenigstens seinen Dunst spüren. Alle Trinkertypen suchen hier hautengen Körperkontakt mit Aussicht auf Reibungsgewinn: Heinz, der ALPHA-Trinker, gilt als Konflikttrinker. Sissi, die BE TA-Trinkerin, als Gelegenheitstrinkerin. Schorschi, der GAM MA-Trinker, hat bereits die Kontrolle über sich verloren. Der DEL TA-Trinker Edgar gilt als sogenannter »Spiegeltrinker«. Er muß seinen Alk-Spiegel hochhalten, wenn er sich wohl fühlen will. Andernfalls leidet er unter Entzugserscheinungen. Schließlich und endlich Isolde, die YPSILON-Trinkerin. Sie ist Quartalsäuferin mit periodisch auftretenden Trinkexzessen. Gerade weil man also Trinker und Trockene nicht so strikt voneinander trennen kann, weil also die Grenzen zwischen den Genres so fließend sind, hat man viel zu glotzen und viel zu diskutieren. Und das zeichnet die Orginal-Molli, ihre Tochter als weniger gelungenes Molli-Imitat und das Publikum aus. Beredet wird alles. Gebabbelt wird selbst dann noch, wenn das Koma schon eingesetzt hat. WELTKLASSE.

★

ostend

KING'S PALACE, Henschelstr.26. ☎ 4940455. Tgl. 20-04, ab 22 Show.

Die Kunst der Andeutung, Striptease kommt wieder. Das nostalgische Begehren nach schwerem totem Samt, Tüll, Ausstattungsbombast und Kitsch treibt diese Etablissement auf die Piste. Das Konzept: Großes amerikanisches Club-En tertainment, nicht für Normalverdiener — allerdings auch nicht exclusiv für Geldstinker. Gefragt ist die Mischung und

auch Welt- und Halbwelt, Prüderie und Vulgäres, aber bitteschön doch mit Stil. Für Leute ab 40, denen die Frankfurter Nächte zuviel für Jungvolk und zuviel für Rentner bieten und die Mitte unbesetzt lassen. MAL SEHN'. ★

SPEISEGASTSTÄTTE WEST, Großmarkthalle, Sonnemannstr., Mo-Sa 22- 06, So zu. Schoppe 2.

In bestimmten Nächten, wenn alles andere zu hat und beim Gedanken an zu Haus' Panik aufkommt, dann nix wie rein in diese Kneipe! Einrichtung und Räumlichkeit sind überraschend angenehm — keine einfallslose Saufkneipe. Rückzugsort für Lasterfahrer, Kutscher, Nachtschwärmer und eine herrlich störrische, sperrige Bedienung. Wirklich Depro wird's nur im Winter, wenn die Penner hier übernachten wollen und rausgeschmissen werden. Nicht versäumen: Bei Sonnenaufgang auch mal über's Gelände der Markthalle schlendern und die Händler beobachten. Laster und Fracht machen Sehnsucht auf Sonnenaufgänge in der weiten Welt. SENSATIONELL. ↘

sachsenhausen

ALABAMA, *Disco*. Seitenstr. von der großen Rittergasse. Apfelwein 3.

Wie der Name vermuten läßt: Hard-Rock-Disco für »unsere lieben Verbündeten«. Völlig abgeschabte lange Sitzkojen mit versifften Kuhfellbezügen. T-shirt Verkauf mit dem Aufdruck: Fight for Rock'n Roll. Videospiele. Überlaut. Thekenpersonal, Publikum und DJ's haben die Arbeitsteilung aufgehoben. Musikauswahl richtet sich manchmal nach Zuruf aus den hinteren Reihen. So rauh und derb wie man sich die Bevölkerung auf dem weiten Land Alabamas vorstellt. Von daher ein Stück Heimat für Yankees, deshalb: ANSCHAUEN! ★

BAR OPPENHEIMER, Oppenheimer Str. 41. ☎ 626674. Jeden Tag von 20-01, Fr/Sa -02, zu

Messen -04. Bier 3,50, Wasser 2,50, O-Saft 3,50, Cappuccino 3,50, Campari Orange 6, Martini Dry 10, Piccolo 8, Pfefferminzlikör 5.

Die »Bar Oppenheimer« ist das, was der Name verspricht — schwarzgelackte Theke mit knapp 10 Barhockern, den restlichen Gästen bleibt die verchromte Fußleiste an der Wand. Der kleine Raum, der bereits zwei altbekannte Frankfurter Kneipen (»Exil«, »Vanilla«) beherbergte, wird nun vorwiegend mit männlicher »Intelligenz« frequentiert. Steh-Inn für eine Generation, die nie ein Sit-In gekannt haben will und, inzwischen modisch ergraut, zwischen Literaturverlag und Werbeagentur pendelt. Pluspunkt: Keine Konzessionen an den Sachs-Touristen, lieber geht man hier in vollem Glanze ein. Sieht aber im Moment nicht so aus — je später der Abend, desto voller die Bar und immer eine sündhaft teure Orchidee am Ende des Tresens. SCHÖN IST ES AUF DER WELT ZU SEIN.

BIBA CLUB, *Disco*. Kl. Rittergasse 14-20. ☎ 626036. Di-Fr 20-01, Sa/So 20-02, bei Mess -04. Kaffee 4,50, 6 Verzehrbon. Baguettes 7. Dienstag — Markttag, dann ein Bier 1.-; Mittwoch — Frauen zahlen keinen Eintritt, ein Piccollo umsonst; Donnerstag — Gewinntag; Samstag/Freitag — Disco Night; Sonntag — Life.

Sechzehn Jahre auf dem Buckel und kein bißchen langweilig. Discos wie diese sind eine Schule gegen die Einsamkeit. Möglichst düster will es nach den Siebzigern niemand mehr haben, folglich haben die ersten Neon-Jährchen ihre gemäßigten Folgen hinterlassen Zumal im Hellen erst das rechte Licht auf die Mixkünste der DJ's fällt. Und die hohe Kunst der Musikzubereitung unterscheidet allemal die »angesagte« Disco von dem profanen Allerweltsschuppen. Für die Erhaltung der Disco-Tanzkultur gibt es im Frankfurt der späten Achtziger dieses schöne Beispiel. Eben weil nichts überzogen daherkommt. Die Bestuhlung ist einfach ohne elegant gepolsterte Sitzecken mit simplen Barhockern. Das Lokal behielt über

alle Extrem-Moden hinweg seine Anziehungskraft. Egal, ob du Wasser oder Bier trinkst, alles kostet dasselbe. Schon wieder eine positive Ausnahme, wo im Nachtgeschäft in der Regel Anti-Alko holisches teurer als das Suchtmittel ist. Bei dieser Politik, der Bewahrung von etwas Schrille (aber nur etwas), kann auch die Musik tanzbar bleiben. Sie verhält sich symmetrisch zum Ambiente. Nein! Einen Hauptgewinn zieht man nicht, wenn man das Eintrittslos bezahlt hat. Das ist weniger ein Problem mit dieser Tanzdiele, als vielmehr ein Problem der grundsätzlichen Einstellung zu dieser Art Entertainment. Gruftie-Trashiger Pop bleibt dennoch draußen vor, Claudia ist nicht vom Barhocker gekippt — ihr hat's gefallen. GUT.

FAR OUT, *Disco*. Klappergasse 16. ☎ 622647. Eintritt Fr Sa 5, in der Woche, Mo zu. 0.3l Export 4, Cola 3, div. Säfte 4.

Der sogenannte Zeitgeist macht sich nun auch beim Far Out bemerkbar: Seit August zeigt sich die kleine Disco mit neuem, bläulich-coolem Interieur. Ein paar Sitzbänke und die helle Wohnzimmeratmosphäre sind gewichen, trotzdem gilt: der alternativ-toleran te Schwof-Schuppen in Alt-Sach senhausen. Immer noch gibt es Wochenendnächte, da swingen Leute und Musik so gut zusammen, daß man sich wie auf 'ner Party fühlt. Neuerdings wird sonntagsabends die »Ladies Night« ausgerufen, aber auch an den anderen Abenden eine geeignete Tanz-Ad resse für Frauen solo in the City. Die Preise bleiben zivil. IMMER WIEDER NETT.

FRANK'S OLDIE KISTE, Frankensteinerstr. 13. ☎ 614340. So-Do 09-01, Fr Sa 09-02, bei Messen -04. Bier 2, Cola 3, Wurstplatte ab 4, wechselnde Suppen. Draußen sitzen.

Originelle Futterquelle, preiswert und deftig, mit kleinen Preisen. Erholsames, Äquivalent zum Pseudo-Jet-Set-Freßschuppen auf der anderen Straßenseite, dem »Straßburger

Haus«. Dort, wo die modisch weiten, weißen Hosen des Kellners und die verordnete Solariumsbräune mehr beeindrucken oder ankotzen — je nach Geschmack — als die servierten Speisemengen nach dem Motto »je weniger um so teurer, um so besser für den Geldbeutel des Wirtes«. Frankie bietet wirklich originelle Atmosphäre und qualitativ hochstehende Rock- und Pop-Oldies. Die High-Lights aus 30 Jahren moderner Musikgeschichte. Plattitüden aus deutscher wie internationaler Schlagerkompostierung fehlen glücklicherweise — gänzlich. Also keine Geschmacksverirrungen. Irritierend der derbe deutsche Rustico-Stil der Innenausstattung. Die vielen ausgedienten Single-Platten an der Wand und die ausgedienten LP-Hüllen an der Decke machen den Schock wieder wett. Frank, der Wirt, als richtiger Schmusebär, wer's nicht glaubt kann sich mal »life« an seinen lin kisch-netten wie gekonnten Servierkünsten erfreuen. Keine Anbiederei, Schmiererei. Deftige, herb-herzliche, ehrliche Atmosphäre. Gibt es zu selten in dieser Ecke. SPITZE. ★

LE CLUB — DOWNSTAIRS, Klappergasse 9, ☎ 611807. Eintritt 10, incl. 2 Verzehrbons.

Eintritt auf Klingeln. Ein Schwall von Türstehern glotzt entgegen. 10 Mark Eintritt inklusive zwei Getränken. Wir zahlen. Der Laden ist knallvoll. Überwiegend männliche Black-People aus der US-Army und zwei Stockwerken. Prolo-Schuppen mit offensiven, nicht versteckten Anmach-Ritualen, die so manchen Provinz-Polit-Anarcho unverstanden in der Ecke erstarren lassen. Nicht diskutiert wird, zur Sache kommt man so schnell wie möglich. Die meisten hier wissen, um was es geht. Nightlife umrahmt von Öl bild-Kitsch mit Elvis, Girlanden und Palmenpanorama per Phototapete. Frauen in preiswertem Pomp. Die oberen Zehntausend verkehren hier nicht. Umso bizarrer ist die Mischung. Vom Michael-Jackson Verschnitt mit einem faszinierendem Potential an Selbstdarstellungsmotivation bis zum Jog-

ginganzug. Night-Life-Klamotten vom Wühltisch bei C&A. Egal ob dick oder dünn. Daneben benehmen kann man und frau sich nicht. Regeln gibt es keine. Bis zur offenen Ge walt-Anwendung im Anmachritual. Da wird die Blonde aus der Vorstadtwohnsiedlung am Pferdeschwanz gepackt, wenn sie Eigenwilligkeiten zeigt, die ihrem amerikanischen Freund nicht passen. Ein absolutes Lob sei hier an die nette Bedienung ausgesprochen. In dieser drangvollen Enge behält die Frau eine überzeugende Freundlichkeit, die uns den Laden für ihr Lächeln lang, richtig sympathisch machten. GIVE ME DOPE JOANNA. ☆

NACHTEULE, Schifferstr. 3. ☎ 617954. Di-So 12-15 und 17-04, Mo zu. Bier 2,40, Cola 2, Cafe 2, Wasser 2.

Die Eltern übergaben eine Legende, den »Kochelsberger« an die nächste Generation. Die Wirtin wirtschaftete den Laden tatsächlich zur lahmen Nachteule herab. Nein! Nicht von der Qualität der Speisen & Getränke. Der Reiz ist weg, die alten Originale sind verschwunden, das stickige, mit Reizen gesättigte Klima, hat sich verflüchtigt. Wo interessante, trotz Alkoholgenuß oft geistvolle Wortduelle den Raum durchzogen, haben sind die üblichen Sachsenhäuser Dummsäufer nach 02 Uhr breitgemacht. Schade. Die hohe gastronomische Qualität erlaubt weiterhin das Prädikat: GUT. ★

NEGATIV, *Disco*. Wal ter-Kolb-Str.1-7. ☎ 628118. Tgl. 21-01, Fr, Sa 22-02. Eintritt 4. Cola 3, Cola 3.

Independent-Zentrum, schmerzhaft und ehrlich. Drei noch recht junge Jungs wollen eine völlig neue Konzept-Musik-Halle machen. Und sie beginnen mit der Anlehnung an »Batschkapp« und »Cookys«. Mittwochs Live-Bands, mit vielversprechender Perspektive, die die Musik-Redakteurin der »az« in freudige Erwartung versetzt. Independent und american Hard-Core Music. Nachwuchsbands aber auch durchaus bekannte Neu-Einsteiger und

Aufsteiger. Versuche mit Literaten der »Schwarzen Serie«, Hubert Selby wird für den März 1989 angefragt. Spannend, spannend. An den übrigen Öffnungstagen Disco mit Platten-Heroes vom Rundfunk, aus dem Gymnasium und von erfahrenen Discjockeys gemacht. Alles andere als eine Nobel-Disco am Rande des gastronomischen Sachsenhäuser Goldbergwerks. Das »Styling« ist minimalistisch. Alles in Knall-Rot gehalten, die Theke bietet einige farbliche Abweichung in anthrazit-blau. Das fordert vom Publikum provokant einen eindeutigen Standpunkt: entweder so was gefällt, oder nicht. Opportunistisches Lavieren dazwischen ist scher unmöglich. Koksschieber haben Hausverbot. Dem wagemutigen Unterfangen der drei Leute wünschen wir viel Glück. Warum sie Glück notwendig haben? Wer heute eine Disco macht, bringt viel Kohle mit, um noch mehr Kohle zu verdienen. Die drei Jungs bringen keine Kohle mit und könnten noch mehr Kohle verlieren. Früher nannte man sowas »Idealismus«. Schön zu sehen, daß es sowas ansatzweise noch gibt. PRIMA KLIMA.

★ ☆

SACHS, Darmstädter Landstr. 119. ☎ 615002. Tgl. ab 19, So Mo zu. Eintritt je nach Wochentag 3 oder 5, Di frei. 0.3l Cola 3, 0.2l O-Saft 3,50, Campari 4,50. s.S. 456

SILKS, Kleine Rittergasse 14-20. ☎ 612558. So-Do 19-01, Fr Sa 19-02.

Das frühere »Blue Night«, heute »Silk« ist eine Kellerdisco mit kleiner Tanzbühne. Zwei Tische und vier Hocker — das war's dann schon. Wird sehr stark von unseren amerikanischen Freunden besucht. Das Personal zeigt servicemäßig Erosionserscheinungen. RUSH HOUR.

SKY, *Disco*. Darmstädter Landstr. 10. ☎ 615605. Mo-So 22-04. Bier und Cola je 6. Eintritt Mo-Do 5, Fr/Sa 10, alles Verzehr.

Im Deutschen kennt man nur ein Wort für Himmel. Egal ob du dort hin abdüsen willst, um Dich für einige Zeit nach Süd-Ostasien abzusetzen oder du dahin unterwegs bist, weil du unter einen Laster geraten bist. Immer startest du in den »Himmel«. Der englische Sprachraum differenziert die beiden Bedeutungen in zwei Wörtern. Hier hat man es mit der profanen, weil irdischen Bedeutung zu tun. Im »Sky« geht's, denn auch eher profan zu. Disco im Hinterhof, die Treppen hinab erreicht man ein schönes Kellergewölbe erst nachdem man ein der Eitelkeit oder auch den Angstzuständen entgegenkommendes Treppenmartyrium hinter sich gelassen hat, das einen ständig mit dem eigenen Spiegelbild konfrontiert. Sitzecken, große Theke und »blutjunge« Blondinen als Bedienung. Die Disco füllt sich erst sehr spät in der Nacht mit einem hohen Anteil von Black- People. Am Mittwochabend gibt's Reggae-Night für die Fans dieser lebensnahen Musik-Spezies. Erwähnenswert, sind die für Nachtfalter freundlichen Öffnungszeiten. NETT.

☆

westend

JIMMYS', im Hotel Hessischer Hof. Friedrich-Ebert-Anlage. ☎ 75400. Tgl. 20-04.

Der Typus »American Bar« konnte sich in Frankfurt nicht etablieren. Wenn sich überhaupt Leute in solche Etablissements verlaufen, dann meistens Hotelgäste, die nach einem hektischen Arbeitstag geistig und körperlich zu träge, zu geizig oder einfach zu desinteressiert sind, sich ins wirkliche Nachtleben zu stürzen. Relativ größere Mengen an SmallTalks und Cocktails kommen rüber. Das ganze Drumherum, Brimborium in der Tagespresse mystifizierte Plätze à la »Ricks' Café« in Casablanca, dürfte zugleich das Überschätzteste sein, was dieses Genre hergibt. Es geht so leise und gezwungen vornehm zu, daß man größte Lust verspürt, den Anwesenden mit Lautsprechern aus ihrer Lethargie zu helfen. Denn was an Unterhaltung stattfindet, weckt mit seiner lasziven Pseudoperfektion in der Routine einer Klofrau nicht mal mehr eine gutmütige und wild neugierige Oma hinter'm Ofen hervor. Kaum genießbare Süßigkeiten präsentieren bestenfalls die ein bis zwei — professionellen — Damen aus dem horizontalen Gewerbe. In ihrer Sterilität erinnern sie eher an Fertigmenues in der Alufolie und ruinieren den Rest von Atmosphäre. Vielleicht hilft ein Appell, wie ihn wohlmeinende Väter an die Jugend richten. Daß man sich im Leben selbst helfen muß, und daß man auf keine Wunder warten darf. So spielt sich denn Abend für Abend, Nacht für Nacht unter wenigen Familienvätern beiderster Machart ein ganz hübsches, allerdings nicht sonderlich mitreißendes Schrullenmännermärchen von Karriere-Wunschtraum ab. GÄHN, GÄHN.　　★

Brönnerstr. 11 · Frankfurt-City · tägl. von 22-4 Uhr geöffnet · Friedrichstr. 43 (Kirchgasse) · Wiesbaden-City · Mi-So ab 21 Uhr geöffnet

TANGENTE, Bockenheimer Landstr. 87. ☎ 745773. Tgl. 12-04, Sa zu, So 19.30-04. Bier 0.3 l 3, Tasse Kaffee 2,50.

Drinnen oder draußen, schick unterkühlt und eben so richtig ins Westend gesetzt, kommt es in der Tangente zur Berührung aller Schichten von Maklerbüro-Sekretärinnen mit Projektstudienleitern der geballten Meinungs- und Marktforschungsinstitute der Nachbarschaft unter einer großen, echten Palme. Weiter kein Muß, aber wer in der Zeit bis morgens um vier noch Hunger verspürt, hat so viele Alternativen nicht, und bei dieser Konkurrenz schneidet die Tangente dann doch nicht ganz so schlecht ab. WESTENDLICH. ∞

offenbach

AGREE/CASABLANCA, *Disco*. Bahnhofstr. 18. ☎ 883022. Fr/Sa 21-06, So 15-22. Säfte 5, Longdrinks 9. Tomatensuppe 6. Eintritt: Fr/Sa 10 mit Getränke, So 8 Mindestverzehr.
s.S. 411

BODEGA LA SYMPATICA, Schloßstr. 20. ☎ 887575. Mo-Fr 18-03, Sa 20-03. Pils 3, Paella pro Person 18,50. Warme Küche bis 3 Uhr früh.

CAFÉ-RESTAURANT DU THEATRE, Speyerstr. 2/Ecke Kaiserstraße. ☎ 880454/-5/ 814990. Geöffnet rund um die Uhr. Orangensaft 2,50, Mexikanischer Salat 9,50.　s.S. 119

ILONA'S MEN CLUB, Herrenstr. 60. ☎ 816085. Mo-Sa 21-06, So zu. Mineralwasser 3, Pils 4.
s.S. 437

LE CAVE, *Disco*. Berliner Str. 50. ☎ 815362. Fr & Sa 21-05. Pils 4. 12 Cocktails 8-12. 7 Eintritt, davon 3 Verzehr.

Vorn Bistro, hinten Disco. Technisch guter Sound, gängige Hitparade, Plastikwave. Viel Schnickschnack in Sachen Licht. Ist es auf der Tanzfläche sowieso schon relativ dunkel, was den Flirt erschwert, so ist der/die Ersehnte spätestens dann kaum noch auszumachen, wenn Nebelschwaden vom Boden aufzusteigen beginnen. Daher kommen viele von vornherein in Paaren. Man verkehrt hier in der Regel wohlfrisiert. MITTELMASS. ✔

MONDO, *Disco*. Berliner Str. 74. ☎ 881716. Fr & Sa 21-06, So-Do -04. Alkoholfreie Getränke 6, Longdrinks 10. Eintritt: Wochenende 5, sonst frei.

Kleine Diskothek mit schwarzer Musik. Der DJ improvisiert schon auch mal ein wenig über die Platten. Nicht immer ein Gewinn. Auffällig hoher Anteil an Goldkettchen-Trägern, geht gegen 100%. Ab und an vermeldet die Tagespresse Messerstechereien und Schlägereien, aber man muß ja nicht mitmachen. MITTELMASS. ✔

WÜRTTEMBERGISCHE WEINSTUBE, Taunusstr. 19. ☎ 884256. So-Do 17-02, Sa 17-04. Pils 2,80, Speisen bis 8. Drei bis fünf warme Gerichte und vier kalte. s.S. 208

ZUR PINTE, Schloßstr. 20. ☎ 883434. Mo-So 18-06. Hefeweizen 4, Holzfällersteak 12,50. Pikant gewürztes Bratenbrot 6. s.S. 208

darmstadt

CAPONES POOL RESTAURANT, Frankfurterstr. 69. ☎ 06151/75146. So-Do 12-14.30 & 18-01, Fr Sa -03.

Seit der Eröffnung 1986 stehen sich trotz aller Kritiken an der Bar Teenie und Oberbürgermeister zwischen Art-Decor und Antiquitäten friedlich gegenüber. Das sorgt allemal für ständigen Gesprächsstoff, und ein gewisser Stil wird trotzdem bewahrt. Selbst beim Pool-Billard flippt niemand aus. Die Geschäftsleitung bittet um Tischreservierung. Das umfangreiche gastronomische Angebot wird von den Spesenrittern ebenso gerne genutzt wie von Feierabend-Stammgästen; die großzügige Raumaufteilung erlaubt dabei ganz im Stil der amerikanischen Clubs «ein Baden in der Menge« oder auch die Ecksitznische mit Kerzenlicht. Die Einrichtung mit Hang zu den 30er/40er Jahren wird dabei Kunstsachverständigen und chromliebenden Youngsters gleichermaßen gerecht. Warnung! Es ist unbedingt erforderlich, auf den persönlichen Haushaltetat wie das Karnickel auf die Kobra zu achten. Wie der Blitz verführt die exzellente italienische Küche, u.a. mit den besten Tortellini in Rhein Main (!), zu unverantwortlich hemmungsloser Völlerei und den zwangsläufig folgenden finanziellen Desastern. Hier trifft man gehobenes Scenepublikum, aber auch jene Spezies Gäste, denen ein Blick auf die Schuhe des gutdistinguierten Gegenübers alles sagt. Führende Köpfe der Scenegastronomie empfehlen «Zum Lachsessen ins Capone«. Einmalig der hervorragende Service. Ob in Frack oder Lederjacke — sachkompetent und aufmerksamst um jeden Gast bemüht. Hildegard

und Tina würden den blonden Chef-Kellner ein Leben lang verehren. Die Schwiegermütter wären begeistert: So ein netter, ordentlicher junger Mann. ESSENTIAL. ★

HANSEATIC, *Disco*. Heidelberger Landstr. 266. ☎ 06151/54914. 19-01, So ab 14, Mo/Di zu. Bier 4, Tonic Water 4, O-Saft 5, Cuba Libre 5,50. Snacks (Hamburger, Hot Dogs) 4.

Deine Heimat ist das Meer, deine Sehnsucht sind die Sterne. Ein Schreikrampf kündigt sich an, wenn man der Musik, Marke «eintönige, einfallslose Discomusik», fünf Minuten «gelauscht« hat. Hauptsache es stampft und dampft mit Unterbrechungen deutscher Schlagermusik. Die Jungs und Mädchen «vom Land« erleben hier rauschähnliche Zustände. An die Vierertische dürfen auch nur Vierergruppen, Solisten werden an kleine Zweiertische verbannt. Der DJ gefällt sich, aber uns nicht. Der schifftüchtige Steward, sprich Kellner, eine

Ausnahme. sehr sympathisch und sehr selbstkritisch. Das TS Hanseatic gibt es seit 17 Jahren und erst in letzter Zeit wird jüngeres Publikum «nette, junge, schicke Leute, die ein Tänzchen wagen wollen« angesprochen. Aber leider nur halbherzig. Die Einrichtung ist äußerst markant, zwar etwas antiquiert, aber auch schon wieder liebevoll nostalgisch. Wir fordern Denkmalschutz für die stilechte Imitation eines Schiffbauchs mit allen Accessoires! Auf der Empore — die Sektbar. Für Segelliebhaber und kleine Yachtbesitzer sehr vertrautes Ambiente. Nur der Seegang fehlt. Kein Sturm aus Lebenslust kommt auf. Ja, es fehlt die konzeptionelle Linie, etwa ein Hans-Albers-Verschnitt. In konzeptioneller Angst und Not bringt der Mittelweg den Tod. Es läuft nur mehr schlecht als recht. So geht es dem Stiefkind eines Managements, das in Pfungstadt auf ein ganz neues Profitcenter setzt. FÜR MATROSEN UND TANZSCHÜLER. ☼□

HIPPOPO-TAMUS, Holzstr. 7. ☎ 06151/25000. Di-Fr 20-01, Sa So 14-01, Mo zu. 0.3l Bier 3,50, Hot Dog 3,50, Pizzabaguette 4.

Orginalton Birgit: «Rumsteh'- und Guckladen, Männer machen Frauen an, umgekehrt wird's übel. Langweiliges, äußerst langweiliges Publikum. Durchschnittsmusik«. Gestyltes Personal könnte einem schlechten Jet-Set-Film-Imitat entsprungen sein. Neckermann-Herrenmode dominiert hinterm' Tresen. Western Bar-Einrichtung mit dem typischen Bretterverschlag-Feeling der gehobenen Klasse mit roten Lederbänken. Angegliedert die äußerst widerliche Scarabäus Cocktailbar mit altägyptischen Kitschmotiven in Stuck an den Wänden und am Tresen. Jeden Samstag Bingo oder Ding-Dong. Im Pott befanden sich zur Zeit des Besuches 2750 Mark. Den Einlaß kontrolliert der widerlichste dickste und fetteste Gorilla Südhessens. MITTELMASS. ★

HUCKEBEIN, *Disco*. Heidelberger Str. 89a. ☎ 06151/661158. Mi Fr Sa von 20-03. Bier 4, alkoholfr. Getr. ca. 4, Mixgetr. 5-7,50. Kleine Imbisse.

Wie der gelungene Name schon verspricht, das Tanzlokal für und von geistig und seelisch Beschränkten, die den Testerinnen in roten Schuhen mit ihrer ganzen Manneskraft und folgenden Worten den Eintritt verwehrten: «Am Wochenende nicht mit Turnschuhen«. NEIN, DANN AUCH NICHT WÄHREND DER WOCHE! ☼□

LOPOS WERKSTATT, *Disco*. Adelungstr. 35. ☎ 06151/292431. Mo-So 20-01, Mi Sa So 18-01. 0.3l Bier 2,50, Asbach-Cola 6, Pizza 7, Gyros 5. Kein Eintritt.

Das Phänomen unter den Rhein-Main-Großdiscos. Ob Discos über mindestens ein Jahrzehnt ankommen, hat oft mit Preis und Leistung zu tun. Hier stimmt die Botschaft. Das Grundkonzept ist immer das gleiche geblieben. Integriert in die Disco diverse optische wie funktionale Animationen. Vom orginellen Eingang mit den Straßenbahnwaggons bis hin zu dem Sportflugzeug und diversen, in die Decke integrierten Fundusrequisiten. Sowohl Snackbar als auch Cocktailbar wurden neueren Seh- und Gebrauchserwartungen angepaßt, ohne den Laden grundsätzlich zu verändern. Rockvideos werden eher spärlich als dominierend eingesetzt, und die Musik bewegt sich im Rahmen der Erwartungen. Tanzen nicht nur zum Duschen — wenn man dem peinlichen Vorführkäfig für 5 Leute absieht, die sich wohl an der Projektion auf die großen Videoleinwände aufmöbeln. Jubel, Trubel, Peinlichkeit. Das Ganze erinnert an vergebliche Gruppensexversuche im Strafraum. Ansonsten ist's einer der wenigen Disco-Sympathieschuppen. Körpersprache der Verzückung ist weltweit immer die gleiche, Jubeln, Freude, gehört dazu wie die Langeweile der Betrachter. Kontrollverluste bleiben im wesentlichen aus. Was das Publikum zur optimalen Freude noch braucht, ist die Begegnung mit Stars der internationalen Pop-Scene. Wenn Joe Cocker gastiert, oder Johnny Guitar Watson seine Soul-Klassiker schmettert, verwandelt sich der überfüllte Laden in eine sich verkrallende und verknuddelnde Traube haltloser Fans. Dabei ist die Frage: Was ist gespielt, was unbewußt, was Urinstinkt, was Show völlig überflüssig. HERVORRAGEND. ★

OLD FASHION, Sandstr. 30. ☎ 06151/22333. Tgl. von 20-01. Bier 0.3l 3,30, Wasser 3,80, O-Saft 3,80, Kaffee 2,50, Glühwein 3,50. Hot Dog 4, Pizza Snacks 4,50.

Hard Rock Diso im Hinterzimmer, laute Stimmen von der Leinwand: Alles hängt vor der Glotze. Von 21-22 Uhr gibt's «Happy Tour«, Two beer for one. «We wanna rock at old ones«. Saturday's Ladys Night — auch «two for one all night«. Bedienung kam nach 10 Minuten immer noch nicht, obwohl nur ein paar «Oldies« an der Theke standen. Aber anscheinend ist der Krimi so spannend, der gerade auf der Leinwand läuft, und hat die visuellen Sinne für «Lebendiges« eingeschläfert. RUHE SANFT! □●

PAPPILON, *Tanzlokal*. Heidelberger Landstr. 129a. ☎ 06151/61482.

Ein Tanzlokal für die Altersgruppe ab Mitte 30 aufwärts. Die Türsteher weisen den Unbedarften darauf hin, daß hier Wert auf eine bestimmte Garderobe gelegt wird, will sagen, wir mußten draußen bleiben. Wir haben gehört, es sei immer voll und gut besucht, die Musik ist für den klassischen Paartanz gedacht: Foxtrott, Walzer, etc. ZUM BALL DER EINSAMEN HERZEN. ☼□

SMUGGLERS INN, *Disco*. Kasinostr. 17. ☎ 06151/292210. Cola 3, Milch 2, Export 3,50, Cuba libre 8, Mo-Fr: Mix Drink Sonderangebote. Di Rocknacht.

Und auch hier wieder: Leidige Rustikal-Atmosphäre. Überall Holzbretter, Holzbretter, auch vor dem ausstatterischen Hirn der Gastronomen. Darmstadts Discos, bis auf Ausnahmen, ein wahres El Dorado für ästhetische Hungerkünstler. Kummer, Kummer. Immerhin, die Betreiber bemühen sich um die Pflege reger Tanzkultur. Das Publikum wird von Stadt-, Land- und Kreisbewohnern aller normal-einfachen Einkommens- und Berufsgruppen gestellt. Für einige schon regelrecht Zweitwohnung. Im Zeichen des Postmodernismus in Architektur und Design sind solche Schuppen ein Anachronismus, gewissermaßen die andere Seite der Avantgarde-Medaille. Zuweilen Yank-Zentrale. Über solche Fossile einer verwelkten Modernität kann man nur noch lächeln oder lachen. Aber herzhaft bitte. ZIEMLICHER KLOPS. ✎ ★

TOPAS, *Disco*. Wilhelminenstr. 9. ☎ 06151/291382. Bier 3.

Dienstag 21.30 Uhr: Totale Leere. Der Yankee-Türsteher war nett. Verzehrbon zu 3 Mark. Dallas in Reinkultur. Kitschbilder an der Wand. Motive aus dem Biedermeier. Sitzbänke erinnern an Bierzelte. Gipstrennwände, rauh verputzt, trennen ab zum ellenlangen Tresen, hinter dem ein sichtlich schwerer Junge agiert. Yankee Zentrale. Musik Hard Core Funk, Rap, eben das Normale. ZEITVERSCHWENDUNG. ★

wiesbaden

ALTES FASS, Wagemannstr. 19. ☎ 06121/379880. Tgl. 17-03, So zu. Bier vom Faß 2,70, Weine ab 3,60.

Disco: Mi,Do,Fr,Sa,So 20.00 - 1.00 Uhr
Dieburg, Hohe Str. 17 Tel. 06071/1482

Die älteste Weinstube des «Schiffchens» in der Altstadt präsentiert sich biederst: Über dem Tresen in der Mitte des Raumes sorgen rot bespannte Lampenschirmchen für heimelige Beleuchtung, und so benehmen sich denn auch einige Gäste schon am frühen Abend «wie zu Hause»... doch da hat der Freund des Gerstensaftes sicher nicht solche, vor Schönheit und Bier nur so überschäumende Porzellan-Zapfsäulen wie hier. WENN'S DENN SEIN MUSS.　　　　　　　　　　　　　　　　○

BAZILLUS, Rheingaustr. 26. ☎ 06121/24241. Mi-So ab 20. Cola/Apfelsaft 4, Bier 4, Longdrinks 8. Pizza 6,50-7,50. Mi — Oldie-Time, Do — Jackpott Bargeldspiel, Fr — Show-Time.

BIG APPLE, *Disco*. Kirchgasse 66. ☎ 06121/374033. Tgl. ab 20, So ab 18. Eintritt 5.

Eine schöne Legende. Vor allem weil sie lebt. Von den einen abgöttisch geliebt, von den Kritikern der Disco-Kultur gnadenlos verrissen, ist es immer noch der Kulminationspunkt nachwachsender Nachtfalter. Starten wie ein Weltmeister kann jede Disco, aber über Jahre attraktiv und sensationell bleiben, das bringen nur wenige. Lange bevor die Oldie-Revivalwelle über das Land hereinbrach und heute krückstockbewegte, kehlkopfzerrüttete Ex-Stars zum letzten großen Abkochen über die Provinzbühnen jagte, bot man dem Publikum wenige Konzerte mit der ausgewählten Creme von Rock- und Pop-Legenden, die heute immer noch musikalische High-Lights präsentieren. Ich erinnere nur an das Searchers-Konzert. Zuweilen legen auch lokale Größen spektakuläre Auftritte hin. Programm-Disco? Bevor dieser Trend griff und bis nach Fürstenwalde durchschlug, war er längst normaler Programm-Bestandteil im «Big Apple». Ob Faschingsfest, Rentnerdisco oder Sahnetortenschlachten — für jeden Unsinn ist und war die Geschäftsleitung zu haben. Und bevor das Jugendamt die Jugend entdeckte, wurde hier mit ihr «gearbeitet»: Sonntagsmittags bog sich die Jugenddisco

zu Taschengeldpreisen! Der Laden wurde nie langweilig oder steril. Die Preise? Sind immer noch volksnah, das Leistungsverhältnis — da könnte sich so manch ehrwürdige kritische Kulturinstitution eine Scheibe abschneiden. Ich denke, es ist höchste Zeit, von einem großen Vorurteil abzurücken. HERVORRAGEND.
　　　　　　　　　　　　　　　　　　　★

CHARLES THE BAR, Taunusstr. 41. Di-So 22-04, Mo zu.

Es wäre infam, zu behaupten, bei jedem dritten Gast käme es häufig zu Erschöpfungs- und Depressionszuständen, auch die Damen litten unter einem gestörten Sexualleben bis zur Impotenz. Weil «Charles» nämlich genau das Gegenteil verkündet: «Happy Wiesbaden!» Aber happy ist man erst beim Hinausgehen, nach einem kurzen Blick zurück auf das gläserne Klavier und den kühlen Luxus der Bar. Theo Gärtner, Privatdetektiv in der Fernsehserie «Die Zwei», bei der Sendung bleibt immer ein fader Nachgeschmack zurück, ist Miteigentümer und spielt zuweilen den «Charles» hinter der Bar. Er dachte wohl, er hätte eine goldene Gans erworben, an der jeder kleben bleibt, der sie berührt. Verrechnet! Das neue Spiel hieß «Theo» gegen den Rest der Welt, denn plötzlich war «sein guter Ruf» gefährdet. Die Bar für sich? Keine irgendwie bedeutsamen Besonderheiten trösten über diesen Unsinn hinweg. SELBER SCHULD.　᙭★

CONFETTI, *Disco*. Schwalbacher Str. 51. ☎ 06121/39133. Di-So 21-01, Fr Sa 21-02.

Die Musik hebt sich vom üblichen Discohekeneinerlei ab. Folglich ergibt es einen gewissen Sinn, wenn die Leute nicht gleich eine Treppe höher in den großen «Wartburg»-Saal flüchten. Wäre nicht die Musik, die sich zuweilen etwas vom Einerlei anderer Wiesbadener Discotheken abhebt, so wäre kaum erklärlich, warum überhaupt jemand außer am Dienstag nicht gleich eine Etage höher in die Wartburg stolpert. Gedämpftes Licht. Leicht neon-durchtränkt. Die moderne, schnörkellose Einrichtung kommt so kaum zur Geltung. «Begierde ist des Menschen Wesen selbst«, meinte Spinoza einst. Wenn dann noch das Flashlight loslegt, so verschafft das lediglich eingefleischten Masochisten frohe Stimmung. MITTELMAß. ✖

FLANELL, Wilhelmstr. 17. ☎ 06121/374993. Von 21-03. Bier 6, Cola 6. Di Kaltes Buffet -24 h, Mi Noise gates, Do Rock & Reggae-Specials, Fr/Sa Disco, So zu.

Upper-class-Jugend und modische Berufsjugendliche. Hier schleicht die Scene rum, der es immer blendend gehen muß. Kein Gramm Fett auf den Rippen, nach unten eher alles offen. Wenn schon, dann hat man ein Psychiater, Guru oder Masseur. Das gibt Gesprächsstoff. Popper-Frauen aus dem «Für sie»-Bilderbuch, für die Heirat perspektivisch wichtiger ist als berufliche Ambitionen. Solariumsfritzen mit Torschlußpanik und reichlich Falten am Hals: Wer es mit Vierzig nicht geschafft hat, schafft es nie! Kurzum: La Jeunesse doré, klischeehaft und sehr provinziell imitiert. Dort, wo der Selbsttod eine Segnung für die Gesellschaft ist. NICHTS MEHR ZU SPÜREN. ★

FUNKADELIC, *Disco*. Friedrichstr. 43. Tgl. 20-01, Fr/Sa -02. Tgl. Wechsele Discjockeys.

Die Dependance des wunderbaren Funkadelics aus Frankfurt! Kann denn Tanzen Sünde sein? Auch mit dieser Oase haben die Betreiber eine sehr glückliche Hand. Wiesbaden ist um eine wirkliche Attraktion reicher. Der durchschnittliche Wiesbadener reagierte wie erwartet auf die innovativen «Eindringlinge«. Pures Entsetzen griff um sich. Oh Shocking! Ihr Schlingel. MANCHE ERFINDER SCHRECKEN ABER AUCH VOR NICHTS ZURÜCK! ★

HOLLYWOOD, Taunusstr. 27. ☎ 06121/525300. Tgl. 20-04. Pils vom Faß 5,50, Sekt 17.

Wie regeln gutbetuchte Singles um die Vierzig die Midlife-Crises, also ihr Liebesleben? Der Film, der hier täglich abläuft, könnte aber auch folgenden Titel tragen: «Der verödete häusliche Saustall. Oder wie man damit fertig wird«. Die unkomplizierte Haushaltsführung ermöglicht einen Teilzeit-Partner. Sowas findet man auf standesgemäßen Kontakthöfen, honorigen Bällen für einsame Herzen, inmitten schönster Illusionskulissen, extrem pointenarmen Broadway-Imitationen. Ein echter Hollywood-Flop, mit Gigolos, Miet-Damen, wo Blinde sehend und Lahme gehend gemacht werden sollen. Wie wahr, wie wahr. Mit brav gelernter Zuvorkommenheit versucht mir der abgelebte weiß-livrierte Türsteher zu erklären, wieso ich unbedingt meinen Mantel ablegen muß, wenn ich die Stufen mit blinkenden Lichterketten, die zum Eintritt verführen, betreten will. Und auch nur, weil ich heute meine Jeans, die ausgefransten mit den Löchern, und Turnschuhe nicht trage, ist mir der Zugang zu den «heiligen Hallen« gewährt. Die Kleiderordnung soll dafür sorgen, daß hier wirklich «gehobenes Publikum« unter sich ist. Aufgestiegen in die obere Etage finde ich dann Dunkelheit und tanzende Lichtlein vor. Das gehört sich ja für jede anständige Halb-Disco. In einen der tiefen Sessel versinkend kann man sich dann «Kleine Leckereien«, wie Petersburger Kartoffeln mit Kaviar, für ein lächerliches Trinkgeld von 42 Mark servieren lassen. Wer's soweit geschafft hat, braucht gewiß nicht lange zu warten, bis er zu den Glücklichen gehört, die fotografiert und öffentlich ausgestellt werden. Im Glaskasten vor der Eingangstür. Wie der Name schon sagt, Nostalgieschuppen, wavig aufgemotzt für 30-45iger. Viel Solariumsbräune und Bräunungscreme im Einsatz. Jede Menge Halbweltsternchen, Komparsen aus den Büros der Taunus-Film GmbH, Chefsekretärinnen und Vorzimmerdamen. Jede Scene braucht ihre Rituale — weshalb nach Mallorca in die Hotel-Disco, denn das Gute liegt sooo nah. Der Türsteher ist noch das Originellste. Lucky Luciano hätte keinen besseren Fahrer engagieren können. Wohin die Menschheit geht? Wer weiß das! Ich weiß so sicher wie das Amen in der Kirche: Nur schnell zur Treppe und dann... ABWÄRTS. ★○

MAXIM'S, Goldgasse 10. ☎ 06121/302760.

Die Baratmosphäre mit den roten Plüsch, die Musik bis hin zu Zarah Leander und nicht zuletzt Mike hinter der Theke sorgen dafür, daß das «Maxim's« in Wiesbaden aus dem üblichen Rahmen herausfällt. Weder irgendein Getränk noch ein Essen sind besonders zu empfehlen, dafür lohnt sich aber der Besuch, wenn der Sinn einmal nicht nach Anonymität steht. SPITZENKLASSE. ⬿

PAVILLON, Adolfsallee 7. ☎ 06121/374887. Mo-Fr 17-03, So/Feiert. 19-03. Sa zu. Bier 3,80, Wasser 2,80, O-Saft 3,50, Wein 4,50-5, Kaffee 2,80, Kir Royal 14, Champagner 11 180, Sekt 11 40-90, Whiskey 4,50-6. Suppen 5,50-7, Calamares 12, Scampi 15,50, warme Salzstangen 4-6, Steaks 18-29,50, Eis-Cocktail 5,50.

Andächtig betrete ich ein gewaltiges, nobles Gebäude in einer ruhigen Alleenstraße durch eine Gartenpforte im Renaissance-Stil, gelange in eine mit Blattgoldimitat versehene Diele und dann: Eine historische, eiserne Tür — was wird sich dahinter verbergen? Ein ganz normales, deutsches Küchenrestaurant, viele Polstergruppen, eine ganz normale, winkelige Theke, historische Bildchen an den Wänden und ansonsten weißes Schummerlicht. Man versucht sich wach zu halten. An der Theke: Schlips und Kragen, Männer, die über ihre Vertretergeschäfte reden. Auf den Plätzen: Gemischtes Publikum, unauffällig, aber feine Leisetreter und Besserwisser. Wirklich super, daß hier bis Sendeschluß gekocht wird. Zu später Zeit halten sich Leute auf, die sich noch was zum Nachtessen gönnen. Leider fehlt dem Laden einiges. Man muß doch sehr aufpassen, daß man nicht einpennt oder sich gar Aggressionen auflädt, die von den Thekengesprächen

provoziert werden. Wirtin und Belegschaft kümmern sich um jeden ihrer Kunden, was nicht für jeden Gast zu einem Unterhaltungsgenuß ausarten muß. Würde man mit dem äußeren Outfit nicht so hohe, uneingelöste Erwartungen wecken, müßte das Urteil wie 87 ausfallen. So wird das «HERVORRAGEND abgeschwächt in SOLIDE WIE BEI MUTTERN. ■

PUSSY CATS, Adler Str. 33. ☎ 06121/51739. Tgl. 22-04. Mo zu.   s.S. 437

SIR WINSTON CHURCHILL, Taunusstr. 23. ☎ 06121/529340. Mo-So 9.30-03. 0.4l Bier 3,80, Kaffee 2,50. Schweinerückensteak 12,50.

Wer mit dem Politiker «Churchill« schon wenig Gutes verbindet, dem kann es mit dem gleichnamiger Kneipe ähnlich gehen. Sofern man kein echter Wiesbadener Nachtfalter ist. Letztere wissen die Nachtstation zu schätzen. Hier trifft sich früh morgens die örtliche Musiker-Scene. Ganz gewöhnliche Starlets, orginelle Überlebenskünstler dieser Marke: «Wenn es mit der Karriere nicht klappt, kann ich auch wieder Kellner werden«. Erfahrungen mit solchen und ähnlichen Ersatzjobs haben die meisten. Hier werden am Tresen Nachrichten für Minderheiten gehandelt. Wo man wie ein paar «Gigs« bekommt, wer einen Studiomusiker sucht und welche Band gerade eine Sängerin braucht. Wer zu früh kommt, wird von der perfekten Tarnung der Kneipe garantiert geblufft: Deftig abgewetzter english-Pub-Barock, stink-biederes Personal. Der richtige Punk unter sympathischen Schwindlern und Künstlern geht später ab. Fragwürdige Nachtreisen und ganz dreiste Fälle sollte man hier erleben wollen. ÜBERRASCHUNGSEI. ⬿ ★

TANZPALAST PARK, *Tanzlokal*. Wilhelmstr. 36. ☎ 06121/39321. Mo-Sa 21-04, So 15.30-04. Eintritt 10.

«Eigentlich gibt es nur zwei Dinge, auf die es im Leben wirklich ankommt: ein gutes Bett und ein exquisites Paar Schuhe« spricht der

U-Boot

«Park»-Volksmund. Dem ist einiges hinzuzufügen. Bis es nämlich zu dem guten Bett kommt, neben dem die teuren Schuhe, Chelsea-Boots mit Elastik-Einsätzen oder Chukka-Boots, die Softschnürer aus Wildleder, die der Duke of Windsor 1921 erstmals an den Füßen indischer Polospieler entdeckte, zu stehen kommen, ist ein weiteres Ding, auf das es im Leben ankommt, unbedingt zu beachten: Schöne Leute, bzw. solche, die sich dafür halten, mit schönen teuren Schuhen haben ihren Preis. Ob das Arrangement für die Nacht zu zweit im guten Bett auf leisen Sohlen oder mit unheimlich starkem Auftritt zustande kommt, die Kontaktrituale im «Palast» haben sich seit Jahrzehnten bewährt. Man kann auch sagen: Plastik bis ausgelatscht. Aber sowas kommt heute an. Aus dem tristen Alltag kann man sich zeitlebens nicht für länger davon machen. Dallas & Denver bestimmen das Wunschprogramm im geistigen Wolkenkuckucksheim, und irgendwie und irgendwo wollen die mittleren Angestellten einen Zipfel davon abhaben. Dekoriert ist das Lokal mit einer Meute-Mischung aus Seh-Leuten, Eros-Ramazotti-Verschnitten und Curry-Wursts mit Pommes-Strizzis, die das junge Fleisch suchen. Vorzimmerdamen aus diversen Kanzleien mit der Flasche Ballantines auf dem Tisch, die man nach der Show einpackt und am nächsten Abend wieder ausstellen kann, wollen angesprochen werden. Ältere Frauen suchen Gigolos. Die «Herren & Damen vom Funk» kreuzen bei Sondergastspielen oder Programmabenden auf. Das gibt dem ganzen angeblich seine «einmalige, vor Erotik prickelnde Atmosphäre». Die Musik — ja die Musik ist tanzkapellenmäßig vom Besten. Unter einigen Tausend Mark macht's kein Künstler hier. Sondergastspiele pikanter Art geben so weltbedeutende Rock-Edelweise wie die «Lords» und ähnliche Größen aus den Kinderschuhen des Pops. Verirrte Rock-Fans sollten den Ort meiden. Für sie ist er nicht gedacht. Wer nicht hören will wird kräftig gequält —

«mich laust der Affe! Alles über den gleichen Kamm gekämmt. Ein Soft-Pop Klischee jagt das andere. Gehirnamputiertes Dumm-didi-dumm! Ätzend« — muß fühlen. Kameraschwenk an die Bar: «Ah geh', der Franz ist schon ein bisserl' angefressen«. Karin, eine österreichische Schöne mit Halbtagsjob im horizontalen Gewerbe, streicht sich dick den Kaviar auf den Penny-Toast, und klagt dem Junganwalt an ihrer Seite melodramatisch ihr Leid. In diesem Etablissement jagen sich keine echten Sensationen, vor allem fühlt sich kein Mensch zum Nachdenken verführt. Das entlastet mental ungemein. Karin rauscht bald darauf mit dem Junganwalt ab, während sich die Zurückgebliebenen-frusten und entsprechend ihrer Geldmittel vollaufen lassen. Ich kenne dieses Lächeln genau! Ich schätze die brutale Wahrheit des Selbstmitleids ungemein. Das wirklich schöne Lächeln kenne ich von anderen: Von den netten Woolworth-Kassiererinnen. SO GEHT'S. ★

TUVA LOO, *Disco*. Schwalbacher Str. 47. ☎ 06121/305737. So-Do 19.30-01, Fr/Sa 19.30-02. Bier 0.3l 3,50, Waser 2,50, O-Saft 3,50, Kaffee 3, Sekt 3,50. Bei guter Laune Erdnüsse gratis! Eintritt: 5, dafür ein Bier oder ein Sekt.

«Dschungel»-Nachfolger. Treppe runter, dann kommt man in eine Mini-Disco, die etwa 5 qm Tanzfläche und genug Sitzplätze hat. Alles noch im New-Wave-Stil, einfache Light-Show, etliche Schwarzlichtbirnen, herausragend die Graffiti-Wände, die wirklich sehenswert sind. Der «Dschungel-Stil» wurde lustig beibehalten. Mowgli läßt grüßen! Das Publikum hat noch Anlaufschwierigkeiten, es hapert irgendwie an Qualität. Normale Szene, aber wer älter als 25 ist, darf sich als Oldie fühlen. Mal keine Extreme: keine Popper, keine Schicki-Micki, aber auch keine Hippies. Freier Eintritt für Frauen. Dienstags Reggae und Funk, montags gibt's Oldies, sonntags ist Cocktail-Tag. Programmgemäßer Ablauf — jeden Tag steht was an. Schön wird es, wenn ein Jongleur seine Show abzieht, Feuerspucker zelebrieren ihre Kunst draußen vor der Tür. GNADE DER SPÄTEN GEBURT. ■

U-BOOT, *Disco*. Scharnhorststr. 35. ☎ 06121/406671.

Wir waren lange dahinter her. Unzählige Anruf-Versuche sollten Licht ins Dunkel um das «U-Boot» bringen. Nie ging jemand ans Telefon, egal zu welcher Tages- und Nachtzeit. Beim Versuch, das neue «U-Boot» nach dem Besitzerwechsel zu besuchen, scheiterte unser Tester mehrmals vor verschlossenen Türen. So bleibt nur die Information weiterzugeben, die uns Unken zuriefen: Hier soll sich jetzt ein kleiner Punker-Treff etabliert haben. WENN DAS NICHTS IST. . . ☆

WARTBURG, *Disco*. Schwalbacher Str. 51. ☎ 06121/39133. Discothek und Veranstaltungen. Mi-So 21-01, Fr Sa 21-02.

Im Saal könnten Bälle stattfinden, es bleibt bei einer Großraumdisco und immer weniger Konzerten. Die Wochenenddiscos sind weit über Wiesbaden hinaus bekannt. Vorsicht: Die Wochenend-Disco-Betreiber sind nicht identisch mit allen anderen Veranstaltern, die diesen Raum nutzen, besser gesagt, mißbrauchen. Die hyper-«avantgardistischen» Konzerte, mit schrillen Besucherzahlen um die fünfzig People, gehen auf andere Simpel-Kappen. Ebenso die dümmlichen Dinner-Abende, wo nicht wenig gescheiterte Gorillas Frackzwang verordnen. Wochenends aber, wie gesagt, Tanzekstase, die Musik ist wirklich vom besten. Selbst Leute, die beim Wort «Disco» gewöhnlich die Nase rümpfen, kommen her und schütteln sich den Frust der Woche aus den Kleidern. DISCO TOP-HIT. ★

ALT MAINZER STUBB, Gr. Langgasse 11. ☎

06131/220419. Tgl. 18-04. Warme Küche bis 3.30. 0.3l Pils 2,80 (ab 24 h: 4), Kaffee 2,40 (3), Wasser 2,20 (3), Rhg.Riesl. 4 (5,50). Internationale Küche (15 versch. Pizzen), von Suppen 4,50 bis zum Filet 25.50.

Dunkles Holz, viele Sitzecken auf einer kleien Empore bestimmen das Innenleben. Auch zu später Stunde geht es hier noch gesittet zu, das Publikum ist gemischt. Frauen werden nicht blöde angemacht. Das ist zu später Stunde schon mal was. RUHIG. x

CHAPEAU CLAQUE, Kleine Langgasse 4. ☎ 06131/223111. Tgl. 17-04. Bier 3, Cola 2,50, Kaffee 2,50. Kleine Karte. s.S. 438

EVERGREEN, *Tanzlokal*. Bauhofstr. 3a. ☎ 06131/224594. Tgl. 21-04, O-Saft 6, Cola 5, Warsteiner 0.3l vom Faß 4,80. s.S. 460

GASTSTÄTTE OBERBAYERN, *Tanzlokal*. Schottstr. 2. Tgl. 18-02, Mo zu. ☎ 06131/224014. 0.4l Binding 6,50. s.S. 461

KULTURZENTRUM, Dagobertstr. 20b. ☎ 06131/221804. Fr Sa 22-04, sonst je nach Konzertveranstaltung ab 21. 0.5l Bier 3,50, Cola 1,50; Wasser 1. s.S. 138

LA BASTILLE, *Disco*. Bier 5, Cola 4.

Ohne Yanks geht die Chose nicht. Hinab geht's in den Keller. Dort, Disco mit Sitzgruppen und Barhockern. Der beste Freund einer Wirtin ist ein pakistanischer Hilfstrottel. Zum Gläserspülen und Frust-Abreagieren. Rundherum, die Theke belegt von Yankies aller Hautfarben. Keiner ohne eine gehörige Portion diverser Drogen im Blut. Mit Adleraugen die fast leeren Raum im Blick auf der Suche nach dem Fuck des Abends. Aber auch Mammis Bester hat sich von der Anziehung zweier Blondinen in das Etablissement locken lassen. Da sitzt er recht unpassend im Outfit des Katasteramt-Angestellten, seinen good-will demonstrierend, indem er sich einen weißen Schal um den Hals geknotet hat. In irgendeinem Film mit Alain Delon muß er mal gesehen haben, daß ein weißer Schal Symbol für Erotik, Dynamik, Charme und Mannes-Kraft sein soll. Wie auch immer, die beiden Blondinen fühlen sich von den offen zur Schau gestellten Absichten der Amis weit mehr angezogen, als von der Verläßlichkeit des Guten, der mittlerweile am Tresen eine unbequeme Sitzhaltung angenommen hat, die seine Geschlechtsorgane schwer malträtieren muß. Wir wissen leider nicht, wie diese Geschichte menschlicher Leidenschaften sein Ende nahm. In Ritualen und Trauerspielen solcher Art gibt es keine wirklichen Gewinner und Verlierer. Da also keine Preisverleihung zu erwarten war, verließen wir frühzeitig den Grand Prix de Tristesse. HOLLIDAY ON ARMY. ☆

L' ESCALIER, *Disco*. Am Winterhafen 19. ☎ 06131/234311.

Mittwoch Nacht, 1.26 Uhr. Die 22jährige Industriekauffrau Andrea Heyn schlägt die Hände überm Kopf zusammen: Bei der Wahl zur Miss Mainz in der Diskothek L' Escalier darf sie den Thron der Siegerin besteigen. Platz zwei belegte Alexandra Hohlweg, eine 20jährige Schülerin aus Mainz. Dritte wurde Linda Graf, ebenfalls 20 und von Beruf Friseuse. Nachdem die Musik bereits Stunden vorher auf halber Lautstärke lief, die Organisatoren ihren verzweifelten Kampf mit der Technik gewonnen hatten und Mannequins die neuesten Modetrends präsentiert hatten, wurde es Ernst. Das wird nicht einfach, meinte denn 05-Kapitän Michael Schumacher, der in der fünfköpfigen Jury saß...... Mit dem Gutschein einer Mannequinschule könnte sich Andrea die Tür zur Karriere öffnen, außerdem wird sich ihr Kleiderschrank zusehends füllen: Ein Jahr lang wird sie von einer Mainzer Boutique eingekleidet. Ein Hometrainer, ein opulentes Mahl in einem Nobellokal und Gratisjetons der Spielbank versüßen den Sieg der

Miss Mainz, die als nächstes an der Wahl zur Miss Rheinland-Pfalz teilnehmen wird. »ZUFALLSFRISUREN KOMMEN NICHT VOR.« Mainzer Rheinzeitung, 2.9.88

LINDENBAUM, *Disco*. Emmerich-Josef-Str. 13. ☎ 06131/227131. Tgl. 19-01, Fr Sa 19-02. Kaffee 2,50, Wein ab 3,20, Cola 2,50, 0.3l Binding 3,30. Rock-Disco ab 20. s.S. 246

MAINZER KNEIPENDORF, *Disco*. Größe Bleiche 17. ☎ 06131/22 60 03. Do, Fr, Sa 20-02. 0,3l Pils 4, Asbach Cola 5, 0.2l Cola 4. Jeden Do Bier 1. Eintritt 5.

M DISKOTHEK, Rheinallee 175. ☎ 06131/682913. Mi-So 21-04. Mi ab 22-24 kostenloses kaltes Buffet. Gulaschsuppe 7, Spaghetti Bolognese 9. Eintritt 16.

Merkwürdige Totalitätsgefühle überkommen. Wir zahlen für «M», wir tanzen für «M», wir essen für «M«. «M-Diskothek«, der Buchstabe ist überall präsent. Groß-Disco im Mainzer Industriegebiet. Der Anlaufpunkt für junge Angestellte mit Tanz-Lust am Wochenende. Neue Einrichtung gibt dem Ganzen, das beruhigende Gefühl, sich hier nicht schmutzig zu machen. Mit keinem Unbekannten in Berührung zu kommen, sich im gewohnten ordentlichen Milieu zu bewegen und keine Flausen in den Kopf gesetzt zu bekommen. Experimente werden nicht gemacht. Weder bei der Musik, die sich am Wochenende an den Hit-Listen entlanghangelt noch bei der Einrichtung, noch dem dazugehörigen Bistro, in dem sich die braven jungen Leute wie in einem Puppenhaus Spaghetti Bolognese reinziehen. Die Türsteher erweisen sich als überraschend nett und das war's auch schon, was dazu zu sagen wäre. NUR WENN ALLES ZU HAT. ☆

PINGUIN, *Disco*. Kaiser-Wilhelm-Ring. ☎ 06131/671435.

Die ultimative Vorstadtdisco. Prima kleine Preise: hier soll niemand gleich den ganzen

Laden kaufen müssen. Musik auf dem Stand der Zeit: zwischen Nick Kershaw, den «Toten Hosen« und hochwertiger Discomusik. Der Rap verkommt auch nicht. Endlich einmal Stimmung in einer Disco. Wo das herkommt? Die beiden Leute hinterm Tresen machen den Laden aus Leidenschaft. In dem ehemaligen Weinkeller ist eine lange Theke eingepaßt, davor Sitzreihen und am hinteren Ende eine Tanzfläche. Galaktische Reminiszensen oder Fragmente, die sonst Leben und Treiben in Tanzhöhlen bringen sollen, fehlen gänzlich. Gefragt ist das konkret Faßbare, das nachbarschaftliche wer wen von nebenan kennt und schätzt. Frauen aus perfekten Ganzkörperstudios wurden keine gesichtet. Statt über Face-Lifting zu schwafeln bestimmen eher Alltagssorgen die Gemüter der jungen Gäste: «Mir geht's saumäßig — das liegt sicher am Wetter«. Die Einkommens-Bäume sind nicht in den Himmel ge-

schossen. Was «abgeht« ist eigentlich Garant für langes leben vor Ort. Riechen und sich gegenseitig riechen können ist eine Angelegenheit von Sein und Nichtsein. Ach ja, warum der Jogging-Anzug auch in der Disco so beliebt ist? Also beim «Grooven« ist er wirklich sehr praktisch. Und auch auf dem nach Heimweg. Besonders, wenn es dann schon etwas kühler zugeht. WUNDERBAR. ★

PALM BEACH, *Disco*. Industriestr. 22. ☎ 06131/681605. Sa & So 20-04, sonst 20-02.

Publikum von Schicki-Micki bis Punk. Hallo Annette (Inhaberin): Das möchte ich nun doch mal sehen, ob das funktioniert mit der schichtenübergreifenden Integrationsfunktion. Fragt sich der Soziologe in mir. Die Cocktails sind empfehlenswert. GUT. ✗

SCHACHTEL, Große Langgasse 14. ☎ 06131/227005. Mo-Sa 11-04, So/Feiertag 20-04, Pils 2,70, Kaffee 2, Wasser 1,50, Nachtaufschlag ab 01 Uhr: 1,50 nur auf Getränke. Brötchen 2,50, Hamburger, Cheeseburger 3,50, Hot Dog 3, Pizza 7. Bier- und Kaffeebar, Pils: Jever, Warsteiner, Alt: Kutscher, alles vom Faß.

Nachtschwärmers letzte Rettung in Mainz ist die Schachtel gegenüber der Kinopassage. Wer's schafft, noch vor 1 Uhr sein Getränk zu ordern, kommt um den Nachtzuschlag (1,50 pro Getränk) herum. Kleine Speisen gibt's günstig bis zum Schluß. EINZIGARTIG.   x

SÜDBAHNHOF, Holzstr. 1. ☎ 06131/234055. Mo-Fr 3.30-20, Sa 3.30-12, So 3.30-08. 0.33l Pils 4,90, Cola 3. Rührei mit Schinken 7.80, Frühstück ab 5,80.   s.S. 124

TANGENTE, Kötherhofstr.3. Tgl. 21-04, ☎ 06131/228555. Kaffee 3, 0.3l Bier 4, Wein 4,50, 0.25l Soda 3,50, Asbach od. Jim Beam Cola 7. (Man kann Dart spielen).

An der Großen Langgasse, versteckt in einer Seitenstraße nahe der Schachtel, treffen sich Innenstadt-Nachtschwärmer. Laute Musik, kleine Tanzfläche, wenig Lichteffekte. Die Tangente ist mit vielen Sitzgruppen ausgestattet, von daher eher Kneipe als Disco. Das Publikum unter der Woche und am Wochenende differiert stark. MITTWOCH'S HINGEHEN.x

TERMINUS, *Disco*. Industriestr. 12. ☎ 06131/688847. Di-Do, So 20-3, Fr Sa -4. 0.4l Bier 4, Cola 3, Wasser 2,50. Essen bis zum Schluß. Musikvideos.

«Es kommt nicht darauf an, etwas als erster oder letzter zu machen, es kommt darauf an, es besser zu machen». Die dienstälteste, bestens berüchtigte Scenen-Disco in Mainz und Umgebung ist um keinen Deut «älter» als so mancher hochstilisierte Trendschuppen. Hier kann man noch deftige Publikumsreaktionen hören: «Aus! Stell diesen Scheiß auf der Stelle ab!» Oder gegenteilig: «Wer sagt's denn! Eine

Nummer, die zumindest die Bezeichnung Song verdient». Alle Musikstile sind zu hören: Rap, Hip-Hop, Techno-Pop, Hardrock. Auswahlkriterium: Man lauscht keinen süßlichen Klängen a la Engelbert Humperdinck und Konsorten. Obwohl man sich eindeutig als Tanzpalast profiliert hat, stehen die Betreiber in der Tradition der Pop-Rock-Rebellion von Elvis bis zu den Sex Pistols. Einsamkeit und Sinnleere stehen nicht so im Raum, eher Tanzekstase und elektronisches Know-How der Stimmungsmacher. Das ist alles manchmal schön & laut. Da wissen die Mainzer Bescheid, wo sie gelandet sind. SPITZE.   ★

bad homburg

TENNIS-BAR, *Tanzlokal*. ☎ 06172/26041. Di-Do 20-04, Fr & Sa 20-05.45, So 15-04.

«Prunkvolles und gepflegtes Plüsch-Imitat von American Bars zwischen 1920 und 1940», schrieb ein bekannter az-Autor, aber auch: «In Wirklichkeit ein alter Hut!» – Den «Vulkano»-Cocktail (Curacao, Himbeergeist, Sekt zu 17,50) ließ er sich dennoch munden. Das 1. Getränk bei durchaus beachtlicher Live-Musik gibt's ab 12,50. In der bedrückenden Umgebung dreier Bars trifft der Zuhälter den Bürgermeister, Kinnbart- rangieren vor den Sympathieträgern. Und donnerstags traut sich auch die nette Vorzimmerdame von nebenan bei der Damenwahl. Motto: «Sehen und gesehen werden.» (O-Ton). Mit 15 Mark und Cordanzug (mindestens) ist man dabei. GROSSKOTZIG.   ∞

bad vilbel

FILLWOOD, *Disco*. Alte Frankfurter Str. 21. ☎ 06101/86161. Tgl. 20-01. Getränke 2-4,50. Speisen 2-8. Videos, Mo & Mi Heavy Metal.

Man fühlt sich zurückversetzt in die goldenen Jahre der kreativen Popmusik, als mit fast jedem Hit ein Stück musikalischer Fortschritt geschrieben wurde. Die Disco für Jugendliche aus der Heilsberg-Siedlung, zugleich Jugendzentrumsersatz. Viele Stammbesucher aus Frankfurt und den umliegenden Dörfern, die es schätzen, daß der Laden das musikalische Programm ebenso wie das Konzept, «preiwertes Entertainment für alle«, durchgehalten hat. Neben anspruchsvollen Pop-Hits der Ist-Zeit werden unvermittelt Klassiker eingespielt, die aber zur jeweiligen Stimmung auf der Tanzfläche passen. Die Kommandanten der umliegenden Yankee-Truppenunterkünfte müßten den Betreibern dankbar sein, daß sie so viele US-Soldaten reinlassen und auf diese Weise angestaute Aggressionen abbauen helfen. Zuweilen, bei Hard-Rock-Nummern, ist das Gegröhle der Soldaten störend. Die Jugendlichen sind in das Konzept einbezogen, spielen hier mal Kellner, dort mal Tresenfrau, manchmal kommmt man sich vor wie in einer großen Familie. Im Eingang ein kleines Café mit Snacks. Spielautomaten gibt's auch, sie stören jedoch nicht allzusehr. Hohlköpfige Gespräche, wie in mancher Scene-Kneipe vulgär und inflationär

geführt, fallen aus: «Du wirst deinen Vater töten und deine Mutter heiraten«. Für Stunden gelingt es sogar, ganz Verzweifelte und Verschüchterte aufzutauen und die Umwelt nicht mehr ausschließlich unter dem Blickwinkel lähmender Lebens- und Zukunftsangst wahrzunehmen. Seit 13 Jahren besteht der Laden mit vorbildlich zivilen Preisen. Verschiedene DJ's, die die unterschiedlichsten Wünsche aller Musikfans befriedigen, ob Heavy (z.B. Montag) oder Disco (z.B. Donnerstag). Dienstag ist Cocktailabend. Das bringt's! Was soll eine Disco mehr? SPITZENKLASSE.   ★

dieburg

BIERGARTEN, Hohestr. 17 (Gelände der Posthochschule). ☎ 06071/1482. Mo-So 20-01, Mo & Di zu. Export 3, Cola 2,50. Live-Veranstaltungen in unregelmäßigen Abständen.

Die Zeiten, als der Biergarten kulturprogrammäßig bestach, sind vorbei, statt dessen ist Disco angesagt. Draußen sitzt es sich trotz Selbstbedienung gemütlich am Waldrand, drinnen aber drücken die Weißblechplatten auf's Gemüt. Stock- und Videospiele üben die Studenten der Posthochschule in sozialem Verhalten. Diverse Anbaumaßnahmen zeugen von wachsender Prosperität bei der Betreibergruppe, die es endlich geschafft hat, breite Bevölkerungskreise zum Besuch zu verführen. RICHTUNGSWEISEND ∞

dreieich

DRUCKKAMMER, Sprendlingen. Otto-Hahn-Str. 10. ☎ 06103/33282. Di Mi Do 17-01, Fr/Sa 17-03 Mi Do Fr Sa: Disco.

Als Konzept gar nicht schlecht: oben Kneipe, unten Disco. Nur verlieren sich in der heimeligen Keller-Tanzhalle alten Stils wochentags zwei bis drei Besucher, deren ausdrucksloses Minenspiel vermuten läßt, daß der vierte Mann für's Doppelkopf den Rest mal wieder versetzt hat. Hm. Auch der saunette Typ hinter der Theke im Erdgeschoß muß mit weniger netten Besuchern kämpfen, wir sichteten beeindruckende Machos mit Goldkettchen auf behaarter Brust (uah). Doch der Zapfer bleibt tapfer und erfreut sich weiterhin einer Dart-Anlage mit elektronischer Punkteanzeige, und selbige ist, echt, einen Besuch wert, weil fast einmalig in unserem Erfassungsgebiet. Und wer sagt, daß jede Kneipe außergewöhnlich und gemütlich sein soll? REFORMWÜRDIG.∞

hanau

CADILLAC, Klein-Auheim. Geleitstr. 9. ☎ 06181/60283.

Nennt sich Klein-Auheims-Top-Disco. Das muß man sich auf der Zunge zergehen lassen: Klein-Auheims-Top-Disco. Jeden Samstag Ladies Night: Für alle weiblichen Gäste ein Piccolo gratis. WIR GRATULIEREN ☆

GARTENLAUBE, *Tanzlokal*. Langstraße/Parkhaus. Tgl. 19-01. Pils 3, Weißwein 4,50, Asbach/Cola 3,50, Barcardi-Cola 6,50, Campari/Orange 7,50, Kir Royal 10. s.S. 462

VILLAGE, Brüder-Grimm-Center. 20-01, Sa 20-04. Bier 5, Weißwein 5,50. Eintritt 6, Frauen bis 22 Uhr frei.

Größte Yankee-Disco weit und breit. Neoklassische Antik-Gipsfiguren schmücken die gedrechselte Theke. Belle Epoque Imitationen. Simulierte Fenster (Milchglas). Fachwerk mit Latten aufgenagelt. Integriertes Bistro: Zu Null-Bedarf. Die Männer: Carl-Lewis Antipoden. Der Schreck läßt nicht nach. Bronx-Break-Dance ohne Bronx-Milieu. Radrennfahrerdress der neueste Gag. Deutsch-Blondies, wie 40-er Muttis, die sich das «kleine Schwarze» für die Beerdigung umhängen. HUMORESK. ★

langen

SECOND LIFE, August-Bebel-Str. 1, 6070 Langen. ☎ 06103/22741, 20-1, Di zu. Bier, Säfte, Cola, 3, Longdrinks 5.

Passionierte DiscofreundInnen fühlen sich hier wohl. Kein Angebots-Einheitsbrei, sondern musikalische Vielfalt. Einer der wenigen Nicht-Abkochschuppen. Wo gibt es sowas noch! Fast schon ein Unikat. Publikum und Betreiber sind ein Herz und eine Seele. Die einen sind für die anderen da. Neues kommt zu Altem. Für enfant terribles, brave Mädchen, böse Buben, schrille Schlingel. Die Einrichtung paßt sich den Publikumswünschen an. Nicht ultra-wavig, aber auch nicht piefig von übervorgestern. Gag bleibt Gag und in der schick-schlichten Trinkhalle leuchten die einfachen leichten Hosen und Sweat-Shirts wie Neonblumen aus dem Asphalt. Der Veteran der ganz alten Disco-Schule — so richtig altmodisch mit Traditionen verpflichteter Lightshow, fast lächerlichem Eintrittssalär (2,50 Sonn-

Elfer Frankfurt

tag, Montag, Mittwoch zugleich Getränkebon), niedrigen Presen (!) und, Anziehungspunkt konsequenter Wellen-Nicht-Reiter aus dem weiteren Umkreis von etw 30 Kilometern: mittwochs Oldie-Disco mit wirklich geschmackvoller Titelwahl einen langen Abend durch. Soviel bietet niemand. Genau das richtige für mobile Leute, die wirklich etwas mehr sehen wollen als ihr großes Dorf Frankfurt. KONSTANTE GRÖSSE. ★ ∞

laudenbach bei heppenheim

NEW ORDER, *Disco*. Hauptstr. 52. ☎ 06253/84572. 20-02, Fr/Sa bis 03, So/Mo zu. Ein-

tritt 2,50, Live-Konzerte, mittwochs: Musik aus den 60-ern und 70-ern, donnerstags: Independent Musik.

Total gemischtes Publikum, vom Freak bis zum Zahnarzt alles vorhanden, im Schnitt zwischen 20 und 30 Jahren. Erwähnenswert die große Tanzfläche, die Bühne für die Live-Auftritte und eine separate Barabteilung. Für die Darmstädter-Szene ist das New Order ein Begriff, wohin man gut ausweichen kann, wenn in Darmstadt nichts los ist. Daß hier was los ist, dafür sorgt Johnny mit Geschick und souveränem Durchblick und Organisationstalent. Für jeden «guten» Geschmack wird etwas geboten, siehe die Special-Disco-Nights. Komplett renoviert ist der Laden auch. Johnny als alter Frankfurter wird es schon noch schaffen, die Frankfurter nach Laudenbach zu lotsen. JOHNNY BE GOOD. □

nieder-ramstadt

STEINBRUCH-THEATER, *Disco*. Oden-waldstr. 26. ☎ 06151/148783. Mo-So 20-01. Pils 3, Cola 2,50. Eintritt 2 Mark, bei Bands 3-8 Mark.

Martialisch der Eingang. Das Drehgitter weckt Assoziationen an Sing Sing. Der ganze Schuppen ist, inklusive Bedienung, rauh aber sehr sehr herzlich. Viele Motorradfreunde und Liebhaber bester traditioneller Rockmusik. Alle sind irgendwie «einer von uns». Rockklassiker «live», oftmals die einzigen Auftritte in Südhessen: Steve Marriot, (Small Faces, Humble Pie), Nighthawks, die US-Antwort auf die verweichlichten Stones, Alvin Lee, Eric Burdon, die Puhdys, und und und... Alles Leute, die singen könnten: «ich wollte immer Sieger sein» und es auf tragische Weise nur zum musikalischen Desperado brachten. Fast zum angrapschen: Mick Tylor von den Stones, die US-Rock-Röhre Joan Jett, Uriah Heep, und der ehemalige Psychedelic-Hit «Hawkwind», sie alle treiben die Publikumsbegeisterung dermaßen hoch, daß man das traditionell steife bundesdeutsche Publikum nicht wiedererkennt. Ein Rockabend im Steinbruch — ein Abend mit mindestens tausend Glücksgefühlen! Bei den Konzerten sind die strammen, aber liebenswerten Ordner angewiesen, exzessive Jubelorgien dezent mit der gelben Karte zu ahnden. Was man hier nicht findet: Gäste der Sorte «Müde lächeln, vornehm abwinken». Eher die:

«Mit dem Verlierer weinen». Diskussionen über Life-Style und Männermode fallen sozusagen aus. Mitglieder diverser Golfclubs wurden noch nie gesichtet. Das «Steinbruchtheater», ist, wenn es so weitermacht, bald kein Musiklokal mehr, sondern eine lebende Legende. Die Disco ist auch nicht «ohne». Der Glückliche benötigt immer Bewegung, Grobmotorik, die nach Rennen und Raufen drängt und sich dann auf der Tanzfläche in Drücken und Hüpfen austobt. Im Sommer Biergarten. Achtung! Vollverpflegung im Anmarsch. Demnächst Restauration mit mexikanischer Küche. SPITZEN-KLASSE. ★

taunusstein

AOXOMOXOA, Neuhof. Georg-Ohm-Str. 19. ☎ 06128/71808. Mi-Sa 20-03. Bier 4, Cola 4, Sekt ab 6, Tequila 5, Pizzen 8. Eintritt: Mi 5 Mark + 3 Mark Verzehr, Do 5 Mark, Fr Sa 8 Mark + 3 Mark Verzehr.

Die Discothek «der neuen Dimension» präsentiert mittwochs bis 24 Uhr alle Getränke zum halben Preis. Donnerstags kann man den Laden für Privat-Feten mieten. Bemüht um optimalen Sound, Biergarten bis 03 Uhr geöffnet. Das interessante Fitness Programm: Mit zwei bis dreimal die Woche Tanzen verwandeln sich Atemlosigkeit in Kondition. Pudding in Power. Ein Stück Unterhaltung, das 4 Jahre nach seiner Uraufführung auch als ein gutes Stück überzeugender Satire gilt. INTERESSANT. ★

CRÈME DE LA CRÈME

Sophisticated Lady und junger Rebell! Jawohl, nach einer durchliebten Nacht geht es um das Herbeisehnen eines heftigen Kaffee- und Frühstücksrausches. Abends zuvor glänzten die Haare, was auf dem Kopfkissen zurückblieb — reine Pomade. Caféhausbesuche lohnen immer mehr. Sei es nun das »Frühstücks-Buffet« zum Selbst-

bedienen bis 14 Uhr, seien es Ansätze von französischer Küche, bis hin zum gastronomischen Vollsortiment. Reis als Beilage oder Kartoffeln? Nein, diesmal gibt's weiße
Bohnen! Längst geht es nicht mehr nur um Kaffee und Kuchen. Letzteres kann
schon mal zur schönsten Nebensache werden. Gerade »Szene-Cafés« haben der Kaffeehauskultur neuen Glanz verliehen. Nicht selten kommt südliche Heiterkeit auf.
Ohne ideelle Potenzmittelchen kriegt keiner mehr ein Hoch: Nur massive kulturelle
Reize vermögen beim professionellen Metropolen-Strizzi noch den Eß- und Trink-,
also den Konsumtrieb stimulieren. Literatur, Musik und Kunstmaler live — very nice!

Unbedingt zu beachten und ehrfürchtig zu genießen: die wenigen Traditionscafés,
die den Verdrängungswettbewerb von Kaufhaus-Caféterien und ähnlichen Folterkam-
mern überlebten. In einem zeitgeistigen Café einfach nur so, ohne hochgeistige Ansprüche und leere Sprachhülsen, Hunger und Durst stillen? Igitt wie vulgär! Ein Café
ist ein Café und kein Proviantamt! Eben: Beim Fußballspiel muß der Ball unbedingt
ins Tor geschossen werden.

Wir wollen den modernen Cafétiers noch ein bißchen Mut machen. Gewiß. Sie
sind im regionalen wie im nationalen Vergleich schwer im Kommen. Die Leistungen
aus Küche, Keller, Backstube und Espresso-Maschine provozieren zuweilen seltsames Erstaunen. Ebenso wie mancher Gag berühmter innenarchitektonischer Ritua-
lienmeister. Da geht ein futuristisches Stil-Fragment nahtlos über in ein überaus
altbackenes Fin-de-siècle-Zitat, dermaßen daneben arrangiert, daß solche Einzel-Episoden
grell und primitiv — oder gnadenlos bieder wirken. So manches neudeutsche, nicht
wenige altväterliche Schmuddelcafés, setzen dem Langmut des Gastes grausam zu.
Andererseits gebührt nicht wenigen New-Comern höchste Anerkennung und Bewunderung über den Mut, mit dem sie gastronomische Unerfahrenheit durch Enthusias-
mus und Originalität um ein Vielfaches wettmachen!

Bisher eine Rarität: Frühstück rund um die Uhr. Das setzt »Berliner-Verhältnisse«
voraus, und über diesen Unsinn kann man nicht mal mehr streiten. Jeder Geschmacks-
macksnerv findet in Rhein-Main das optimale Café-Erlebnis. Wer das wörtlich nimmt,
fällt darauf rein. Erlaubt ist alles. Solange es niemand schadet. Dem Caféhausleben
sind vor allem Schlagzeilen wichtig!   ★

frankfurt

bahnhofsviertel

CAFÉ ANADOLIN, Elbestraße 7.

Türkisches Caféhaus — ein Stück Istanbul in Frankfurt. Die fremde Kultur kommt nicht geglättet und gefällig, sondern unvermittelt daher. »Unsere« Türken — hier leben sie. Typisch anatolische Männergesellschaft, kartenspielend. Für Frauen nur bedingt zu empfehlen. ERLEBNIS. ⊥

CAFÉ ELBE, Elbestr. 55. Kein ☎. Pils und Korn 5,80. Frühstück ab 6,50.

Alles was ich nach Einbruch der Dunkelheit meinen Memoiren anvertraue, werde ich hier aufzeichnen! Einrichtung im gediegenen und wunderschön verblichen-abgelebten pompösen Windsor-Pub-Stil. Jenseits bundesdeutscher Jägerzaun-Einrichtungsromantik. Hirschgeweihe fehlen gänzlich — glücklicherweise. Dafür röhrt genug lebendes Wild. Mitten im Herzen des Liebesgeschäftes. Mit atypischer Laufkundschaft zuweilen. Wie jener überfettete ceylonesische Geschäftsmann, der seine wunderschöne Ehefrau in exquisiter Landestracht verbal maltrâtiert. Mein Zorn könnte glatt als Ausländerfeindlichkeit mißdeutet werden. Bis das Taxi einläuft wird das schreiende Kind im Wagen mit Cola-pur stillgestellt. Die ganze Alk-Nikotin- und Drogengift verseuchte Caféhaus-Besatzung ist entrüstet und weint fast: »Cola für kleine Kinder — Gift! Herzlose Rabeneltern, herzlose!« Treffpunkt für Beschäftigte des unkonventionellen Uhrenhandels wie des horizontalen Gewerbes. Höchst friedliche, familiäre Atmosphäre. Die etwas ältere Bedienung — die Seele vom Ganzen. Die Mutter des Viertels. Ständig bezahlt jemand »Deckel« oder macht neue. Vom Brezelverkäufer über den Teppichhändler zur superoxyd-blonden

schmuckbehangenen H-Prosti-Queen. Logenplatz für Milieu-Liebhaber und Schaufenster-Voyeure. Letztere sollten sich jedoch lieber über andere, oder besser — sich selbst — amüsieren. HEIMAT DEINE STERNE. ★

CAFÉ KAFKA, Gutleutstr. 15. ☎ 251145. Mo-Fr 12-01, Sa, So 19-01, Licher vom Faß 0.5l 4, O-Saft 2,50, Prager Scho!)lade 5,50, Germknödel 4. Frühstück 3,60-9. Ausstellungen.

Free-Climbing, Steilwandklettern ohne große finanzielle Hilfsmittel, nennt sich jene gastronomische Survivalsportart, die mittels Exclusivsponsor — der taxifahrende Wirt selbst — hier auf die Beine kommen muß. Und das jeden Monat neu. An dieser Stelle ein anspruchsvolles Kulturcafé zu unterhalten, ist mehr als mutig. Es ist ein Kampf der Welten. Unermüdlich versuchen die Wirtsleute, in diese triste, mit urbanem Leben nicht gerade üppig augestattete Gegend, etwas Kaffeehauskultur zu bringen. Kafkaesk wirkt die Einrichtung in hellem Kirschholz mit wechselnden Ausstellungen. Man könnte bösartig sagen, der Raum sei leer. Warten auf Godot. Liebenswert formuliert bringt der Laden Dinge auf den Punkt, ohne den Betrachter zu übersätigen. Kafkaesk ist das Gefühl zu wissen, daß in diesem witzigen und originellen Ort mangels zu großen Publikumszuspruchs tiefe Verzweiflung liegt. Über eine Wohngebietsstruktur, die sich in ihrer Anonymität ziemlich festgefahren hat und folglich keine kommunikationsfördernden Orte vertragen will. Ein Fest für's Auge, ein Fest für kleine Geldbeutel, kein Fest für Muffel. Klarer Punktsieg des Guten über das Böse, und wenig Gruselgags. The name is the game. EMPFEHLUNG. ★

CAFÉ KÄMPF, Weserstr. 14. ☎ 232985. Mo-Fr 07-22. Frühstück 5,70-15,90, Bier 0.33l 3,50, Kaffee 2,50, Mosel 5,20. Türkische Spezialitäten.

Hier können sich der streßgeplagte, ideenlose, ausgelutschte und mittlerweile negativ denkende und fühlende Schriftsteller wie der dynamisch-optimistische Manager fragen, warum man sich eigentlich immerzu selbst im Wege steht. Und niemand stört! Trotz geschmackloser Kitschrenovierung immer noch eine Oase in der Wüste der recht derben Billig-Steh-Café-Kunstwelten im Viertel. Nun, man hat es als Innenarchitekt heute schon schwer. Totale stilistische Unübersichtlichkeit allerorten. Konjunktur hat alles; angefangen beim Neo- und Fotorealismus bis zur Moderne und Postmoderne. Weil Strömungen nicht mehr monokausal erklärbar sind und Entwicklungen weniger denn je eindimensional greifen. So oder ähnlich stelle man sich den grübelnden Architekten vor der Renovierung dieses Café-Fossiles vor. Die Wahrheit: Das profane Ergebnis kam augenscheinlich — wie sonst auch — profan zustande. Wozu gibt es Baumärkte, wozu die »do it yourself — Bewegung«? Keiner der vielen neueren Absahnerschuppen, die sich »Bistro« schimpfen. Eigene Bäckerei, vielfältiges Kuchen- und Gebäckangebot. Trotz einiger modischer Imitationsversuche in Rich-

RIESENFRÜHSTÜCKE: bereits Legende

café opus

an der uni-120qm PLATZ-round table f. ag's und gruppen/seminare-BESTER CAPUCCINO IN EFF EFF EMM-essen-trinken-reden bis ein uhr nachts in der: PALMENGartENSTRASSE ACHT

Mo.-Fr. 9-1; Sa.+So. ab 10:00

Telephon:745784. geöffnet sind wir:

tung »gute alte Biedermeierzeit«, blieb fragmentarisch ein liebenswertes Mekka der Kaffeehauskultur aus der Gründerzeit erhalten. Kleine warme Imbisse, Diabetikergebäck. Im hinteren Teil sind die gediegen-gemütlichen, staubigen, Plüsch-Nischen leider verschwunden. EINZIGARTIG.   ★

CRISTAL, Kaiserstraße 52. ☎ 2234062. Mo-So 09-24.

Grauenhaft und jeden Auspfiff wert! In der ultimativen Schlacht um den letzten Wucherpfennig stirbt echte Kaffeehaus-Kultur serienweise. Der Gast verbleibt als noch nicht ganz überflüssiger Supporting-Act! Drei Kugeln Eis mit Etwas — die einzig ehrliche Information — Sahne. Keine weiteren Preis- und Sortimentsangaben nötig. So wird aus einer heruntergekommenen Profan-Eisdiele garantiert kein »Kristall-Café«. Da helfen auch keine schweren Kristalleuchter-Imitationen. Das Mobiliar — aus Versteigerungen zusammengestoppelt. Besonders gelungen und eine wahrhaft innenarchitektonische Glanzleistung, ist die Wanddekoration nach Gefängnisgitter-Art. Generationen von Jugendzentrumsaktivisten liebten dieses Baumaterial seiner Preisgünstigkeit wegen: Dachlatten, billig zusammengeklebte Serienproduktionen, auf babyrosa Wandbemalung aufgenagelt. Grauenhaft muffige Büffetiers und Bedienungen wissen wohl bestens, daß der Laden nicht besonders ankommt. Absolute Touri-Falle: Nichtsahnende Laufkundschaft muß sich mangels besserer Ortskenntnisse auf dem Weg zum und vom Hauptbahnhof abkochen lassen. Was daran gemein sein soll? Na spicken sie mal ein Brötchen mit Eisenspänen! DAS LETZTE.   ★

SCHACH-CAFÉ, Moselstr. 6, Bier (Flasche 0.5l Ex) 3,50, Rindswurst 4,50, Rumpsteak 20,50.

Etwas überraschend für Auswärtige: Im Rotlichtbezirk ein Café für Schachfreunde! Doch keine Bange, zu anstrengend wird die

Café Kämpf

Gedankenarbeit nicht, werden die Kartenspiele — vor allem wenn der Einsatz entsprechende Höhen erreicht — mitunter doch etwas heftig. Die schmuddelige Umgebung interessiert nicht, wenn's um's Geld geht, ist man nicht mehr so auf Ordnung bedacht. Denken macht hungrig, Nervenanspannung gierig gefräßig. Was den einen seine Pillen-Tranquilizer, ist dem anderen seine Schweinshaxe mit Sauerkraut und doppelter Portion Pürree. Deshalb ist die Speisekarte wesentlich umfangreicher, als bei einem Café zu vermuten. Da man sowohl beim Spielen als auch Nervenberuhigen wiederum keine Zeit hat, wird nicht verzehrt oder gegessen, sondern runtergeschlungen. Daher kommt's auf die Qualität auch nicht so sehr an. Hauptsache den in voller Bauch — das einzige garantierte Erfolgserlebnis bei diesem Entertainment. Und welcher Spieler will nicht einmal wenigstens Sieger sein. Der Kellner hat original Ostberliner HO-Gaststätten-Service-Qualitäten. Läßt sich äußerst souverän nicht von jedem hektischen Hansel zum dienenden Depp machen. Im Verhältnis zu anderen Bedürfnisanstalten in Sachen Spielleidenschaften dieser Gegend, hält man hier erfreulich eisern an Prinzipien fest: Üb immer Treu'und Redlichkeit. REIF FÜR DEN ARTENSCHUTZ!

/// ★

STERN-CAFÉ, Taunusstr. 25. ☎ 231191. Mo-Fr 7-18.30, Sa 7-13, So zu. Pikant belegte Brötchen, diverse Snacks, Kaffee, Teestube mit über 2o Teesorten, Tasse 1.

Schon tausende Spekulanten hetzten hinter dieser Ladenfläche her. Doch tausend Geldgeier konnten die Betreiber glücklicherweise nicht verschrecken. Bisher. Keine gehobene Gastronomie mit Kerzenlicht und Piano, kein hohltönendes Pathos, einer der letzten ungestylten rauhen Fluchtpunkte im Viertel. Überbleibsel aus Zeiten, als es noch an jeder Ecke solche Läden gab: Das Bier sehr dünn,

die Trinker rauh, und die Currywurst schlägt hart ans Gebiß an. ORIGINELL. GUT. BILLIG.

★

*b*ockenheim

CAFÉ ALBATROSS, Kiessstr. 27. ☎ 7072769. Mo-Do 10-23, Sa-So 10-20, Fr zu. Kaffee 1,80, Licher 0.5l 3, Milchkaffee 3, Pfannkuchen 3,50-6,50, Frühstück 2,80-15, Baguettes 1,50-5,50. Tgl. wechselnde Karte. Draußen sitzen.

«Schön dich zu sehen». Nirgendwo sonst in dieser Stadt gedeihen so viele kleine umsatzträchtige Scene-Cafés und -Kneipen wie in Bockenheim und im Nordend. Die Bockenheimer veranstalten ihre gastronomische Kunst recht unbekümmert und hoffnungsfroh für viele wissenschaftliche Möchtegern-Nachwuchsstars in relativ lebendiger Uni-Umgebung. Wechselnde Kunstausstellungen zieren die Wände. Verläßlich gut, meinen die Rezensenten. Frohmachendes Erlebnis für alle Altersstufen, folglich viele Gäste. Liegt weit genug entfernt von der Wissensfabrik, um nicht alle KommilitonInnen aus gemeinsamen Seminaren am Nebentisch wiederzutreffen. Die Baguettes machen keinen arm, aber jeden satt. Eine Ovomaltinemischung sag' ich euch — optimal und unübertroffen. Das Hinterhaus ist inzwischen ausgebaut und erlaubt die Inszenierung eines Sommergartens. Dieses Stück verlangt den Ausblick auf triviale, neuzeitliche Hofbebauung und -begrünung. Man kommt sich an einem Gartentisch vor wie in der Zaun-Abteilung des MASSA-Baumarktes. Umgeben von sklavisch aufgeklebtem Neue-Heimat Art-Deko! Das beeinträchtigt ein wenig die Atmosphäre. Alternative Hardliner ertränken ihre Midlife-Crises mit hundertmal-gehörten geistigen Rochaden. Man hebt sich mit der nötigen Gelassenheit großzügig über solche kleinen Mängel hinweg. Dermaßen kleinlich können eben nur typisch überdrehte Stadtneurotiker nörgeln. Sie haben ja wirklich recht, die Scenies: Die Kaffeehausbetreiber sind für weniger elegante Sanierungsfolgen nicht verantwortlich. Bei soviel Nebensächlichem bleibt ungerechterweise nicht viel Zeit für den Kern der Dinge: Das hervorragende Frühstück; der voluminöse Cafe au lait; die kleine aber feine und preiswerte Karte mit Vollwert-Müsli; die kollektive Organisation, die klapppt. Für unschuldige GenießerInnen schlicht und einfach einer der wenigen und zugleich lieblichsten Diamanten alternativer Gastronomie. HERVORRAGEND. ➘★

CAFÉ AU LAIT, Am Weingarten 12. ☎ 701039. Mo-Do 9-01, Fr 9-02, Sa 10-02, So 10-01. Cafe 2,20, Cappuccino 2,80, Wasser 2,30. Frühstück von 4,20-13,50, Baguettes 3,90-6,80.

Das Café im Zentrum Bockenheims mit dem großen Herzen für den Künstler Paul Lynch. Er durfte dort eine Wand bemalen. Ein Kaffeehaus, in dem auch viel und gerne gegessen wird. Publikum: Gedämpfte Mischung aus Szene, Akademikern und solchen, die es werden wollen im legeren Normaloutfit. Garniert mit Leuten, die sich »distinguiert« geben, was immer das auch heißen mag. Pierre leitete bis vor kurzem zudem das Bierhaus in der Schützenstraße und hat als Filmverleiher das Phantasie-Business gründlich gelernt. Folglich fällt ihm die Profilierung des Cafés im Dschungel von 751 Resto-Bistros nicht besonders schwer.

Er nimmt die Dinge persönlich in die Hand und ist nicht so schnell kampfunfähig zu machen. Den Vorteil haben die Gäste. Das Preis-Leistungsverhältnis ist stimmig. An Angebotsvarianten fehlt es nie. Dabei ist aufgesetzter Art-Deco Schick überflüssig, die Atmosphäre ist auch so gut. Tagsüber Hauptverkehr in Sachen Speisen und Getränke, abends zuweilen Ruheraum für Schlafbedürftige. HANDFEST. ★

CAFÉ BAUER, Jordanstr. 1. ☎ 777967. Mo-Fr 6.30-19.30. Bier 0.33l 2,70, Clausthaler 2,70, Cola 1,80, O-Saft 1,80. Croissant mit Käse und Schinken 2,90-3,80. Terrasse.

Beim ersten Anblick bekommen St.Germain-Liebhaber feuchte Augen. Das Etablissement sieht äußerlich aus wie eines jener pulsierenden Cafés im Studentenviertel der Seine-Stadt, doch dies ist eine arglistige Täuschung. Tatsächlich handelt es sich um eine extrem biedere Pausenstation für stillose, hoffnungslos einfallsarme, trockene Studenten, die schon der Besuch eines Cafés gefühlsmäßig ins Reich des Verbotenen, Vulgären versetzt. Da man selbst nichts Essentielles zu erzählen weiß, lauscht man den Gesprächen der Nachbartische. Small-Talk von Uni-Sekretärinnen und Assistenten-Tratsch, heiße »Infos«, die man mit extrem weit ausgefahrenen Ohren ranholt. Der Spätpubertierende ist beherrscht von der Faszination des Belanglosen und unterstreicht dies alles mit verkrampften, aufgesetzt rocki-

café GEGENWART

Bergerstr. 6 · 6000 Frankfurt · Tel.: 4 97 05 44

gen, oder lässigen Bewegungen. Und hat einen inneren Abgang über die frohe Botschaft, daß der Prof' nun doch seine USA-Reise eine Woche später antreten wird. Jeder Köter ist halt jenseits des Institutes ein Knüller. Wieder nix mit weltstädtischen Pariser Geistesblitzen und philosophischen Höhenflügen. Dafür mit der Qualität und dem Flair einer echten Vorort-Fast-Food-Kette.   SCHLECHT? SCHLECHTER!   ★

CAFÉ BOHNE, Schloßstr. 24. ☎ 779239. So 16-01, Mo-Sa 17-01. Salatbuffet 8, Kaffee 2,30, Bier 0.4l 3. Draußen sitzen.

Eingeklemmt zwischen der Sportschule Seoul und dem Bräunungsstudio Sunshine-Inn ist es zugegebenermaßen nicht einfach, ein stimmungsvolles Café zu etablieren. Drum gelang das Herrn Milnitzki auch nur halb, und unter »gut besucht« stelle ich mir auch anderes vor. Nicht unbedingt ein reüssierender Platz für multinationale Genüsse. Kein düsteres Nachtcafé, in dem Taxifahrer, Nachtschwärmer und Groupiers zur Stammkundschaft gehören. Aber: Jede Menge Salat, Toasts und Crepes, dazu Zet-Kaffee und -Espresso findet man nicht überall, und wer es geschafft hat, von Bockenheim kommend die Straßenbahngleise lebend zu überqueren, wird sich zu recht für das Angebot erwärmen. BEMÜHT.∞

CAFÉ CARIOCA, Adalbertstr. 4. ☎ 700029. Mo-Do 8.30-01, Fr 8.30-02, Sa 09-02, So 10-01. Spinatrolle 10,50, Kaffee 2,20, Wein 4,80.

»Nettes, modernes Café, das leider durch seine Plazierung — in der Bockenheimer Ladengalerie — an Attraktivität verliert.« Schrieb in der letzten DOKO-Ausgabe ein gewisser Herr Schiefer. Das war damals schon Blödsinn, drum ist es heuer nicht richtiger. Man stelle sich vor, ich würde behaupten, weil seine Wohnung in einer der schlechteren Frankfurter Gegenden liegt, verliere er, der selbsternannte Papst des Unkonventionellen, an Attraktivität! Zumindest gestand er diesem Café

einen Sockel an Attraktivität zu. Von nichts könnte man nichts verlieren. Also: Dieses Café bietet Kaufrauschgeschädigten Erholung und liegt in jenem postmodernen städtebaulichen Knorpel gegenüber der Warte, dort wo man Bockenheim von seiner angeblich besseren Seite genießen kann. Rückseitig beginnt — fast wie im richtig mondänen Geschäftsleben — die lieblich dörfliche Bockenheimer Rennbahn für pittoreske Zeil-Erlebnisse »en miniature«. Phantasialand. Und wenn man noch mal davongekommen ist, von der »Leipziger«, bietet die reizminimierte Einrichtung einen wohltuenden Ruhe- und Erholungsraum. Dermaßen regeneriert läßt es sich mutiger ins Gewühl stürzen. PRIMA INTENSIVSTATION.   ★

CAFÉ IM GOETHETHEATER, Leipzigerstr. 36. ☎ 708844. Tgl. 19.30-20.30, Mo Di zu.

Kein Wahnsinns-Kaffeehausbetrieb, aber ab und zu trifft man echte Café-Gäste, die sogar den Besuch der Vorstellung verweigern. Das soll es bei anderen Cafés dieses Genres nicht immer geben. Spricht entweder für den Kaffee oder den Charme der Bedienung, den guten Wein, oder gegen das Theater. ANGENEHM.   ★

DEPOTCAFÉ, Bockenheimer Warte, im Depot. Tgl. 10-01. Kaffee 2,40, Bier 3, Wasser 2,50, O-Saft 3,50, Milkshake 5. Lachs auf Toast 9,80, Broccoli Quiche 7,50.

In einem Container, mit dem angedeuteten Äußeren einer Straßenbahn, dem Bockenheimer Depot an die Seite gestellt. Vorne im Führerhaus befindet sich das Café und die Theaterkasse, weiter hinten die Künstlergarderoben, über der runden Theke ein rundes Plateau, umrahmt von dicken roten Rohren, die sich als Rückenlehnen der oberen Etagensitze herausstellen. Komposition in grau und rot, die Sessel, ein Stahlgestell mit Hartgummielementen. An Vorstellungsabenden überfüllt. Bei der günstigen Lage und der interessanten Einrichtung der kommende Renner. GUT.   ☆□

JEAN BASTOS, Gräfstr. 45. ☎ 701095. Mo-Fr 08-01, Sa-So 10-02, Bier 3, Cola 2, Kaffee 2,10, italienische Küche, z.B. Lasagne 7, Frühstücksbuffet mit frischen Brötchen und Obstsalat (auch am Wochenende) 10,50.

Davon, daß der Kunde König ist, kann in vielen Cafés, zumal in extrem günstiger Lage gegenüber den Uni-Massenhörsälen, ebensowenig die Rede sein wie in deutschen Arztpraxen. Fade und schade, daß soviele gastronomische Abenteuer auf diese Weise abhanden kommen. Das Bastos zehrt jetzt auch von kleinen Mißverständnissen. Die Gäste erleben Stunden voller gelungener Gaumenfreuden, und ohne die vielen Spezialbiere käme die Straße, die Bierkultur betreffend, doch reichlich provinziell weg. Nun wurde der Laden aber noch einmal liftet und die Karte wird sicher nicht mehr vom Wirt täglich mit der Hand geschrieben. Natürlich hat man's versucht, wie es heute so üblich ist. Um keinen Preis darf ein Lokal überfrachtet wirken. An den Wänden hängt was, Fotos, also wurde das Café zu einer Art Galerie umfunktioniert. Ja wenn, ja wenn die Exponate wirklich von bekannten Künstlern wären oder Niveau hätten. Der Umbau setzt allem die Krone auf: Eine Kühltheke gefüllt mit Fließbandkuchen von Heberer. Stil? Wenig ist bekanntlich mehr, aber gar kein Stil ist auch nicht so überzeugend. Letztlich zählt nur der Erfolg, und Full-House heißt die einzige Erfolgsgarantie. Treffpunkt für lockere Zeitvertreiber. Kostverächter kommen hin und wieder vor. WUNDERBOX.   ★

PAPAGAYO, Robert-Mayer-Str. 41. ☎ 700432. Mo-Fr 10-23, Sa 18-23, So u. feiertags 10-23. Kaffee 2, Riesenmilchkaffee 3,30, Weizenbier vom Faß 3,90, Aubergine mit Schafskäse 10,50, selbstgemachte Waffeln.

Traum eines jeden Wirtes ist ein »richtiges Geschäft«. Also eines das »läuft«. Ohne zu übertreiben – die meisten dilettieren mehr oder minder erfolgreich in diesem Beruf. Den Papagayo-Betreibern wurde der Traum Wirklichkeit. Durch geschicktes Geschäftsgebaren und einer Nase fürs Besondere. Erstens ist der Service spitze. Zweitens arbeiten hier keine Muffelköpfe oder Intriganten. Drittens sieht der Laden teurer aus als er ist. Viertens: Sind die Speise- und Getränkeangebote nicht nur preiswert, geschmacklich sehr gut, sondern zum Neid vieler Mitbewerber auch noch originell und abwechslungsreich. Von einem großen Salat wird man satt. Nicht nach der Un-Art Nouvelle Cuisine: wunderschön dekoriert, teuer und nix auf dem Teller. Was gefährdet das Prädikat »non-plus-ultra«? Das Publikum ist nicht jedermanns Sache. Vor allem nicht meine. Artistenscene. Viele sehen aus als träumten sie den ganzen Tag zu wenig vom harten Wirtschaftsstudium und viel mehr vom schicken, teuren Amüsement in Jet-Set Intränken wie »Harrys' New York Bar« in München oder im »Gogärtchen auf Sylt«. Erfinder geistiger Finsternis von der Marke Vorstadt-Casanova, streunen ab und an durch die hell erleuchteten, mit viel subtropischen Pfanzen dekorierten Räumlichkeiten, gastronomische Pseudoabenteurer, die sich wie richtige Farmer und Schafzüchter durch den australischen Busch quälen. Diese Publikumsgruppe macht aus einem Erlebnisabend flugs ein witzloses Gedrängel um den besten Anmachkampfplatz. Glücklicherweise trifft man auch angenehme Mit-Esser. Und solchen mischen sich Gefühle wie Zärtlichkeit und Wut, Liebe und Rohheit, Künheit und Versagen. Neidzerfressene Bösewichte und köstliche Plaudertaschen. Alles in allem eine höchst lobenswerte Ausnahmeerscheinung, die dazu führt, daß sogar der Tester zuweilen beim Verspeisen einer Ofenkartoffel mit Sauerrahm schamrot anlaufen mußte. — Na, na! GENUß PUR.   ★

STATTCAFÉ, Grempstraße 21. ☎ 708907. Mo-So 10-20, Mi 10-24, Do zu. 0.5l Bier 3, 0.2l Apfelsaft 1,50, Kaffee 1,50, Frühstück 3-19.

Die günstigen Wettbewerbsbedingungen werden weitergegeben. Müßte ja nicht zwangsläufig so sein. Gell? Wenn einem kein Café mehr einfällt, kommt man immer wieder auf diesen Ort der Scenenkultur zurück. Zahlreiche in- und ausländische Zeitschriften und Zeitungen. Spiele möglich. Jeder, der in der harten Realität des alternativen Geschäftslebens oder im Uni-Streß zeitweise zur Null wird, kann sich hier in phantastischen Träumen seinen seelischen Ausgleich holen. Die Atmosphäre dazu ist vorhanden. Es sei denn, man kommt unbedingt zur Mittagszeit oder am Wochenende zum Frühstück. Dann wäre es besser, einen Boten zur Platzreservierung vorauszuschicken. Das Personal ist sich seiner Verantwortung bewußt. Entgegen sonstiger Scene-Unsitten, entspricht das Serviertempo der Verhältnismäßigkeit der Mittel. Der Kaffee ist also noch heiß, wenn er serviert wird. Die Zeit des Gastes ist knapp bemessen, das persönliche Glück bleibt ihm hier nicht versagt. HERVORRAGEND. ➤➤★

bornheim

CAFÉ BOHNE, Berger Str. 111. ☎ 439497. Mo-So 7.30-19. Kaffee 2,50. Bier 0.4l 3, Frühstück 6,50-23.

Pink-Farben, Korkwände, China-Pergament-Schirme an der Decke bringen noch lange keine richtige Bistroatmosphäre. Eher was für Liebhaber von Bräunungscremes, Bizeps-Schinder und Vorzeigeanarchos. FORGET-IT. ★

CAFÉ CONTI, Bergerstr. 157. ☎ 461961. Mo-Fr 09-19.30, Sa 09-17, an langen Sa 09- 18,30, So zu. Kaffee 2, Cola 2, Frühstück von 5,50-8, es

werden kleine Snacks angeboten, z.B. ein Baguette für 4,50.

Besonders zu empfehlen die superoriginelle Mohrenkopf-Torte. Jörg & Jörg als Kaffeehausbetreiber ein Traumpaar, einfach zu und zu süß, schaffen es in ihrem kleinen, gemütlichen Lokal atmosphärisch so etwas wie Lachen und Leben für alle Bornheimer hinzuzaubern. Der Rentner becirct die Oma, der Scenenfreak schwätzt der Sekretärin das Ohr ab. Der Stuck an der Decke, echter Gipskitsch, ist weit von experimenteller Restaurierungskunst der Gegenwart entfernt. Die alten Schallplatten an der Wand kann man getrost als Dauerausstellung zum Thema Kultobjekte der frühen Sechziger begreifen. HERVORRAGEND. ★

CAFÉ YPSILON, Bergerstr. 18. ☎ 447989. Mo-Fr 09-21, Sa So & Feiertag 10-21.

Die Müslis sind nicht aus Pappe, die kleine Ladenwohnung, in der gespeist, geschmatzt, geschlürft und getrunken wird, enpuppt sich erstens als richtiges Café und zweitens als Bühne altgedienter Wohngemeinschaften, Szenezusammenhängen, die Bühne hebt sich, das gedämpfte Rampenlicht tut sein übriges, das Spektakel beginnt: Zu barbarisch früher Uhrzeit, wenn richtige Scenen-Sumpfhühner noch kein Auge auf den Wecker kriegen, geschweige denn ihren Body aus dem Bett, serviert die Filiale gleichnamigen Buchladens schon Frühstück. In Paris schon mal durch hohe Erwartungen an »tolle« Croissants zum Frühstück frustriert worden? Der Weg in die Bergerstraße ist allemal lohnender und zeitsparend. Nicht zu laut, nicht zu leise, wichtige Zeitschriften, am Sonntagmorgen Frühstücksbuffet. Die Teile werden einzeln abgerechnet. Kein indirekter Zwang zur Vielfresserei. Lob, Lob! Im Angebot auch Bio-Produkte, rundum eine Blüte der Scenenkultur. Auch was die »Gemütlichkeit« des Bedienungspersonals angeht. Da wird schon mal ein ganz sanftes Gäste-Schaf zum reißenden Wolf. Die Preise zi-

vil und die Architektur nicht kunstlos. Lesungen. Während der Buchmesse bestbesuchte Themenabende. Für einige Besucher so eine Art Zweitwohnung. SPITZENKLASSE. ★

CAFÉHAUS, Berger Str. 10. ☎ 446642. Tgl. 08-12. Kaffee 2,20, Milchkaffee 2,70, Cola 2, Wasser 2,50, Mixgetränke ohne Alkohol 2,80-3. Frühstück 4,50-10,80, Kuchen, Torten 2,80, Pastete Blätterteig mit Schinken, Käse und Tomaten 7,80.

Kleines helles Eck-Café in schöner Lage mit Blick auf den gegenüberliegenden Park. Der Milchkaffee schmeckt dünn und der Kuchen ist Marke Sand mit Zitronengeschmack. Der ganze Laden erweckt den Eindruck, als sei man noch nicht ganz sicher, ob man vielleicht nicht schon nächste Woche lieber wieder zumachen will. Schade um die vertane Chance, die die gute Lage bietet. HALBFERTIG ABSTEIGEND. ☆

GEGENWART, Bergerstr. 6. ☎ 4970554. Mo-Do 09-01, Fr 09-02, Sa So 10-02. Pils 3, O-Saft frisch gepreßt 4, Weine 4-6. Diverse Salate 9-12, Sommergemüsegratin 10,50, Filetsteak 19,50. Frühstücksbuffet mit Preis nach Hunger.

s.S. 402

KAFFEEMÜHLE, Arnsburger Str. 38. ☎ 447090. Mo-Do 07.30-18.30, Fr 07.30-15, Sa 10-14, So zu.

Man nehme eine gute Mischung Bornheimer, verpasse ihnen das entsprechende Schlappmaul und lasse sie der Laufkundschaft begegnen, und schon ist sie fertig, die liebenswerte Realosatire. Sind viele Stammgäste hier. Das Stehcafé wird in den Pausen gerne von Schülern umherliegender Schulen frequentiert. Man kann nicht behaupten, hier würde

Le Café-Crème!

Selbst der Kaffeesatz hat was.
Von Willi Hau

Milch im Kaffee: Ein Schuß ins Herz eines jeden echten Kaffeefans. Ungenießbar und stillos für die einen, Lieblingssünde für die anderen. Die Milch macht nichts aus? Von wegen!

Mode-, Polit-, Kunst- und sonstige selbsternannte Scenchen und Sternchen stehen mehrheitlich noch auf Milchcafé. Aber: Sie müssen beginnen, sich endlich auch dieses Lasters zu schämen. Es muß nämlich alles anders werden. Ich habe mich ja selbst wie von einem traumhaften Sinnesrausch überwältigen lassen. Wurde schon beim entfernten Anblick einer dieser typisch großvolumigen Tassen kribbelig. Mir lief dann, so unangenehm das zuweilen gerade weiblichen Begleitpersonen war, förmlich das Wasser im Mund zusammen, hin und wieder auch mal seitlich etwas raus. Und man sieht soviele dieser Tassen im Laufe nur eines Tages.

Irgendwie hätte ich mir als Kind daran die Schnauze verbrennen sollen, oder ich hätte in diesen Schüsseln ersaufen müssen. Aber so kam er über mich. Beziehungsweise: Ich mußte auf ihn kommen. Den Milchcafé-Trip. Es heißt ja, alle Wege führen letztendlich doch zum richtigen, guten Geschmack. Mein Weg war dann wohl ein recht verschlungener. Heute habe ich es geschafft. Ich trinke nur noch Café-Noir!

Selbst der Kaffeesatz hat was. Wenn man ihn runterschluckt, kommt prompt dieses berauschende Allmachtsgefühl. Man glaubt, auf alle entscheidenden Fragen dieser Welt eine Antwort gefunden zu haben: Liebt sie mich? Liebe ich sie?

Schwarzer Kaffee mit bestenfalls Zucker läßt nur schöne Gedanken sprießen, schärft den Geist, fördert die Verdauung, bekämpft Migräne und Depressionen, ach, was denn nicht... Kurzum: Tut dem ganzen Organismus gut. Das Universelle Therapeutikum zum einmalig kleinen Preis.

Sadistische Kaffeefeinde haben ihn dann zum Milchkaffee pervertiert. Was gibt es noch Gemeineres als diesen gepanschten Fusel, was kann man von einem Spülwasser, das mit Cappuccino eine entsprechende abartige Variante gefunden hat, anderes als Seiche erwarten?

Diese softe, abgespeckte Version war es, die mich damals eroberte und lange beherrschte. Ohne Zweifel wegen der Geschmacksverwandtschaft zur heißen Schokolade. Diesen Selbstbluff, diese langanhaltende Unfähigkeit, mich von der Sehnsucht nach der Süße der Muttermilch abzunabeln, ist überwunden. Ich bin jetzt absolut fit. Habe alles durchschaut: Milchcafé degeneriert. Als würde man zum Bastard, der sich nur noch mit anderen Bastarden umgibt. Crème im Kaffee ist wie trockenes Brot, das beim Anblick bröckelt.

Café-Kriminell: Die Allianz von Kaffee und Milch macht kaputt. Gründlich. Sahne allein ist schon gefährlich genug. Aber ein Milchkaffee mit Sahnehäubchen? Diese Dialektik, sagt man, ließe Bunker bersten und erst recht die zarten Geschmackssinne. Das ist ja so gut und schön, diese Wechselwirkung von Härte und Lieblichkeit, weiß und schwarz, Gift und Balsam, heiß und kalt. Dachten wir. Bis wir die letzten naiven Schafe in der Café-Scene waren. Jetzt bin ich bei der militanten Kaffee-Guard. Geläutert von unseren Vermischungs- und Verwässerungsperversionen, nur noch bedacht auf die Reinheit des Kaffees und damit Schutzmann der öffentlichen und privaten Gesundheit. Ob Lunch, Brunch, Kneipenluft oder Freiluft, lustvoll essen oder lustvoll fasten, Pudel in Nizza oder Strudel in den USA: Kein Kaffee-Leid durch Café au lait!

im luxuriösen Rahmen des deuxième Empire leichte französische Küche gepflegt. Eher beste Hausmannskost in Sachen Backwaren im sympathischen Eßzimmer-Look für Freunde der Frankfurder Stubb'. Hier dreht sich vieles um Getratsche an sich — aber längst nicht um alles. SPANNEND.   ★

MONOKEL, Berger Str. 213. ☎ 455000. Tgl. 09-01. Bier 1,50, Wasser 1,50, O-Saft 2,50, Kaffee 2, Kakao mit Sahne 2,80. Gute belegte Brötchen 2,70-2,80, Eintöpfe, Suppen 5,20-7,60.

s.S. 179

*e*schersheim

CAFÉ BACHMANN — DAS ANDERE CAFE,
Eschersheimer Landstr.535. ☎ 52 68 06. Mo-Sa 8-18, So 10-18, Mi zu. Frühstücksbuffet 12,50. Warsteiner Bier 0.3l 3, Cola, Fanta 2, Clausthaler 3. Verschiedene Suppen 5-6,50, Toasts 6,50-8,20.

    Der Tip für das ruhige Frühstück am Sonntag. Wenn das Bufett abgeräumt ist, gibt es zwar keine kulinarische Akrobatik mehr, sondern nur noch ein knappes Angebot. Das Bedienungs-Trio hellt jedoch das herbstliche graue Wetter auf, und die Frage des Bäckers, ob die Eier auch gut sind, ist keine aufgesetzte, tüttelige Bistrofreundlichkeit, sondern das handwerkliche Bemühen um Zufriedenheit der Gäste. Etwas weit ab von der Innenstadt und in der Enge der dortigen Frühstücksszenerie eine angenehme Entdeckung. GUT. ☆

CAFÉ CHRISTINE, Eschersheimer Landstr. 319. ☎ 561766. Tgl. 7.30-18.30. Kaffee 2,20, Kuchen ab 1,65. Specials: Christine Sahne. Garten und Terrasse.

    Ein Kleinod, das man in diesem Buch eigentlich gar nicht erwähnen dürfte. Nun befürchtet der Rezensent berechtigte Klagen über hereinbrechende Voyeure und Störer dieser altbewährten Oase inmitten unwirtli-

cher Café-Haus-Wüsten sonstiger Vorstädte. Hierher kommen Leute aus dem Umland ebenso wie aus der Innenstadt, um zumindest sonntags Schlange stehen zu dürfen. Kein Wunder: Dem Konditor dichtet man Wunderkünste an! Seine Torten schießen zwar nicht so hoch zum Himmel wie die Gummibäume, die Gäste fühlen sich so sauwohl wie die uralten Goldfische im botanischen Garten des Hauses. Und wenn's schon Nostalgie sein soll, dann bitte schön auch dieses Detail: Der Kaffee wird noch im schweren Silbergedeck serviert. Nun ja, das spricht für Vertrauen in die Seriosität der Gäste. Was man hier weniger findet: Die Witwe, die vom jungen Liebhaber ignoriert wird, der argentinische Massentourist, der im Bahnhofsviertel gleich von zwei Dirnen hereingelegt wurde und vieles ähnliche Leid mehr. Dafür reichlich Small-Talk der Anwohner, der Lebensdiskurs zugleich ist. Ein Café zum Mitreden — wirklich: eine Rarität. HERVORRAGEND.   ★

*h*ausen

COLLAGE, Bachmannstr. 2-4, Brotfabrik. ☎ 7891889. Mo 19-24, Di-Fr 16-24, Sa & So 11-24. Kaffee 2, Bier 3-3,50, O-Saft 2. Am Wochenende Frühstück. Tgl. wechselnde kleine Gerichte. Monatlich wechselnde Ausstellungen.

    Drei gestandene Frauen mit viel Humor und ausgesprochener Freundlichkeit gehen manchmal viel zu sehr auf die Sonderwünsche der Gäste ein. Wo gibt es schon noch: Da wird einem »Herren« mittleren Alters noch nach 23 Uhr ein großer Salat serviert, obwohl die Küche seit 22 Uhr geschlossen war. Jetzt weiß ich, was ich das nächste Mal zu tun habe. Leider bieten sich Cafés in dieser Hinsicht viel zu selten als Imitatoren und Doppelgänger an. Offensichtlich wollen sie nicht soviel Publikumszuspruch wie das »Collage«. Zur

Freude der alternativen Zeitungsscene und der Wildplakatierer zeigt man für diese Art Information hier ein sehr sehr großes Herz. Dem Gast stehen aber auch große deutsche Tages- und Wochenzeitungen zur kostenlosen Nutzung zur Verfügung. Ein Fixpunkt für Freunde eines kulinarischen Frühstücks, Brettspiele sind auszuleihen, und das Besondere: Ab und klassische Background musik, auch mal Kammermusik. Rundum ein nettes Café, wo sich, durch den Spielbetrieb der Brotfabrik bedingt, zuweilen die Avantgarde freier Theatermacher trifft. Keine Angst, das Publikum flippt deshalb nicht aus, es bewahrt seine Natürlichkeit: Kein Treffpunkt überkandidelter Intellektueller, aber fast jeder Gast auf seine Art ein Orginal. SPITZENKLASSE. ★

*h*öchst

CAFE BÜCK DICH, Bolongarostr. 174, ☎ 307612.

Nach der Renovierung war es mit dem gewissen Charme traditionsreicher Orte vorüber. Mittlerweile eine absolute Kaffeeabfüllmaschine mit einer Einrichtung von der Stange. Da helfen auch die Rosa-Töne mit ihrer Ausstrahlung von Hausfrauen-Kitsch nicht weiter. Keinerlei Atmosphäre. Von Charakter und Orginalität ganz zu schweigen. Vielleicht hilft ja die Zurückversetzung in den alten Zustand.- Zu wünschen wär es allemal. AUF EIN NEUES. ★

CAFÉ SCHWARZES K., Höchster Schloßplatz 6. ☎ 309416. Fr, Sa, So, Mo 11-19, sonst zu.

Daß sich unser Weltbild seit Einstein und der Entdeckung der Relativitätstheorie radikal verändert hat, ist erstmal ein abstraktes Phänomen, das zwar die Wissenschaft revolutionierte und auch in Computern darstellen läßt, aber bisher als sinnliche Wahrnehmung kaum bis nie sichtbar wurde. Am Rande des Schloß-

bergs Höchst, mit Hautkontakt zum »Bären«, materialisiert sich ein Relativitätsphänomen regelrecht und wird sogar sichtbar. Absolut gesehen bestenfalls ein Wohnzimmer, ist das kleine Café relativ betrachtet, ein florierendes Caféhausunternehmen. Die Wirtin weiß die Begrenztheit ihres Handlungsraumes offensiv zu nutzen. Verzehrlüsternen wird auf dem Tablett eine mobile Kuchentheke präsentiert. Das gibt dem Auswahlvorgang eine ganz besonders persönliche Note. Kommt doch jeder Gast, zumal als Neuling, unverhofft in die glückliche Lage, den fachmännischen Blick der Wirtin auf Viertelmeterdistanz auszuhalten, ihm standzuhalten, zu widerstehen oder, wie man will, ihn genießen zu dürfen. Die Einrichtung ist liebevoll und zeugt vom guten Geschmack der Ausstatterin: »Ich mache alles im Alleingang. Von der Klorolle zum Blumenstrauß, dem umfangreichen Papierkram, der Tortenschachtel, Einkaufen und bis zur Tisch-

ROTLINT-CAFÉ

ROTLINTSTRASSE 60 · 6000 FRANKFURT A.M.
TEL. 449691
täglich von 9.00 - 1.00
sonn- und feiertags 11.00 - 1.00

wäsche«. Die kleine Speisekarte erfüllt gehobene Ansprüche an Caféhaus-Kleinigkeiten. Ein Vollwertgericht ist eingeschlossen. Hierher kommen Leute, die wie Künstler Komplizen suchen. Folglich kombiniert das Publikum Paradoxe auf den wenigen Stühlen, die zu wohltuenden Entdeckungen führen. Die Vielfalt der Besuchertypen ist mindestens so groß wie die Gerüche, die zuweilen von den Farbwerken herüberschweben und den historischen Platz in eine Dunstwolke packen. Solche Genüsse — in der Tat zu verbietende Früchte. Trotz der tendenziell ungesunden Lage eine erholsame Alternative zu den üblichen 08/15-Cafés der Umgebung, das mittlerweile gräßlich-sterile »Bück-Dich« eingeschlossen. Der Sympathiepfeil der Wirtin des »Rotlint-Cafés« gab uns die Richtung an für das süßeste Café Frankfurts, durchbohrte unsere Herzen und setzte positive Bedeutungsmarkierungen. ENTDECKUNGSWÜRDIG. ★

CAFÉ WUNDERBAR, Antoniterstr. 16. ☎ 318783, So-Do 10-01, Fr, Sa 10-02, 0.3l Warsteiner 3, 0.4l Rauchenfels Steinbier 4, Apfelwein 2, Wasser 1,30, Kaffee 2, Cocktails 7-13. Frühstück 3-15, Suppen, Gerichte vom Schwein, Rind, Huhn und Fisch, Kinderteller und Speisen für Vegetarier. Z.B. Gebratenes Thunfischsteak, Kartoffeln, Salat 15,50, Vollkornspaghetti 8,80.
s.S. 184

CAFÉ KUCKUCKSEI, Euckenstr. 1a. ☎ 314420. Tgl. 18-01, Mo zu.

Das »Kuckucksei« mußte sich in der Vergangenheit viel berechtigte Kritik gefallen lassen. Mangelndes Angebot und schlechter Service waren Anlaß für zahlreiche Beschwerden. Denn allein der plakative Anspruch und der Sympathiebonus der Scene reichen noch lange nicht aus, als gastronomische Einrichtung zu überzeugen. Unser Eindruck und der vieler Gäste bestätigte sich auf die drastischste Art und Weise, das »Kuckucksei« war in dieser Form nicht mehr zu halten. Im Herbst 1988

wechselten die Besitzer. Mit neuer Besetzung kann man nur gespannt der Dinge harren. IN FREUDIGER ERWARTUNG. ☆

*i*nnenstadt

ALTES CAFÉ SCHNEIDER, Kaiserstr. 12. ☎ 281447. Mo-Sa 7.30-19. Gebäck ab 1,25 , Torten 2,75-4.

Im Zeitalter innerstädtischen Kaffeehaussterbens kommen solch altehrwürdige Café-Institutionen wie anachronistische Ungetüme daher. Alte Frankfurter Pralinenbäcker haben den Ort zur heimlichen Zentrale gemacht. Der zweite Innungschef, Konditormeister Gundelach, hält hier »Sprechstunden« ab und gibt bei Bedarf informative Interviews zu allem rund um die Praline, Bethmännchen und sonstige regionale süße Besonderheiten. Das »Outfit« wird auf diese Weise Sinnbild für wertkonservative Individualität und etwas kühle Nonchalance. Lebende Museumsstücke in der Innenstadt zu erhalten, zu pflegen, ist nicht ganz billig. Und dem Kaffeehaussterben wäre hier ganz entschieden Einhalt zu gebieten! Mitglieder des Schick-Sets, fragile Models und andere Künstler verirren sich selten bis nie in die etwas engen Räumlichkeiten. Nix für jüngere Leute, nix für Waver, klar, doch ein Stück Frankfurter Traditionspflege. Alle warmen Speisen werden »à la minute« mit frischer Butter gekocht. Saisonbedingt wechselnde Spezialitäten. Interessant anzuschauen die mehrstöckigen Jubiläums- und Hochzeitstorten. Hausgemachte Bonbons und Pralinen finden Verwendung bei Bundesbahnwerbeaktionen. Der richtige Ort, um ehrwürdige Großeltern und Eltern, die überraschend zu Besuch kommen, auszuführen, ohne sich zu blamieren. WERTVOLL. ★

BAFF, Lange Str. 59. ☎ 295693. Di-Sa 09-23, Sa -24, So 10-23. Bier 0.2l 2,20, 0.4l 3,10, Wasser 2,

Café Schwarzes K.

O-Saft 2,80, Kaffee 2,40, 3,50, Tuborg 3,80. Griechischer Bauernsalat 7, Obstsalat 4,50, div. Suppen 5, großes Frühstück mit Sekt 14.

s.S. 403

BONAPARTE, Römerterrassen. ☎ 288666. Mo-So 08-01. Bier 2,10, Wasser (Fl.) 3,50, O-Saft 3, Kaffee 2,60. Frühstück, Eis, Ungarische Gulaschsuppe 5,30, Mexikanische Bohnensuppe 5,50, Orientalische Hühnersuppe 5,70, heißer Apfelstrudel 4,80, Pflaumen-, Blaubeer-, Sahnekuchen 4,80.

Von außen sieht es aus wie ein Betonklotz mit Eisensäulen, und das ist es auch. Auf der grauen Betonterrasse, die so schattig liegt, daß man an sonnenarmen Tagen seinen Kaffee auf dem Tisch findet, gibt es tatsächlich noch Leute, die sich in dieses Café verirren. Die Touristen sind wie Ameisen, und wenn das Schirncafé überfüllt ist, kommt es vor, daß die Touris sich hierher setzen und ihren Kaffee trinken und Kuchen essen bei der wunderbaren Gelsenkirchener Barockinneneinrichtung. Die Bedienung ist zeitweise etwas cool und scheint überarbeitet, dafür braucht man/frau nicht lange auf sie zu warten. PASSEND.

CAFÉ HAUPTWACHE, An der Hauptwache. Mo-Sa 7,30-19,30, So 11-19.

Historisch getreu restauriert bietet das Kaffeehaus im ehemaligen Soldatenzentrum am Innenstadteingang eher Kommerzkriegern als Gewehrträgern Aufenthalt. Keine Bange, die wilden Tage seit dem Wachensturm in der Vormärzzeit sind vorbei und kommen nicht wieder. »Pöbeleien« wie bei hitzigen Demonstrationen Anfang der 70er, so die einen, »Gedankenanstöße« die anderen, sind auch nicht mehr zu erwarten. Man mag dazu stehen wie man will, seitdem es so dererlei nicht mehr gibt, ist in der Innenstadt irgendwie viel weniger los. Der Gast knallt sich sommers ins Freie und muß auf Betonböden dinieren. Dem Wirt sei gedankt! Er bemüht sich um Linderung ästhetischer Bauchschmerzen. Aber gegen diese Betonwelt drumherum käme auch der berühmteste

Cafétier der Welt nicht an. Immerhin, ein Cafe hier, an dieser Stelle, die letzte Bastion nach Aufgabe des legendären »Kranzlers«, ein echter Regenerationsort anstelle üblicher städtebaulicher Verunstaltungen, wie ein weiteres Schaufenster von Hettlage oder eine Dauerausstellung der Firma BMW. Für schmale Geldbeutel nicht unbedingt geeignet. Die Qualität der Kuchen und des Kaffees entsprechen jedoch exakt dem Preisniveau. Das will was heißen, bei so vielen industriellen Kuchenanbietern im City-Bereich. SEHENSWERT. ★

CAFÉ-IM HOF, Kaiserhofstr. 20. ☎ 281119. Mo-So 10-01. Kaffee 3, Cola 3, Frühstück 4,50-7,50, Crepe pikant 6.

Die Tür geht auf und der Blick von etwa dreißig Hornbrillen fällt auf dich. Geschlossene Gesellschaft? Nein! »Café im Hof«. Dreißig Hälse aus Cashmere-Rollkragenpullovern recken sich nach mir und meiner Mutter. Ab und zu klimpert ein Messing-Ohrring, das Lacoste-Hemd wird zurechtgerückt, der Small-Talk geht weiter. Die unechten Tiffany-Lampen, die kackbraun gestrichene Decke, die pseudofeudalen Ventilatoren über den ungemütlichen Bistrostühlen neben dem noch kleineren Möchtegern-Marmortisch sind genauso unsympathisch, wie das locker-leichte Jungvolk. Nun gut, die Geschmäcker sind verschieden, und die Metropolen-Schönheiten fühlen sich hier wohl — anscheinend. Aber das Essen! Als Andreas mir erzählte, der Johannisbeercrepe würde nach Pilzen schmecken, dachte ich noch: »Kann jedem mal passieren«. Als aber meine Mutter eine Gulaschsuppe bestellt, schaut der Ober sie mit großen Augen an und fragt: »Haben sie hier schon einmal gegessen?? Ich will das Lokal ja nicht diffamieren, aber die Gulaschsuppe geht öfters zurück.« Na gut, dann die Zwiebelsuppe. Fünf Minuten später steht sie auf dem Tisch. Mehr an eine fade Maggie-Cocktail-Soße erinnernd, fand sich in dem ganzen Brei keine einzige Zwiebel, dafür war der Geschmack undefi-

nierbar. »Sehen sie, die Gulaschsuppe ist noch schlimmer«, flüstert die Bedienung und die Peinlichkeit des Lokales steht ihm ins Gesicht geschrieben. Guter Tip: Wenn Du Dich mal dringend deines Mageninhaltes entledigen willst, bekommst du es bei McDonald's billiger. Das einzige Lob gilt dem Kellner.Der hatte wirklich Witz und Biß. Wie könnte er auch sonst an diesem Arbeitsplatz vor allem seelisch-geistig, also mental überleben. Wahnsinn! Die 3,50 für das winzige, aber exclusive Fläschchen Perrier mußten bezahlt werden, die sogenannte Zwiebelsuppe nicht. Ich darf gar nicht daran denken, wenn meine Mutter die Gulaschsuppe probiert hätte... Wohlgelungen ist die Kulisse für solche Filme, die Kostümierung der Darsteller läßt an modischer Aktualität nichts zu wünschen übrig. Wenn mir jetzt noch jemand erklären würde, warum so viele Nichtschwimmer unter Wasser atmen können. TRAUMHAFT UNVERSCHÄMT!
✖ ★

CAFÉ IN DER SCHIRN, Am Römerberg. ☎ 291732. Tgl. 10-24. Bier 0.3l 3, Wasser 0.2l 2,50, O-Saft 3,50, Weine zwischen 4,50 und 6,50. Frankfurter mit Kartoffelsalat 8,50, Lachs auf Toast 9,80, Forellenfilet mit Toast 8,90, Salat mit Thunfisch.

Die Einrichtung geriet so, wie es die kühl, intellektualisierte Architektur der Schirn erforderte. Nun probte Anfang Oktober 88 die Schüler-Presinger Gastrogruppe als Pächter den Aufstand. Die Vielfachunternehmer in Sachen Schicki-Micki-Tränken und Tempel — Dorian Gray, eins-zwei, Plastik, etc. drängte es nach Art-Deko im Wave-Rokoko. Nach Prä-Postmoderne. Der kleine Café-Eisschrank wurde mit »Samtportieren«, mit drei Gips-Fortunen, viel »Gold«-Ornamenten und schweren »gold«-geränderten Fauteuils, mit »Gold«-Tischen und Samtkissen mit »Gold«-Troddeln behängt, bemalt und bestückt, die laut FR »eher den Eindruck einer Faschingsdekoration erwecken als den eines Cafés«. Was natürlich

Foto: Werner Schmitz

Café Schwille

eine Verharmlosung der Pächter-Intension darstellt. Wie ihre politischen und finanziellen Freunde die Stadt gern aufpoliert sähen, — nicht zurück in die Adenauerzeit, das wäre viel zu weit nach vorn, zurück in den Feudalstaat Ludwig XIV — boten die neokonservativen Trendsetter das »neue« Schirn Café dar: Signal für die Sehnsucht nach Repräsentation, Prachtentfaltung, nach viel Gold. Dem Hausherren Vitali »paßte das nicht zum Haus« und so »soll es auch nicht bleiben«. Und es blieb auch nicht so. Vitali setzte sich zum Glück größtenteils durch. Der teure Kitsch reduzierte sich auf Kitsch-Fragmente, den Raum dominieren nun Industrie-Art-Säulen. Das zeigt, daß die Schüler-Presinger-Gesellschaft durchaus Einsicht zeigt — wenn sie muß. Das Thekenpersonal ist ziemlich überarbeitet, und drängelt sich um einen schwarzen Service-Quader herum. Ausblick nach allen Seiten. In und um den Römer herum — Treffpunkt für den sich »progressiv« verstehenden Frankfurt-Touristen und Pausenstation für Kunstenthusiasten. Was auch immer seine voyeuristischen Spezialbedürfnisse sein mögen. Ihn interessiert vor allem, was Frankfurt sich für die Saison aus aller Welt zusammengeliehen hat. Die Atmosphäre lädt zum Verschnaufen, nicht zum Verweilen ein. Wenn sich das Café füllt, wird's hier nämlich sehr schnell sehr laut und da man sich das Geschwätz des »Schirn«-Publikums nur begrenzt anhören kann, hilft nur: Nach dem ersten Cappuccino die Flucht zu ergreifen. FÜR NEBENHER. ⲹ★

CAFÉ SCHWILLE, Große Bockenheimer Str. 50. ☎ 284183. Mo-So 07-19.30. Kaffee 2,80, O-Saft 3,80. Frankfurter Würstchen im Blätterteig 6, Croissant mit Käse & Schinken 5, Frühstück von 07-14 Uhr, Kuchen und warme Gerichte.

Seit der Eröffnung im Jahre 1937 ist das Café seiner Zeit konzeptionell und einrichtungsmäßig voraus. Die Ersteinrichtung wurde damals von Maria Schwille im futuristisch-modernen Stil gebaut. Sie setzte auf High-Tech: Klimaanlage, die damals noch »Frischluftheizung« hieß, extravagante, moderne Bestuhlung und ein Wintergarten. Heute besteht die zeitgeistig angepaßte »Modernität« in der bewußten Bewahrung des konservativ-teuren Ambientes, dem »Back-to-the-future« aus der Wirtschaftswunderzeit. Entsprechendes Publikum versammelt sich hier. Die etwas teure und ältere Ausgabe der heutigen »Yuppies«, also Leute, die im Schloßhotel Kronberg Golf spielen, in der Kleidung von Etienne Eigner, wie eine Dame lässig ihrer Tischnachbarin verklickerte, der »exklusiven Art, immer am Ball zu bleiben«. Der gleiche »Stallgeruch« macht sich auch in der Haltung bemerkbar: »Lässig bis in die Fußspitzen«, was heißt, vor den Toren der Geldmetropole Teures zu erstehen. So zum Beispiel in Kronberg bei Monika Stocke und Vittorio Struppek-Wiedemann, die die besonderen Juwelen und Uhren von »Cartier« und »Audemars Piquet« anbieten. Kleine nette Accessoires sind da auch zu haben. Ein Porsche in 18 Karat Gold mit Scheinwerfern aus Brillanten, emaillierten Sitzen und Heckleuchten. Sommers funkelt das alles träge und teuer im Freien, mitten auf der Freßgass. Schließlich soll eine Anstecknadel in Form einer königlichen Krone aus Platin als exklusives Stück seine Trägerin auszeichnen und geldadeln. Die Küche orientiert sich am deftigen Stil württembergischer Hausmannskost, die Kuchen sind ebenso teuer wie die Gäste, aber viel viel besser. HUMORESK. ★

DAS CAFÉHAUS, Große Eschenheimer Str. 13, Lorey-Passage. Tgl. 06-03. Cola 2,90, Brasil-Spieß 22,50, Frühstück 7,50 & 12,50.

Café für Tagträumer und Nachtschwärmer. Das Café ist täglich nur drei Stunden geschlossen, nachts von 3 bis 6 Uhr, ansonsten durchgehend Essen, Trinken und Gaffen. Das Gaffen ist umsonst, für Essen und Trinken wird ganz ordentlich hingelangt. Ein Platz für schöne Leute und solche, die sich dafür halten, zum Sehen und Gesehen werden. Atmosphäre wie im großen Garten eines Mittelklassehotels in Sousse, Tunesien. Nur dort sind die Palmen und das Licht echt. Im Caféhaus hängt bestenfalls der Affe als Plüschtier am Plastik-Bambusstab. Tarzan könnte jeden Moment um die Ecke rennen, von daher recht spannender Laden. Geeignet für Amateurfilmaufnahmen. Absoluter Stil-Misch-Masch: etwas Gewächshaus, etwas Spiegelkabinett, etwas Klassik, etwas Kitsch, etwas Safari-Dschungel-Look, etwas Nostalgie mit Marlene Dietrich, etwas Glitzer-Disco mit Superbusen von Samantha Fox, etwas New Wave, etwas Wiener Caféhaus und natürlich die allerliebsten Blinklichtlein, die anheimelnd ein bißchen an Weihnachten erinnern. Mit großer Sommerterrasse. Der Ort hat Night-Life Tradition. Der vordere Teil beheimatete ehemals die legendäre »Tasca«. Herrliche Excesse erlebten wir da. Herrlich! Ein solcher Tasca-Besuch endete im Herbst 74 in einer Gruppensexorgie zu Zwanzigst! Ganz spontan, unverkrampft und natürlich. Wehmut kommt auf, wenn ich solches erinnere. Gerade in Anbetracht heutiger Prüderie und peinlicher Verklemmtheiten. Die Tasca, einer der wenigen raren Orte der Frühsiebziger mit Nachtkonzession. Das damalige Café im Vorderteil war Treffpunkt vieler orientalischer Edelfamilien und sowohl hier als auch in der Passage, die beide verband, wurde mächtig gedealt. Alles im Griff, sagte der Architekt und machte aus zwei unübersichtlichen, schummrig-subversiven Orten ein Klar- und Durchsichts-Etablissement. ➴★

HARDROCKCAFÉ, Taubenstr.11. ☎ 284761. Tgl. 16-01, Fr/Sa 11-02. 0.3l Henninger Pils 2,80, Wein ab 4. Tgl. wechselnde Speisekarte.

»Traditions-Szene-Lokal«, eines der ersten seiner Art, also Meilenstein, dessen Innenleben auch noch heute extrem akzeptabel ist. Pionierlokal für fun & food, Musikvideos, helles Licht und beeindruckende Alu-Bestuhlung. Das Publikum ist entsprechend frisch. Besucher von 18 bis 38 können sich wohlfühlen. Bei soviel »Zeigelust« der Alptraum aller grauen Mäuse und Maulwürfe. Reichlich Cocktail-Angebote, Fast-Food der Luxus-Klasse, jenseits kulinarischer Folter, schmackhaft und preislich o.k. und rangiert über TWA-Catering-Standard bei Berlin-Flügen. IMMERGUT. ★

LILIPUT, Neue Kräme 29. ☎ 285727. Tgl. 10-24, Getränke 2,20-6,50, Speisen ab 3. Draußen sitzen.

Leicht, locker, luftig heißt die Devise. Der richtige Platz zum Plaudern, Lesen, Beobachten, Nichtstun, Musikhören, Flirten, Sich-Zeigen. Der Garten — einzigartig. Eine wirkliche Oase im betonharten Innenstadttrubel. Ein bißchen anders als die anderen. Versuch, dem ätzend lahmen Weltstadt-Image Frankfurts entgegenzuwirken. Ausgeflippter Laden, dem es dennoch gelingt, angenehme Kaffeehausatmosphäre herzustellen. Lebenselexier. Schließlich ist auch vorbeugender Schutz gegen Malaria unbedingt notwendig. Wo gibt es die angenehmsten Schwingungen in der Mittagspause? Ein netter Ort für vornehmlich männliches Publikum, Leidwesen aller, die das Uniforme lieben. Man kann davon ausgehen, daß Atmosphäre, Stil und Outfit für die rauhe Wirklichkeit des intoleranten Normalbürgers glücklicherweise nur bedingt brauchbar sind. Gäbe es das Liliput an dieser Stelle nicht, es müßte erfunden werden. Liliput-Abwärts-Parade: »Die schrecklichsten gastronomischen Einrichtungen Frankfurts sind Wagner, Pulcinella, Mac Donalds, Le Midi, Plastik«. Man hält Straßenfeste für die feine Art gastronomischen Selbstbetrugs: Viel Kohle für eine kleine Veranstaltermafia, der Rest guckt erbarmungslos

in die Röhre. Der beste Spruch zum Thema: Eine Kneipe ist so gut wie ihr Publikum. Wie wahr. HERVORRAGEND. ★

MOZART-CAFÉ, Töngesgasse 23-25. ☎ 291954. Mo-Sa 8-21, So 10-21. Tasse Kaffee 2,40, Pils vom Faß 0.41 3,80, gr.Frühstück 9,60, belegtes Baguette ab 6. Mövenpick Eis, feine Kuchen u. Torten, Salate, Suppen (hausgemacht) und kl. Gerichte.

Schon am ersten Tag der Frankfurter Herbstmesse sorgten sie für eine gewisse Aufgeregtheit unter den 3700 Ausstellern aus 61 Ländern: die 30 dunkel gekleideten, überaus höflichen und zugleich sachkundigen Herren aus Japan. Die Chefeinkäufer-Delegation sah sich auch in der Stadt überaus aufmerksam um. Ins Café Mozart, versteckt hinter der Zeil gelegen, würden sich solch hohe Gäste niemals verirren. Das macht den nicht geringen Reiz des Cafés aus. Die Weltenbummler und Welt-Profit-Jäger verlaufen sich an andere Orte und überlassen Anwohnern, kleinen Gewerbetreibenden, Angestellten und Freischaffenden — noch — ein kleines Frankfurt-Refugium für Einheimische. Solange diese Perle noch unentdeckt bleibt und keinen Reiseführer ziert. Bitte nicht vom Namen auf die Innenarchitektur schließen. Ganz gewohnt durchschnittlicher Kaffeehausstil mit Chippendale-Sitzgruppen-Imitationen, roten Teppichen, Teakholztischen. Kein Romantik-Kitsch an den Wänden. Speise und Getränke werden sonstwo auch nicht fachspezifischer angeboten, witzige Alltagsleckereien neben profan-Kuchen bestimmen das Sortiment. Geschmacklich in Ordnung, die Preise für diese Innenstadtlage echt geldbeutelschonend. Hier treffen sich zuweilen seltsame Leute. Typen, die über Projekte wie »Doppelkorn-Bücher« beraten, knallhart-vulgär um Autorenhonorare feilschen und sich sonst nicht gerade wenig die Taschen vollügen. Einfach Rene. …..nein…Zucker! Wie

gemein. KEINE CHANCE FÜR LAN-
GEWEILE.   ★

PARK-CAFÉ, Bleichstr. 38. ☎ 598969. Mo-Sa
17-01, So 15-01. Kaffee 3, Perrier 3, Cola 3, 0.4l
Pils 4,50.

Wer Palmen in weißen Töpfen und
Deckenpropeller imposant findet, ist hier richtig. Zu ertragen gilt es das frischwärts-Lächeln
der Modern-Talking-Generation parfümierter
Schlips-Träger, frisiert, gestylt und reichlich
bescheuert. Die Kundentoilette der Stadtspar-
kasse ist aufregender. DOOF.   ∞

TAT-CAFÉ, Eschersheimer Landstr. 1. ☎
1545113. Mo-Fr 10-02, Sa So 17-02, Kaffee 2,20
, Bier 3, gem. Salatplatte 11, Frühstück und
Hochseefische im Angebot. Unregelmäßig
aber häufig Kleinkunstveranstaltungen.

s.s. 407

THEATERCAFÉ, Theaterplatz 1. ☎ 231590. Tgl.
09-01.

Pseudokünstlerische Schnepfen, balzende
Amateurgigolos, alle die etwas Schauspiel, etwas Opernluft schnuppern, von der Muse ge-
küßt und dem Prickeln der großen Kunst erfaßt werden wollen, schlürfen hier Champagner für Anspruchsvolle: Den guten Bad Vilbeler Mineralbrunnen-Schoppen. Wenn schon
keinen »Voeuve Cliquot«-Champagnerrausch,
dann wenigstens ein Schlückchen Bier, Tee
oder Karottensaft, denn zuviel Alkohol, erzählte mir die gar nicht geizige Musen-Strizzi,
»läßt die Blutfett-Produktion zusammenbre-
chen, weil diese Stoffe in der Leber aufgebaut
werden«. Na sowas! Zum Kunstgenuß gehört
nicht nur die Dekoration. Fairerweise muß ich
zugestehen, und meine Kollegin besteht darauf: Hier und da mal ein Ensemble-Mitglied,
ein Beleuchter oder ein Statist »life«. Wer von
dem Geist der Opern-und Theatermoderne,
der angeblich überall über allem schwebt,
nicht persönlich begrüßt wird, sollte sich nicht
dem Frust ergeben. Bevor sie sich seelisch be-

schädigen, geben sie sich doch eher den kulinarischen Genüssen des Fundus hin. Die aktuellen Daten sollten sie notieren. Wer das nötige Kleingeld mitbringt, hat in der Regel auch
ein Notizbüchlein vorzuweisen. Zumindest die
Damen. Wenn sie auf der Toilette im Spiegel
feststellen, daß sie einen sehr kräftigen Körperbau mit breiten Schultern, schlaffen Muskeln und dicken Beinen haben, sind sie vom
Körpertyp her fürs Ballett ungeeignet. Bitte
sprechen sie nicht unbedingt darüber, ihr Problem könnte sich herumtratschen und sie um
die Lust an dem fälligen Riesen-Frust-Kompen-
sations-Frühstück bringen. Macht alles nichts.
Wir denken positiv! Die Kunst von heute hat
uns hundert Erfüllungen gebracht! So auch einen sich als Arzt ausgebenden Postboten an
ihrem Tisch. Alles in allem ein wahnsinnig
spannender, interessanter Ort, so die Dame im
Plastikpullöverchen, die es ganz genau weiß.
»Goethe gäbe heutzutage eine irrsing komische Nummer ab. Als Lachsack«. Und sie
lachte sich halbtot. UNGLAUBLICH SCHÖNE
SACHE   ★

WACKERS CAFÉ, Kornmarkt 9. ☎ 287810. Tgl.
7-18.30. Kaffee 1,80, Espresso 1,80, Cappuccino
2,30, 18 verschiedene Sorten Kaffee. Eigene Rösterei.

Es muß wohl die Assoziation von südländi-
schem, produktivem Chaos sein, das die eher
seriösen Besucher über Jahre hier fesselt. Die
Mischung zwischen Laden und Café strahlt sowas wie ständige Marktatmosphäre aus. Die
wenigen Tische hinten im Raum sind winters
eh' immer besetzt. Sommers geben die Tische
draußen auf dem Trottoir ein paar Wak-
cker-Fans mehr Raum. Das Besondere: Mindestens 30 Kaffeesorten stehen zur Auswahl, welche Sorte nun gerade frisch zum Cappuccino
verarbeitet wird, bleibt ein Rätsel. Zumindest
die Vorstellung, es sei die eigene Lieblings-
sorte, läßt so manchen Besucher ins Romanti-
sieren geraten. Der letzte Hauch von Kaffee-

CAFES

85

hausindividualität, und das gegenüber dem schrecklichen Parkhaus Innenstadt. Zu beachten auch die Tante Emma Ladeneinrichtung, deren Verkauf die Inhaber reicher machen würde als 10 Jahre Geschäftsbetrieb. Im Vergleich zum Besuch einer Tschibo- oder Eduscho-Tankstelle kommt man sich vor wie nach der Rückkehr aus einem genußlustlosen Schattenreich. Wenn sich hier aber, wie so oft kolportiert, die »Bohème« versammeln soll, dann treffen sich in der sehr abgelebten Resopal-Küche meiner Tante Erna alle Literatur-Größen der Villa Massimo. GUT.   ★

*n*ordend

CAFÉ-CLARO, Rotlintstr. 5. ☎ 439656. Neue Öffnungszeiten ab Oktober '88. Es wird gemunkelt, dann gäbe es auch Frühstück im Claro.

Freudiges ist zu verkünden. Der Service ist nicht nur professioneller, also auch schneller, er ist äußerst charmant geworden. Manche Episode hier hatte Temposchwächen, Konditions- bzw. Antrittsmängel. Alle negativen Aspekte einer typischen Nebenerwerbswirtschaft sind verflogen. Obwohl Tamara, die Wirtin und Antiquitätenkennerin, weiterhin Mondscheinwirtin bleibt. Also eine Person, die dieser Profession aus Leidenschaft und nebenerwerblich nachgeht. In keinem Café wurde an einem zweiten Weihnachtsfeiertag zum großen »au lait« eine Schnitte Stollen -gratis - serviert. Zudem zierte den Tassenuntersetzer ein kleines Stückchen Schoko. Die Sonntagsmenus sind mittlerweile berühmt. Keine Fließbandware oder Microwellen-gehärtet, sondern richtig von Hand gemacht. Wie es sich gehört, wenn individuell bekocht wird. Tamara betreibt ihr Gewerbe, das Café, in absoluter Konkurrenzlage zum »Rotlintcafé« und zum »Riff« — ohne baden zu gehen. Und das, obwohl sie sich reichlich Zeiten gönnt, an denen jenes böse

Überraschungsschild im Fenster hängt: »Geschlossen«. Kompliment für das Durchhaltevermögen. Mindestens zwanzig Sympathie-Punkte. Die Getränke und Speisenangebote sind überaus original und fallen im Verhältnis zur Theke keineswegs ab. Eine wahre Kuriositäten-Blüte. Der Aufenthalt macht sehr viel Spaß. LOB. LOB.   ★

CAFÉ HOLZHAUSEN, Eckenheimer Landstr. 184. ☎ 551314. Mo-Fr 08-18.30, Sa 09-19.30, So 09.30-18.30. Kaffee 2,20, Cola 2,20, Frühstück 4,80-7,80. Wechselnder Mittagstisch.

Am Ende, wenn alles zu Ende, der Anverwandte also unter die Erde gebracht ist, sieht man die Familie über den Alleenring hetzen, auf das Café zu. Trotz mancher Zusammenbrüche am Grab — sie leben also noch. Die Umgangsformen sind weitgehend aufs Essen beschränkt, die Erfindung der Kochkunst mindestens so interessant wie der Austausch über Leben und Sterben des Toten. Wochenends heimlicher Heiratsmarkt. Hier treffen sich Witwen und Witwer und lernen sich nach der Grabpflege auch von einer zweiten und dritten Seite kennen. Sehr oft: Endstation Standesamt. ERFAHRUNGSTRÄCHTIG.   ★

CAFÉ RIFF, Rotlintstr. 47. ☎ 431859. Mo-Fr 10-01, Sa 10-19, So 11-01. Kaffee 2, Frühstück 3,70-13.50, Top-Teller (Calamares, Thunfisch, Schafskäse, Tomaten, Oliven) 10,50 wöchentlich wechselnde Speisekarte. Draußen sitzen und wechselnde Ausstellungen.

Ein Bistro-Café »auf 'nen schnellen Sprung«. Frühstück, hört hört, schon ab 3,70. Am späten Nachmittag laufen einige scenebekannte Nachtsurfer ein. Herausragend aus der reichlichen Speisekarte ist der Joghurt mit Obst, Honig und Mandelsplittern. Ganztags warme Küche. Der Trubel, der nach Eröffnung drinnen und draußen herrschte, ist passé. Das soll Läden öfters passieren. Dem Riff hat's allerdings keinen Abbruch getan. Man hat sich ganz gut von den einstürzenden Besucherqu-

Café Riff

oten erholt, sieht alles gelassener, umgebaut ist auch. Prima: Nicht mehr NUR kalt, aber ein bißchen Wärme, ein kleines bißchen »Gemütlichkeit« mehr, täten auch gut. Im Sommer zieht es die Gäste rüber, auf die andere Straßenseite ins »Rotlint-Café«, der Sonne und der Südseite wegen. Im »Riff« läßt's sich dafür im Winter besser saufen, wobei die Qualität des Mittagstisches auch nicht von der Hand zu weisen ist, darauf schwören Stammgäste — und dies auch im Sommer. ZU JEDER JAHRESZEIT PRIMA. ↘ ★

ROTLINTCAFÉ, Rotlintstr. 60. ☎ 449691. Mo-Sa 09-01, So und feiertags 11-01, Kaffee 2,10, Licher vom Faß 0.3l 2,50, Weine ab 3,50. Broccoli-Suppe 5,50. Frühstück 3,80-13,80.

Die ganze Stadt zerreißt sich das Maul darüber, wie stabil die Besucherfrequenz ist. Seit 6 Jahren beliebtes Kiez-Café mit gemütlicher

Atmosphäre. Bei schönem Wetter Sitzmöglichkeiten auf der Terrasse. Seit längerer Zeit wechselnde Ausstellungen. Immer wieder zu rühmen, die hervorragende Kartoffelsuppe, die mit ihrer Klarheit und fehlenden deutschen Mehlpampe besticht. Das Rotlintcafé, unter den Alternativen ein absoluter Evergreen, fühlt sich nicht bemüßigt, die schummerige Wärme des Innenraums dem Diktat neudeutscher Ausstattungshelligkeit zu unterwerfen. Überall, vor allem im Detail, merkt man die Aufmerksamkeit, die dem Betrieb und dem Gast gewidmet wird. Jedes Jahr wird frisch gestrichen, am Ausstattungscharkter glücklicherweise nichts verändert. So wurde der Laden optisch lieblich versponnener und poetischer im Ausdruck. Eines der wenigen Cafés, das mich an die klassischen Pariser Literaten-Tränken erinnert. Ein Laden mit Überlebensgarantie, ohne makabere Gags, der in absehbarer

Zeit kaum zur Ätzung für Geier aus dem Hause Heberer herhalten muß, der hier so liebend gerne eine weitere Plastikbrotfiliale eröffnen würde. FÜR WIRKLICHE GENIEßER.   ★

STRANDCAFÉ, Koselstr. 46. ☎ 595946. Mo-Sa 9-19, So 10-19. Kaffee 2,großer Kaffee 3, O-Saft 2,50, 0,3 Bier 3, Verkaufshit: Eiersalat: 2,50. Draußen sitzen.

Sehr kinderfreundlich. Ginge es um Musik, müßte man sagen, ein absoluter Ohrwurm! Das Strandcafé ist eine Institution unter hiesigen Scenecafés, gewissermaßen Pionier dieser Gattung. Löste vor Jahren regelrechte Invasionen neugieriger Umlandbewohner ins Nordend aus. Der Trubel, der bis zur eifrigen und erfolgreichen Nachahmung ein, zwei Jahre drum herum geherrscht hat, ging vorüber. Heute ein Mythos, dessen alternativer Vorreiternimbus etwas gelitten hat. Neuzeitliche Epigonen kommen aufwendiger ausgestattet daher. Die Kopie überrundet zuweilen das Original. Speisen und Getränke von guter Qualität. Hervorzuheben die gesundheitsbewußten Teile der Produktpalette. Einzigartig und unbedingt lobenswert, die Flexibilität des Teams. Jeder Gast darf sich das Frühstück, wie auch die kleinen Gaumenfreuden am Tresen selbst aussuchen. Die Konfektionierung des Geschirrs übernimmt das Personal. Mit dieser individuellen Note fährt man am Ende nicht teurer als bei den üblichen Komplettangeboten. Sommers stehen drei Tische vor der Tür. Dort sitzt es sich angenehmer, gemütlicher als drinnen. Ein Strandkorb in der Ecke macht noch keinen Süden, deshalb hat man sich zu einer sinnvollen Renovierung entschlossen. MAGENFREUNDLICH.   ➘★

TULPENCAFÉ, Bornwiesenweg 67. ☎ 551933. So-Do 14-20, Fr Sa 14-21. Angebote.

Ein Café von Behinderten für Nichtbehinderte, die sich mal ohne Berührungsängste mit seelisch Behinderten konfrontieren wollen, also ein Stück komplexe gesellschaftliche Realität vertragen. Hätte der Mensch noch genügend Phantasie, wäre sie ihm nicht längst mehrfach gestohlen worden, das Problem der Integration von Behinderten stellte sich nicht, weil es keine seelische Behinderung gäbe! Sympathisch die locker ehrliche Atmosphäre, und man spürt, daß alle Beteiligten die Sache nicht zu ernst nehmen. Fernab von hohem Ausstattungsbombast und verlogener Lieblichkeiten bietet sich hier ein idealer Raum für zwanglose Begegnungen. Fehl am Platze sind all jene Voyeure, die sich am liebsten im Stuhl zurücklehnen und am Elend ihrer Mitmenschen mitlechzen. Keine Angst, hier wird niemand »pädagogisiert«, kein Sozialarbeiter stürzt sich auf neue Gäste, um in sattsamer Biederkeit, ehrenamtliche »Helfer« für seine Arbeit anzuwerben. Ein ganz einfaches, schönes Café, das nur zur Unterhaltung einlädt. Ein ganz starkes Stück. SPITZENKLASSE.   ★

*o*stend

D'ACCORD, Zoo-Passage, Friedberger Anlage 1-3. ☎ 433255. Tgl. 14-01.   s. S. 410

*s*achsenhausen

CAFÉ IM MUSEUMSPARK, Schaumainkai 15. ☎ 628353. Di-So 11- 19, Mo zu. Kaffee 2,80, frisch gepreßter O-Saft 4,50, Frühstück 5,50-12,50, Tageskarte. Draußen sitzen.

Ob der zum Star-Architekten hochgefeierte Matthias Unger oder die Ingmar-Bergmann-Film-Crew nach langen Redseligkeiten gläserklirrender Steh-und-Hopp-Eröffnungen ein wenig Ruhe suchen, Hilmar Hoffmann hat mit diesem Café eine der notwendigen Kulissen geschaffen. Mit den Bildungstempeln vergangener Zeiten hat das Museumsufer nichts zu tun, postmoderne Architektur gibt dem Museum für Kunsthandwerk ein kultiviertes Outfit, das raffinierte Freude am Verwegenen hervorlockt. Das Umfeld bekommt dem Café. Die Gastronomie wird vom stadtbekannten Multi-Cafétier Laumer anspruchsgerecht betrieben. An der Qualität von Speis und Trank gibt es absolut nichts auszusetzen. Robert Gernhard treibt es sommers schon mal mit dem Fahrrad hierher und so manch' anderer Intellektuelle muß sich hier sehen lassen, wenn er mal mitreden will. Die Coolness der Umgebung weicht auch nicht vom Kaffeehausambiente, man könnte sagen: »Es war einmal an einem zeitlosen Ort ein Märchen geplant. Das fiel aus.« Der opulente Erlebnisrausch erregt bei Fans trivialer Vorstadtcafés dezentes Grausen ob soviel genialer Trivialität. Was hier an Festlichkeiten arrangiert wird, ist nach strengen Buckingham-Maßstäben hoffähig: alle schlagen sich um das beliebteste Getränk der Welt: Freibier. GUT. ★

CAFÉ SONDERBAR, Färberstr. 65. ☎ 625709. Tgl. 08-01, Fr/Sa -02. Tasse Kaffee 2,20, Tasse Milchkaffee 3, Mineralwasser 1,50, Guiness 0.4l 4,40, Henninger Pils 0.3l 2,60, Baguettes ab 5, kl. Salat 3, hausgemachte Eintöpfe 5. Guiness vom Faß, Milk-Shakes ab 3, Frühstück ab 4, Müsli zum Selbstzusammenstellen für 3,50.

Sonderbar ist hier nichts. Der Name erweckt Erwartungen betreffend der Ausstattung, die sie jedoch ganz und gar nicht erfüllen. Nichts Exzentrisches, Außergewöhnliches im Interieur. Dunkelbraun beherrscht das Café, wie man es aus unzähligen Kneipen und Pilsstuben kennt. Reform täte not. Die Sonderbar sticht aus dem Bermuda-Dreieck der Kneipenhorrorgalerie Sachsenhausens positiv hervor und besänftigt die Humba-Tätärä-Geschädigten mit einem höchst angenehmen musikalischen Kontrastprogramm. Noch besser sind die frühen Öffnungszeiten. Bereits ab 8 Uhr gibt es Frühstück. Bestens, um den

Abend zu beenden oder den Tag zu beginnen. ENTDECKEN. ☆

CAFÉ VALENTINO, Schulstr. 3. ☎ 615302. Mo-Sa 11-01, So 16-01. 0.3l Bier 2,50, Wasser 2,20, Säfte 3,50. Geflügel- und Rindfleischsalat tgl. frisch 10,50.

Die Festlegung auf »warnendes Beispiel« ist zwingend nötig. Weder sind noch Reste von Faszination zu spüren, die vom Namensgeber ausgeht, noch auch nur ein Hauch von Reiz, der ehedem über den ersten Neon-Schuppen lag. Der Wirt tut einem leid. Entweder dilettiert hier eine Abschreibungsruine oder treibt ein teuer bezahltes Hobby für reicher Männer Ehefrauen seltsame Blüten. Ihr Kneipenfans, übt Nachsicht mit einer Kneipe, über die und in der auch mit den Jahren niemand schwätzt. SCHADE. ★

CAVE DU ROY, Textorstr. 51. ☎ 615475. Mo-So 09-24. Milch-Shakes 3,20, Cappuccino 3, Omelettes mit Scampi 8,50. Auch Cocktails u. Eis.

Eines der Bistros mit Einrichtungsproblemen. Die räumlichen Voraussetzungen einer Altbauwohnung geben nicht viel mehr her. Von der Karte über die Einrichtung bis zu den kitschigen Wandmalereien nicht hochinteressant. Für die musikalische Umrahmung sorgt eine schöne Auswahl zeitgerechter Musiken. Die Bedienung ist flink. sie bemüht sich noch wirklich um ihre Gäste. Gebt dem Laden endlich eine Chance. VERSÖHNLICH. ★

EMJO'S, Dreieichstr. 5. ☎ 628959. Mo-Fr 9.30-1, Sa 10-01, So 18-01. Bier 3,50, Wasser 2,50, O-Saft 3, Kaffee 2, Batida-Banane 6, heißer O-Saft 4. Frühstück 2-17, drei Rühreier/Spiegeleier 5, Croissants mit Schinken und Käse 5, Obststück 5, Mexikanische Rühreier 7,50.

GAGGIA, Schwanthalerstr. 16. ☎ 626220. Mo-So 10-01, Di zu. Frühstück ab 3,50 und lauter frische selbstgemachte Sachen.

Foto: Waldemar Hanke

Lesecafé

LAUMERS-FILMCAFÉ, Schaumainkai 43 (Filmmuseum). ☎ 626218. Di-So 10 -21, Mo zu. Belegtes Frühstücksbrötchen 3.

Das Café dient den Besuchern des Filmmuseums zum Sitzen und Luftschnappen — zu viel mehr aber auch nicht. Getränke, Kuchen und die wechselnden kleinen Gerichte müssen mittels Selbstbedienung an der Theke geholt werden. Den Namen »Filmcafé« verdient die Lokalität mit Sicherheit nicht, denn mit Film haben lediglich ein paar Plakate und Bücher zu tun, mit denen die Wände dekoriert sind. Eher als der Besuch des Cafés lohnt dagegen die Besichtigung des Museums. VERPASSTE CHANCE. 〰

LESECAFÉ, Diesterwegstr. 7. ☎ 622523. Mo-Fr 8.30-18.30, Sa So 10-18.30, Mi zu. Kaffee 2, Bier 2,80, Frühstück 3-12. Wechselnde Mittagstische ab 12 Uhr.

In Zeiten degenerierender Lesekultur, absackendem Interesse an Büchern und folglich dramatischen Umsatzeinbrüchen bei Belletristikverlagen der anspruchsvollen Kategorie ein Lesecafé nicht nur zu eröffnen, sondern auch schon einige Zeit erfolgreich zu führen, verlangt schon jede Menge Mut. Dieses Experiment wagten zwei Lehrer in Sachsenhausen. Diverse politische Ausstellungen überzeugen ebenso wie das reichhaltige Frühstücksangebot. Besonders lobenswert: die Liebe zum Detail. Nein, Marmelade, Honig und Butter werden nicht in schrecklich sterilen Portionspackungen, sondern in kleinen Glasschälchen serviert. Ein ästhetischer Genuß erster Klasse. Die Speisekarte weist alle Standards ordentlicher Cafés auf und einiges mehr. Neben Müsli und Baguettes auch wenige Varianten mit Vollwert-Brot. Die Eisbecher von 5,50 bis 7 sind schon beeindruckend! Glanzpunkt:

Vanilleeis mit heißen Himbeeren. Eine besonders angenehme Art der Kurzweil, zumal keine volumigen Backgroundgeräusche in Form gesprächshemmender Pop-Kaskaden das Empfinden stören. Wenn nicht die ganze Nachbarschaft hier frühstückt: die optimale Alternative zum eigenen Balkonplatz. Im Sommer kann man im Hof sitzen. RICHTUNGSWEISEND.

ↈ★

OLD HENRY'S BISTRO CAFÉ, Paradiesgasse 30.

Das muß man erlebt haben, um es glauben zu können. Wie Old Henry mit seiner Lebensgefährtin Eleonore in seiner Puppenküche nach Wohnzimmerart bald 20 Jahre überlebt hat, allen Kneipenmoden widerstand und auch vor Mieterhöhungen nicht kapitulierte. Eines von den modernen Märchen, die dieses Gewerbe so unwiderstehlich machen können. Nur langjährige Fans wie ich können so etwas sehen. Schon als Praktikant in der PR-Abteilung der Deutschen SPAR, 1971, holte ich mir hier in der Mittagspause meine Portion Eis, Deutsch-Italienische Geschmacksmischung. In Sachen Marketing hat sich Henry als einer der Größten erwiesen. Die Konzentration auf wenige, im Geschmack unverwechselbare Sorten, war das einzig richtige Überlebenskonzept. Cappuccino gab es schon immer. Die Erdbeermilchshakes haben nichts von ihrer Aromadichte verloren. Ein ultraoriginelles Inselchen, bald surreales Kultstück, so recht nach dem Geschmack aller Leute, die kleine Fluchten, kleine Helden lieben. SPITZE. ★

PALMCAFÉ, Schifferstr. 36. ☎ 627162. Mo-Sa 09-22, So 10-22. Kaffee 2,20, Cola 2, Frühstück 3,90-13,90, grüne Soße mit Kartoffeln 8,30, Brottaschen 7,50-8,50. Wechselnde Ausstellungen.

Keine Frage: Das Team ist weder pubertär, pathetisch, großmäulig noch arrogant. Die Weitsicht bei dem Versuch, Kaffeehausqualität an hochwertigen Angeboten zu messen, be-

tört. Das Classico unter den Frühstückcafés lebt seit Jahren von der Überzeugung seiner Betreiber, daß man sich die Hände schmutzig machen muß, wenn man was bewegen will. Gastronomie von Leuten, die seit Jahren nicht in Routine untergehen. Das amerikanische Frühstück ist immer noch üppig, die Preise halten sich unter Sachsenhäuser Niveau, das Publikum ist bei weitem angenehmer als in so manchem blöden »In-Schuppen« der Umgebung. SOLIDES GOLD. ★

CAFÉ BAR TAO, Klappergasse 16.

Über der süßen Far-Out-Disco liegt es versteckt, das wirklich zierlich-angenehme Örtchen, das förmlich einlädt zum Entspannen, Relaxen, sich Distanzieren vom Hetzen, Hasten, Gaffen und Paffen der Klappergasse drumherum. Wenn das Prädikat »Oase« in diesem Buch nicht so abgedroschen würde, müßte dieses Café mit seinem netten Service unbedingt Urheberrechtschutz erhalten. HERZLICHEN GLÜCKWUNSCH. ★

WALDCAFÉ, Hainer Weg 250.

Daß die Einrichtung des Waldcafés im Original-60er-Jahre-Stil glänzt, ist erwähnenswert für uns, aber Betreibern und Gästen eine Selbstverständlichkeit und war schon »immer« so. Begriffe wie Mode, Zeitgeist, Trend,... werden hier höchstens belächelt. Die Gäste sind mehrheitlich »Weißköpfchen« aus dem nahen Altersheim und gutgelaunt (trotz Altersheim). Kein Wunder: Hier läßt es sich wunderbar sündigen gegen ärztliche Verordnungen, bessere Einsicht, Vernunft,... und wie der ganze Kram heißt. WAS IST DAS SCHON GEGEN DIE HERVORRAGENDEN KUCHEN!? ±

westend

OPUS 111, Palmengartenstr. 8. ☎ 745784. Mo-Fr 09-01, Sa-So 10-01, Kaffee 2,30, Cola 2,50, Frühstück von 6-18,50, belegtes Brötchen 2,90, bieten auch warmes Essen an.

Tina klassifiziert so: »Kaffee und mittags Suppe«. Renate schwärmte und schwärmte. Ihre Gefühle trafen die Realität. Ein Caféhaus mit der in dieser Stadt so raren Weitläufigkeit, den Blick wohltuend frei umherschweifen lassend, ohne sich sofort an einer Wand, überfülliger Bestuhlung oder Enge von Raumteilern zu brechen. Freier Blick auf den Palmengarten, ein paar große, kommunikationsfördernde Tische. Bald sowas wie ein Mythos. Ein bißchen Faszination, Ursprünglichkeit von Caféhauskultur, Besinnlichkeit, Beschaulichkeit und zuweilen gar satte Trägheit, fordern künstlerische Inspiration heraus. Hat durchaus Chancen, zum sinnhaftesten Café der Stadt zu werden, weil die gegenwärtige Atmosphäre mitprägende Schlichtheit keinen Übermut der Inhaber verrät und solche Regungen auch beim Besucher nie aufkommen läßt. Alles relaxt. Ein Blick auf die Speisekarte, und spätestens jetzt weiß der Besucher, daß er immer noch das interessanteste Werk der Stadt vor sich liegen hat. Wer sich über Literatur unterhalten will, kann sogleich über die »Dschungelblätter« mit Mitherausgeber Alban Herbst streiten. Der Herr mit der dicken Strähne am Hinterkopf verdient sich hier seine Brötchen als bewährter Kellner. Erwähnenswertes gibt es vieles. Was in Erfahrungswissen umschlägt, hängt immer von der Präferenz des jeweiligen Rezensenten ab. Tina mundete besonders der Käsekuchen, Peter die Cremetorte und mir der Café au lait. Musik ausgesucht, dezent, aber gut. RICHTUNGSWEISEND. ★

offenbach

CAFÉ STARKENBURG, Starkenburgring 79 (am Stadtkrankenhaus). ☎ 883808. Mo-Sa 8.45-19, So & Feiert. 10-18.30. Kaffee 2,20, Zwiebelsuppe 5, Eisbecher Coppa «Starkenburg» 6.

Gemütliches Café mit gemischtem Publikum. Alter Stil, an der Decke rotiert ein Propeller wie in «Rick's Café». Zwischen Kaffeekränzchen und jugendlichem Schwung der Betreiber entsteht eine eigenwillige Spannung, die den Laden interessant macht. RICHTUNGSWEISEND. ✓

FIRLEFANZ, Kirchgasse 29. ☎ 813090. Mo-So 11-1. Kaffee 2,70, Pils 2,70, Apfelwein 1,80, Frühstück 6-17, überbackener Camenbert 7,50. Baguette 4,50. Große Baguettes, große Salate.

Die Starbedienung hat «donnerstags frei» wird lachend hinterm Tresen versichert. Vom Frühstück bis in die Nacht immer voll auf der Platte. Bastion alternativer Kaffeehauskultur mit Open-Air. Alternativ ist hier endlich mal kein Schimpfwort. Antik-Ausstattung, Vollkornprodukte, Ausstellungen von Schülern der benachbarten HfG. «Kein franz. Billard», Riesenterrasse, freche Bedienung. Alles bestens. SPITZENKLASSE. ★

JOSEF SCHULTE, Frankfurter Str. 71. ☎ 814602. Mo-Fr 8-18.30. Kaffee 2,30, Offenbacher Pfeffernüsse 3,20. Kaba 2,30. Seit 75 Jahren in Familienbesitz.

Höchst traditionsreiches Kaffeehaus. Tradition haben auch Einrichtung und Tapeten. Man fühlt sich in die frühen Fünfziger versetzt. Der Reiz der Morbidität ist überwältigend. Im Schaufenster Werke höchster Konditorkunst, eher zum Bewundern als zum Essen. Auf die Frage nach einem deftigen Frühstück, kommt die aufklärende Antwort: «Wir sind ein reines Konditorei-Café». Also gibt's nur heiße Getränke, der Magen knurrt weiter vor sich hin. Der Kakao ist Suchard-Quick-Schrott mit mehr

Zucker als brauner Köstlichkeit. Der Kaffee laut Michaels etwas gequält hervorgebrachter Einschätzung «garantiert magenfreundlich», hat die Farbe von dünnem Tee. «Nur mit genügend Zucker genießbar», so jedenfalls meint es der Kenner. EINZIGARTIG.   ✔

SCHAUFENSTER, Große Hasenbachstr. 48. ☎ 813304. Mo-Fr 10-22, Sa 11-16, So/Feiertag 10. Tasse Kaffee 2,20, Zwiebelsuppe 5,50. Special: Amaretto Apfelsaft 5,50. Frühstück rund um die Uhr.

Reichhaltige Frühstückskarte mit Corn-Flakes, Müsli, aber natürlich auch den Standards. Daneben Suppen, Baguettes, Nudeln und ein täglich wechselnder Mittagstisch. Eine Oase am Rande der Innenstadt, egal ob man sich gerade mit Einkäufen geschafft hat oder nicht. HERVORRAGEND.   ✔

VERSES, Aliceplatz 3. ☎ 882960. Tgl. 07-19. Kaffee 2,30, Pizza-Baguette 5. 11 Sorten Suppen von Broccoli- bis Hummersuppe.

Im Grunde genommen kaum weniger lieblos, als das Wiener Café, nur etwas plüschiger. Alte-Tanten-Design. Reichhaltige Auswahl an Kleinspeisen. Die Tischästhetik ist geprägt von Sammelgeschirr, will meinen, Zusammengestückeltes aus verschiedenen Servicen. Vielleicht nicht so jedermanns Sache. MITTELMASS.   ✔

WIENER CAFÉ, Stadthof 1. ☎ 882017. Mo-Sa 08-19, So/Feiertag 14-19. Kaffee 2,30, Französische Zwiebelsuppe 4,90. Topfenpalatschinken 5,50.

Die Beleidigung der Wiener Caféhauskultur schlechthin. Die Bedienung ist unfreundlich, dafür aber wenigstens die Siffgrad hoch. Verdankt die Fortdauer seiner Existenz mangelnder Konkurrenz. Halbschaler Kaffee und klebrige Stückchen, auch Teilchen genannt. Der Absturz überhaupt und eigentlich nur zu ertragen, wenn am frühen Morgen der Restalkoholpegel noch ausreichend hoch ist. ABSTURZ.   ✔

WINTERGARTEN, Berliner Str. 77. ☎ 880138. Mo-Do 10-24, Fr Sa 10-01, So zu. Kaffee 2,50, Pizza Baguette 4. Café Amaretto 4,80, Fitneß-Brot 5,80.

Durch die Stadt wabern phantastische Schilderungen von paradiesischen Kneipeninseln. So mancher gibt daraufhin sein grundsolides Leben auf und will zum Trinker werden. Die Freundin schließt sich an. Vorher lassen sie sich die Zähne ziehen. Sie wollen nie mehr Fleisch essen. Nur noch Flüssignahrung aufnehmen. Unsere Abenteurer, beide Zivilisationsflüchtlinge, wollen sich hier, in ihrer neuen Heimat niederlassen. Welche Enttäuschung: Sie finden keine rauschende Dauerorgie vor, sondern nur ein durchschnittlich gestyltes Café, mit vier Palmen, Korbmöbeln und Spiegeln an den Wänden. «Nein, wir wünschen nicht hier zu bleiben», rufen sie entgeistert aus. Da können auch die vielen Baguettes in noch so schönen Variationen nicht fesseln. Macht nix, sagt sich der Wirt, es gibt keine Kneipe, wo nicht ständig neue Gäste kommen. Achtung! Gäste beschwerten sich über ein nicht ganz korrekt gefülltes Glas Fanta, worauf der jungen Frau «ans Herz gelegt» wurde, sich nie wieder blicken zu lassen. Bestätigt die Gesamtnote UNTER MITTELMASS.

![darmstadt]

CAFÉ BELLEVUE, Eckardstr. 26. ☎ 06151/79592. Fr-Mi 09-21, Do zu. Kaffee 2, Bier 2,50, Frühstück 5-17, Blätterteigtaschen 4,50.

Nach der schönen und geglückten 88er Renovierung wird man folgende Dialoge vermehrt zu hören bekommen. Sie: «Ist an einem Sonntag der beste Platz, um mich jetzt und hier mit dir sauwohl zu fühlen.» Schöne Gefühle drinnen und draußen. Gemessen an dem penetranten Kindergeschrei, ist meine leidige Zukunftsperspektive, die ich meinem liebenswürdigen Gegenüber erzähle, eine nette Streicheleinheit. Der Raum weckt eine Vielfalt an Phantasien, das Publikum weniger. Er: «Du Nörglerin!« Sie:«Du hast wohl nichts zu tun, als permanent den anderen deine Aufmerksamkeit zu schenken und täuschst, du alte Heuchelrausau, auch noch Interesse an meinen langweiligen Depro-Geschichten vor.« Also gut, ich kämpfe wohlig an gegen den Geräuschpegel. Trotzdem schmeckt der Kaffee angenehm gut. Ich habe keine Lust mehr, mich über die Leute hier auszulassen, weil sie so außergewöhnlich langweilig sind. Viel Plah, plah, plah. Er: «Ja ja, heuchel heuchel. Muß ich mir das antun, im schönen Café auch noch freiwillig deine Depro-Geschichten, anhören. Du bist nichts als langweilig. Fragt sich nur, ob das Café das verdient hat. Vor allem erwartest du meine Bestätigung deines koketten Jammertals, nach dem Motto: Du, deine Depro-Geschichten sind so unheimlich tragisch, aber deine Offenheit ist so bewundernswert wie dein Mut zum öffentlichen Leiden. Sie: «Blödes Arschloch. Außerdem bleibt dem da drüben der Keks im Maul stecken.« Er: «In welchem Café steht man schon Leute, denen vor lauter Knutsch-Pärchen-Anglotzen der Keks im Halse steckenbleibt? Überhaupt nix langweilig hier! Oder mal wieder die Gucker nicht aufgekriegt, du Nachteule?« Sie: «Abgelinkt Schätzchen, mein linkes Auge hat die Scene im Griff«. Seien es die Türken nebenan, die sich in eine politische Diskussion verstrickt haben, oder der Mann, der bedient, dem kein charmantes Lächeln zuviel ist, oder die Kuchenfresser, lonely hearts, mit Zeitungsleserimage, oder ne' freundliche Spielerrunde. Ein paar modisch Angehauchte haben sich auch verlaufen, die Fensterglotzer dürfen nicht fehlen. Wäre schön, wenn auch die ständig wechselnden Ausstellungen ihr Interesse finden könnten. Zeitweise schöne Mischung aus Scene, Broadwayatmosphäre und Freilichttheater im Stil eines Darmstädter Heimatspiels. WUNDERBAR. ★

CAFÉ-CHAOS, Mühlstr. 36. ☎ 06151/20635. Mo-Fr 11.30-01, Sa 19-01, So 14-01, Kaffee 2,30, Cola 2,20, verschiedene türkische Fladenbrote 4,50-7 (die für 7 sollen der Renner sein).

Orangerie, Rosenhöhe und jede Menge sinnesfroher Jugendstilzitate machen Darmstadt zum Gesamtkunstwerk. Denkste 'Herr Kulturreferent! Für böse Kritiker kultiviert die Stadt das Flair eines, sich an wenigen Ecken wirklich romantisch gebenden, Walt-Disney-Städtchens. Sinnesfreuden ganz anderer Art hat die Stadt allemal zu bieten. Mit dem kalten schauerlichen Atem des Finanzamtes im Rücken blüht hier eine wunderbare antibürokratische Kultur. Im Café werben Plakate für Frauensolidarität, im Amt eher für die Bundeswehr. Im «Chaos» steht auf der Theke eine Spendendose von «Robin Wood». Im Finanzamt geht's zwanghaft zur Kasse. Mängelanalyse: Dem finanzamtlichen, Chaos fehlt einfach jener diskrete Charme des kreativen Chaos eines solchen Cafés, denn dann fielen die Steuerbescheide viel verbraucherfreundlicher aus. Ab 11.30 Uhr gibt es Spaghetti in jeder denkbaren Variation. Die Gäste sind in keine bestimmte Schublade zu packen. Der Alt-Freak steht neben dem Punker am Tresen, Rosalinde, Sekretärin bei der Steuerfahndung sitzt am Tisch nebenan. Jeden Mittag — Schülerinnen, Schülerinnen, soweit der Blick reicht. Warum sehen die mich eigentlich nicht... Na sowas? Der Wirt meint, ich solle lieber ins Aquarium gucken anstatt nach den Schülerinnen. Na, na, was bist du denn für einer. . .Fische und so? Also zum Aquarium: Es beeindruckt. Innenarchitektonisches Glanzstück bleibt nach wie vor die orginelle Kuchentheke, sicher ein gekonnter Nachbau des Schuhschrankes von Tante Erna aus dem Jahre 1960. Eine Andeutung von Regal ist mit Zeitungen

Café Chaos

und Zeitschriften älteren Datums überfüllt. Wenn schon Café in Darmstadt, dann bitte unbedingt auch «Chaos». HERVORRAGEND. ★

CAFÉ DURCHBRUCH, «VOLKSKÜCHE»,
Fuhrmannstr. 9. Tgl. Mittagstisch gegen Spende, ab 23 Uhr Nachtcafé. Non-profit-project, meistens gibt es Eintopf. s.S. 155

CAFÉ GODOT, Bessungerstr. 2. ☎
06151/664881. Mo-Fr 09-01, Sa 11-01, So 15-01. Kaffee 2,20, Cola 2,50, Frühstück 2-7, Hühnersuppe 5,50.

Wer steif und fest behauptet, es müsse immer Milchkaffee sein, wenn es etwas zu besprechen gibt, wird hier nicht zum einfallslosen Traditionalist! Abseits der City setzen junge Leute den tristen Vorortschänken mit ihren ewig langweiligen Skatspielern etwas Lebendigeres entgegen. Der Darmstädter findet täglich genügend Gelegenheiten sich anzuöden. Nicht so im Café Godot. Die kleinen Speisen und das Kuchensortiment helfen vortrefflich über die häßlich-widerliche Stückchenkultur beim Bäcker um die Ecke hinweg, wo jahraus, jahrein das gleiche Geschmacksgebinde über die Zunge läuft. All dies regt zu subtilsten Ferkel-Assoziationen an. Wohltuendes Kontrastprogramm hier: Ausraster und Enthemmungen stehen nicht an, eher überlagert den ganzen Raum die Vorstellung eines Kaffeehausbesuches als Begleitung oder Stimulierung angenehmer Stimmungen. Niemals nur reduktiver, profaner Versorgungsakt mit Festem und Flüssigem. Die Sprüche, die das Ohr streicheln — orginell, lustig bis listig. Extrem gegensätzlich zu den dümmlichen Wortbrocken in Innenstadtcafés, die nur durch die Produktion von Schaum abzuwehren sind, der dafür sorgen muß, daß einem die Wut im Mund nicht explodiert. Ein Ort von und mit kleinen, aufgeweckten Leuten. Alle Darmstädter Ignoranten können sich mit einem Besuch nur glanzvolle Abenteuer servieren. HERVORRAGEND. ★

CAFÉ-N.N., Lichtenbergstr. 75. ☎
06151/714266. Mo-Fr 18-01, Sa So & Feiertag 10-01. 0.4 Pils 2,90, Wasser 1, N.N. Spezialfrühstück für Zwei für den Morgen danach 28 Mark, für jede weitere Person 14, gebackener Camenbert 7.

Ein richtiges Programmcafé. Motto: «Kommen und Gucken. Gesehen und Gesehen werden». Tja, ich möchte auch gesehen werden. Die schwarz-weiß-Ausstattung ist immer noch vorbildlich, die Broccolicremesuppe mit Sahnehäubchen rangierte 1988 zweimal schon auf dem ersten Platz der az-Hitparade. Die Lichtleisten an der Decke — orginell und alles in allem ist dem Innenarchitekt ein in sich geschlossener Wurf gelungen. Dazu das extrem aufmerksame und freundliche Personal, was will der Kneipensüchtige mehr? Oder: Was ist ein traumhafter Aufenthalt ohne die nachfolgende beseligende Erinnerung daran? Eben. Fixpunkt im Viertel, Knoten- und Ausgangspunkt erregter Diskussionen und Kontroversen. Unmöglich, ja unerwünscht, objektive Antworten zu finden. Hier wird von produktiver Streitkultur nicht nur gesabbert, sie findet statt. Viel schöner als Video! Der Mensch lebt doch nicht vom Brot allein. Konkurrente Gefühle kennen die Wirtsleute sympathischerweise keine. Als Insider empfehlen wir folgendes: «Wenn's bei uns zu voll ist, zum Trinken ins Petri. Zum Frühstücken ins Bellevue. Zum Lachsessen ins Capone». Was gut ist kommt immer wieder. Das hat sich bis heute nicht geändert. SPITZENKLASSE. ★

CAFÉ OTTO ROTH, Lauteschlägerstr. 8. ☎
06151/74242. Mo-Fr 07-18.30. Kaffee 2,20, Frühstück 3,95-7,50, Obstkuchen 1,90, Schwarzwälder Kirschkuchen 2,60.

Umzingelt von Scene- und Studentenkneipen, nicht mehr ganz so bedrohlichen linken Buchläden, blüht im Verborgenem — recht charmant — ein Familienbetrieb. In weitläufiger und angenehm spröder Einrichtung bewegt sich der Bäckermeister persönlich als Servierer. Immer auf dem Sprung, im Ladengeschäft zu bedienen. Logisch, bei der guten, nach traditionellen Rezepten gefertigten Backware, bilden sich schon mal Andeutungen von Massenaufläufen. Was man vom Besuch des angeschlossenen Caféraumes nicht behaupten kann. Niemals Publikum zu viel! Genau das macht aber den Reiz der Oase aus. Relaxen, entspannen ist die Devise, vielleicht mit KommilitonInnen der benachbarten, sterilen TH. Niemand stört durch Mißbrauch des Ortes als Laufsteg männlicher wie weiblicher Eitelkeiten. Dazu ist der Laden völlig ungeeignet. Eine Schande für überbetriebsame, zuweilen überdrehte Scene-Cafés: Diese Enklave aus Omas Zeiten im Flair einer aufgemotzten Restauration der späten 60er, floriert auch ohne preistreibenden Styling-Schnickschnack. Der Ausblick nach hinten wird belohnt von einem gewachsenen, naturbelassenen, begrünten Hinterhof. Kein waviger Landschaftsgärtner mußte hier mit einem «Kunstobjekt» zwanghaft dekorieren. Wo neue Sachlichkeit anderswo teuer und künstlich arrangiert wird und nur künstlich wirken kann, dokumentiert sie hier ein Stück Character, gewachsen über Jahrzehnte. Ein ganz besonders ästhetischer Genuß sei empfohlen: Der genaue Blick in die Karte. Sowas von Sparsamkeit im Computerdesign zeugt vom Mut zum Minimal-Stil. Das Getränke- und Kuchenangebot ist akzeptabel. Von der üblichen Snack-Baguettes-Manie keine Spur. Auch hier wird Konsequenz demonstriert: Die Teilchen duften wie Veilchen, den Kuchen muß man nicht unbedingt versuchen. Wohlausgewogene und technische Anwendung sparsamster Unterhaltungstricks erhöht die Wirkung. LIEBLICH BIS MÄRCHENHAFT.   ★

CAFÉ, RESTAURANT MATHILDENHÖHE, Europaplatz 1. ☎ 06151/422109. Tgl. 10-18. Mo zu. Bier 3, Wasser 1,80, O-Saft naturrein 3,50,

Kaffee 2,40, Kaffee- und Kakaospezialitäten, z.B. Mandelschokolade mit Amaretto und Sahne 6,50. Tgl. wechselnder Mittagstisch, Frühstück bis 14 Uhr.

Bistroeinrichtung, verspiegelte Wände, viel Glas, Jugendstil, weißer Marmor, sehr geschmackvoll, elegant. Hierher kommen kulturinteressierte Leute. Zu empfehlen ist die Lauchcremesuppe — erste Sahne. Eins der schönsten Museumscafés in Rhein-Main. Sehr schön der Durchblick in die Ausstellungsräume. Der Ausblick aus den Fenstern im Westen des Cafés zeigt eine Landschaft wie in der Toscana, grüne, sanfte Hügel. Und dabei sind es nur die Ausläufer des Odenwalds. Eine Nachmittagstraumreise allemal wert. ATMOSPHÄRISCH GUT.   ☐●

CHAT NOIR, Kahlertstr. 37. ☎ 06151/21575. Mo 10-01, Sa & So 15-01. Bier 0.2l 1,90, Wasser 2,30, O-Saft 3, Kaffee 3, Kaffee Calva 4, Sirup de menthe 2,50, Spratz 4 (Eigenkreation aus Orayerlikör, Weißwein und noch mehr). Frühstück «Chat Noir» (Katerfrühstück) 9,99 incl. Alka Seltzer und diverse kleine Speisen.

Zum Aufwärmen einen Kaffee Calva, nicht nur des Körpers, sondern auch der Seele wegen. Sehr schön geschmackvoll eingerichtet, Bistro-Tische und Stühle, eine große, runde Holztheke in der Mitte, Jugendstillampen und -bilder, große Pflanzen, sehr gemütlich. Nach dem Calva wieder gestärkt in die kalte Welt. AUFWÄRMEND.   ☐●

HARD ROCK CAFÉ, Wilhelminenstr 9 (Helia-Passage). ☎ 06151/291111. Mo-Do 10-23, Fr/Sa 10-01, So 14-22. Cola 2. Salate, Suppen, Toasts, Baguettes. Video-Music-Box, drei Bildschirme und Großleinwand.

Was ist die Musik von berühmten Rockbands gegen das Schwärmen über berühmte Bands? Wer die Musikvideo-Begeisterten unter Einfluß von drei gigantischen Videobildschirmen und einer Großleinwand erlebt, kennt die Antwort. Nix! Die Dekorationsstücke, eine alte Chevy Corvette, eine schwere Kunstwerk-Enduro in Weiß, Fallschirm an der Decke, Surfbrett überm' Tresen, da ist noch der leuchtende Ehrgeiz und die Hoffnung, dort die Erinnerung an ehemalige Glanzleistungen oder an Idole aus vergangenen Zeiten. Das «noch nicht» der einen und «nicht mehr» der anderen. (Bloch) Was auch immer am Dienstag beim all-amerikanischen Abend — außer der Redaktion dieses Werkes keine Bundesbürger da — für ein elender Stuß zusammenkommuniziert wird, an anderen Tagen ist das Publikum interessant, der Milchkaffee gut und die Bedienung sowieso Spitze. Es ist die Idee vom schönen Aufenthaltsort für Jugendliche in der sonst arg an ihren Bedürfnissen vorbeigestalteten Innenstadt, die zutraut und anrührt. Die Tatsache, daß es diesen Flecken gibt. Das zählt für das große Publikum. An jenem Abend aber ging einem alles mehr auf die Nerven, als daß etwas Nettes einfiel. PRIMA. ★

HAUS WINTERGARTEN, Heag-Passage, Luisenstr. 12. ☎ 06151/293239. Tgl. 08-20, So ab 10. Baguette 6-8, Tasse Kaffee 2,50, Frühst. 6-8,50.

Cool hinter Glas betrachten hier gutgekleidete Menschen nach anstrengendem Shopping das an sich ansprechende ehemalige HEAG-Gebäude, von den Plänen für ein Kulturzentrum sichtlich angewidert. Daß ein Café ohne Zeitungen, dafür mit üppigem Grün um die winzigen weißen Tische tatsächlich «Caféhaus» nennen darf, bringt freilich Strafpunkte. SCHNIEKE. ∞

KAFFEEHAUS, Heidelberger Landstr. 269. ☎ 06151/594629, Mo-Sa 8.30-24, So 10.30-24, Bier 2,50. Mittagstisch und kleine Gerichte.

Nein, sieben aus Mexiko importierte Tequilas stehen dem Gast nicht zur Verfügung. Dafür französischer Landwein, ordentlicher Kaffee und alles, was ein kleines Kaffeehaus an Speis & Trank zu bieten hat. Mit dieser Einrichtung wurde eine Jugendszene-Lücke im Vor-

ort geschlossen. Eine Hochburg dieses Publikumspektrums mit dem Faible für Hardrock ist das Lokal allemal. Bei der Inneneinrichtung wurde nicht geknausert. Hingegen von innenarchitektonischer Ideen-Opulenz zu sprechen, käme einem Euphemismus gleich. Viel Naturholz, massive Fichtenholztheke, auf Eiche zurechtgemacht — man muß sich einfach heimelig fühlen, obwohl die Sitzelemente eher etwas für hartgesottene Schemelfurzer mit Stahlarsch sind. Die Wirte bewiesen Stil, sie gingen den zeitgeistigen Verirrungen und Verwirrungen nicht auf den Leim. Teure, pseudoraffinierte Lichtanlagen oder Lasershows stören nicht. Ein Mangel, der echte Atmosphäre produziert. Um 20 Uhr ist hier noch reger Betrieb. Die Preise sind prima. Ein Orangensaft und ein franz. Landwein, zusammen sechs Mark, was will man mehr. GUT. ★

KULTURCAFÉ, Hermannstr. 7. ☎ 06151/25832. Bier 2,60, Wasser 1,5 0, O-Saft (ohne Zucker) 3, Kaffee 2,20, Kinder-Cappuccino 2,40, Apfel-Holundersaft 3. Frühstück 4,30-13,70, Gemüsequiche 3,80, Eisspezialitäten 4,80-6,80.

s.S. 156

MINICAFÉ, Rheinstraße (Am Luisenplatz). ☎ 06151/23234. Bier 2,30, Wasser 2, O-Saft 2,0, Kaffee 2,20, Cappuccino 2,70. Toast mit Schinken und Käse oder Salat 3,60.

Gläserner Mini-Pavillon auf dem Luisenplatz. Im Sommer wird's aktuell. Dann stehen dem Café eine Vielzahl von Plätzen draußen zur Verfügung. Es tummelt sich alles, was gesehen werden möchte und hofft auf Bräunungsintensivierung. Die «Mini»-Damen zeigen ihre schönheitsgeprägten Beinchen und die Sonnenbrillenmode kommt auf ihre Kosten. Oh, Entschuldigung, im Wandel der Jahreszeiten ist auch im Winter nicht mit der Abschreckung narzißtischer Triebe zu rechnen. Die Massen schreiten trotz Minustemperaturen in die Kälte. Mit Sensualität, Räkeln und Stöhnen läßt es sich auch auf sich aufmerksam machen und die Eitelkeit kennt keinen Frost. Es ist naheliegend,

Kulturcafé

daß sich die Scene im Minicafé trifft. Kein anderer Darmstädter Platz weist diese hohe Publikumsfrequenz auf. Nirgendwo finden Design-, Architektur- und Kunststudenten und sonstige Armleuchten so viele Zuschauer. Mit einem Lächeln denke ich daran, wie Ihr in acht Jahren aussehen werdet. Mit «nur» Rouge ohne natürlichen Teint, mit Sonnenbrille und Muscle-shirt, ohne Durchblick, ohne Saft in der Birne und der unerhörten Seichtigkeit des Scheins, bleibt Mode nur ein elendiger Puffer. HILFE, ICH HABE EINEN PICKEL! ☼□

PALLAS, Pallaswiesenstr. 39. ☎ 06151/293868. Tgl. 9-01. 0.3l Pils 2,60, 0.2l Kölsch 2, Milch 2, Wasser 2, Bergsträsser Weine, Cocktails von 7,50-9, Kaffee 2,20. Frühstück von 5-14.
ERSTKLASSIG GELUNGENE SACHE.
s.S. 216
REM, Beckerstr.22 (Friedrich-Ebert-Platz). ☎

06151/7110337. 6.30-10, 18-01. Frühstück selbst zusammenstellen. Kaffee 1.50, 2 Tasse 1, Kaffee zum Mitnehmen 2, Cafe creme 2. Cocktails, Drinks, Longdrinks zwischen 5-10.

SCHLOSSGARTENCAFÉ, Robert-Schneider-Str. 23. ☎ 06151/79417. Mo-So 08-22. Kaffee 2,40, Bier 2, Frühstück 6-14, Mittagstisch.

Der Aufwand, der bei der Innendekoration so manches Wave-Café getrieben wird, macht traurig über die Verschwendung von Zeit und Material. Meistens bleiben solche Modeschuppen leer, weil sie dem Besucher nichts bringen, als den letzten Nerv zu rauben. Die Dümmlichkeit solcher Vorhaben entlockt allenfalls ein Gähnen. Der ungebrochene Publikumszustrom zum Schloßgartencafé kann heute nicht mehr nur auf den Orden «Pionier der schwarz-weißen neuen Café hauskultur reduziert werden. Mittlerweile gibt es genügend kläglich versagende Imitationen. Die angenehmen täglichen Scenarien im Innenraum zeugen von der Sorgfalt, mit der das Team gastronomisch zu Werke geht. Das Lokal ist fast ein Meisterwerk, die Spezialeffekte sind gekonnt sparlich eingesetzt, das Publikum ist hoch verträglich. Ausstellungen dokumentieren den Bezug zur Kunstscene. Margot verstand mich miß und meinte trotzig und mißgelaunt eine eindeutige Position entgegensetzen zu müssen: «Mir gefällt es dort aber sehr gut!» Ich konnte ihr nur zustimmen: «Aber ja, aber ja, natürlich gefällt es mir dort prima!» Sie meinte nun, ich wolle sie auf den Arm nehmen. Um das Aufkommen quälende Spannung nicht zu steigern, blieb mir nur noch die aggressive Variante der Rechtfertigung: Ich schrie los: «Ich bin unschuldig!» Meine stillste und asketischste Kneipenbesprechung! SPITZE. ★

WEINSTUBE UND CAFÉ SCHUBERT, Dieburger Str. ☎ 06151/74378. Tgl. 10-01, Mo u. Bier 0.2l 1,60, Wasser 1,80, O-Saft 2,50, Kaffee 2. Hausgemachter Kochkäse mit Butter und Brot 5,80, Obatzter 6, Mirabellenschnaps 2,50.

Der Cappuccino für zwei Mark ist wunderschön groß, sieht lecker aus und schmeckt gut — sagt Hilde. Riesengroße Auswahl vorwiegend deutscher Weine. Nette, neugierige Männer hinter der Theke. Im zweiten Raum Geweihe an den Wänden. Nostalgische Weinbilder an den Wänden. Haufenweise Männer, sanfte Musik, gut gepolsterte Sitzplätze. Ja, ja die Männer. Und die Frauen, die seufzen: Ja, ja die Männer. . . Schöner Garten im Hinterhof mit schönen Pflanzen. Dreiundzwanzig Jahre hieß das Etablissement Weinstube Kraus. Die Nachfolger bauten einen Kaffeeraum an. Es heißt, man könne frühstücken. Dazu gibt es eine Extra-Karte. An gewöhnlichen Wochentagen ist der Frühstücksandrang nicht zu groß. Wer also zur Verarbeitung persönlicher Disaster in der Nacht zuvor zur Belebung, Erheiterung Menschen um sich braucht, ist hier falsch. Wer aber mal richtig zur Besinnung, also zu sich kommen will, der wird sich wahrhaft erholen. Prima Recreationscenter. Die Wirtschaft reagierte flexibel auf meinen offenkundigen Ausnahmewunsch: Krabbencocktail morgens um Zwölf. Die dazu vorgesehene Toast-Scheibe oder die Krabben, wurden frisch von außerhalb besorgt. Das dauerte dann einige Minuten. Die Einrichtung mit den rosa Fragmenten läßt niemals eine solche lebhafte Belegschaft und dieses kommunikationsfreudige Publikum erwarten. Eher das Mutti-Kaffeekränzchen der Damen um die 55. So wie man von einem Alpenträchtler in der Disco auf der Tanzfläche keinen Rapp oder Skratch-Dance erwarten würde. Eine wirklich schöne Überraschung! Das einzige, was vom alten Wirt übrigblieb ist ein Wandteller mit einem Pfarrer-Kneipp-Spruch: «Saufen wollen sie alle, aber sterben will keiner». Na, das ist doch klar! Nix wie hin. HEIßE HEXE. ★

wiesbaden

BISQUIT, Dotzheimer Str. 35. ☎ 06121/379849. Mo-Sa 09-01, So 11-24. Kakao 2,60, Cola 2,20, Bitburger vom Faß 2, Wein 3,30. Kaffee 2,30, Cappuccino 2,60, Frühstück 4,20-7,60, Pizza ab 7,50, Baguette u.a., kleine Speisen.

Einem ganzen ABC von Gästen hat Ulla Knoth ihr Kneipchen gewidmet: Allen, Bit-Trinkern, Cesaren, Denkern, Einsamen, Frühaufstehern, Gentlemen, Hungrigen, Insidern, Jedermann, Kaffeetanten, Langschläfern, Musterschülern, Nachbarn, Quietschvergnügten, Realisten, Spezialisten, Tortenfans, Urgemütlichen, Verführern, Wunderkindern, X-beliebigen, Überläufern, Zaungästen. Blumen raus, Tische und Stühle rein, fertig ist das Bisquit. Wo einst ein Pflanzenlager war, ist heute die kleine Theke. Hier residiert die neue Chefin über ihr Blumenheim, das keines mehr ist. Durch die großen Schaufenster ein schöner Ausblick auf den Autostau, vorausgesetzt, der Parkplatz vor dem Fenster ist nicht besetzt. Dann nämlich sieht man Blech pur, eine Sperrholzwand könnte fast attraktiver sein. Am schönsten aber ist die Terrasse, oder wie man sie nennen will: ein Balkon mit einem Tisch und vier Stühlen. Um diesen Platz werden sich die Gäste schlagen — wenn sie kommen. Zugegeben, es war Weinfest und die neuen Öffnungszeiten bis in den späten Abend mögen sich vielleicht noch nicht herumgesprochen haben. Triste Leere in den drei Räumen, das hat das schmucke kleine Ding eigentlich nicht verdient. Unser Tester verspricht, das Bistro demnächst einmal am Vormittag mit seinem Besuch zu ehren. BLUMIG. ≡

CAFÉ BÖCK, Mauritiusplatz. ☎ 06121/373163. Kaffee 2,40, Bier 3,30.

Trotz der zentralen Lage ist dies ein Café ausschließlich für den Sommer: Da kann man unter schattenspendenden Bäumen und fern ab vom Autolärm und -gestank den Straßenmusikanten lauschen und ein bißchen «Leute gucken». Winters stehen dagegen nur ca. fünf Tische im Warmen zur Verfügung — und diese Einrichtung dann auch noch alt- oder mittelhoch-deutsch, so genau kenn' ich mich da nicht aus, aber ... NUR DRAUSSEN. ○

CAFÉ-EUROPA, Friedrichpassage. ☎ 06121/375413. Mo-Sa 7.30-01, So 10-01. Kaffee 2,50, Cola 3.

Wirkt wie eine italienische Eisdiele, die auf «Neon» gemacht ist. Vom Frühstück (ab 5,80) bis zum Longdrink (7,50-12) kann bei schönem Wetter alles draußen eingenommen werden. RICHTUNGSWEISEND. ○

CAFÉ IM HILDE-MÜLLER-HAUS, Walluferstr. 15. Mo Mi Fr, 14.30-18. Kaffee 1,30, 0.5l Bier 1,60, Eiskaffee 2.

Integrativer Treff, kein kommerzielles Café, sondern ein Angebot des «Reichsbundes« für Behinderte und Nichtbehinderte. Nirgendwo sonst gibt es den Kaffee so billig wie hier. Der Bürgertreff wird ehrenamtlich betrieben und kann sich sehen lassen. Im Aufzug gelangt man in den dritten Stock. Dort empfängt den Neuling, noch bevor sich die Tür öffnet, ein wackeres Stimmengewirr. Hier haben es sich Stammgäste gemütlich gemacht. Stammtische sind angesagt. Frauen und Männer mehr oder weniger kurz nach der Pensionierung. Rente. Hier geht's rund wie kaum woanders in der Rentner-Scene. Zu Essen gibt's heute Würstchen mit Kartoffelsalat und danach 'nen Kümmerling. Hier paßt man auf, wer sich zu wem setzt, damit der/die Verschmähte nicht gekränkt ist. Nebenan der Tisch ist vollständig belegt mit einer eingeschworenen Stammtischgesellschaft, die kein Fleckchen frei läßt. Im guten grauen Rock, dem bordeauxfarbenen Blüschen und dem nach Kölnisch Wasser duftenden Taschentuch in der Faust, wird angeregt gebabbelt, gelauscht, man unterhält sich köstlich. Hier geht's kommunikativ zu, sagt die Soziologin in mir, und wer nicht reden will oder niemanden kennt, häkelt oder liest's «Goldene Blatt« mit innerer Bewegung über das Schicksal der königlichen Familien. Ein Genuß ist die einmalig große Sonnenterrasse mit Hollywood-Schaukeln und Blick über den Wallufer-Platz. SPITZENMÄßIG. ☆

CAFÉ GEHLHAAR, Klarenthaler Str. 3. ☎ 06121/442832. Di-Fr 8.30-18, So 11-18, Mo zu. Kaffee 2,30, Cola 2,60.

Das wohl kleinste Café Wiesbadens — doch nur von den räumlichen Ausmaßen. Wer an Klaustrophobie leidet (Platzangst) sollte es trotzdem nicht versäumen, sich hier den obligaten, oberaffengeilen Nachmittagskuchen zu holen: Gut zwanzig (!) verschiedene Sorten Torten und Kuchen, sowie verschiedenstes Gebäck und selbstgemachte Pralinen und Marzipan bieten für jeden Geschmack excellente Gaumenfreuden. Die Postkartensammlung an der Wand weist die Betreiber-Familie als ehemalige Besitzer einer großen, renommierten Marzipanfabrik in Königsberg, Ost-Preußen aus. Mit dazugehörigem Caféhaus, dem «Türkischen Mocca-Salon«. Übriggeblieben ist das Wiesbadener Winz-Café. Von hier aus wird heute das «Gelhaar Königsberger Marzipan« mit eigener Verpackung in die ganze Welt exportiert. SPITZENKUCHEN. ☆○

CAFÉ KAIPLINGER, Friedrichstr.53, ☎ 06121/374227. Tgl. -19, außer langer Sa. Tasse Schokolade 2,30, Kaffee 2,30, Frühstück bis 14 von 6,30-8,70.

Großes Kaffeehaus, in dem Frauen von jung bis alt zwischen dem letzten Einkauf und dem Warten auf den Bus oder den Arzttermin die Einkaufstüten unter den Tisch schieben und sich ein ruhiges Tässchen Kaffee bei einem Stück Sahnetorte gönnen. PAUSE. ☆

CAFÉ KLATSCH, Marcobrunnenstr. 9. ☎ 06121/440266. Di-Do 08-01, Fr/Sa 08-02, So 10-01, Mo zu. Nicaragua-Kaffee 4-5, Säfte 0.2l 2,80.

Pfannkuchen 2,50-6,50, Kuchen 2,20-2,80, Baguettes 2,50-4,50, Bio-Bier 0.5l 3.50, gr. Milchkaffee 4. s.S. 157

CAFÉ MALDANER-KONDITOREI, RESTAURANT, Marktstr. 34. ☎ 06121/305214. Mo-Sa 7.30-22, So 09-22, 11.30-14.30 Mittagstisch. Kaffee 2,40, Cola 2,40, O-Saft 23,20, Bier 3. Frühstück (auch Hauslieferungen).

Das älteste Café am Platz (seit 1859) imponiert durch seine echte Caféhaus-Atmosphäre und sein im Jahren manchmal kaum nachstehendes Publikum. Doch immer wieder geht die Sonne auf. Sprich: Jungvolk von bieder bis angepunkt erliegt der Faszination, die von Wertkonservatism von Qualität ausgeht. Eine hölzern-gläserne Drehtür geleitet den Gast in zwei ineinandergehende, holzgetäfelte und verspiegelte Säle, die — wegen der zentralen Lage des Cafés in der Fußgängerzone — bis Geschäftsschluß immer gut gefüllt sind. In den Vitrinen finden sich Kunst und Kitsch: Da stehen eine chinesische Vase und eine flamenco-tanzende Plastikpuppe einträchtig nebeneinander. Ein Tip für Freunde altertümlicher Caféhauseinrichtungen: Im ersten Stock neben der Toilette befindet sich ein «Kolleg«. In schwarz und vollholzgetäfelt erinnert es eher an eine gotische Kirche als an einen Kneipenraum. Besonders hervorzuheben für Schleckermäuler: Die selbstgemachten Pralinensortimente. Abends ein guter Ort, um in Ruhe plaudern zu können, sommers gilt draußen: Sehen und gesehen werden. EMPFEHLENSWERT NICHT NUR FÜR NOSTALGIKER. ★○

CAFÉ MOCCA STUBE, Webergasse 8, ☎ 06121/305012. Cola 2,50, Kaffee 2,50, Cappuccino 3. Tgl. 9-01, So 10-01. Terrasse.

Café mit großer Theke und Bar-Sesseln. Momentaufnahme Publikum: In den Feierabendstunden «Herren« aus dem Dunstkreis der Verwaltung der Landeshauptstadt — noch locker gekleidet. Solo-«Damen« aus dem Um-

Café Klatsch

kreis der Verwaltung der Landeshauptstadt — bürolich gut gekleidet. Junge Pärchen. Damen in fortgeschrittenem Alter, aus dem Umkreis des Geldes — gekleidet wie alter russischer Adel...will sagen: etwas übergewichtige, herrschsüchtige Matronen. Rotes Kostüm aus feinstem Wollfaden darüber Nerzstola und Nerzhelm. Im Gefolge jüngerer gutsitzender Anzug, leicht tüttelig und den Wagenschlüssel in der Hand. Dame am Nebentisch peinlich ähnlich gekleidet nur nicht ganz so übergewichtig. Sie verläßt denn auch schnell die Szenerie und nimmt der Testerin den bizarren Augenschmaus. Nachdem auch der russische Hochadel verschwunden ist, verbleiben allein die Sorgen des Mittelstandes. Schalten wir uns ein in die Unterhaltung vorne an der Theke. Die Herren, nennen wir sie der Authenzität halber «X«, «Y«, «Z« und «X1« (er stellt sich im Laufe des Gesprächs als der Bruder von «X« heraus), besprechen die Scheidungssorgen von «Y«. Es geht um den Unterhalt der Geschiedenen und die Ausbeutung des Mannes durch die Frau überhaupt. «Z« und «X1« wechseln die Sitzposition um die Kosten von Badezimmerinstallationen, die Dringlichkeit von Rechtsschutz-, Haftpflicht- und Unfallversicherung zu erörtern. Sie werden vom visuellen Lockruf der Frau unterbrochen «X1«: «... und die jetzt im schwarzen Mini.« Hierauf schaltet sich «Z« ein: «...und in hochhackigen Schuhen.« «X«, «X1«, «Y«, «Z«: «Hö, hö, hö« «Y« zu «X1« oder «Z« (die Testerin konnte nicht genau ausmachen zu wem, da «Y« mit dem Rücken zu ihr stand) «Ich glaub', ich muß erst mal mit Dir in der Videothek vorbeigehen.« Das Gespräch wendet sich wieder, der Versicherungsproblematik zu, und die Testerin wendet sich ab, um weiteren Blickkontakt zu vermeiden und sich dem Café zuzuwenden. Die Einrichtung hat eine Mischung aus verlottertem Luxus und Alltag. Gemütliche Sessel, abgewetzt, Süßstoff mit dem Markenzeichen von Billig-Supermarktkette Penny auf dem Tisch. Die Bedienung ist sehr nett. DEKADENT ☆

CAFÉ PLANTAGE, in der Wartburg, Schwalbacher Str. 51. ☎ 06121/376593. So-Do 08-01, Fr/Sa 08-02. Bier 3, Kaffee 2,50, Frühstück 3,90-8,50, Pizzen 4-8,50, grüne Nudeln 8,50, Tortellini 7,50. Draußen sitzen.

Ob nun Café, Musikkneipe, Billardhalle oder Cocktailbar, das weiträumige «Café Plantage« ist alles gleichzeitig, ohne daß sich die einzelnen Bereiche gegenseitig störend auswirken; sie bilden vielmehr eine Einheit, in der sich ein recht unterschiedliches jedoch relativ junges Publikum allabendlich trifft. Sehr zu empfehlen sind die thailändischen Cocktails. Wegen seiner Größe und seiner Beliebtheit, die auch am Montag-Abend für drangvolle Enge sorgt, eine Einzigartigkeit in Wiesbaden. HERVORRAGEND. ★

CAFÉ WALZ, Kaiser-Friedrich-Ring 12. ☎ 06121/374754. Mo-Fr 07-18.30, Sa 09-18.30, So 10-18.30.

Echte Zuckerbäcker sind hier noch am Werk: Wer sich morgen das Ja-Wort gibt, sollte sich gestern schon eine zwei- oder dreistöckige Hochzeitstorte mit Brautpaar in Marzipan auf dem Gipfel der Glückseligkeit bestellt haben. Für Anhänger einer anderen Form des Zusammenspiels und Essens tut's ja auch ein Schachspiel. Variante: Jede geschlagene Figur kann direkt vom Brett genascht werden. Ansonsten eher bürgerliches Publikum. GANZ ORDENTLICH. ○

CHAT D'OR, Westendstr./Ecke Scharnhorststr., 10-01, 0.4l Pils 3,20. Frühstück klein 4, groß 8. Kaffee 2.

Und schon erinnert man sich genüßlich einer hitzigen, wie zugleich erstaunlichen, Diskussion inmitten der närrischen Tage des Jahres 1988. Und von dieser Geschichte, das Markanteste an dem Laden, wird es bis zu seinem Ende zehren. Die Landeshauptstadt geriet förmlich außer Atem. Provinztheater? Weit untertrieben. Harte Waden, bleierne Arme, Muskelkater, Psychoduschen aller Art — alles im Preis inbegriffen. Zum Eklat führte damals der Klang des Namens — entscheidend aber war seine Schreibweise. An ihr rieben sich die Gemüter eines verdutzten Kneipiers wie streitbarer Frauen. Beiden ging's ans Eingemachte, um Grundsätzliches: Beim weiblichen Part um politisch Unverrückbares, beim männlich-unternehmerischen Widerpart um den Namen eines Lokals, der schon auf Fassade und Speisekarte prangte. Die Fan-Gemeinde der Kneipengänger suhlte sich in der Rolle des feixenden Publikumschweinchens, das sich von den Schmutzresten der Kontroverse bestens nährte. Baubehörde, Gesundheitspolizei, Ordnungsamt etc. können zur selbstgeschaufelten Grube werden. Aber die Namenswahl? Das ehemalige Café Morgenröte, beliebter Szene- und Stadtteiltreff mit höchst beliebter Wirtin mochte Neuwirt Steffen Engel nicht nur mit neuem Outfit, sondern auch mit lustigem Namen aufpeppen. «TSCHADOR«, das sollte er sein. Allein schon des schönen Klanges wegen. Sagt er. Damit bot sich jeder Konflikt-Spielart das Passende. Der Tritt ins Fettnäpfchen gelang rekordverdächtig schnell. Warum wollte er auch zuviele gegen den Strich rasieren? «TSCHADOR«, Standard bürgerlicher Allgemeinbildung und eigentlich auch angehender Szene-Gastronomen, bezeichnet den «Schleier«, den iranische Frauen, diktierten kulturellen Normen folgend, tragen müssen. Ein Symbol der Unterdrückung der Frau schlechthin für den fortschrittlichen Menschen. Ein selbstverständlich zu akzeptierendes Ritual, sagen Iraner der fundamentalistisch-orthodoxen Fraktion. Und nicht nur die. Ganz objektiv, eine scharfe Sache, wenn auch

Sakrileg, eine Szenekneipe so zu nennen. Die Frauen liefen erfreulicherweise Sturm, auch wenn der Tschador-Engel sich nichts aber auch gar nichts dabei gedacht hatte. Und deshalb geschah ihm recht. Dummheit durch Nichtdenken, muß allemal bestraft werden. Der Frankfurter Verein autonomer Frauen aus dem Iran empörte sich. Wiesbadener Frauengruppen schlossen sich dem Protest an. Studentinnen der FH samt Professorin drohten, verkündeten, verhängten Besuchsboykotte, selbst die städtische Frauenbeauftragte wachte mal aus ihrem Schlaf auf, schaltete sich wachsweich ein. Das Ergebnis ist bekannt. Wahre Meister der Etikettenschwindelei schlugen genial zu. Der Name änderte sich, doch der Klang blieb. Schein statt Sein: «CHAT D'OR«, für die meisten eine wirklich liebenswerte Variante, für den, ders' bösartig braucht, aus dem Konflikt der Namensfindung heraus nur die Fortsetzung männlichen Chauvinismus mit anderen Mitteln. Iranische Frauen im besonderen, Frauen allgemein sind «Goldkätzchen«? Viel Lärm um nichts? Standpunktsache. Der Kneipe jedenfalls tat's nur gut. Kostenlose Werbung mit himmlischen Reichweiten. Der Name, so die Spekulation, bliebe im Gespräch. Wie dumm nur, daß nichts vergänglicher ist, wie der Hit von gestern. Wer redet heut noch darüber, wen reizt der Laden noch? Und wenn, dann wegen der Namenskeilerein. Die Lage Ende 88: Der Katzen-Engel zog sich nicht schmollend als verkannte Genie in die tiefe Einsamkeit des Westerwaldes zurück. Hier wurde sie also gekürt, die lange vergeblich gesuchte Synthese von Suff, Politik, Public Relations und Geschlechterkampf. Night-Life Philosophen werden bei der Entdeckung dieser Symbiose — nennen wir sie einfach und einprägsam das «Schleier-Syndrom« — dankbar-erregt applaudieren (was haben sich die Autoren dieser Textdelikatesse vor Gaudi auf die Schenkel gekloppt!). Lokalpresse wie «Doppelkorn«-Fritzen standen Griffel bei Fuß.

Die Kneipe selbst — fast schon Nebensache, oder sagen wir's so: Normalvollzug. Ab 10 Uhr geöffnet, Frühstückscafé für Frühaufsteher, junge Scene-Rentiers, Berufsschwätzer, Schulschwänzer, Leute die es eben schon morgens brauchen. Wie überall Spiegel der Welt kleiner Abenteuer und eingebildeter, großer Fluchten. Soll mans' so gemein sagen? Die Karte ist eher Bluff. Außer Baguette, Chili oder Suppe nur Getränke — die aber ohne Fehlstellen. Exotische Cocktails ausgenommen. Dafür frischgepreßter O-Saft. Feierlich dinieren will hier eh niemand, wer Schaugepränge und Schlachtgetümmel schätzt, kommt voll auf seine Kosten. SÜß-SAUER. ≡★

CICERO CAFÉ-BÜCHER-KUNST-MUSIK,
City-Passage (Zw. Schwalbacher- u. Kirchgasse). ☎ 06121/303120. Mo-Fr 10-19.30, Do-Sa 10-24, So zu. Kaffee 2,30, O-Saft 2,90, Wein ab 3,80, Bier 3,20. Shakes 3,50, Müsli 3,80, Frühstück 8,50-9,50, Salate, Desserts u.a.   s.S. 156

LE MONDE DES JOURNAUX, Kranzplatz 5/6.
☎ 06121/598565/526981. Tgl. 09-01. Kaffee 2,50, Bier vom Faß 2,50. Frühstück 5,50-9,50.

Seit August '88 bietet sich hier Internationales: Zum Italienischen Salat (8.-) die «Herald Tribune«, zum Salat «Le Monde« (9,50) vielleicht die «Akropolis« und zum griechischen Bauernsalat (8.-) dann «El Pais«. Oder doch lieber die «Frankfurter Rundschau«, «Kurier«, «Geo«, «Spiegel«, «Bunte« — bis hin zum Telefonbuch gibt's hier auf zwei Ebenen Futter für den/die ZeitungsleserIn. Den Verspielteren stehen Schach und Baggammon zur Verfügung. Im Winter drinnen in gemütlicher Atmosphäre, in den Sommermonaten draußen direkt vor dem Kochbrunnen mit Blick ins Grüne. BESTENS.☆

JOURNAL AKTUELL, Bleichstr. 7 Tgl. 9-01, Sa
ab 11, So ab 14.30. Billardtische.

Vier von acht Läden der «Nouvelle-Vogue« sind witzlos, blöd und zeigen, daß sie ihre Gä-

ste gering schätzen. Deshalb gehen sie auch
so schnell pleite. So auch hier. Da wird Vielfalt suggeriert, aber Beliebigkeit produziert.
Café, Bistro, Pub. Auf alles wird ein bißchen
gesetzt. Verschanzte Rund-Bunkertheke mit
tiefhängender Decke, eingebauten Strahlern
und dunkelbrauner Verkleidung. Sonst überall kleine Tisch-Sitzgruppen auch in dunkelbraun gehalten. Seppel, der aufgeblasene
Brauerei-Innenarchitekt hat hier wieder gewü-
tet. Unsummen verbaut, daß sich auch garantiert niemand wohlfühlt. Das gewisse «Etwas»
soll der Name bringen. Dafür gibt es gerahmte
Zeitungstitelblätter aus aller Welt an der Wand.
Im Regal dagegen nur eine mediale Horror-
galerie aus Quick, Bunte, Freundin und
PR-Blättern, in denen sich die Haute-Couture
der Frankfurter Werbebüros abfeiert und die
man kostenlos bekommt, wenn man darin eine
Anzeige in Auftrag gibt. Tageszeitungen gibt's
außer der «Welt» keine. Die will ich nicht und
Geo hab' ich schon gelesen. Die Musik aus
dem Lautsprechern bringt die gewisse musikalische Einschläfer-Mixtur der HR3-Musikre-
daktion. BLÖD.

☆

![mainz](mainz logo)

ALTSTADT CAFÉ, Schönbornstr. 9. ☎
06131/224868. Mo-Sa 09-20, So 10-20. Kaffee
2,50, Frühstück 4,50-12. Alles tgl. frisch, Ausstellungen.

Jetzt frisch renoviert ist das Altstadt-Café
selbst für gute Esser der Frühstückstip in
Mainz schlechthin. Als Musikcafé für junge
Leute ist es seit drei Jahren richtungsweisend.
Daß es schon um 20 Uhr geschlossen wird, ist
eigentlich sein einziges Manko. ALLERERSTE
SAHNE!

×

BALLPLATZ 2, Ballplatz 2. ☎ 06131/221771.
Großer Milchkaffee 3. Mo-Do 9-01, Fr Sa 9-02,
So 14-01.

Im heutigen Nordstern-Versicherungshaus
untergebracht, erweist sich der historische
Wiederaufbau als Betongießerorgie mit Sand-
steinfassadenkosmetik aus der guten alten
Zeit. Der Atmosphäre tut diese «Sanierung»
glücklicherweise keinen Abbruch. Im Inneren
tut sich wohltuend räumliche Weite auf. In der
Raummitte zitiert eine halbrunde Empore fragmentarisch die Geschichte des Hauses, die eines Ballsaals. Soviel Mühe um die Erhaltung
eines historischen Charakters geben sich
selbst berühmtere Etablissements leider nicht
immer. Daß es sich nicht nur um eitle Fassa-
denromantik handelt, beweisen die ausgewie-
sen guten Veranstaltungen, die hier stattfanden. Lore Wolff, Hanns-Dieter Hüsch bis hin
zum Kulturdezernenten von Mainz bestritten
hier Vortragsreihen über das vergangene und
gegenwärtige Leben in Mainz. Das Publikum
dankt es. Um die Mittagszeit treffen Schüler
und Angestellte aufeinander, die Träger von
Motorrad- und Fliegerjacken fehlen sowenig
wie die rasierten Punk-Schädel, interkulturelles Treiben, dessen Reiz ein wenig verliert
durch die junge Frau, die neokonservativ, aber
extrem teuer, gerade aus dem Sonderheft
«Wintermode» von «Brigitte» hätte gesprungen
sein können. Für Blödheit, die sich in der
Selbstdarstellung junger Leute spiegelt, ist die
Geschäftsleitung nicht haftbar zu machen. Pla-
katierte Veranstaltungshinweise auf kulturelle
Ereignisse in der Nachbarschaft dokumentie-

Journée

6500 Mainz, Schottstr. 6

ren ein weniger konkurrentes als eher kollegiales Verhältnis zu der umliegenden Kneipenszenerie. Hier gelingt das Abspannen tatsächlich, und das will schon etwas heißen. Die Preise lassen ahnen, daß sich straighte Businessmen und Yuppies blödester Sorte dort nicht hinverirren. Wer sich muffiges Thekenpersonal wünscht, sollte dieses Kaffeehaus unbedingt meiden. HERVORRAGEND.   ★ ☆

CAFÉ AM MUSEUM, Schießgarten 1. ☎ 06131/231489. Mo-Fr 09-19, Sa 10-16, So 11-18. Kaffee 2,30, Cappuccino 2,60, Tee ab 2, Cola 1,80. Stammessen und Extras auf Wunsch.

Ein Fünfer-Kollektiv führt das Cafe am Museum. Mit Musik und günstigeren Preisen als im Altstadt-Café wirbt man um ein ähnliches Publikum. In einer kleinen, höher gebauten Nichtraucherecke stehen Korbtische und -stühle. Bistroeinrichtung. Viel Grün. Viel

Platz. . .und freundliche Bedienung. Für Leckermäuler gibt es Mövenpick-Eis. GUT UND GÜNSTIG.   ✗

CAFÉ CENTRAL, Heugasse 6. ☎ 06131/225666. Mo-Sa 10-01. Frühstück: ital., franz., engl., ca 4,50-10, kleinere Speisen, Toast, Nudeln usw. Ausstellungen.   s.S. **418**

CAFÉ INTAKT, Bretzenheimer Str. 23b, ☎ 06131/366586. Cola 2,20, Riesling 3,50, Pils 2,80·
                  s.S. **238**
CAFÉ NIXDA, Raimundstr.13, Ecke Frauenlobstr. ☎ 06131/670330. Di-So 9-01, Fr Sa 9-02, Mo zu. Biolog. Fruchtsäfte 2,80. Pils 2,60, Kaffee 2,20. Vegetarische Mittagstisch 6, bzw. 8. VollkornPfannkuchen 3-6.

Die Welt der Landeshauptstadt ist realistisch. Die Einwohner, bzw. die Betreiber solch schöner, politisch kultureller Kneipen, erleben ihre Wunder, mit denen man bald nicht mehr wie selbstverständlich umgehen kann. Da blühte einige Monate der Mittagstisch durch Teilnahme der nahegelegenen Stadtwerke auf. Als unfaßbare Bosheit der Geschäftsleitung des kommunalen Betriebes muß man es sehen, daß flugs nach Bekanntwerden des politischen Charakters des Etablissements, — nix da! — die Erlaubnis zur Bezahlung mit Essensmarken bei jenen «Teufelsfiguren» eingestellt wurde. Dabei sind die Nixdas liebe Leute. Welches Caféhaus bietet schon eine Kinderspielecke, bringt regelmäßig zum Mittagessen vegetarische Specials und führt im Sortiment konsequent biologische Weine und Säfte und ein Nichtraucherabteil? Die destruktive staatliche Intervention schmälert diesem Alternativbetrieb die existentielle Grundlage. Potzblitz, man kann sich sagen, daß der Staat mit den Jahren sein Wesen geändert hat, auch wenn er in Sachen face-lifting eine Menge tut. Auch ist der Meister «Knüppel-aus-dem-Sack» nicht verschwunden oder ist etwas anderes mit ihm passiert. Irgendwie habe ich den seltsamen Verdacht, daß die Stadt Mainz — auch nicht indirekt — ein Lokal unterstützen will, wo Herbert von Karajan und Ted Kennedy, wenn überhaupt, lieber ungesehen eincheckten. Wie das so ist im Leben, wo man Probleme gemacht kriegt, macht man sich selber welche dazu. Die Gastronomiekultur mit hoher Schmutztoleranz ist nicht jedermann/fraus Sache. Lange Wartezeiten zuweilen sind auch einem regen Besucherzuspruch über die kleine, eigene Scene hinaus auch nicht gerade förderlich. Dennoch: Wer noch munter, wie eine Champagnerperle, erleben will, daß es abseits tradierter Geschäftsnormen noch andere Verwertungsversuche gibt, die alles andere als trocken sind, aber kein Aufsehen um ihre Person wünschen, sollten alsbald den Besuch des Cafés vornehmen, denn dann sind jene — nix da — falsch gewickelt, die kommen, um die Säbel zu wetzen. AUSNAHMEERSCHEINUNG. STILECHT. ★

JOURNEE, Schottstr./ Ecke Kaiserstr. ☎ 06131/235590. Mo-Sa 09-01, So 11-01. Kaffee 2,30, Bier 2,80, Frühstück 6,50-12,50, Gulaschsuppe 5,50. Tageszeitungen und Ausstellungen.
s.S. 419

S'KLEINE JANSON, Neubrunnenstr. 4 1/10. -Ladenschlußgesetz-, So 13-18. Bier 2,90, Wasser 2,50, O-Saft 2,90, Kaffee 2,50, heiße Schokolade 6,10, Irish-Coffee 6,10. Eis 2,90-6,50, Frühstück 1,10-8,10, Gebäck 1,60-2,50, Dessertteilchen 3,40, Torten 3,40-3,70, warme, dt. Küche mit Beilagen um 10.

Hausfrauenklatsch bleibt Tagesordnungspunkt Nr. 1! Kronleuchter, viele Sitzplätze im Café-Raum. Torte bestellen, Zeitung lesen, Kaffee trinken. Das weibliche Mittelalter hat Vorrang. Kaum Schüler oder gar Studenten zu sehen, gestreßtes Personal bei nicht allzu viel Publikum. KONSERVATIV.

dieburg

FLIC-FLAC, Steinweg 9. ☎ 06071/25245. So Mo 10-13.30, (sonst 09-14) und von 20-01, Sa 20-01, im Winter ab 19. Pils 2,30, Cola 1,50. Frühstücksbuffet 10.

Gute Rock-Musik, viel Grünzeug, meist voll: Die Flic-Flac-Besucher sind die perfekte In- Group, jeder kennt jede, beim Frühstück wird der neueste Tratsch der Dieburger Szene ausgetauscht. Die Einrichtung hält sich an Antiquarisches und kann unterdrücken: Die Alternative in Dieburg. NIESCHIG. ∞

dreieich

CAFÉ-ZEITLOS, Sprendlingen. Kurt-Schumacher-Ring 2. ☎ 06103/33276. 8.40- ca 14, ab 19-01, Sa/So ab 14. Bier 2,50, Wasser 1,20, Kaffee 2. Baguette bis 3,50, Suppen und Salate im Wechsel.

friedrichsdorf

CAFÉ KLATSCH, Hugenottenstr. 98. ☎ 06172/71740. Mo-Fr 16-24, So 15-24, Sa zu. Kaffee 2, 0.3l Pils vom Fass 2,80, Kuchen 2-2,50, Baguettes 3,50-5,50, Suppen.

Neue Wirtin, Renovierung, altes Konzept. Hausgebackenen Kuchen, verschiedene Kaffeesorten im Ausschank und Verkauf. Die umgebaute Erdgeschoßwohnung eines alten Fachwerkhauses serviert das gleiche wie ehedem: Wohnzimmeratmosphäre. Mit dem gewissen Sinn für bäuerliche Gemütlichkeit findet man das Flair angenehm. Für andere wirkt es als Schlaftablette. Bei schönem Wetter Open-Air-Betrieb. Treffpunkt für Jungerwachsene und Ältere. MITTELMAß. ★

hanau

BRASSERIE SCHLÖSSCHEN CAFÉ, Steinheim, Ludwigstr.32. ☎ 06181/63654.

Treffpunkt junger Leute in Steinheim. △

CAFÉ PIERROT, Nordstr. 8. ☎ 06181/15204. Mo-Sa 08-24, So zu. Bier 2,50, Kaffee 2,20, Frühstück 7-10,50, belegtes Brötchen 3,00.

Das zweifellos schönste Café Hanaus ist ein Scene-Café. Nein, nein, kein auf die Schnelle hingesautes Remake des Remakes des Remakes waviger Großstadtschuppen. Neben der roten Rebe, Hanaus alternativer Weinstube, gelegen, hat sich schon vor Jahren der Stil des hellen freundlichen Kaffeehauses durchgesetzt. Vielen «Metropolen»-Schankstätten war der Laden um Lichtjahre voraus. Und der Vorsprung wurde nach der 88 er Renovierung gehalten. Handwerklich routinierte Gastronomie mit durchaus eigenständiger Atmosphäre, der es immerhin gelingt, sich als Dauerbrenner geschickt in Szene zu setzen. Abends sammeln sich Zocker-Runden um die

Tische, eine Atmosphäre zum heimisch-fühlen. Solche Stammkneipen sind viel zu selten. Für MelancholikerInnen, Romatiker, und SelbstmordkandidatInnen: Einmalig stimulierend der Blick am Abend durch die Jalousien hinaus auf den beleuchteten Freiheitsplatz. In Anbetracht der übrigen Dunkelschuppen der Stadt, allemal ein räumliches, kleines Juwel. WITZIG & SPRITZIG. ★

hofheim

CAFÉ FLOT, Hauptstr.4, 6238 Hofheim. ☎ 06196/22292. Mo-Mi 11-22, Do zu, Fr-Sa 11-23, So 12-22. ALKOHOLFREIE ZONE!!! Kaffee 2, Limo, Kakao 2,50, Baguette 5, Spaghetti 7, Frühstück, klein 4,50, Null-acht-Fünfzehn-Frühstück 8, 2 Personen 15.

Eine Oase der Suchtfreiheit. Hier fehlen sie, Vollgesuffkies, sich ausnahmslos rüpelhaft aufführende Knallchargen. In einer Suchtgesellschaft ein mutiges Unterfangen. Auch ohne diese Stimulantien findet die ganz gewöhnliche Sehnsucht des Caféhausbesuchers nach Unvergeßlichkeit, nach Beachtung und Aufmerksamkeit ihren Ausdruck. Die Atmosphäre ist erfreulich locker, nirgendwo guckt versteckt der erhobene Zeigefinger hervor, keinen Moment gewinnt man den Eindruck, Objekt direkter oder indirekter Missionierung für ein besseres Leben zu sein. Wir befinden uns wirklich in einem Café, nicht in einer als Café getarnten Kirche. Auf diese Weise lassen sich die Geheimnisse fester Überlebensprinzipien und der Herzensbindungen besser an ein breites Publikum herantragen als mit folgenlosen Appellen an Umweltbewußtsein, Ökologie und gesundes Leben mit pastoralen Moral-Phrasen verpackt und als eigentlich Religiöse verschoben. Die Einrichtung ist hell, im Stil der weißen Zeit, die Räume etwas niedrig, mit großen Fenstern zur Straße, die den Blick schweifen lassen. Junge Leute bedienen junge

Leute und präsentieren Service der flottesten Sorte. Und sollten einmal an einem verschlafenen, verregneten Sonntag-Nachmittag die Brötchen oder sonstige Café-Essentials ausgegangen sein — ganz unkompliziert und schnell wird aus dem Flughafen-Supermarkt Ersatz beigeschafft. Die bekennenden Hofheimer — «diese Stadt ist klein und beengt — aber wir kennen keine bessere» — scheuen trotz Offenheit und Freundlichkeit das übliche Anbiederungsprinzip umsatzgeiler Kneipiers, wie der Gast den lauwarmen Kaffee. Auf diese Weise hat sich die lobenswerte Alternative in ganz Rhein-Main herumgesprochen, und die sonst recht eitlen «metropolenzentrierten» Tag & Nachtschwärmer der jüngeren Generation lassen am Wochenende zuweilen die Zahl sprunghaft ansteigen. Rehabilitiert die Anti-Al-

koholiker! Das Café Flot mit seinen professionellen Gesundheitstrinkern bestätigt die Sinnhaftigkeit eines zu Unrecht geschmähten Lebensgrundsatzes. Nach einem Frühstück hier sieht vieles anders und noch vielmehr genauso aus. SCHOCK-REALISMUS & WUNDER-ZAUBEREI ★

MRS.P. — PATRICIA PERKINS, Kurhausstr. 4. ☎ 06196/1371 Mo-Fr 8.30-12.30, Sa 10-12, an langen Sa & So zu.

Best Sandwichbar, Stehcafé, Frühstückscafé in town. Frühstücken mal «english», Tea & Toast, Coffee & Sandwiches. Französisches Weißbrot & Milchkaffee (nicht ganz so englisch). Die Kombinationsmöglichkeiten der Sandwiches erscheinen fast unbegrenzt. Patricia: «Meine Gedanken: Zufriedene Kunden,

Café Zeitlos

**Kurt-Schuhmacher-Ring 3
6072 Dreieich-Sprendlingen
9.09-14.14 Uhr
19.19-24.24 Uhr (1 Uhr)**

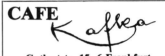

die mich pünktlich Feierabend machen lassen. Meine Anregung: Kommt doch alle mal bei mir frühstücken.« Kein Neon, viel Gefühl, viel Drive und eine Wirtin, um einige Jahre älter. Oase zum Vortaunus. HÖHENFLUG. ★

CONFETTI, Frankfurter Str. 16. ☎ 06187/6608. Mo-Fr 18-01, Sa So 14.30-01. Bier 2,50, Cola 1,80, Baguette 5,50. Draußen sitzen. Bilderausstellungen und Musikveranstaltungen.

Bekannt und geschätzt für das preiswerte, volumige Frühstück. Von hier gehen wichtige kulturelle Impulse aus. Einrichtungsmäßig im neueren Fachwerk gehalten und als Synthese zwischen gestern und heute nicht ohne Spannung. Niemand metzelt hier Gäste nieder, jeder kommt ungeschröpft davon, was man nicht von jedem Cafe' behaupten kann. LICHTBLICK IN DER PROVINZ. ★

GOLDENE NUDEL, Niederramstädterstr 48. ☎ 06154/4493. Mo-Fr 17-24, Sa So 15-24, Do zu. Pils 2,50, Kaffee 2,40, Wasser 1,50. Kleine Speisen bis 20. Tageskarte. Ausstellungen.

In der ehemaligen Nudelfabrik befindet sich das Café in bester Nachbarschaft zum alternativen «Handwerkshaus». Nein, keinesfalls dessen aufgemotzte Betriebskantine, dennoch ist die Verbindung zu den insgesamt sieben Handwerkern fruchtbar. Antje und Ingo geben sich seit Jahren mit Erfolg größte Mühe, die von der zunehmenden Fan-Gemeinde und öffentlicher Anerkennung belohnt wird. Bisher sind sie nicht der Hektik anheimgefallen. Die Architektur weckt sympathische Gefühle. Wer auf dem Ausflug in den Odenwald mal Pause machen will, wird mit ein bißchen Geduld bestens bewirtet. Modefanatiker wie der bestangezogenste Mann des Jahres sind hier nicht an-

Goethe Terraſſen

Café im BfG-Hochhaus
Öffnungszeiten: täglich von 9-19 Uhr, So und Feiertag 12-19 Uhr

zutreffen. Wer glaubt, das «Gold« im Namen «Goldene Nudel« signalisiere Luxus, In-Restaurant-Atmosphäre, und Elite-Sport, der irrt gewaltig. Dafür gastronomische Alltagskultur, mit angenehm schlichten oder doch bekömmlichen und schmackhaften Preisen. Galerie, Kleinkunst, Musik aus der Konserve. Großer Hoffnungsträger. HERVORRAGEND. ★

riedstadt

CAFÉ MOSKITO. Erfelden ☎ 06158/4698. 17-01, Sa So ab 10. Montag zu. Bier 2,30, Wasser 0,80, O-Saft 2, Kaffee 2. Kleine Mahlzeiten, am Wochenende Frühstck zu humanen Preisen.

CAFÉ FIASKO. Stockstadt. ☎ 06158/85181. 18-01, Dienstag zu. Bier 2,20, Wasser 1, O-Saft 2, Kaffee 1,80. 1 m Brot 5, 0.5 m überbacken 3,50. s.S. 114

rüsselsheim

FREIES KULTURCAFÉ, Mainstr. 11. ☎ 06142/12333. Do-Mo 10-24, bei Veranstaltungen u. Festen länger. Bier 2,80, Wasser 1, O-Saft 2,20, Kaffee (Nicaragua) 2, Cocktails & Sprit 2,50-8, bemerkenswerte Weinkarte 2,50-4, 0.7l: 14-48. Vegetarisches 2,50-7,20, Gulaschsuppe im Brotteig 6,50, Baguettes (prima!) 2,50-5, Frühstück 2,80-11,80, Eiskarte (sieben Sorten) 3,50-5,80.

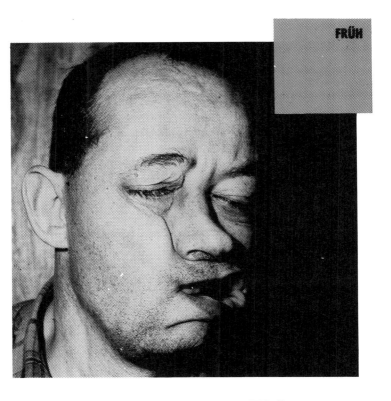

FIX UND FERTIG

Nach dem unterstellten Verrat des Büffetiers, der angeblich nur Fusel ausschenkte, reißen sich Nacht-Jangos, Mini-Robert De Niros und arg gerupfte Sumpfhühner zusammen und brechen mit letzten Kräften noch einmal auf, die geliebten Illusionen von Freiheit und Abenteuer zu retten. Trotz diverser Heimtücken und Hinterhalte durch Polizeikontrollen und störende Ampelanlagen, erreicht die ungleiche Truppe die Inseln der Frühzecher. Hier nehmen unsere ausgepumpten Helden den aussichtslosen Kampf gegen die Müdigkeit auf. Natürlich kriegen die Einen ein's auf's Haupt. Sie schlafen ein oder müssen die Toilettenanlagen zwecks Entleerung des Magens aufsuchen. Die anderen werden erleuchtet und kriegen auf wundersame Weise den Durchblick zurück. Sie schwören dem Laster jammernd ab, nie wieder würden sie so durchzechen, und wenn, dann bliebe man wenigstens bei einer Alk-Sorte. Doch der Tod des Nachtmythos ist nicht abzusehen, und somit führt nichts zum Sturz des Berauschungssystems. »Nach alledem, was ich aus Amsterdam gewöhnt bin«, meint Karina, »hätte der Filmriß noch katastrophaler ausfallen können«. Zumindest gelingt es den Helden der Nacht — zwangsweise, weil der Körper nicht mehr mitspielt —, wenigstens einmal in 24 Stunden den Gesichtsausdruck zu wechseln. Aber bitte, bitte, bitte: Nur nicht zuviel Gefühl, oder zu tiefsinnig, sonst platzt die schillernde Seifenblase! Frühstationen — für Unentwegte ein rundes Vergnügen, nicht nur ein Stück schlechtes oder gutes Theater, sondern auch immer noch Ironie des Schicksals oder überzeugende Komik. ★

frankfurt

bahnhofsviertel

ALF SCHLEMMERECKE, Hbf-B-Ebene, Rolltreppe zur Kaiserstraße. Tgl. 06-20, So zu. Cola/Fanta 1,80, Kaffee 1. Kotelett 4,30, Schnitzel 4,80.   s.S. 373

BÄCKEREI H. NEUBAUER, Ludwigstr. 6/ Ecke Niddastraße. ☎ 251272. Verkauf der Backwaren 6.30-18.30. Stehcafe ab 7. Kl. Frühstück ab 0,90.

Sommernachtstraum. Hier entscheidet sich am frühen Samstagmorgen nach durchlangweilter Nacht, welcher Falter zu welchem Weibchen in die Poofe flattert. Die Verständigung erfolgt mit vollem Mund und gierigem Kaffeeabschlucken. Weil die Sprache zwangsläufig undeutlich und in diesen Kreisen eh restringiert ausfällt, kommt es zuweilen zu deftigen Mißverständnissen. Aber besser großes Mißverständnis, als einsam und allein hein ins kalte Bett! Die ersten ernsthaften sprachlichen Annäherungen nach bösem Erwachen aus dem gemeinsamen Suff offenbaren meistens katastrophale Fehlgriffe. Auch hier sind die Spielregeln eingeübt. Ohne große Worte schleicht man sich von dannen. Auf einmal will jemand wirklich was! Professionelle AbstauberInnen suchen den letztmöglichen Zuschlagmoment. Die ganze Nacht zuvor im Augenfick hier, ein kleines Wort da, zwei, drei Objekte werden blickhaft selektiert. Eine Nummer treibt sich morgens bestimmt auf dem Kontakthof rum. Das Ritual nimmt seinen zufällig unzufälligen Verlauf. So besehen sucht niemand die Traumfrau, den Idealmann. Ja, hier artikuliert sich in der Kälte des Morgens hochtemperaturmäßig der große Hunger. In jeder erdenklichen Variante. Glücklich werden bei der nächtlichen Resteverlosung von abgestandenen Spätjugendlichen nur die Top-Hengste und Top-Stuten. Alle anderen sind, wie die ganze Nacht zuvor in den Night-Tempeln, nur Kulisse.   ★

BÄCKEREI RAHN, Kaiserstr./Ecke Moselstr. Tgl. 07-16.30, So zu.   s.S. 373

BELLA ITALIA, Münchener Str. 25. ☎ 251446. Durchgehend Tag und Nacht geöffnet. Pizza 4-8 DM.   s.S. 11

BIERSTUBE, Elbestr. 16. ☎ 234571. 06-01. Äppler 3, Rindswurst 3.   s.S. 11

BUFFET VITESSE, im Hauptbahnhof. ☎ 273950. Tgl. 6-23.   s.S. 373

CAFE BISTROT 87, Taunusstr. 25. ☎ 233147. Mo-Do 8-01, Fr 8-02, Sa 12-02, So 09-1. Warsteiner Bier 0.3l 3, Kaffee bis 10 Uhr früh 1,50, Cappuccino 2,50. Italienische und deutsche Küche.   s.S. 399

DAMPFKESSEL, BIERSTÜBCHEN Münchner Str. 33. ☎ 253980. Mo-So 6.00-1.00. Apfelweinbier 0.3l 2.   s.S. 13

HEBERER, Hauptbahnhof-B-Ebene. ☎ 231490. Mo-Fr 4.30-22, Sa 6.30-18, So 10-18. Brot- und Stückchenfabrik mit Kaffeeausschank. s.S. 374

KRONPRINZENECK, Elbestraße/Ecke Münchener Straße. ☎ 233363. 09-01. Apfelwein 2. Keine Speisen.   s.S. 14

MARKT IM BAHNHOF, 06-22. Vegetarische, asiatische Theke, diverse kleine Menüs ab 8, echt chinesische Speisen, Bier 0.5l 5. Metzgerei Zeiss: Prager Schinken 100 gr 2,90, Kurzgerichte mit Blumenkohl, Sauerkraut und Kartoffelsalat ca. 5. Nordsee-Theke mit Klasse-Klein-Häppchen a la champignons mit Sauce Bernanaise.   s.S. 376

OLDIES KISTE, Elbestr. 19. ☎ 232454. Mo-So 06-04   s.S. 15

FRÜH
117

STERN-CAFÉ, Taunusstr. 25. ☎ 23 11 91, Mo-Fr 7-18.30, Sa 7-13, So zu. Pikant belegte Brötchen, diverse Snacks, Kaffee, Teestube mit über 2o Teesorten, Tasse 1.   s.S. 68

WENDY, Hauptbahnhof. ☎ 234870. Tgl. 04-01.
Wie würden nie behaupten, daß man hier gut essen kann oder den Laden zu seiner Stamm-Kneipe machen sollte. Wir behaupten jedoch: Schon ab 4 Uhr Frühstück.   ★

bockenheim

CAFÉ BAUER, Jordanstr. 1. ☎ 777967. Mo-Fr 6.30-19.30. Bier 0.33l 2,70, Claustaler 2,70, Cola 1,80, O-Saft 1,80. Croissant mit Käse und Schinken 2,90-3,80. Terrasse.   s.S. 69

CAFÉ CARIOCA, Adalbertstr. 4. ☎ 700029. Mo-Do 8.30-01, Fr 8.30-02, Sa 09-02, So 10-01. Spinatrolle 10,50, Kaffee 2,20, Wein 4,80. s.S. 70

CANADIAN PACIFIC FRANKFURT PLAZA, Hamburger Allee 2-10, ☎ 79550. Frühstücksbuffet tgl. 6.30-11.30.
Beim sonntäglichen Frühstücksbuffet stärken sich die Mädchenhirten und die Schönen der Nacht aus dem Bahnhofsviertel vom harten Geschäft in der Horizontale. Hier kann man massenhaft Vorurteile abbauen. Im Publikum ist gar nicht so eindeutig auszumachen, welche Dame nun welchem Gewerbe nachgeht. Die lokalen, nationalen, internationalen Geschäftsfrauen und — männer, die hier absteigen, sehen alle gleich mitgenommen und verknautscht aus. Von daher gehts atmosphärisch gut zusammen. So mancher Hotelbesitzer würde viel dafür bieten, diesen honorigen Stammtisch sonntäglich veranstalten zu dürfen. Weshalb gerade dieses Lokal? Wahrscheinlich liegt es am außerordentlich reichlichen und guten Angebot. SEHENSWERT.   ★

JEAN BASTOS, Gräfstr. 45. ☎ 701095. Mo-Fr 08-01, Sa-So 10-02, Bier 3, Cola 2, Kaffee 2,10, italienische Küche, z.B. Lasagne 7, Frühstücksbuffet mit frischen Brötchen und Obstsalat (auch am Wochenende) 10,50.   s.S. 71

MOLTKESTUBE, Hamburger Allee 59. ☎ 7072266. Mo-Sa 6-01, So zu. Bei wichtigen Messen -04 und am So geöffnet. 0,2l Pils 1,70, Apfelwein 1,60. Eintöpfe ab 4,50. Rumpsteak mit Beilagen 17,50.   s.S. 273

bornheim

CAFÉ BOHNE, Berger Str. 111. ☎ 439497. Mo-So 7.30-19. Kaffee 2,50, Bier 0.4l 3, Frühstück 6,50-23.   s.S. 70

KAFFEEMÜHLE, Arnsburger Str. 38. ☎ 447090. Mo-Do 7.30-18.30, Fr 7.30-15, Sa 10-14, So zu.   `s.S. 73

eschersheim

CAFÉ CHRISTINE, Eschersheimer Landstr. 319. ☎ 561766. Tgl. 7.30-18.30. Kaffee 2,20, Kuchen ab 1,65. Specials: Christine Sahne.   s.S. 76

innenstadt

ALTES CAFÉ SCHNEIDER, Kaiserstr. 12. ☎ 281447. Mo-Sa 7.30-19. Gebäck ab 1,25, Torten ab 2,75-4.   s.S. 78

BAFF, Langestr. 59. ☎ 295693. Mo-Fr 08-24, Sa So 10-01. Russische Gemüsetorte 6, Kartoffelplätzchen mit Lachs u. Kräutercreme 12. Frühstücksbuffet, aber auch Komplettangebote

6-14, große Franz-Wein-Karte, Kaffee 2-3,50, Pils 2, Alt 3,70, Säfte 2,80.　　　　s.S. **403**

CAFÉ HAUPTWACHE, An der Hauptwache. Mo-Sa 7.30-19.30, So 11-19.　　　s.S. **80**

CAFÉ SCHWILLE, Große Bockenheimer Str. 50. ☎ 284183. Mo-So 07-19.30. Kaffee 2,80, O-Saft 3,80, Frankfurter Würstchen in Blätterteig 6, Croissant mit Käse & Schinken 5, Frühstück 7-14 h, Kuchen und warme Getränke.　　s.S. **82**

DAS CAFÉHAUS, Große Eschenheimer Str. 13, Lorey-Passage. Tgl. 06-03. Cola 2,90, Brasil-Spieß 22,50.　　　　　s.S. **98**

GASTHOF ZUR TRAUBE, Rosenbergerstr. 4. ☎ 293746. Mo-Sa ab 19, Sa, So & Feiertags auch 6-11, So abend zu. 0,3l Pils 3, Apfelwein 2,20, Cola 2,20. Frühstück ab 5.　　　s.S. **434**

MOZART CAFÉ, Töngesgasse 23-25. ☎ 291954. Mo-Sa 8-21, So 10-21. Tasse Kaffee 2,40, Pils vom Faß 0.4l 3,80, gr.Frühstück 9,60, belegtes Baguette ab 6. Mövenpick Eis, feine Kuchen u. Torten, Salate, Suppen (hausgemacht) und kl. Gerichte.　　　　　s.S. **84**

WACKERS CAFÉ, Kornmarkt 9. ☎ 287810. Tgl. 7-18.30, Kaffee 1,80, Espresso 1,80, Cappuccino 2,30, 18 verschiedene Sorten Kaffee. Eigene Rösterei.　　　　　s.S. **85**

nordend

BÄCKEREI JOSEF VOGT, Eckenheimer Landstr. 5. ☎ 554775. Geöffnet ab 07.

CAFÉ HOLZHAUSEN, Eckenheimer Landstr. 184. ☎ 551314. Mo-Fr 08-18.30, Sa 09-19.30, So 09.30-18.30. Kaffee 2,20, Cola 2,20, Frühstück 4,80-7,80. Wechselnder Mittagstisch.　　　　s.S. **86**

ostend

MARKTKLAUSE, Hanauer Landstr. 86. ☎ 445966. Tgl. 6.30-01. Bier 0.3l 2,50, Apfelwein 1,50. Schweinekotelett mit Bratkartoffeln 7,50, Schweinskopfsülze 6,50, Eieromelette mit Brot 4,50.　　　　　s.S. **195**

ZUR ANGELIKA, Hanauer Landstr. 82. ☎ 434638. Öffnet bereits früh am Morgen. Bier Cola, Apfelwein 1,50, Bratwurst/Brot 4, Rippchen, Kraut, Brot 10,50, Schnitzel mit Beilage 12
　　　　　s.S. **196**

sachsenhausen

ALTDEUTSCHE BIERSTUBE, *deutsch* Schifferstraße 38. ☎ 610751. Mo-Fr 06-24, So 11.30-15. 0,3l Bier 2,80 bzw. 3,20, O-Saft 1,80.　s.S. **455**

CAFÉ SONDERBAR, Färberstr. 65. ☎ 625709. Tgl.08-1, Fr Sa bis 2. Tasse Kaffee 2,20, Tasse Milchkaffee 3, Mineralwasser 3, Guiness 0.4l 4,40, 0.3l Henninger Pils 2,60, Baguettes ab 5, kl. Salat 3, hausgemachte Eintöpfe 5. Außerdem: Guiness v. Faß, Milk-Shakes ab 3, Frühstück ab 4, Müsli zum Selbstzusammenstellen für 3,50.　　　　s.S. **89**

HARMONIE-GASTSTÄTTE, Dreieichstr. (neben dem Kino Harmonie) ab 6.
　　Absturz oder Aufbaukneipe, je nach Grad der Durchseuchung. Ab sechs Uhr geöffnet. WEM'S GEFÄLLT.　　　　　☆

offenbach

CAFÉ-RESTAURANT DU THEATRE, Speyerstr. 2/Ecke Kaiserstraße. ☎ 880454/-5/814990. Rund um die Uhr geöffnet. Orangensaft 2,50, Mexikanischer Salat 9,50.
　　Nicht, daß hier die Theaterwelt verkehren

würde oder gar ein Hort der Frankophilie zu finden wäre. Den Flair von Welt markiert der Geschäftsreisende am Ecktisch. Und der Taxifahrer auf Pause. Spitzengardinen und Stilmöbel. Nicht jedermanns Geschmack, aber in Sachen Öffnungszeiten auch für jedes Polit-Scenie und Kulturhuhn überlebenswichtig. Von daher konkurrenzlos. Einer der wenigen Orte; der Offenbach den Flair von Leben jenseits des Sandmännchens verleiht. ABSTURZGEEIGNET.

★ ✓

CAFÉ STARKENBURG, Starkenburgring 79 (am Stadtkrankenhaus). ☎ 883808. Mo-Sa 8.45-19, So & Feiert. 10-18.30. Kaffee 2,20, Zwiebelsuppe 5.   s.S. 92

JOSEF SCHULTE, Frankfurter Str. 71. ☎ 814602. Mo-Fr 8-18.30. Kaffee 2,30, Offenbacher Pfeffernüsse 3,20. Kaba 2,30. Seit 75 Jahren in Familienbesitz.   s.S. 92

VERSES, Aliceplatz 3. ☎ 882960. 07-19. Kaffee 2,30, Pizza-Baguette 5. 11 Sorten Suppen von Broccoli- bis Hummersuppe.   s.S. 93

WIENER CAFÉ, Stadthof 1. ☎ 882017. Mo-Sa 08-19, So/Feiertag 14-19. Kaffee 2,30, Französische Zwiebelsuppe 4,90. Topfenpallatschinken 5,50.   s.S. 93

ZUM TREIBHAUS, Bieberer Str. 71. ☎ 884641. Tgl. ab 7 Frühstück ab 2,50.

darmstadt

HAUS WINTERGARTEN, Heag-Passage, Luisenstr. 12, ☎ 06151/293239, 8-20, So ab 10. Baguette 6-8, Tasse Kaffee 2,50, Frühst. 6-8,50.
s.S. 98
KAFFEEHAUS, Heidelberger Landstr. 269. ☎ 06151/594629, Mo-Sa 8.30-24, So 10.30-24, Bier 2,50. Mittagstisch und kleine Gerichte.

KULTURCAFÉ, Hermannstr. 7. ☎ 06151/25832. Tgl 9-01, Di ab 18. Bier 2,60, Wasser 1,50, O-Saft ohne Zucker 3, Kaffee 2,20, Kinder-Capuccino 2,40, Apfel-Holunder-Saft 3. Frühstück von 4,30-13,70, Gemüsequiche 3,80, Eisspezialitäten 4,80-6,80. Vollwertgerichte.   s.S. 156

REM, Beckerstr.22, (Friedrich Ebert Platz), ☎ 06151/7110337. 6.30-10, 18-01. Frühstück selbst zusammenstellen. Kaffee 1.50, 2. Tasse 1.00, Kaffee zum Mitnehmen 2; Cafe creme 2. Cocktails, Drinks, Longdrinks zwischen 5-10.

Viele neue Ideen drängen in den Räumen des ehemaligen Schmierfink im schönen Martinsviertel auf Verwirklichung! Die Cocktails kann man sich aus einem Extra-Cocktail-Buch aussuchen, das Frühstück selbst zusammenbasteln. Die ganze Kneipe ist auf Frühstück getrimmt. Nein, nicht für die wenigen, aber das Erscheinungsbild dominierenden Scene-Langschläfer. Im REM kommen die harten Frühmalocher aus dem Viertel auf ihre Kosten oder die übriggebliebenen Nachtschwärmer entlüften Geist, sofern noch vorhanden, und Kleidung. Schon ab 6 Uhr 30 dampft der Kaffee, erhebt sich das Rundumgeschlürfe in seiner ganzen konzertanten Ausdrucksstärke. Viel Mühe haben sich die Betreibergruppen mit der Einrichtung gegeben. Alles Marke Eigenbau und wirklich nicht schlecht gelungen. Das diente mehr als nur der Kostensenkung. Die handwerkliche Variante erlaubte in gewisser Weise ein Stück Selbstfindung und Selbstverwirklichung. Jedenfalls wächst auf diese Weise die Verbundenheit, entwickelt sich kollektive Loyalität zum Geschäft. Es gibt schlechtere Varianten der Personalführung! Schließlich sind die Frühcafé-Betreiber andere Leute als die von der Abendwelt. Hier fühlen sich durchaus alle Bewohnergruppen aus der Nachbarschaft wohl. Wie sonst wäre eine waschechte Darmstädterin in der Mitte ihres Lebens bereit gewesen, hier ihre Bilder auszustellen. Mit dem Wirt macht es Spaß, zu disku-

tieren. Hängengeblieben sind mir einige Sprachfetzen aus der Emotionsabteilung:«..psychologischer Begriff des Einschlafens..als Anfang zum Träumen...schnelles Augenzucken».

Die Welt dreht sich verkehrt, denkt der ewige Doko-Nörgelpitter, aber so verkehrt sind solche Gespräche jenseits des durchschnittlichen Kneipenchauvinismus gewiß nicht. Zu Hofnarren lassen sich die Jungs und Mädels nicht machen, die guten Zeiten liegen sowieso in der Zukunft. Und das hier ist vielleicht ein kleines Stückchen davon. Wenn, ja wenn der guten, vielen neuen Ideen auf einmal nicht zuviel sind...AUFSTEIEGND. ★

SCHLOSSGARTENCAFE, Robert-Schneider-Str. 23. ☎ 06151/79417. Mo-So 08-22. Kaffee 2,40, Bier 2, Frühstück 6-14, Mittagstisch. s.S. 99

s.S. 99

wiesbaden

ALI BABA, Wellritzstr. 34. ☎ 06121/400155. So-Fr 06-24, Sa 06-01. Bier 0.5l 1,30 + Pfand, Wasser 0.2l 1, O-Saft (Fanta!) 1,20, Kaffee 1,50, Cay (türk. Tee) 1, Ayian 1,20. Div. Kebabs 8-10, türk. Pizza 3, Suppen 4-5, Süßspeisen, Pudding 2,50, Hal.Speisen, Pizza 3,50-9, gr. Pizza 1 mehr.

s.S. 356

BÄCKEREI BUDECKER, Michelsberg 28. Mo-Fr 7-18.30, Sa 7-14 frische Brötchen ab 7 Uhr.

s.S. 101

CAFÉ-EUROPA, Friedrichpassage. ☎ 06121/375413. Mo-Sa 7.30-01, So 10-01. Besteht seit Januar 1987. Kaffee 2,50, Cola 3.

CAFÉ KLATSCH, Marcobrunnenstr. 9. ☎ 06121/440266.

Di-Do 08-01, Fr Sa 08-02, So 10-01, Mo zu. Nicaragua-Kaffee 4-5, Bier, Säfte 0.2l 2,80. s.S. 157

CAFÉ PLANTAGE, in der Wartburg, Schwalbacher Str. 51. ☎ 06121/376593. So-Do 08-01, Fr Sa 08-02. Bier 3, Kaffee 2,50, Frühstück 3,90-8,50, Pizzen 4-8,50, grüne Nudeln 8,50, Tortellini 7,50. Draußen sitzen. s.S. 104

CAFÉ WALZ, Kaiser-Friedrich-Ring 12. ☎ 06121/374754. Mo-Fr 07-18.30, Sa 09-18.30, So 10-18.30. s.S. 104

DAILY, Neugasse/Ecke Goldgasse. ☎ 06121/306662. Tgl. 7-01. Cola 3, Kaffee 3, O-Saft 3,50, Ginger Ale 3,50. Frühstück 4,50-50 (1/2 Fl. Moskovskaya, Iran-Kaviar Toast, 1 Glas Sekt). s.S. 225

DAMPFKESSEL, Wellritzstraße. Tgl. ab 6.
Ab 6 Uhr geöffnet, deshalb wird sie hier erwähnt. KLAR?! ★

DIE FALLE, Römertor 7. ☎ 06121/304569. Fr Sa & So Frühstück ab 6 sonst ab 11 geöffnet. s.S. 437

FLAMINGO BISTRO, Moritzstr. 13, ☎06121/373227. Ab 7 Uhr Frühstück. 0,2l Cola 2,50, Kaffee 2,30, Perrier 3, 0,3l Pils 3. s.S. 416

PILSSTUBE MITTELPUNKT, Michelsberg 24. Pils 2,70, Cola 2. Tgl. ab 6.

MÖVENPICK, Sonnenbergerstr.2, ☎ 06121/524005. Tgl. 08-24. Frühstück ab 8.
Siehe die Besprechung zum Mövenpick Frankfurt. ★

ZUR ALTEN FEUERWACHE, Neugasse 3. Tgl. 6-01. 0,4l Bier 3,40, Cola 2.
Nachtschwärmer und Frühaufsteher mit Ebbe im Kühlschrank oder Blei in den Gliedern: Hier gibt's Frühstück ab 6 Uhr. ☆

mainz

BAFF, Gaustr. 29. ☎ 06131/220938. Mo-Do 6-01, Fr Sa 6-02, So 6-01, Di zu. Bier 1,90, Wasser 1,50, O-Saft 2, Kaffee 2, Wein 1,80, Krefelder (Alt/Cola) 2,80. Jumbo-Frühstück 5 (1 Kaffee, 2 Brötchen, 2 Eier, 2 Butter, Wurst und Marmelade), div. Toasts 2,80, div. Baguettes 3,50. s.S. 234

SÜDBAHNHOF, Holzstr. 1. ☎ 06131/234055. Mo-Fr 3.30-20, Sa 3.30-12, So 3.30-08. 0.33l Pils 4,90, Cola 3. Rührei mit Schinken 7.80, Frühstück ab 5,80.

SAITEN-SPRÜNGE

Welche Sache, die gut ist, ist schon ganz neu? »Ich mach' Musik, mach' nur Musik. Mach mein ganzes Leben lang Musik« (Bully Buhlan). Mit frischem Selbstbewußtsein stürmen sie jeden Abend auf die Bühne. Ganz nasse, aufstiegsgeile Newcomer, abstürzende Altstars mit gewohntem Hang-Out und Dauerlutscher fernab jedweder saisonaler Schwankungen. Ob geplatzen Karriereträumen nachgeweint wird, ein Hauch von Gestern, ein Ruch von Morgen, ob täglich sechs Stunden Gymnasium Sehnsucht nach Skandal, viel Geld und schönen Frauen produzieren, auf der Bühne stimmt die Welt. Und Legende ist die Bühne selbst.

Live-Musik ist genaugenommen nicht in Betrieb, sie zu veranstalten ist mittlerweile das gleiche existenzielle Risiko, wie vollerwerbstätig eine Automobilfabrik aufzumachen. Immer mehr Bands, ein paar Jugendliche, ein paar alte störrische Männer, kämpfen um »Gigs« bei immer weniger Veranstaltern. Das fördert Konkurrenz, dient aber nicht der Herausbildung kreativer, neuer musikalischer Ideen in einer lebhaften regionalen Musikszene. Folglich stagniert das musikalische Niveau, die Gruppen überschreiten selten Mittelmaß, der Drang zur Anpassung an gängige Trends wird größer und größer. Der Kreis schließt sich. Publikum bleibt aus. Wenn schon bessere Schlagermusik — dann bitte keine schlechte Kopie, sondern das perfekte Soundorginal.

Auch kleine Veranstalter, die sowieso befürchten müssen, von Discotempeln mit fleischlosen Konserven totgeschlagen zu werden. Also ersetzt die wöchentliche Disco mindestens einen Termin für Live-Konzerte. Ein Lob den risikofreudigen Veranstaltern, den letzten wirklichen Helden im Venyl-Dschungel. Oder: Die Musikindustrie hält sich Live-Bands nur aus optischen Gründen.

Trotz aller Widrigkeiten stellen sie monatlich ein vielfältiges Programm auf die Beine. Das gibt der regionalen Musikszene den so lebensnotwendigen Atem!

Sehr viele mögen es immer noch heiß. Ob Liebhaber lebendiger Rock-Musik, New-Waver, Oldtimer, Jazzer, Folkies und Grenzgänger zwischen den Sparten. Der Live-Musik gehört die Zukunft. Sie schafft den nahtlosen Übergang vom alltäglichen Spießertum zum rebellischen Anderssein in der Nacht. Hier versauen keine windelweich-Truppen à la Sandra mit parfümiertem Geblähe den Abend. Alt-sein ist keine Schande, und so begrüßt die Szene Joe Cocker, Joe Jackson, Aretha Franklin und Solomon Burke zum Heimspiel. Wo bleibt Kraftwerk, wir lieben den Fortschritt. Der Granddaddy des Underground, Lou Reed, ist auch wieder da. Fusion Musik, wie dekadent — Depressives findet seinen Platz, und die Avantgarde zahlreiche Ohren. Der Besuch eines Musiklokals: Tue es gern, tue es oft. Gelobt sei, was geil macht.

frankfurt

bornheim

DARKOSTAN, Leibnizstr. ☎ 4990977. Tgl.
20-01, bei Messe bis 04. Mo, Di, Mi Sessions.
Bier 2,50, Wasser 1,50, O-Saft 3. Kaffee 2.
Schmalz-Brot 1, Oliven, Käse, Peperoni.

Vielleicht war er einfach zu feinfühlig, zu
wenig ruppig, der Alt-Wirt Darko. Zumindest
vermochte er so viel Begeisterung für seine
Konzeption zu wecken, daß ein neues Team
aus der Gästeschaft heraus die Tradition des
immer freundlichen großen Jugoslawen fort-
setzt, von dem eine frauenbewegte az-Mitar-
beiterin schwärmte: »Welch' feinfühliger, wunderbar gearbeiteter Wirt!«. Die kunstvolle Zeremonie der Gastfreundschaft wird hier fort-
gesetzt, womit sich die Atmosphäre besonders
für Frauen und Freunde von Folk-Life-Musik
aus allen Kontinenten und Kulturen immer weiter verschönt. Sommers kann man auch draußen zuhören. Kein Eintritt bei Konzerten — dafür wird höchst korrekt erst kurz vor Erklingen
des ersten Tones bei den Getränken ein kleiner Aufschlag erhoben. Niemand wird blöd
angeguckt, keine Frau dumm angemacht.
Folglich kommen viele solo her. Eine kleine
Eckkneipe und dennoch wird man schnellstens bedient, so, als habe das Team den
Frankfurt-Marathon mit den vorderen Plätzen
abgeschlossen. Gewiß ein Anlaufpunkt für
Sozial- und Seelenklempner, aber auch deftige
Nordend-Ureinwohner bleiben von deren zeitweise ausbrechendem Helfersyndrom souverän unbeeindruckt. Folglich entsteht eine
schöne gemischte Stimmung, alle sind für alle
da- ohne zu nerven. Ein Glück, daß es solche
»kantige« Läden gibt. Belanglose, charakter-
lose Kneipen sind die Hölle. HERVOR-
RAGEND. ★

eschersheim

BATSCHKAPP, Maybachstr. 24. ☎ 531037. Fr
Sa bis 02, an Messetagen bis 03. Konzerte Ein-
laß 20 Uhr. Fr Sa ist Disco. Eintritt 4 Mark. 0.5l
Bier 3,50, Tequilla 4.

Einzige Disco für Hardcore-Indie-Musik
und neuere Klänge auf Punkgrundlage. Damit
ist die »Batschkapp« wichtigster und größter
Lebens- und Überlebensraum für die avant-
gardistisch-prolomäßige Musikscene in Hessen. »Batschkapp«, das ist ein Lebensgefühl.
Aus dem Milieu der Spätpunk-Scene kommt
keiner an ihr vorbei, obwohl sie nicht »angesagt« ist. Gäbe es sie nicht, die jugendlichen
Autonomen der Region hätten kein »Zuhause«.
Von daher absolut unter Denkmalschutz zu
stellen! Als Monopolist ist sie geliebt und ge-
haßt. Als Konzertveranstalter und wochenends
zur Disco-Time ist die »Batschkapp« für Fans
der unkommerziellen Musik gefragtes Terrain.
Bei den »angehimmelten« Größen ist der Raum
brechend voll. Zu ihnen zählen erfreulicherweise auch einige Lokalmatadore, die nur hier
das Stadion überfüllen. Das Team hat durchaus ein Herz für sie und versucht die Chancen-
reichsten auch bei anderen Veranstaltern unterzubringen. Aber auch hier gilt: Viele sind
bestens Willens, nur wenige schaffen es. Relativ unbekannte, internationale wie nationale
Gruppen schauen mit minimalen Besucherzahlen manchmal bitter in die Röhre. Die Eintrittspreise sind mitunter saftig und nicht immer
angemessen. Solch Unschönes geht aber nicht
immer auf die Kappe des Teams, denn bei solchen Konzerten wird oft nur der Raum vermietet, und die Gruppen bestimmen die Höhe des
Eintrittspreises selbst. Schade. Davon hat niemand was. Weder die Band noch das Publikum. Die Folge ist, daß 50 Leute im Raum
verteilen und keiner annähernd Konzertatmo-
sphäre spürt. Jetzt zu den standhaften Fein-
den. Die Anwohner, die alle Mittel einsetzen, um
den Betrieb zu erschweren: Da gibt es seit Jah-

ren Klagen über Klagen, ob es um die Lautstärke oder zerschmetterte Bierflaschen geht. Schuld sein soll immer die «Batschkapp». Sie wollten sie nie hier und werden sie nie wollen. Vorbildlich die Getränkepreise. In welcher Musikzentrale kriegt man noch für fünf Mark einen Campari-Orange oder eine 0,5er Flasche Bier für drei Mark fünfzig?! UNVERGLEICHLICH. ☆

*h*ausen

BROTFABRIK, Bachmannstr. 2-4. ☎ 7894340. Nur bei Veranstaltungen geöffnet, Mi So 21-01, Di Do Theaterveranstaltung. Bier 3, Cola 2.

Das Kulturprogramm ist anspruchsvoll. Liedermacher, Folkloregruppen, Avantgarde-Jazzer bis hin zu den Initiatoren eines Kuba-Abends stellen zusammen mit der hauseigenen Theatertruppe und anspruchsvoller Pop- und Rockmusik eine echte Alternative zum Massengeschmack dar. Im Verlauf des letzten Jahres hat sich die «Brotfabrik» als DER Salsa-Afro-Beat- und Ethno-Pop-Veranstalter profiliert. Zum Glück entdeckte ein zunehmend größeres Publikum diese wunderschönen Perlen in einem sonst doch sehr nivellierten Musikangebot der Stadt. Einmal wöchentlich Salsa-Disco. Für diesen — seltenen — querliegenden, Programm«unfug», der Minderheitenmusik hilft, mehrheitsfähig zu machen, müßte man den zuständigen Leuten den Orden für praktische Völkerverständigung durch interkulturelle Begegnungen und Berührungen verleihen. EINZIGARTIG ★

*I*nnenstadt

JAZZKELLER, Kleine Bockenheimerstr. 18a. ☎ 288537. Tgl. 21-03. Konzerte ab 22. Mo zu.

Cola 3, Wasser 2, Säfte 3. Tgl. Liveveranstaltungen.

Die Warner aus dem Geiste von gestern, die Verteidiger geistiger Korrektheit und völkischer Sauberkeit, jene, die vor jedem musikalischen Experiment zurückschrecken und schon seit den Fünfzigern gegen alles Freizügige mobil machen, blieben und bleiben hier wirkungslos. Der Jazzkeller feiert 35-jähriges Jubiläum und ist damit — auch von der musikalischen Qualität her — ein Wunder an Durchhaltevermögen und Kontinuität. Albert und Emil Mangelsdorff schufen wie Volker Kriegel und Horst Lippmann das Image Frankfurts als Jazz-Metropole, ohne die vielen weiteren «Väter und Mütter» des einmaligen Erfolges übergehen oder ihre Arbeit abwerten zu wollen. Immer noch gibt es ein rundes Wochenprogramm mit Live-Jazz, immer noch kommt kein Nachwuchsjazzer an dieser Institution vorbei. Das neue Konsumniveau, die musikalische Freßwelle, ist auch ein politisch hochkarätiger Identitätsersatz. Folglich müssen sich höchstqualitative Künstler, alt — und Jungstars, aus dumpfer Scham vor dem «Modern-Talking»-«Sandra»- und sonstigem Charts- Gesabber immer noch hier ihre kärglichen Brötchen verdienen. Immer noch strahlt der Keller auf sein kleines, aber fachkompetentes Publikum eine magische Anziehungskraft aus. Carlo Bohländer führt mit Elan fort, was man in der deutschen Jazz-Club-Scene der Nachkriegszeit selten oder gar nicht zu sehen und zu hören bekam. Wo man heute bei vielen Clubs das arg ehrfürchtige Ganze nicht mehr mit ansehen kann, ohne sich dabei den Gähnmuskel ganz gewaltig zu verrenken, hier wird so manche schlafende Seele wieder geistig-musikalisch aufgeweckt. Völlig zu Recht wertet Eugen Hahn: «Der einzige Laden mit weltspitzen Konzerten.» ANHALTENDER APPLAUS ★

JAZZ-KNEIPE, Berlinerstr. 7. ☎ 287173. Tgl. 20-04. Tgl ab 22 Jazz-Bands bis 3 in der Früh.

Jeden Abend Live-Musik mit Profi-Bands für die reifere Jugend. Swing, Salsa, Zigeuner-Jazz. Der Wirt greift manchmal zur Trompete. Stammusiker Alfred Bruder am Piano, The United Jazzband. Die Szenen in dem kleinen orginellen Rundbau bleiben jedem unvergessen, der sie einmal erlebt hat. Selbst die hartgesottensten Gröler lauschen aufmerksam dem musikalisch Gebotenen, anstatt sich wiehernd auf dem Boden zu wälzen. Anspruchsvollstes Entertainment der besten Sorte in einem skurrilen Gebäude, das schnellstens unter Denkmalschutz gestellt gehört. HERVORRAGEND. ★

NOSTRADAMUS, Heiligkreuzgasse 16-18. ☎ 294428. Mo-Do 19,30-01, Fr Sa 19,30-02, So zu. 0.4l Bier 3,30, Kaffee 2, Gulaschsuppe im Brotteig 6,50, Baguette 5,50. Jeden Mi Session, einmal im Monat Lifegruppen.

Ein Folkkeller im Gerichtsviertel bietet sowohl von den gastronomischen Leistungen als auch vom Konzept her eine schöne und wichtige Alternative zur tristen Rest-Gastronomie dieser Ecke. Wo die Überformalisten und Paragrafenhengste das Zepter schwingen, hißt ein kultureller Kontrapunkt die Flagge der Humanität! SPITZE. ★

SINKKASTEN, *Disco*. Brönnerstr.9. ☎ 280385. Im Sommer So-Do 21-02, Fr Sa 21-03. Im Winter So-Do 20-01, Fr Sa 20-02. Mo Do Disco. Live-Veranstaltungen. Eintritt je nach Veranstaltung.

Was der Liverpooler «Cavern-Club« ab 1957 für die Entwicklung der britischen Musikscene war, ist dieser Ort für das Rhein-Main-Gebiet und mitunter immer noch für die gesamte BRD. Im ältesten und zugleich renommiertesten Musikclub der Region traten und treten «Underground» — Idole, Schriftsteller, Theatergruppen, Pop-Artisten, Rocker, Waver, Tänzer, Jazzer jedweder Couleur auf. Der Ort sah vor dem «Sinkkasten» schon einige Trendsetter im musikalischen Geschehen. Bevor in den frühen Siebzigern das «Zoom» der kontinentalen Musikszene mit täglichen Auftritten renommiertester britischer Pop-Größen die Richtung wies, mischte das «Storyville» die jazzbegeisterten Trendies der frühen Sechziger gehörig auf. Der Sinkkasten fand nach seiner Vertreibung aus der Mainstraße im Ostend hier sein zweites Domizil — nur, wer aus dem heutigen Publikum kann sich an diese Sternstunden der Kleinkunst und Subkultur noch erinnern? Was machen über die Jahre die Anziehungskraft und Faszination dieses doch garnicht so pompösen Ortes aus? Die unverwechselbare, kontinuierliche Programmpolitik, die sich keinen kulturellen Modeströmungen anpaßt, aber Zeitgemäßes berücksichtigt; bewährte, aber gerade nicht «angesagte» Stile und Formen nicht vergißt, aufgibt, sondern weiterhin im Programm hält; nicht zuletzt spiegelt sich das regionale Geschehen der Szene-Rhein-Main, die auf diese Weise die so bitter notwendige Förderung erfährt. Für viele Nachwuchskünstler eines der letzten wirklichen Sprungbretter der sehr rückläufigen Club-Szene. Und das alles ist Rudis Werk, der den Job schon seit 15 Jahren macht. Und das mit bewundernswerter Leidenschaft. Der Sinkkasten repräsentiert im Publikum Vielschichtigkeit, Häßlichkeit, Tristesse, aber auch Dynamik und Skrupellosigkeit der Stadt. Frustration, aber auch Lust, hier im Gegensätzlichen zu leben. All das schlägt sich positiv, die Einzelszenen verbindend, auf der Bühne nieder. Hightlight für Tanzfanatiker ist die Donnerstags-Disco, mit echter «Fun-Musik». Nicht infiziert von der schwarzen, depressiven Modetristesse anderer Deproschuppen. Echt ätzend, meint Insider Bernd, ist allein die ständige Überfüllung. Die Verpflegungs- und Ab-

füllstation «Sinkkasten» zählt zu den Perlen des Gewerbes. Drei Theken, kleiner origineller Imbiß, Kaffeehaus und Konzertsaal, alles den Bedürfnissen und Erwartungen des jungen Nachtpublikums — und dessen Geldbeutelgrößen(!) exakt angepaßt. Gewiß, andere Zeiten bringen andere kulturelle Bedürfnisse und Erfahrungen. An Publikum, Musikern und Sinkkastenteam ist die Zeit nicht spurlos vorübergegangen. Dennoch, es wird eigenwillig formuliert, gedacht, gelebt, und im Grunde darauf gepfiffen, was die anderen dazu sagen. Und das ist seit den Anfängen im Kellergewölbe am Main, also seit Anfang der Siebziger die Haltung. VORBILDLICH.   ★

TIK-TREFF IM KELLER, Theaterplatz 1-3 ☎ 23 23 28 Tgl. 21-04   s.S. 36

*O*stend

DOWN BY THE RIVERSIDE, Mainkai 7. ☎ 283677.

Ein Jazz-Traditionslokal. Schon zu Zeiten, als Musiklokale noch dünn gesät waren, brillierte der Wirt mit bombiger musikalischer Unterhaltung. Natürlich vom Plattenteller, aber nichtsdestotrotz «ausgesucht». Das Lokal fand denn auch den gebührenden Anklang, wurde aber über die Jahre von den Life- Musiklokalen in den Hintergrund gedrängt. GUT.   ★

*S*achsenhausen

ABTSKELLER, Abtsgässchen 7. ☎ 626832.

Jeden Dienstag jetzt wieder Live-Musik mit guten Künstlern. Der «Abtskeller» ist der älteste Weinkeller Sachsenhausens und der urigste. Viel Kelleratmosphäre im Gewölbe. Zweifellos, wer beide schon mal erlebte, ein außergewöhnlich nettes Wirtspärchen. Lieblingsthema ist Kultur, Freizeit, Entertainment. Auf jeden Fall findet man hier keine feisten Reiter der Apokalypse. Auch Sprüche, die Marlene Dietrich zugewiesen werden, hört man hier nicht: «Über die Mode von gestern lächelt man, aber für die Mode von vorgestern begeistern wir uns, wenn sie die Mode von Morgen zu werden verspricht». Hier hält man sich vollwach über Wasser. HERVORRAGEND. ★

BALALAIKA, Dreikönigsstr. 30. ☎ 612226. So-Fr 20-01, Sa 20-02.

Seit Jahren singt die Wirtin den Blues. Auch heute noch. Und: Sie wird dieser Leidenschaft auch nie entsagen. Wenn der Funke überspringt, übernimmt eine nicht weniger stimmächtige Kollegin den Part. Schöner, rustikaler Platz für Jazz-Freunde, Oldies wie Youngsters. Philosophen sitzen beim Wein: «Auf das Phänomen des Gedankenspiels kann man sich mal einlassen». Amerikanische Freunde, keine Soldaten, Afrikaner, die mal keine Blumen verkaufen müssen. Kurzum: Internationales Publikum. Längst eine Legende, weil Romantik, nicht so dick aufgetragen, zu keinem Kunstprodukt vom Fließband führt. Keine Spekulationen auf das Geld unreifer Lüstlinge. Die Wirtin, ein Vorbild an Kompromißlosigkeit im Kampf für gute Unterhaltung. Die Aufgabe eines jeden Künstlers. HERVORRAGEND. ★

DREIKÖNIGSKELLER, Färberstr. 67. ☎ 629273. Mo 21-01, Di-So ab 19, Fr Sa -02. 0,3l Pils 2,80, Wein ab 3,60, Säfte, Cola, Kaffee 2. Kleine Speisen 2,50-5.

Der «Dreikönigskeller» ist seit Ende 1977 in Sachsenhausen eine vielfältige musikalische Alternative zum öden abgefackelten Tourismusentertainment der Legostadt. Montags Independent-Musik vom feinsten, das hat sich für Liebhaber dieses Musik-Genres bis mindestens nach Weilmünster herumgesprochen. (Nur die Taunusprinzessin Eva wußte mal wieder von nix!) Entsprechend voll ist die Bude an

den Hauptkampftagen. Ein wirklich intimer Schuppen! Freunde und BekanntInnen des Entertainments stellen ihre Kunstwerke in Öl und Spray aus. Glücklicherweise dominiert kein bestimmter Stil, weder die Neuen Wilden noch die Naiven. Hier steht alles auf Musik, und, welch'Wunder in Monopoly-City – hier gibt's noch Qualität umsonst. Der Eintritt bei Konzerten ist frei — ohne Erhöhung der Verzehrpreise. Nun ja, was die Alte Oper niemals wird realisieren können, die Kleinkunst macht es jenseits der ideologischen Stilblüten möglich: Kultur für alle! Folk, Country, Soul, Rock, Punk, Disco... Fehlt noch was? Der Keller bricht niemandens Geschmacksgenick, kein Firlefanz oder sonstiger Ausstattungsluxus nerven – in Sachsenhausen schon abenteuerlich, extrem risikoreich und von daher auffallend angenehm. HIP-HIT. ★

HOTEL KUTSCH, Kl. Rittergasse 5. ☎ 618555. Im Winter: 19-01, Fr Sa 19-02. Im Sommer: 16-01, Fr, Sa 16-02. Cola 2,50, Bier 0,4l 4. Jeden Abend Jazzmusik. Draußen sitzen.

Originäre Trends, so heißt es, müssen etwa alle zehn Jahre wechseln. Die «Kutsch» hat schon viele Trends überstanden, folglich muß man sehr geduldig warten, bis sich hier einrichtungsmäßig und musikalisch etwas ändern sollte. Die Wartezeit wird man sich ohne weiteres mit handgemachter Piano-Musik, hier und da einem kleinen Trio und der Musik von Epigonen vieler meist traditioneller Jazz-Größen überbrücken meist müssen. Die Originale hatten wirklich etwas zu bieten. ANGENEHME ABWECHSLUNG. ★

IRISH PUB, Kl. Rittergasse 13. ☎ 615986. Tgl. 14-01, Fr, Sa 14-02. Pils 0,3l 3,50, Guiness 0,4l 5, Cola 0,2l 2,50. Irish Coffee 6. Draußen sitzen.
s.S. **200**
JAZZ-LIFE PODIUM, Kleine Rittergasse 22/26. ☎ 626346. So-Fr 19.30-01, Sa 19.30-02.

Bier & Cola je 4. Jeden Abend wechselnde Gruppen. Eintritt frei.

Täglich wechselnde Bands. Jazz, Rock, Funk, Rock'n Roll, Oldies. Und die Tricks mit dem Band-Wechsel — nicht ungeschickt gemacht. Zumindest die Namen der Gruppen wechseln, wenn sich sommers auch schon mal an drei Tagen die gleichen Musiker dahinter verbergen. Die Musik wird dadurch nicht schlechter. Und weil die Laufkundschaft stark dominiert, fällt sowas auch nicht jedem auf. Das Interieur im Western-Bar-Look spricht eher Mittelalter an. Hier mischen sich ein Schuß Nostalgie und Wirklichkeit, das führt zu einer Art Zwitter, die jedoch hohen qualitativen Ansprüchen im ansonsten niveauarmen Discomusikgetöse des Amüsierviertels und der unbeschreiblichen Langeweile, die es verbreitet, vollauf genügt. SEHR ORGINELL. ★

KLIMPERKISTE, Affentorplatz 1. ☎ 617032. So-Fr 20-01, Sa 20-02, bei Messen 20-04. Bier 3,50, Cola 2,50. Do Fr Sa So spielen Musikgruppen.

Ohne die Klimperkiste und die dort Heimspiele austragenden Konzertveranstalter wäre die «Rock-Revival» Bewegung in der Stadt nicht so gut vorangekommen. «Spielstätte für Molli Nordend Band« oder die «Steps«, bekannte Britische Pop-Barden aus den legendären Spätsechzigern und Frühsiebzigern feiern hier mit einer treuen Fan-Gemeinde Pop-Evergreens ab. Alle sind happy, die Bude ist meist voll, die Gläser schnell leer. Auf diese unkomplizierte Weise trifft sich hier das Mittelalter, und Männlein und Weiblein lernen sich unverhoffter, als sie glauben, näher kennen. Mittlerweile bekam der Laden einen Innovationsschub verpasst. Ex-«Brotfabrik» Mitarbeiter Enst Waldler ist Partner geworden. OLDIES BUT GOODIES. ★

SCHLACHTHOF, Deutschherrnufer 37. ☎ 623201. Je nach Programm geöffnet. So 10.30-15. Apfelwein 2, 0,3 Bier 2,90, 0,3l Cola 2,50. Ripp-

chen mit Kraut 8,90, Handkäs mit Musik 3,50. Eintritt 10. So ist Frühschoppen mit Jazz live.

Das arrogante jugendliche Publikum so mancher modernen Rock-Spielstätte kommt einem im Vergleich zu den ausgelassenen Besuchern hier, die auch mal auf die langen Biertische steigen, wie Bewegungs- und Kommunikationskrüppel vor. Ganz zu schweigen von der Ausgelassenheit, die hier völlig unkompliziert gepflegt wird. Zu empfehlen sind die diesigen Sonntagvormittage ab Oktober, wenn die Musik um 11 beginnt und Nachmittags um 16 Uhr ihren Höhepunkt erreicht. Zampano Tommi Schlegel setzt sich für die Künstler ein. Produziert auch mal mit Joy Flemming und Pete Wyoming Bender eine Platte, obwohl beide im Augenblick «out» sind. Wenn die Platte dann vorgestellt wird, kommt man nur noch mit Karten aus dem Vorverkauf hinein. Die Besucher strömen dann aus ganz Hessen und dem angrenzenden Bayern ein. Nach der Sommerpause auch Seniorenabende am Mittwoch. AUSNAHMEERSCHEINUNG ★

SPRITZEHAUS, Gr. Rittergasse 41. ☎ 614336. Tgl. 19-01, So 14-01. Abendliche Musik ab 21. Draußen sitzen.

Seit Jahren gepflegte Spielstätte für traditionelle Rock-Musik der besseren Kategorie. Eintritt frei. Dafür mäßiger Getränkeaufschlag. Nein, hier spielen nicht nur musikalische Rentner, auch wenn im Programm der Hang zu Rock-Oldie-Gruppen dominiert. Die Musik der Bands ist frisch wie der Frühling. Und da regnet es hier und da auch mal. PRIMA. ★

WERKSTATT, Große Rittergasse 106. ☎ 621827. Tgl. 19-01, Fr Sa -02. 0.3l Pils 3,50, 0.3l Alt 3,50, 0.25l Apfelwein 2,50, Kaffee Pott 4, Pernod 4,50. 20 Biersorten. Tgl. wechselnde Musikgruppen. Kein Eintritt.

Kleines, schmales, originell ausgebautes Fachwerklokal mit erstem Stock. Ideal für Freunde des unfreiwillig freiwilligen Körperkontaktes, die später, wenn er intensiviert wird,

Milestone, Mainz

dem Gegenüber mit von Gefühlen überladenem Kuhblick zuflüstern: «Sag mal Pauline, war das kein Zufall?«. Auch das Musikprogramm ist keiner. Oldie-Livegruppen aller Rock-Stilrichtungen haben hier eine Auftrittsmöglichkeit gefunden. Das Zielpublikum bewegt sich zwischen Endzwanzig und Mitte 40. Eine Insel für Liebhaber dieser Musikrichtung im dumpfen Discodschungel. BELEBEND ★

Hard-Rock-Feten. Unter der Woche jedoch gutbürgerlich gepflegtes Speiserestaurant mit deutscher Küche und schön gelegener Mainterrasse. Doch nicht nur dem jugendlichen Musikpublikum wird etwas geboten, es gibt auch Live-Veranstaltungen mit Musik der Fünfziger, Deutsch-Rock und Oldies. Live-Musik samstags nach Vorankündigung in der Tagespresse. ACHTUNGSERFOLG. ✔

offenbach

BOOTSHAUS WIKING, Nordring 131. ☎ 814222. Mo-Fr 17-23, Sa Veranstaltung, So 11.30-22, Mi zu. Hefeweizen 3,20, Salat Primavera 8,80. Außerdem Kegelbahn.

Das Wiking-Bootshaus ist in Offenbach leidlich bekannt für seine knalligen

NASHVILLE RODEO SALOON, Kaiserleistr. 44. ☎ 886909. Mo-Fr 11.30-14.30, Mo-Do 18-01, Fr -03, Sa 20-03. Tequila 4, Argentinisches Hüftsteak 18. Fr-Sa Live-Musik mit 8.- Verzehraufschlag. s.S. 457

darmstadt

GOLDENE KRONE, *Disco*. Schustergasse 18. ☎ 06151/21352. Tgl. 20-01. Tgl. Disco, Fernsehraum, Billardtisch.

Das vielfältigste Aktionsangebot der Stadt. Schade, denn es ist böse runtergewirtschaftet. Am Eingang empfängt der schwarze Bluesmusiker, Darmstadts Original Fred Hill, der einmal im Jahr am Heiner-Fest mit Wirt Peter Gleichauf ein legendäres Duo spielt. Ein Herz für gute, aber zuweilen leider auch schlechte regionale Nachwuchsbands. Dem Publikumszuspruch tut das keinen Abbruch. Im Gegenteil. Die Jux-Bands bringen das ganze Gymnasium mit. Folge: Prächtige Stimmung. Mords Gaudi. Die Tage großer Namen auf der «Krone»-Bühne sind längst gezählt. Einstürzende Ur-alt-Bauten: Das immer noch vorbildliche Konzept eines Multi-Media-Zentrums verfällt zusehends. Atmosphärisch zur Zeit keine biedere Darmstädter Hausmannskost. Sommers großer Auftritt der Wave-Scene vor der Tür. Sofern man über keine(n) begüterten GönnerIn verfügt, kann man sich hier bedenkenlos zum Konzert und zum Abtrinken einladen lassen. IMMER NOCH GUT. ★

JAGDHOF-KELLER, Bessunger Str. 84. ☎ 06151/65566. 20-01. Bier 0.31 3,20, Wasser 2, O-Saft 3, Kaffee (Cappucino) 4, kleine Speisen. Ab 24 Uhr jedes Glas Sekt 3.

Sehr schönes hohes Kellergewölbe, geschmackvolle (Bistro-Tische) Einrichtung. Beleuchtung: Kronleuchter mit echten Kerzen. Es sieht aus wie ein Kirchenschiff mit Wachsduft in der Luft. Gediegene Atmosphäre. Bekannte Jazz-Gruppen , keine «No Names«, treten hier auf. Leises Stimmengemurmel bei hintergründiger Musik. In der Rhein-Main-Region etwas Besonderes. Die Jazz-Avantgarde findet hier jedoch keine Heimat, vielmehr dominieren die Traditionalisten. Subventionen der Stadt Darmstadt bleiben aus, so gibt es keinen finanziel-len Spielraum für weitreichendere Musik-Experimente. Wenn schon im Kulturetat Ködermittel für allen schwachgeistigen Unsinn ausgegeben werden, dann wären sie hier sinnvoller eingesetzt. UNVOLLENDET. □●

OKTAVE JAZZ CLUB, Landwehrstr. 13. ☎06151/22954. Mo-Sa 20-01, So 13-01. Pils 3, Wein 4, Cola 2,50.

Thomas hat schon gelobt, und damit es auch die lahmste Nachteule endlich merkt, sei folgendes wiederholt: Endlich eine Jazzkneipe ohne den üblichen Dixie-Muff transpirierender Bierbauchinhaber. Alles in Rot gehalten, großer Tresen, kleine Live-Bühne, gedämpftes Licht und die Musik jenseits dampfhammriger Phonoorgien. Sage und schreibe 3000 Jazz-Platten sind vorrätig und die Betreiber so vernarrt in ihr Geschäft, daß sie kurzfristig auf weitere 6000 zurückgreifen können, wenn ein Gast was ganz Spezielles suchen sollte. Wer nächtens, kurz vor Ladenschluß, noch gesprächswillig ist und hier in der Umgebung nette Leute nach einer angenehmen, stimulierenden Atmosphäre sucht, findet hier eine Oase. Die Veranstalter des Etablissements setzen auf Minderheitenkultur — ein geglücktes Wagnis mit schönen Klangweiten. EINFACH WUNDERBAR. □●

SCHLOSSKELLER, Im Residenzschloß. ☎ 06151/163117. Im Sommer Mi-Sa 21-01, im Winter Di-Sa 20-01, von Mitte Juli bis Anfang August zu. Bier 2,50, Säfte 1, Würstchen mit Brot 2,30.

20 Jahre Schloßkeller. Sechs Jahre Selbstverwaltung, Kulturprogramm komplett durch alle Sparten. Es wird alles gemacht, was in solch' beliebten und kontaktschwangeren Scenenzentren gemacht wird, nur ein bißchen besser, origineller, eben anders. Wo so manches «Alternative« ihr Dahindämmern in lakonischer Selbstvergessenheit zelebriert, ist hier sowas wie schöpferische Subjektivität zu spüren. Gerade im Programm, das nur so strotzt von querliegenden Kulturangeboten. Distanz

zum üblichen Massengeschmack, aber mit hohem Publikumszuspruch. 30 Studies teilen sich die Arbeit. Die Räume können auch inklusive Personal für Veranstaltungen angemietet werden. Getränke- und Essenspreise wie anno dazumal, herausragend die phantasievolle Vielfalt der Schmierbrote. Geheimtip für Tanzwütige und Kommunikationswilde: Die Disco, wenn sie es in 200 oder 300 Nächten noch nicht wußten, was man wissen, beziehungsweise tun sollte, wenn es um die schönen Dinge des Lebens geht. SPITZENKLASSE. ★

WORSCHT KÜCH'/LITFASS, Erbacher Str. ☎ 06151/293141. Mo-Sa 19-01, So zu. Mo & Mi Live-Musik: 21-0.30. Bier 0.3l 3, Wasser 2. Spezialität «Feigling»: Wodka mit Feige 3,50. Brezel, Wurst- und Schmalzbrote, Soleier.

Urige Einrichtung, viele Flohmarktdetails an Decken und Wänden, Litfaßsäulen. Der Besitzer muß vom Typ her eher «Sammler» als «Jäger» sein. Vorne Kaffeeraum, dann zwei Musil¹·kneipenräume. Viel Holz, alte individuelle Möbel, viel zum Gucken, alte Töppe und Deckel, gelbe Glühbirnen. Besucher sind junge Leute, Musikfans bis 40. Ansonsten eine Darmstädter Institution, als Jazzlokal und als Kneipe. Der Inhaber ist Initiator de «Knoblauch-Festes: Eine Festivität rund ums Schloß, Stadtmitte Darmstadt, mit Buden, Livemusik und Bratwurst und natürlich alles mit Knoblauch (vor allem die Musik). Wer sich den Namen erklären muß, dem sei das hiermit getan: In den alten Töppen wurde früher mal die Worscht gekocht. AUCH FÜR KÄSE-FREUNDE. □●

wiesbaden

BEBOP, Saalgassenpassage 11. ☎ 06121/598724. Sommer: So-Do 20-01, Fr, Sa 20-02. Win-

STEINBRUCHTHEATER
Odenwaldstraße 26,
Nieder-Ramstadt (bei Darmstadt)
Telefon: 06151/148783

Blues Kneipe Jazz

bebop

SAALGASSE 9-11
6200 WIESBADEN
TELEFON 59 87 24

JAZZ-KLUB
OKTAVE

6100 Darmstadt Landwehrstr. 13
06151-2 29 54

ter: So-Do 18-01, Fr, Sa 18-02. 0.3l Bier 2,80, Cola 2,20, Chili 6,80.

«Bebop hat mir sehr gut gefallen«. Da Sigrid kaum etwas «sehr gut« gefällt, können Leser, Wirt, und Gäste, die Güteklasse des Kompliments, das in dieser schlichten Form an sie geht, kaum ermessen. Montag Abend: Brechend voll. Session-Abend und tatsächlich versammeln sich Musiker auf der Plattform und machen Musik. Wenn die Blase anfängt Salto mortale zu schlagen, dann schlängelt man sich mit Körperkontakt hinter dem Gitarristen lang, an den Ort der Entleerung. Und zwar mit leicht entschuldigendem Ausdruck um die Mundwinkel. Weil ein Zopf der Wolljacke sich gerade in den Gitarrenseiten verfing. Die schrägen Töne als Ergebnis dieses Attentats auf die Kunst? Kunst! Hier trifft man noch richtige Jazz- und Bluesfreunde. Da fühlt man sich auch mit einem ausgeleierten Pulli und der ab und an schlechtsitzenden Frisur sauwohl. MACHT TIERISCH SPASS. ★ ☆

BRICK-HOUSE, Hellmundstr. 54. ☎ 06121/408419. Tgl. 18-01. Hannen Alt, Henninger, Tuborg. Baguettes 3,80, Chili con Carne 4,80. Live-Musik.

Eintrittsfreie Konzerte mit regionalen Bands locken 14tägig massenhaft Besucher. Keine Festlegung auf bestimmte Stile. Kleine Speisen erfreuen den Magen diverser Scene-Jünger, darunter auch Einfach-deftiges wie Pellkartoffeln mit Quark. Hin und wieder Tischfußball- und Backgammonturniere, im ruhigen Hinterzimmer tobt ein Billard-Verein, der kurz vor dem Bundesligaaufstieg steht. Hoffentlich läuft diese Gag-Maschine nicht zu schnell leer und muß nicht für eine Groteskkomödie herhalten. GUT. ★

MEPHISTO-KELLER, Kaiser-Friedrich-Ring 61. Mo-Fr ab 17, Sa/So 16-01. Pils ab 2,80, Cola 2, Budweiser, Guiness.Cocktail «Swimming Pool« (Blue Curacao) 7,50 und «Caribic Dream« (Bacardi) 7.

s.S. 229

SHERRY & PORT, Adolfsallee 11. ☎ 06121/373632. Mo-Fr 17-01, Sa So Feiertags 19-01. 0.3l Jever Pilsner 2,90.

Keine Angst, daß im Zeitenüberdruß eine ganze Gästegeneration regredieren könnte und plötzlich nur noch Kinderlieder sänge. Erfreulich, daß für die Besucher des Hauses ein hoher Freizeitwert herausspringt. Nein, dies ist keiner der überteuerten Plüschschuppen. Abgesandt wird woanders. In dem Moment, in dem man das Lokal erstmals betritt, merkt man: Hier ist jemand und wenn's die Wirtsfamilie ist, sensibler als es die Branche gemeinhin erlaubt. Was nicht sein darf, darf hier sein und der reichliche Publikumszuspruch erkennt die Bemühungen an. Nicht wenige Gäste flüchten sich bei Live-Musik von Folklore bis Jazz in Tagträumereien und entkommen so dem tristen, täglichen Einerlei. Zu hören sind weder »Style Council« — »Sade«- noch »Working-Week«-Verschnitte, es triumphiert also keinesfalls die dilettantische verkrampfte Flucht in Pseudo-Modernismen. Jede Frau braucht einen Engel. Offensichtlich befindet sich unter den männlichen Gästen des öfteren einer, sonst wäre der Anteil der weiblichen Gäste nicht so sympathisch hoch. So mancher biegt hier auch wegen der vorzüglichen Küche — kein Dosenfutter! — und dem deftigen Guiness ein. Rustikal-Atmosphäre, Seidenblumen hängen dekorativ von der Decke, und dennoch geht es einigermaßen volksnah zu. Das Lokal scheint unaufhaltsam in der Gunst des 25- bis 45-jährigen Publikums aufzusteigen und verleugnet den Charakter der Sceneкneipe dennoch nicht. Die Freaks werden zu Altfreaks, etablierter und erwachsener, ihre Kneipe durchaus gemütlicher. HERVORRAGEND. ★

TEATRINO, Ecke Dotzheimer Straße/Zimmermannstraße. ☎ 06121/306191. 19-01, 19-02, So zu. Bier 0.4l 3,80, Wasser 0.2l 2,50, O-Saft 0.2l 3, Kaffee 2,50, Sangria 0.2l 4, Sangria 0.5l 8.50, Samora 3,80, Rijoja 0.7l 20. Tapas 3,50-9, belegte Cräcker/rote, von Wurst über Käse bis hin zu einigen Überraschungen.

Viele ausländische Jugendliche gehen hier her, nicht nur Spanier, auch Griechen, Türken die ganze südeurop. Halbinsel. Wenn man hier hereinkommt, denkt man, aus seinem Spanienurlaub nicht erwacht zu sein. Die Musik, die Leute und die Atmosphäre unterscheiden sich vom üblichen Musikmix deutscher Musikkneipen. An jedem Wochenende Salsa und Flamenco live. EINFACH KÖSTLICH. ■

WIRTSHAUS, Nerostr. 24. ☎ 06121/520570. Tgl. 20-01, Sa,Fr -02. Bier 0.3l 2,70, Apfelwein 2, Cola 2. Fr & Sa Disco im Saal hinter der Kneipe. Eintritt frei.   s.S. 231

ZICK-ZACK, Alte Schmelze 12. ☎ 06121/22336. Do Fr Sa 19-01, So zu (außer bei Konzerten). Lüneburger Pils 0.3l 2. Jeden Do gibt es 0.3l Bier für 1.   s.S. 232

mainz

CHEZ PIERRE (Chaveau l'Institut), Schillerstr. 11. ☎ 06131/231316. Tgl. 11-01, Fr Sa 11-02. Kaffee 2,50, Wein 3,50, Cola 2,50, 0.3l Pils 2,80 (Jever, Bit, Alt, Guiness).

KULTURZENTRUM, Dagobertstr. 20b. ☎ 06131 /221804. Fr Sa 22-04, sonst je nach Konzertveranstaltung ab 21 Uhr. 0.5l Bier 3,50, Cola 1,50, Wasser 1.

Der lange Marsch von der Mainzer Stätte defizitträchtiger alternativer Kultur zur geschäftstüchtigen GmbH ist für das Kulturzentrum Dagobertstraße so schnell gar nicht gegangen. Das spricht für das Durchhaltevermögen der Betreiber und ließ die Hoffnung sprießen, daß nicht alle alternativen Ziele mit der neuen Organisationsstruktur schwinden, spurlos am neuen Konzept vorbeigehen. Wonach sich Rüdiger Stefan als Aktivist eines links ver-schrienen Vereins jahrelang mehr oder weniger vergeblich die Hacken abgelaufen hat, das sprudelt seit knapp zwei Jahren kräftiger durch die Hände des heutigen GmbH-Geschäftsführers. Warum auch nicht, oder wäre das definitive «Aus» als zwingende Konsequenz sinnvoller gewesen: Öffentliche Gelder für das KUZ. Anlaß und Ursache dieser neuen, ungewohnten Stabilität ist die Zusammenarbeit mit dem ZDF, konkret mit der Jugendsendung «Doppelpunkt». Der Nachfolger von «Schülerexpress» und «Direkt» hat sich mittlerweile im Programm etabliert. «Doppelpunkt» löste die vergleichsweise unbequeme, kritischere «Direkt»-Sendung ab. «Doppelpunkt» wäre aber auch ohne den Drehort «Kulturzentrum» produziert worden und eine ähnliche attraktive Kulisse hätte der Sender allemal gefunden. Folglich ist es eigentlich zu begrüßen, daß die Fernsehgebühren keiner großen kommerziellen Produktionsgesellschaft zufließen, sondern den Betrieb einer doch recht «kleinen», Szene-Kulturstätte ermöglichen. Und fürstlich sind die ZDF-Zuschüsse gewiß nicht. Sie erfolgen in Form der Übernahme eines Anteils von 20 % an der KUZ-Miete. Klar bedeutet öffentliche Förderung Haare lassen an der Reinheit eines alternativen Nutzungskonzeptes. Politische Individualität und Sekretierertum bis zum Untergang? Oder blökte hier und da der Futterneid? Sicher, man mußte in den sauren Apfel beißen und auch den Saal an die CDU für ein Konzert mit den «Tremelos» vermieten. Zweifellos schmerzte das kritische KUZ-Nutzer, die sich hier in Initiativgruppen trafen. Das KUZ war für relativ kurze Zeit eine subkulturelle Stilbildung, die Geschlossenheit und eigenständigen Charakter hatte. Wäre ihre Stärke erhalten geblieben und nicht vergangen, käme ein Geschäftsführer niemals in die Lage, rein formal auf dieses Problem zu reagieren:«Wir vermieten an jeden der Miete zahlt — ob grün oder schwarz, nein, moralische Skrupel empfinde ich dabei nicht.« Wie sollte er auch. Die

Entscheidung gegen Fiasko und Untergang, für den Bestand mit dem Charakter einer öffentlich subventionierten Betreiberform, war früher gefallen. Die Erfahrung von zwei Jahren neuem Kulturzentrum widerlegt die Befürchtung von Pessimisten, der Laden würde entpolitisiert und von links-grün nach rechts abdriften. Die Programmgestaltung weist eindeutig fortschrittliche Züge aus, und solange Gruppen, die hier auftreten, in der Stadt sonst nirgendwo zu hören sind, solange Theaterfestivals mit freien Gruppen und Ausstellungen zeitkritischer Künstler stattfinden, muß das seine tieferen kulturpolitischen Ursachen haben. AUF GEHT'S.   ★

bad homburg

GAMBRINUS, *Disco*. Im Fürstenbahnhof. ☎ 06172/6355. Tgl. 20-01. Bier 3, Cola 1,50, Baguette 3,80. Fr spielen Bands. Tgl. Disco.
    Immer wieder erfrischender Gegenpol zur High-Society-Kultur der Kurstadt. Erst nach hartem Kampf wurde der ehemalige Fürstenbahnhof, der anläßlich des Besuchs Kaisers Wilhelms nur für den Empfang der Honoratio-

Gambrinus, Bad Homburg

nen gebaut wurde, wieder hergerichtet und wurde ausgerechnet zur Inszenierung eines Musiklokals vermietet. Der Kampf hat sich gelohnt. In jenem Gebäude hätte sich auch postmoderner Gestaltungswahn austoben können, aufgeblasenes Kunstgewerbe hätte stattdessen ein Luxus-Restaurant im Art-Deco-Stil einrichten können. Stattdessen Jugendkultur mit einem Schuß Aufmüpfigkeit! Die Popularisierung hat dem Bauwerk gut getan. Heute ist das «Gambrinus» mit das dienstälteste Musiklokal im Rhein-Main-Gebiet und lebt vom uneingeschränkten «Ja« des Wirtes zum Risiko. Bis nach Usingen, Butzbach, Weilburg und Gießen findet sich kein weiterer Ort mehr mit Live-Musik. Die Bands bedanken sich für diese raren, wöchentlichen Auftrittsmöglichkeiten. Das Publikum, das zu den Bands kommt, ist ein fundamental anderes als jenes an den anderen Abenden. Da dominieren die «Schöner-wohnen«-Disco-Fans das Geschehen. Auf diese Weise finanziert sich der Laden und droht wegen Überfüllung auseinanderzubrechen. Die DGB-Jugend nutzt zu gegebenem Anlaß das Lokal für eigene Kulturveranstaltungen. Künstlerische Qualitäten sind dem Programm in der Kulturwüste des Vordertaunus nicht abzusprechen und heben ihn weit über das Niveau sonstiger Gruselveranstaltungen. SPITZEN-KLASSE.

★

friedrichsdorf

GARNIERS KELLER, Institut Garnier, Haus 1. ☎ 06172/5258. Tgl. 17-01, So zu. Cola 2,50, Pils 3, Säfte 2,50, Wasser 2,50, Apfelwein 1,30. Theater, Jazz & Folk-Veranstaltungen. Draußen sitzen.

Werner Boss hat es nicht leicht, hier ein Kleinkunstlokal mit anspruchsvollem Programm zu halten. Zur Freude der Enthusiasten funktioniert's! Jazz, Literatur, Liederabende, Kabarett lassen den «Flappes« (heißes Käse-

brötchen) besonders munden. Die Preise sind einfach heilsam niedrig. Hoffentlich nicht zu niedrig, dann spielt nämlich bald keine Musike mehr. LOBENSWERT.

★

hanau

DRUCKHAUS, Steinheim. Illertstr. 2. ☎ 06181/659291. Mo-Fr 17.30-01, Sa 12-01, So 11-01. Bier 3, Cola 2, Pizza 8, Spaghetti Bolognese 7,50. Draußen sitzen. Mi Sa Disco, Fr Veranstaltung, So Frühschoppen.

Ja ja, wenn man älter wird. Sobald die Menschen damit beginnen, ihr Schicksal selbst zu gestalten, müssen sie sich mit Leben und Tod auseinandersetzen. Also mit ihrem Beruf, mit ihrer Ehe und mit der Karriere bzw. dem Abstieg. Die heißen Disco-Nächte sind auch nur noch Erinnerung, und vorbei die Suche nach erotischen Gemeinsamkeiten jenseits einer versuchten Synthese von Archaik und Moderne. Kurz: Der Punk geht um. Der Bauch hat Fett angesetzt. Die Midlife-Crises ist da. Der Ausspruch «wie toll, ich habe noch nie so'ne Hitze gespürt«, bekommt plötzlich eine ganz andere Bedeutungsdimension. Die Flucht in

Unterhaltung ist zwingend und die absolut harmloseste Frustbekämpfungsvariante. In diese Marktlücke des Showbusiness stoßen Etablissements wie das «Druckhaus». Die Veranstaltungsstätte mit Vollprogramm schmücken Werbebanderolen von der Sparkasse um die Tanzfläche. Kultur-Sponsoring nennt man sowas. Life-Musik, bekannte Rock- und Popinterpreten, Disco mit bekannten Hörfunk-Moderatoren. Sommers' Biergarten. Zusammen mit den örtlichen «Kerwebursch» einmal jährlich «Steinheimer Musiktage» mit internationalen Spitzenkönnern aus dem Show-Business. Die Eintrittspreise sind relativ zivil. Bei Konzerten mit bekannteren Künstlern empfiehlt sich Platzreservierung. Neuerdings reitet man wild auf der «Revival-Welle» mit. Das bringt nur Vorteile. Der Schuppen wird mal wieder voll. Rock & Pop Omas und Opas zahlen für die Erinnerungen an jene Zeiten, in de-

nen sie nicht nur jung, sondern auch wenigstens naturschön waren, ohne mit der Wimper zu zucken 28-34 Mark Eintritt. Dafür können sie während des Auftritts Pizza essen und dürfen beim Auftritt der Oberrentner «Lords» zwanzig Minuten lang «Poor Boy» und «Shaking all over» mitgrölen und mitweinen. Dann ist Pause. Die Frauen machen sich wegen der Hitze im Saal auf der Toilette zusätzliche Arbeit durch den Zwang zum erneuten guten Aussehen. Die Männer erzählen sich «Bumms-Geschichten» von früher. Nun ja, Lebenslust für alle! Sich schön machen, was erleben, ist auch zwischen 35 und 50 mit Mühen verbunden. Aber es macht Spaß, immer wieder etwas aus sich zu machen und nicht nur das Sparkonto zu verändern. SEHENSWERT.   ★

JAZZ CLUB HANAU, Philippsruher Allee 22. ☎ 06181/259965. Tgl. 19-01, So zu. Kaffee 2,20. Fr, Sa Live-Musik. Do Session.

Der durchschnittliche Hanauer schläft kulturell. Das ist keine infame Behauptung, das ist einfach so. Diese Initiative ist deshalb so wertvoll. Und trostlos zugleich, zu erleben, wie sich ganze 20 Leute zu solch hervorragenden Free-Jazzern wie Michael Sagmeister und seinen beiden Freunden zusammenfinden. Bei traditionellem Jazz ist der Laden voll. Lobenswert das Festhalten der Programmacher am Qualitätsprinzip. Die Stadt Hanau belohnt dieses Bemühen durch Zuschüsse aus dem Kulturetat — auch wenn diese weitaus üppiger ausfallen müßten. HERVORRAGEND. ★

KULTURBASAR, Kesselstadt. Kastanienallee 20. ☎ 06181/28940. Mo-So 19-01. 0,4l Bier 2,50, Cola 1,50. Fr Sa Musikveranstaltungen, Sa Disco.

Punk ist als Bewegung tot. Auch in der Musik. Eine Wende gegen das Schwarze drängt sich vor. Das Lebens- und Status Quo Bejahende, unbeschwert Luftige des Weiß und der Pastellfarben dominiert. Die Tanzstile haben sich gewandelt. Der «Pogo» verliert, der «Fege-Stil», als wolle der Tanzende solo den Saal auskehren, tritt an seine Stelle. Punki säuft mit Exie und knutscht Jung-Schicki. Schon fünf Jahre geht das so. Unterschiedlichste Kulturen vermischen sich bei den Samstags-Discos. Jugendliche machen sich innerlich auf die Suche eigener Identität und nach einer neuen Position in der Welt. Der oder das «Kuba» steht in der Tradition der gerühmten «Krone» in Mittelbuchen, der ersten bedeutenden selbstverwalteten politischen Kneipe im Main-Kinzig-Kreis und ist Anlaufpunkt für progressive Kulturschaffende, vor allem aus dem musikalischen Sektor. Politfreaks aus dem grünen und oppositionellen Lager finden sich hier kulturell repräsentiert. Wirt Heiner Nitschke ist einer der wenigen, die auch kleineren Gruppen, Punk-, und Rockbands anständige, das heißt weit über dem üblichen rangierende Gagen zahlen. Mittlerweile annerkannt profilierter Auftrittsort für Trash-Core, Speed-Punk und Wave-Rock Bands aus ganz Europa. Also der Kulturentwicklung von unten immer um eine Nasenlänge voraus. Nur schade, daß solche musikalischen Leckerbissen von dem müden Durchschnitts-Hanauer gar nicht wahrgenommen werden. Folglich trifft sich ein lebendiges munteres Völkchen aus der ganzen Region, und selbst die verwöhnten Frankfurter machen zuweilen gut ein Drittel des Publikums aus. Das Äußere ist auch in dieser Anti-kommerziellen Scene wichtig, aber wird nicht zum einzigen Lebensinhalt. Bei Eintrittspreisen um die 10 Mark ein absolutes Subventionsunternehmen, immer knapp am Harakiri vorbei. Die Subkultur braucht diesen Laden und der Laden hilft bei ihrer Entfaltung. Jede Kommune müßte für solche Initiativen dankbar sein und den Betreibern die Füße küssen, was bekanntlich hier nicht geschieht. Bedenkt man, daß die Getränkepreise unverschämt niedrig ausfallen, müßte man die Kneipenmannschaft bald der Fahrlässigkeit anklagen, sowas gefährdet blitzschnell die Existenz. Und es wäre schade, wenn durch ein 10 Pfennigstück mehr oder weniger pro Schoppen ein solche Blüte in der düsteren und armen Kulturlandschaft unterginge. SPITZENKLASSEN. ★

PALLADIUM, Kurt-Baum-Platz 8. ☎ 06181/24299. Mo Di zu, Mi 15-18.30 & 20-24, Do 20-24, Fr 14.30-18.30 & 20-01, Sa 14.30-18.30 & 20-02, So 14.30-18.30 & 20-24. Kaffee 2, Chicken Chips 5, Pizza ab 4. Rollschuhbahn und Rollschuhdisco. Eintritt ab 4 Mark.

In Hanau der einzige Ort, an dem Pop- und Rock-Konzerte mit international bedeutenderen Bands stattfinden. «Flatsch», die «Rodgau Monotones» geben sich die Ehre mit «Cameo» und «Eric Burdon», wenn's sein muß, dafür gebührt den Betreibern Lob. Ansonsten hat dieses Buch nicht die Aufgabe über Rollerdiscos zu informieren. Das sei einem Sportbuch vorbehalten. WICHTIG. ★

Bebop, Wiesbaden

THE THREE FLAGS, Nürnbergerstr./Grimm Center. ☎ 06181/254251. Mo-So 18-01. Bier 3, Cola 2,50. Mi-So Lifemusik.

Pay-Day: Lautstarker Gröhltreff für amerikanische Berufsbesuffskies, vor allem am Samstagabend schwer aushaltbar. Müßte von der Stadt Hanau und der US Army als Recreationscenter hoch bezahlt werden. Krach gibt's nicht jeden Tag, aber samstags fast immer. Öfters geht's knapp an der Schlägerei vorbei. Das volle Bierglas flog wenige Zentimeter an meinem Kopf vorüber. Nicht jeder Yankee mag diese dämlichen Männlichkeitsrituale. Aber jeder Kampftrinker liebt sowas abgöttisch. Die Bühne ist offen für New-Comer amerikanischer und irischer Folkmusik. Keine Dilettanten, sondern tatsächliche Könner trotz Amateurstatus. WENN DOCH DER SUFF NICHT WÄR'. ★

tion zu pflegen. Hier geht es anspruchsvoll zu, es fehlt dieses großstädtische, übercandidelte, nach immer neuen Sensationen und Abartigkeiten verlangende Publikum. Absolut preiswerte, aber auch gute Küche. Neue Gäste sind immer wieder positiv überrascht: «Ich war einfach platt». Treffpunkt friedensbewegter und ökologisch engagierter Menschen aus der ganzen Umgebung. Leider keine Life-Musik mehr. Das würde nicht schaden. Im Gegenteil, beim gigantischen Ausmaß kultureller Unterversorgung, ist jeder Impuls mentales Lebensmittel. SEHR GUT. ★

hattersheim

POSTHOFKELLER, Hauptstr. 48. ☎ 06190/3232. Tgl 19.30-01. Sa zu. Ab und an Live-Bands.

Die Stadt Hattersheim gab sich alle Mühe, und mittlerweile kommt der Posthofkeller so richtig auf volle Touren. Vielleicht hängt es am Zugang von Kompetenz? Heinz Millitzer vom legendären «Guckkasten» in Bad Soden mischt schon eine Weile mit. Seither zeigt das Programm Profil. Und siehe da, die Mühen werden mit enorm steigendem Publikumszuspruch gelohnt. Was diese kulturelle Oase in der Wüste der westlichen Frankfurter Anrainerstädte auch verdient. HINGEHEN. ★

FOLK PUB KRONE, Hauptstr. 16. ☎ 06190/2276. Mo-So 19-01. 0.4l Bier 3, Cola 1,80, jeden Tag ein wechselndes Gericht von 5-7 Mark, Frikadelle mit Brot 2,50.

Absolutes Kulturkneipensympathico in der Heimatstadt des Sarottimohrs. In der umliegenden kulturellen Öde ein mutiger lobenswerter Versuch, eine etwas andere Kommunika-

hochheim

MISTY, Königsberger Ring 16. ☎ 06146/9437. 20-01, kein Ruhetag. McCauls' Staut 3, Pils/Alt 9,50.

Die Ästhetik der Durchschnittsfrau ist auf dem schlechtesten Weg zurück. Denke ich, als mich die Thekennachbarin besoffen anmeckert und mich als Erich Fried-Krüppel beschimpft. Zurück zu ihrer Vergangenheit: mit Schminke bis hinter die Ohren, Rock, BH, Stöckelschuhen, adrett, zierlich, sauber, gebremst-vulgär. Und «der Stern hat geschrieben, John Lennon habe behauptet, er sei Jesus.» Der Wirt ist wesentlich cleverer als ich. Schlagfertig kontert er ihrem besoffenen Geleier:«Der Stern hat auch die Hitler-Tagebücher veröffentlicht.» Er kann nichts für solche Gäste. Er kann aber was für diesen Musikladen. Und das sei ihm gedankt! Gut eingerichteter Jazz-Keller mit Live-Programm, in dem vornehmlich die Jazz- und Jazz-Rock-Szene aus Wiesbaden und Mainz unterstützt wird. LOB,LOB. ★

hofheim

JAZZKELLER HOFHEIM, Burgstraße. Fr/Sa/So 20.30-01, Mo-Do zu. Bier 1,80/2, Wasser 0,50, Apfelwein 2,50.

Alter Gewölbekeller und einer der wenigen noch erhaltenen Jazz-Keller, die wohl noch viel mehr sind als reine Musik-Schuppen. Wird vom «Club der Jazzfreunde e.V. Hofheim» betrieben, Zutritt auch für Nichtmitglieder. Eintritt nur bei Veranstaltungen (ca. ein Mal im Monat). WIR LIEBEN IHN.   ⟼

kelkheim

JAZZCLUB, Rotlintallee. Kein ☎. Nur Fr, Sa, So von 20-01. Live-Musik ab und an.

Fast selbstverwaltet. Jedenfalls überläßt der offizielle Betreiber der «Jugend» pädagogisch weitsichtig die Organisation der Kneipe und die Gestaltung des Programms. Von daher Heimat vieler kultursüchtiger Kelkheimer jenseits der dominierenden Schwarzwald-Mädel-Kultur der Stadt. ERFRISCHEND.   ★

königstein

BOGART, Limburger Str. 14. ☎ 06174/22979. Tgl. 18-01. 0.3l Bier 3, Cola 2,50. Eintritt frei. Kein Getränkeaufschlag bei Konzerten.

Wer bei dem Namen «Bogart» eine Atmosphäre wie in «Rick's Café» in Casablanca erwartet, wird bitter enttäuscht. Statt Bogey und sanften Liedern wie «As Time goes by» gibt's Hardrock-Musik in einer Lautstärke, die mundfaulen Kneipenbesuchern sehr entgegenkommt — Unterhaltung ist nämlich nur mit großer Anstrengung möglich. Andererseits ist es löblich, daß eine solche Vornehm-Getue-Stadt überhaupt Musik des Pöbels, harter Jungs und starker Mädels anbietet. Ganz hervorragend die Politik des Hauses, denn die Konzerte sind absolut eintrittsfrei. Auch der manchmal indirekte Eintritt durch erhöhte Getränkepreise fällt aus. Heimat der Rhein-Main-Rock-Musiker. Die Kneipe im Tiefgeschoß imponiert durch absolut vorbildliches Preis-Leistungsverhältnis. Der Wirt ist aufmerksam und nett, da kann man auch manchmal darüber hinwegsehen, daß das Publikum unten eher dem

Mädchen und Bubeninternat entsprungen sein könnte. Der Jaguar-E-Typ lockt, doch zum 320ger BMW, Baujahr 75 hat's nur gereicht. Monatlich einmal am Sonntagabend Live-Musik. ÜBERRASCHUNGSPUNKTE. ⬟ ★

laudenbach
bei heppenheim

NEW ORDER, Hauptstr. 52. ☎ 06253/84572. 20-02, Fr/Sa bis 03, So/Mo zu. Eintritt 2,50, Live-Konzerte, mittwochs: Musik aus den 60-ern und 70-ern, donnerstags: Independent Musik.

Total gemischtes Publikum, vom Freak bis zum Zahnarzt alles vorhanden, im Schnitt zwischen 20 und 30 Jahren. Erwähnenswert die große Tanzfläche, die Bühne für die Live-Auftritte und eine separate Bar. Für die Darmstädter-Szene ist das New Order ein Begriff. In Darmstadt nix los? Dann guckt man mal in's «New Order» rein. Daß hier was los ist, dafür sorgt Johnny mit Geschick und souveränem Durchblick und Organisationstalent. Für jeden «guten» Geschmack wird etwas geboten, siehe die Special-Disco-Nights. Komplett renoviert ist der Laden. Johnny als alter Frankfurt-Kenner wird es schon schaffen, die Großstädter nach Laudenbach zu lotsen. JOHNNY BE GOOD.□

nieder-ramstadt

STEINBRUCH-THEATER, Odenwaldstr. 26. ☎ 06151/148783. Mo-So 20-01. Pils 3, Cola 2,50. Eintritt 2 Mark, bei Bands 3-8 Mark. s.S. 62

neu-isenburg

TREFFPUNKT, Bahnhofstr. 50. ☎ 06102/8607. Tgl. 17.30-01, So (Sommer) 19-01, Sa zu. Im Winter So. bis ca. 21 geöffnet. In den Schulferien ab 19. So Nachmittag Musik live. Bier 3, Cola 1,30, Schnitzel mit Beilage 12. Großer Biergarten.

Gemütlich wie ein Wartesaal, trotz und wegen des Live-Podiums von Billardtischen und exotischen Bananenpflanzen. Kneipe im Vorderhaus, Saal mit langer Theke im Hinterhaus. Der Name ist Programm für die Insider-Scene der Vorstadt zwischen 68er Rot und Grün; Pausentreff des benachbarten Abendgymnasiums. Wirt Manfred Ferger und Martina am Zapfhahn (für's Guiness-Buch der Rekorde) haben es trotz des wenig einladenden Ambiente verstanden, ihre Kundschaft zu erhalten und immer wieder zu verjüngen. Eine Inkarnation musikalischer Leckerbissen sind die Live-Konzerte. Vor vollem Haus spielten die Rodgau Monotones, Frankfurter Kurorchester, Fronttheater und Flatsch. Unangefochtener Spitzenreiter unter den Kleinkunsttempeln der südlichen Vorstädte. SPITZENKLASSE ≠

weiterstadt

DARMSTÄDTER HOF, Darmstädter Str. 78. ☎ 06150/14184. Mo-Fr 11.30-14.30 & 18-01. Sa zu. Wiener Konenbräu 0.41 2,50, Cola 1,60. Vegetarische Brottaschen 7,50. Kegelbahn. Großer Saal. Draußen sitzen.

Wolf Barth

INTENSITÄT ALS STIL

Wer will heute noch anderes als Massenware? Kulturschaffen mit großen Druckauf-
lagen, hohen Schallplattenumsätzen und hunderttausenden Konzert- und Theaterbe-
suchern ist der neue Szene-Rausch. Der Sommer so vieler Kulturinitiativen mit dem
Anspruch »small is beautiful«, »Stadtteilkultur«, »autonome, dezentrale Kulturzen-

tren«, liegt nun mehr als zehn Jahre zurück. »Ei, ei ei, waren wir damals traumhaft idealistisch jung und sagenhaft unbekümmert. Wir kannten nur die Nacht, die Kunst und die Kultur. Wir tauchten ein in Licht, Lärm, Erfahrung, Produktivität, Selbstfindung, Lärm und Leiber. Die erogenen Zonen rutschten uns abwechselnd vom ideenspuckenden, gequälten Kleinhirn in die durchtanzten Adidas-Turnschuhe und zurück. Heraus kamen Kulturzentren, Musikhallen. Was wir taten, hatte Sensationswert.«

Heute hat das Betreiben eines solchen Ladens auf der Werteskala der Kulturszene den Sensationswert eines Einkaufsbummels bei Aldi.

Irgendwie liefen wir mit diesem Rigorismus Gefahr, daß uns die Arterien verkalkten«.

Heute finanziert sich ein Kulturzentrum großteils über seine wöchentliche Disco. Die Leichtigkeit des Seins als bewußte Kompensation von Alltagsfrust wird als Bereicherung geschätzt, die Disco feierte von da an — wie überall — frivol die schöne Oberfläche, das l'art pour l'art und präsentierte sich provozierend als entbehrlicher Genußartikel. »Heute gespielt — morgen vergessen«. Es muß nur »Salsa« oder »Independent« sein!

Diese notwendige Korrektur verhinderte Untertauchen und Untergehen. Welch ein Glück! Die Programme sind nämlich immer noch hinreißend. Subventionen nichts Lästerliches mehr. Hochseetüchtig bei hohem Kulturseegang bleiben nur Projekte und Veranstalter, die erfolgreich um öffentliche Mittel keilen. Besser, sie ziehen die Etats an Land als die dämlichen »Tour-De France«-Openings, Frankfurter Opernbälle, mit denen sich die Stadt so gerne schmückt. Ambitioniertes, kulturell Hochwertiges fernab des »Modern-Talking-Geschmacks« und ähnlich abartiger kultureller Dumm-Dumm-Geschosse, Lesungen, politische Konzerte, Theateraufführungen sind nur über Eintrittsgelder nicht mehr zu finanzieren. Oder Sony, IBM oder Camel spielen mit!

Diese Art »Szene« bewahrt und pflegt dennoch die Tradition des Tiefgangs. Ihre zuweilen schelmisch aufblitzende, grundlegende Abweichung und Widerborstigkeit zu erleben — einfach ein Genuß! Selbst hartgesottenste Schundliebhaber kommen aus dieser Kulturdusche geläutert heraus und liegen wiehernd auf dem Boden. Wer will heute noch Massenware?

★

höchst

NEUES THEATER, Emmerich-Josef-Str. 46a. ☎ 303090 u. 303016. Meistens Mo-Mi zu, sonst auf. Bier 3, Wasser 1,50, O-Saft 3, Kaffee 1,50.

Der kulturelle Lichtblick im Frankfurter Westen: Das «Neue Theater» mit Kino, Varieté, Kabarett, Konzerten, Vorträgen und Café. Interessante Filme, die zuweilen selbst berühmte Frankfurter Programmkinos nicht zeigen. Ganz ehrlicher Applaus! Das Varieté Sonntagsmittags und -abends bietet qualitativ mehr, als man sich von dieser Kunstform verspricht. Es bietet bei kleinen Eintrittspreisen allemal mehr Erlebnisbühne als der hochgelobte Abzockertempel «Tigerpalast» in der City. Und wo hochsubventionierte Theater- und Kabarettveranstalter der Innenstadt kneifen, ist das «Neue Theater» in der westlichen Vorstadt, trotz viel schmaleren Etats, voll dabei! Zweiter ehrlicher Applaus. Einzige Schwachstelle ist die nach dem Umbau schreiende innenarchitektonische Krebsbeule: das zu den Vorstellungen geöffnete und von niemandem benutzte Café mit wechselnden Kunstausstellungen. Im Foyer zwischen den Toiletten gequetscht. Es gehört atmosphärisch zu den ödesten Einrichtungen dieser Art, die mir in West-Europa bisher begegnet sind. Wen wunderts', daß sich Personal und Gäste lieber an der großen Foyerbar aufhalten oder gleich ins benachbarte «Wunderbar» stürmen. APPLAUS FÜR'S THEATER.

★ ⚡

innenstadt

CLUB VOLTAIRE, Kleine Hochstr. 5. ☎ 292408. Mo-So 18-01, Fr Sa -02. Bier vom Faß 0.4l 3,20. Kleine Speisen.

Hier stritt Else mit Sartre, und hier schuftet sie heute noch hinterm Tresen. Hier schlucken Stadtverordnete und Exminister, Labelmanager und Rocksänger, Schreiberinnen und Zeichnerinnen, Exilchilenen und Wirtschaftsredakteure, City-Flüchtlinge und Startbahngegner, Altlinke und Jungschwule, Rotgrüne und Bitterböse, soziale Demokraten und demokratische Sozialisten, Genies und Kretins, Hitzige und Geduldige. Einig sind sie sich in einem: Alle freuen sich über extrem preisgünstiges, vorzügliches und originelles Essen mit leicht spanischem Einschlag. Gegründet wurde der Club Voltaire 1961/62 von «Falken», Jusos, Naturfreunden und Studenten. Der Erfolg führte zu langlebigen Nachahmungen in vielen Städten der BRD. Im Club treffen sich heute noch Bi's, Gewerkschaftsgruppen und politisch Widerborstige, Nonkonformisten jedweder Couleur. Was die in Überlebensfragen bewundernswert zähe Institution in der kleinen Hochstraße sonst noch ausmacht: Kleinkunst, Ausstellungen, und politische Veranstaltungen, wie sie sonst nirgendwo in der Stadt zustande kommen. LEBENSELEXIER. ★ ∞

TIGERPALAST, Heiligkreuzgasse 16-20. ☎ 20770. Tgl. 20-04, So zu. Warme Küche bis 04.

Die 21 de Cartier, das ästhetische Abenteuer eines zeitgenössischen Juweliers. Geschaffen für die Tiger-Generation auf dem Sprung vom besetzten Haus ins 21. Jahrhundert. Die 21 de Cartier. Stahl für Männer und Frauen mit stahlharten Nerven nach einem nicht immer nervenkitzelnden Varietéprogramm. Hier sieht man sie an der Theke, mit feinsten Goldeinlagen. Johnny Klinke und Mathias Beltz, Frankfurts heftigst umstrittenste Artisten des Untergangs. Sie langten mal wieder kräftig zu. Der geniale Polit-Kabarettist und der feinnervige gesellschaftliche Frühindikator. Immer der Zeit voraus. Matthias bei Karl Napps Chaos-Theater. Johnny bei der Initiierung des Strandcafés. Die beiden Rustikal-Typen der Politshow zelebrieren ihre apokalyptischen unternehmerischen Visionen mit einer Eindringlichkeit, daß man sich mitunter in Atrauds «Theater der Grausamkeit« versetzt fühlt. Die 21 De Cartier, ein Stück Ewigkeit. Aus der Hand eines kreativen Genies. Ein kleiner Schönheitsfehler nur. Dem Nacht-Kabarett bleibt nachts das Publikum aus. Der Kneipe der Superumsatz. Nein, nicht weil, wie verleumderisch kolportiert wurde, das ausgeschenkte Bier mit Main-Wasser gebraut sei. Weil, ja warum? Der Banker amüsiert sich wohl mit dem Punker. Aber der Punker mit dem Banker? Dazwischen — der kleine Unterschied. Zwischen Haben und Nichthaben. Konkret: Es geht um die Summe von lächerlich kleinen 35 Mark pro Vorstellung. Beim Frischmachen können sich die Damen auf der Toilette bei einem Gläschen Sekt näher kommen — so bedingungslos aggressiv, so brutal radikal, wagt sich sonst niemand an die Verwertung einmal erkannter Kleinst-Marktnischen. Die Stadt hat den Ausbau des zerstörten Ballsaals subventioniert. Sie hat trotzdem nicht nachgelassen, ihrem Ruf als Weltstadt aufzuhelfen. Weltpremiere hat die Funktion eines Mini-Varietés als Werbeattraktion für eine Nachtkneipe! Bösartige Zungen lästern über die Hure Kunst, die für die Bierumsätze auf den Strich geschickt wird. Die Hauskapelle spielt nach Ende der Show auf, das Tanzbein wird geschwungen — und wir hoffen, die Pat & Patachons sind nicht irgendwie total auf dem Holzweg! Vielleicht fehlt ja auch nur ein Stück Provokation in der lebensgeschichtlichen Tradition der beiden. Abwechselnd zum «Cabaret Nostalgique« könnten ja mal die «Toten Hosen» mit ihrer Böse-Buben-Show gastieren, oder auch Roy Black, danach die «Goldenen Zitronen« mit dem «wahren Heino«. Für Hildegard Knef fände sich auch noch eine kleine Restgage. Dann würde vor der Nachtbar endlich mal was abgehen. Ein Dutzend Kahlköpfe, zwei Dutzend Langhaariger würden sich mit der

nicht zimperlichen Polizei wahre Straßenschlachten liefern. Johnny, die geniale Plaudertasche, würde das öffentlichkeitskeitswirksam zu nutzen wissen. Lässig grinsend das Ereignis im Fernsehen kommentieren: «I love surprises«. The magic of fashionable advertisment. Der Tigerpalast ist eine einzigartig streitbare Abfüllstation, die man mit Lust kritisiert und mit Genugtuung liebt. Eine Meisterleistung, die wohl nicht sobald ihresgleichen finden dürfte, wenn, ja wenn «wg. Kohlemangels« in Johnnys und Matthias Königreich Mord und Totschlag um sich greifen sollten, weil der Ofen ausgeht. Für den kleinen Hunger danach: Vergessen sie deutsche Stangenhähnchen, das Perlhuhn bringts. Da muß auch der letzte Sektierer kapitulieren. DENKMALSCHUTZ. ★

*n*ordend

FILMWIRTSCHAFT MAL SEHN, Adlerflychtstr. 6H (im Hinterhof). ☎ 5970845. Mo-Do 20-01, Fr 15-01, Sa So -12. Milchkaffee 2,20, Selters 1, Apfelwein 1,50. Dreimal die Woche Video-Kino im Nebenraum.

Im Zeitalter von MTV und Formel Eins haben solche Orte mit lebendiger Kommunikation Seltenheitswert. Allein schon der Eingang zu Kino und Kneipe ist ein ästhetischer Leckerbissen. Vor allem des Abends. Hier ist die Atmosphäre, hier sind die Besucher, die Message, rasante Gespräche, weitschweifige Optik der hohen Räume wegen. Erinnert an die großen Speisehallen Südtiroler Gasthöfe. Zeitgemäßer und positiver Reflex auf schnellebige Video-Clip-Kultur. Back to the Future. Nix für Freundinnen und Freunde der Seifenschaumkultur und ejakulierende Fernsehglotzer, die auf Commercial-Samen stehen. Was kommt, ist wohltuende Behaglichkeit, was fehlt, die manchmal gewollt inszenierte Leere soge-

nannter «In-Kneipen«. Hier blinzelt einem das Frankfurter Programmkinomacher-Fossil Kurt Otterbacher sympathisch entgegen, so als wolle er sagen: «Hier bin ich, derjenige, der sich als der schlechteste Schauspieler seit Kurt Otterbacher erweist«. Die Kneipe, die täglich an Aberwitz gewinnt. In nüchternen Zeiten ein absoluter Sympathiegewinn. SPITZEN-KLASSE.   ★

ostend

CAFÉ IM MOUSONTURM, Waldschmidtstr.4

Brandneu, hell und gläsern, erinnert das Etablissement mit entsprechendem Publikum am ehesten an die Anfangstage des Bockenheimer Orfeo-Cafés. Dort sind die Wände be-

reits vergilbt, hier läßt sich noch kaum prognostizieren, wohin die Reise von Dominique Oriot, der Pächterin, geplant ist. Eines ist sicher, die grünen Sofabänke sind rar und extrem Wirbelsäulen-freundlich. An der Theke geht's eher frostig zu. Das Personal in der ersten Silvesternacht natürlich überfordert; wir wollen das Gezeter deshalb noch nicht als Profilneurose verurteilen. Mit dem Kneipenalltag hält hoffentlich auch etwas Gelassenheit Einzug. Das Bier ist gut, womit die beste Voraussetzung schon geschaffen wäre. Natürlich muß es voll sein — das Glas. Backstein, «Seifennostalgie« oder gar Fabrikatmosphäre bietet die Mousonfabrik, pardon, das Künstlerhaus Mousonturm, nur noch von Außen betrachtet. Hinter der Klinkerfassade schaut es aus wie überall in der guten Stube «Neues Frankfurt«. GUT.

➤➤

CAFÉ ROSA L., Windeckstraße 62, ☎ 445300.

Seit November 1988 neu eröffnet in Frankfurt. Aber vorsicht, kein Café-Betrieb, vielmehr vorrangig Veranstaltungsort der SPD-Jugend «Falken». Von daher sehr eigenwillige Öffnungs-Zeiten. Das Ostend kann's gebrauchen und das Programm sich sehen lassen. Von Filmvorführungen bis zu politischen Diskussionen und Vorträgen alles, was zur guten politischen Kultur gehört und sich nicht auf reine Konsum-Sessions beschränkt. Bleibt allein abzuwarten, ob es gelingt, auch das Café als solches fest zu etablieren und die Zeiten zu erweitern. Der Anfang ist gemacht. LOB.   ☆

KULTKELLER IN DER ROMANFABRIK, Uhlandstr. 21. ☎ 4980811. Mo-So 19-01. Cola 2,50, Baguettes 4-5.

Ein Höhepunkt des alljährlichen Kneipenlebens ist neben vielen Lesungen der «Obdachlosen-Heiligabend», bis morgens in die Puppen. Da kneift auch so manches Bullizisten-Streifenpärchen freundlichst das Auge zu. Dieses Lokal ist natürlich Gift für Neon-People und Elitär-Heimer, die allein schon der Anblick von Nicht-Seßhaften aggressiv macht. Angst vor der eigenen Zukunft? Die Putzfrau Holle mit leichtem Hang zur Avantgarde mag solche Typen auch nicht: «Sowas ist widerlich und verstößt gegen das gute deutsche Volksempfinden». Ohne die Romanfabrik fehlten der Stadt wichtige literarische Impulse. Im Zeitalter der Leseunlust wird hier mit Diskussionsveranstaltungen und Lesungen gegen die Diktatur konsumatorischer, elektronischer Medien angerudert. Klar, hier wird der Besucher gefordert und nicht zur Passivität verdammt, und auch deshalb fühlt sich so manche ansonsten kulturbeflissene Träne überfordert. Es könnte ihr ja passieren, daß sie über sich selbst und ihr Unvermögen weint. Selbst zum Griffel greifen! UNENTBEHRLICH.   ★

Sachsenhausen

CAFÉ SÜDSTERN, Siemenstr. 9. ☎ 625445. Mo Mi Do 20-01, Fr Sa 20-02, Sa 10-16, So Di zu. Bier 0,5l 2,70, Saft 2,50, gr. Kaffee 3. Baguettes 3-7.

Von dem Teil der deutschen Jugend, der sich als politisch und intellektuell versteht – SchulsprecherInnen, ASTA-Mitgliedern, Anarcho-Zentrums-Freaks und ähnlichen verwandten Seelen werden hier die Werte im Sinne der alten Hippie-Idee einer rebellischen, zumindest aber kritischen Jugend vehement verteidigt. Empörung wird beim Lesen ausbrechen, denn die Hippie-Bewegung als ihre Wurzeln zu unterstellen, ist bald so schlimm wie die Erwähnung der 68er Bewegung. Ja hier ist noch Konsens, daß über die Abschaffung staatlicher und sonstiger Zwänge.zu diskutieren ist. Die Mode selbst, aber auch der Diskurs über sie, ist nicht in Mode. Und mit keiner Wertung ist jemand vernichtender zu treffen, als daß man sich mit ihr oder ihm nur über Klamotten unterhalten könne. Selbstklassifiziert herrscht gediegenes Chaos vor. Anmerkung des Testers: ein Glücksfall für die neue Koalition aus Altpolitfreaks, Autonomen, sonstigen Restkadern, kämpfenden Frauen und Selbstverwaltern der reinen Art. Die etwas schummrige Beleuchtung weckt nostalgische Gefühle wie zu Zeiten subversiv geplanter Aktionen. Weniger politisch aktive Leute sind dennoch gern gesehen, weil sich der Laden nicht als Sceneninsel versteht, sondern als ein Ort, wo man, zum Glück nicht würg würg, zuweilen wirklich auf die natürlichste Art von- und miteinander sprechen kann. Hier finden noch Veranstaltungen statt, die keine Partei mehr organisieren würde: Weder GRÜNE, SPD noch DKP. Von daher wieder ein wichtiger Schutzraum für politisch fundamental abweichende Meinungen und für die politische Links-Kultur als Maßstab für ihre eigene demokratische Verfaßtheit lebensnotwendig. Hier traf sich die schon legendäre Initiativgruppe zur Rückführung des Flohmarktes an das Mainufer «Back to The River«, hier verständigten sich aber auch schon kritische Gewerkschafter. Mittlerweile institutionalisiert: Ocidance — Die Disco. Geliebt das Männercafé und der Frauenabend. Von Staatsschützern geschätzt, und deshalb auch von ihnen hin und wieder gern besucht: politische und kulturelle Veranstaltungen. Die Scene bebt nicht mehr so heftig, aber sie lebt. Anregungen sind nicht nur willkommen, werden auch umgesetzt, sofern das Plenum das einigermaßen flott entscheiden kann. EIN MUß. ★

darmstadt

CAFÉ DURCHBRUCH, VOLKSKÜCHE, Fuhrmannstr. 9. Kein ☎. Tgl. Mittagstisch gegen Spende, aber 23 Uhr Nachtcafe. Non-profit-project, meistens Eintopf.

Keine Nouvelle Cuisine, sondern proletarisch autonome Eintöpfe fanden wir bei unserem Besuch vor. Kein Wunder, oder doch ein Wunder, wir befinden uns in Darmstadts besetztem Haus. Niemand fährt im Zweitwagen vor, es sei denn, er ist vom Staatsschutz. Echte Aktion ist hier gefragt und so finden sich hier Autonome, Punks, Frauen- und Männerbewegte und politische Gruppen zusammen. Ein richtig lebendiger Schmelztiegel also, in Darmstadt gar nicht gern gesehen. MondfahrerInnen und Heuler, Schwarze Magie, neue deutsche Innerlichkeit sind ebenso wenig gefragt wie Versicherungspolicen. Akteure, nicht Konsumenten sind hier am Werk, ganz in der Tradition der aufmüpfigen politischen Aktion. Folgerichtig wird das Café nicht von der Darmstädter Gastronomische Betriebe GmbH betrieben, sondern von den Hausbesetzern selbst. Nicht nur das, begreift man sich doch als politisch kulturelles Gesamtkunstwerk, dessen Inhalt höchst förderungswürdig ist. Le-

ben und Arbeiten im gemeinsamen Projekt und ein Veranstaltungsprogramm für alle. Ein kultureller Treffpunkt im Martinsviertel. «Wenn man Fuhrmannstraße schreit, ist die Rote Zora auch nicht weit.« EINZIGARTIG. ☆□●

KULTURCAFÉ, Hermannstr. 7. ☎ 06151/25832. Tgl 9-01, Di ab 18. Bier 2,60, Wasser 1,50, O-Saft ohne Zucker 3, Kaffee 2,20, Kinder-Capuccino 2,40, Apfel-Holunder-Saft 3. Frühstück von 4,30-13,70, Gemüsequiche 3,80, Eisspezialitäten 4,80-6,80. Vollwertgerichte.

Geschmackvoll, originell, modern, gemütlich, kunstvoll, mit Deckengemälden von Hanefi Yeter (türk. Künstler), die an Chagall erinnern, vielleicht nicht so gut abgestimmt zu den undefinierbaren Rohren an der Decke. Leute: Szene, Studies, Frauen, Männer. Eine Oase in Bessungen. Die Initiatoren haben viel Einfallsreichtum, Arbeit und Liebe in ihr Café gesteckt und es ist ihnen gelungen, aus der vormaligen tristen Kaffee-Post ein sehr schönes Café-Bistro zu machen. Z.B. wurden in die Außenwände große Fenster-Türen gebaut, die im Sommer dem Ganzen einen Straßencafé-Charakter geben. Ein Picasso-Ausschnitt «L'Amoureux» ziert die Speisekarte. Chagall-Gestalten des türkischen Künstlers Hanesi Yeter an der Decke schaffen ein liebenswertes Ambiente, symbolisieren gedankliche wie sexuelle Freiheit. In einem Klima zunehmender Ausländerfeindlichkeit in der BRD, notwendiger wie sinnvoller Kontrast zur tradierten «schöngeistigen» Plastik-Kunst-Kultur anderer Caféhaus-Betriebe. Das Kunstwerk, seiner emigrationspolitischen Ambition entkleidet, kommt durchaus widersprüchlich daher. «Wenn die Englein singen und die Götter zürnen», vor Ort aufgefangene, spontane Wertungen, die das Ganze knapp am Kitsch vorbei orten. Schön, wenn Kunst solch gegensätzliche Reaktionen auslöst. Diese Kunst bietet den Rahmen für die wechselnden Kunst-Ausstellungen. Das Speiseangebot ist vegetarisch «vollwert»-kostig ausgerichtet, es gibt eine Ecke für Nichtraucher, und auf Wunsch wird gefiltertes Wasser zum Essen gereicht (gratis, versteht sich). Verlockende Frühstücksangebote, sowohl en bloc oder auch einzeln zu bestellen, eine reichhaltige Eiskarte, eine Vielfalt an warmen und kalten Getränken, Alkoholika und Non-Alkoholika bieten kulinarische Vielfalt. Da soll nur einer sagen, die Alternativen wären asketisch, diesem Vorurteil wird hier heftigst widersprochen. Außerdem haben die Macher an Lesestoff, Spiele für Kinder und Erwachsene und an Kinderstühle gedacht. Da wird einem der Kopf wieder klar, und sogar Birgit fällt auf, daß im Hintergrund Vivaldi läuft (ob es nun tatsächlich die Vier Jahreszeiten waren, bleibt Vermutung). RUNDUM GELUNGEN. VORBILDLICH. ★□●

![wiesbaden]

CICERO, City-Passage. ☎ 06121/303120. Mo-Mi 10-19.30, Do-Sa 10-24, So zu. Kaffee 2,30, O-Saft 2,90, Wein ab 3,80, Bier 3,20. Shakes 3,50, Müsli 3,80, Frühstück 8,50-9,50, Salate, Desserts u.a.

Hier trifft sich vorwiegend junges und kunstinteressiertes Publikum: Die kleine Bühne dient nicht nur ARTisten als Exil, sondern ist ebenso ein Forum, auf dem Dichtervorlesungen, Kleinkunst, Kabarett und diverse andere Musikveranstaltungen, wie jeden Mittwoch ab 16 h Klaviermusik zum Kaffee, stattfinden. Neben der Möglichkeit, Bücher der Sparten Musik, Bildende Kunst, Theater, Film, Foto, Video und Medien käuflich zu erwerben, hat auch ein/e jede/r Gelegenheit, sich in die ausliegenden «Lesebücher» zu vertiefen. Für die ganz Kleinen gibt es Bilderbücher, Kindertisch und Malrollen. Eine Galerie mit wechselnden (z.T. Verkaufs-) Ausstellungen sorgt für den letzten künstlerischen Schliff. RICHTUNGSWEISEND. ○

GROSCHENOPER, Rheinstr. 80. ☎ 06121/306640. Mo-Sa 18-01, Fr Sa -02. Bier 3, Kaffee 2,50, Wein 4,50-6. Theater, Show, Cuisine.

Seit dem 13.4.88 spielt im ehemaligen «Litfass» eine neue Mannschaft auf dem Label

«Groschenoper». Gewollt, nicht gewollt, das ist nicht die Frage. Assoziationen an Bert Brecht, an politisches Theater, an Milieus, die jene Literatur spiegelt, drängen sich förmlich auf. Hoffentlich sitzen sie den Betreibern nicht bald als böse Geister im Nacken. Denn die gehobene Kunstszene wird sich hier heimisch fühlen, die Proleten, die Brecht meinte, nicht. Man kann natürlich niemand verbieten, sich eines volkstümlichen Dichters und dessen Werks zu bemächtigen, um an ihm die ach so schwachen eigenen kleinkünstlerischen Ambitionen zu erproben — wenns der Kunst wirklich dient . . . Eigentlich schöne Räumlichkeiten für einen niveauvollen Veranstaltungsort. Und sehr ansprechend renoviert. Den Hang zum Luxus will man gar nicht leugnen. Da steht man zu! Ambiente und die Zielsetzungen des Mehrheitsgesellschafters passen zu einer Bühnendekoration, die viel reflektive Leichtgewichtigkeit vermuten, aber befreiende Phantasie vermissen läßt. Dennoch wird die angekündigte Gag-Maschinerie gewiß niemals total leerlaufen. Der kommende Groschenoper-Intendant wird als allseits anerkannte Kleinkunstkoryphäe in seiner ganzen geistigen Größe weit über Wiesbaden hinaus ernstgenommen werden. Nein, man braucht keine besondere Art von Humor und Kunstverstand , um dieses bedeutende Unternehmen sehr, sehr ernst zu nehmen. Die Küche, der Keller! Hier sind keine Dilettanten, hier sind Profis gefragt! Zum Knüller-Angebot für Wiesbadener werden die Pauschalarrangements. Einen Fuffziger (Mark) für ein Dinner inklusive Show. Und dann gehts ab. Wie damals am 3.Juni die Super-Swing-Blues-Session mit Moni Assmann, Regina Klein und Eric Klingenberg. Noch ohne Fuffi. Zusatzanreize für den Ganztagesaufenthalt? Der Chefkellner ist ansatzweise akzeptabel und nur einen halben Auspfiff wert. PRACHTVOLL. ★

CAFÉ KLATSCH, Marcobrunnerstr. 9. ☎ 06121/440266. Di-Do 08-01, Fr Sa 08-02, So 10-01, Mo zu. Kaffee 2, Tee 2, 0.4l Pils 3.

Von 30-köpfigem Kollektiv geführtes Kultur-Café serviert zu allen Frühstücken und auch sonst ausschließlich Nicaragua-Kaffee und konsequenterweise keine Cola. Neben dem hellen Café-Raum mit kleiner Bühne für diverse politische und kulturelle Veranstaltungen stehen im Sommer ein paar Tische draußen und den kleinen Süßen ein Spielraum drinnen zur Verfügung, der samstags auch schon mal als Disco dient. Ideal für Seh-Leute und Voyeure: Eines der wenigen Cafés, die räumlich so gut geschnitten sind, daß sie weitläufig umherschweifende Blicke zulassen. Das Team pflegt diese Qualität und knallt nicht jede freie Lücke mit Tischen und Stühlen zu. Publikum: Öko-Szene, jüngere 68-er bis fortschrittliche Schüler, nicht zu voll, abends ist es jedoch schwer, einen Sitzplatz zu finden. Auf «die Bezüge» wird geachtet, aus welchem Staat die Grundstoffe kommen, was unterstützt wird etc..., deswegen gibt's auch kein Coca-Cola oder Sprite. US-Ware wird grundsätzlich boykottiert. Stutz!? Und was ist mit den Vinyl-Produkten, den heißgeliebten Musikkonserven aus Disney-Land? Unbedingt den großen Milchkaffee probieren. Man muß kein Kinderfeind sein, um sich von Kindern nicht alles bieten zu lassen. Ist auf jeden Fall sonntags zuwei-

len nicht so schön, wenn die Kids unentwegt plärren und keiner stört sie, oder sich alle Eltern freuen, was die Kleinen schon können, wenn sie über die Tische krabbeln und mit den netten Fingerchen in meiner Marmelade rumrühren. Es bleibt: als Veranstaltungsort für Diskussionen, Filme und Vorträge zu politischen Themen, an die sich Etablierte mehr rantrauen, ist das «Klatsch» für Wiesbaden unverzichtbar. SPITZENKLASSE. ★■

HAUS DER JUGEND, Elsässer Platz, Klarenthaler Str. 25.

Welche Kommune hat nicht ihr Desater mit sterilen Jugendhäusern erlebt. Viel Geld wurde investiert. Aber von der Jugend angenommen wurde nicht. Gut, das Wiesbadener Haus am Elsässer Platz hat auch so seine Probleme. Aber Akzeptanzprobleme hat das Haus nicht. Nicht nur an Sylvester ist es wirklich Fixpunkt kulturell wie politisch unterschiedlichster Altersgruppen und Scenereien. Die Trash-Core und Fun-Punk-Freunde haben ihr Domizil hier gefunden. Die Konzertreihe dieser Musik-Art ist vorbildlich. Dafür treffen sich Friedens- und Frauengruppen, und selbst traditionelle Arbeit im handwerklichen, musischen Bereich ist möglich und wird von allen anderen akzeptiert. Daß Mitbestimmung durchaus fruchtbar sein kann, zeigt das Programm. Und keine Kleinkunstecke kommt zu kurz. Das Haus mit dem wunderschönen Innenhof bietet aber auch wirklich optimale Voraussetzungen. DER SOMMER BEGINNT HIER TÄGLICH. ★

PARISER HOFTHEATER, Spiegelgasse 9. ☎ 06121/300607. Ab 19 geöffnet. Pils ab 2,80, Weine 3,50-5. Broccoli-Torte 5,50 und andere kleine Speisen.

Neben dem Gastspielbetrieb kann man hier in gemütlicher Theateratmosphäre im Restaurant italienische, französische oder schweizer Leckereien (Antipasti-Teller 8, Pariser Hüt-

Schall und Rauch

*Betrachtungen eines Germanisten auf Kneipentour —
Natürlich aus rein linguistischem Interesse.*

Von Bernd Biehl

Angefangen hat es mit dem aufrechten Gang. Die Hand war frei geworden und konnte Dinge greifen. Das ist leicht zu beobachten, wenn man sich heute Leute anschaut, die ein Glas in der Hand halten. Das hat doch etwas Faustkeiliches. Dieser kulturellen Tradition sollte man sich durchaus bewußt sein. Der zweite entscheidende Schritt war, daß die Menschen anfingen, die Dinge um sich herum zu benennen. Die ersten Worte mögen, artikulatorisch gesehen, genauso bescheiden gewesen sein, wie die letzten, die manch einer heutzutage beim Verlassen einer Kneipe spricht. Aber sehr schnell fingen unsere Vorfahren an, den Orten, wo sie sich trafen, um Gläser zu greifen, auch Namen zu geben. Mit den Folgen schlagen wir uns heute noch rum.

Wer dieses kleine Brevier der Frankfurter Örtlichkeiten und Lokalitäten aufmerksam studiert, wird auf den ein oder anderen denkwürdigen schallenden und rauchenden Kneipennamen stoßen. Wem nur am Alkohol oder an der Größe des Salattellers liegt, der kann mit vielen Namen wenig anfangen. Für Linguisten aber bietet sich hier eine wahre Fundgrube.

Der Linguist spürt der Wirklichkeit hinter dem Wort nach. Und diese Wirklichkeit ist grausam. Nein, sie ist es nicht, die Namen, die uns etwas anderes erwarten lassen, sind grausam.

Ich bin eigentlich ein Anhänger klarer Aussagen. Da, wo ich lesen kann: Pizzeria, Bierhaus, Weinkeller, Jazzkneipe oder Gasthaus, da fühle ich mich sicher. Da ich mich, sobald ich in den ,,Doppelkorn'' reinschaue, sowieso in erster Linie für Essen oder Trinken, meistens für Trinken und Essen, interessiere, weiß ich angesichts solcher, zugegeben einfallsloser, Bezeichnungen direkt Bescheid. Wenn dann noch ein Name dahintersteht, bedeutet das doch, hier steht ein Mann oder eine Frau zu ihrem Bier. Die neudeutsche Version desselben mit Vornamensbezug (,,Du, Mischa, gib mir echt noch ein Bier!'') findet sich in ,,Mischas Bierakademie'' oder ,,Gerdas Kleine Weltbühne''.

Schwierig wird es bei Etablissements namens ,,Alexis Sorbas'' oder ,,Van Gogh''. Das Schmücken mit solch großen Namen oder auch mit einschlägig bekannten beinhaltet den Versuch, etwas von deren strahlendem Glanze in die eigene Hütte zu bringen. Zumindest geben sie Hinweise auf den soziokulturellen Background des Wirtes. Wer an solcher Authentizität zweifelt, mag auch diese Namen für mehr oder weniger geglückte Marketingbemühungen halten.

Neben diesen Versuchen, das eigene Etablissement zum Ausgangspunkt der Namensgebung zu machen, gibt es ja schon lange einen immer noch netten Brauch, die Kneipe nach ihrer Lage zu benennen. dazu gehören Bahnhofskneipen, ein ,,Rotlint-Café'' aber auch ,,Zur Linde'', ,,Zur Post'', überhaupt die Kneipen mit dem ,,zum''. Hier wird in einigen Fällen die Grenze zur Metapher schon deutlich überschritten.

Damit wären wir beim schwierigsten Kapitel. Was zeichnet eine Metapher aus? Ein Wort, in einen anderen Zusammenhang gestellt, sollte in einem Bedeutungselement vergleichbar sein. In der vergleichenden Zusammenstellung können sich spielerische Phantasie, schöpferische Kreativität und künstlerischer Geist offenbaren. Können! Aber ist es nicht das elende Schicksal alles Sprachlichen? Was hat es mit der Wirklichkeit zu tun? Was denkt sich einer, wenn er sein Café ,,Albatros'' nennt? Das könnte mir egal sein, mir kommt jedenfalls als mäßig gebildetem Westeuropäer die südamerikanische Riesenente (so sieht das Tier nunmal aus) in den Sinn. Man denkt an Ferne und Abenteuer, Jules Verne hat den Namen in einem seiner besten Romane für ein Luftschiff benutzt. Aber was findet sich im gleichnamigen Bockenheimer Café? Der Albatros würde sich beim WWF beschweren, denn der Raum ist so klein, daß er seine vier Meter breiten Flügel nicht mal richtig ausstrecken kann.

Soll ich in dieser Enge von den unendlichen Weiten des Pazifiks träumen? Lieber gebe ich zu, daß ich einer schamlosen sprachlichen Übertreibung zum Opfer gefallen bin.

Näher an der Realität liegt da schon der „Pelikan" gleich um die Ecke. Der gewaltige Unterkiefer dieses Vogels ist schon fast als Piktogramm für die Sportart „in den Rachen schieben" zu lesen. Und das geht auch ohne Doppelkinn. Aber ein grundsätzliches Problem zeigt sich in der Nutzung von Tiernamen zur Kennzeichnung alkoholausschenkender Räumlichkeiten. Alkohol ist Gift für Tiere. So laßt uns aber dennoch einen Moment beim Tier und beim Gift bleiben. Diesmal geht's um den „Froschkönig". In dieser Höchster Gegend vermutet man genausowenig eine Kneipe wie eine Prinzessin. Die gezeichneten Frösche in rosé und hellgrün auf dem Standardschild der Henninger Brauerei stoßen sich schon farblich mit deren Farben. Wer hier Märchenprinzen oder Knuddel-Kermits erwartet, ist fehl am Platz. Sei kein Frosch, hör' Zappa! Jungs, wenn euch eine Frau mal wieder so richtig an die Wand geklatscht hat, dann zieht eure älteste Jeans an, ein kariertes Hemd, und setzt euch hier an die Theke und schaut den dort hockenden Plastik- und Porzellanfröschen lange in die Augen. Trinkt kein Henninger, sondern Guiness. Wenn ihr nach dem zehnten Lakritzwasser auf allen Vieren raushüpft, laßt die Kröten links liegen. So naß und glitschig, wie ihr jetzt seid, nimmt euch eh keine mit ins Bett. So long, Froschkönig.

Nein, Namen aus der Märchenwelt können auch mich nicht beeindrucken. Aber bleiben wir beim Literarischen. Man kann ein Café einrichten und behaupten, so hätte Kafka es gerne gesehen, das wäre dreist. Ich behaupte dreist, hier hat jemand ein Café eingerichtet, in dem er/sie Kafka gerne gesehen hätte, damit mehr Leute kommen, die Kafka auch mögen. Da das erste nicht mehr möglich ist, hat man sein Bild in die Ecke gehängt, um wenigstens das zweite zu erreichen. Die Accessoires sind durchaus geeignet, als Anspielung auf ein Café der Jahrhundertwende verstanden zu werden. Eigentlich ist das Café viel zu gemütlich eingerichtet, wenn man sich zum Vergleich die drückende Stimmung mancher kafka'schen Prosa ins Gedächtnis ruft. Um diese zu erleben, empfehle ich einen Schritt vor die Tür. Der Blick auf die gegenüberliegende Architektur zeigt, wie die Blocklogik der 60er Jahre eine Gründerzeitfassade entstellt. Zur rechten der genossenschaftliche Versuch eines Bankhochhauses und zur linken ein Kirchturm, der die postmoderne Religiosität eines Parkhauses ausstrahlt. Und der Eingang zur urbanen Unterwelt, der Gutleut-Tunnel, liegt auch direkt vor der Tür. Hier spuckt Metropolis ihre Insekten aus. Wahrlich kafkaesk. Der Name paßt.

Schwierigkeiten mit meinen Assoziationen bekomme ich bei der ,,Pizzeria Wolkenbruch''. Zunächst schließe ich, das ist kein Italiener. Stimmt, denn Vollkornpizza ist etwas typisch deutsches. Aber denke ich bei Napoli oder Luigi sofort an Oregano und vino rosso, so fällt es mir sehr schwer, bei Wolkenbruch an Essen zu denken. Ein Interpretationsversuch: Jedes Essen hier ist ein Naturereignis, natürlich, knackig, haut rein. Problem: Ein Wolkenbruch ist eine gute und richtige und objektiv notwendige Naturerscheinung, aber subjektiv meist beschissen. Was hat das mit dem Essen zu tun?

Demgegenüber liebe ich die heimatseligen Frankfurter Namen, die mir echten Ebbelwoi und anständige Preise suggerieren können. ,,Gickelschlag'', ,,Buchscheer'' ,,Kanonesteppel'' mögen als Beispiele gelten, die bei mir allein aufgrund des Frankfurter Tonfalls schon eine gewisse Sympathie erwecken. Letzterer macht sich zumindest noch die Mühe, den Namen zu erklären. Auf der Westseite der alten Mainbrücke muß es seinerzeit Waffenmagazine gegeben haben. Ein Relief, das zwei ,,lustige Kanoniere'' zeigt, erinnert daran. Woher stammt die Lustigkeit der Kanoniere? Richtig, lange vor'm roten Dani und dem grünen Joschka gab es schon die Bewegung ,,Ebbelwoi for peace'', die ersten Frankfurter Frontsaboteure. Diese Tradition verdient es, hochgehalten zu werden. Auf ewig möge der ,,Kanonesteppel'' stehen. Das gleiche gönne ich auch der ,,Batschkapp'', denn ich fürchte, mit ihrem Untergang würde auch die Tradition dieses schönen hessischen Wortes großen Schaden erleiden.

Für den Selbsttest, welche Wirklichkeit sich hinter welchem Namen verbirgt, empfehle ich eine Verabredung im Café ,,Godot''.

chen 5,50, Blinis 6,50) zu sich nehmen oder einfach nach der Vorstellung noch auf ein Glas bleiben. Einfach die selten gelungene Synthese von Kultur und Gastronomie! SPITZENKLASSE, HERVORRAGEND.

O

CAFE NIXDA, Raimundstr.13, Ecke Frauenlobstr. ☎ 06131/670330 Di-So 9-01; Fr Sa 9-02. Frühstück 9-23.

s.S. 107

CHEZ PIERRE (Caveau l'Institut), Schillerstr. 11. ☎ 06131/231316. Tgl. 18-01, Fr Sa 18-02. Kaffee 2,50, Wein 3,50, Cola 2,50, 0,3 Pils 2,80 (Jever, Bit, Alt, Guiness).

Ein Musiklokal, das wie sein Wirt Pierre zum Institut Francais paßt. Ein schönes, stilles und zugleich musikalisch quicklebendiges Fleckchen inmitten des üblichen üblen Stadtmuffs. Dienstags wird der Keller zum Konzertsaal für Funk- und Bluesfans. Die Jazzer sind vorläufig weniger im Angebot. Thomas schloß den Laden gleich ins Herz, sicherlich waren es auch die schönen Graffiti, die es ihm antaten. Kunterbunt und mit beeindruckender Stilvielfalt. Das Publikum rekrutiert sich nicht nur aus den Kursbesuchern des Instituts. Entschieden reagiert Pierre auf exzessive Alkoholiker und sonstige Grenzüberschreiter, jenseits kneipenüblicher gemäßigter Soft-Horror-Shows. Das hat für ihn nichts mit Genuß zu tun und verdirbt das Klima. Am 11.5.89 hat der große tolle Biergarten wieder geöffnet, und wer in der Stadthektik einen phantasievollen Fluchtort sucht, der findet ihn hier garantiert. Ein Ort, an den sich einen Tag später auch Besucher aus Frankfurt und Darmstadt ohne große Mühe erinnern können. WIRKLICH KNORKE.

★

HINTERSINN, Gaustr. 19. ☎ 06131/571630. Mo-Do 10-01. Fr Sa 10-02. Kaffee 2,30, Cola 2,20, Pils 0,3l 3. Frühstück ab 3,50-22,50 (für 2 Pers.). Essen von 19-24.00.

Kleinkunstkneipe mit eigenen Theaterstücken, Treffpunkt diverser Organisationen und Initiativen, Kabarett, Galerie. Frühstück, Bier u. Sekt. Besonders zu empfehlen: Vollkorn-Kuchen, Milchkaffee und Budweiser vom Faß. H.P. Terno schuf hier ein feinfühliges Klima für kunstsinnige und politisch Bewußte. Die aufklärerische Intention des Kulturprogrammes kommt glücklicherweise nicht hammerhaft, daher nach dem unsäglichen Motto: Die Menschen wollen es nicht wissen, also haben wir es ihnen eingebleut. Radikaldemokratische Querdenker, die ab und zu auch Wege, die nur zu bierernsten Auseinandersetzungen führen, ganz bewußt verbauen. Punktuelle Zusammenarbeit mit anderen kulturellen Einrichtungen. SPITZE.

★

KULTURZENTRUM, Dagobertstr. 20b. ☎ 06131/221804. Fr Sa 22-04, sonst je nach Konzertveranstaltung ab 21 Uhr. 0.5l Bier 3,50, Cola 1,50, Wasser 1.

s.S. 138

UNTERHAUS, Münsterstr. 5. ☎ 06131/232122. Mo-Sa 19-24. Alle alkfreien Getränke 2,50, Alkohol 3.

Das «Unterhaus» als kulturelle Kleinkunstinstitution loben hieße, na was? Jawohl: Eulen nach Athen tragen. Dennoch sei darauf verwiesen: Im Rahmen der gegebenen finanziellen Möglichkeiten leistet die Mannschaft um C.F. Krüger saubere und einfallsreiche Arbeit, unterstützt durch einen regen Sympathisantenkreis und durch das Publikum, das die Wunder des Geschehens einfach durch sein zahlreiches Erscheinen ermöglicht. Des öfteren wurde das Unterhaus totgesagt. Jetzt wißt ihr, warum es noch lebt. Die Gastronomie ist gut und billig. Folglich trifft sich am Tresen, in den Aufführungspausen und danach eine kleine Schar trinkfester, streitlustiger Besserwisser und kulturpolitischer Quacksalber. Wenn Sie sowieso keine Bibelschinken ansehen können und zur Kultur gepflegte Gastlichkeit wünschen, dann sind Sie hier richtig. SEHR GUT. ★

bad homburg

E-WERK JUGENDTREFF, Wallstr. ☎ 06172/21137. Mo-Do 15-21, Fr 15-19, Sa So zu. Bier (nur bei Konzerten) 2,50, 0.3l Cola 1,50, Kaffee 1, Suppe 3, Sauerkraut mit Rippchen 3 (Selbstkostenpreis).

Supersensationspreise. Kaffee für 1 Mark, das gibt's nur beim Roten Kreuz und in Jugendzentren, die eh'kein Geld haben. Insofern immer wieder verwunderlich. Ort für Musik- und Filmveranstaltungen. Bei Konzerten 5 Mark Eintritt. Zweimal im Monat finden Sonntagvormittags Jazzkonzerte statt, Folklore und Rock unter der Woche, Freitags Nachwuchswettbewerb. SEHR GUT. ★

münster bei dieburg

BKA/SCHÜTZENHOF. Frankfurter Str. 26 ☎ 06071/35939. Sommer: Mo-Sa 21-01, So 18-01, Herbst & Winter: Mo-Sa 20-01, So 15-01. Wasser 0,50, Saft 1,50, Bio-Wein 2,50, 0.3l Bier 2,50. So Mo Di Mi jeweils meistens 1 vegetarisches Essen bis 5 Mark. s.S. 264

nauheim / groß-gerau

RIED CASINO, CAFÉ-KINO-BAR. Königstädter Str. 39. ☎ 06152/6088. Mo-Mi 19.30-24, Do-Sa 17.30-24, So 15-24. Weizen 5, Bier 2,50, Wasser 1, O-Saft 1,80, Kaffee 1,80, Kakao 2, Apfel-

wein 1,50, Okowein 4, Cocktail der Woche 3-5, Longdrinks 4,50-5, Weine 3,50-4, Spirituosen 2-4, Sekt 3-20, Eis 0,50-2,50. Kleine Snacks 2-4.
s.S. 264

raunheim

CAFÉ PLANLOS, Robert-Koch-Str. 4. ☎ 06142/402264. Fr 20-01 u. Veranstaltungen, siehe Tagespresse & Scenecafés. Bier 2 + Pfand, Wasser 1, Sekt 7, Cola/Limo 1,50. Wenn irgend jemand dort Bock darauf hat, gibt's auch mal was günstiges Warmes.

Wundervoll chaotisch, mit schlechtem Gewissen wegen den Treibgasen aus den Farbdosen, aber so bunt und abwechungsreich, so düster und kontrastreich, wie die Obsessionen des Verfassers. Lauter nette Leute, mal mehr oder weniger bunt in der Haaresprach, genauso die absoluten Normalos, recht unauffällig, aber präsent und auch die Jugend der Gemeinde taucht mal auf. Im Café Planlos gibt es keinerlei Kaffee, es gilt der Leitspruch «Autonomie statt Selbstverwaltung«. Außerdem gilt immer noch die allgemein geliebte Devise: Siff und Suff, Punk und Pogo. Mensch fühlt sich dort als abtauchendes Objekt in wohltuendes Chaos. Hier gibt es die Alternative zur alternativen Kultur. Pures Chaos, buntgefärbte Haarprachten, ganz normale Planlosigkeit und meistens 'ne ganze Menge Power. Die goldenen Zitronen fanden es ,geil', ich liebe es. Jede Menge Labsaal für die geknechtete Seele des Arbeitnehmers. EINFACH GENIAL PLANLOS! ⊗

rüsselsheim

FREIES KULTURCAFÉ, Mainstr. 11. ☎ 06142/12333. Do-Mo 10-24, bei Veranstaltungen u. Festen länger. Kaffee 2, 0.3l Faßbier 2,50, Salate 5,50-8,30, Frühstück 2,80-12,80.

Inzwischen wird der Einfluß des autonomen Zentrums relativ deutlich plakatiert. Das Mobiliar ist kalt, immer noch Caféhaus-Style made in the 80's. Die nichtverbrauchte Bibliothek im ersten Stock wirkt dagegen eher gediegen, aber gemütlich. Die Gruppenräume warten noch immer auf die gestalterischen Benutzer. Dem Saal fehlt noch das Flair, aber nach der Entwicklung der letzten Monate wird es noch! Absolut gemischtes Publikum, vom langhaarigen Opel-Malocher über Knackis, Style-Scene, Oberschüler, Kulturbegeisterte, Grüne, auswärtigen militanten Extremisten (kein SEK), Zivilbullerei, Sozialarbeitern bis hin zu autonomen Hausbesetzern. Die Geschichtsbücher erzählen: Es war einmal eine alte Äbbelweinkneipe in einem kleinen Rüsselsheimer Vorort namens Alt-Haßloch, die stand nach zwischenzeitlicher Nutzung als Jugendzentrum leer. Die noch bewegte und zu bewegende Rüsselsheimer Scene besetzte diese und erreichte einen Nutzungsvertrag von der Stadt. Nach der Dauer von 7,5 Jahren erreichte das inzwischen über zwei Jahre hinweg relativ konstante Kollektiv durch zähe Verhandlungen, daß inmitten der Rüsselsheimer City ein Neubau für das Kulturcafé errichtet wurde. In Selbstverwaltung und Selbstverschuldung treibt nun das zehnköpfige Kollektiv seine Ideen von Kneipe + Politik + Kultur mit Spaß voran. Im Herbst dieses Jahres, das Café war gerade sechs Monate in neuem Gewand, wurde durch spektakuläre Aktivitäten der jungen Rüsselsheimer Scene das Selbstverständnis des Kollektivs in die richtige Sicht gerückt. Nicht «Kommerz-Café», sondern «Power for the people» war die Devise. Über verpflegungsmäßige und ideelle Unterstützung bis hin zur Unterbringung und Räume für politische Gruppen reichte die Solidarität der Verantwortlichen. Und das Programm mit seinen monatlichen Schwerpunktthemen und der Ausstellungen, Theaterstücken, Lesungen, Hörspielen und Kabarett lief wie gewohnt weiter. EINZIGARTIG RICHTUNGSWEISEND. ⊗

MAMMA KLAMMERT

»Ich liebe den Kneipenmuff der zwanziger Jahre! Oh altdeutsche Kneipenkultur! Wo findet man noch solche Bretterverschläge so in Reinkultur?!« Die »Erneuerer« sind nun endlich auch im Kneipengewerbe auf dem Vormarsch. Die Hopfen & Malz-»Perestroika« begann als Aufstand gegen den Schematismus, gegen die sich endlos ausbreitende Monotonie der gutdeutschen, rustikalen Kneipenkultur. Die Altkneipensanierung war Ausdruck des Widerwillens gegenüber dem nivellierenden Schematismus der dummdeutschen Volkskultur, die den Trunkenheits- und Lautstärkegrad einer alkoholischen Abfüllstation groteskerweise als Lebendigkeit verscherbelte. Im Musterland der Kneipen, Schankwirtschaften, Lokale, wo manchmal auf zwei Häuser drei Kneipen kommen, fehlte es trotzdem oder gerade deshalb zunehmend an sinngebenden, identitätsstiftenden Kommunikationsorten.

Also wandelte sich die Kultur. Kneipenabende wurden zu mehr als nur zu Tarnveranstaltungen für hemmungslosen Alkoholkonsum. Man konnte sich wohlfühlen. Die formale Strenge der Wirte, die schief guckten, wenn der Gast nur Mineralwasser bestellte, wich gastronomischer Gestaltungsfreude. Die Getränke- und Speisekarten begannen für harte Alkoholiker Perverses aufzuweisen: Fruchtsäfte, überhaupt alle Arten antialkoholischer Getränke, waren auf dem Vormarsch. Bier nicht mehr länger der allein seligmachende Rauschgott.

Wie die Integration von Altem und Neuem zu bewältigen ist, diese Antwort bleiben auch Jünger der Neuen Deutschen Gastwirtschaft schuldig. Der Flair von Kommunikation ist vielerorts an die Stelle von Kommunikation getreten. Wo geht was, wo geht noch was, wo geht was Neues?

Trotz aller Meckerei: Im Durchschnitt ist das Niveau in den letzten Jahren gestiegen. Nur noch ausnahmsweise findet man vereinzelt Zustände vor, die vor einigen Jahren noch an der Tagesordnung waren: Ernst Mosch und die Egerländer Blasmusikanten für Dickbäuchige mit offenem Hosenlatz, derbe Beziehungskisten mit Totschlagtendenz am abgeknabberten, verpickelten Resopaltisch, das Bier schal. Hart schlug das Schweineschnitzel ans Gebiß, es roch nach Schafzucht, Joints und Pissoir. Einfach wunderbar!

Heute kann man dagegen risikolos das trunken-müde Haupt ohne Ansteckungsgefahr auf den Tresen legen. Wenn das kein Beweis für neue Qualitäten, neue Bedürfnisse und die Hochseetüchtigkeit der neuen, renovierten, gelifteten, modernen Wirtschaften ist!

★

bahnhofsviertel

BIERSTUBE, Elbestr. 16. ☎ 234571. Tgl. 06-01. Äppler 3.   s.S. 11

DAMPFKESSEL, Münchenerstr. 33. ☎ 253980. Tgl. 06-01, Fr Sa -02, Messe -04. 0.3l Apfelwein Bier 2.   s.S. 13

KRONPRINZENECK, Elbestraße/Ecke Münchener Straße. ☎ 233363. Apfelwein 2. s.S. 14

OLDIES KISTE, Elbestr. 19. ☎ 232454. Mo-So 06-04.   s.S. 15

PRINZENSTUBE, Münchener Str. 57. Bis 04. Pils 0.2l 1.60, Apfelwein 0.2l 1.60.

Das etwas anspruchsvollere Milieu. Hausmeister, Kleingewerbler, Damen mit höheren Investitionen in Frisur und Pflege ihres sonnenmilchbraunen »Teints«. Die Haltung des Personals und der Gäste ist bis auf Ausnahmen erfreulich sozial:«In Sachen Penner, weg von der Straße« so die Thekenfrau, »soll er's Maul halten. Gauweiler, der idiotische Gauleiter«! Ein besoffener Schnösel läuft in einen souveränen Konter: Er:«Ich muß morgens zwischen 6 und 8 gemolken werden.« Sie:»So ist das halt bei Rindviechern.« Wichtig bei der Bewertung von Menschen ist, ob »SIE IN ORDNUNG SIND«. ★

ROTE NELKE, DGB-Großkantine, Wilhelm-Leuschner-Straße 67-69. ☎ 233437.

Unangenehme Wahrheiten muß man seit dem Betreiberwechsel nicht mehr im Mantel von Real-Satire weitergeben. Es geht voran. Und der DGB in eine neue Kantinen-Ära. Der Wirt des »Steirischen« Hauses bemüht sich, das Negativ-Image des Vor-Wirtes vergessen zu machen. Nein, ein Paul Bocuse der Arbeitnehmerbewegung will er nicht sein. Sympa-

thiepunkte für Selbsterkenntnis. Ein Restaurant, eine Gastwirtschaft im Stile und der Tradition der Arbeiterbewegung, wurde dennoch nicht daraus. Das »Ambiente« ist immer noch so steril wie ein Großraumbüro mit Teeküche. Dafür kann der Wirt nichts! Der Hausherr müßte durch sinnvolle Investitionen die Grundlage für den Erhalt dieser Arbeitsplätze im Kleingewerbe schaffen. Tut er aber nicht! Folglich bleibt das Dilemma im Grunde das alte. Heraus kam Fassadenkosmetik, nix zum richtig wohlfühlen. Ein Trost: Eine Luxusausführung für Premium-Gewerkschafter wurde auch nicht eingeführt, die Zweiklassen-Verpflegung bleibt damit vorerst wohl eine Sache für Außerhaus-Bewirtung. Allerdings: Große Gewerkschaftsführer der zahlreichen Einzelgewerkschaften im Hause sind keine zum Anfassen da. Nun ja, die Küche orientiert sich auch nicht an diät-zentrierten Rezepten, wie sie die gastritisgefährdeten sensiblen Mägen streßgeplagter Top-Funktionäre nunmal brauchen. Aller Ärger geht bekanntlich vom Bauche aus. »Flüchten statt Standhalten«, dieser Film läuft jedenfalls nicht mehr notwendigerweise ab, wenn man an diese Restauration denkt. Zur Einfach-Bewirtung muß die Belegschaft des DBG nicht mehr ins Exil. SONNIG.   ★

ZUR BLUM, Kleine Rittergasse 37. ☎ 625320. MO-Fr 16-01, So & Sa ab 14. Kl. Bier 2, gr. Bier 4. Es werden am laufenden Band Videos gezeigt.

Einer der vielen Lärmschuppen, der sogar Tote wieder lebendig machen würde. Ganz berühmt für seine Kneipenkicker. Die putzten doch fast alle anderen weg. Im Sommer draußen sitzen. STOLZE LEISTUNG.   ★

bockenheim

ALTE DRUKKEREI, Robert-Mayer-Str. 22. ☎

772020. 20-02 geöffnet. Pils 0.3l 3,50, Wein 0.2l 4, O-Saft 0.3l 3,50, Tasse Kaffee 3, Cola 0.3l 3,50.

Sie wurde von einem nationalen »Life-Style-Magazin« zur Barfrau des Monats gewählt. Die resolute Wirtin. Es ist ihr zu lassen: Sie hat den Laden im Griff und bringt ihn in Schwung. Das Mobilar ist zum Teil wunderschön kastanienbraun-abgelebt. Der kleine, niedrige Raum in Tiefparterre hat schon was. Auch jenen feineren Studnicks, die Jungs mit Gabadin-Mantel, die Mädels mit Pferdeschwänzchen und Schleifchen im Haar. An der Theke die typischen Seelentröster älterer Generation, die, ich unterstelle das bös, auf ein amouröses Abstauberchen bei der Wirtin spekulieren. Nach dem Motto: Irgendwann bei einem 18-Stunden-Job wird jede Wirtin mal schwach, und genau in dem Moment muß das Freibiergesicht präsent sein. Ansonsten geeigneter Rückzugsort für atmosphärisch gestörte, kommende AkademikerInnen. Wenn ihnen der »Turm« zum Halse raushängt, bzw. die Mensa Magenkrämpfe verursacht hat. RECREATIONSCENTER. ★

BOCKENHEIMER BIERFAß, Kiesstr. 36. ☎ 701278. Tgl. 16-01. Küche 17.30-24. 8 verschiedene Biere vom Faß.

Wo vorher mehrere Südamerikaner dilettierten, ist wieder treudeutsche Bierseligkeit eingekehrt. Als wäre die Zeit stehengeblieben, heißt hier eines der beliebtesten Stücke: Der Schalk sitzt in uns allen. Mit diesem Feeling kann man wirklich noch Kneipe machen. Die schlichteren Gemüter vom Body-Building-Center, die unzähligen frischwärts-Jogger, Vorstadtbolzer, Kick- and Rush-Artisten finden sowas saugut und kippen die Menge Bier — und mehr — wieder ein, die sie ihrem Körper zuvor schmerzvoll abrangen. Sport ist eine Volksbewegung, und die hat immer ihre Westentaschen-Heroen. Die Ergebnisse dieser Inszenierung mit Fingerspitzen sind allabendlich im Herzen Bockenheims zu besichtigen. WAS KOST' DIE WELT ★

CASA DI CULTURA, ital. Adalbertstraße 36 H. ☎ 775116. So-Fr 19-01, Sa zu. Bier 2,50, Kaffee 1,60, Nudelgerichte 6-7. Kulturangebote.

Sich der derzeitig angesagten Norm von Stil & Styling entziehend, versteckt sich dieses Etablissement im Hinterhof so, als ob sie sich ihres Interieurs schämen würde. Grundlos! Rustikal-italienisches Flair und Speisekarte — wo sonst gibt's schon soviel und so gutes Scaloppini al Vino für den abgebrannten Zeitgenossen? — ziehen ein bunt gemischtes Publikum in Bann, das sich, ernsthaft und ausgelassen, wohltuend von den Schaumschlägern der sogenannten In-Lokale abhebt. Der Reserve-Punk und Waver aus Bockenheim, der rührige StudnikPolitik-Fritz, geschäftig in Bier und ASTA, mein Doktorvater (ja, den gibt's auch noch) und ich (und natürlich noch jede Menge anderer), geben sich ein regelmäßiges Stelldichein. Diese Offenheit garantiert dem kulinarischen Pfennigfuchser jedweder Couleur eine Heimstatt, auf die er immer wieder zurückkommen wird. ABSOLUTE SPITZENKLASSE. ///

CELSIUS, Leipziger Str. 69H. ☎ 7072890. Mo-Sa 18-01, So 9.30-01, Cola 2, Wasser 1, Kaffee 2. Wechselnde u. feste Speisekarte, Rumpsteak in Gorgonzolasoße mit Beilagen 17.

Ein Allwettermärchen ist der etwas versteckte und weniger protzig-aufdringlich plazierte Ort auf der gelifteten Leipziger, der Zeil Bockenheims. Doch nicht allein der Charakter des Kellerlokals produziert erstaunliche Aufmerksamkeits- und Erinnerungswerte, und wenn man will, ein spannungsreiches Flair.

Quartalsäufer werden ihre Schwierigkeiten haben mit der Torausfahrt, sich mit dem Ein- und Ausgang zurechtzufinden, vor allem nächtens. Zur Bewältigung dieser Leistungsanforderung muß das Gehirn noch einigermaßen funktionieren, dürfen die motorischen Störungen kein fortgeschrittenes Stadium erreicht haben. Den Innenarchitekten kann man Kompetenz und Geschmack attestieren, das »Styling«, die »Raumästhetik« strahlen differenzierbare Qualität aus, ohne den Eindruck von aufgesetztem, exotischem Flair zu erwecken. Eine zentrale Rolle spielen buntverglaste Röhrenelemente an der Decke, die sich quer durch den Raum ziehen. Keine neudeutsche Kneipe ohne Kunst. Nix dagegen. Nur, muß es immer die »warme« Farbgebung der »neuen Wilden« sein? Nachwuchsförderung tut nicht immer not. Offensichtlich finden hier auch Künstler mit dem Mut zu formaler wie inhaltlicher Dissonanz, zu neuer Unübersichtlichkeit, Ausstellungsmöglichkeiten. Gedenktage historischer Bewegungsgrößen wie Georg Büchner u.a., finden lobenswerterweise ihre künstlerische Würdigung. Kunst ist also mehr als Unterhaltung, die sich als alles definiert, was nicht langweilt.

Wem nachts der Magen vor Hunger bricht, der kann hier bis 24 Uhr vorbeugen und zwischen mehreren, täglich neu komponierten Gerichten wählen. Klar, zur Zeit ist Italienisches »in«, doch lange nicht jede Portion Tortellini mit Gorgonzola-Soße löst die Erwartungen zarter Zungen ein. Zumal dann, wenn der Koch die Mehlschwitze mit Sahne verwechselt. Von dieser Art Überraschung ist der Gast garantiert sicher. Das Getränkeangebot bewegt sich auf dem Niveau des allgemeinen Anforderungsstandards. Vom Bett ans Buffet! Nicht nur der Slogan für das Sonntagsfrühstück ist originell, das, was man bekommt, zeugt von Qualität, Phantasie und Witz. Begonnen hat es vor anderthalb Jahren mit Kräuterfrühstück, süßes Leckermaul — und russisches Frühstück, mit und ohne Wodka. Nie vergessen: Der Tag ist immer 24 Stunden lang, aber unterschiedlich breit. Was man nicht im Kopf hat, dessen bedient man sich ersatzweise aus dem Kleiderregal und dem Kosmetikschrank. Vor solchen Scheußlichkeiten bleibt der Gast verschont. Frauen können das Lokal risikolos solo besuchen und sich ohne Panik und Angst vor blöden Anmachereien an die Theke setzen. Selbst ältere »Damen« fühlen sich phasenweise abends unter den »vielen jungen Leuten« verdammt wohl. Innovativ, dieser Laden! Wann taucht endlich der VW — oder Schmieröl-Drink auf der illustren Karte auf?! Was das ist ? Nur soviel sei verraten: Eine Mixtur, bei der äußerste Vorsicht geboten ist: SPITZENKLASSE. ★ ☆

DIESSEITS, Konrad-Broßwitz-Str. 1. ☎ 704364. So-Do 20-01, Fr Sa 20-02. Apfelwein 1,70, Kaffee 2,20, Cola 2,50, Bitburger vom Faß 1,70. Currysuppe mit Garnelen 7, Spaghetti Bolognese 8, Thailänder Schweinefilet 18. Warme Küche bis 24 Uhr.

Die frierenden BesucherInnen betreten wie Nikolaus aus kalter Winternacht das »Diesseits« und ein angenehmer Wärmeschauer tritt ihnen entgegen. Die Fensterfronten sind mit zahlreichen Benjaminen (Zimmerpflanzen) geschmückt, in denen Hildegard ein Kapital von mindestens 1000- DM vermutet. Am Mittwochabend nicht sehr stark besucht. Mit freundlichen, für mehrere Besucher gedachten, trapez-förmigen Holztischen. Gegenüber dem »Stattcafé« gelegen, hat es mit Etablierungsschwierigkeiten zu kämpfen. Man/frau bedenke: links das »Augustin«, rechts das »Heck-Meck«, und hinten das »Schampus«. Die Wirtsleute sind Studenten-Experten, betrieben vorher »Burga's Bierhütte« nahe der Fachhochschule am Nibelungenplatz. Wenn es schon früher am Tag öffnen würde, würde sich gut als Frühstückscafé eignen und die Enge in anderen Cafés mindern. NICHT ERST FÜR'S JENSEITS! ▢☆

DR. FLOTTE, Gräfstr. 87, ☎ 704595. 07- 01, Sa 07-02. Halbes Hähnchen 8,50. Bis 00.30 warme Küche.

Der reichlich heruntergekommene Akademiker besteht seit der Zeit, als Studenten mehr soffen als protestierten. Dieser Typus Studnick wird also wieder mit jeder Woche aktueller. Die Lage ist günstig: Wer gut spucken kann, trifft die Bockenheimer Warte, wer es zu gut beherrscht, die Uni zwanzig Meter weiter. Die Mehrzahl der Speisen kostet noch nicht einmal einen kleinen Blauen. Während manche der Kneipe so etwas wie Flair bescheinigen, erübrigt sich nach diesem Besuch die Frage, wieso man im Verlauf von 14 Uni-Semestern gerade anderthalbmal hier gastierte. Viel zu laute Musik (Krautrock) fegt über die wenigen Besucher, die, an Tischen und Theke liegend bzw. lungernd versuchen, gegen den Lärm ihren Rausch auszuschlafen. Die Bedienung läßt den Gast keinen Hauch von Freundlichkeit spüren. Je älter die Kneipe wird, um so überflüssiger. Ein Ort für schwere Trinker und ewige Studenten. Hier werden Geschichten erzählt, die können tausend Spinner nicht erfinden. Letzte Rettung, lautes Grölen: HEI-DI-HO. HEI-DI-HO. ★ ∞ //

HECK-MECK, Friesengasse 19. ☎ 772586. So-Do 18-01, Fr Sa 18-02. Bier 2,80, Cola 1,50, Salate 4-9, Spaghetti à la panna 8,00, Tageskarte. Draußen sitzen.

Sie nützt in einer intoleranten Gesellschaft sehr viel; hier ist sie noch zu finden, die »Innere Zufriedenheit«. Drum verwundert Insider die Existenz eines stark abhandengekommenen Selbstbewußtseins in ehemals starken und heute über die Brust schwachen politischen Szenerien keineswegs: »Ich mache alles wie mir Spaß macht, solange es nicht in Blödsinn ausartet. Nur manchmal, wenn ich faul bin, spiele ich den Unbeweglichen und lasse die anderen für mich arbeiten«. Oder: »Wenn mich jemand rotes Schwein nennt, schlag ich den zusammen. Meistens strafe ich ihn aber mit Verachtung« Sie konnte sich eigentlich nur in diesem Sammelbecken unterschiedlichster Strömungen der Alternativen, Grünen und Linken entwicklen. Sie brauchte dieses Treibhausklima zur Entfaltung neuer Blüten: Die neue oppositionelle Souveränität. »Da bin ich dahintergekommen, daß die Mitbewohner, aber auch alle im Projektrat und der Elterninitiative, einen riesigen Berg Probleme hatten: Die Kinder werden auch von den Ansprüchen ihrer Eltern kaputt gemacht!« Völlig unbeeindruckt von Neon-Wave, Yuppietum und sonstigen Wellen, Aufsteigern, Um- und Absteigern verzehren und verkehren Mann und Frau auf dieser »Szene-Insel« unkompliziert und herzlich zwischen bewegten Frauen, Friedensbewegten, Öko-Fans und Kulturkämpfern. FreundInnen aus diversen Stadtteilinitiativen, Trash-Core-Fans mit der Faszination für Metall-Soundgemüse und Folklorejünger mit fanatischer Hinwendung zur akustischen Gitarre, diskutieren mit Müslis und Militanten so selbstverständlich, als wäre diese kleine Nische das »normalste« Abbild der Außenwelt. Sobald man hier eintritt, hören die Identitätsprobleme apruot auf: Niemand mäkelt an der Figur der anderen herum, keine fragt, warum der Betreffende so dick ist. Von dem Augenblick an gehts bergauf. Zuvor miesepetrige Frustgesichter, maulfaule Tunten und Tanten, verbitterte, geschlagene Alt-68er und tütelige Jung-Grüne kriegen Leben ins Gesicht, daß der Mund nur so kommunikativ sprüht. Stocksteif und stumm macht man eben seine Ausstrahlung zunichte. Folglich ist es laut in dieser Kneipe. So laut, wie natürliches gesellschaftliches Leben eben spielt. Hier treffen unverhofft Leute aufeinander , die sich lange nicht mehr gesehen haben oder sich aus dem Weg gingen. Eigentlich bekommt jeder nur positive Reaktionen — auch wenn er mit niemandem schwätzen will. Sozusagen vermarkten hier alle ihr »Fett« optimal, und offensichtlich produziert das ein frivoles erotisches Prickeln. Ein Paradies für Geräusch-Voyeure: der Lauschangriff auf Gespräche am Nachbartisch. Dialoge, die sonst nur noch hochbezahlte Drehbuchautoren künstlich aus sich herausquetschen und wofür man dann im Kino zehn Mark zahlen muß: »Sie war mein erste Freundin. Ich inspirierte sie zu einigen Songs. Ich beschloß, wenn man sich selbst .ok. findet, ist das auch für andere plötzlich in Ordnung«. Herzerfrischend intime Schwätzchen: »Mit einer runden, weichen Frau macht Sex einfach mehr Spaß. Man darf keine Knochen spüren, das ist unbequem, und unerotisch« eben. Marga bestätigt sofort: »Die Männer verlieben sich in meine Augen. Der Körperbau fungiert nur als Dekoration«. Die Küche verzichtet dennoch entschieden auf Schockolade. Die Aufläufe sind geradezu berühmt und sättigen. Die täglich wechselnde Tageskarte ist mit ihren verwirrenden Kompositionen immer für eine Überraschung gut. Selten gibts das, was man gerade erwartet. Und wo sich andere mit Nix auf dem Teller mehr und dusselig verdienen, sind hier noch so »altmodische« Werte wie ein seriöses Preis-Leistungsverhältnis angesagt. Ohne, daß auf kulinarische Highlights deshalb

verzichtet werden müßte. Zufriedenheit ist weder die Hölle, noch macht sie dumm. Leider gibt es nicht so viele Anläße dazu. Dieser Ort hier ist wenigstens einer. JENSEITS VON EDEN. ★

MOLTKESTUBE, Hamburger Allee 59. ☎ 7072266. Mo-Sa 6-01, So zu. Bei wichtigen Messen -04 und So geöffnet. 0,2l Pils 1,70, Apfelwein 1,60. Eintöpfe ab 4,50. Rumpsteak mit Beilagen 17,50. s.S. 273

PELIKAN, Jordanstr. 90/Ecke Jungstr. ☎ 701287. Mo-Fr 12-01, Sa 18-02. s.S. 273

SANTIAGO, CLUB LATINO, *südamerik.* Adalbertstr.29. ☎ 70 733145. Tgl.18-01. Apfelwein 1,70, Cola 2,50, Longdrinks 7,50, Omelett 8. Fleischspieß mit Pommes 9,50.

Salsa, Tanz, Folklore und südamerikanische Küche unter einem Dach — das Konzept des amerikanischen Candle-Light-Clubs konnte in der BRD noch nie das ganz große Publikum anziehen. Leider. Von daher ist allein das Experiment lobenswert. Bockenheim ist aber genau mit diesem Typus Gaststätte schon geschlagen. Noch vor wenigen Monaten dilettierte das »Santiago«, ein Unternehmen gleichen Namens, in der Kiesstraße. Möglicherweise hat dieser Flop einem breiteren Publikum den Zugang zu dem neuen Laden verwehrt. Ein bißchen mehr heftiges Leben und Treiben täte gut, in diesem verwinkelten, aber atmosphärisch mit seiner Rundempore nicht ganz reizlosen Kellerlokal. Zur Zeit läuft hier versuchsweise ein recht interessanter Film. Bleibt zu hoffen, daß es kein folgenloses Theater, ein kurzlebiger Einakter wird. Erfolg oder Mißerfolg hängt nicht unwesentlich davon ab, ob es der südamerikanischen Scene glingt, über ihre Landsleute hinaus, die Bevölkerung Bockenheims zu interessieren. Und da spielt das tatsächliche Preis-Leistungsverhältnis zu Recht die zentrale Rolle. NA JA. MUß KEIN DRAMA WERDEN. ★

SCHAMPUS, Konrad-Broßwitz-Str. 12, ☎ 774132. Fr Sa -2 Uhr, sonst 20-01, im Sommer ab 19. Wein ab 3, Bier 3, Kaffee 2, Flaschenweine im Straßenverkauf. Kleine Speisen. Draußen sitzen.

Kuscheltreff der Bockenheimer Alt-Akademiker, die rund um den Hessenplatz beheimatet sind. Micha heult sich bei seinem Freund Burghard aus, weil seine Freundin Karin ständig bei ihren Liebhaber übernachtet. Sie will nicht akzeptieren, daß er eifersüchtig reagiert und sich mit ihr nicht auseinandersetzen will. Seine Reaktion hält sie in Wahrheit für kleinkariert. Dieter hat was von einer ABM-Stelle für einen Psychologen gehört und verabredet sich mit Sigi im »Schampus«, um es ihm weiterzugeben. Er war selbst lange arbeitsloser Lehrer und weiß, wie unheimlich wichtig es ist, Informationen über Stellenausschreibungen weiterzugeben. Am Nachbartisch bespricht Maria ihren nächsten Urlaub, zwei Monate Trecking durch die Sahara, mit ihrem Reisegepäck, einem beurlaubten Beamten. Die wahren Geschichten, die das Leben jenseits der Königshäuser der Windsors schreibt, werden im Schampus abgedreht und täglich in Serie gesendet. Merkwürdige Blüten entstehen im Scenesumpf: Gerüchteweise sollen einige der Stammgäste nach der Renovierung große Schwellenängste entwickelt haben. Während rundherum Häuser und Straßenzüge wie Pappkartons zerstört und in Affengeschwindigkeit neu hochgezogen werden, fühlt man sich in seiner Befindlichkeit beleidigt übergangen, wenn die Stammkneipe neue Lichterketten an der Decke installiert. OHNE GEHT'S NICHT MEHR. ★

TANNENBAUM, Jordanstr. 20, ☎ 774494. Mo-Do 16-01, Fr ab 18, Sa So ab 19, Juli/August ab 20. Pils 0,4 3, Cola 1,60.

Wenn das Klischee, in Bockenheims Lokalen sähe man nichts als Studenten, irgendwo nicht zutrifft, dann hier. Natürlich hört man am

Nachbartisch viel Dummes über Pädagogik und Kulturanthropologie. Das passiert in jeder Kneipe in Uni-Nähe. Der Tannenbaum hat sich prima entwickelt, seit ein engagierter Neu-Wirt das Ruder in die Hand nahm. Einfach eine Wucht, mittlerweile, nicht nur wegen der schönen Doppelkopfrunden eines ehemaligen az-Autors und des besiegbaren Flippers. Bitte darauf achten, in der Scene gibts zwei Kneipen mit diesem Namen. Der bescheuerte Doppler beendete schon manche Romanze. Erfahrene behelfen sich mit diesem Buch und suchen Sachsenhausen nicht unter Bockenheim. ERHOLUNG. ★

₿ornheim

BERGER STR. 319, Berger Str. 319. Mo-So 18-01.

Bier 3, Wasser 2, O-Saft 2, Kaffee 2, Federweißer 3,50. Schnecken mit Kräuterbutter 8,50, Callamares mit Majo 12.

Von außen erscheint sie wie eine stinknormale Apfelweinkneipe. Eine kleiner Ruck, und du kannst den Raum in seiner wahren Pracht ganz in dich aufsaugen. Eigentlich ein Heimatmuseum in 3-D mit musikalischer Untermalung. Bedient wird man/frau sofort. Auf den Plattenteller kommt, was gewünscht wird. Die Inkarnation eines Antiquitätenladens, als Kneipe getarnt. GESCHEIT.

BURGAS' BIERHÜTTE, Böttgerstr.14 / Ecke Martin-Luther-Str. ☎ 468748. Mo-Do 17-01, Fr 17-02, Sa 18-02, So zu. Ital. Salat 8, Schnitzel natur 12,80.

Sommers Open-air mit 20 Sitzplätzen. Fluchtpunkt der Postmodernen. Sehr beliebt bei starken Essern. Für diese Art Küche extreme Liebe zu demonstrieren, erfordert bei Freunden der Diät-Küche allerdings Schauspieler, die stark begabt sind. Empfehlung: Besagtes Schnitzel natur, mit einer Sauce aus Wein, Knoblauch und Petersilie. Deutsche und italienische Weine. SEHR GUT.   ★

DARKOSTAN, Leibnitzstraße ☎ 4990977. Tgl. 18-01. Bier 2,50, Wasser 1,50, O-Saft 3, Kaffee 2. Schmalz-Brot 1, Oliven, Käse, Peperoni.

FINEGANS PUB, Berger Str. 81. ☎ 432476. So-Do 11-01, Fr Sa 19-02. Bier 2,70, Cola 1,50.

Hier trifft sich die wilde Bornheimer Irish-Folk-Scene. Allein schon der kulturelle Aufstieg, den die Kneipe durch Umwandlung von »Ossi Büttners« Lokal, dem Treffpunkt der Profiboxscene mit entsprechendem Publikum, in ein Scene-Lokal erlebte, macht das Lokal besuchenswert. Gäste und Wirtin stehen zueinander wie eine große Familie. GUT.   ★

GASTSTÄTTE RINK, Sandweg 68. (autofreie Verbindung von Sandweg und Musikantenweg) Mo-Fr 17-01, Sa 17-02, So, feiertags zu. 0.2l Export 1.30! Kaffee 1.50!!, Apfelwein 1,40!!, Cola, Korn 1,50!

Ein Juwel! Ein gastronomisches Relikt. Über fast nichts reden Männer so häufig wie über Kneipenerlebnisse. Bei kaum einer anderen Gelegenheit lügen sie soviel. Dabei haben mindestens 98% der Frankfurter Männer die Kneipe von Frau Rink noch nie besucht. Sie reden also, wenn sie von Kneipen reden, über etwas, wovon sie keine Ahnung haben. Hier im Nordend, da wird sich nicht groß mit Raumästhetik oder sonstigem Neumodischem auseinandergesetzt. Hier sitzen die Gäste zusammen, wie in der guten alten Zeit. Die Musiker von »Flatsch« wurden auch schon gesichtet, und sie verließen das Lokal erst, als Gerd den kommenden absoluten Hit getextet hatte. »Keiner geht mehr nei«. Das Schöppchen in der einen, die Gabel Kraut, oder die Rindswurst, je-

den Morgen frisch von »Schade«, in der anderen Hand. Eine der wenigen Kneipen, die über Jahrzehnte von innen heraus leben; deren Wände, deren Inventar über die Jahre hinaus unverändert viel über Beständigkeit, Charakter, Wert der Menschen, die solche Läden führen, aussagen. Tapeten bleiben bis zum Zeitpunkt der Selbstablösung hängen, jede gerauchte Zigarette möchte am liebsten zärtlich vergilbte Spuren hinterlassen. Die Preise versetzen in Staunen. Alles liegt weit unter gängigem Tarif, und die unaufwendig deftige Karte mit Frankfurterischem macht Mägen allemal satt. Hier gibts TV für Schwerhörige. »Oma Rink«, wie sie liebevoll ehrfürchtig von ihren Stammgästen genannt wird, ist wohl mit »Molli« Frankfurts dienstälteste Wirtin. Aber völlig anders als die erfrischend vulgär-Chefin und Nordendrarität – eben N U R lieb! Gemütlich. Seit fünf Generationen, meinte ein junger az-Redakteur mit der Überzeugung, als habe er diese alle erlebt, bedient sie so freundlich wie heute. Empfehlenswert im Sommer die Kastanie im Garten, und die Ruhe, die von diesem Ort beständiger Beschaulichkeit und Gastlichkeit inmitten der hektisch-stinkenden Stadtmitte ausgeht. GESUCHT UND ENDLICH GEFUNDEN.   ★

GATES OF HEAVEN, Habsburger Allee 6a/Sandweg. ☎ 4940162. Tgl. ab 11.30, So ab 10, Mo zu. Kaffee 2,30. Pizzen 9,50-14,50. Speisekarte.

Schwarz-weißes Interieur, Halogenleuchten, scenegerecht in die 90er Jahre. Das Publikum äquivalent zur Einrichtung, insofern ein vorerst gelungener Start. Neu in Bornheim seit Herbst 1988, verblüfft die Kneipe, die damit wirbt, Restaurant und Scenekneipe sein zu wollen, mit dem gar nicht scenegerechtem Namen, das »Tor zum Himmel« sein zu wollen. Wer will da eigentlich in welchen Himmel? Die Speisekarte jedenfalls ist erlesen. Das Essen mit frischen Zutaten hergestellt. Am Samstagabend war kein Platz mehr zu kriegen, und es bleibt die spannende Erwartung, ob Bornheim diese himmlischen Schwellen auf teuflischem Boden will. HIMMELSKOKETTE. ☆

GEGENWART, Bergerstr. 6. ☎ 4970554. Mo-Do 09-01, Fr 09-02, Sa So 10-02. Pils 3, O-Saft frisch gepreßt 4, Weine 4-6. Diverse Salate 9-12, Sommergemüsegratin 10,50, Filetsteak 19,50. Frühstücksbuffet mit Preis nach Hunger.

GEIGER, Bergerstr. 99, ☎432305. Tgl. 18-01, Fr Sa -02, So zu. Bier 3, Wasser 1. Wechselnde Tageskarte, Steaks 17.

Bornheim ist einer der lebendigsten Stadtteile Frankfurts. Zentral gelegen, hat er jedoch bis heute nicht geschafft, einen gewissen Muff abzulegen. Große Experimente werden hier nicht getätigt. Man lebt mit dem Verläßlichen ruhiger und lieber. So auch der »Geiger«, der 1988 hier seine Tür öffnete. Nette Kneipe mit Eßangebot. Ausgestattet mit hölzernen, hellen Tischen und hochlehnigen, durchgehenden Bänken. Hart an der ideologischen und gestalterischen Grenze von Ikea-Wohnzimmer und altväterlich behäbiger Bauernstube. An den Wänden Geigen, Bilder und Krimskrams. In Bornheim richtig plaziert. Es zielt auf gemischtes Publikum, das nicht den großen Geldbeutel in der Tasche hat. Der Wirt überzeugte, als er den nächtlichen Passant, der auf dem Weg nach Hause dringend die Toilette braucht, geradeso den Weg dahin zeigt, als hätte er bereits im »Geiger« für 'nen Fuffi gezecht. Umgeben vom nächtlich, frustriertem Bohéme, studentischen Beziehungsstreitern und Stammtischwürflern nach dem Volleyballspiel, läßt es sich wie in der warmen Küche der SozialarbeiterInnen-WG fühlen. HEIMELIG. ☆

MALEPARTUS. ☎ 447910. Mo-Fr 12-14, 17-22, Sa So 12-22. Bier 3, Wasser 1,20, O-Saft 2,20, Apfelwein 1,20, Korn 1,20. Solver, Kraut, Kraut 7,80,

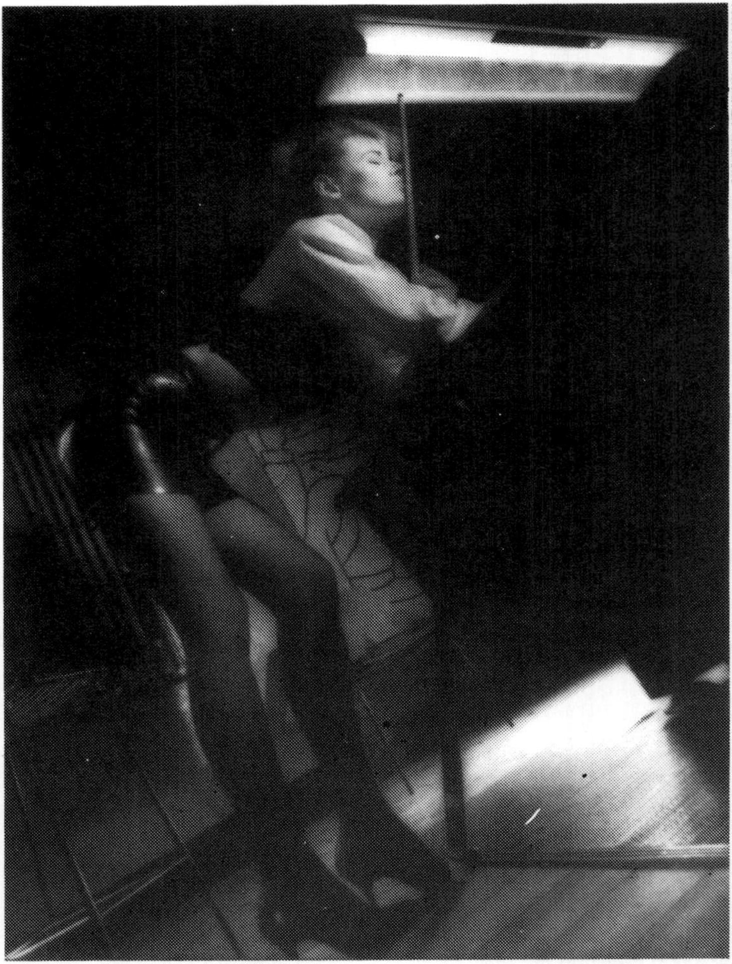

Foto: Neill McKenzie Mattews

Schweineschnitzel 7,80, Spanferkel, Kartoffeln, bayr. Kraut 9,80.   s.S. 274

MAMPF, Sandweg 64. ☎ 448674. Die Öffnungszeiten richten sich nach dem Fahrplan der Bundesbahn: Winter ab 18, Sommer ab 20 Uhr geöffnet. Tucher 0,4l 3, Limo 1, Frankfurter Würstchen 4. AZ-Andere Zeitung 3,50.

Die älteste und verdienstvollste linke Kneipe der Stadt, erlebte eigentlich immer nur Höhenflüge. Und das schon zu Zeiten des legendären Erstwirtes Edgar, der zuweilen heute noch Sympathiebesuche im »Mampf« abstattet. Diese Kulturstätte zur Herstellung und Verbreitung surrealer wie subversiver Anschläge verdient laut Alfred Edel das Prädikat »besonders geschmackvoll«. Keine Großraumgastronomie in modern gestylter Geselligkeit. Eher ein etwas dämmerlichtiger Raum von der Größe eines Hausflurs mit sagenhaften 35 Sitzplätzen. Das Programm besticht durch sein eindeutiges Profil: 1. Gute Nacht / Putput (1983), 2. Frankfurt wie es ist und frißt (1983), 3. Unordnung ist das halbe Leben (1985), 4. Es geht auch ohne (1987), 5. Coca-Boykott (seit 1973). Besonders zu empfehlen: Vilbeler Wasser und Welthölzer. Täglich Jazz vom Faß. Die Chef's im Mampfweg zu Sandfurt liegen mit ihrer Kritik sicher richtig: »Mampf ist nicht sooo antiquiert, wie ihrs ruft. Wir bitten deshalb um Berücksichtigung unserer gewissenhaften Angaben«. Gewissenhaft gehen die Mampfs'mit ihren Alt-WirtInnen um. Das »Ehemaligen-Treffen«, zweimal exclusiv in der az dokumentiert, geriet zu einer hessenweiten Sensation. Welche Wirtetruppe, jeder einzeln für sich und auch zusammen unfähig, auch nur einen Ton richtig zu singen, mit den größten Problemen, strikt geradeaus zu denken, kann schon von sich sagen: »Für meinen Kneipenjob brauchte ich diese wunderbare Vorsinge-Stimme und das Herz. Wenn ein Gast mir sagte, er fände mich gscheit, so fühlte ich mich geschmeichelt«. EINMALIG.   ★

MONOKEL, Berger Str 213. ☎ 455000. Tgl. 09-01. Bier 1,50, Wasser 1,90, O-Saft 2,40, Kaffee 2, Kakao mit Sahne 2,80. Sehr gute belegte Brötchen 2,70-2,80, Eintöpfe und Suppen 5,20-7,60. Rollstuhlgeeignet.

»Unser Monnockelsche?« Sie wolle üwwer unser Monockelsche schreiwe? Das Publikum ist gemischt, von A — Z alles. Eine Kneipe, die noch etwas aus sich machen will. Was, das weiß sie selbst noch nicht. Das Publikum ist sehr interessant und vielfältig. Quasi schichtenübergreifend. Kneipenkultur für alle. Alte, Junge, Gelbe, Weiße, Schwarze. Da kann man die Omis beim Kaffeetrinken sehen, und daneben gibt's den Doppelkopfstammtisch, da trinken Studentinnen ihren Kakao, und zur späten Stunde gibt's auch mal Live-Musik — Oldies, versteht sich. Die Einrichtung ist rustikal gehalten, und auf den weich gepolsterten Stühlen läßt es sich schon einige Zeit aushalten. Der Wirt ist sehr nett. SCHÖNE BESCHERUNG.

PASTIS, Große Spillingsgasse 47 (Ecke Bergerstr.). Cola 2, 0,2l Cidre 3.50.

Mag sein, daß dieses Kuriositätenkabinett anders heißt. Jeder Hinweis auf den Namen fehlt bislang. Ich vertraue daher auf Sigrid's Information. An einem schwülen Augustabend gab sie sich hier mit einer kleinen Weinschorle den Rest. Folglich kann diese Parkbucht auf der Alkrennbahn, obere Bergerstraße, auch ganz anders heißen. Egal, oder auch nicht. Jedenfalls ist die Kneipe bemerkenswert, weil sie zu den Unternehmungen zählt, die gewiß nicht die Kneipenwelt verändern werden. Die Vorgänger waren noch origineller, nannten den Laden programmatisch »Dr. Feelgood« und blieben Musik und Lebensstil, die jenen Musiker charakterisierte, treu. Die Nachfolger kommen von der Stange. Aber von den peinlichsten. Von jener unsäglichen Sorte des Schicki-Micki-tümelnden Massengeschmacks. Eben so, wenn man mit den großen Hunden pissen will und nicht kann. Ja, ja, alles ein bißchen bösartig jetzt und sicher überzogen. Aber soviel Oberflächenglanz macht auch besoffen. Die Eckkneipe, etwas größer als eine Streichholzschachtel, ist ganz vornehm in Anthrazit gehalten. Auch hier neoklassizistische »Fragmente«, wie griechische Tempelsäulchen aus Gips und jene legendäre Gaslaterne, dieses unsägliche Klischee, das der ganzen Sterilität etwas Verruchtes, Zwielichtiges, verleihen soll. Beim Gläserschrank hinter dem ornamentreichen Tresen hört dann alles auf. Oder ging das Geld aus. Auf den zweiten Blick kann die graue Ölfarbe mit etwas Silbermix Omis'Küchenschrank nicht übertünchen. Das gastronomische Angebot will sich im Herzen des Bernemer Äppelwoi-Zentrums von eben diesem bewußt absetzen. Dort wo allerorten das Schöppche so um die Einsfuffzig kostet, muß es hier Cidre sein, das Miniglas zu Dreifuffzig. Weg vom Traditionellen und sich dann wundern, weshalb man Fremder bleibt. Ansonsten eine Kneipe jenes Typs, wo sich so um die 10 Leute als Stammgäste herausbilden werden, für die die Kneipe Wohnzimmer oder Schlafzimmerersatz wird. Entsprechend der jeweiligen Temperamente. Zum Leben und zum Sterben wahrscheinlich zuviel. Und obwohl wirs den beiden Männern, die schon viel erlebt haben müssen im Leben, gönnen, daß es nur gut geht, befürchte ich, daß dies schon die Grabrede ist. Bisher fühlen sich aufgestiegene Bernemer Kleinkaufleute im neuesten C&A-Schick und schwarzlackierten 77ger Golf-GTI wohl. Obwohl viel dummes Zeug gebabbelt wird, leider kein arg dialoglastiges Forum für den Austausch von Lebenslüsten. Eher für die etwas depressivere, tragische Kategorie Zecher, die sich sagt, wenn schon untergehen, dann im tütteligen Pappmaché. OSCAR FÜR DIE BESTEN NEBENDARSTELLER. ★

PUMPE, Sandweg 9. ☎ 437500. So-Do 20-01, Fr Sa 20-02. 0,4 Bier 3,20, Cola 1,50, Belegte Brote

2. Ab und zu ein Ort voller ungewöhnlich sensibel verflochtener Zeit- und Selbstkritik. Veranstaltungen.

Die Sinnlosigkeit, sich durch totale Abstinenz das Leben zu vermiesen, erkannte schon Marlene Dietrich. Nun, die kommt nicht hierher. Dafür treffen sich aber Genußsüchtige aus der gesamten Alternativscene ganz unten, am Anfang des Sandweges. Mit ihrem fast 8-jährigen Bestehen gehört die Pumpe sicher zu den sogenannten 'altgedienten' Szenekneipen. Trotzdem bleibt das Publikum frisch aufgemischt und das Team hinter dem Tresen jung. Jung. Das Team. Ja ja. So jung eben, wie sich alternde Wirte irgendwie immer machen müssen. Samstags kommt Publikum aus dem Umland, um sich im Weltstadtzoo die Metropolenaffen anzuglotzen. In diesem positiven Schocker wandeln keine Solariumsfritzen, vergeblich sich seriös gebende Herren und sportgestählte Herzeige-Damen. Hier findet man GesprächspartnerInnen, die nötig sind, um geistig nicht vorzeitig zu verrosten. Das ungemein spannende Milieu verdient sich täglich gute Kritiken, auch wenn so mancher spinnige altlinke Wissenschaftler das Jungvolk zum Schmunzeln bringt. ERLEBENSWERT. ★

WEISSE LILIE, Bergerstr. 275. ☎ 453860. Mo-Do 17-01, Fr Sa 17-02, So 19-01. Apfelwein 1,50, 0,3 Pils 2,50. Döner Kebab mit Beilagen 100 % Lamm 12. Türkische Spezialitäten.

In der Nacht ist in der Lilie der Mob am Steppen! Michael Gerlach und Susanne Schäfer haben im April '86 dem Lokal, an dem seit 1856 keiner vorbeikommt, zu neuer Blüte und anderer Kultur verholfen. Außerdem gelang beiden mittlerweile die Nachzucht eines kommenden Supergastronomen namens Max. Musik- und Cabaretveranstaltungen, Dartspiele und monatlich wechselnde Ausstellungen tragen gewaltig zur Aufheiterung bei. Entwickelt hat sich die Küche. Mehmet kocht Spezialitäten aus seiner türkischen Heimat. Im Sommer draußen sitzen. RICHTUNGSWEISEND. ★

eckenheim

BERGSTÜBEL, Berkersheimer Weg 18a. ☎ 545468. Mo-So 09-01. Pils/Export/Apfelwein 0.2l 1,40. Pommes, frisch und hell. Darts-Spiel.

Chico, der Spanier, hat mit seinem Sohn alles im Griff. Der Sohn springt auf Zeichensprache — Kopfnicken — an. Viel junge und ältere Siedlungsleute aus der Ecke Frankfurter Berg. Interkulturelles Zentrum, leider nicht subventioniert für seine gute völkerverständigende Arbeit. Schwarze und weiße Yanks sind voll integriert. Eine typische Nachbarschaftskneipe mit Wohnzimmerfunktion. »Ich steh' auf Wahnsinn« (Toilettenaufkleber). Jeder kennt jede. Der Wirt hat ein Herz für Jugendliche. In der unterhaltungsarmen Ecke gibts zweimal im Monat bei freiem Eintritt Disco mit DJ Rudi. SEHR GUT. ★

eschersheim

ELFER, Maybachstr. 24. ☎ 539433. Mo zu, Di-Do 20-01, Fr Sa 20-02, So 20-01. 0,5l Bier 3,00, Kaffee 2. Ausstellungen.

Bevor die Scene die Batschkapp schuf, schufen Altsponties das Stadtteilzentrum »Elfmeter«. Nach und nach orientierten sich Teile des Gesamtkollektivs auf die Batschkapp hin, andere machten über die Jahre aus dem ausländischen Kulturzentrum eine einfache Alk-Abfüllstation für die Scene. Die Besuchergruppen ordnen sich nach Haarfarben zu. Punkkultur ist als Zugehörigkeitsattribut noch groß im Rennen. Wie schon seit Jahren stürmen die Massen noch heute besonders wochenends den »Elfer«. In alter Tradition bewährt er sich durch seine ungebrochene Be-

ständigkeit. Notweniger Treffpunkt. Kaum mehr sonstwo in Frankfurt bekommt man so preisgünstige Trinks. Die Räume könnten in Bezug auf die Wanddekoration ein paar neue Impulse gebrauchen. Jene abgelutschten Punk-Fratzen als auch Depro-Motive interessieren und schocken schon seit Jahren niemanden mehr. Ansonsten ist das Publikum ein wenig jünger, das Out-Fit doch das gleiche geblieben. Bedrückend wird es ab 23 Uhr, dann heißt es, die angespannte Psyche auf die Probe zu stellen. Permanent Leute, die sich rein und rausquetschen, sich vor Freude anspringen müssen, die Füße der Nachbarn zum Boden umfunktionieren oder das Bier wegen Gleichgewichtsstörungen unkontrolliert durch den Raum sprudeln. Das ist für alle nervend, doch gerade die Stauwirkung, das totale Chaos von Leuten macht die Stimmung, die unverwechselbar »geile« Atmosphäre aus. Wochentags wird es seltsam leise und jeder findet Platz; ein wirklich ungewohntes Kontrastprogramm für den Besucher und die Bedienung. Lob an die Leute hinter dem Tresen, die stahlharte Belastungsgrenzen aushalten und Souveränität beweisen. Für die Scene eine zweite Heimat und daran wird sich auch so schnell nichts ändern. HARTER KERN — IMMER WIEDER GUT. ☼

gallus

KÖLNER ECK, Kölnerstr. 42. ☎ 7306814. Tgl. 15-01, Sa So 12-01. Pils 2,50.

Die Kneipe wird von einem Jugoslawen betrieben, der die absolut-geile Slibowitz-Mischung raus hat. Gäste, die öfters kommen, kriegen einen umsonst. Mehr eine Trinkkneipe und inzwischen weniger Sitzplätze, weil im Gastraum auch noch ein ausgestopftes Pferd steht. ORIGINELL. ⤡

Foto: Norbert Frank

Finegans Pub

MAINZER RAD – BEI DORLE UND HEL-MUT, Schwalbacher Str. 66. 10-01, So zu. Cola 1,50, Pils 1,50. Diverse Schnitzelvariationen ab 10, Rumpsteak 15, tgl. frische Fische aus eigenen Gewässern.　　　　　　　　　　s.S. 278

pfanne, der Läuterbottich und die Schrottmühle, die das Malz verkleinert, dominieren den ganzen Betrieb: Gebraut wird naturtrübes Bier. Spezialität: im Sommer Weizenbier und im Winter Bock-Bier. ORIGINELL.　　　★

*g*innheim

WÄLDCHES-BRÄU, Woogstraße, ☎ 520522. Tgl. 11.30-01.

Im ehemaligen Gebäude der Niddaparkterrassen jetzt ein Wirtshaus, das mit einer Hausbrauerei Erlebnisgastronomie zu präsentieren sucht. Die Gaststube ist durch Podeste und Nischen in mehrere Bereiche unterteilt. Multifunktionales Gastro-Unternehmen: Resto, Kellerlokal, Biergarten und Barbereich für Thekensteher. Die riesige kupferne Sud-

*h*öchst

GAMBRINUSKELLER, Bolongarostr. 97, ☎ 301102. Tgl. 19-01, Fr-02. Warsteiner 0,3l 2,80, 0,2l Cola 2. Gulaschsuppe 4,50, Knoblauchbrot 2. 18 verschiedene Biere u.a. Kloster Andechs.

Keiner tritt spiritistischen Geheimsekten bei, niemand versteht sich als Kräuterhexe, durch den Raum schwebt keine elektronische Valiummusik, am Tresen von Gesprächen über Reinkarnation begleitet. In diesem für Höchst unverzichtbaren Anlaufpunkt, einem gemütlichen Bierkeller, trifft sich das ganz bodenständige aktive jüngere Publikum ohne New-Age-Tick, Okkultismus-Wahn und sonstige übersinnliche Ambitionen. Wo kann man fernab von Altherren-Biertischseligkeit sonst noch ungezwungen und unverkrampft zechen, wenn man auf Bier steht? Als Spezialität wird bayrisches Bier von Kloster Andechs gezapft. Einmalig in Frankfurt. Außerdem gibts weitere 17 Biersorten, davon 7 vom Faß. Jever, Budweise, Pilsener Urquell, König, Warsteiner. Die Preise sind extrem verbraucherfreundlich. Die kleine Speisekarte ist auf das Bier- und Weinangebot abgestimmt. Heißer Tip: Wenn jemand ein Fest geben will, kann er — auf Vorbestellung — sein Faß Bier selber zapfen. Sommers mit Gartenwirtschaft. Ein besonders Lob für den allzeit flinken Service! Für wirkliche Biergenießer allemal SEHR EMPFEHLENSWERT. ★

FROSCHKÖNIG, Gebeschusstr. 28. ☎ 315848. So-Do 18-01, Fr Sa 18- 02. 0,4 Pils 2,80, Korn 1,50 , Campari- Orange 4,50, 3-Sterne-Rindswurst.

Diese Produktion aus den frühen 80gern gehört zu den absolut herausragenden Leistungen nicht nur der Musiker-Scene in Höchst. So klein und knuddelig der Laden erscheint, so umwerfend und anhaltend sind die »feelings« die von hier ausgehen. Die Truppe hinter der Theke, gewitzt angeleitet von einem höchst agilen wirt, einem liebenswerten Brummbärtyp, dem man seine Pfiffigkeit und Spritzigkeit niemals ansieht,ist in gewisser Weise Rockmusik-fanatisch, seit sie sich von der Mutterbrust abseilte und diesen Laden ans Licht des grauen Höchst-Himmels zerrte. Jung- und Altfreaks mit ihren Fans aus den westlichen Vororten bis aus den Taunusstädtchen Hofheim und Kelkheim treffen auch auf schwarze Brüder und Schwestern der Soul- und Bluesgemeinde. Und es geht zusammen. Sollte Ihr Lebensinhalt aus dem Ergötzen an Guy Laroche-Parfums bestehen, oder träumen

Sie von einem Hubschrauber für die Fahrt aus ihrer Vorort-Villa in die City , dann sind Sie bei diesem doch sehr erdverbunden Völkchen schlecht aufgehoben. Unterschiedlicher Stallgeruch klärt in wunderbarer Weise die Kulturwelten. Statt Pferderennbahn nicht nur Sonntags Dart-Competition. Jährlich gibts ein gigantisches Froschfest open air mit Live-Musik. Die westlichen Vororte rücken näher. Ein ungeschliffener Diamant. Und das schon seit einigen Jährchen. Zum Glück hat ihn die »Metropolensnobiety« bisher nicht entdeckt. Unversaut und lebenfroh geht das gastronomische enfant terrible in die 90ger, und der Zigarettenqualm wird noch lange das verschlafene Auge des Wirtes beim Bierzapfen quälen. ERSTER KLASSE-SUMPF. ★

MARKTSCHÄNKE, Marktplatz. ☎ 316131. Do Pilstag 2. Spanischer Abend.

Renoviert. Verunglückter Versuch, witzig weil wavig zu sein. Surfsegel an der Decke. Sitzbänke ersetzt durch Stehtheken, allerdings nach Hausfrauenart in braunem Holz Marke Eigenbau. Neuerdings Darts-Automat. Publikum: Gehobene Höchster Sportvereinsjugend. Wirt, warum bist du nur, bis auf den Ring im Ohr, so unheimlich verbissen und verkrampft? MAGISCH. ★

MUSIC-CORNER, Bolongarostr. 47. ☎ 318624. 0.4l Pils 3.

Was ist, wenn sich sowas rumspricht und womöglich Schule macht? Eine Kneipe von Motorradfreaks für Motorradfreaks — aber nicht nur für die? Alles zu spät? Von wegen! Ein urgesunder Schuppen, zumal, wenn man sich an die komischen Vögel erinnert, die zuvor dieses Lokal betrieben. An der Wand ein Meer von Privatfotos mit Motorradabbildungen und Erinnerungsfotos an diverse Meetings. »Finger«, schillert wie ein Pardiesvogel. Die treibende, integrierende Figur der Motorrad-Scene hat nicht nur hier ihre Finger drin. Drum kommt das breite Spektrum verschiedenster »Clans« prima miteinander aus. An der Wand DER Mythos Frau an sich, die legendäre Brischitt Bardot. Löwenmähne, Hot-Pants in lackledernen High-Heels mit leicht gespreizten Schenkeln an einer chromblitzenden »Harley« gelehnt. Das Publikum ist gemischt. Nicht-Motorradfans werden keinesfalls blöd angemacht, sondern vollständig toleriert. Dort am Tisch wird gewürfelt, hier Skat gespielt. Ereignisse eben, wie in jeder anderen friedlichen Kneipe, nur daß sich hier die meisten kennen und schätzen und wegen ihres Dralls zum Motorrad quasi eine Vereinskneipe haben. Positiv: Es scheint so, als ob hier drin keiner leidet! Und niemand meint, er müßte für diesen Auftritt bezahlt werden. Würden schwermütige Väter und Mütter ihre Töchter hierher schicken anstatt in die Familientherapie, würden sie staunen, wieviel weniger Schäden sie abbekommen hätten. FEUER BITTE. ★

SCHWARZWALDSTÜBCHEN, Bolongarostr. 164 (Nähe Schloßplatz). ☎ 306535. 11-01, So 17-01. Apfelwein 1,50.

Entweder ein Männerpublikum mag dich als Wirtin, oder eben nicht. In diesem kleinen, gutdeutschen »Rustico«, das Entspannung auf harten Holzbänken und Stühlen bei Brettspielen mit dem Liebling des Hauses, Ilona, bietet, lag es an dem Wesen der Frau, nicht nur an ihrem Aussehen. Sterile Marylin Monroe-Verschnitte hätten absolut keine Chance! Hier treffen sich Freunde wie du und ich. Keinesfalls zu laut, eher dezent leise. Ilona beherrscht souverän den Tresen, der einer Kommandobrücke eines Übersee- Luxusliners nachempfunden ist. Mit »Schwarzwald« hat die nette Kneipe allerdings soviel zu tun wie ein Mc Donalds mit einem Rindersteak. Viele, viele Stammgäste, die eifersüchtig glotzen, wenn ein Fremder ihr Revier betritt, um bei »ihrer« Ilona ein Getränk zu ordern. Spielfreude dominiert. Vor allem Würfel sind gefragt. Gute, abgehangene Mettwurst im Angebot. PERSÖNLICH. ★

WUNDERBAR, Antoniterstr. 16. ☎ 318783. So-Do 10-01. Fr Sa 10-02. Pils 3, Kölsch 2, Rauchbier 4, alkfreies Bier. Biosäfte 2,50-3, Weine 4, Bio-Weine 4, Cocktails, Große Speisekarte incl. veget. Gerichte bis 28 Mark.

Nicht mal die Hausbesitzerin konnte diese gastronomische Einrichtung wiedererkennen. Zu fundamental im Sinne eines produktiven Rigorismus waren Ralf, Uschi, Mikesch, Siggi beim Umbau der lange leerstehenden Kneipe vorgegangen. Die eigenen Mütter haben es mittlerweile schwer, ihre vom Gästeansturm gezeichneten Kinder wiederzuerkennen. So hat die Kneipe ihr Leben verändert. Die Wunderbar setzte die Umstrukturierung dieser Ecke von Höchst vom kulturell-scenigen Totalverlust, von doppelten Nullen, zum bejubelten kulturell belebenden Mikrokosmos, stringent fort. Begonnen hatte alles mit dem Einzug des »Neuen-Theaters« im gleichen Hause. Die vier Kollektivisten bleiben sich mit ihrer neuen »Karriere« als Impulsgeber anspruchsmäßig treu, die sie in Königstein als JUZ-Aktivisten, Dammbesetzer an der B 8 und Bewohner der legendären »Germania« begonnen hatten. Ohne hilfreichen Freundeskreis, ohne die zielgerichtete Verpachtung unter dem Aspekt

»Schaffung neuer Arbeitsplätze«, wäre das perfekt durchgestylte Lokal, das viel mehr als eine Bar ist, nicht denk- und realisierbar geworden. Vielleicht muß es im Zeitalter der Reizüberflutung unbedingt das Besondere, das Außergewöhnliche um jeden Preis sein. Gesellschaftliche Langeweile ist bekanntlich u.a. die Ekstase der Zeit-Totschläger, und um den allabendlichen Glotze-Täter vom Bildschirm zu locken, bedarf es immer größerer Anstrengungen. Letztendlich zählen nur Besucherquoten. Hohe Ansprüche an den Ausstattungsstandard mußten den Thekenspiegel aus Mailand kommen lassen, das Stuhl – und Barhockerdesign mußte Karl Friedrich Förster fertigen. Originalität gibts nicht mehr. Wenn schon nicht einmalig, dann wenigstens zweimalig auf dieser Welt, und wer ist schon im Zeitalter ständiger Nivellierungen, Plagiierungen, Imitationen, wirklich noch authentisch? Die Anlehnungen an Einrichtungsstile anderer, richtungsweisender Lokalitäten, ist ausdrücklich zu begrüßen. Ein bißchen »Gegenwart« aus der Bergerstraße, Assoziationen ans »Eledil« in Darmstadt zeugen nicht unbedingt von Einfallslosigkeit, wenn diese fragmentarischen Adaptionen als Hommage an Kunstvolles zu verstehen sind. Wie fällt sie auf Dauer aus, die Akzeptanz beim potentiellen Publikum aus den westlichen Vororten? Ist diese wunderbare Ergänzung zum Neuen Theater für das rauhe Klima der Vorstadtkultur vielleicht einfach zu wunderbar? Jedenfalls wird eine Reise nach Höchst ein bitter notwendiges Stückchen attraktiver. Die Zeit schreit nach Helden, aber die Wunderbar-Betreiber sind keine. Sie haben es nur gutgemeint. Zu gut? Die Speisekarte der untervermieteten Küche ist allumfassend. Sie versöhnt klassische, hochwertige Neue Deutsche Küche mit wohlschmeckender Vollwertkost. Und die Preise des Mittagstisches und der Sonntagsmenüs liegen weiter unter der finanziellen Schmerzgrenze des Publikums. Schampus rangiert gleichberechtigt neben Bio-Wein. Aber:

Findet diese Bereicherung die notwendige Resonanz dort, wo seit jeher das Profanschnitzel, das Rippchen mit Kraut, Geschmack und Geldbeutel der Leute terrorisiert und die Königsteiner Str., die Champs-Elysees von Höchst, mit Pizzerien und Stehimbissen so zugepflastert ist wie jene wirkliche Avenue in Paris mit Fastfood-Palästen und die Speiseetats auf die etwas billigere Art gründlich plündern? Mittlerweile haben sich unterschiedlichste Spät-Jugend-Kulturen in dieser neuen, schönen, kunstvoll-künstlichen Welt angesiedelt, gut durchmischt mit Publikum des Neuen Theaters. Nach Ende der Aufführungen ist oft kein Platz mehr zu bekommen. Diese Initiative zur Behebung typisch Höchster-Tristesse ist einfach wundervoll, und der Blick der Kenner auf das gastronomisch Gebotene verrät, daß Könner in Küche und Keller den Ton angeben. NUR ZUM SAUFEN ZU SCHADE.   ★ ☼

innenstadt

ANNAS, Cocktailbar. Stiftstraße. Nix unter 5. Cocktails 10-25.

Manchmal färbt Nachbarschaft halt doch ab. Hier spürt man in vielerlei Hinsicht die Nähe zu den Schicki-Modeboutiquen links und rechts. Annas Musik ist bissi laut, die Getränkekarte bappt, und das waren auch schon alle Negativ-Seiten. In schummrigem Licht kuschelt es sich so recht herzlich, weder spärliches Neon noch Hologramme tun der leicht eleganten Atmosphäre Abbruch. Zur Schönheitskonkurrenz fühlen sich zwar manche bemüßigt, aber auch dazu ists einfach zu duster. Die Cocktails bezeichnet Sigrid W. aus F. als »tierisch bis zum Disziplinverlust«. Sie muß es wissen. SCHMACKHAFT.   ∞

CENTRAL, Elefantengasse 11-13. ☎ 292926. Mo-So 16-01, Fr Sa 2, 0,3l Bier 3,50, Cola 2,50, Wasser 2,50.

CHAPEAU CLAQUE, Hanauer Ldstr.2/Ecke Obermainanlage. ☎ 4980048. Mo-Fr 18-01, Sa 18-02, So 05-01. Bier 0.31 3, Wasser 2, O-Saft 3, Kaffee 2,50, Kaffee Menta (Minzelikör) 5, Milch Mix 4,50. Eis 5-7,50, Lauchcremesuppe 5, Pfannkuchen mit Konfitüre 6, Salate 7-12, Brottaschen 5-9,50.

Eher dunkel, jeder Tisch mit Kerzenlicht, angenehme Beschallung mit leiser Soulmusik. Größtenteils ist hier Stammpublikum anzutreffen, aber auch einfach Leute aus der Gegend. Man kommt grüppchenweise oder sitzt um die Theke herum. Schummerig, aber noch kein Kellerfrust. Das Personal ist auch dann noch freundlich, wenn man zwei Stunden bei nur einem Bier sitzt. Gut besucht, aber glücklicherweise nie rappelvoll. SYMPATHISCH. ➤➤

CLUB VOLTAIRE, Kleine Hochstr. 5. ☎ 292408. Mo-So 18-01, Fr Sa -02. Bier vom Faß 0,41 3,20. Kleine Speisen.   s.S. 151

ECKSTEIN, An der Staufenmauer 7. ☎ 287520. Mo-Do 10.30-01, Fr Sa -02, So 15-01. Biere 3, Salat 7, Kleine Gerichte. Ausstellungen, Veranstaltungen, Musik und Theater.

Sehr sehr weit von einem innenarchitektonischen Meisterwerk entfernt. Mit auffälligen Minimal-Sets, die offensichtlich an die Fünfziger erinnern sollen, wird eher eine Atmosphäre profaner Nicht-Unterhaltung erzeugt. Aus eben diesem Grunde, und weil nichtkommunikative Atmosphäre eben solche Leute anzieht, entrinnt der geplagte Gast auch nicht der Langeweile. Eher harrt er mit verbissenem Zähne-auf-die-Lippen-beißen, Fingernägelkauen, verbissertem Blick oder aber auch offenem, gähnendem Mund, ob der bis dato miterlebte Schwachsinn überhaupt noch überboten werden kann. Die Kunstavantgarde, die mehr über Kunst-Machen spricht, als daß sie den Pinsel in die Hand bekommt, dominiert den Schaukasten. Manchmal glaubt man sich in die große Pause des Gymnasiums versetzt.

Wenn schon mal zufällig einige Sätze fallen, dann gehts rund: Psycheln & Analysieren, Reden & Zerreden, Verlassen & Verlassen werden. Herrschaft der Ästhetik sozialer Dissonanzen, alles Glas, Alu, Neon. Überlebenswichtig: Das Wissen um die Hygiene der Distanz! Alles kommt gut, das Personal gibt sich wirklich jede Mühe und ist zuweilen unerwartet nett. Das Publikum? Es gibt nun mal auch als Erwachsener ein Verhaftetsein im Kindlichen, in dem solch letzten Endes harmlose und folgenlose Spinnereien zur beliebtesten Geisteskost gehören. Bedenklich nur, wenn Überdosen davon genossen werden, oder wenn man diesem Entwicklungsstadium verhaftet bleibt. UNBEDINGT SEHENSWERT.   ★

FRANKFURTER BIERHAUS, Schützenstr. 10. ☎ 283977. Tgl. 19-02, Fr Sa und vor Feiertagen -04. 44 versch. Sorten Bier. So Jedes Weizenbier 1 weniger, Di Gatzweiler Alt 0.331 2,20, Sa Sekt 0.11 2,50. Speisen von 5,20-18,80. Küche bis mind. 24 h. Von 09-17 Frühstück, Sa So ab 10, Frühstück 4,50-14,50, Kuchenauswahl.

Hier kommst du ums Bier herum. Apfelwein-Fans, Fruchtsaftschlürfer und Milchhakeliebhaber, nichts wie weg. Hier herrschen die Biere und deren eingeschworene Ritterrunde. Das Kellerlokal wechselte im Winter 1988 den Besitzer. In Zukunft wird es jedoch keine konzeptionellen Änderungen geben, also weiterhin mehr als vierzig Biersorten im Angebot. FÜR BIERFANS   ☆

HARDROCKCAFE, Taubenstr. 11. ☎ 284761. So 16-01, Fr Sa 11-02. Pils 0.31 2,80, Wein ab 4. Tgl. wechselnde Speisekarte. Draußen sitzen.

«Traditions-Scene-Lokal», eines der ersten seiner Art, dessen Innenleben auch noch heute extrem akzeptabel ist. War Ausgangspunkt vieler Tränken gleichen Namens in der gesamten BRD. Musikalisch bleibt es dem Konzeptnamen nicht treu. Das Publikum aber immer entsprechend frisch. Besucher bis 15 und

Auch für Stadtpflanzen.

Licher Bier.® Aus dem Herzen der Natur.

40 Jahren könnten sich hier wohlfühlen. Die Einrichtung hat sich nicht nur als klassisch, sondern als richtungsweisend erwiesen. Reichlich Cocktail-Angebote, Fast-Food der Luxus-Klasse, schmackhaft und preislich o.k. IMMERGUT.

★

HISTORIX, Saalgasse 19 (im historischen Museum). ☎ 2944. 11-22.30, außer So u. Mo, 11-01 im Sommer, 11 Frühschoppen. Bier 2,70, Wasser 1,60, O-Saft 2,60, Kaffee 1,70, Apfelwein 1,60, Schlehengeist/Hausspezialität 1,95, Lammcurry mit Reis-Salat 10.50, Leberkäs' u. Salat 8, Frikadelle mit Spiegelei und Salat 8.

Die Kneipe ist in der üblichen Art mit dunklem Holz ausgestattet. Sehr sympathisch: Die Tische vertragen Gruppenbelegung. Die Gäste sind weniger Besucher des Museums als vielmehr Stammgäste, die jeden Neuzugang freundlich begrüßen. Der Laden hat was. Er liegt zentral und ist trotzdem nicht wie die umliegenden »historischen« Gaststätten so gelackt und gewienert aus dem Boden geschossen, um dort die japanischen Touristen zu amüsieren und die Frankfurter zu langweilen. Die Speisekarte im »Historix« ist folgerichtig auch nicht überteuert — alles hält sich in vernünftigen Grenzen. RAUM UND ATMOSPHÄRE ZUM KLÖNEN.

↖

KÜNSTLERKELLER, im Karmeliterkloster. Seckbacher Gasse 4. ☎ 292242. Mo-Do u. So 8-01, Küche bis 0.30, Fr Sa 8-02, Küche bis 01.30. Speckkartoffel mit Sahnequark 8, Chili 6.

Der reißende Fluß des Kneipenlebens läßt so manche Abfüllstation nur langsam voranschwimmen. Um Längen voraus liegen immer wieder gleichsam attraktive wie untergangsversicherte Evergreens wie dieses. Schauspieler-, Kollektiv-, Show-Tempel — es ist und war nicht einfach, die Nachfolge der Toni, einer schon zu Lebzeiten gastronomischen Legende, anzutreten. 40 Jahre und mehr, trauerte die Molli nächtens am Tresen ihrer Pinte im Nordend, habe die Kellerwirtin eisenhart an der Thekenfront durchgehalten. Da wurde dem neuen Wirtetrio Peter Theis, Henner Gramlich, Herbert Gruler der Scheffel gleich recht hoch gehängt. Sie werden jedenfalls keinem Mode-Trend nachrennen. Damals wie heute tummeln sich rumtreibende Künstler, nicht nur vom BBK und der Haustruppe »Klosterpresse« mit Bühnenschauspielern und dramatischen Alltagskünstlern der Abteilung »das Leben ist eine einzige schwachbrüstige Remmi-Demmi-Show« in dem düsteren Gewölbe. So nach 22 Uhr strömen Täter und Opfer cineastischer wie schaupielerischer Künste zum »Mitternachtsmahl« oder, ob der mißratenen Veranstaltungen, zum Frusttrunk. Wird auch heute noch den Freunden geklauter Handtücher, Papierunterhosen, schlechter Aussichten und schöner Erinnerungen gut über den Winter und preiswert in den Frühling geholfen? Die Küche wurde nicht nur von zahlenden Gästen gerührt, die Toni verköstigte gratis so manch bedürftigen, begnadeten Künstler, darunter auch jene, deren herausragende Talente diese blöde Welt einfach auf Bühne oder Leinwand nicht zur Entfaltung kommen lassen wollte. Die Karte ist vielfältig, »doch die Gäste bleiben dogmatisch«, klagt Henner, »ihrer Speckkartoffel mit Sahnequark, dem Chili und den Knoblauchspaghetti auf ewig und immer treu«. Veränderungskonservativ! Würde Oskar Lafontaine jetzt schreien! Ein weiterer Treueschwur: Zwei Tische bleiben ständig für Verschnaufpausen des Personals und aktive Schauspieler reserviert. Auch wenn die Gäste bei Platzmangel pöbeln. Aufkommende Heimatgefühle zahlen sich für alle aus. Wenn der Alkpegel hoch liegt, werden spontan neue Stücke kreiert, inszeniert, Generalproben absolviert und die Nächte verdammt lang. The show must go on! Man pflegt traditionelle Jazz-Musik, und zwar life. Überschallflugzeuge stören hier nicht, doch sommers möchte man schon aus der Schwitzhöhle ausbrechen und

Foto: Norbert Frank

den Betrieb nach draußen verlagern. Der Hof des Karmeliterklosters böte hierzu in einer Innenstadt, die nicht gerade davon überquellt, eine außergewöhnliche Atmosphäre. Eine skurrile, amüsante, liebevoll zu pflegende Antiquität von morgen: Eine solch' gute Alternative im hektischen, abgasigen Städtemuff. Dabeisein ist fast alles, aber nicht ganz einfach. Besonders im kalten Frankfurt. Unter uns: Keiner beobachtet streng, wer mit wem erscheint und wie geht. Gesehen wird man bestimmt nicht in peinlicher Gesellschaft von Tarzan-Star Christopher Lambert oder Rambo-Gebraucht-frau Brigitte Nielsen. Ihr werdet wirklichen Persönlichkeiten, Originalen in einer wenig originellen Zeit, begegnen, und dann entscheidet das Prickeln, ob ihr bei der richtigen Veranstaltung wart oder besser zu Hause mit Robert Lembke verschimmelt wärt. STATT-HAFTE SCHMEICHELEI. ★

MORRISON, Weißadlergasse 5, ☎ 287142. Mo-Fr 11-01, Sa So ab 20.

Nicht alle Urlauber verreisen. Dafür leisten sie sich ein Stück Nachtleben. Zuweilen beginnt dies im »Morrison«, das nur wenige hundert Meter von den In-Schuppen »Cookys«, »Omen«, »Central-Park« entfernt liegt. Die Durststrecke einer Nacht ist lang und der Geldbeutel manchmal schmaler, als es die Disco-Kassierer erlauben: Nacht in der kahlen Tasche. Folglich wird sie hier schon alkoholisch eingestimmt. Nix dagegen. Auch für Seh-Leute recht kostengünstig. Hier kriegen die Spanner all die modischen Verrücktheiten mit, die sie sich sonst mit teurem Eintritt und hohen Verzehrpreisen in den Tempeln des Tanzschweißes erkaufen müßten. Die Kneipe, eine zartgrün-beleuchtete, wunderbare Sparbox. Zuweilen leidet die Spannung unter allzulangen Sequenzen. So originell und sprühend ist das Publikum nämlich auch wieder nicht. Manchmal wirds auch atmosphärisch eng. Wenn die Triebe Blüten treiben und die männlichen Gäste zu einer rüpelhaften Buhlergemeinde mutieren. Mit der Wildheit des Musik- und Sexrebellen Jim Morrison, mit der gezielten Überschreitung von gesellschaftlichen und weltanschaulichen Grenzen hat der Laden absolut nicht sehr zu tun. Weder ist der Name Programm, noch verpflichtet er zu was. Eben ein nettes kleines Ecklokal, mit der Funktion der Bahnhofsmission für aufbrechende Nachtfalter. CHANCE & RISIKO.   ★

SONUS, Bockenheimer Anlage 1a. ☎ 5962525. Mo-Fr 11.30-15.00 u. 17-01, Sa So 17-02. Cola 3,50, Bier 3,50, Wein ab 5. Kleine Küche Nouvelle Cuisine.

Schön als Solostar. Der Bodystocking setzte sich hier schon lange durch. Wer Gutverdienende bis Reiche, alte und junge Werber, Männer und Frauen, Hart-Trinker und Kaum-Süffler, Fresser und Eßästheten vergnüglich verköstigen will, der muß für die Inneneinrichtung schon tief in die Tasche greifen. Ein paar Hunderttausender sind in Innenstadtlage wie der Blitz verbaut. New-Wave-Age mit Dinner nach der Börse, Schampus an der Bar, Small-Talk im Stehen — die ideale Kombination aus Kneipe und Resto läßt die Gäste-Geldbeutel festigst klingeln. Im Februar 87 schon setzte der Laden mit einer »ägyptischen Grabkammer« den bislang dominierenden schwarz-weißen Neonpalästen ein Ende. Dazu war eine Mixtur aus Neo-Klassik und Archaik notwendig, meinte Innenarchitekt Jochen Wagner. Dezente Erdfarben, und hinterm Tresen fließt Wasser über die blauweißen Kacheln. Wolfgang Hämlein hat viel vorzuzeigen — vor allem den angeblich schönsten Kellner der Stadt. Nun, hier findet man eher einen Laufsteg als ein Kneipen-Resto. Der Vamp von einst und die verführerische Sekretärin von heute — that's it! Egal, die Gäste wollen vor allem eins: Sehen, wo's

langgeht. Am besten zurück in die Dekadenz der zwanziger. Es müssen nur beste Markengetränke und frische Zutaten zueinanderfinden, dann kommts wunderbar! Wieder mal was Gutes! VOLKSTHEATER.   ★

STOLTZE STUBB, Große Bockenheimer Str.52, ☎ 280200.

Edel-Fußballer Treff in der Innenstadt. Kleine Eckkneipe. GIBT'S.   ★

ZWÖLF APOSTEL, Rosenbergerstr. 1. ☎ 288668. Tgl. 10-01. 0,2l Zwölf Apostel Bräu 2,10, Kaffee 2,20.   s.S. 290

*n*iederrad

ALTER BAHNHOF, Donnersbergstr.2. ☎ 677767. Mo-Fr 16.30-01. 0,3l Pils 2,90, 0,2l Cola 1,80. Jägersuppe im Brottopf 8, Bahnhofsalat 6,50, Rumpsteak mit Brot 15.

Wollten Sie sich schon immer mal — gebremst, kontrolliert — einen Kinderwunsch erfüllen? Spielen Sie einfach Schaffner oder Lokführer für Ihre Begleitung. Das imponiert. So macht man Punkte. Das Interieur des Lokals wurde aus Beständen des Bundesbahnausbesserungswerkes hergestellt und lädt zu den seltsamsten Träumereien Marke »zurück in die Zukunft« ein. Das Spielkind im Manne, der erwachsene Modelleisenbahn-Fan, kriegt massenhaft Heimatgefühle. Hier wird er verstanden. Hier gehört er her. Kunsttendenzen der 70er und 80er Jahre bleiben dem Gast wenigstens erspart. Netter Service, zivile Preise. PUT PUT TÖFF TÖFF.   ★

*n*ordend

AUFSCHWUNG, Oederweg 80. ☎ 553769. Tgl. 18-01, Fr, Sa 18-02. Kl. Bier 1,60, gr. Bier 3,20, Kaffee 2,20, Maultaschen 8,50. Kleine Speisen.

Hier trifft man Bekannte aus früheren Polit-Initiativen, verlorengegangene Ex-WG-MitbewohnerInnen und labt sich auch sonst an der Vielfalt des etwas altertümlichen Rest-Szene-Publikums. Chemiefreie Zone, was die Naturholztische betrifft. Ansonsten die für die alten Scenekneipen obligaten Qualmwolken, zwischen denen man spät am Abend in drangvoller Enge so manchmal seinen Tischnachbarn trotz heftigstem Diskutieren freifächern muß, um ihn wieder ins Blickfeld zu bekommen. Enthusiasten wissen um den Wert qualitativen Essens. Entweder sie essen abends zu spät oder morgens zu früh und zuviel. Dann ist der Körper bald verschlackt und ermattet. Denn der Verdauungsvorgang ist ziemlich anstrengend. Oder sie haben ihr Nervensystem überfordert. Wen wunderts? Trotzdem empfiehlt sich der Küche und dem Wirt heftiges Nachdenken über Qualitätsstandards der Speisen und die Reformbedürftigkeit der Ausstattung. Sonst hilft nur eins: Kreativ-Ferien machen. REDLICHKEIT REICHT NICHT IMMER AUS. ★

BLAUES KROKODIL, Günthersburgallee 25. ☎ 448383. So-Fr 19-01, Sa 20-01. Bier 3,30, Weizen 3,70. Kleine Speisen. Draußen sitzen.

Ohne ins Banale zu verfallen: Diese Kneipe tut einfach gut. Mit ihrer Schlichtheit, ohne bombastischen Ausstattungsfummel, sozusagen Minimal-Ästhetik. Bis auf das alles dominierende Blaue Krokodil an der Wand. Mit bodenständiger Alt-Sponti-Gastlichkeit haben New-Waver nicht viel im Sinn. Was manchem dieser Sensibelchen als Rauheit von Gästen und Wirten vorkommt, ist lediglich die wohltuend direkte Herzlichkeit ehemals kräftig zupackender Häuserkämpfer, die sich im Nordend niederließen. Diplomatische Verkehrsformen fallen aus, auch Fritz Teufel hätte hier in seinen besten Tagen ohne Honorar gelacht. Interessante Alt-Politikstars als Tresenhocker. Namen sind nur noch den älteren Doppelkornautoren teilweise bekannt. Man fühlt sich so, wie man es in einigen ehemals »linken Kneipen« nicht mehr empfindet: Grundsolidarisch, den Problemen der Stadtteil-Ini, der Wohnraumpolitik verpflichtet, in jeder Beziehung gegen Benachteiligung und Repression anredend und handelnd. Viele Dialoge an dem ständig überfüllten Tresen sind weniger funktionell als im positiven Sinne »anachronistisch«. Alles andere als für dumpfe Gemüter gedacht. Der Flipperautomat, in die Thekenecke ge-

quetscht, hat so seine heimlichen Fans. Ex-Eintrachtler und heute Rot-Weiß'ler Armin Kraaz, der umtriebige Fußball-Mittelfeldstratege, hält sich hier ab und an gerne auf. Als gut vermarktbares Remake auf die 69ger schönerweise ungeeignet, als Heldenepos glatt daneben. Sommers nette Gartenwirtschaft, vom Format kleiner Däumling mit Äppller auf Kraut. Neuerdings Treffpunkt auch einer leidenschaftlichen »Spiele-Clique«. Der spröde Charme des Nordends leuchtet. SPITZENKLASSE.

★

DOMINO, In der Eisernen Hand 27. ☎ 591667. So-Do 20-01, Fr Sa 20-02, an Messetagen bis 04. Rotwein 3,50, 0.3l Pils 3, Cocktails 6-7, belegtes Brötchen 2,50, Rindswürstchen 2,50.

Hier schießen keine Frauen mit Tränen wie Jäger mit Blei. Dazu sind die Frauen hier viel zu selbstbewußt! Der prächtige Laden proviziert geradezu Körperkontakt für Stehgäste mit Spaß an Beziehungsgeflechten, wobei Gespräche über solche zwingend werden. Die anregende Atmosphäre läßt Frauen- wie Männerblicke besonders strahlend wirken — ein Signal, auf das die jeweiligen Gegenüber gewissermaßen prompt reagieren. All das bringt der verwinkelte Schnitt des Lokals einfach mit sich. Drei Frauen und ein Mann konzipierten ehemals die gastronomische Verherrlichung des Films »Domino« mit Katharina Thalbach, einen Treff, der diverse Domino-Varianten bereithält. Das Sichtbare der Arbeit hatte also zeitlichen Bestand. Zufall als Charakteristikum für Unordnung kann das Bild etablierter Ordnung der Dinge erschüttern. Die Szene zeichnete sich schon immer auch durch Beweglichkeit, Umtriebigkeit aus. Leute kommen, gehen, kommen wieder. Das, was sie an der Stadt und ihrer Scene lieben, finden sie auch 1989 wieder. Das besondere Flair, die charmante Spröde und Rumpeligkeit der Leute, auf die, so sagte mir neulich ein umherschweifender Ex-Rebell mit einem fast verklärten Gesicht-

sausdruck, freue er sich das ganze Jahr. EINZIGARTIG.

★

FLIC-FLAC, Mittelweg 47. ☎ 5971575. Mo-Sa ab 17. Cola 2, Bier 2,80-3, Wein 4,50-5,50. Essen zw. 8 & 18. Broccolicremesuppe 4,80. frische Rösti, hausgemacht.

Das Flic-Flac hat sich als Speisegaststätte bewährt; zumindest bei einer eingeschworenen Gemeinde regelmäßiger Gäste, die persönlich begrüßt werden. In freundlicher, leicht gehobener Atmosphäre, wird miteinander verkehrt. Gesetzte Altersgruppen finden sich hier ein. Der kleine Raum ist durch ein paar Nischen unterteilt, und wo man den Blick hinrichtet dekorieren Clownsmalereien, Harlekinpuppen und Pierrotmasken die Wände. An der Theke läßt es sich unbekümmert, ohne Konsumzwang im Rücken, etwas trinken, denn die Bedienung erweist sich als gleichbleibend freundlich und nett. Eine comicähnliche Ausführung eines Kapitalisten mit dicker frivoler Zigarre im hängenden Mundwinkel, garniert mit den dazugehörenden menschenverachtenden Sprüchen, ließen die Testerin das Lokal auf schnellem Wege wieder verlassen. GEMISCHTE GEFÜHLE.

☼

FÜNFUNDVIERZIGER, Weberstr. 45. Tgl. 20-01, Fr Sa -02, während der Messe bis 04. Bier 3, Wasser 1,50, Kaffee 2,50.

s. S. 405

GRÖSSENWAHN, Lenaustr. 97. ☎ 599356. Tgl.16-01, So ab 10.

Schön und gut: Hier werden tiefe Falten, griesgrämige Gesichter und Muffköpfe kuriert. Atmosphärisch seit Jahren die ultimative Kneipe. Immer bereit zu kleinen kosmetischen Korrekturen des Interieurs gemäß dem neueren Geschmack, ohne den Charakter zu verändern. Die Küche orientiert sich an Klasse, weniger an Masse. Das Personal ist nicht nur schnell bei der Sache, sondern in der größten Hitze des Gefechtes nie um ein Lächeln verlegen. Das Gedränge vor dem Tresen wird von

den Gästen als angenehm empfunden. BewohnerInnen von Elfenbeintürmen kommen nicht vor. Die Besucher schillern irgendwie alle wie Paradiesvögel und lösen allabendlich völlig unkompliziert Kontaktprobleme. Die Gespräche sind witzig, jenseits des üblichen Dummdeutschen schwerer Trinker und Amateurgesuffkies anderer Abfüllstationen. Frau kommt alleine und wird nicht angepöbelt. Mann kann auch alleine kommen, um andere Männer zu treffen und kennenzulernen. Wer vom vielen Schauen müde ist — Frauen wie Männer geht, geht miteinander Tabus brechen. Über weiteres spricht man nicht. SEHR GUT.   ★

HORIZONT, intern. Egenolffstr. 39. ☎ 432523. Tgl. 18-01, Fr Sa 18-02, 0.4l Pils 3,30, Cola, Wasser 2. Di Fest. Cous Cous 15.

Das muß man gesehen haben, um es schätzen zu können. Das ist eine jener Eckkneipen im neuzeitlichen Szenestil, die das Genre ab und an so unwiderstehlich machen können. Wo man Unverhofftes und Hoffnungsvolles findet und sich selbst wiederfindet. Nur absolute Kneipenfans können so etwas verstehen. Der Alkohol spielt bei diesen Spezial-Effekten eine Rolle, aber nur eine Nebenrolle. Der Gastraum — hell, klar und übersichtlich, die Theke mit wunderschöner, kunstvoll gestalteter Rückwand, sozusagen zeitgemäßer Verve. Berühmt für die Fischspezialitäten, Cous Cous und eine täglich wechselnde Abendkarte. Das Preis-Leistungsverhältnis schneidet im Vergleich zu anderen Anbietern bestens ab. Das Publikum ist wunderbar. Bunt durcheinander gemischte Stile, Scenen und Subscenen diverser politischer Lager aus den letzten 15 Jahre, ohne daß, wie an anderen Orten schon mal festzustellen, ehemalige Originale zum nostalgischen Video mutieren. Neugäste werden mit reichlich angenehmen Schätzen und Erfahrungen von der Expedition ins Scenemilieu zurückkehren. Man meint, Wirtschaft und Gäste erfreuten sich der ewigen Jugend. Das steckt an, und so mancher etwas gesäßlastig gewordene Apo-Opa und Trunkenbold fängt wieder an, sich aktiv gegen das eigene Schicksal und die finsteren Depressionen zu bewegen. Ein exzellenter Ort, traumhaft assoziativ, läßt Spielraum für Leidenschaften, konzentrierte, inhaltsreiche Gespräche, politische Visionen, Bibelerinnerungen und reichlich psychoanalytische Pfadfindertouren. KÖSTLICHKEIT. ★

MISCHAS BIERAKADEMIE, Rothschildallee 16. ☎ 457850. Mo-Do 20-01, Fr Sa bis 02, So zu. 10 Biere, je 0,3 2,90.

Auch im gelobten Nordend gibt es Hochhäuser. Auch in diesen Hochhäusern gibt es Jugendliche. Auch für diese Jugendlichen gibt es eine Kneipe: Mischas Bierakademie. Das ist der eine Grund, wieso die Pinte hier auftaucht, der andere, daß die Neonschrift auf dem vielbefahrenen Alleenring vor Einbruch der Dunkelheit einfach nicht zu übersehen ist und sich jeder, aber auch wirklich jeder, schon gefragt hat, was es damit auch sich hat. Ja, und sechs Biere auf einen Schlag kosten runde 15 Mark. Ende. LÜCKENFÜLLEND. ∞

MOLLIS PINTE, Spohrstr. 26. ☎ 598600. Di-Do 16-01, Fr Sa 16-04, So 16-01, Mo zu. Apfelwein 2. Mollis Hits: Cuba libre 4,50, Whisky-Coke 4,50, Frikadelle 1,80, Gulaschsuppe 3,80, Kartoffelsalat 2,50.   s.S. 37

NEUHOFSTUBE, Neuhofstr. 15. ☎ 599656. Mo-So 10-01. 0,2l Bier 1,30, Cola 1,60, Rindswurst 3.

Die heutigen Menschen sind weich und der Wille leicht besiegbar. Für müde Köpfe, die es nicht mehr bis zur nächsten Scenekneipe schaffen, eine nette Alternative. FEIN.
★

PAULANER, Rotlintstr. 28. ☎ 431510. Mo-So

14-01. Fr & Sa -02. 0,4 Bier 3,30, Kaffee 2,20. Paulaner Salat 8.

Hell erleuchtet und dennoch versumpft. Die Kneipe zwingt sich in den Stil nüchterner Neonbeleuchtung, aber glücklicherweise übertreibt man hier nicht so wie bei modegeilen KollegInnen. Die Schlichtheit war wirklich kostengünstig. Der Effekt riesengroß. Täglich schieben sich Massen von Leibern durch den kleinen Saal. In Erinnerung an frühere, weniger überfüllte Zeiten der verlorenen schönen Übersichtlichkeit und angenehmen Beschaulichkeit weint man Tränen nach. Ab 23 Uhr kann man garantiert keinen Kopf mehr weder auf Tischen oder an der Theke aufstützen. Ganz entzückende Einrichtung für Seh-Leute, die allabendlich ihre Runden drehen. Das Personal ist freundlicher geworden. Vor einem Jahr reagierte man auf mich noch wie auf hereinstürzende Krokodile. RICHTUNGSWEISEND. ★ ⟋⟋

TANGO, Friedberger Landstr. 63 (hinter BP-Tankstelle versteckt). ☎ 5978940. Tgl. 18-01, Fr, Sa -02, Mi zu. Pils 0.3l 3, Wein 0.2l 4,50. Specials: Argent. Steaks. Diverse Tapas. Live-Musik am Flügel.

Einzige Piano-Bar mit täglich südamerikanischer Live-Musik, eben Tango, vom Flügel. Sagt Wirt Klaus Schambek. Leider spielte der argentinische Kellner beim Test Operettenmusik, nicht übel, aber auch nicht besonders kunstvoll. Meistens lief italienische Schlagermusik im Hintergrund. Von Tango leider keine Tonspur. Das argentinische Steak mit Folienkartoffel sah von weitem gut aus. Die Gäste bewegten das Gebiß nicht in der Art, daß man von zähem, also schlechtem Fleisch sprechen muß. Im Gegenteil. Sie aßen lustvoll. Gehobenes Mittelklasse-Publikum ab Mitte 20 bis 40, viele argentinische Landsleute. Frauen treffen dort andere Frauen, sie können dort also alleine hingehen. Auch eine Rarität. Scenen- und Wavebewegte finden alles gruselig. Viel Polstermöbel und Plüsch, Inventar im englischen Pub-Stil, ruhige, aber nicht zu langweilige Atmosphäre. GUT. ★

WIELAND-ECK, Wieland- Ecke Eckenheimer Landstr. ☎ 598419. Mo-Fr 12-24, Sa 17-24.

Die Juke-Box beklagt das Ende der Liebe, das Ende der Träume und beinhaltet alles von Roland Kaiser bis Madonna. Schwer Stammtisch-verdächtig, schlichtweg ein Fossil. Für melancholische Stunden mit Anflügen von Selbstmitleid bestens GEEIGNET. ★

WIELAND STUBB', Wielandstr. 1. ☎ 558551. Mo-Fr 11-01, Sa Sa zu. Kl. Bier 1,60, Rahmschnitzel 15, Apfelwein 1,60.

Einst Vorreiter heutzutage kampferprobter Scenekneipen. Immer noch gute Küche und immer noch skurriler Wirt von einfühlsam bis cholerisch. Es war ein Rustico, was es auch der Einrichtung wegen zu mittlerer Berühmtheit führte, und es blieb eines. Weißlackierter Schnickschnack fehlt, was nicht zwangsläufig ein Negativum sein muß. Das Lokal hat seine Fans vom Prolo bis zum Banker, und nicht wenige Scenewirte lieben den hiesigen bis zur Kriegserklärung an dessen Kritiker. Hier haben sich Frontmänner verschiedenster Politgruppen nicht nur den Kopf voll- sondern auch eine Wampe angefressen. Auf jeden Fall wurde ihnen hier die Freude am Gastronomischen geraubt. Heute kommen sie wieder, in der Regel besser situiert, wie am Ende einer Irrfahrt, nach komischen, tragischen, mysteriösen und grotesken Abenteuern ab und an zum Stammtisch zusammen. UNBEDINGT ANSEHEN. ★

ostend

MARKTKLAUSE, Hanauer Landstr. 86. ☎ 445966. Tgl. 6.30-01. Bier 0.3l 2,50, Apfelwein 1,50. Schweinekotelett mit Bratkartoffeln 7,50,

Schweinskopfsülze 6,50, Eieromelett mit Brot 4,50.

In nebliger Seelenlage zieht es hier die noch nicht ganz gestrandeten in die etwas gehobenere Ergänzung zur Marktschänke. Die sehr betagte Buffetkraft zu einem Thekengast: »Fremdgehen? Is' das was zum Essen? Quatsch, das ist was zum Anfassen — falls vorhanden!« Top-Berber im blauen Nadelstreifenanzug: »Ich war grad bei der Polizei. Lasse denen, ich schlaf' bei Euch. Stell' Dir vor, die nehmen mich net!« Einzelne, vertreute Bewohner aus dem Viertel, der Frankfurter Bronx, haben hier ihr Wohnzimmer eingerichtet. Leute mit harter Life-story, die im Verlauf der letzten Jahre so ziemlich alles, inklusive Arbeit und Familie verloren und den Trost im Alk gefunden haben. JUNGE KOMM BALD WIEDER. ★

MARKTSTUBE, Hanauer Landstr. 79. Bier 0.2l 1,40, Apfelwein, Cola 1,40, Asbach-Cola 3.

Härteste Kneipe Frankfurts. Tagelöhner vom Großmarkt, Berber und ähnliche Looser an der Endstation ihres Lebens. Weibliches Personal extrem übergewichtig, hätte im Bahnhofsviertel und selbst in der Ahrheiliger keine Chance mehr. Schlachtenerprobte, rüde Weiber, die wirklich — kein Zynismus — welche, die ihre Frau stehen. »Ich tret' Dir so in den Sack, daß Du die Maria am Mondsee siehst!« Und: »Die meisten Menschen sind Schweine und bleiben Schweine«. Sie greift zum Schrubber, zieht die Gummihandschuhe über und geht in die Männertoilette: »Die pinkeln nicht nur neben die Pißbecken, die scheißen voll vor die Klotür.« Deutsche Schlager, alte Fünfziger-Marke. Sehnsucht nach der heilen Welt, die mal ihre war und die nun nicht mehr ihre ist. Ausdruck für das Harmoniebedürfnis von Leuten in einer völlig disharmonischen Welt. »Cindy, oh Cindy, Dein Herz muß traurig sein, der Mann, den Du geliebt, ließ Dich doch allein«. ZUR HEIMAT. ★

Sachsenhausen

ZUR ANGELIKA, Hanauer Landstr. 82. ☎ 434638. Öffnet bereits früh am Morgen. Bier, Cola, Apfelwein 1,50, Bratwurst/Brot 4, Rippchen, Kraut, Brot 10,50, Schnitzel mit Beilage 12.

Die einrichtungsmäßig beste Kneipe im Trio der Marktkneipen. Marke rustikal-bombastiko. Gogo, der Wirt oder »Lebensgefährte« der Chefin: »Alte, Du bist sowas von dumm, blöd und eifersüchtig, die größte Quarktasche, die ich je hatte. Du quarkst doch nur Scheiße den ganzen Tag.« Zu einem Gast, der reinkommt: »Aha, der Angelspecht. Heute im Trainingsanzug.« Hier trffen sich auch die Hirten »älterer Mädchen«. Da sitzt »Django«, der rassige Südländer mit Bogart-Hut. Ihm gegenüber der Hirte, Marke Softie, der sein Pferd recht stereotyp knutscht und die relativ »graziösen« Stamperchen streichelt. Hardcore-Milieu, wie überall hier um die Ecke. Aber noch »relativ« verträglich. FÜR DIE SCHÖNEN STUNDEN DES LEBENS. ★

*iederwald

EINTRACHT GASTSTÄTTE, Am Erlenbruch 25. ☎ 413616. 11-24. Pils 1,50, Kaffee 2. Roulade mit Kartoffelpürree 11,50, Hackbraten mit Nudeln 9,80. s.S. 290

SPORTZENTRALE, Am Erlenbruch 94. Export 1,05, Pils 1,05, Apfelwein 1,05. Forelle, Salzkartoffeln,Salat 10,80. s.S. 290

*ödelheim

ALTE MEIEREI, Lorscherstraße, ☎ 7892417. Tgl. ab 20. O-Saft 3,50, 0,3l Cola 3,50, Kaffee 3, 0,3l Kölsch 3,50. Kleine Speisen.

«Wir legen Wert auf gepflegtes Erscheinen«, steht auf dem Schild an der Tür zum Keller. Die Verhältnisse werden klargestellt. Die Treppe runter, rein in den Schuppen in Vorort-Lage, der sich nicht schämt, für seinen Muff horrende Getränkepreise zu kassieren. Die lokalen Größen und Kleinen des Fußballvereins und ihr Filz machen sich in einem Interieur eines glattpolierten Bier- und Weinkellers breit. Sie schnurren gedämpfte Töne. Die Wölfe heulen hinterm Tresen. Die Tafel an der Wand verrät es: »Ich bin geboren deutsch zu fühlen... erst die Heimat und dann die Welt«. MEIDEN.

☆

Sachsenhausen

ACHTER KONTINENT, Deutschherrenufer 26. ☎ 615628. So-Do 18-01, Fr Sa 18-02. Pils 0.4l 3,20, Apfelwein 0.25l 1,60, Wasser 0.2l 1,20, diverse Aufläufe 9. Tgl. wechselnde Speisekarte. Preise von 5,50-14,50, z.B. Haifischsteak mit Gemüse u. Butterkartoffeln 14,50.   s.S. 291

ALTDEUTSCHE BIERSTUBE, Schifferstraße 38. ☎ 610751. Mo-Fr 06-24, So 11.30-15. 0.3l Bier 2,80 bzw. 3,20, O-Saft 1,80.   s.S. 455

ALTER HUT, Deutschherrnufer 28. ☎ 621316. Tgl. 20-01, am Wochenende -02. Guiness vom Faß 4,40, Bier 2,80, Erdinger Weißbier 3,80. Gibt es seit über 16 Jahren.

Viel zu wenige Kneipen lösen die programmatischen Aussagen ihres Namens ein. Der Alte Hut ist einer im besten Sinne: Antiquitätenkneipe mit einem urigen Wirt, der sich auch nicht vom größten Andrang aus der Ruhe bringen läßt. Eine absolute Rarität: Frauen können alleine kommen. Sie werden nicht blöde angemacht. Folkloremusik war bereits zu hören, als die Folkbewegung ihr kurzes Hoch noch nicht erahnte. Irische Folkmusik ist heute immer noch zu hören. Aber bei weitem nicht nur. Die Getränke sind gepflegt, die Atmosphäre bei Kerzenlicht schmusig und wohlig. Nix für Rabauken, sondern eher für Feinfühlige. Tip für Mutige: Einen überbackenen Negerkuß und eine Engelsmilch bestellen! SEHR GUT. ★

ALTES BIERHAUS, Große Rittergasse 69/71. ☎ 627618. Tgl. 17-01. Feuerpils vom Faß 0.3l 2,80. Räuberspieß 15,50, Pfannkuchen 8, Jägertopf 18,00.

Klaus ist der Freund, der auf den Straßen Sachsenhausens wandert, wo es hier und da noch Wirte voller Mut mit hohem gastronomischem Ehrenkodex gibt. Klaus liebt Lokale, Ergebnisse gelifteter Traditionen im Massiv-Eiche-Design. Hier ist er richtig. Keine Nummer auf der Hitliste der scheußlichsten, aber auch keine der originellst eingerichteten Gaststätten. Seriöser Kneipendurchschnitt ohne Nepp. Was im touristisch überzeichneten Viertel schon ein gewaltig positives Werturteil ist. GUT.   ★

COTTAGE, Große Rittergasse 81. ☎ 621723. Mo-Do 19-01, Fr & Sa 19-02. Cola 2,50, Tequilla 3,50, Apfelkorn 3,50.

Dartspiele, Musik aus der Konserve. Englisch-Kenntnisse angebracht. GUT. ★

ger-Eitelkeiten als angenehme Weinkelleratmosphäre. Ein Besuch wie ein Griff in die Pomadendose. DANEBEN. ★

DER KELLER, Gartenstraße 3-5. ☎ 627333. Tgl. 19-01. Bei Messen bis 04.

Beim Eintritt in dieses Strizzi-Center beginnt der harte Kampf um harmlose Filme. Wer jetzt eine Horrorgeschichte über die Schönen und Schamlosen erwartet, wird entäuscht. Hier verkehren keine Schönen. Hier trifft sich die High-Schäfer-Shop-Society. Hier wird die Vernunft nie über die Mächte der Geistesfinsternis siegen, aber dennoch endet alles mit einem Happy End. Hier plaudern Biertisch-Strategen über das Elend der »Eintracht« und wollten gar ihren Ober-Schoppepetzer John Alexander Hinkels zum Vereinspräsidenten küren. Wenn jemand durch den Besuch einer Kneipe nachweislichen Schaden nehmen könnte, stünden die Chancen in diesem Laden nicht schlecht. Bei der Eintracht dominierte lange Zeit die Politik des »Schreck laß nicht nach«. Bei diesem Kneipenvölkchen macht man sich allabendlich auf das Allerschlimmste gefaßt. Da träumt die sehr aufgeräumte Frau vom Lande vom aufregenden Leben in New York. Andere rasen durch das Fegefeuer der Eitelkeiten. Der Nächste erzählt von seinem Gardinenbrand. Die Banalität des angehobenen Angestelltenlebens in den Beton-Kabinen-Eigentumswohnungen des »Sonnerings« regiert im düsteren Halblicht des angestrahlten Flanell-Kaschmir-Pullovers. Überall redet jede mit. Besonders dann, wenn anderer Männer Geld ausgegeben werden soll. FÜR LANDLÄUFIGE LÜMMEL. ★

FABRIK, Mittlerer Hasenpfad 1-5. ☎ 624406. Sommer tgl. 17-01, Winter tgl. 18-01, montags im Winter zu.

Eher Ausstellungsraum für Aufstei-

GAGGIA, Schwanthalerstr. 16. ☎ 626220. Mo-So 10-01, Di zu. Frühstück ab 3,50 und lauter frische selbstgemachte Sachen.

Bistro-Café-Kneipe mit Stilbrüchen, die dem Besucher zeigen, daß da nicht das dicke Geld dahinterstand, sondern viel Eigenkreativität und Selbstbewußtsein, modern und atmosphärisch gemütlich. Hier sind junge Leute, im Stil der Zeit, aber nicht 08/15 durchgestylt, lebendig, individuell. Wenn es die Wirte, bzw. die Leute hinter der Theke gerade überkommt, dann wird die Musik auf volle Pulle gedreht und heftig die Lust daran ausagiert. Das ist super, wo verbinden sich heutzutage Arbeit und Spaß so angenehm, daß nicht nur was rauskommt, sondern auch noch gut ist? Die Bedienung fühlt sich wohl, und das scheint sich ansteckend auf die Gäste auszuwirken; wenn nicht gerade der blonde Wirt seine Macho-Macker-Minute hat, denn das kommt nicht so gut. Aber es sei ihm verziehen, er ist ja noch sehr jung. Diese erfrischende Oase findet man zudem in der Nähe der neuen »Trendmeile« Frankfurts, zwei Ecken vom Schweizer Platz entfernt, wo sich in ca. gleicher Entfernung, Luftlinie fünf bis sechs In-Tränken der Schicki-Micki-Yuppie-Kultur etabliert haben. Für Sachsenhausen ein Zeichen, daß doch nicht alles über den gleichen Edelkamm zu scheren geht und ein hoch lobenswerter Lichtblick in unseren Zeiten. Für viele scheint das Gaggia schon ein Stammdomizil zu sein, weil sie mehr Wert draufflegen, »jemanden bestimmten« zu sehen, als »von irgendjemandem« gesehen zu werde. SYMPATHY FOR THE YOUNG HEROES. ☐

GIG, Oppenheimer Str. 41. ☎ 623721. So-Do 19.30-01, Fr/Sa 19.30-02. Bier 3,20, Guiness 2,50.

«Weißte, mit exotischen Drinks iss net viel, glaubt mer eh nimand. Eher Barcadi-Cola, Wodka Tonic und Campari Orange, das Gängige halt für sechs Makk.« Hanni & Rosi, nirgendwo lassen sich offenere und herzlich-deftigere Kneipen-Companeras finden, mit viel Sinn für Humor. Aber auch mit der Lust an der Bewahrung von Tradition, speziell der Flohmarkttradition am Sachsenhäuser Ufer. Aus dieser Kultur heraus entstand die Vorgängerkneipe »Rocksack«, mit der die beiden gastronomisch flügge wurden. Logisch, daß sie mit »Styling« und »Yuppie-Volk« nicht viel am Hut haben, es reicht, wenn diese Scene ins Nachbarcafé »Oppenheimer« sich langweilen und kotzen geht. Wichtig ist ihnen eine private Atmosphäre, im weitesten Sinne sind die Gäste gute Freunde, gleichwohl spielen sie nicht Taxifahrer, die man sich für eine Stunde mietet, um den Seelenrotz abzuladen. Hanni organisiert Feten, zu Fasching und auch sonst, und dann ist der Laden proppenvoll. Über die wirklich superbe, vor allem in ihren Tiefgründigkeiten ungeheuer detaillierte Animation hinaus, hat diese Lokalität vieles, u.a. ein klares Essenskonzept zu bieten: Die Kartoffeln mit Sauerkraut sind vorzüglich. Die Dauerkarte ist gewollt. Snacks spielen eine eindeutige Rolle als aufwendige Grundlage für verträglicheren Alkoholgenuß — kein Schlemmermahl. Denn so flott das Ganze für Sachsenhäuser Verhältnisse inszeniert sein mag, diese Geschichte ist nun wirklich ein gutes Stück beste Kneipentradition. Man kann sich über einiges hier mokieren — Interieur ist zwar modern, aber nicht wavig genug — eins ist gewiß, den beiden Frauen fällt es nicht schwer, den teuflisch schweren Balanceakt zwischen Ernst und Humor, Geld oder Leben, zwischen der glücklichen Zombiearmee unglücklicher bis glücklicher Trinker und dem stets für einen blöden Spruch aufgelegten Künstlerkobold zu finden. Und wenn sich der gesamte Freundeskreis mal zufällig an einem Abend hier traf, dann sieht man die Bande die nächsten Tage garantiert nicht wieder. »Handlungsfähige«. Oder »Life is a puff of smoke, a wonderful inspiring illusion«. SPRITZIG. ★

GLOBETROTTER, Schifferstr. 8, Sachsenhausen. ☎ 614117. So-Do 19,30-01, Fr Sa 20-02. 0,5 Bier 3,50, Empfehlung: Cuiness und Weizenbier. Formidable: Gulaschsuppe mit Sahnetupfer.

«Unsere Erfahrungen haben uns weiser gemacht. Wir lieben euch mit eurem Lachen und euren Tränen«. Diesen Spruch könnten die sympathischen Kneipiers allemal an die Eingangstür schreiben, oder fett über den Tresen hängen. Wer sonst als die älteste »Scenenkneipe« hat schon dieses Erfahrungspotential aufzuweisen? Seit 1969 wurde viel in dieser Destillen-Galerie und ob der verlorenen Kämpfe geweint. Trotzdem ging es munter weiter. Anlaufpunkt für alle Bewegten in Sachen Stadtteilpolitik, Treffpunkt für die unterschiedlichsten »Inis« dieser Zeit und dennoch ein ausgeprochenes Faible für Jazzmusik. Monatliche Kunstausstellungen und Lesungen. Empfehlenswert der Blick an die Decke über'm Tresen! Hier war schon vieles »alternativ«, als dies längst noch kein Modewort war. Man hängte die Fahne nur nicht so penetrant weit heraus. Heute ist immer noch alles alternativ. Selbst wenn's keiner mehr hören will. So sind sie nun mal die zähen Globetrotter. Sehr trostvoll und preiswert. Nicht aufdringlich, schrill oder grell. Die schummrige, abgedunkelte Alternativeinrichtung wich im Laufe der Jahre helleren Tönen, ohne sich den Schleiflacknormen anzupassen. Gute, deftige Hausmannskost. Gulaschsuppe zu empfehlen. Ohne solche Läden wäre die Scene keine. UNERSETZLICH. ★

HARD ROCK CAFE, Kleine Rittergasse 14, ☎ 613225.

Anfangs als Filiale des Stammhauses in der Taubenstraße gedacht, hat sich das Lokal von der Mutterbrust abgenabelt. Unterschiedliche Besitzer, andere Konzeptionen. Musikalisch ist man dem Konzeptnamen treu geblieben. Die etwas bessere Musikkneipe mitten auf der Rennbahn für sturzbesoffene Stöffche-Fanatiker. Für nicht wenige Stammgäste ist der Ort Freizeit-Thema Nr. 1. Doch Schau-Lust und Trinklust sind glücklicherweise zweierlei. Publikum altersmäßig gemischt. Groß ist aber wie überall auch hier der Jubel, wenn nach dem erlösenden Kuß des Prinzen endlich etwas in Bewegung kommt. STABIL. ★

IRISH PUB, Kleine Rittergasse 13. ☎ 615986. Tgl. 14-01, Fr, Sa 14-02. Pils 0.3l 3,50, Guiness 0.4l 5, Cola 0.2l 2,50. Irish Coffee 6. Draußen sitzen.

Im Herzen Sachsenhausens seit 17 Jahren Treffpunkt von jung und alt, allen Nationalitäten und echten Pub-Fans. Es herrscht fröhlich-irische Gemütlichkeit in diesem alten Fachwerkhaus und rund um den offenen Kamin. Hier wird täglich getrunken, gesungen und Darts gespielt. Im 1. Stock befindet die Irish Lounge, die wochentags zum Cocktail in ruhiger Umgebung einlädt, sich am Wochenende zum Treff von jungen und alten Disco-Fans verwandelt. GUT. ★

MUSIKBOX, Paradiesgasse 67. ☎ 614921 Tgl. 19-02. Einfache deutsche Küche bis 02 Uhr, 0.3 Pils 3, Asbach Uralt 4,50, Cola 2,50, Apfelwein 2, Spaghetti Bolognese 7,50, Ital. Salat 8, Jägerschnitzel 15.

Völlig unkomplizierter Laden. Für Sachsenhausen ungewöhnlich angenehm. Konzertant rocktante Oldies, incl. Boogie-Woogie. Keine Dröhnlandorgien. Dartspiel und sonstige Brettspiele folglich möglich. Vom großen Tresen wunderschöner Blick auf die reichlich und erfreulich mit diversen alten Spielautomaten dekorierte Rückwand. Das Publikum gehört nicht ins Museum. Von Frühzwanzig bis Mitte Dreißig. Sympathische Normalverdiener. Reservierungen werden alsbald nicht nötig. HINGEHEN. ★

NEW YORKER, Dreieichstraße/ Ecke Klappergasse.

Süßer die Kassen nie klingen. Unterhaltungseinrichtung im Stil einer typischen »American-Bar« mit Piano-Musik, schwerem blauen Samtbehang an den Wänden. Blaue Markisen, hier und da Neonbeleuchtung. Am Eingang einer jener Folterknechte, denen die Pomade vom schwarzen Haupthaar trieft. Die größte Provokation: Dieser unsäglich hellbeige Anzug von Wollworth, ein Nyltest-Hemd unterm Jacket und die Fünf-Mark-Krawatte umgebunden. Die Mäusepolizei schützt die Barbesetzung beim Mäusemelken. Fehlten nur noch die Playboy-Häschen mit durchhängender Tittenparade und dem ewig dummen Grinsen. Aber auch »ohne« fühlt sich der Dorftrottel aus dem Rodgau wirklich wie in den USA. Diese abgründigen Künstlichkeiten werden von Pseudo-Kennern inzwischen höher geschätzt als die wirklichen Superstars unter diesen Orginal-Kultur-Gruselschockern in Manhatten. Leider triumphiert in dieser Branche die Eitelkeit der Möchtegerns statt die Vernunft über die Mächte der Geistesfinsternis. Die Preise fand ich nicht nur in Ordnung, sondern als Buße für die Sünde gegen den guten Geschmack, viel zu niedrig. Herzlich willkommen ihr Trottel, ihr werdet von der Hollywood-Manie dermaßen zugesülzt, daß ihr gär nicht merkt, wie man euch das Geld aus der Tasche zieht. ZUM KAPUTTLACHEN. ★

PALAIS DES BIERES, Schweizer Str. 77. ☎ 677282. Mo-So 11-01.

Den puren Luxus in Vollendung kann man hier nicht antreffen. Schon eher Leutchen, die ein ganzes Leben lang — umsonst — davon träumen. Man gibt sich besonders, weil man immer auf der Jagd nach dem Besonderen ist

Tannenbaum

und irgendwie übersieht, wie man dabei im Allgemein-Profanen versackt. Die Gespräche sind von entsprechender Qualität: Pubertär, vor allem was das Thema »Frauen« angeht, großmäulig, pathetisch, in ihrer Pseudoergriffenheit schon wieder dämlich rührend. Für Leute, die sich schon alles abgewöhnt haben. ÜBERFLÜSSIG. ★

RAINBOW, Dreikönigstr. 19. ☎ 628302. Tgl. 18-01, Di zu. 0.31 Export 3, Stiefel mit Bier für harte Trinker 40, Cocktails 10.　　s.S. 456

SAFTLADEN, Walter-Kolb-Str. 17. ☎ 614918. Mo-Fr 17-01, Sa So 19-01, Mi zu. 0,2 Pils 1,60.

Seit 1972 führt Jenny Külbs diesen Orginalitätencenter als gastronomische Wohnstube. »Es wird viel geknobelt«, schreibt sie, »manchmal kommt auch eine Unterhaltung auf«. Das große Ratespiel: »Mein Lokal ist immer abge-

schlossen.« Keine Klingel. Kein Klopfen (Ausnahme bei heißem Wetter). »Wie kommt man da hinein?« Antworten direkt an die Wirtin. Trotzdem bleibt die Tür verschlossen. Besonders zu empfehlen die Nachfrage an der Theke anch dem legendären Buch »15 Jahre Saftladen«. KONSEQUENT-ORGINELL. ★

SPEAK EASY, Gr. Rittergasse 42. ☎ 618075. Mo/Mi/Do/So 18-01, Fr/Sa 18-01, Di zu. Bier 3, Cola 2,50, Apfelwein 2,50.

Ein Treffpunkt für Leute, die es hart, laut und heftigst brauchen. In der üblichen Einschätzung sind Bedürfnisse solcherart höchst »lasterhaft«. Es ist die Rede von den immer gefürchteten Hard-Rock-Fans. Keine Angst, beim Betreten der Kneipe wird niemand verprügelt und der Wirt ist nicht beleidigt, wenn's ein Orangensaft sein soll. Die Musik ist nicht für jedermann zugeschnitten und die manchmal rauhen Töne für sensible Seelchen der Horror. Ansonsten gibt es nichts Auf- oder Ausfallendes. Wer auf Hard-Rock steht, der fühlt sich hier aufgehoben und wer sich besaufen will, jedoch unter Geldknappheit leidet, sollte mittwochs dabeisein: Zum absoluten Sonderpreis gibt's dann Apfelwein für 1 Mark, 2 Mark jedes Hütchen, 1,50 das Alt und Pils. HEAVY TRASH. ☆

TAGTRAUM, Affentorplatz 20, ☎ 618757. Tgl. 9-24, Fr zu. Kaffee 2,10, Kakao 2,80, Pfefferminztee 1,60, Perrier 2,50, Bier 1,90-3,70. Tomatensuppe 5, Frühstück 3,60-17,40, bis 22 h Kuchen, Eis, Longdrinks, Cocktails.

Kleines Café mit wechselnden Aquarellausstellungen. Bistrostühle, aber schöne, große Tische. Spiele haben sie, Würfelspiele, Öko, Backgammon, Karten, weiße Wände, gemischtes Publikum. Spielecke für Kinder. Das wirklich etwas andere Lokal das in der überhitzten Suffatmosphäre Sachsenhausens längst überfällig war. PRIMA KLIMA.

TANNENBAUM, Brückenstr. 19. ☎ 611304. So-Do 18-01, Fr Sa 18-02. Wasser, Apfelwein 1,50, 0.4l Export 2,90, 0.4l Pils 3,20, Weine 12 versch. Sorten 3,50-5. Speisen 7-25, Cocktails 5,50-12.

Nachdem Karl-Heinz und Rainer jahrelang den »Rocksack« erfolgreich betrieben, sahen sie sich nach einem größeren Wirkungsfeld um. Sie machten hier aus einer ehemals Normalo-Kneipe DAS Scenelokal für Sachsenhäuser. New Style fand gemäßigt Eingang in die Ausstattung, die Anstreicher wählten statt des kalten Weiß glücklicherweise wärmere Farben. Lokale Künstler suchten den Raum in eine »römische Kunsthalle« (was immer das sein soll) zu verwandeln. Hier treiben sich jede Menge »Kreative« aller Gattungen rum. Bei ständiger Überfüllung zu Stoßzeiten so gegen 22 Uhr fragt man sich, ob Sachsenhausen nur eine Scenekneipe hat. Interessantes buntes Volk, in der Küche zaubert bis 24 Uhr ein Koch, der sein

Handwerk versteht. Das zeigt die rasant gestiegene Fan-Gemeinde. Seit einem Jahr mit Garten mit dreißig Sitzplätzen, der mittlerweile fast idyllisch zugewachsen ist. HERVORRAGEND. □

TEXTORGALERIE, Textorstr. 80. ☎ 615332. Mo-Fr 17-01, Sa 13-01, So zu. Bier 1,60, Cola 1,60, Handkäs mit Musik 3,50. Bilderausstellungen.

Nette kleine Oase inmitten des gastromischen Schicki-Micki- Meeres. ERHOLUNGSORT. ★

TEXTOR KELLER, Textorstr. 26. ☎ 613131. So-Do 20-01, Fr & Sa 20-02, während der Messezeit 20-04. Bit Bier 0.3l 3, Apfelwein 1,80, Mineralwasser 1, Chianti Classico 0.2l 5.

Kellerkneipen sind nicht mehr in. Besonders im Sommer zieht es wenige Leute in die Gewölbe unter der Erde, ohne Luft, ohne Sonne. Aber der Winter mit den dunklen Abenden kommt bestimmt, und dann empfehlen wir einen Besuch im Textorkeller. Neben der Vollkornpizzeria »Wolkenbruch« in der Textorstraße empfängt den Besucher schon oben Musik aus dem Lautsprecher. Eine Disco oder verräucherte dunkle Kneipe? Nein, angenehm überrascht, wenn man die Treppen hinuntersteigt, kommt man in ein hellgetünchtes Gewölbe, gute Luft, gute Musik in angenehmer Lautstärke. Gute Getränkeauswahl: diverse Biere, Weine, freundliche Bedienung, und an den Wänden etwas Kunst für Geist und Auge durch wechselnde Ausstellungen. Bleibt dem Textorkeller nur zu wünschen, daß Kellerkneipen wieder »in« werden. HINGEHEN! □

THE CELLAR, Textorstr. 72. ☎ 615344. Tgl. ab 19.30-01, So zu. Warsteiner vom Faß 3,50, Wasser 1,20, O-Saft 2,50, Irish Coffee 5, Süßer 1,60, Wein 3,50. Käsebrot 3, Schinken (Salami) Brot 3,50, Plolighman's Lunch (engl./irische Spezialität, franz. Weißbrot/Käse/Mixed Pickles/Salat) 8.

Die Mann-/Frauschaft ist teilweise aus dem

ehemaligen »Schobbeloch« übernommen und besteht inzwischen aus Engländern/Irländern, die vor Ffm vier Jahre auf Kreta gastronomische Erfahrungen sammelten. Das Publikum kommt aus der Nachbarschaft von jeher in den Keller. Höchstens 50 Leute passen rein, ab der Hälfte ist es schon gemütlich. Die Tradition hängt an der Decke: In trauter Eintracht hier: Hirschgeweihe, konservierte Echsen, angestaubter Kronleuchter und Ventilator, der seit Jahren den Einsaz verpaßt. Das Personal ist sehr nett, der Brombeerschnaps sehr süß und zum »Plolighman's Lunch« gehört eine Beilage, die genau die Mitte zwischen Pflaumenmus und Senf trifft und trotzdem schmeckt. URIG-ORGINELL.   ⟍⟍

TIVOLI, Darmstädter Landstr. 236. ☎ 681116. Mo-So 11-01. 0.4l Bier 3, 0.2l Wasser 2, deutsche und türkische Küche, z.b. Wiener Schnitzel mit Beil. 16,50, Lammspieß mit Beil. 15,50, Tageskarte. Biergarten, ab und zu-Veranstaltungen.

Das »Tivoli«, eines der wenigen noch existierenden Lokale mit Biergarten. Arbeiterfamilien entflohen nach hier, an Sommer-, Sonnund Feiertagen, »mit Kind und Kegel«, ihren oft dürftigen Wohnverhältnissen. Man fand sich nach dem Mittagessen ein und blieb zumeist bis zum Sonnenuntergang. Was lag näher, als daß die Arbeiter, zu deren wenigen Erholungsmöglichkeiten diese Biergärten gehörten, auch Versammlungen und Kundgebungen dort abhielten. Während der jahrelangen preußisch-sächsischen Wahlrechtskampagne, die die SPD zwischen 1906 und 1910 gegen das reaktionäre Dreiklassenwahlrecht führte, war das »Tivoli« stets Kundgebungsort, wenn die Taktik mehrere Plätze zugleich erforderte. An dieser Stelle hörten Frankfurter Arbeiter so bekannte internationale Arbeiterführer wie Keir Hardie, Emil Vandervelde, Jean Jaures und Clara Zetkin. Bei der »Ersten internationalen Arbeiterolympiade« 1925 in Frankfurt war neben dem Stadion und anderen Plätzen in der Stadt auch das »Tivoli« eine Wettkampfstätte (für Ringer-Wettbewerbe). In der Zeit nach 1933 war es der Treffpunkt von Arbeitern, die illegal gegen die Nazi-Diktatur weiterkämpften. DENKMALGESCHÜTZT.   ★

TRIPTYCON, Neuer Wall 15. ☎ 616457. Mo-Fr 18-01, Sa 18-02. Guinness vom Faß 4,80, Bier 2,10, Kaffee 2,10, Baguette 4-5, Schafskäse 6. Hier kann Billard gespielt werden.

Keine Standardausführung der typischen Sachsenhäuser Touri-Abfüllstation. Hier wird im Sinne des Möglichen ein kleines Stück Kultur bewahrt. Ein paar Einrichtungsgags, wie z.B. eine Autoschnauze, die durch die Wand bricht, ein Barockbogen, neuzeitliche Kunst, Neonröhre, Rick's Café Ventilator und ein grauer Billardtisch versuchen die verschiedensten Geschmacksrichtungen unterzubringen. Zumindest ist das Platzproblem gelöst, denn es gibt genug Bewegungsraum; Angstvisionen durch bedrohliche Enge sind überflüssig. Hier treffen sich Freaks, die es gemütlich lieben und in postmoderner Nüchternheit glattweg erfrieren würden. Eine Kommunikationsinsel zwischen gestern und heute, die allen, denen das nicht paßt, den Gipsarsch, der über der Tür hängt, mit auf den Weg gibt. GROßARTIG.   ☼

Foto: Norbert Frank

Café Riff

ZIPPO, Textorstr. 72. ☎ 615344. Mo-Do 09-14 & 17-01, Fr Sa 09-14 & 17-02, So zu, während der Schulferien erst ab 17. 0.4l Bier 3,20, Kaffee 1,50, Frühstück von 5-11, Spaghetti Bolognese 6,50.

Die Kontinuität macht's. Beim »Zippo« ist alles so geblieben wie es war. Begeistert ist vor allem eine nahewohnende Wohngemeinschaft; und wir fragten warum: Isolde sagt, der »Zippo« ist noch immer die urgemütliche Kneipe mit Holztischen und der Wirt ist herrlich kauzig. Bernhard, der Behäbige, geht dorthin, weil die Kneipe so nah ist. Wir meinen, eine äußerst profane Erklärung. Selbst Astrid, die Skeptische, die sich distanziert über die Bartmoden des Wirtes meinte äußern zu müssen, wurde des öfteren in lauen Sommernächten auf »Zippos« Bänken bei Pils und Orangensaft gesehen. Das muß selbst die schärfsten

Kritiker überzeugen. Ach ja, Geschichten wurden hier geschrieben und das nicht nur in die hölzernen Tische. Das Liebespaar, dessen Kennenlernabend wir im letzten »Doppelkorn« dokumentierten, entwarf hier einen Fortsetzungsroman. Heute teilen sie Tisch und Bett.

Dies und noch viel mehr geschah hier. Die Zeit nagt an Menschen und Orten. Mit den Monaten werden beide reifer und attraktiver. Die Einrichtung der Kneipe wird jedes Jahr charaktervoller, die Kerben an den Tischen tiefer und die Wände vergilben zu noch wärmeren Farben. Das Jahr 1988 neigt sich dem Ende. Die Autorin macht sich nach dieser schwermütig nachdenklichen Meditation auf den Weg zur Silvesterfete, möchte jedoch zuvor noch verraten: »Zippo« heißt mit bürgerlichem Namen Bernd. IMMER WIEDER HEIMISCH. □

westend

EPPSTEINECK, Eppsteinerstr.26/Ecke Unterlindau ☎ 723662. Mo-Fr 11-01, Sa 11-18, So zu

Eine Kneipe mit viel Tradition. Bekanntlich stand hier in der Nähe eines der am längsten besetzten Häuser. Bekanntlich haben sich im Westend viele Werbeagenturen niedergelassen. so mancher fand hier am Tresen den Grund für seine explosive Stimmung heraus. Damals dominierte die Philosophie der Negation. Wer heute fünfmal nein sagt, muß sich schnellstens umorientieren, will er drohendem Frust und der Midlife-Crisis entgehen. Das Eppstein-Eck ist heute eine Oase für »Normalverdiener«, denn der gräßliche Irrwitz mit der Zunahme der Luxus-Gastronomie im Viertel nimmt seinen unerbittlichen Lauf. Als besonders visierter Reiseführer für exquisite Schreckenstouren kann man im Westend seinem Namen alle Ehre machen. Das Preisleistungsverhältnis kommt Werbern regelrecht als Antiquität vor. Irgendwie wollen sie den Ort aber auch nicht vertreiben. Seltsamerweise brauchen sie den Stallgeruch der Schichten, aus denen einige von Ihnen kamen. SPITZENKLASSE.
★

offenbach

BIERAKADEMIE, Bieberer Str. 82. Kein ☎. Mo-Fr 19-01, Sa -02, So zu. Alle Biere 2,50, mit 10-er Karte 2,20, Cheese-Burger 3,50, sieben Sorten Faßbier, einzige Kneipe in Offenbach mit »Flensburger«.

Für den Bierspezialisten sind die sieben Sorten Faßbier allemal akademisch wertvoll, daneben gibt's weitere acht Sorten aus der Flasche. Neben Rebsäften und als clevere Animation zu deren Genuß Di & Fr Bingo-Abende, Mi Happy-Time (jedes Getränk 2.-) und wer am Donnerstag beim Würfelabend die richtige Zahl wirft, muß sein Bier nicht bezahlen. MITTELMASS.
✔

COMEBACK, Bieberer Str. 84. ☎ 815287. Tgl. 11-01. Pils 2,50, Frikadelle 2. 14-tägig Bier-Party, Pils 1,50.

Hier trifft sich neuerlich die Offenbacher Jugend. Keine Spuren mehr von der traditionsreichen Alten Post, dafür buntes, glimmig-diffuses Licht in der Disco. Musik ein wenig laut. Anfänglich Live-Rock-Konzerte, jetzt jedoch vom Ordnungsamt verboten, statt dessen Video-Clips. Für das Publikum zwischen 16 und 28 (wie alt ist wohl der Autor? die säzin.) wird weiter geboten: Billard, Tischfußball, TV-Spiele und außerdem gibt es eine eigene Fußball-Mannschaft. JUGENDFREI.
✔

EI, Sprendlinger Landstr. 4. ☎ 831894. Tgl. 20-01, Sa 21-02. Warsteiner 2,70, Eibrot mit Knoblauchmayonnaise 2,50. Tgl. wechselnde kleine Speisen.

Ganz gewöhnliche Eckkneipe für Jugendliche. Unprätentiös und ohne Schnickschnack. Trotz Besitzerwechsel lückenlose Fortführung des ehemaligen »Comebacks«. Hier wird vorwiegend Bier konsumiert, man trifft sich, man kennt sich. Insider-Atmosphäre, jedoch Neuen gegenüber aufgeschlossen. GUT.
✔

HESSISCHER HOF, Bimarckstr. 177. ☎ 813611. Mo-Fr 16-01, So 20-01, Sa zu. Apfelwein 1,40, halbes Hähnchen 6, Kaffee 1,80, Pils 3.

Nachdem die Alte Post an ihren Betreibern zugrunde gegangen ist, darf der Hessische Hof fast ein Monopol in Sachen Polit-Szene in Offenbach sein eigen nennen. Allerdings hat die Zahl der politischen Gruppen, die sich hier treffen auch merklich abgenommen, wie man vieles nach Ende des VoBo's abgenommen hat, wie der Wirt meint. Ansonsten darf man dem Hessischen Hof zu den festen Konstanten zählen, in denen sich einfach nichts ändert. Die Einrichtung nicht, die Anti-AKW-Sonnen auf den Scheiben nicht, der Wirt nicht und auch vom Prinzip, die Anti-Alk-Getränke billiger zu verkaufen als den Stoff, wird partout nicht abgewichen. Die Hypothese des Anachronismus im linken Winkel der gleichen Schenkel. Wer das nicht zu kapieren glaubt, braucht keinen Mathematiker zu fragen. Der wird es nämlich auch nicht verstehen. KONSTANT. ✔

IRISH PUB, Ziegelstr. 22. ☎ 8001288. So-Fr 18-01, Sa -02. Guinness 0.4l 4,50, Sandwich 4, Frühlingsrolle 3,50, sechs Sorten Whiskey, neun Cocktails 6-12.

Auf den Weltmeistertitel zu spekulieren wäre verfehlt, aber einige Runden im Rennen um die Publikumsgunst zu gewinnen, das ist allemal drin. Lange Rauschbärte und das herb männliche Flair des folkloristisch angehauchten Irland-Freundes sind die Regel, aber nicht Voraussetzung. IRISH-URIG. ✔

JOHN WAYNE, Luisenstr. 34. ☎ 813640. Mo-Sa 17-01, So 17-22. Pils 4.

Hier könnte man sie treffen: Die Fans der »Six-Shooter« und »Peacemaker«, Revolverfreaks, die auf den alten sechsschüssigen Single-Action-Colts »Frontier«, den navy Colt Kaliber 36 von 1851, den 44er Smith & Wesson, mit der Buffalo Bill auf Indianer, Büffel und Champagnerflaschen ballerte, stehen. Fassade und Decke des Schuppens sind mit überdimensionalen Union-Jacks gepflastert. Folglich ist die Atmosphäre vergleichsweise nervend. Dazu noch regelmäßig einschlägiges Hilly-Billy Gedudel. Hier werden feierlich wie peinlich zugleich sämtliche Einrichtungseffekte aufgefahren, die schauerlich wirken sollen, ohne daß es auch nur andeutungsweise gelänge. Eine Wonne für große Jungs, mit Vorliebe für ein durchaus gewöhnliches Angebot, das es nicht schwer haben wird, sich bei der entsprechenden Zielgruppe durchzusetzen. Beim Rezen-

senten löste das »Ambiente« allerdings nur einen todesähnlichen Schlaf aus. SCHLECHT. ✔

LIZZY'S BIER & WEINSTUBE, Bahnhofstr. 10. ☎ 883160. Mo-Fr 17-01, Sa 20-02, So zu.

»Oh je, oh je«, welch ein gastronomisches Jammertal. Auf die Spitze getriebenes Banal-Etablissement. Jeder Blick irgendwohin ermüdet fürchterlich. Ob auf die Einrichtung oder auf die Gäste. Nicht jede Kneipe mit Spitzendeckchen-Gardinen und imitiertem Jugendstildekor ist was Alternatives. Mutwillig zusammengewürfelte Alt-Berliner Kneipenfragmente. Die Wirtin gibt sich in voller Fülle viel Mühe, wirkt allerdings eher tragisch als komisch. Optimal schlechte Mundpropaganda möge schnellstens ihre Wirkung tun. NIEDERSCHMETTERND. ★

MOUSTACHE, Gr. Hasenbachstr. 28. ☎ 887623. So-Fr 20-01, Sa 20-02. Apfelwein 1,50. Batida Kirschsaft 4.

Kein Zeitgeist-Styling, sondern einfach eine gemütliche kleine Kneipe mit dem heimeligen Charme des Kerzenlichts. Für Hard-Rock-Fans und Würfelfreaks. Zu empfehlen sind die Baguettes. RICHTUNGSWEISEND. ✔

SENNHÜTTE, Bernardstr. 36. ☎ 811805. Tgl. 18-01, Mo zu. Apfelkorn 1,50, Wasser auch, Leberkäse mit Ei 6. Calamares mit Knoblauchbutter. Do Hütchen-Abend, Hütchen 2-7,80.

s.S. 457

STRANDBUS, Bettinastr. 24. ☎ 88238. Mo-So 22-04. Weizen 4, ab 1 Uhr 1- Nachtzuschlag, Speisen 2,50-3,50. Get up, stand up (Cococktail).

Die Spezialität des Hauses ist eine Reminiszenz an die Zeit als der Bus noch als »Gießkännchen« Deutschlands kleinste Reggae-Kneipe war: »Get-Up, Stand-Up«, von dem

bekannt ist, daß er wohl irgendwie aus Batida und anderen Zutaten besteht. Nach Genuß entsprechender Mengen soll der in die Fassade eingelassene Bus sich sogar in Bewegung setzen. In Bewegung gerät hier aber auch so einiges, wenn zu später Stunde Beziehungsdiskussionen mit handlichen Argumenten geführt werden. Als Liebesnahkampfübungsplatz in jeder Hinsicht bewährt und daher UNVERZICHTBAR.　　　　　　　　　　　　✓

TARNKAPPE, Bettinastr. 36. ☎ 813697. Mo-Fr 19-01, Sa 20-02, So 20-01. Weizen 3,20, 0.4l Pils 3, Cola 1,80, Schinkenbaguette 4,50, Rindswurst 3,50.

　　　　Gemütlich mit Flohmarktutensilien eingerichtet. Die Tarnkappe ist für die Scene keine normale Kneipe, sie ist fast eine Legende. Unverzichtbarer Treffpunkt der Alt- und Neu-Freak-Szene. Es kommt bei den Gästen nicht darauf an, ob der Schwerpunkt zu später Stunde etwas schief oder sehr niedrig liegt. Beim Maß der Erträglichkeit ist nur wichtig: Vibriert er noch, kann man noch schwache Motorik messen? Der Gast muß den Weg vom Tresen bis zum Ausgang gravitätisch zerteilen wie ein Schlachtschiff den Ozean. Dann ist alles noch paletti. Tragödien und Romanzen immer hautnah bei schummrigem Kerzenlicht in gemütlicher Flohmarktatmosphäre zu erleben. Bei der Pressearbeit weiß die Wirtin manchmal nicht, was der Wirt erzählt. Macht nix. Dafür hat sie die Hosen an. Sympathiecenter. SPITZENKLASSE.　　　　　　　　　　★ ✓

WUNDERTÜTE, Goethestr. 59. ☎ 814437. Mo-So 19-01. Pils 3, Kaffee 3, Schafskäse angemacht 4,50. Budweiser vom Faß.　　　　　s.S. 513

WÜRTTEMBERGISCHE WEINSTUBE, Taunusstr. 19. ☎ 884256. So-Do 17-02, Sa 17-04. Pils 2,80, Speisen bis 8. Drei bis fünf warme Gerichte und vier kalte.

Trotz Besitzerwechsel bleibt alles beim alten, nur die Nachtkonzession ist vorläufig erst mal weg, doch man bemüht sich wieder darum. (Bei Redaktionsschluß ist entschieden: Sie ist wieder da!!! Freude kommt auf — Prost!) Die wohltuend subversive politische Schieflage der Betreiber symbolisiert eine schräg aufgehängte Holztäfelung. Hier trifft sich alles, was in der Offenbacher Szene einfach dazugehört. Die wahren Dramen spielen sich in Offenbach in der Württembergischen Weinstube ab, müssen auch die Theaterorganisatoren vom städtischen Kulturamt neidlos anerkennen. Auch wenn die alkoholschwangeren Sitzungen derzeit nicht so tief in die Nacht reichen können, weil die Sperrstunde ein Ende setzt, zählt diese Kneipe mit dem erstklassigen Bier- und Rebensaftsortiment nach wie vor zum Besten, was diese Stadt zu bieten hat. Zwei Mal monatlich Live-Musik nach Vorankündigung. ABSOLUTE SPITZENKLASSE.　　　　　　　✓

ZUM REBSTOCK, Aschaffenburger Str. 42, ☎ 897755, Tgl. 17-01, So 10-14, 18-24, Mo zu. 0,3l Pils 2, Apfelwein 1,50. Jägerschnitzel in Rahm mit frischen Champignons 15,50, Argent. Steak, Champignons, Spiegelei 13,50. Kegelbahnen.

　　　　Kneipe, Speiserestaurant und Kegelbahnen mit Stadtteilcharakter und günstigen Preisen. Die kleine Besonderheit: Die Kindergeburtstags-Kegelnachmittage mit Kindertellern für 6 Mark.　　　　　　　　　　　　　☆

ZUR KÄSMÜHLE, Dietersheimerstr. 103. ☎ 893815. Tgl. 10-22. Fruchtwein 0.4l 4, Handkäs 4, Rumpsteak mit Brot 15. Draußen sitzen direkt am Wald.

ZUR PINTE, Schloßstr. 20. ☎ 883434. Mo-So 18-06. Hefeweizen 4, Holzfällersteak 12,50. Pikant gewürztes Bratenbrot.

Die reichhaltige Speisekarte bis 3 Uhr nachts ist so ziemlich das einzige Argument für die Pinte. Das Personal ist unfreundlich, die Einrichtung auch nicht sonderlich einladend. Wer die Umgebung betrachtet, versteht es, warum es bei der VHS vor einigen Jahren einen Kurs »Warum ist Offenbach so häßlich?« gab. MITTELMASS.

Daß vornehmlich TH-Studenten das reichliche Angebot von etwa 3 Dutzend Biersorten (einige Exoten auch vom Faß) wahrnehmen, sollte zu denken geben — Stichwort Eisbock, frisch gezapft. Aber auch das gute Andeckser ist zu haben, Urig und für Freunde variierter Hopfenzubereitung uneingeschränkt zu empfehlen. SPEZIELL.   ∞

darmstadt

ALTER FRITZ, Gardistenstr. 19. ☎ 06151/79674. Tgl. 11.30-15 und 18-01, So zu.
s.S. 355

BAUERNSCHÄNKE «ZUR FRAU SCHMITT», Bessunger Str. 91. ☎ 06151/63370. So und Feiertage zu, sonst 16-01. Bier 0.2l 1,50, Wasser 1,50, O-Saft 2, Kaffee 1,60, Stemmter (Wein trocken) 4,20, große Weinkarte, Flaschen- und offene Weine. Sehr gute und reichhaltige Auswahl, preiswerte Hausmannskost, z.B. Hammelbraten mit Beil 12,80, Wild.   s.S. 293

BAUERNSTUBE, Karlstr.113. ☎ 06151/25817. Mo-Fr 17-01, Sa & So zu. 0.4l alkoholreduziertes Bier 2,80, Apfelwein 2.

BEI BULLY (FRANKFURTER HOF), Frankfurter Straße/Ecke Irenenstraße. ☎ 06151/25705. Mo-Fr 11-14, 17-25, Sa 11-14, 18-25, Sa zu. Bier 2,20, Wasser 1,60, O-Saft 2, Kaffee 2, Süßer 1,50. Schnitzel, paniert mit Brot 10, Tagesmenüs 8-10.   s.S. 294

BIERAKADEMIE, Viktoriastr. 100. ☎ 06151/20562. Tgl. 18-01. Bier 2,80-3,50.
Keine Stadt ohne die Peinlichkeit dieses deppsten Kneipennamens. Wie sollte es auch anders sein. Wenn sowas danebengeht, ist Darmstadt wieder voll dabei. Bierakademie. Schauder. Dieser Laden hält, was sich die versammelten Möchtegern-Akademiker versprechen. Abseits der Nobeladressen, mehr südliche Darmstadt-Bronx, entdeckt man einen der gagigsten, wahnsinnig lustigen Orte. Dem

CAFE-KNEIPE

Pallas

**täglich ab 9 Uhr
samstags
und sonntags
ab 10 Uhr**

Pallaswiesenstr. 39 · 6100 Darmstadt
Tel. 293868

NN
CAFE · KNEIPE · GALERIE
LICHTENBERGSTRASSE 75
6100 DARMSTADT

absoluten Scherzknaller («Wo warst du gestern abend?« — «Na, in der Bierakademie!« Haha.) entspricht das humorlos dreinblickende Publikum, das auch dann den kleinen Bier«garten« frequentiert, wenn, wie üblich, Unmassen von Autos die in Spucknähe gelegene Kasinostraße dröhnend entlangbrettern. Abends spannt sich der diesige Abgashimmel über die «Terrasse« des kleinen, aber so feinen Hauses, und man kann zu zweit in den Mond gucken. In jeder Beziehung. Das Interieur liegt knapp unter der Stil-Schmerzgrenze. Ca. 20 Biere hält man für Frohnaturen parat. Davon natürlich die wenigsten vom Faß. Wenn schon in diese Ecke, dann in den Sumpf. (Wirklich, so heißt die schöne Alternative nebenan wirklich!) DÄMLICH. ★∞

CASA LUIS, Erbacher Str. 5. ☎ 06151/22310. Sa 14-01, sonst 17-01. Bier 0.3l 3, Wasser 1,50, O-Saft 2,50, Espresso 2,50, Wein 3. Tapas: Z.B. Tortilla 4, Marisco (Meeresfrüchte) 6.   s.S. 348

DIE GLOTZE, Pankratiusstr. 71. ☎ 06151/711134. Mo-Fr 11-01, Sa/So 15-01. Kaffee 2, Cola 2,20, Bier 0.4l 3.

Vollkommen neu organisiert und dennoch lohnt ein kurzer Blick zurück in die nicht immer ruhmreiche Vergangenheit. Vor mehr als einem Jahr sah es so aus: Eine simple und leidlich unterhaltsame Klamotte mit »Videoclips am laufenden Band«, wie die Wirtschaft sich selbst lobt. Diese Kneipe lebt angeblich vom Publikum. Nun ja, welche Kneipe tut das nicht? Aber welche Kneipe lebt, wie diese hier, von der einmaligen Dekoration und dem Chaos? Fragen die Wirtsleute. Wären sie schlechte Wirtsleute, würden sie Mängel nicht als Originalität verkaufen wollen. Bitte immer bedenken: Zuviel vornehme Zurückhaltung, vor allem wenn's um Chaos geht, kann mitunter von Nachteil sein. Dieses Lokal, ein scharfer Streifen. An schlechten Tagen löst es allerdings todesähnlichen Schlaf aus. Nun sollte man in An-

betracht des generellen Elends bundesdeutscher Kneipenkultur mit dieser Abfüllstation nicht zu streng ins Gericht gehen, zeichnet sie sich doch zumindest durch Veränderungsfähigkeit aus. Die Szenerie wirkt heute entschieden gelungener, Kostümierung und Gestaltung einiger Haupt- und Nebenfiguren sind köstlich geraten. AUFSTEIGEND.   ★

DISCHRITZER, Alexanderstr. 37. ☎ 06151/25110. Mo-Fr 17-01, Sa/So 19-01. Bier 2,50, Kaffee 2, Apfelwein 1,80, Gin Tonic 3,50. Mexikanische Suppe 4,50, Knoblauchbrot 1,0, Pizza ab 6, Babypizza 4,50.   s.S. 350

ELEDIL, Adelungstr.9. ☎ 06151/ 25479. Mo-So 18-01. Biere 2,80, Cola, Fanta 2, Weine 4, Sekt 5, 100 Getränke. Snacks, Salate, Sandwiches 3-10.

Nein, ich übertreibe nicht: Die beiden Eledil-Tränken, jene Keimzelle in Kelkheim, noch mehr die jüngste Filiale in Darmstadt, nehmen nicht nur eine Sonderstellung in gastronomischer Dekorationskunst ein. Sie sind Kunst. Der Besucher gerät unversehens in eine Dauerausstellung, setzt sich zwingend mit den Einrichtungsimpulsen auseinander. Vielleicht ungewollt, egal, verkehren sich die Relationen und Intensionen. Inneneinrichtung wird zum Zweck, Gastronomie zum Mittel. Oder: Der Getränkeverzehr zur Nebensache, zum absoluten Dessert des ästhetischen Augenschmauses. Viele Innenarchitekten erheben solche Ansprüche. Die geniale Umsetzung in Darmstadt degradiert alle bisherigen avantgardistischen New-Wave Kneipenversuche zum billigen Imitat. Die verwendeten Materialien erlauben die Stilzuordnung «Art et Industrie«. Ein Paradies für Objektkunst-Enthusiasten. Gerade die monotone Großstadtarchitektur lähmt durch permanente Wiederholungen, andauerndes Zitieren von Trivialismen und reduktiven städtebaulichen Stilfragmenten das Auge. Man kann die Eledil-Kunst ablehnen. Gewiß.

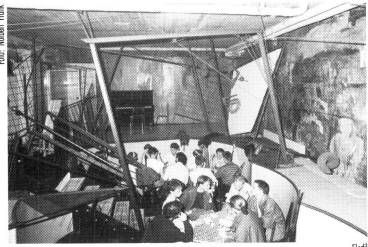

Eledil

Doch langweilig wird es niemandem auch nur einen Augenblick. Das will in unserer reizüberfluteten, handlungsgelähmten und -lähmenden Welt schon viel heißen. Der Auseinandersetzung kann sich so schnell niemand entziehen. Ländlicher Aufschnitt ist nicht gefragt. Der ehemalige Sauna-Puff im Keller einer innerstädtischen Fußgängerzone wurde memorial-monumental in die Einrichtung integriert. Das große Schwimmbecken — leer — dient symbolisch als «unterste» Sitzebene. Die Kundendusche blieb erhalten. Viel Stahl und andere Metalle bewerkstelligen die gewünschten Verfremdungen ehemaliger Bordell-Szenerien. Was bleibt, ist fernab jedweder moralisierender Heuchelei die bloße Ahnung vom ungeheuren seelischen Reinigungsdrang, der körperlich-sexuellen Ventilierung von Trieben gegen harte Deutschmark. Und kein Stück romantischer, gefühlvoller, wie die

Architektur des benachbarten Louisencenters. Der Baustellen-Charakter ist gewollt und ironisiert, gewiß unbeabsichtigt, die unvollkommene Lustbefriedigung durch käufliche Sexualität. Der Gast hier unten — so vergänglich und schnellebig wie das ganze Gewerbe. Typisch und passend, förmlich in den Keller, in den Untergrund gedrängt, spiegelt dieses einzigartige, schreiende Durcheinander, das innere Chaos der Stadtarchitektur, nur wenige Meter entfernt im Durcheinander diverser Beton-Monolithen. Die Konversion vom Krieg der Sinne, der im Puff tobte, hin zu friedenstiftendem Kunstgenuß ist gelungen und es bleibt zu hoffen, daß andere Kriegsprodukte ebenso sinnvoll und konsequent auf Friedensprodukte «umgerüstet» werden. Darmstadt — die Stadt der Künste, so wird öffentlich geworben. Kämen die Koryphäen von der Mathildenhöhe des öfteren herunter, hier unten könnten sie mit das Spannendste sehen, was zeitgenössische Künstler seit langem zustande brachten. Max, Muth, die Architekten Siggi & Paul und der Schweißer Christoph waren wohl überhaupt nicht mehr zu bändigen bei dem Versuch, den seh-gelähmten Stadtmenschen in seiner gewohnten Art zu sehen, bzw.- zu übersehen, zu stören. Die Metallmöbel, Aluminium an der Theke, unzählige Rechtecke, Dreiecke und Quadrate, alles erinnert mehr oder weniger beklemmend an eine Dreherei oder Spenglerei, ganz weit entfernt an eine orthopädische Klinik. Diese »art et Industrie« ist aber zugleich witzig, frech und frivol. Obwohl alles Ausgefallene dort versammelt scheint, hat es nie den peinlichen Charakter des gesucht Ausgefallenen, das laut aber verzweifelt und folgenlos nach Aufmerksamkeit schreit und außer Lärm nichts zu bieten hat. Sich einlassen auf die Kunst und die Gäste zugleich, schwer an das Gelingen zu glauben. Ebenso unglaublich aber wahr ist die Tatsache, daß in derart organisierter Dissonanz ein Stück Harmonie steckt aus zustimmender Ablehnung aalglatter supercooler Kneipendesigns und ensprechend gestylter Gäste, die nur noch organisiertes Gähnen am Leben hält. Für die formvollendet gestylten schönen Narzissen der Nacht ist der Laden pures Gift. Das Gesamtkunstwerk Einrichtung, ebenso wie die Details, reizen das Auge mehr, fordern mehr Beachtung als ihr »Outfit«. Gesehen & Gesehen werden? Keine Zeit, um die Welt im Gespräch neu zu erfinden. Architekten brauchen Auftraggeber, um Kunst zu verwirklichen. Hier fand sich wohl eine gute Mischung. Die erfolgreich Kreativen waren ihrer Zeit um das entscheidende Spanne voraus. Die Verwalter des Geldes wußten nicht erst gestern, was vorgestern erfolgreich war. Sympathisch das Personal: Besucher-Erstlinge werden wie Freunde durch professionelles Understatement geehrt. EINZIGARTIG IN SÜDDEUTSCHLAND. WER HÄTT'S GEDACHT? ★

GLOBUS, Ludwighöhenstr.35. ☎ 06151/661567. Tgl. 18-01, So zu. 0,4l Bier 2,50, Cola 1,50, Pizzen 5-9, Schnitzel 9-13, Nudelgerichte 6-8.

Seit Jahren monatlich neu und doch keine Überraschung. Der Globus ein weltbewegendes Etablissement? Die Mädchen? Die Männer? Die Mode? Die Szene? Nein keine Flirts aber eine «gemütliche Bessunger Kneipe für sympathische Menschen«. Zwischen fünf und acht am Abend jeweils ein Zehntel Studenten, Schüler und Arbeitslose, womit auch schon der harte Kern der Besuchergruppe definiert ist. Ereignis am Dienstag: Viele spielen. Nicht um ihr Leben, sondern im Hinterraum ein obskures indisches Brettspiel, dem Verwandtschaft zu Billard (!) nachgesagt wird und doch ungefähr aussieht wie Backgammon. Ähnlich wie bei «Falco«: Der Übergang vom Hansi Hölzl zum Kosmoplit. Die Stimmung ist trotzdem toll. STANDARD. ★∞

GROHE, Karlstr. 10. ☎ 06151/44455. Mo-Sa 10-24, So zu. 0,4l Bier 2,70. Kotelettes 7,60 mit Beilage 9,80. Spezialität: Das selbstgebraute Bier, klar!

Ohne Grohe ist Darmstadt nicht komplett. Seit Urzeiten genießen die Heiner das überaus süffige, selbstgebraute Bier, das den Tester zum Bruch der selbstverordneten Enthaltsamkeit veranlaßte. Daneben deftige Kleinspeisen, wenn auch Kneipeninneres ebenso wie der Biergarten durch offensive Anspruchslosigkeit glänzen. ZWINGEND. ★∞

HARD ROCK CAFE, Wilhelminenstr 9 (Helia-Passage). ☎ 06151/291111. Mo-Do 10-23, Fr/Sa 10-01, So 14-22. Cola 2. Salate, Suppen, Toasts, Baguettes. Video-Music-Box, drei Bildschirme und Großleinwand. s.S. 97

HOTZENPLOTZ, Mauerstr. 34. ☎ 06151/77747. Mo-So 18-01. 0,4l Guiness vom Faß 3,60, Cola 1,80, Kaffee 2. Pizzen, Salate, Calamares & Sandwiches im Angebot. Manchmal Live-Musik.

Vorsicht! Die Story dieser Wirtschaft ist nicht frei von Komik. Vielleicht nicht fern von Tragik? Viele abgeschnittene Schlipse hinter der Theke. Ehrwürdig, altes Studentenlokal, Interiör aus den legendären Mit-60ern. Jute-Taschen-Publikum, Stammgäste der Kategorie: »Ach der Burkhard?« »Geht's gut Gertrud?«. Im kaugummihaften Ried-Dialekt. Ma waas es net: Sind es nun piffige Originale oder laufen hier massenhaft ewige Studentenzombies herum, die sabbern? Von der Atmosphäre her eines der wenigen überdurchschnittlichen Lokale dieses Genres. Allerdings pures Gift für »Waver«. Die hier nur verächtliche Freak-Grufties sichten. Die Wirtin ist extrem nett. Wer nur das allernötigste Kleingeld dabei hat, verbringt hier immer noch einen angenehmen Abend. Beeindruckend auch hier die Darmstädter Spezialität »Meterbrot«. Das Glück liegt in der Heimat, ihrer Schönheit, ihren Menschen. DA KOMMEN GLÜCKSGEFÜHLE AUF. ★

IRELAND-PUB, Mauerstr. 22. ☎ 06151/77770. Mo-So 19-01. Warsteiner Bier 0.3l 2,60, Cola 2, O-Saft 2,50. Belegtes Weißbrot 3,50.

Fässer voller Sinnlichkeit lagern hier nicht, werden auch nicht ausgeschenkt. Die Leute, die hier vorbeikommen, können auch kein Faß aufmachen. Dazu ist diese bessere Wohnzimmerkneipe schon zu eng. Selbst die angekündigte Renovierung fiel aus. Von der Wand grüßt immer noch ein verschimmeltes Hirschgeweih. Wo bleibt das Irische? Na wo wohl? Das Dartsspiel — man lobe: Kein Merkur-Elektronikautomat. Glanzstück des Hauses ist die Ankündigung echter Livemusik. Wer meditieren will, kann sich so auf elegante Weise in sich selbst zurückziehen — ohne allein zu bleiben. Wie solls' anders sein, wenn Ingenieur-Studenten viel zuviel trinken? Sie waren an diesem Abend voll von banalen Dialogen, extrem zahmen Gedanken, fernab jeder Orgie, obwohl bestens stimuliert von jener armselig konstruierten Romantik in Form kitschiger St. Patrick-Genova-Holzschnittfiguren in den Zimmerecken. Dazu dröhnte im Background über HI-FI-Boxen penetrant der Dudelsack. Kein Wunder, wenn die Charterflüge der Air-Lingus von wirklichen Irland-Fans immer ausgebucht sind. Selbst sechs Sorten Irischen Whiskys helfen nicht über die Ambiente-Defizite hinweg. Zumal sich den Stoff preislich kaum ein Durchschnittstrinker leisten kann. Mit der Strenge des angepriesenen »herben Weines« war's wohl nix. Aus einem Zucker-Mosel wird halt kein elsässischer Edelzwicker. Vielleicht war die wirklich nette und aufmerksame Kollegin auch nicht richtig eingearbeitet und sieht bei der Nachfrage Wein immer nur weiß. Und dann auch nur die einzig vorrätige Flasche. Jedenfalls erstaunlich, daß sie nicht in Hektik verfällt. Die goldene Gans rackert nämlich für Zwei. Dem Reichtum des Wirtes zuliebe. Hier treffen sich weder später noch früher Underground, noch Geheimagenten und die Mafia. Eher die ursüchtigen dummbeuteligen Jung-Dauerzecher vom Uni-Kiez. MUFFZENTRALE FÜR ABSTEIGER. ★

IRISH PUB, Parcusstr 21/Ecke Palllaswiesenstraße. ☎ 06151/294383. Tgl. 18-01.

Irische Küche? Irish Stew und Lachs? Mitnichten! Früheres »Ofenrohr«, von 23-24 Uhr »Happy hour«: Verbilligte Getränke. Eine amerikanische Unsitte. Wenn man nicht gerade vier Wochen vorher Urlaub in Irland gemacht hat und dem Irischen gegenüber Sympathie empfindet und Lust auf Original Guinness hat, dann bleibt wenig, um diesem Lokal etwas abzugewinnen. SORRY. Wenn man/frau auf's Klo geht, muß er/sie aufpassen, nicht von Dartsspieler aufgespießt zu werden. Wenigstens sportlich ist das Publikum. Aus den Boxen ertönt nicht nur irische Musik. Irgendwie kommt Mitleid auf. ZUR TRAURIGKEIT. □●

KNEIPE 41, Kahlertstr. 41. ☎ 06151/25517. 18-25. Bier 0.3l 2,40, Wasser 1,30, O-Saft 2,20, Kaffee

2, Guinness 0.3l 2,80. 3l gute Pizzen von 4,80 bis 8,50, und für den kleinen Appetit die Mini-Pizza für 3,50.

Biwi & Hi (Birgit & Hildegard) sind nach langer Testnacht- hi hi- jetzt besoffen: Das Publikum — blubber blubber — ist ganz nett — gleiche Altersstufe, welche? Öhhh... Sitzengebliebene 68-er? Nöö. Doch nicht: Pseudo-68-er? Nein! Eher gemischt: Brave Leute, Typ Maschinenbaustudent, Leute aus dem Industriegebiet, weil die, die das sagt, sind repräsentativ für das Publikum. (Grammatik schlecht — unteres Bildungsniveau). Kommentar des Wirts: Ewige Studenten, naja....! Seit ca. Anfang August ein neuer Wirt. Sehr sympathisch. Aber am Kneipenkonzept hat sich nichts geändert, weil s.o. Das wäre auch schlecht, weil: Die Kneipe läuft ja. Und läuft und läuft und läuft und säuft....Angeblich ist der alte Wirt, so sein Nachfolger, «nur kurz in der Türkei und macht da was». Was macht so einer wie der Rudi in der Türkei? Auf jeden Fall, er ist draußen. Der neue Wirt besteht aus drei Personen : Zwei Jungs, ein Mädel, die alles intern regeln. Pressesprecher ist jedoch der Mann. Die Pizza ist weit über die Grenzen Darmstadts hinaus in der ganzen Welt bekannt.«Gestern kan einer aus Bensheim (RFA) — nur wegen der Pizza»! Geplant: Live-Musik (kleine Gruppen). Ob sich sowas hält, hängt von der Resonanz des Publikums ab. Genau. Beim Fußball muß der Ball ins Tor geschossen werden. EINE NACHT IN MONTE-CARLO!

□●

KUCKUCKSNEST, Lautenschlägerstr. 3. ☎ 06151/714261. Mo-So 19-01. Cola 2, Kaffee 2, gr. Pils 2,80, Guinness 3,60.

Dem modernen Betrachter bietet sich ein faszinierender Alptraum: Trotz angekündigter aber unterlassener Renovierungswut im Oktober 88 dominiert weiterhin nackte Brutalität durch optische Folter. Der Laden besteht nur aus wenig wirklich Orginellem: Rustikal-Mo-

biliar. Nun hängt auch mir dieser Stil endgültig zum Halse raus. Seit dem letzten «Doppelkorn», also seit über einem Jahr, keine wesentliche Veränderung! In einer Testnacht bringt man immer noch an die dreißig dieser Art Schalenbretter-Barock-Lokale hinter sich. Kann man bei bestem Willen nicht mehr verarbeiten ohne ernsthaft Schaden zu erleiden. Und diese Nummer hier ist der Prototyp des Häßlich-Übergärigen. Der Einrichtungsstil der siebziger Jahre wurde ums' Verrecken nicht korrigiert. Sondern bestens konserviert. Als wolle man mich visuell auspeitschen. Etwas abgemildert mit einem bißchen «Neue Welle». Schließlich kommt sie ja von Wella aus Darmstadt. Meine Oma liegt da noch besser. Sie spricht immer von »junge Leut«. Dieses Jugendhafte kommt einzig über das Outfit des Personals rüber. Plakate gegen Volkszählung und sehr große Deutsch-Nationale Hindenburg-Poster passen doch genial zusammen! Fragt sich nur, welcher Inhalt nun wen ironisiert? Eher hat sich niemand was dabei gedacht! Backgroundmusik von der peinlichen Machart »The progressive TH-Studies.« Das Essen, formidable Dany-Snacks. Dagegen ist jeder echte Doppel-Whopper ein Genuß. SAGENHAFT DANEBEN.

★

KULTURCAFÉ, Hermannstr. 7. ☎ 06151/25832. Tgl 9-01, Di ab 18. Bier 2,60, Wasser 1,50, O-Saft ohne Zucker 3, Kaffee 2,20, Kinder-Cappuccino 2,40, Apfel-Holunder-Saft 3. Frühstück von 4,30-13,70, Gemüsequiche 3,80, Eisspezialitäten 4,80-6,80. Vollwertgerichte.

s.S. 156

LA FAYETTE, Kirchstr.12. ☎ 06151/27238. Mo-So 10.30-01. Cola 2, O-Saft 3, Bier 2,70. Pizza mit Spinat oder Schafskäse 5.

Es werden prompt bedient: Sekretärinnen im mondänen Hausfrauenstil. Zweifelhafte Pomade-Jünglinge mit Aktenköfferchen und Jeans. Das krampfhaft gewollte «Rundum-Sorglos-Paket» wird flugs zu Dr. Caligaris Grusel-

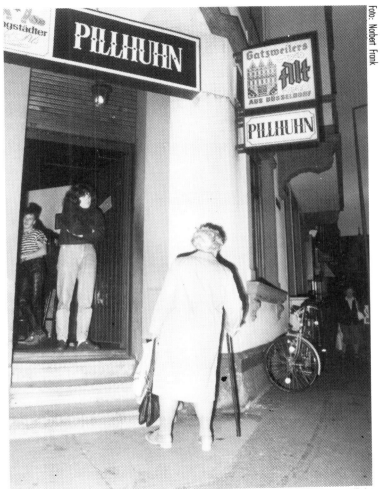

Pillhuhn

kabinett. Auf jeden Fall alle und alles ausgesprochen bieder. Dieser Laden wird niemals amerikanische Akzente setzen und gewiß niemals zum brandheißen Tip für Mitternachtskinder. Große Spiegelwände, wirklich knuddelige Bedienung, 40jähriger Metaxa, gut. Aber: Mahagoni-Imitat als durchgängiges Stilmittel? Ne, ne, besonders die großen, grellgrünen Klebepunkte im Schaufenster beleidigen die Namensvettern, laut Lexikon ein General und eine Schriftstellerin. Und die Beleidigung des Ansehens Verstorbener ist ein Straftatbestand. DANEBEN.
★∞

LA FLEUR, Karlstr.96. ☎ 06151/61700. Tgl. 14-01. O-Saft 3, gem. Salat 6,50, Kaffee 2,40, Warsteiner 3.

An verräterisch exponierter Stelle bündelt sich Darmstadts besserverdienende Jugend, die doppelstöckig auf Kunstlederstühlen sitzt und zwischen Lorbeerbäumchen durch die großflächige Verglasung auf das niedere Treiben der gewöhnlichen Heiner herabblickt. Und an besonderen Tagen gönnen wir uns mal was: die Flasche Louis Röderer Brut (das ist Sekt) zu 109 Mark, ja? RESERVAT.
∞

LAGERHAUS, Julius Reiber Str. 32. ☎ 06151/21891. Mo-So 18-01, Mittagstisch Mo-Fr 11.30-14.30. *Deutsch/intern.*. Frische, vollwertige Kost. Omelette mit Mozarella, Sonnenblumenkernen und türk. Fladenbrot 7,50. s.S. 393

LOKALES, Dieburger Str. 50. ☎ 06151/714737. Tgl. 11.30-01. Super Pizza 8,80, 0,4l Pils 2,60, Cola 1,40. Warme Küche bis 0.30, Sa So & Feiertags -0.45. s.S. 296

MUTTER COURAGE, Riegerplatz 3, ☎ 716973. 19-01. Bier 2,40, Cola 1.80.

Darmstadts absoluter Tiefpunkt, der Absturz ausgerechnet am traditionsreichen Riegerplatz. Eine Westernkneipe mit diesem Namen verschlägt einem schon den Atem, aber der Gipfel sind die schrägen Säufer aller Al-

tersklassen, die mit eben jener aufmüpfigen Martinsviertel-Tradition nichts zu tun haben wollen, statt dessen mit glasigen Augen über den Tresen gelehnt Klassiker, wie «Es dunkelt schon auf der Heid« gröhlen (ich schwör's). Schlimmer geht's nimmer! TÖDLICH. ∞

CAFÉ-N.N., Lichtenbergstr. 75. ☎ 06151/714266. Mo-Fr 18-01, Sa So & Feiertag 10-01. 0.4 Pils 2,90, Wasser 1, N.N. Spezialfrühstück für Zwei für den Morgen danach 28 Mark, für jede weitere Person 14 s.S. 96

OLD FASHION, Sandstr. 30. ☎ 06151/22333. 20-01. Getränke ab 2. Snacks von 2,50-5. s.S. 48

OKTAVE JAZZ CLUB, Landwehrstr. 13. ☎ 06151/22954. Mo-Sa 20-01, So 13-01. Pils 3, Wein 4, Cola 2,50. s.S. 134

PALLAS, Pallaswiesenstr. 39, ☎ 06151/293868. Tgl. 9-01. 0.3l Pils 2,60, 0.2l Kölsch 2, Milch 2, Wasser 2, Bergsträsser Weine, Cocktails von 7,50-9, Kaffee 2,20. Frühstück von 5-14.

Daß hier nicht jede Dame mit ihrem Begleiter verheiratet ist, gibt dem Ganzen den gewissen Charme gesunder Normalität. Man fühlt sich gleich wohl. Das aufmerksame Personal ist schon morgens um 9 darum bemüht, daß auch mit den Frühstückseiern alles in bester Ordnung ist. Der große Verteilungskampf um die Tische beginnt am späten Nachmittag. Dann sind die Stahlmöbel belegt, der Billardtisch ist besetzt und so erklären sich die Kratzer und Abschabungen am einheitlichen Weiß der Wände nicht als weißer Käse sondern als Beleg für Lebendigkeit und hohe Nutzungsfrequenz dieses Etablissements. Wäre Isabell Adjani eine mittelmäßig bezahlte Schauspielerin am Darmstädter Theater, sie käme hier unversehens herein und niemand würde etwas Besonderes dabei empfinden. Theke und Tische sind mit terrazzogemusterter Elefantenhaut bespannt. Natürlich weckt die Attraktion des Lokales nicht mehr die Neugier gerade der

Stammgäste. Dennoch bleibt die Hausfront der Magnet, das Markenzeichen des Lokals. Hier wurden Geraden zu Schrägen und die Schrägen werden zu Geraden, wenn sich die Leute über den Neigungswinkel der Fenster zu zanken beginnen. Dem Innenarchitekten gelang es erstmalig und einzigartig, die Häuserfront als Gestaltungsmoment in den Gastraum einzubeziehen. Das Außen zum Innen zu machen. Und nicht nur als beiläufiges, sondern als prägendes Stilelement. Unmöglich von solchen Impulsen nicht überrascht zu werden. Kurze, oberflächliche Effekte wurden hier nicht mit dauerhafter Lebendigkeit verwechselt! Wohltuend der Kampf der Wirtsleute gegen die Herrschaft der Logik der Trägheit und Dummheit. Folglich ist der Eingang mit Plakaten kultureller und politischer Initiativen und Veranstaltungen nur so tapeziert, weniger bis gar nicht vertreten sind Ankündigungen von Szenen und Szenchen, die den Lärm um nichts zur Kunstform deklarieren. Ja, diese gastronomische Versorgungseinrichtung kann man sich ansehen, ohne Bauchgrimmen zu bekommen. Eine hübsche, ansehnliche, rundherum ERST-KLASSIG GELUNGENE SACHE. ★

PAPANOAH, Kirchstr. Mo-So 10-18. ☎ 06151/293197.

Im Schatten der großen Betonklötze: Eine Kneipe ohne Alkohol! Nicht zu glauben, aber wahr: So was hält sich. Trägerverein ist die Evangelische Freikirche, die Mitarbeiter kommen aus der Arbeit mit Drogenabhängigen. Keine Angst: Kein Gast wird therapiert! In der «Alk-Nein-Danke»-Kneipe sind Kontakt bei gehobenem und formschönem Holzdesign bestens möglich. Favorisierte Getränke sind O-Saft oder Kaffee. Nur schade, daß der liebe Gott nicht öfter und länger geöffnet hat. Vielleicht liegt es daran, daß die Helfer manchmal mit ihrem fürsorglich-missionarischen Benehmen etwas übertreiben. Solange, bis alles zu soft und langweilig, zu aufgesetzt harmonisch für die knallharte Lebensalge von Drogies ist. Ob man dem Auftrag Gottes, also der Bibel, gerecht wird, sei allerdings dahingestellt. Jedenfalls sollte man keine wenig talentierten Schauspieler Gutes herunterrasseln lassen. «Erbauendes», dessen Sinngehalt sich jedem «Betroffenen» überdeutlich entzieht. Die Krönung: Das Ganze wird mit verbalen Öko-Orgasmen garniert, die beim Wort zum Sonntag besser aufgehoben wären. GUT GEMEINT. HAARSCHARF DANEBEN. ★ ∞

PETRI, Arheiliger Str.50, ☎ 79660. Tgl. 18-1. Sa & So 21-01. Bier 3,30 (gr. Ex), Cola 1,70, Apfelwein 1,70. Draußen sitzen.

Gerade noch den Schlenker gekriegt zwischen Studentenmuff der späten 70er und glattgestyltem Cool-Ambiente der 80er, ohne dabei identitätsmäßig vor die Hunde zu gehen. Der Hauch von Bahnhofshalle wird durch die nette Bedienung, noch freundlichere Preise und überaus angenehmes Publikum weggeblasen. Diplomierte Pädagoginnen lassen an hohen Stehtischen die Wutz raus, wenn's warm ist, auch draußen; der Biergarten ist bis Mitternacht lizensiert. ENTSPANNEND. ∞

PICTOR-DOMUS, Ludwighöhstr. 21. ☎ 06151/664675. 19-01. Bier 2,80, Wasser 2,50, O-Saft 3, Kaffee 2,20. Amaretto-Splash (mit Eis und O-Saft) 7.

Schöne, grau bemalte Thonet-Sessel an Marmortischen, helle Wände, ein Hauch von Antiquitäten, zwei Räume und zwei Theken. Berufliche Durchstarter, in der TH befindliche Frauen nur in Herrenbegleitung oder gar nicht, kann man hier antreffen. Wenn der trockene Müller-Thurgau lt. Karte trocken ist, heißt Birgit von nun ab Karl-Friedrich. Aber ich traue doch ihrem Geschmackssinn und nenne

sie weiter Birgit. Laut ist es, es sind auch viele Leute da, ein gut besuchtes Lokal. Es gibt einige Longdrinks bzw. Cocktails und die üblichen Flüssigkeiten, die die Stimmung steigen lassen. Woher kommt bloß dieser Name, wer uns dahingehend aufklären kann, bekommt aufregende Preise. Wäre es nicht in Bessungen, wer weiß welche Szene sich hier entwickeln könnte. Der ungefährliche, harmlose Einstieg ins Darmstädter Nachtleben. YUPPIE-VERDÄCHTIG. □●

PILLHUHN, Riegerplatz 7. ☎ 06151/75355. Tgl. 16-01. 0.3l Wasser 1, 0.4l Pils 2,80, Pizzas und Lewwerworscht-Brot und Kicker.

Fast schon ein Märchenfilm ganz eigener Prägung. Gäbe es sie nicht, man müßte sie erfinden. Die schönen Seiten einer linken Traditionskneipe mit GUTERHALTENEM 68er Feeling. Richtig volkstümlich im Ton, überreich an Einfällen und Details, das Geschehen zuweilen von einer prallen Sinnlichkeit, das den subtilen Ausstattungsprunk niemals zum Selbstzweck werden läßt. Und sagenhaft billig! Man kann hier also ›recht üppig« zechen. Für Anfänger eine liebenswerte und zugleich lebensgefährliche Route. Wahrhaft grandios wird der Abend, wenn man zu den harten Sachen Geduld für das sagenhafte 7-Minuten-Pils aufbringt und Spaß an viel Gerede, Nonsens und Geschwafel an einem langen Tresen hat. Bemerkenswert die Haltbarkeit der Institution mit gedämpfter, unauffälliger Einrichtung, lebenswert bequem zurechtgemacht, wo doch heute das helle und aufdringlich Fröhliche der Weg zum schnellen und leichten Geld ist. Darmstadt zeigt politische Kultur mit Ideen. HERVORRAGEND. ★

PRÄSIDIUM, Mauerstr.20. 0.3l Pils 2,30. Kleine Speisen.

Unbestritten die originellste Karte unter normalen Abfüllstationen. Die Kollision lustiger Ideen mit spät-industriellem Biedermeier schafft ein völlig neues Gefühl von Raum und Zeiterfahrung. Selbst der trivialste Kalauer wirkt hier nicht abgedroschen, »vor dem Glase sind alle Menschen gleich«. Sofern es der Geldbeutel zuläßt. Den radikalen Wechsel, den menschliches Leben gegenwärtig erfährt, können Gäste hier getrost übergehen. Die Philosophie des alkoholischen Erstschlages greift nicht, der Gast hat sich längst zum exzessiven Herren und Besitzer gefüllter Gläser erhoben. Die Folgen der Verwüstungen sind jeden Abend am Tresen sichtbar. Der Wirt könnte den Kassierer im örtlichen Kaninchenzuchtverein abgeben. EINFACH SCHLECHT.   ★

REM, Beckerstr.22 (Friedrich Ebert Platz), ☎ 06151/7110337. 6.30-10, 18-01. Kaffee 1.50, Cocktails, Drinks, Longdrinks 5-10.   s.S. 122

RIWWELMADDES, Wilhelm-Leuschner-Str. 24. ☎ 06151/25652, 18-01. Bier 2,80, Wasser 1,50, O-Saft 2,50, Kaffee 2,20, Edelzwicker 4,80. Folienkartoffeln mit saurer Sahne 3, Fleisch vom heißen Stein, 200 gr Schweinefilet 18.

Zwar ist 18 Uhr nicht die beste Zeit, um eine Kneipe kennenzulernen, aber feststellbar: Keine Szene, keine Studenten, kein Yuppies, was bleibt da noch übrig? Irgendetwas dazwischen, Mittdreißiger mit Lederjacke und Bundfaltenhose, gesetzt und solide, farblos bis langweilig, mit Guiness-Bier und Dart-Scheibe, im Mahagoni-Stil gehalten und klassische Tafelmusik vom Band. Das indische Edelstahlgeschirr wurde erwartet, traf aber nicht ein. Und sonstige unvorhergesehenen, überraschenden Ereignisse sind auch nicht zu erwarten. Aber wir behalten uns jegliche Irrtümer vor, es war ja noch sehr früh. SCHNIEKE. ☼□

RUMPELSTILZCHEN, Dieburger Str. 72. ☎ 06151/716486. Tgl. 17-01. Cola 1,80, Bier 0.3l 2,50, Apfelsaft 1,80.

O.K., man lobt allseits die Pizza. Ansonsten ist das düsterheimelige »Rumpelstilzchen« mit einem zwar belebend hohen Ausländeranteil, aber umso biedereren deutschen Publikum nicht gerade die Erfüllung der Träume des Testers bezüglich Saufspelunke. Das Kinderkrankenhaus ist jedenfalls gleich gegenüber, die Reihenfolge der Stationen mag sich jede(r) selbst aussuchen. ANNEHMBAR.   ∞

SCHICKERIA, Holzstr. 11. ☎ 06151/20959. Tgl. 17-01. Bier Stiefel 15, Wasser, O-Saft, Kaffee 2,30. Fast Food Pizza 7-8. Cocktail Kamikaze 7,50.

Wer folgendermaßen für sich wirbt: »Darmstädter AHA-Erlebnistreff. Schickeria . . . AHA«, muß schon einen Schuß haben und wenn man/frau das dazugehörige Lokal sieht, ist man doch reichlich enttäuscht. Was bleibt vom vermuteten Irrsinn ist lediglich ein muffig, spießiges Etablissement. So kann sich nur einer, der noch nicht einmal erlebt hat in seinem langen Leben, einen »Erlebnistreff« vorstellen. Spielautomaten geben erschreckende Laute von sich, um auf sich aufmerksam zu machen. Die vielen Grünpflanzen auf den Tischen stellen sich als künstliche Scheingewächse heraus. Eine Wendeltreppe verbindet Erdgeschoß mit der Sub-Ebene in der Unterführung der Holzstraße. Dort kann man auch im Freien sitzen. Nebenan befindet sich das Hippopotamus, eine Discothek für den gehobenen Geschmack, in der jeder DJ verzweifeln muß, weil das Aufsichtsamt einen automatischen Lautstärkenreduzierer verordnet hat. Der Kaffee — so bitter und ungenießbar wie das ganze Lokal. 12 Uhr Mittag. Da sieht es so aus: Die kleine Kellernische am Tresen hat schon schickere Zeiten gesehen, heute ist es der obligatorische Treff sympathischer Rumtreiber, von der Marke Rotweinnase, bis zu dem Typ mit der Kleidung à la Männervogue aus 1981. Statt dreimal die Woche frischen Fisch und Austern aus La Rochelle, eine höchst superbe und einfallsreiche Speisekarte mit allerlei Pizzavariationen der Marke Dany-Snack. Das »Ambiente« zehrt von der Mystifikation des Namens und dem Halbdunkel der Betongewölbe, vor allem aber von der ausgelegten Schülerkarte. Beeindruckend die stramm stehenden Club-Wimpel einer Thekenmannschaft an der Rückwand der Küche, davor, ungeniert ein wahres WG-Stilleben: Bunter Kühlschrank, wahllos ineinander verkeilte Bierkisten, diverse Handwerkzeuge, die wohl zum Betrieb des Ladens notwendig scheinen. Oder sind es Vorsorgeinstrumente für eilige Noteingriffe, wenn dem Gast vor Langweile beim Gähnen der Kiefer klemmt? Kein Ort, wo Kontakte bei Champagner und Malt leicht und locker in allen Sprachen der Welt angeknüpft werden, es dominiert der südhessische Ried-Dialekt, das Knallchargentum wird unaufhörlich angespornt. Die grenzenlose Inkompetenz aller Beteiligten spottet jeder näheren Beschreibung. WÜRG.

★□●

SUMPF, Kasinostr. 105. ☎ 06151/293619. Mo-So 20-01. 0,4l Bier 2,70, Wasser 0,80, Saftzeug 2, Schmalzbrot 1.

Seyfried fühlte sich sauwohl in diesem Feuchtbiotop. Der Dartsspieler auf der kleinen Empore: »Norbert, mach der Quälerei ein Ende!« oder »Hey Kall, biss de scho ferdisch?«. Wo sind wir gelandet? In einem regelrechten fossilen Sympathiecenter der politischen Alternativbewegung, eben im »Sumpf, der Kneipe nicht nur für Frösche«. Alternativ heißt Bewegung, heißt Widerspruch heißt prozeßhaftes Denken und Handeln, folglich wird es noch eine Weile dauern bis den Mitgliedern der Tierbefreier-Ini aufgegangen ist, daß der ausgestopfte Fasan an der Decke nicht so ganz stimmig ins ideologische Gehege paßt. Macht nix. Jeder macht Fehler, und die Sumpfies, die Süßen, werden immer zu jung bleiben, um Politiker zu werden. Im Zeitalter grüner Karristen allemal wohltuend zu sehen, daß es in harten politischen Zeiten zum Genuß und zur schöpferischen Gestaltung des Augenblicks

Begabte gibt. Zur Musik: Na klar, ist eine Frage der Erwartung, trotzdem: Die ganz ganz frühen Led Zeppelin — da bleibt der Kugelschreiber im Papier stecken. Am Eingang oder Ausgang, ganz wie man will, ein gigantisches Aquarium, nein, kein mooriges sumpfiges Biotop, ein stinknormales Aquarium. Keiner, weder wir, die Gäste noch die Fische darin, wissen, was das soll. Macht euch nix aus der Stänkerei: Bewahrt die Immunität gegen jegliches Prestigedenken und der Laden wird ein Mythos! SPITZENKLASSE.

★

WEINSEMINAR, Heinrichstr. 52. ☎ 06151/46701. 19-01. Bier 3,50, Wein 3-4,50, Wasser 1,50. Käse-Schinken-Toast 4, Camenbert-Toast, Hawaii-Toast.

s.S. 447

WENGERS' RESTAURANT, Kranichsteiner Str. 42. ☎ 06151/75192. Mo-So 21-24.

War wohl früher mal ein Restaurant. Heute normale, krampfhaft auf wavig getrimmte Kneipe mit kleiner Karte. Wer trifft sich hier? Surfbrettfahrer? »Nö«. GTI-Fahrer? »Nö«. Eher Studenten der verschiedenen Hochschulen. Vor allem der Kunst. Dilettantische Einrichtung contra professionellen Charakter. Beim Kartoffelsuppen-Essen — ein Wunderwerk aus der Maggi- Weißblechküche — fallen die Wurststückchen nicht nur vom Löffel, sondern auch durch das Drahtgeflecht, das als Tischplatte dienen soll. Musik: Antiquiert. Kein Kaffee, kein Tee, »keine solchen Gesichter«, wie die Kellnerin, eine magersüchtige Miß Piggy aus der Muppetshow bemerkt. IRRITATIONS-CENTER.

★

WHY NOT — TOASTKNEIPE, Kasinostr. 85. Bier 2,60, Wasser 1,50, O-Saft 2,50, Kaffee 2,10, heiße Milch mit Amaretto u. Sahne 4,50. Toasts.

Ein Londoner Bus als Theke, Spitzengardinen, nostalgisch bis kitschig. Das war der erste Eindruck. Zocker, Biertrinker, Dartsspieler (wo sind denn bloß die Frauen???)... der

Sumpf

zweite Eindruck. Der dritte: Guinness wurde abbestellt, weil es zu wenig getrunken wurde, Amaretto zuviel verlangt, weswegen er jetzt auch fehlt, Eiswürfel gibt es nur im Winter (vor der Tür) und Tullamore (Irish Whisky) war auch schon weg. Crappa gab's. Ex und hopp und nix wie raus. Wer hier niemanden kennt, der hierher geht, kennt nicht die falschen Leute. Einige Exemplare haben aber schon den Geist aufgegeben. Rod Stewart singt »I'm so in love with you« und wir suchen schnell die nächste Kneipe, bevor er uns kriegt. Nette Bedienung, sonst ÄTZEND.   □●

WORSCHT KÜCH'/LITFASS, Erbacher Str. ☎ 06151/293141. Mo-So 19.30-01, Mo & Mi Live-Musik: 21-0.30. Bier 0.3l 3, Wasser 2. Spezialität «Feigling»: Wodka mit Feige 3,50. Brezel, Wurst- und Schmalzbrote, Soleier. s.S. 135

ZERO, Im Karlshof. ☎06151/714550. 18-01. Bier 2,70, Wasser 1,80, O-Saft 3, Kaffee 2,20, Kir 5. Spaghetti Marinara mit Muscheln, Knoblauch u. Tomaten 7,50, Canelloni Fiorentini (auf Blattspinat) 9. s.S. 355

ZUM KOPERNIKUS, Pankratiusstr. 26a. ☎ 06151/710558. 18-01. Bier 0.3l 2,60, Wasser 2, O-Saft 3, Kaffee 2, Champagner Moet 0.7l 85. Kleine, bürgerliche Karte. Rumpsteak mit Zwiebeln 17,50.

Vorwärts — aber wohin? Früheres Szene-Lokal. Szenenwechsel. Neuer Wirt — neues gutbürgerliches Publikum. Papi geht hier abends sein Bierchen trinken und lacht wiehernd. Wo sind die langhaarigen Linken, die ewig Diskutierenden geblieben? Vielleicht im besetzten Haus um die Ecke — siehe »Volksküche« in diesem Buch. Mittlerweile eine dieser nichtssagenden Kneipen vom Rippchen-mit-Kraut- und Bockwurst-mit-Brot-Typ. Und immer wieder geht die Schalenholz-Unkultur auf. Mit dem bekannten Western-Flair-Fragment. Das absolut Bemerkenswerte an diesem Schandfleck: Die Erinnerung an die chaotisch-lieblichste Kneipe der Stadt. WER DAS ORGINAL SUCHT, WIRD DAS KOPI NICHT FINDEN. □●

ZUR WEINSTUBB', Heidelberger Landstr. 258. ☎ 06151/57149. 18-01. Bier 3, Wasser 2,20, O-Saft 3, Kaffee 2,50.

Die Einrichtung besteht aus Holz, ist antik, verschachtelt. Überall alte, wertvolle Musikinstrumente und Antiquitäten. Das Publikum ist wohltuend normal. Keine »Abgedrehten« aus irgendeinem Lager. Schöne, verräucherte Kneipe, schon fast unter Denkmalschutz zu stellen. Um 1.03 Uhr ist pünktlich »Zappe«. Welche Reichtümer an den Wänden in diesem verschachtelten Kabinett: Violinen, Mandolinen, Harmonika, Posaunen, RARITÄT, URIG.□ ☼

ZWIEBEL, Wilhelm-Leuschner-Str. 48. ☎ 06151/27076. Tgl. 18-01.

Komisch, daß in diese Stehkneipe, in der es meistens so dunkel ist, daß man sich am Geruch finden muß, so viele Dissidenten des Molochs »Kneipe 41« (links nebenan) einlaufen. Der Grund ist weniger die tränentreibende Begeisterung, die die Zwiebel beim unvoreingenommenen Besucher auslöst. Eher platzt die »41« mal wieder aus allen Nähten. Menschen, die das Wahre schätzen, gehen erst gar nicht her, der Rezensent dagegen soff hier schon nächtelang. Die spärliche Illumination ermöglicht zudem weiteres, und hinten kann man auch, etwas heller, sitzen. Prost. LÜCKENFÜLLEND. ∞

ALTES FASS, Wagemannstr. 19. ☎ 06121/379880. Tgl. 17-03, So zu. Bier vom Faß 2,70, Weine ab 3,60. s.S. 49

ART TROPIC BAR, Taunusstr.31. ☎ 06121/599349. Mo-Do 16-01, Fr & Sa 16-02, So 16-01. Kaffee 3, Rheingauer Wein 5,50. Panierte Hummerkrabben 21,50, Thai-Küche, über 70 Cocktails stehen in der Karte und etliche andere noch unveröffentlicht hinter der Stirn des Wirtes. Draußen sitzen.

Wem die Wetterlage hier zu hochdrucklastig ist, den bringt vielleicht ein »Taifun« in Schwung: Rum und Wodka, serviert in einer Kokusnuß. Lieber saublöd, als eine »Art«-Tropic-Bar inszenieren. Neben den anderen, durchweg exotischen Cocktails, wie »Pink Lady« oder »Goa«, werden auch die alkoholfreien Drinks nicht nur für den Gaumen, sondern auch für's Auge ansprechend zubereitet. HERZLICHEN GLÜCKWUNSCH ZUR PSYCHOSE. ★

BEBOP, Saalgassenpassage 11. ☎ 06121/598724. Sommer: So-Do 20-01, Fr, Sa 20-02. Winter: So-Do 18-01, Fr, Sa 18-02. 0.3l Bier 2,80, Cola 2,20, Chili 6,80. s.S. 135

CAFÉ PLANTAGE, in der Wartburg, Schwalbacher Str. 51. ☎ 06121/376593. So-Do 08-01, Fr/Sa 08-02. Bier 3, Kaffee 2,50, Frühstück 3,90-8,50, Pizzen 4-8,50, grüne Nudeln 8,50, Tortellini 7,50. Draußen sitzen. s.S. 104

BEI HOPPENSTEDT, Nerostr. 13. ☎ 06121/51557. So-Do 18-01, Fr Sa 18-02. Pils 2,70, Cola 2,40. Empfehlenswert Flens' Flasch und Skat mit Schmeckerli.

Die Selbstklassifizierung läßt Wüstes erwarten. Die Wirtin schreibt uns: »Bei Hoppenstedts in der Nerostr. geht's zu wie bei Hempels unterm' Sofa«. Die fällige Ortsbesichtigung bestätigt: Die Dame redet nicht nur, sie bringt es auch so : Dermaßen eindrucksvoll erotisch-vulgär lümmelte sich keine zweite Wirtin in Wiesbaden auf dem Sofa inmitten des Gastraumes. Diese lasziven Bewegungen beim Sprechen, wenn sie sich ihrer wollüstigen Lippen bedient — fulminant! Jane Mansfield-Fans könnten bei dieser köperlich guten Bestückung ins Schwitzen kommen. Vor allem, wenn sie einen besonders guten Tag erwischt hat und Tigerfell trägt. Außerdem trinkt sie gerne ein oder zwei Schnäpschen mit. Unterhaltsamer, lustiger Laden mit einigen gut gemachten Tricks, an dem alle Geldbeutelgrößen ihre helle Freude haben. HOPPENSTEDTS.   ★

BISTRO AX, Oranienstr. 62. ☎ 06121/379630. Tgl. 09-14, 18-01, Fr Sa -02.

Ach ja, hier verhieß vor Jahren mal ein aufgeregt, nervös predigender abgebrochener Philosophiestudent, der sich tragischerweise in Werbung versuchte, und noch tragischer, einen Abnehmer für seinen Unsinn fand, eine Sensation: »Wo sonst in Wiesbaden können Frühaufsteher bereits ab 7 Uhr im Stil der 90er frühstücken?« Die Idee war gut jedoch nicht gefragt und deshalb überflüssig. Folglich öffnet das AX jetzt erst um 9. Der Wirt hat's schwer und gibt sich Mühe. Aber noch nicht jede Mühsal wird, wie man sieht, mit Publikumsansturm belohnt. Es fehlt das schlüssige Kneipenkonzept. Die Einrichtung ist versucht modern und entsprechend durchgestylt. Funktionelle Details, keine Rustikal-Schnörkeleien. Eine weitläufige Cocktailbar im aktualisierten Stil der frühen 60er Jahre. Wenn nix zieht, kommt man als Wirt aus Verzweiflung oft auf die seltsamsten Ideen. Bzw. man läßt sich von »Beratern« Mist einreden: »Die andere Modenschau«, Musikveranstaltungen und Ausstellungen. Alles o.k. Alles Flops. Leider sieht man der vorgeblichen Vielfalt die Beliebigkeit an.

Das Personal ist sehr aufmerksam und richtig nett und versucht dem aufgesetzt coolen Charakter die demotivierende Kälte zu nehmen. Brettspiele sind an der Theke zu haben. Warum müssen nette Leute unbedingt eine Modekneipe machen? JETZT ABONNIEREN!
                                                    ★

BILLARDCAFE — CITY BISTRO, Wellritzstr. 57. ☎ 06121/404136. So-Fr 08-01, Sa 08-02. Bier 0.3l 2,50, Wasser 0.2l 2,50, O-Saft 0.2l 3, Kaffee 2, Wein 0.2l 3,50, Sekt 0.75l 20-35. Snacks (Hamburger, Baguettes, Pizza) 3-5.

BUMERANG, Wellritzstr. 18. ☎ 06121/409514. Tgl. 16-01, So zu. Jever Pils 2,75, Kaffee 2,50. Überbackene Zwiebelsuppe 5, Käse-Schinken Toast 5.

Die Technik schlug zu. Fast wäre ihr der »Bumerang« zum Opfer gefallen und das »absolute Muß« für die Wiesbaden-Abteilung in diesem Buch, nicht erschienen. Der aufmerksame Redakteur, Zeitzeuge der bewegten

Foto: Norbert Frank

Art Tropic Bar

Jahre, war sichtlich geknickt, riskierte eine dicke Lippe und formulierte seinen Protest ganz lapidar mit einem »Jetzt geht's aber los!!!«. Die Redakteurin verbeugt sich, gesteht ein: Das darf nicht vergessen werden. Ein Fossil in der Wiesbadener Kneipenscene und Zeitzeuge für die wilden Sechziger. Immer noch lustig, immer noch vergnüglich und keine Spur zu alt. SYMPATHIECENTER. ★ ☆

CHAPEAU CLAQUE, Weilstr. 2. ☎ 06121/522952. Sommer: So-Do 19-01, Fr Sa 19-02, Winter: So-Do 18-01, Fr Sa 18-02. Kaffee 2,20, Pils 2,80, Wein 3,80.

Vorwiegend studentisches Publikum zwischen 20 u. 30 Jahren. Der Wirt besteht darauf und meint das Publikum sei »ruhig und gepflegt«. Was das wohl heißen soll? GUT. ○

COURAGE, Römerberg 13. ☎ 06121/304623.

So-Do 18.30-01, Fr Sa 18.30-02. Bier 3,20, Cola 2, Baguette 6,50. Draußen sitzen.

Keine Popper, keine Whopper — hier findet man immer noch die Alt-Freaks und solche, die es werden wollen bei Bratkartoffeln, Spiegelei und Salat. Oder Griechenland-Träumer bei gebackenem Schafskäse mit Toast und Salat. Neues Outfit, frische Farben, grau in grau. Die Preise sind die alten geblieben, wir hatten auch nichts anderes erwartet. Aber immerhin, der Versuch, das Lokal am Römerberg etwas aufzumöbeln und dem Gilb die Zähne zu zeigen, ist löblich. Der Wunsch des Besitzerquartetts liegt auf der Hand — neue Farbe als Speck für die Gäste, die sich in der letzten Zeit rarer machten als zu Courages besten Zeiten. Es gilt, den Ruf als Szenentreff zu wahren. Man ist aber auch auf der Suche nach neuen Trinkerschichten. Ein neues Image muß her,

Imagepflege allein reicht nicht mehr aus. Renovierung ist wirklich schön und Veränderung immer gut, doch hier fehlte doch der letzte Schuß Courage für die alles verändernde, zündende Idee. Wo der Name doch schon Programm hätte sein können. »Wir wollen das so«, sagt die Kollegin hinter der Theke. Warum nur? Imitationen empfangen den Gast — Marmorimitat auf den Tischen, Natursteinimitat auf dem Tresen, das eine denkbar pflegeleicht, das andere lappenunfreundlich, wie es schlimmer nicht sein könnte. Wo bleibt die nötige Konsequenz, den alten Kram dorthin zu werfen, wo er hingehört? Die blaugestrichenen Bauernstühle — mußte dieser »Selber-Machen-Fatalismus« unbedingt sein? Ein einsamer vergilbter Ventilator hat das Renovierungsmassaker überlebt, ebenso das altertümliche Klavier, einsam steht es an der Wand als Abstellplatz für leere Gläser. An der Säule mitten im Raum hängen nun keine Kleinanzeigen mehr. Weshalb nur? Sie hätten auch weiterhin den »Stil« nicht gestört. Dafür klebt ein großes Spielzeugkrokodil dran. An den Toilettentüren hängen, welch tolle Idee, statt H und D, eine Barbiepuppe und ihr Freund Ken mit putzigem Hawaiischleifen. Aber die Klospruchschreiber waren schon am Werk, neue Farbe hat sie noch nie geschockt, eher zu kreativer Untertagepoesie inspiriert. Ein Dank den Kneipiers an dieser Stelle, verzichten sie doch auf die lästigen Kacheln, die dem WC-Poeten das Handwerk nur unnütz erschweren. Filzgriffel auf frischgestrichener Wand, das ist hingegen mehr als reizvoll. Jede Kneipe bekommt die Klosprüche, die sie verdient, dem Courage geht es da nicht anders: »SEIN ODER DESIGN?«, so heißt der erste Spruch. Keine Frage! Vor der Küche hat die Tünche glücklicherwe..se haltgemacht. Hier gibt es noch die altbekannte Qualität zu mäßigen Preisen. Ein dickes Plus dem prächtigen Schafskästeller für Siebenfuffzig, der nur auf den ersten Blick Design vorgaukelt durch prächtige Garnitur. Satt und lecker. Und da ist natürlich noch die nette Bedienung, der liebbeschauliche Hinterhof, das gutgezapfte Bier und, und, und... Auch dafür gäb's einen Stern im Doppelkorn — falls er solche hätte. DABEI SEIN. DABEI BLEIBEN. ★≡

DAILY, Neugasse/Ecke Goldgasse. ☎ 06121/306662. Tgl. 7-01. Cola 3, Kaffee 3, O-Saft 3,50, Ginger Ale 3,50. Frühstück 4,50-50 (1/2 Fl. Moskovskaya, Iran-Kaviar Toast, 1 Glas Sekt).

Trend Lokal. Was ist der Trend? Wer macht den Trend? Wer ist im Trend? Bist du der Trend? Ätsch, ich bin der Trend. Klaus, war angetan vom kleinen äußerst feinen Raum des »Daily«. Er betrachtete sich mit innenarchitektonischem Blick die Einzelheiten. Wie schön, die Mauerreste, die Auslassungen, die Empore mit ihrer Pop-Art-Bemalung, die Metalltür, die großen Fensterflächen... das alles fand

sein größtes Gefallen.... Die Bedienung mochte uns nicht. Persönlich nahmen wir es ihr nicht übel, es bestand in dieser Frage durchaus gegenseitiges Einverständnis. Beruflich drückte es ihr Unvermögen aus, daß wir auf unsere Getränke eine kleine Ewigkeit warten mußten. In der Zwischenzeit wahre Folter, den Gesprächsfetzen der Nachbarin am lässigen Stehtisch in souveräner Pose des gelangweilten Entertainments mit schlenkerndem Sektglas, ausgeliefert zu sein. »Die Etiketten links und rechts waren mir schon suspekt als sie noch in Mode waren«, meinte die Gelockte im Trenchcoat, dessen besondere Knitterfalten erst auf den zweiten Blick als Produkt einer exquisiten Modefirma zu erkennen war. Lifestyle zwischen Okkultismus, Couture D'Angelo, 3-Tage Bart, Psychotherapeut und Champagner Brut. Stammtischatmosphäre nach dem Motto: Wir sind alle ausgeprägte Wahnsinnige... Don't worry be happy. In punkto Laster ist man moderat. Prächtige Preise. Hier wie dort, man zahlt es. »Wenn man in so einem Plastikkleid ausgeht, lernt man mindestens zehn interessante Leute kennen...« Sie findet es unheimlich wichtig, ihre Wohnung in ihren Wunschfarben gestaltet zu haben. Auch ihr Therapeut hat ihr da zugesprochen. Mir fällt da nur noch die alte Weisheit des großen Brahamen Siddharta (oder war es doch ein anderer?) ein: Es begann mit kindischem Gelächter, es wird auch damit enden. Da hilft auch der schöne Raum nix mehr... Oh du sprudelnd prickelnde Abbruchwelt. CORPORATE COMEDY. ☆

DOMIZIL, Moritzstr. 52. ☎ 06121/370442. Tgl. von 17-01, Fr/Sa 17-02. Gulaschsuppe 6, Calamares 8,50, Apfelwein 1,80, Pils 0.3l 2,60.

Kleinkunst, Blues, Soul, Rock, Filme, Unterhaltung, auch poltischer Art, Theater, Kindertheater, Kabarett. Eine der gängigsten Alternativkneipen, ohne daß sie im altertümlichen Freakgehabe vergreist. Hier ist der Aufbau eines eigenständigen, von seltsamen, unsichtbaren, aber griffigen Regeln determinierten Milieus gelungen. Dazu tragen ein Öko-Wein, für Freunde eines echten, trockenen Tropfens, ebenso bei, wie Gerichte und Zutaten auf Vollwertbasis. Dennoch fehlt keineswegs das deftige Mahl für herzhafte Fresser. So kann ich mich nur wohlfühlen! Wunderschöner Garten, Einrichtung in schwarz-weiß. Dermaßen engagiert und liebevoll lassen sich die Probleme der Wiesbadener Scene bestimmt mal lösen. SPITZENKLASSE. ★

ECKHAUS, Hirschgrabenstr. 17. ☎ 06121/378576. Fr/Sa 17-02, sonst 17-01. Bier 0.4l Pils 3,20, 0.4l Alt 3,20, Cola 2, versch. Weine, Kaffee 2,20. Handkäs' mit Musik 3,50, Geschnetzeltes mit Beilage 9,80.

Das Eckhaus läßt mit seiner virtuos eingesetzten Einrichtungstechnik, die an liebzende, aber sehr gepflegt gammelige Urzustände bewährter Scenelokale erinnert, viel Platz für Träume und Phantasien, die den meisten Kneipen dieser Gattung wegen allzu großer Verbiesterung sehr oft abgeht. Die philosophisch markante und kabarettistisch angehauchte Grundhaltung ist Realsatire und somit höchst sympathisch: »Man sollte mal... aber das wird ja eh' nix« ist die jeweilige Kneipenbesatzung wird per Dienstplan öffentlich am Brett angeschlagen. An jenem Abend betreuten den Tresen: Klaus. Es servierte: Blacky II. In der Küche rührte Barbara an. Garten: Bei strömendem Regen diesmal hitzefrei. Blacky II servierte in der charmanten Art des Kellners, klassischer Wiener Typ: Gnädige Frau, Ihr Wunsch? Open Air bei Wärme im Garten, ganz romantisch unter wildem Wein. Die Spezialeffekte der Eingangstür sorgen manchmal für Überraschung. Der Tester war gerne gesehen, sofern er einen mittrank oder noch besser: Einen ausgab. Herrlich, der Laden, die unbeabsichtigten Gags verbinden sich zu einem irgendwie unwiderstehlich amüsanten Ganzen.

Einzigartig schmackhaft zu keinem schamlosen Preis das schöne Kalbsgeschnetzelte. Wer hätte das gedacht: EINSAME SPITZENKLASSE. ★

FILIALE, Stiftstr. 9. ☎ 06121/590642. Tgl. 17-01. Warme Küche bis 24. Milchkaffee groß 3,80, Säfte 3,50, Pils 3, Rotwein 4. s.S. 358

GROSCHENOPER, Rheinstr. 80. ☎ 06121/306640. Mo-Sa 18-01, Fr/Sa -02. Bier 3, Kaffee 2,50, Wein 4,50-6. s.S. 156

K 8, Kellerstr. 8. ☎ 06121/521124. Tgl. 20-01, Fr/Sa -02. So zu. Bier 0.3l 2,70, Wasser 0.2l 2, O-Saft 3, Kaffee 2,50, Wein 3,50-4,50, Calvados 4,50-6,50, Whiskey 4cl 5,50-10, Elefant 4,50 (probieren!), Riesling 1.5l 99,99 — sehr große Auswahl, wechselnde Gerichte (Suppen, Baguettes usw.) 5-10.

Die kleine Kneipe, gut geeignet für kalte Wintertage. Schöner Teppichboden, orgineller, funktioniernder Nachtspeicherofen. Viel Holz, ein bißchen abseits ein Plateau mit Klavier. Hier spielen Insider vor 80 Leuten bei totaler Überfüllung. Das Publikum, schwer zu beschreiben. Vielleicht so: Normal und dicht. Nicht zu alt. Hin und wieder Sessions, die mit handgemachten Plakaten im K 8 werben. Sehr schmucke, phantasievolle Bareinrichtung. Reihen-Deko-Art: Oben ein Fürst v. Metternich-Fläschchen nach dem anderen; in der Mitte Präsente wie Strohblumensträußchen, Puppen und Weinflaschen; in der unteren Reihe Super-Sekt-Bottles, Korkenbehälter, Saiteninstrumente. GEMÜTLICH. ∎

KARTOFFEL, Nerostr. 33. ☎ 06121/524366. Okt.-März 17-02, April-Sepv. 18-02. Mo zu. Bier 0.3l 3, Wasser 0.25l 2,20, O-Saft 0.2l 2,50, Kaffee 2,50, andere Säfte 3, Wein ca. 3-4. s.S. 297

KATAKOMBE, Nerobergstr. 41. Bier 3.

Nur є wähnenswert bezüglich des Vorgängers. Oder von einem Extrem ins andere: Ein paar Monate Super-Cool-Tour namens »one a.m-Bar«, neudeutsch »mit extremer neuer Übersichtlichkeit«, die feinere Umschreibung für »ständig gähnend leer«. Jetzt Rindswurst-mit-Kraut-Paradies und »Hütchen«-Flair. Eine absolut übersehenswerte Normal-Rustikal-Kneipe. RÜLPS. ★

DIE KLAPPE, Nerostr. 20. ☎ 06121/51674. So-Do 12-01, Fr/Sa 12-01. Bier 0.3l 3, Wasser 0.25l 2,80, Kaffee 2,50, Tequilla 4, Wein 4,30-5, Sekt 5, Champagner 7,50 bzw. der Liter 30-180. Schmalzbrot 2,50, Toast 5, Salate 7,50-10,50, Handkäs' 5, Tagesessen, z.B. Spaghetti Bolognese 8,50 oder Zucchini mit Tomatensoße u. Fleisch 11,50.

Wer keine Ahnung von der von Filmbranche hat, kann sich hier wenigstens einbilden, er hätte außer reichlich Alkohol auch Nachhilfestunde in diesem Genre zu sich genommen. Beleuchtung a la Videolampe der Fünfziger in

Eckhaus

entsprechender Größe. Bitte die Form der Bar beachten. Pure Studio-Scenerie. Die Wände sind gut ausgeschmückt mit Schwarz-Weiß-Fotos, mit Portraits von Stan Laurell bis hin zu Woody Allen, also ein Klischee ans andere gereiht. Außerdem der mittlerweile peinliche Ausstattungsstandard für Pseudo-Avantgardisten, der riesige Propellerventilator an der Decke. Publikum von 16-30, alles Kinofans ist nicht zu sagen. Gut gemischt, Teds, Mods, und Lederjackenfreunde. Nach der Triangel jetzt in der Nerostraße die Klappe. Mickey Mouse verfolgte mich bis auf's Klo. Viel Platz, ein Tor-Durchgang zum Raum Nr. 2. Nicht nur hier finden Ausstellungen statt. SWF-3-Musik (Filmmusik aus den »Fuffies« fehlt noch!). Alles wird nur optisch dargestellt; es gibt keine Leinwände oder gar Video-Filme. Das ganze Ding liegt gut plaziert, hier kommt jeder mal vorbei — Nerostraße eben! ORIGINELL & KLAPPT! ∎

CAFE KLATSCH, Marcobrunnenstr. 9. ☎ 06121/440266. Di-Do 08-01, Fr/Sa 08-02, So 10-01, Mo zu.   s.S. 157

KNEIPCHEN, Scharnhorststr. 32. ☎ 06121/400644. Mo-Do 19-01, Fr 19- 02, Sa 20-02, So 20-01.

Neben fünf Tischen, ein paar Plätze am Tresen. Neben dem Klavier gibt's gerade noch Platz für 'ne Dartscheibe. Publikum meist sog. »Alt-68er« und die Musik auch eher aus dieser Zeit. Allein schon wegen des Chili con carne (4) nicht mehr aus Wiesbaden wegzudenken. Eine der ersten Szenekneipen, die Wiesbaden belebte. HERVORRAGEND.   O

MAUERBLÜMCHEN, Mauergasse 15. ☎ 06121/307896. Mo-So 11-01, Fr/Sa -02. Budweiser 3, Alt 3,20, Cola 2,80, Wasser 2,80, Perrier 3,50, Cocktail Zombie 15, Tequilla 12. Mittagsmenü 9,90 (Suppe, Tagesgericht, Salat) 2,50-19,80, u.a. Gyros, Filetsteak, Czevapcici, dazu Pommes und Salat.

Prima Service, heller, großer Raum. Übersichtlich, nicht mit Mobiliar überhäuft. Publikum, gehobene Scene mit Drei-Tage-Bart und Hein-Gericke-Wildleder-Bomber-Jacke. Eltern mit erwachsenen Kindern. Leute aus den Behörden treffen hier auf Abwechslung vom Kantinenessen. Von der Decke hängen Tulpenlampen, die namengebenden Pflanzen stilisierend. Essen, deutsche, italienische, schweizer Küche, reichlich, gut und gehobene Preisklasse. Therapeutikum gegen Platzangst. Garantiert kein Mitatemzwang von Schweißgeruch der Mitgäste. GUTE AUSSICHTEN. ★

MEPHISTO-KELLER, Kaiser-Friedrich-Ring 61. Mo-Fr ab 17, Sa/So 16-01. Pils ab 2,80, Cola 2, Budweiser, Guiness.Cocktail »Swimming Pool«(Blue Curacao) 7,50 und »Coribec Dream« (Bacardi) 7.

Es gehört zum postmodernen Avantgardismus, daß mit der immer schnelleren Veralterung auch zunehmend die Möglichkeit der Veralterung selbst veraltet. Die Folge ist Zeitlosigkeit. Diese Kneipe liefert ein Prachtstück an Beleg für obige These. Die Leute begeben sich nicht »immer wieder« in die Rest-Kultur der Siebziger. Sie tun es »schon wieder«. Folglich kann man als Wirt hier mit zwei- bis dreimal monatlich Live Musik, gutem Bier und Spitze-Service überleben. Absolutes Sympathie-Center. Perle der Weststadt! Für LiebhaberInnen von Gitarrenmusik aller Art. Scotish- und Irish-Folk, Blues, Rap. Gitarren aller Art hängen von der Decke. Äußerst kommunikatives Jung-Wirte-Pärchen. Richtig unkompliziert und nett. Heutzutage eine Rarität. Dartspiel. Einrichtung teilweise »Western über alles« — mühsam gedämpft. Schlägt hier nicht so aufs Gemüt wie anderswo, weil der Laden räumlich großzügig geschnitten ist. Körperliche Zwangskontakte fallen aus. Wie sähe eine Welt aus,

in der solche musikalische Einfach-Kneipen nicht vorkämen! UNIVERSALPOESIE. ★

NACHTCAFÉ, Nerostraße, ☎ 06121/590108. Tgl. 18-01, Sa/So -2. Bier, Cola, Wasser Kaffee 3.

Plattnasen — und Nachtkappencafé. Der Name ist purer Etikettenschwindel. Zum einen ist das Nachtcafé kein Café, denn es öffnet erst um 18 Uhr — zum anderen ist es kein Nacht-Etablissement, denn es schließt bereits um 1 Uhr. So bleibt auf der Suche nach dem Besonderen vom »Lonesome Großstadtcowboy« mit Drei-Tage Bart, Knittertrenchcoat und Kippe im Mundwinkel nur noch der Name übrig. Eines jeden Dilettanten Wahrheit liegt in der Angeberei. Das Lokal befindet sich in den Räumen des ehemaligen E.G's, dem verblichenen Wellen-Vorreiter aller Neon-Wave-Kneipen in Wiesbaden. Die übernommene Einrichtung ist heute schon echt pre-museal, bzw. postwave. Pappa-Typen, die gerne pummelig-exotische Nachtfalter anglotzen, Voyeure bis Unter-den-Rock-Grabscher sind in der Scene offenbar wieder im Kommen, zumindest zieren sie die Theke und spielen mit dem Wirt die abgestandensten Kneipenspiele: Würfeln und Knobeln. Das spricht nicht gegen sie, sie wissen was sie tun. Das spricht gegen den abgestandenen Jungwirt, der mangels Publikumszuspruch verzweifelt mit jedem über alles lacht, selbst wenn er einen Drink um den anderen verliert. Lieber kommt er dermaßen unter Niveau, als sofort Pleite zu gehen. Welches Schicksal bliebe ihm sonst erspart? Die Einsicht »ich bin als Wirt eine Fehlbesetzung« würde sehr viel Selbsterkenntnis verlangen. Am einzig belegten Stahltisch sitzen Spätgymnasiasten an. Ansonsten ist der Laden stilecht — leer. Nervöse bis nervige Musik der »Trash-Pseudo-Modern-Talking-Art«. Zuweilen auch abgestandene, weibliche Nachtschattengewächse mit ganz schwarzer Kriegsbemalung zur Vertuschung von Tränensäcken um die Augen, geierhafte Abschleppweiber in Berufskleidung suchen Opfer an der Theke. Für Baby-Doll-Kleidchen und Rüschen-Röckchen einfach zuviele Jährchen auf dem Buckelchen und Krampfäderchen an den Beinechen. Gelle?! Kommt so unwahrscheinlich gut von gestern wie ein Landwirt, der mit Jauchestiefeln im Café Kranzler diniert. SCHON WIEDER EINE PLEITE. ★ ☆

ORFEO, Römerberg 8. ☎ 06121/309442. Tgl. ab 16. Bier 0.3l 2,80, Cola 0.2l 2, Thunfischsalat 7,50. Kl. Snacks, frische gepreßte Säfte, Shrimps-Cocktail.

Beim Publikum ist Linksrichtung angesagt. 68-er, Startbahn- und Tschernobylgegner, aber auch der gesunde Volksdurchschnitt, Leute ohne Meinung kommen her und werden entgegen des Vorurteils, Linke würden keines anderen Menschen Meinung gelten lassen, voll integriert. Frauen kommen gerne hierher. Auch wenn sie alleine unterwegs sind, werden sie hier nicht blöd angemacht. Kein Abend ohne Ina Deter. Das einzige was bisher fehlt: Massenhaft, ja massenhaft Gäste. Dabei gibt's überhaupt nichts auszusetzen. Tolle Musik, von gestern aber auch von heute. Nicht zu laut und nicht zu leise. Man kann sich noch in Ruhe unterhalten oder diskutieren oder die Einrichtung bestaunen. Hin und wieder kommt jemand mit seiner Gitarre und singt — sogar gut. Klar, daß die Leute dann mitgehen, und Atmosphäre entsteht. Ein Glücksfall, der so wenigen Kneipen widerfährt. Die Küche ist besonders zu empfehlen. Ein Orfeo fehlt in einigen Städten. Da wäre es knallvoll. Ansonsten: Origineller Wirt, knoblauchmäßige Redeform und hoffentlich hält die Manschaft durch, bis die Qualitäten ins Hinterhirn der Szene durchgesickert sind. Aber vielleicht ist dort alles schon vom vielen Retsina über die Jahre verharzt. SEHR EMPFEHLENSWERT. ∎

PARSIVAL, Taunustr. 46/48. ☎ 06121/598313.

Tgl. 17-01, Fr/Sa 17-02. Bier 3,30, Cola, Wasser 3, Cocktail 7-10, Rheinwein 4,50. Schweinlende 12,50, gr. Wiener Schnitzel mit Bratkartoffeln 12,50, Hausgemachter Salat 5.

»Sündhaft teuer« und zugleich »sündhaft« gut, finden die Inhaber, die Muth GmbH, ihr Lokal. Das Programm ist ebenso überzeugend: »Jeden Tag alles und nichts«. Empfehlung: Schlichtweg alles. Der Laden ist zum Gucken da. Jedoch nicht nach aufgestylten sterilen College-SchülerInnen oder Wiesbadener Nachlaß-Verwaltern, die sich die teuren Preise hier leisten (können?), sondern nach dem Raum und der Ausstattung. Trotz der offenkundigen Banalität des Publikums, der Ratlosigkeit und dem Verstört-Sein der Sachverwalter der Verschwendung, gesteht Sigrid den Ausstattern zu, daß sie es verstanden haben, aus einer Mischung von Kitsch, Antik und Art-Deko, einen Raum mit einer beeindruckenden Deckenhöhe von vier bis fünf Metern gastronomisch ansprehend gestaltet zu haben. Riesig lange Holztheke, Kastanienholz, bzw. Mahagoni-rotbraun, Holzpanelen rundherum, die zumindest so aussehen als hätten sie schon einige Jahre auf dem Buckel. Antike Lampen und Kronleuchter an der Decke, Ventilatoren fächern Luft von oben. Perücken, Puppenköpfe, Hüte als Dekoration, und das Beste ist die wunderschöne Glaswand mit dem Eingangsportal. Nochmal zum Publikum: Weil die Leute sich selbst so ungeheuer ernst nehmen, haben sie verlernt zu lachen. Und lachen können sie meistens nur, wo alles ernst und traurig ist. MAL ANGUCKEN. ★ ☆

ROCZEK'S DESTILLE, Kaiser-Friedrich-Ring 53. ☎ 06121/840453. So-Do 11-01, Fr, Sa 11-02. Bier 0.3l 2,70, Cola 2, Salamisandwich 4, Pizza ab 7. 100 verschiedene Spirituosen aus eigener Hestellung.

Im Angebot über 100 verschiedene Spirituosen eigener Herstellung. Dementspre-

Foto: Norbert Frank

Kneipchen

chend eine überdimensional große Getränkekarte mit allen möglichen Spirituosen und
Long-Drinks, so recht nach der Phantasie zum
Zusammenstellen. Innen drin geht der Punk
ab, im wahrsten Sinne des Wortes. Für sensible Ohren ungeeignet. Ist es den Angestellten
mit »Pistols« und Co zu eintönig, legen sie Metal auf. Dementsprechend das Publikum,
bleibt jedoch im angezogenen Rahmen. Vereinzelt trifft man hier auch Freaks aus der
Öko-Szene. Wenn das zu heavy ist, wird sich
draußen auf den Steingarnituren wohler ge-
fühlt. Die überdimensionale Theke stört eigentlich nicht. Nur, wer zu kurze Arme hat, sollte
sich besser auf einem der Tische niederlassen, denn wer von der Bank aus sein Getränk
erreichen will, braucht schon eine albatros-
ähnliche Spannweite. Old Roczek tut hier wiedermal aufopfernd Gutes! Im Sommer kann
man bis 01 Uhr draußen sitzen! AUF-
MUNTERND. ■

TEATRINO, Zimmermannnstraße/Ecke Dotzheimer Straße. ☎ 06121/306191. Tgl. 19-02, Fr/Sa
19-02, So zu. Bier 0.4l 3,80, Wasser 0.2l 2,50, O-
Saft 0.2l 3, Kaffee 2,50, Sangria 0.2l 4 u. 0.4l 8,50.
Tapas 3,50-9.   s.S. 138

WIRTSHAUS, Nerostr. 24, ☎ 06121/520570.
Kneipe, Fr/Sa: Disco.
   Eine der bewährtesten und ältesten Unter-
haltungszentren auf der Sucht-Piste Nerostraße. Früher berühmt für die Auftritte von
Life-Bands. Heute berühmt-berüchtigte Disco.
Man kann hier herzhaft genießen. Die unheim-
liche Enge, das Geschiebe von Körpern, das
Gestöhne und Geschwätze. Mit fünfzehn beginnt man hier erstmals abzutauchen, mit fünf-
undvierzig dann wieder. Eine Publikumsmi-
schung aus Hippie-Episoden, Avantgardisten
Biedeckelsammlern, Neon-Krähen und Haus-

meistern. Tanzflächenvoyeure kommen auch zu ihrem Ziel. Irgendwie bringen's die Nachwuchs-Streuner und exzessiv saufenden Aussteigerinnen genauso wie die Alten. Sie protestieren gegen das Elternhaus, hauen auf den Putz, kippen sich fast wahllos einiges in den Kopf. Und dann schmeißt sie ihm in aller Öffentlichkeit ihren Schmerz vor die Füße. Am Ende dieses Auftritts geht sie Hals über Kopf an die Brust der Mama zurück. Zwecks Selbstfindung. Der Ort: Overnight-sensation. Schlachtenerprobt. Aber schööön. Und trotz aller mächtig markanten Fossile von gestern am Tresen keine Enklave alternder Freaks mit Golf-GTI-Syndrom. WIRTSHAUS ODER KEINE. ★

ZICK-ZACK, Alte Schmelze 12. ☎ 06121/22336. Do-Sa 19-01, So zu (außer bei Konzerten). Lüneburger Pils 0.3l 2. Jeden Do gibt es 0.3l Bier für 1.

Meister Roczek hält dieses moderne Pop-Art Lokal in lobenswerter Weise mit Getränke Groß- und Einzelhandel und mit der »Destille« in der Innenstadt am Leben. Stammgäste können hier auch am Wochenende mit einer Kiste Wasser, Limo oder Bier rechnen. Offenbar ist der Wirt mit viel Familienliebe aufgewachsen. Die Großmutter sichtet am frühen Abend, daß keiner blöd glotzt. Schlichtweg mit das originellst eingerichtete Musiklokal oder Disco, je nach Anforderung. Nur schade, daß es so weit außerhalb liegt. Wollen wir hoffen, daß der Ofen nicht so bald aus ist (auch nicht am Aschermittwoch 1989, wie gemunkelt wird) und das jüngste Gericht folgt. Zumindest leitet kein Stein das Herz der Bedienung. Die junge Frau ist unaufdringlich nett, fernab jeder modischen Coolness und Arroganz, die dem Thekenpublikum solcher Einrichtungen oftmals leider anhaftet. Das Ambiente ist nicht ohne Reiz, die originelle Einrichtung wirkt nicht simpel. Sentimentalitäten kommen auf, denn was nicht

überdimensional ausfällt wird nicht riesenhaft ins Bild gezerrt. HERVORRAGEND. ★

mainz

ALTMÜNSTER PAVILLON, Bilhildisstr.2. ☎ 06131/235660. Tgl. 10-01, Fr, Sa -02. 0.3l Jever Pils 2,70, Cola 2, Birell 2,80, Kaffee 2,20.

Eine kuriose Koexistenz. Kontrastreiche Kulisse zwischen Shopping-Center und der Ödness von Geschäftsraum-Leerstand, angereichert mit städtebaulich angenehmen Altstadtresten. Das Altmünster Pavillon sieht nicht nur wie ein Glaspalast aus. Es ist auch einer. Zweistöckig, hell erleuchtet und mit Blinklichtketten lockt es den nächtlichen Nacht-Streuner. Ein lebhaftes Völkchen hat sich etabliert. Kitsch-as-Kitsch-Can: Unter Glaslüstern und Jugenstildecor, berauschen sich samstags Eingefleischte am Mannschafts-Schach. Das ist zwar nicht jedermans und -fraus Geschmack, doch wer nicht penetrant nur auf herrlicher Unterhaltungsdekadenz besteht, sondern in der von Arbeit freien Zeit die Strapazierung des Klein- und Großhirns als Lustgenuß empfindet, wird sein schachiges Wunder erleben. NETT. ☆

AM PRÄSIDIUM, Klarastr.4a. ☎ 06131/226482. 0.3l Pils 2,20, 0.2l Ex 1,40, 0.2l Cola 1,50. Toasts 7,50, Cordon Bleu mit Beil. 14,50, Omeletts 7,20/7,50.

Dieses Kneipen-Produkt provoziert die Phantasie mit witzigen Momenten, die bestechen. Fast von exotischer Inferiorität. Oder auf Alltagsdeutsch: Zum Abhärten. »Gefällst Du dem Wirt nicht, kriegste nix..« so ein Fan. Nix wie hin. Die Nase voll von all dem aufgeblähten Etikettenschwindel großstädtischer New-Wave-Tempel, auf der Suche nach dem urigen modernen Lokalpatrioten? Dann ist das Präsidium die herbeigesehnte schnörkelfreie

Alternative, ideale Wanne für das Seelenbad mühselig beladener Trendsetter wie Traditionalisten. Übervoll von Einfällen wie Einfallslosigkeiten, merkwürdig bekannt anmutend, lustig bis surrealistisch — so wirkt das Szenarium, das sich jeder Einordnung entzieht. Rechte Trinken hier so heftig wie Linke schmatzen. Die Nähe zum Polizeipräsidium ruft nicht gerade liebevolle Assoziationen hervor, entlockt kaum Jubelrufe. Trotzdem, oder gerade wegen dieser gastronomischen Scheinharmonie, muß man sich vor derartigem Volkstum in acht nehmen. Die sich zuweilen erzkonservativ artikulierende Mischkultur aus Staatsraison und Schoppewein-Vollsuff erfordert kritische Distanz und kein sich Fallenlassen. Hei-ho! Fanatische Freunde wahrer Abenteuer sitzen in einer Uralt-Kneipen-Einrichtung, eine jahrzehntelange Ansammlung von Antiquitäten und Kuriositäten-Fragmenten. Papiertaschentücher im geflochtenen Serviettenhalter der 60er, Blumenampel aus Makramee, Bücherregal mit abgegriffenen Büchern, Brettspiele aus den mittleren Fünfzigern und es fehlte nur noch Freddy Quinns »Fremdenlegionär« aus der Musikbox und die Nostalgietränen wären nicht mehr zu bremsen. All das sind keine Ergebnisse arrangierter Erlebnisgastronomie, sondern Reste gewachsener rheingauischer Ur-Wirtschaftskulturen mit Wohnzimmercharakter. Der Wirt, ein noch agiler Beppo Brehm-Typ, schleift, wie sein Vorbild verlangsamt, in Lederschürze, mit Kugelschreiber hinterm Ohr, durch die Gaststube und schleppt Bierkästen zur Tür hinaus. Dann verschanzt er sich wieder hinter seiner Theke, zieht gierig am schwarzen Zigarettenstummel und wartet gelangweilt auf das nächste Essen. So als habe er längst sein Testament gemacht und könne jeden Moment sterben. Die Tochter liefert prompt aus der Küche. Ebenso prompt übernimmt er und knallt die runden Menue-Teller auf den immer gleichen engen Platz zwischen irgendwelchem Gerümpel auf der Küchen-schrankkommode, setzt sich, holt Luft und serviert erheblich verzögert. Ungewollt irgendwie ein Ritual zwischen Valentinade und Avantgarde. Der Federweißer-Ballon steht auf der Theke dazu gibt's hausgemachten Zwiebelkuchen. Wir empfehlen vor allem, ach Gott, die »astreinen Schnitzel«. Jene kulinarischen Fettschwämme, die bei uns zu den großen Leckereien gehören, mittlerweile aber offensichtlich leider viel zu unterbewertet sind. Einzeln angefertigt kommen sie noch viel unbekömmlicher. ÄSCHT GUT.   ★ ☆

AUGUSTINER, Augustinerstr. 8. ☎ 06131/231737. So-Do 10-01, Fr, Sa 10-02. Prinz Pils 0.3l 3, Kaffee 2,50, Selters 3, Cola 0.3l 3. Frühstück 5,50-11.

Leicht gepflegtes Abhängen. Der Laden hat seine hysterischen aufgemotzten Zeiten schon hinter sich und kann sich in Ruhe seiner Aufgabe zuwenden: Die Bewirtung der Gäste, zur Rettung ihrer Haut. Zwischen Eltern und Kindern bestand ein gutes Verhältnis. Schon die Mutter und der Vater trieben sich in Kneipen herum. Eng beieinander. Vielleicht wollen die großen Kinder heute nach dem Kino den Abend nett ausklingen lassen, von der Mainzer Snobiety werden sie nicht gestört. Die kleine erlesene Speisekarte hilft über die größten Orientierungsprobleme hinweg und am liebsten würden wir auf dem kulinarischen Kompaß unvergleichlich Typisches finden: Be-

avalon
Wallaustraße 52 · 6500 Mainz-Neustadt

trunkenes Huhn zum Beispiel..oder? So ist es, wenn man fern der alten Höchstform den Rost in den Gelenken spürt und melancholisch wird beim sinnieren über die lümmelhaften Jugendjahre als Clown und Held, in einer kleinen Bar-Kneipe, deren Einrichtung schon etwas abgelebt in die Jahre gekommen ist. Große Theke und kleine, wenige Sitzgruppen. Sympathisch realistisch. Der Alterungsprozeß an den Polstern ist unübersehbar, die unechten Farne an der Decke erinnern an den frischen Glanz der dritten Zähne. GELASSEN. ★ ☆

AUGUSTINERKELLER, Augustinerstr.26. ☎ 06131/222662. Tgl. 18-01. 0.3l Bier 3,30, 0.3l Cola 3,30, Altbierbowle mit Kaiserkirschen 4,20. Gr. Hausmacher Wurstplatte 13,90, Rumpsteak mit Beilagen 19,80. Ölsardinen, Toast, Butter 7,50.

Wer sich darauf einläßt und genau hinschaut, erlebt Phantastisches. Ein Hauch von Verbrüderung und Verständigung alter und junger Studentengeneration, von Handwerksmeister und »Stift«. Der Herr Doktor mit Frau und der junge Politikstudent mit Freundin und Kommilitonen sitzen Tisch an Tisch. Hand in Hand. Hand auf Bein. Hand in Hose. Hand im Rock. Alle sind da. Der tumbe Waldbauer, der opportunistisch verkleidete geile Pastor. Und der endlos sabbernde Fettwanst. Der gesellschaftliche Mittelstand, seine Perspektive und materielle Sicherheit schaffen Zuversicht, nichts als Zuversicht, daß auch alles Kommende, so wie bisher das Vergangene, überzeugend und erfolgreich gemeistert werden kann. Alle übrigen halten sich wacker. Hier geht's geräuschvoll und gesellig zu. An den Tischen auf zwei Stockwerken, reichlich mit Weinbaurelikten geschmückt, sind am Wochenende kaum Plätze zu bekommen. Die Wirklichkeit ist oft schöner als die Märchenwelt. GEDIEGEN GESELLIG. ☆

AVALON, Wallaustr. 52. ☎ 06131/632634. Mo-Fr 12-01, Sa 15-02, So 10.30-01. Kaffee 2,20, Wein

ab 3, Cola 2. So gibt's Frühstück. Nudelauflauf 4,50-8. Terrasse.

Romantik mal alternativ. Diese Abfüllstation ist eine der schönsten und meistbesuchtesten der Szene. Ach ja, hier wandeln sie auf den Spuren so vieler erster wie zweiter Kulturen, Subkulturen, Unkulturen. Alles ist orginal, nichts künstlich, ein Dorado für alle, die orginal Leben erleben wollen, Sehenswürdigkeiten zu schätzen wissen und nicht unbedingt den genau richtigen Kaschmir-Pulli finden wollen. Dafür entzückt sind von den vielen Grünpflanzen, gute, aber nicht zu laute Musik und einen ausgesprochen freundlichen Service zu schätzen wissen. Die kleine Küche wird von alten und jungen Junggebliebenen sehr geschätzt. Besonders empfehlenswert die grünen Nudeln mit Käse überbacken. Für Langschläfer gibt es ab 12 Uhr Frühstück, sonntags ab 10.30 und das dann noch mit Live-Jazz serviert. Kurzum: Es ist so ausgezeichnet, daß neben den Hausgästen allabendlich auch szenige Schleckermäuler aus anderen Städten und Dörfern vorbeikommen. Die Durstigen können zwischen 8 Bieren vom Faß, 9 verschiedenen Säften und anderem Trinkbaren wählen (Malt Whiskeys etc.). Wem es drinnen zu heiß wird, kann sich auch vor der Fensterfront ins Freie setzen. Als das Avalon vor Jahren öffnete, war es die erste Studentenkneipe in der Neustadt. Trotz stetig wachsender Konkurrenz immer wieder eine Ausnahmeerscheinung und uns so richtig ans Herz gewachsen. Warnung! Gleich werd' ich sentimental. Echt, du! SPITZENKLASSE. ★ ✕

BAFF, Gaustr. 29. ☎ 06131/220938. Mo-Do 6-01, Fr, Sa 6-02, So 6-01, Di zu. Bier 1,90, Wasser 1,50, O-Saft 2, Kaffee 2, Wein 1,80, Krefelder (Alt/Cola) 2,80. Jumbo-Frühstück 5 (1 Kaffee, 2 Brötchen, 2 Eier, 2 Butter, Wurst und Marmelade), div. Toasts 2,80, div. Baguettes 3,50.

Eine Eintrittskarte in die Welt des Überlebenstheaters zum Sondertarif muß nicht gelöst werden. Mal sorgt einer für Ruhe, mal schleudert jemand seinen ganzen Wortschatz durch die Kneipe, eine Zunge später, »eine Halbe«, lauter als der andere. Christiane sorgt keineswegs für Langeweile. Sie flucht wie die Spatzen vom Dach. Steht scheinbar ständig vor dem Nervenzusammenbruch und bedient den Plattenspieler. Das macht allen nix. »Rocky« kommt aus der Neustadt hier rauf. Weil sich hier alle kennen und mögen. Und »solche Wixer, wie Yuppie-Typen hier Chance haben«. Rocky hat einen Sprachfehler. Dennoch verstehen ihn seine Kumpels und er fühlt sich verstanden. Am Nebentisch verkauft ein ambulanter Händler Modeschmuck. Nicht die feinen Töne sind's, vielmehr das feine Verständnis für den Alltag zwischen Betrieb, Maschinen und Kaufhauskassen. Hier begrüßt man sich persönlich und lautstark. Keine Ausschlußatmosphäre, vielmehr ist jeder akzeptiert. Das Motto lautet nicht »Friede den Menschen«, sondern »Friede den Menschen, die guten Willens sind«. Freizeitgestaltung zwischen Theke, Dartsspiel, Spielautomat und Tischfußball. Immer in sicherer Gewißheit, Kumpels und Freundinnen zu treffen. Nix für Schnellstarter und Leute mit der Überzeugung »schluck dich schön«. TOP-ACT.   ★ ☆ ■

BAGATELLE, Gartenfeldplatz. Mo-Fr 11-14.30, 17.30-01, Sa & So ab 09. Kaiser Pils 0.3l vom Faß 2,70, Salatteller 9, Frikadelle mit Brot 4,80.
s.S. 417

BELLE EPOQUE, Gärtnergasse. 0.3l Cola 2,50, 0.3l Becks, Warteiner, Jever 2,90.

Die Yuppie-Kultur kam nicht so richtig in Schwung. Mit dem Niedergang Falcos ging es auch mit dem »Amadeus«, dem Vorläuferetablissement, abwärts. Schade. Jene verflüchtigte Politmode versuchte den Weg zurück wenigstens nur in die Wirtschaftswunderwelt eines Konrad Adenauer. Die Nachfolger von »Amadeus« stimmten diesem stockkonservativen Kurs prinzipiell zu. Er fiel ihnen jedoch zu wenig konsequent aus. Das mußte nachgeholt werden. »Konsequent« sucht das Ambiente heute die Sehnsüchte nach Urgroßomas Zeiten abzukochen. Hinwendung zu Plüsch, Flitter, Bluff und Puff der Gründerzeit. Folgerichtig kommt die Ausstattung wie die aufgeklebten Jugendstil- und Neoklassikattrappen von Mietskasernen des 19.Jahrhunderts daher. Schon zu Kaisers Zeiten mußten billigst bemalte Sparplatten als Fachwerkandeutung an Hauswänden markante Blickfänge abgeben. Ja ich höre moderne Innenarchitekten von heute schwafeln: »..Jugendstilzitate, antike Fragmente...« Seich, seich. Portraits aus jener Zeit, in Rähmchen. Dabei dürfte es sich gewiß nicht um millionenschwere Orginale handeln. Sonst betriebe der Wirt nicht ein dermaßen nervenaufreibendes Geschäft, nach dem Motto: Warten auf Godot. Viele Epigonen des »Zeitgeistes« liefern ungewollt ein realistisches

Caliburn

Abbild der Belle Epoque, wie sie der frühe Spießbürger jener Jahre als Abfall des wirklichen Glanzes und des Lebens im Überfluß der Upper-Class ersatzweise genießen durfte. »Belle Epoque« signalisiert dem Jungspießer von heute das Gefühl des besonderen Popanzes, die Zuordnung zu den Zielen und Werten von Übervorgestern. Zurück in die Zukunft, hinein in Friedrich Wilhelms' Zeiten. Wie peinlich und dumm! Zum Glück geht politische Stillosigkeit dieser Art heutzutage ganz fix daneben. Peinlich nur, daß Wirte sowas nicht bemerken. Das ist ein Problem des Berufsstandes. Aber wie sollten einige auch anders? Der Horizont eines Wirtes kann nicht weiter reichen, wie zu jenen Qualitäten, die sein Kopf gebiert. Café au lait ist heutzutage dem gastronomischen Verständnis so vieler Häuser entsprechend oft nur eine kleine Tasse heiße Milch mit nem' Schuß Kaffee drüber. Und so schmeckt das Spülwasser dann auch. Sonstige besondere Leistungen sind in der Gastronomie viel zu oft nicht zu verzeichnen. Die Gäste — meistens Zerstreuungspatienten. Hier verkommt jedenfalls niemand zu einem höchst elenden Menschen. Mancher Wirt, und wir betonen ausdrücklich, dieser nicht, liebt den Kasernenhofton. Damit wird dem Personal, oft liebevoll als »Servierspritzen« geadelt, klar, daß der Chef nicht geliebt werden möchte. Distanz ist eine wichtige Personalführungskompetenz. Jedenfalls strahlt der moderne, der neukonservative Wirt, und wir betonen ausdrücklich, dieser nicht, heutzutage den griesgrämig popeligen Charme eines kleinen Kramwarenhändlers um die Ecke aus, der ebenso wie die Belle Epoque eigentlich ausgestorben sein müßte. Solche Wirte, und wir betonen, dieser nicht, meinen aber, sie blühten in ewiger Jugend, und wenn sie die Zähne fletschten, beginne zumindest das weibliche Personal zu zittern. Ein Etablissement, das man ob seiner herausragenden Ereignislosigkeit empfehlen muß. Zigmal besucht, zigmal nichts passiert. Aber immer wieder trafen wir einen »unheimlichen Gast« an, der in der heutigen Welt aus und eingeht. Die Gedankenlosigkeit! MÜDER ALS DIE POLIZEI ERLAUBT. ★

BODEGA, Holzstr. 10. ☎ 06131/227130. Mo-Do 19-01, Fr/Sa 19-02. 24.12. zu. Bier 3, Wasser 2,50, O-Saft 2,50, Kaffee 2, Wein 3, 4, Longdrinks. Calamares 8,90, Königskrabben 10,50, Chili 7, Spaghetti 7, Spezialität des Kellners (überraschen lassen) ca. 10, Muscheln 8,90.

Egal wo man sitzt. In der Bodega fallen Korbhalter und Weinflaschen auf. Ein Raum mit viel Platz, massiven Steinwänden, Furnieren und Balkonen. An den Wänden hängen »jahrtausendalte« Schaustückchen, ausgezeichnet in lateinischer Sprache. Adrette Leute aller Altersklassen versammeln sich zum Angestellten- und Beamtenstammtisch. Zuviele der spärlich aufgehenden Gäste halten sich an der Theke auf. Lobenswert, welch überbordende Phantasie so ein Kneipenchef freisetzt! Da stechen richtig kunstvolle Fertigkeiten der Küche und des Kellners ins Auge, die wohl notwendig sind, will man konkurrenzfähig bleiben. Dazu gehört auch die markante Stierkampfwerbung. Die Situation war so langweilig, daß ich nie in Verlegenheit kam, zu gähnen oder einzuschlafen. SALUTE!. ∎

BRANDO, Gärtnergasse 18. ☎ 06131/228617. Mo-Do 11-01, Fr/Sa 11-02, So 13-01. Bitburger vom Faß 0.3l 2,70, Wasser 1,80, O-Saft 2,50, Kaffee 2, Wein 2,50-3,50, mit Cola 4,50. Belegte Brötchen 2.

Sie verkörpern Hippie Outlaws, die sich nicht integrieren wollen. Liebenswürdig sind sie, diese Leutchen. Ein Herz, eine Seele. Alternativ-traditionsbewußt, unterm Strich von pittoresker Beschaulichkeit. Mit einem charmant vergeblichen Versuch, mondän bis elegant zu wirken. Es ist die Rede von einer verschworenen Schicksalgemeinschaft aus Personal und Gästen. Die Grenzen sind fließend. »Durchgangsmäßig« meinte ein Tester bei einem Besuch. Eine Bewertung, der ich mich kaum anschließen kann. Einen Durchgang gibt es allerdings. Und der ist auch nicht nur Durchgang sondern Platz zum Sitzen, die Verbindung der beiden größeren Räume und Übergang zum Billardraum. In der Einrichtung: Einige schwer verkraftbare Stilbrüche. Ehemals eine gediegene, leicht luxuriöse Bar, heute lieblich vergammelt, im schönen Sinne »runtergekommen«, im Stil alter Szenelokale mit großen Tischen, Kartenspielen und Würfelspielern. Doch was tun die alten Filmgeräte hier? Die sympathischen Gäste sehen nicht so aus als würden sie den Zuckerhut-Welten der Hollywood-Stars an den Wänden nacheifern. Sie fühlen sich vielmehr bei Musik von Mick Jagger und Komplizen wohl. Der Wirt hatte anfangs wohl einen gar nicht so tollen Einrichtungseinfall. Der leichte Griff daneben sei ihm verziehen. Das Brando wurde immerhin zu einer wahren Oase im Meer seelenloser Trinkeranstalten. Ausgesprochen lebhaft und lebenslustig. Zugeschnitten auf das jüngere Publikum mit starken Berührungspunkten zur alten und neuen Szene zwischen 68 und Alternativ. Bar jedweder Karriereabsichten. Der Illusion, durch die eigene Arbeit irgendwas zum Besseren zu wenden, waren sie noch nie aufgesessen. OBER-SYMPATHISCH. ★ ☆

BRAUHAUS ZUR SONNE, Betzelsstr.23. ☎ 06131/231610. Kohlroulade mit Speckrahmsoße, Kartoffelpüree, Dessert 10,80, Stammessen 9, Rheinischer Sauerbraten mit Rosinen und Mandeln, Rotkohl und Kartoffelklöße 14,80.

Ohne Konzessionen ans Modische und ohne Rücksicht auf Kalorienzähler wird hier selbstgebrautes Bier, kein hefetrübes, verzehrt und eine Heimatküche von seltener Reinheit gepflegt. Dennoch hat es nichts von der Plumpheit gedankenlos sich fortsetzender Fettküchen-Kultur. Andererseits aber auch nichts von der Ratlosigkeit gleichgültiger Kneipiers gegenüber einer deftigen Sauf- & Freßkultur. Von außen läßt sich schon ahnen, daß drinnen möglicherweise von der Dekoration alter Zeiten einiges erhalten geblieben ist. Wer deutsche Traditionskocherei mag, wird zustimmen, daß sich hier so manche trivial-rustikalen Produkte zu einer Delikatesse verwandeln. Der Geschmack wird wichtiger genommen als die Schau! Insgesamt ist so ein Abend eine durch und durch versoffene Angelegenheit. Und das schon seit Jahrhunderten. Seit Generationen trifft sich der etwas aufmüpfigere Teil der braven Mainzer Studentenschaft, gemischt mit lokalen JUSO-Größen und bärtigen GRÜNEN. Jungspunde fehlen. Typische Männergasthaus-Kultur, wie man sie aus Traditionskneipen kennt, die schon über Generationen mehr zu bieten haben als ein dörflicher Marktplatz. Herrlich, diese andauernde Geräuschkulisse, voll von massenhaft unkompliziertem Gebabbel. Das mag auch manche Frauenbewegte versöhnlich konzidieren: Hier läuft ein zwar rüder aber durchaus liebenswerter Macho-Streifen ab, der seine Faszination und seine größten Kicks nur aus blindem »Gib's-Ihm-« und »Mach-den-Bierstiefel-nieder«-Momenten bezieht. Aber keine Frauenbelästigungen fördert. Also bestenfalls die Trinker selbst verstümmelt. Damit dominiert das krasse Gegenteil dieser pingelig-piefigen abwägenden »Ja-aber-auchs«, das sich in Edeltränken immer breiter macht. Am Ende solcher Abende gibt es keine,Sieger. Wir kommen uns hier vor wie zur Erholung von Gaststätten jenes Typs, wo man beim Verlassen meint, zwei Stunden im Kühlschrank kaltgestanden zu haben. Die wirkliche Attraktion dieser bunten Großkneipe sind ihre Atmosphäre und die Stimmung der Gäste, die hier viel suchen und fast alles finden. Selbst eine sichere Zuflucht vor der Fastfood-Welle. EXTREM PIKANT. ★

CAFÉ INTAKT, Bretzenheimer Str. 23b, Zahlbach. ☎ 06131/366586. So-Fr 18-01, Sa 19-02. Cola 2,20, Riesling 3,50, Pils 2,80. Poolbillard irr Nebenraum.

Zwischen Uni und Uniklinik an der Tram 8 (Haltestelle Mainz-Zahlbach) liegt das Café Intakt. In der echten Studentenkneipe mit gemütlicher Empore, guter Musik sind die Besucherzahlen stark vom Semesterbeginn bzw. -ende abhängig. Eine wirklich gute Kneipe zum Tratschen. ICH BIN BEGEISTERT. ✕

CALIBURN, Kirschgarten 2. ☎ 06131/221850. Tgl. 10-01, Fr Sa 10-02. Weizen vom Faß 0.5l 4,30. Verschiedene Cocktails. Frühstück ab 3,90. Ausstellungen.

Der seltene Anblick von Hirn ist für viele Bundesbürger schon schrecklich genug. Es muß ja nicht noch schrecklicher kommen. Drum setzt er sich in keine Kneipe wo geistig Bewegliche und Kopfarbeiter doch recht anstrengend zechen. Das Caliburn ist Stammbaum der Mainzer Kneipenscenerie und so mancher Ableger blüht nach der Abnabelung erst so richtig auf. Deshalb wurde der Baum nicht überflüssig, sondern kommt heute frisch renoviert auf die Piste. Ab 10 Uhr frühstücken und Zeitung lesen oder bis in die Nacht mit Freunden quatschen? Hier wird's möglich. Die Umgestaltung kostete zwei alten Sofas und vielen Schalenbrettern den Kopf. Die Aussicht von dem kleinen Podest herab verbleibt vorzüglich. Hin und wieder gastiert ein Sangesbarde. Das Musikangebot aus der Konserve ist köstlich und wird nur von der meist studentischen Stammkundschaft geschätzt. Hier fehlen Typen, die zuviel Rambo gesehen haben. Deshalb fallen Prügeleien immer noch aus. Jede Menge Aushänge am Eingang informieren über WG-Gesuche und vieles mehr. Eine

Kneipe ohne Extravaganzen, ein Kommunikationsort erster Güte. Hier fühlt man sich noch rundum einfach wohl. Na sowas! SPITZE. ★ ×

CHAPEAU CLAQUE, Kleine Langgasse 4. ☎ 06131/223111. Tgl. 17-04. Bier 3, Cola 2,50, Kaffee 2,50. Kleine Karte.   s.S. 438

DOCTOR FLOTTE, Im Kirschgarten 21. ☎ 06131/234170. Mo-Do 11-01, Fr Sa 11-02, So zu. Kaffee 2,50, Cola 2,50, Bier 3,20, Riesling 4,20.
                                  s.S. 515

DOMSGICKEL, Grebenstr.16. Mo-So 18-01. ☎ 06131/221211. 0.3l Bit 2,90, 0,4 Guiness 4,50, 0.2l Cola (auch Light) Fanta Selters 2,50, 0.2l Rhg. Riesl.4, Essen ab 5 Tagesgerichte auch günstiger.

Wiedermal zeigt die Herz-Schmerz Dramatik ihre Macht. Das hübsche Mädchen verlangt von dem etwas pickeligen Jungspritzer an der Theke: erstens müsse er abnehmen und zweitens ernsthaft was für seinen Haut-Teint tun. Der Bubi glotzt betreten. Kein Wunder. Käme er dem Begehren nach, bliebe ihm nur noch jahrelanges Rumstochern im Körnerbrei. Ja, Szenen dieser Machart spielen sich hier laufend ab. Daß sich diese Komik über die Jahre nicht erschöpfen würde, war auch dem Wirt klar. Drum hat er nur die Einrichtung, nicht das Stammpublikum renoviert. Dadurch hat die Kneipe an treudeutscher Gemütlichkeit verloren, und an Sympathie gewonnen. Jetzt ist sie recht nett. Sehr hell, weniger schummrig-schmuddelig. Holz und Grünpflanzen sind weißen Facettentüren gewichen. Die Raucher werden die Wände auch wieder dunkler kriegen. Wenn da nicht die vielen Bogarts an den Wänden hingen, die nun mal mit dem Publikum gar nix zu tun haben. Das Lokal ist Treffpunkt für junge hoffnungsfrohe, motivierte Studenten. Deshalb kann sich nicht jeder im Domsgickel wohlfühlen. Sie sind einfach NUR brav. Da geht es zu oft nur darum, abwechselnd Ekel und künstliches Lachen zu erregen. Der Mann hinter der Theke ein Lichtblick, so-

zusagen das notwendig angenehme Äquivalent. HEIß & COOL.   ★ ☆

EINSTEIN, *intern.* Uhlandstraße. ☎ 06131/613767. Tgl. ab 18-01. Bier 2,60, Kaffee 2, biologisch angebauter Wein.

Oh Gott, was haben wir getan? Bitte keine Tränen, wir haben da ein Korrekturangebot an Sie! Versehentlich klassifizierte der Mainzer Doppelkorn-Agent diese gastronomische Institution als »Café« und traf die Ehre der Besitzer mitten ins Herz. Wir halten diesen Patzer nicht für so tragisch — denn ob Kneipe oder Café oder beides, bleibt es doch immer dasselbe Spitzenprodukt. Allerdings ist es wichtig, daß die hochverehrte Leserschaft endlich darüber

TIFFANY
Bier-
und Caféstube

Geöffnet ab 19 Uhr
Samstags Ruhetag
Zaybachstr. 5
Tel. 36 63 86
Mainz-Bretzenheim
Nähe Post

Der Held und sein Drink

Über das literarische Alkohol-Erlebnis.
Mit Hinweisen zum Selbermixen.

Von Sabine Horst

,,Was die hier Gimlet nennen, ist einfach Zitronen- oder Limettensaft mit Gin und einem Schuß Zucker und Angostura. Richtiger Gimlet besteht zur einen Hälfte aus Gin und zur anderen aus Roses Limettensaft und aus sonst nichts. Aber das schlägt sämtliche Martinis''. Darauf Philip Marlowe: ,,Ich bin mit Drinks nie besonders heikel gewesen''. Aufmerksame Leser werden feststellen, daß Marlowe mit dieser Replik im Roman ,,Der lange Abschied'' selbst mit dem Vorurteil aufräumt, er sei ein notorischer Roggenwhisky-Trinker. Die Filme der Schwarzen Serie waren wohl nicht unschuldig daran, daß der gesamte westliche Kulturkreis dem Irrglauben anheimfiel, die Helden der Kriminalromane von Raymond Chandler und Dashiell Hammett zögen Roggenwhisky anderen Alkoholika vor. Das entschlossene Bekenntnis zum einen Drink wurde im Film zum Symbol für die Härte und Zuverlässigkeit des Protagonisten: wer immer dasselbe bestellt, so kann man annehmen, der hat noch Prinzipien.

Es wird viel Roggenwhisky getrunken in den Romanen Hammetts und Chandlers, allerdings nicht immer von den Helden. Was Marlowe angeht, so beantwortete sein Schöpfer den spekulativen Brief eines Fans mit dem Hinweis, er, Chandler, glaube nicht, daß sein Detektiv ,,Roggenwhisky gegenüber Bourbon den Vorzug gibt. Praktisch trinkt er alles, was nicht süß ist. Gewisse Drinks, wie etwa Pink Ladies, Honolulu-Cocktails und Highballs mit Crème de menthe, würde er als schwere Kränkung ansehen''. Immerhin, ein völlig charakterloser Trinker scheint unser Marlowe nicht zu sein — man könnte sich das Bild auch nur schwer vorstellen: der Detektiv im Trench, mit einem Glas in der Hand, in dem eine flamingofarbene Flüssigkeit schwappt... Die Pink Lady gehört übrigens zur Familie der Fizzes und enthält neben Gin Zitronensaft, Soda und Grenadine, welche diesem Cocktail die unmännliche Rosatönung verleiht.

Wenn die Wahl des Drinks im Roman uns tatsächlich Hinweise auf die Charaktere von Figuren liefert, so müssen wir Hemingways Jake, den nach einer Kriegsverletzung impotenten Helden von ,,Fiesta'', als völlig haltlos bezeichnen. Der Hemingway'sche Held im allgemeinen trinkt ja nicht etwa, was ihm schmeckt — er signalisiert vielmehr mit seiner Bestellung, daß er ein kosmopolitischer Mensch ist, der sich mit den andalusischen Trinksitten auskennt, der einen Meursault von einem Margaux unterscheiden kann, der eben hip ist. Und dieser Held weiß auch, in welchen Lokalen man sich zu zeigen hat. Tatsächlich aber ist es ihm scheißegal, wo und wovon er besoffen wird. Eine Liste der in ,,Fiesta'' abgekippten Spritsorten, die keinen Anspruch auf Vollständigkeit zu erheben wagt, verzeichnet: Whisky und Brandy mit oder ohne Soda, Bier, Fine à l'eau, Aguardiente, Rum, Sherry — ,,Jerez'', präzisiert Jake — Anis del Mono, Fundador, Martini und hektoliterweise Wein. Die genaue Bestimmung der in einer bestimmten Situation genossenen Alkoholika wird wichtiger als die Situation selbst: das Geschehen löst sich auf in einem Meer von Drinks. Die Getränkekarte eines x-beliebigen französischen Cafés, so könnte man sagen, mißt die ganze Spanne der Orientierungslosigkeit aus, welche die Zwischenkriegsgeneration quälte.

Überhaupt wird in der amerikanischen Literatur eher stillos gesoffen; der Amerikaner trinkt, um den ,,Knacks'' zu erleben, wie Brick in Tennessee Williams' schwülem Südstaaten-Psycho-Drama ,,Die Katze auf dem heißen Blechdach'': ,,Es ist ... wie ein Schalter, der in meinem Kopf ausgeknipst wird. Das heiße Licht wird abgedreht und das kühle Licht angedreht, und plötzlich ist Friede!''

Um den Knacks geht es auch dem Protagonisten in Malcolm Lowrys bekanntestem Roman ,,Unter dem Vulkan''. Ähnlich wie Hemingway liebt Lowry das Folkloristische und läßt seinen Helden nach Landessitte abfahren: die Trinkerkarriere des in Mexiko gestrandeten Ex-Konsuls gipfelt im Mezcal-Rausch. Der Schnaps mit dem aztekischen Namen   wird, ,,wie der Tequila, aus dem Saft der Agave gebrannt", belehrt uns das „Menü"-Getränkebuch und fügt weise hinzu: „Unkundige seien gewarnt. Mezcal, auch unter dem Namen Mexikal im Handel, ist auf mexikanische Kehlen geeicht."

Noch übertroffen wird der Kakteen-Cocktail vom berühmt-berüchtigten Absinth, der durch ein Gemälde von Degas in die Kunstgeschichte einging, und der vor der Jahrhundertwende zahllose Künstler „beflügelte und ruinierte" („Die große Welt der Getränke"). Die Amerikaner übernahmen den grünlich schillernden Wermuth von den Franzosen, und in Faulkner Fliegerroman „Wendemarke" begegnen wir ihm wieder. Als Absinthismus bezeichnet man übrigens Vergiftungserscheinungen nach Absinthgenuß, die in Krämpfen, Lähmungen und Verwirrungszuständen bestehen. Der Absinth ist heute in fast allen Ländern, auch bei uns, verboten.

Manche Getränke sind unlösbar mit literarischen Sub-Genres verbunden. Jedem geläufig ist der Zusammenhang von Zuckerrohrschnaps und Piratenromanen, und schließlich kommt die Bezeichnung „Rum" ja auch von „Rumbuillon", das heißt „Krawall". Ein verwandtes Genre, der Seeroman, differenziert das literarische Alkoholerlebnis unter soziologischen Gesichtspunkten: während in den Mannschaftsdecks sorgfältig abgemessene Mengen von Rum ausgeteilt werden, genießen die höheren Ränge bei C.S. Forester oder Alexander Kent „Claret" — seit dem 12. Jahrhundert die Bezeichnung für die französischen Bordeaux-Rotweine im englischen Handel. Seeoffiziere Hornblower'schen Formats sind freilich mäßig. Die Tatsache, daß englische Schiffe als Mannschaftsgetränk nicht nur Rum, sondern auch Bier mitführten, hat im übrigen keinen nennenswerten literarischen Niederschlag gefunden.

Die Vorstellung von der Mäßigkeit des Briten ist allerdings ein Klischee, wenn man sich den verheerenden Feldzug des Gins in der englischen Sozialgeschichte vergegenwärtigt.Der Gin ist aber auch ein höchst literarisches Getränk, das mit seinem Wacholderaroma ein ganzes Genre erfüllt: der Fernost-, besonders der Indien-Roman, wimmelt von Gin-Mixgetränken. Der Engländer des Kolonialzeitalters pflegte sich durch den Genuß von Gin gegen die Malaria zu immunisieren, und daher werden in Indien-Epen jeglicher Provenienz die Gin Slings und Gimlets massenhaft gekippt. Diese Gewohnheit bescherte uns so unvergeßliche Sätze wie die, welche der amerikanische Großmeister des erlesenen Kitschs, Louis Bromfield (,,Der große Regen'', ,,Nacht in Bombay''), einer seiner Heroinen in den Mund legt: ,,Krischna hat mich den Yuvaradscha unter den Tisch trinken sehen'' oder ,,Krischna, mach mir einen Gimlet — aber bloß Gin und Zitronensaft — ich kann kein Wasser mehr vertragen''. Seit ich das mit dreizehn gelesen habe, träume ich davon, selbst einmal Verwendung für solch eine exquisite Phrase zu haben.

Auch in Paul Scotts ,,Juwel der Krone'', einem großangelegten Epos über den Niedergang der britischen Herrschaft in Indien, wird heftig Gin getrunken, hier allerdings meist als Sling. Das ,,Grundrezept für den kalten Sling sieht vor, Zucker in kaltem Wasser unter Zusatz von Grenadine aufzulösen; Zitronensaft und die Spirituose hinzufügen''. Zur Familie gehört auch der berühmte Singapur Sling, sozusagen die Krone der Gattung, das ultimative Gin-Erlebnis, dessen richtige Zubereitung freilich nur in der Cocktailbar irgendeines fernöstlichen Hotels beherrscht wird, dessen Name mir entfallen ist.

Das Verhältnis von Literatur und geistigen Getränken ist ein wechselseitiges: nicht nur wirkt Sprit auf das gedruckte Wort — die literarische Welt machte sich vielmehr auch um den Cocktail verdient. So lieh etwa Hemingway einem Drink seinen Namen, der aus 60 (!) ccm Rum, Grapefruitsaft, Maraschino und einer halben Zitrone hergestellt wird. Und nach Scarlett O'Hara, der Heldin aus ,,Vom Winde verweht'', benannte man eine Mischung aus — na, was schon? — Southern Comfort, Preiselbeer- und Limettensaft. Die Beziehungen zwischen Henryks Sienkiewiczs ,,Quo Vadis'' und dem Cocktail gleichen Namens werden derzeit noch untersucht.

Demjenigen, der die Absicht hat, die angegebenen Rezepte auf ihren Gehalt hin zu überprüfen, raten wir, am nächsten Tag der Frühstücksempfehlung zu folgen, die Dorothy L. Sayers' Meisterdetektiv Lord Peter Wimsey in ,,Fünf falsche Fährten'' gibt: servieren Sie ,,Aspirin auf Toast''. Prost.

aufgeklärt wird, daß es hier im wesentlichen etwas anderes gibt als nur Milchkaffee und dicke, fette Sahnetorten. Hier wird ab 18 Uhr der »Schobbe in de Kopp« gekloppt und kein Hausmutterkaffeekränzchen abgehalten. OK, OK, alle haben verstanden. Was machen nun die geschlagenen Amateurköche, die zuhause gerne die Anregungen, die sie sich beim x-ten Restaurantbesuch holen, auch noch umsetzen möchten, und doch nur Verbranntes realisieren? Kein Problem! Kochlöffel aus der Hand! Die Stadtkneipe setzt respektable und vielfältige Reize. Neben lobenswerten Standards sticht die Vorliebe für die indonesische Küche hervor und der zahlreiche Besuch, der Mut zum Risiko mit einer Speisekarte, beweist mal wieder, daß hierfür ein Markt vorhanden ist. So zeigt das Team allen strukturkonservativen Speiseplaneinfaltspinseln, was innovative Angebotsvielfalt an Belebung hervorzubringen hat. Wichtig: Die Gerichte sind hausgemacht, der Ekel gilt Synthi-Gerichten aus der Dose. Wer geht schon in eine Kneipe, nur um zu essen? Na gut, zuweilen sind es andere Aktivitäten, um dies zu tun. Die Hauptmotive sind dennoch andere. Zum Beispiel der politische bewegte Stammtisch oder der Stammtisch dieses oder jenes Sportvereins. Daß auch das nur Legitimation zur alkoholischen Berauschung sei, kann nur eine bösartige Unterstellung aus der Branche der Seelenklempner sein. Stammtisch-Veranstaltungen sind hier gut besucht. Alles sehr persönlich. Das Personal und die Gäste kennen sich. Und das wird hier geschätzt. Nein, mit dem in dieser Rubrik schon mal zitierten Vater der Relativitätstheorie, dem alten Einstein, hat die Kneipe nichts am Hut, die Namensgebung war eher ein lustiges Zufallsprodukt, lehnt sich eher an die Vergangenheit dieses oder jenes Teammitgliedes in einer bekannten Mainzer »Meilenstein«-Kneipe an. Oder wie, oder was? Schon wieder falsch? Das Klavier am Eingang erinnert an geplante Jazz-Konzerte, die durch die Verweigerung der Spielerlaubnis von der Behörde gekonnt verhindert werden. Leise Jazz-Töne aus dem Hintergrund und ein Portrait von Miles Davis, zeigen an, wo die musikalischen Geschmacksprioritäten liegen. Das »Sein«, vor allem, das liebenswerte, genießt hier alle Privilegien und setzt sich hart und entschieden ab von der Selbstverstümmelung und Reduktion der Persönlichkeit auf das »Design«. Kurzum, eine Kneipe, wo der Kopf nicht zu kurz kommt und Selbstdarstellungsneurotikern absolut keine Aufmerksamkeit geschenkt wird. Dieter faßt es so souverän zusammen:»Harmonie von Kopf und Bauch, Mode schön und gut, aber bitte mit Grenzen, sonst gehen die Inhalte flöten.« Dies war ein Protrait für In- und Outsider. Nackt genug? REINRASSIG. ★

HINTERSINN, Gaustr. 19. ☎ 06131/571630. Mo-Do 10-01. Fr & Sa 10-02. Kaffee 2,30, Cola 2,20, Pils 0.3l 3. Frühstück ab 3,50-22,50 (für 2 Pers.). Essen von 19-24.00.

Die Truppe um den Wirt verursacht über Jahre schon heillos creatives Chaos. Hier wird munter drauflos gewirtschaftet. Daß dies nicht immer Sinn haben muß, zeigt die öfter mal drohende Schließung. Die Kleinkunstkneipe mit eigenen Theaterstücken, Treffpunkt diverser Organisationen und Initiativen, Kabarett, Galerie, bietet Frühstück, Bier u. Sekt. Besonders zu empfehlen: Vollkorn-Kuchen, Milchkaffee und Budweiser vom Faß. H.P. Terno schuf hier ein feinfühliges Klima für kunstsinnig und politisch Bewußte. Die aufklärerische Intension des Kulturprogrammes kommt glücklicherweise nicht hammerhaft, daher nach dem unsäglichen Motto: Die Menschen wollen es nicht wissen, also haben wir es ihnen eingebleut. Radikaldemokratische Querdenker, die ab und zu auch Wege, die nur zu biedersten Auseinandersetzungen führen, ganz bewußt verbauen. Punktuelle Zusammenarbeit mit anderen kulturellen Einrichtungen. SPITZE. ★

JOLIFANTE, Leibnitzstr. 55. ☎ 06131/614130.
Tgl. 18-01, Sa 18-02. KöPi 2,50, Cola 2,20, Flasche
Flens 3, Wein 2,70, Tass Kaff 1,50. Mohnstange
mit Schinken und Käse überbacken und Salat
5,80.

Schon komisch, was so eine Kneipe alles
auslösen kann. Ausgerechnet hier entdeckte
ein Freund seine ewige Liebe zu »Werner«. Die
Speisekarte ist überorginell. ein einziges Co-
mic-Kunstwerk. Laufend grinst eine »Werner«-Fratze ins Gesicht des Gastes. Die Spei-
senamen sind dermaßen verfremdet, daß sie
hin und wieder den Lachmuskel strapazieren.
Es ist die Volks-Billig-Küche an sich. Keine go-
ßartigen Menues aber ein Thunfischsalat ist
auch ein Essen! Und vor allem: Es schmeckt!

Sitzt doch am Nebentisch eine Figur, die gerade jenem legendären »Werner-comic« entsprungen sein könnte! Mit Lederkappise
versucht er comic-like eine kaputte Taschen-
lampe zu reparieren. Das Ergebnis ist vorge-
zeichnet: Rien ne va plus! Die Tass' Kaff' zum
Sensationspreis von einsfuffzisch dauerte kurz
nach Ladenöffnung ganze zwanzig Minuten.
Das Wasser für die Kaffeemaschine muß quasi
vorgekocht werden. Welche Idylle! Hier geht
es recht unverkrampft und locker zu. Alle tragen kleinere Service-Pannen mit Humor. Man
hängt stets hautnah aufeinander drauf und
quasselt hemmungslos. Es wird sich mehr an-
gegickelt als angeschrieen. Allemal sympathischer als andersrum. Man muß die Gäste und die Betreiber einfach gern haben. Sie
geben dem Schuppen in der Neustadt einen
ganz unverwechselbaren, eigenen, eben einen kommödiantischen Charakter. Ohne die
Initiative der Kneipenmannschaft hätte es so
manches Straßenfest nicht gegeben. Da bleibt
nur eins: Mitmachen oder wegziehen. Eine
Kneipe, wie sie heutzutage eigentlich nicht
mehr denkbar ist. Pure Nostalgie mit mu-
seal-dekorativem Beiwerk! ATEMBERAU-
BEND. ★

KAPUZINERECK, Dagobertstr. Preise: 2 Pils
0.3l + 1 Fanta = 6,10. Linsen- und Erbseneintopf 4,50.

»Deine Heimat ist das Meer, deine Sehnsucht sind die Sterne«, Freddy Quinn könnte
hier jahraus-jahrein singen und fände immer
ein jubelndes Publikum. Wie kommt ein Wirt
in dieser Ecke dazu, sein Lokal als Schiffsfrag-
ment auszubauen? Geschwungene Theke wie
am alten Segelkutter, Bullaugen, Hal-
tegriffe an der Wand gegenüber der Theke.
Netzandeutungen. Hier treffen sich alle härteren abgeschafften weiblichen und männlichen
Typen aus dem Viertel. Der eine erzählt laut
Seemannsgarn. Die andere am Tisch verzehrt
ihr von zu Hause mitgebrachtes Schinkenbrot
und der Kumpel im blauen Hausanzug stram-
pelt die Markstücke in den Geldautomaten.
Die typische Nachbarschaftskneipe mit voll-
komener Familien- und Wohnzimmeratmosphäre. Die Einkehr nach einem Kneipenbum-
mel durch die Innenstadt als wohltuender Kontrast bringt beste Erholung. So wird auch dem
letzten Deppen aus dem Viertel klar, daß nur
dieser Ort die beste Pille gegen die Ereignislosigkeit ist, und damit auch den Familienfrie-
den sichert. VÖLLIG SOUVERÄN. ★ ☆

KINOKLAUSE, Schillerstr. 30 (in der Passage).
☎ 06131/225198. Mo-Do 11.30-01, Fr 11.30-02, Sa
19-02, So 19-01. Kaffee 2, Cola 2, 0.3l Bit, Jever,
Warsteiner 2,70, Essen von 3,50 bis 8,50.

Nicht nur vor und nach dem Kino ist die Kinoklause stets gut besucht. Schräge Vögel
schillern bunter, besonders im Trinkerbusi-
ness. Und nirgendwo werden sanfte Lokalpatrioten so herzlich geliebt wie in Mainz. Die Gäste hassen hier nichts mehr wie die Norm der
Promille. Zwischen Bogart und anderen Stars
fühlen sich hier neben diesen charakterstar-
ken Typen auch Pseudolebeleute, Jura- und
Sportstudenten wohl. Auch Kneipen kommen
in die Jahre. Doch jeden Tag wagt der Wirt mit
viel Mut zum Risiko einen neuen Anfang. Da

kann im Grunde doch nichts mehr schiefgehen. ZICKIG. ★

KLINGELBEUTEL, Schönbornstr. Ecke Karthäuserstr. ☎ 06131/222222. Mo-Do 17-01, Fr 17-02, Sa 19-02, So 17-01. 0.3l Pils 2,90, 0.4l Guinness v. Fass 4,50, 0.2l Rhg.-Riesl. 3,50-3,80, Cola, Fanta 3,50, 4cl Longdrinks 6,50, Suppen ab 4,80, Spundekäs' 5,50.

Weinstubencharakter und Kneipe verbindet der Klingelbeutel seit fast 6 Jahren auf eine selten gut geglückte Art und Weise. Ca. 50 Personen bietet er mit echten Jugendstillampen, Bleiverglasung, alten Bildern und rauchiger Tapete eine urgemütliche Atmosphäre. Dazu gibt's noch Musik vom CD-Player und guten Service. GEHEIMTIP. ✗

KLOSTERSCHÄNKE, Karthäuserstr. 3. ☎ 06131/234315. Tgl. 12-01. Kaffee 2,50, Cola 2,30, Riesling 3,30, 0.5l Pils 4. Okt. bis Jan. Wildsaison.

s.S. 515

L'ARCADE, Leichhofstr. 14. ☎ 06131/221990. Tgl. ab 11.30, So ab 12. Kaffee 2, Riesling 4, Cola 2,50, 0.3l Jever Pils 3, grüne Nudeln überbacken 9, Fleischpfanne mit Speck, Schinken, Kartoffeln und Käse überbacken 12.

Eine gemütliche Kneipe mit gutgezapftem, kaltem Bier. Große Fenster lassen das L'Arcade trotz vieler schwarzer Bohlen nicht dunkel erscheinen. Ist's oben voll, gibt's unten noch die Kellerbar (mit Kamin) und im Sommer auch die Stühle draußen. ÜBER'M DURCHSCHNITT. ✗

LINDENBAUM, Emmerich-Josef-Str. 13. ☎ 06131/227131. Tgl. 19-01, Fr Sa 19-02. Kaffee 2,50, Wein ab 3,20, Cola 2,50, 0.3l Binding 3,30. Rock-Disco ab 20 Uhr.

Ja so waren sie, die wilden Siebziger. Ja so leben sie weiter. So als sei die Zeit stehengeblieben. Noch immer eine wunderschöne »Underground«-Atmosphäre mit tollem unkonventionellem Publikum. Der Wirt — ein Orginal. Er

wird nie in die Wechseljahre kommen! Die feste Schluckinstitution Nähe Schillerplatz ist Anlaufpunkt für Alt- wie Neufreaks, Punkies, aber auch scenige Jurastudenten, die beim Anblick der wild groovenden Tanzmeute im Kellerraum die Welt noch verstehen. Ab und an Live-Acts, dann aber nur der anspruchsvolleren Art. Der Hammer: Eintritt wird für diesen Zusatzservice nicht erhoben. Anders als die meisten Wirte, die sich um die schöne Siffkultur ihres Ladens nicht kümmern, sondern still ihr Geld zählen, betrachtet dieser hier das »Ambiente« als gewachsenen Stil, als eigene Identität. Und

wer gibt die schon freiwillig auf?! Hier heiratet niemand irgendwelche Models, keiner der Gäste wird wohl an Segelregatten teilnehmen oder tritt als Nebendarsteller in »Miami Vice« auf. Dafür sind zu sehen: Der altgediente Parka, zu lange und schlappige Jeans, Haare bis über die Augen wachsen lassen oder halbierte Woll-Fußballmützen. Rülps! Was schmeckt das Bier heut so gut. Hinter der nächsten Qualmwolke vermute ich Charlo, oder ist er doch tanzen gegangen... Schlecht für den »Täng« meint Meike, die im Bio-Laden jobt. Ich sehe keine Schminke, rieche kein Parfüm, auf das verblödete jungdynamische Büroheinis anspringen sollen, keine Golf GTIs oder Cabrios vor der Tür, keine klappernden Autoschlüssel auf den Tischen. Grüne Parker, Jeans und Sweatshirts. »Suche Zimmer in WG. . . .« Hier suchste richtig. Plakate mit abgeknickten Ecken, verräucherte Wände, abgewetzte Stehtische und Bänke, denen man es ansieht, daß hier mindestens zwei Generationen Subkultur Abende und Nächte zugebracht haben. Gelbe Mittel- und Zeigefinger, unendlich viele Päckchen schwarzer Krauser, Drum und Javaanse sind hier durch die Finger gedreht worden. Qualmen, Bier trinken und tanzen, bevorzugt nach den Rhythmen der Rock-Oldies. Die Karriere ist noch Fremdwort, bestenfalls geht es um die nächste Zwischen-

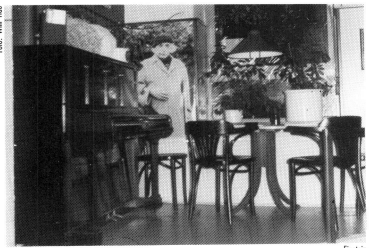

Einstein

prüfung oder das Diplom, ansonsten um den nächsten Urlaub in Griechenland oder der Türkei. Angeödet von Modetrends, Umweltverschmutzung und Atomkraftwerken. »Wer fährt wochenends nach Berlin und nimmt mein Fahrrad mit…« Entweder du bist ein Szenen-Sumpfhuhn oder du wirst es hier. Die Luft ist in dem ewig überfüllten Etablissement zum Schneiden dick. Ich weiß nicht, mir gefällt das einfach. RICHTUNGSWEISEND.   ★ ☆

MAINZER BIERDORF, Große Bleiche 17. ☎ 06131/226003. Do, Fr, Sa 20-02. 0.3l Pils 4, Asbach Cola 5, 0.2l Cola 4. Jeden Do Bier 1. Eintritt 5.

   Im Keller eines Einkaufszentrums auf der oberen Großen Bleiche macht sich eine Plastikkneipenwelt breit, wie sie schlimmer selbst nicht der Frankfurter »Sachskeller« realisieren konnte. Überall unsere amerikanischen Verbündeten, die Schwarzen dominieren. Die Rap-Disco ist wirklich gut, wahrscheinlich einzigartig in der Stadt. Dementsprechend aufregend fallen die Einzeldarsteller aus. Es ist ein Genuß ihnen zuzuschauen. Damit sind wir am Ende jeder denkbar positiven Bewertung. Alles in allem die wirklich ärmste und abgerissenste Chose, die uns über den Weg lief. Keiner ohne Dope-Einfluß. Die stillgelegten Nischenkneipen sind hervorragende Bummsecken. Durchgangsstation mit Abbruchcharakter. Für das Personal kann das Publikum nichts. Doch die dümmsten Gesichter des Gewerbes muß man durchaus so benennen. Wirkt wie »Cover & Care«, der Pickelstopper mit Effekt. DER RICHTIGE WEG.   ★

MILES TONE, Mittlere Bleiche 17. ☎ 06131/220656. Tgl. 18-01, Fr Sa 18-02. Kaffee 2, Cola 2, Riesling 3, 0.3l Pils 2,60.

Als Knirps von 14 Jahren rief ich sofort beim Sender an, um herauszufinden, wer und was da gespielt wurde. Man teilte mir mit, das sei »Oop-Pop-A-Dah« von Dizzy Gillespie. Seit damals bin ich Jazz-Fan. Erst nach einiger Zeit kam ich darauf, daß die Musik Dizzys und anderer Bebop-Musiker nicht »der Jazz«, sondern nur ein Teil davon war. Ich begann, mich für das Ganze zu interessieren. Seitdem liebe ich auch Kneipen mit Jazz-Flair. DAS typisch rauchige, ein bißchen vergammelte, verschimmelte Interieur und die Gestalten, die sich hier als Typen schon seit 50 Jahren halten. Das Miles Tone ist so ein typischer Treff. Hinzu kommt, daß es eine der ersten Scene-Kneipen war und heute immer noch eine Institution ist. Zwischen den Programmkinos in der City gelegen. An der Decke hängen Blasinstrumente aller Art und seit neuem auch eine genial lautlos funktionierende Enträucherungsanlage. Außer den Tischen ist nichts renoviert worden, geblieben ist die Stammkundschaft. Progressive Studnicks, Dozent-Nicks und Polit-Nicks aus der Friedensbewegung, der Öko-Scene und überhaupt. Der Wirt könnte folgendes Statement abgegeben haben, zumindest sieht er so aus: »Mir gefällt die Idee, all die Leute, die du liebst, in deiner Kneipe zu versammeln und auf sie aufzupassen, wenn das Ende der Welt naht. Ich befürchte nur, daß ich es nicht ewig aushalten würde, immer dem selben ängstlichen Geschwätz vom Untergang zuzuhören«. Eben. Drum sucht er keine Alternative, sondern bietet täglich eine! PHÄNOMENAL! ★

MUSIKERBÖRSE, Uhlandstr. 5 (Ecke Peter-Cornelius-Platz). ☎ 06131/670530. Tgl. 18-01, Fr Sa 10-02, So 10-01. Cola 2,30, Kaffee 2,30.

Spencer, die Ulknudel der schwarz-weiß Scene, lebt das Independent-Image hemmungslos aus: Mittlerweile gibt's 3 offizielle Öffnungszeiten und die vierte stimmnt letztlich. Die kennen nur Insider, aber davon gibt's

genug. In mancher Hinsicht erscheint so mancher Gast psychotisch, verrückt ist keiner. Eher sind alle bemüht um die Wahrung ihrer Rest-Individualität. Wer alt-alternative Dróg-Kneipen nicht mag, aber weit weg ist von der Luxus-Wave-Schickeria, wer sich einfach ein bißchen jung und modern fühlt und Independent-Musik, aber auch Klassik und Funk mag, liegt hier richtig. So richtig Rennbahn angesagt ist ab 22 Uhr, tausende von CD's garantieren optimalen Musikgenuß. Pinkfarbenes Klavier ebensolche Boxen, Puppenköpfe als Lampen. Ein Hauch von Surrealismus ist dem Interieur nicht abzusprechen. Weil drumherum alles so langweilig und phantasielos ist, sticht dieser Farbtupfer besonders positiv hervor. Frisch gepreßter italienischer Kaffee, Kuchen, Torten und Gebäck und das sommers auch im Freien. PRIMA. ★×

ONKEL WILLYS PUB, Bingerstr. 5. ☎ 06131/223539. Karlsberg Bock 0.5l 4. Tgl. 10-01, So ab 17.

Treffpunkt für Jugendliche. Sitzt hier noch jemand? Auf der Bank bleiben Jacken liegen, weil die Jungs vor den Spielautomaten hängen, Billard spielen oder sonst was tun. Angenehmes Geschnatter liegt über dem Lokal. Hier bist du wer. Hier kannst du es sein. Westernhelden und andere Stars der langen Traumwelten an den Wänden. Die Monroe darf nicht fehlen. Die Musikbox ist die schärfste ihrer Art in Mainz. Nirgendwo mischen sich Welthits mit den heimlichen Hits lokaler Größen. Ob's das Lied vom Karl Bender ist oder der Volks-Rock von »Batschkapp«. Mir sinn Meenzer und das bleiwe mer aach! GROßARTIG. ★☆

PLAUDERTÄSCHCHEN, Holzstr. 22. ☎ 06131/220526. Mo-Do 15-01, Fr/Sa 15-02, Bier 2,80, Wasser 2,50, O-Saft 2,50, Kaffee 2, Longdrinks 3,50-5. Belegte Brötchen ´2, nichts Warmes.

In der Holzstraße hängt sich nicht nur dieser Wirt die Decke voll mit Trödel. Hier sind's, wie der Name schon sagt, lederne Plaudertäschchen in verschiedensten Variationen. Die Wand ist ganz hübsch ausgestattet. Ansonsten eine kleine, enge Kneipe. Ein Teil des Publikums könnte aus Pfälzer Winzern bestehen, die gerade mal in die Stadt flüchten, um den Duft der großen weiten Welt zu schnuppern. Also recht herzhaft-deftige Männer ab dreißig aufwärts. Eine angesagte Kultur erinnert an ein Volkslied: Kein schöner Land in dieser Zeit! Besonders herausragendes Merkmal: die Thekenbeleuchtung, die nahezu den gesamten Raum ausfüllt. Die Musik bleibt leise. Gut so, die Akustik ist schrecklich. Für eine Verschnaufpause im Altstadtkneipentrubel gerade noch geeignet. MÄSSIG.　　　■

QUARTIER MAYENCE, Weihergarten 12. ☎ 06131/220044. Tgl. 11-01, Fr Sa 11-02. Kaffee 2,20, Wein 3, Cola/Fanta 2,20, 0.3l Pils 2,80, kleine Küche ab 19 Uhr.

Nicht nur das Lokal ist ungewöhnlich. Hinter der gastronomischen Urkraft steckt auch eine ungewöhnliche Frau. Eine waschechte Wirtin, die sich und ihre Persönlichkeit ungehemmt in die Kneipe schmeißt. Das »Quartier« ist eines der wenigen Lokale, mit echt Pariser Ambiente. In einer heimeligen Patrizier-Villa gelegen, mit weitläufigen- und sichtigen Räumen, hohen, stuckverzierten Decken. Im vorderen Teil Café-ähnlicher Betrieb, hinten raus gemütliche Kneipe. Mit Kellerbar. Im Sommer draußen sitzen, jede Menge Platz. Wie praktisch! Man findet daher trotz Massenandrangs immer noch ein Eckchen. Alte Sofas, große Spiegel, Bilderausstellungen und viel Kerzenlicht schaffen eine äußerst gemütliche Atmosphäre. Mittlerweile schon legendär: der sonntägliche Jazzfrühschoppen (ab 11 Uhr). Hier versammeln sich Leute, die sich ihre Unterhaltung nicht hoffnungslos introvertiert, also im Kopf, besorgen. Bei guter, nur im Keller etwas lauterer Musik, trifft man hier überwiegend

Studenten und ältere Semester und Leute, denen das politische Geschick allgemein und das kulturpolitische ihrer Heimatstadt am links-grünen Herzen liegt. Keine kurze modische Kneipenepisode sondern zeitlos. SPITZENKLASSE.　　　★×

SCHACHTEL, Große Langgasse 14. ☎ 06131/227005. Mo-Sa 11-04, So/Feiert. 20-04. Pils 2,70, Cola 2, Wasser 1,50, Nachtaufschlag ab 01 Uhr 1,50 n u r auf Getränke. Brötchen 2,50, Hamburger, Cheeseburger 3,50, Hot Dog 3, Pizza 7. Bier- und Cafébar. Pils: Jever, Warsteiner, Alt: Kutscher, alles vom Faß.　s.S. 58

SCHINDERHANNES, Holzstr. 15. ☎ 06131/234620. 18-01, Fr/Sa 18-02. Bier 3,20, Wasser 2,70, O-Saft 3, Kaffee 2,80, Sekt 40, Champagner 120. Garnelen-Pfanne 24,50, Vorspeisen 6,50-8,90, Käse 6,50-8,90, Steaks 19,90-20,90, Salat 9,90-14,50, Wurstsalat 8,90-14,90, Vanilleeis mit heißen Himbeeren 8,90.

Kneipe mit vielen Sitzgelegenheiten, die sogar schnell besetzt sind. Noch voller — die Deckenausstattung. Was hier alles hängt, könnte gern einen Flohmarkt in Amsterdam füllen: Antiquitäten, Kuriosa, Plunder, Plüsch. Selbst die Wandaufhänger sind stilecht neo-antik. Ein Klavier steht im Einrichtungs-Mittelpunkt. Hin und wieder wird es bedient. Wer Nähe, Körperkontakt sucht und als Lebenselexier braucht, wer leicht friert, sollte sich hier drin aufhalten. Hier werden Mainzer Serienrekorde in Sachen Hitze aufgestellt. Mich wundert, wie das Pflegepersonal hier noch mithalten kann und dabei die Übersicht behält. Vielleicht ein klein wenig zu nobel unter der Decke aufgezogen, vielleicht ein bißchen zu schick geführt, ansonsten. . .GUT.　　　■

SENFKORN, Ölgasse 2. ☎ 06131/226669. Di-Sa 16-23, Mi 11-23, So 10-17, Mo zu. Wasser 1, O-Saft 1,20, Kaffee (groß) 1, acht versch. Säfte 1,20-1,50, kalter Kaffee 1,20, Eskimo-Flip 0,50.

ALKOHOLFREIE KNEIPE!!! Schmalzbrot 0,60, Frühstück: So 3,50, Salat (gr., ital.) 4, Tageskarte z.B.: Seelachsfilet mit Kartoffeln 4,50, Quarkspeise 1,50, Kuchen 1.

Eigengefertigte Sitzmöglichkeiten zum Einnehmen der Nahrung oder Spielen von Gesellschaftsspielen im nicht ganz geschlossenen Kreis. Das Publikum besteht nicht nur aus Abstinenzlern oder Sozialpädagogen. Hier verkehren alle Altersklassen. Sicher, hier und da einige mehr aus der GRÜNEN Richtung. Hier hat sich Mainz wirklich was einfallen lassen. Eine Kneipe, in der es nicht einen Tropfen Alkohol gibt. Sehr gut für Menschen, die mit Alk nichts zu tun haben wollen bzw. dürfen. Wer das Problem kennt, vom Alkohol runter zu kommen, der weiß, mit welchen Schwierigkeiten es verbunden ist, der ständigen werblichen Reizüberflutung zu widerstehen und suchtfrei zu werden oder suchtfrei zu bleiben. Allein machen sie dich ein. So ist es. Hier findet der Einzelkämpfer echte Unterstützung im Kampf gegen den drohenden Rückfall. Verständlich die auffallend niedrigen Preise. Man ist nicht am Gewinnmaximierung interessiert, sondern weiß, daß viele Ex-Alkoholiker eher zu wenig in der Kasse haben. Zur Nachahmung empfohlen. SUPER. ∎

TANGENTE, Kötherhofstr.3. Tgl. 21-04. ☎ 06131/228555. Kaffee 3, 0.3l Bier 4, Wein 4,50, 0.25l Soda 3,50, Asbach od. Jim Beam Cola 7. (Man kann Darts spielen).   s.S. 58

TIFFANY, Zahlbachstr. 5. ☎ 06131/366386. Tgl. außer Sa 19-01. Kaffee 2, Wein 3,30, Pils 2,70. Warmes Essen ab 5,30, Knobi-Baguette 3.

Werner serviert's Bier eiskalt. Die Tass Kaff für 2, wenn man nur »Bscheid« sacht! Alles über Werner Brösel – vom Aufkleber bis zum neuesten Comic – liegt bereit. Für die hauptsächlich studentischen Gäste gibt's in dem einfachen, lockeren, gemütlichen Vorstadtlokal

auch was zu beißen. Die Küche ist von Vampiren frei – viel Knoblauch! BÖRN OUT.   ✕

ZEITUNGSENTE, Mittlere Bleiche 29. ☎ 06131/222728. So-Do 11-01, Fr/Sa 11-02. Kaffee 2,20, Bier 2,80, Cola 2, Guiness 4,60.

Zu Früh- und Dämmerschoppen zu jeder Tageszeit lädt die Zeitungsente ein. Die kleine Eckkneipe besteht zum Großteil aus Tresen, dementsprechend ist auch der Bierumsatz. Meist voll. Der Raum ist klein. Bei lauter Musik reicht es nur zum Small-talk mit dem benachbarten Mittrinker. Unter den reinen Bierpumpen in Mainz eine der angenehmen. GUT.
✕

ZUM GEBIRGE, Große Weißgasse 7. ☎ 06131/223968. Tgl. außer Mi 11-01. Kännchen Kaffee 3,30, Wein ab 2,30, Cola 1,50, 0.4l Pils 2,70, Essen von 3,50 bis 16.   s.S. 300

ZUM KAMIN, Kapuzzinerstr. 8. ☎ 06131/228431. So-Do 18-01, Fr Sa 18-02, Küche bis 24 geöffnet. Cola 2,20, Riesling ab 3,30, 0.4l Pils 3,30. Empfehlenswert: Reisfleischpfanne mit Maiskolben 16,50. Kaminpfännchen 16,80. Gutes Teeangebot.   s.S. 300

ZUR KELTER, Poststr, 176, Finthen. ☎ 06131/40966. So-Fr 19-01, Sa zu. Pils 3, Cola 1,80, Wein ab 2,80. Kleine Speisen bis 9 DM.

Seit 5 Jahren bemüht man sich hier um junge Gäste – mit Erfolg. Vorwiegend Studenten lassen sich's hier in der gemütlichen, engen Kneipe gut gehen. Kleine, wohlriechende Leckereien als günstigen Preisen, ziehen Publikum aus ganz Mainz an. URIG – EINFACH GUT.   ✕

ZWIEBEL, Fischtorplatz. ☎ 06131/225011. Tgl. 18.30-0.30. Bier vom Faß: Andechs Dunkel 0.5l 4,90, Bitburger 0.3l 2,80, Jever Pils 0.3l 2,80, Guiness 0.4l 4,70, Flensburger aus der Flasche 0.3l 3,40, Wasser 2,50, O-Saft 3. Zwiebelsuppe 6,10, Span. Salat 8,90, Hamburger/Cheeseburger mit Salat 6,70, Spaghetti Bolognese 6,70, Calamares mit Knobimajo 11,90.

Jolifante

Freunde von rustikal eingerichteten Kellerkneipen kommen hier voll auf ihre Kosten. In dem verwinkelten Gewölbe tummelt sich gemischtes Publikum jeder Altersstufe. Neben zahlreichen Biersorten vom Faß gibt's Original Flensburger Flaschenbier das einzigartige schwarze »Andechser« meterweise. Knackpunkt ist die total lahme Bedienung. Reichhaltiges Speisenangebot, das von Hamburger über Spaghetti Bolognese bis hin zu Calamres mit Knobimajo reicht. Die Preise halten sich gerade noch in Grenzen. JENSEITS VON GUT UND BÖSE. ⩘

bad homburg

AUGUSTIN-BIERKELLER, Kaiser-Friedrich-Promenade. ☎ 06172/81312. Tgl. 18-01. Bier 3, Wasser 2,50, O-Saft 2,50, Weizen 4, Wein 4,50-6, Feige Sau 4, Rote Grütze 3, Licher-Steinkrug 4,50, Urbock-Steinkrug 5, Bols 2,50, Whiskey 6-9. Belegte Brote 2,50, Schmalzbrot 8,50, Mex. Feuertopf 4,50, Gulaschsuppe 4,50.

Die Einrichtung ist eine Augenweide — wenn es leer ist. Ein Kellergewölbe. An den Rauchsteinwänden hängen historische Instrumente, das alles in miniature! Ab 50 Leute wird es wirklich zu eng. Da gibt es keine Chance mehr, sich etwas zu bestellen. An der Bar stehen die Möchtegern-Coolen, deren »Coolness« dümmliche Arroganz ist. Ansonsten Schlipsträger, Kashmir-Teenies, Ignoranten, Unansprechbare, College-Shoe-Träger, Betouchen. Kurz: Einer besser als der andere. Hätte man doch bloß ein Museum für Musik hieraus gemacht, dann hätte man sich alles in Ruhe angucken können. Was man hier kennenlernt, ist eine zu fein geratene, dünkelnde Kurstadt, wie sie leibt und lebt. Flache Witze, Prahlerei, Sportwagenträumereien, und keinem ist bei den ohnehin schon viel zu hohen Preisen was zu teuer. Viel Spaß mit den Kellnern: Ohne Durchsetzungsvermögen bekommt man nichts. Der Typ an der Theke hält seine Privatgespräche und übersieht mich so auffällig, daß mir der Hut hochgehen könnte. Setzt man sich an einen Tisch, erlebt man die Wirtin. Erst räumt sie das ganze Geschirr ab, dann kommt sie wieder, rennt an einem vorbei, stößt gefährlich mit dem Ellenbogen. Plötzlich ist sie mit dem Putzlappen da, und wenn man sich nicht tarzanähnlich bemerkbar macht, dann muß man hier verdursten. Gute Musik. Aber das Gelabere der 1001-Schwätzer übertönt sie um ein Vielfaches. Gräßliche ZEITVERSCHWENDUNG. ■

JOKER, Louisen-Arkaden, neben Minimal. ☎ 06172/6628. Mo-So ab 10. Bier 3, Wasser 2,50, O-Saft 3, Kaffee 2, Weizen 4. Tgl. Stammessen (außer So) ab 8,50, Gulaschsuppe 4,50, Rindswurst 3, Salate (je nach Laune) 6,50.

Draußen Sitzgelegenheiten — selten in Bad Homburg! Der Veranstaltungskalender ist an der Fensterwand innen und außen. Von Falco, Gianna Nannini oder Nana Mouskouri; durch DIN A 4-Plakate zu betrachten. Kommt man rein, fühlt man sich im Kupferkessel '2000. An der Decke, an der Bar, überall dieses Metall! Blankpoliert, spiegelt sich mein Gesicht in der Kupferdecke. Mist, heute weich ich nicht rasiert. Relativ kleiner Raum mit Gruppentischen und Stehsitzen, alles ist dunkel gehalten. Ob zum Frühschoppen, ob nach Feierabend oder zur Nacht, der Laden ist immer voll. Die gehobene Mittelklasse tobt sich hier in allen Altersstufen aus. Nur die Scene fehlt. Das scheint hier aber nur eine Frage von Jahren und Älterwerden zu sein. Zugegeben, keine sehr optimistische Einschätzung der Scene. Off limits für Bakterien und Staubteilchen. Hier blinkt es nur so von Sauberkeit. Meister Propper und seine Lilli-wären sehr zufrieden. Bedienung und Wirt sind »homburgmäßig« nämlich oberarrogant. Würfel, Karten, Back-Gammon — alles da. IM WÖRTLICHEN SINNE: SAUBER. ■

LEITERCHEN, Höhestraße/Dietigheimer Straße. ☎ 06172/25972. Mo-Fr 16-01, Sa-So 13-01. Bier 3, Wasser 1,50, O-Saft 2,50, Kaffee 2,20, Raki 2,50, ital. Wein 4,50. Rindwurst 3,50, Sis-Kebab mit Reis und Salat 10.

Ein Deep-Purple-Poster, dunkle Holzbalken und die platzraubende Theke in einer Form, die man nicht so leicht vergißt, das alles wurde vom Vorgänger, der hier ein Pub betrieb, übernommen. Heute ist es ein beliebter türkischer Treffpunkt. Wer jedoch meint, es gäbe Wasserpfeifen und Caygläser oder gar türkische Wandteppiche zu sehen, sieht sich getäuscht — es ist alles so, wie es vorher war. Es wird geredet, diskutiert, die Luft ist zum Schneiden dick. Außer den türkischen Mitbürgern sind hin und wieder deutsche Alltags-Touristen hier anzutreffen, die gern in die türkische Atmosphäre hineinschnuppern. Ein kleines Stück Türkei in der Kurstadt. Hin und wieder ein Späßchen — aber sehr intim nur untereinander. Die Türken sind sehr vorsichtig und lassen keine anderen Gäste an sich heran. Wer will's ihnen übel nehmen — Alemanya ist nicht in jeder Hinsicht ein Traumland. ERLEBENSWERT. ∎

TRAMPS, Höhestr. 14. ☎ 06172/25502. Mo-Fr 11.30-01, Sa/So 14-01, So ab 16 Uhr. Bier 2,50, Wasser 2, O-Saft 2, Kaffee 2, Sekt 9-21, Champagner 100, Hütchen 2,50, Wein (türk.) 4. So gibt es Kuchen umsonst. Toast 3-4, türk. Küche auf Bestellung.

An den Wänden hängen sie, die Monroe, der hübsche James Dean und der dümmliche Bogart. Beleuchtung per Rotlicht, aber ohne Errötung. Sommerzeit — Gartenwirtschaft — sonntags legt der Wirt Kebab auf die Kohlen, es wird gegrillt. Ein einzigartiges Programm! Kuchennachmittag, Bingo-Abend, Quiz-Abend, ab und zu wird der Fernseher angestellt und es gibt Rockabende. Da wird die Musik dann etwas härter. Tut auch der leisen und stillen Atmosphäre ganz gut. Die Lautstärke läßt dennoch sehr zu wünschen übrig. Wer sich an das Tramps '82, als alles noch unter Rosis Leitung war, erinnert, der wird sein stilles Wunder erleben. Diese Zeiten sind abgehakt. Es liegt nicht an der heutigen Leitung, am Programm schon gar nicht, die Leute sind einfach weggelaufen. Die Luft ist raus. Lebt euch ein. Aktiviert aber Engelsgeduld. ZU GEMÜTLICH. ∎

WERKZEUGKASTEN, Elisabethenstr 38 1/2. ☎ 06172/23733. Mo-So 19-01. Bier 3, Wasser 2,50, O-Saft 3, Kaffee 2, Federweißer 4, Granninis 3,50, Vitaminspritze 4, hausgem. Süßer 2,50, Drink der Woche. Brezel mit Käse 2, normal 1,50, Friesen-Gedeck 7, Baguette 4.

Holz ist Trumpf. Was sonst? Aus dem Ex-Couchner's Inn wurde innenarchitektonisch eine Ausstellung über das Handwerkerleben. Hinter der Theke fängt's mit Cognac und Whiskey im Werkzeugschrank an. Die Tische dekoriert mit Bohrmaschine, Schreibmaschine, Senker etc.. Alles völlig ungefährlich. Mittzwanziger, -dreißiger Pärchen, die ihre Familiensorgen durchforsten, überdreißiger — frustrierte Singles jenseits der Dreißig an der Theke. Jeanshemd — Jeans und College-Shoes. Hammer, Schraubenzieher in allen Größen, Zangen, alles erdenkliche Werkzeug, vereinzelt in die Wand gekloppt. Der Korb über der Decke hat sich irgendwie verirrt: Stilbruch. Die Werbeschilder aus den Fünfzigern an den Wänden passen zum Charakter des Fundbüros. Der Fernsehraum mit CD-Anlage und dezenter Musik ist zeitgemäß geraten. Je nach dem: Eine Werkzeughalle — oder eine Folterkammer. Auch hier verödet eine völlig unauffällige Scene eine super kreative Idee. MACHT MEHR DRAUS! ∎

ZUM RÖMER, Elisabethenstr. 15. ☎ 06172/21629. Mo-Fr 16.30-01, Sa 19-01. So zu. Bier 3, Wasser 2, O-Saft 3, Kaffee 2,50, Weizen 3,50,

Dampfbier 3, Andechs-dunkel 4,80. Bel. Brote 6-7,50, Gulaschsuppe 3,50, Zwiebelsuppe 5, Schmalzbrot 2, Handkäs' 4, Hawaii-Toast 6,50.

Was auffällt: Man braucht sich hier keine Sorgen zu machen; an ausgegangenen Biergläsern hapert es nicht. Sollte es jedoch mal vorkommen, keine Panik, die Decke ist voll mit Krügen aus allen Jahrhunderten und so viele Weizengläser sieht man selten auf einmal an Wänden. Insider, die in der Kurstadt noch normal denken und das Kapital erstmal an die zweite Stelle setzen. Keine 68-er oder gar Startbahngeschädigte, eher mittelalterliche Gewerkschaftsfunktionäre oder SPD-ler kennzeichnen das Publikum. Die jüngeren sind übrig geblieben aus den Zeiten als im gleichen Haus noch ein »02« war. Endlich mal was, wo es nicht nach Kurstadtschädigung riecht. Keine Parfums, nichts gestylt und Champagner gibt's nur auf Vorbestellung, und das passiert zum Glück höchst selten. Eine Kneipe, in der man sich wohlfühlen kann, auch wenn die Musik leiser ist, als der Lüftungsventilator an der Theke. Zugabteilähnliche Sitzgruppchen regen zu lieblichen Gesprächen an. Und wird mal gezockt, geht es um persönliche Angelegenheiten. Da sind keine Riesen im Spiel! ANSEHBAR. ∎

dieburg

BIERGARTEN, Hohe Str. 17. ☎ 06071/1482. Sommer: Mi-Sa 19-01/So 15-01. Winter: Mi-So 20-01. Mo/Di zu. Bier 2,50/2,70. Wasser 1,50, O-Saft 2,50, Kaffee 2, Wein vom Faß 3,50, Cocktails zw. 5 und 8. Sandwiches, Rinds- und Bockwürste.

Im Sommer die absolut erste Adresse für Freiluftdurstige. Berühmt-berüchtigt am 1. Mai die alljährliche Jubiläumsfeier mit Freibier und Fossiliendixieband; die Alternative zu jeder Gewerkschaftsshow. Im Winter geht's dafür

drinnen ab mit Disco und Life-Musik. Schon Standard: Das alljährliche Zwischen-den-Jahren-Konzert von Herman Brood & His wild Romance. Erwähnung sollte finden, daß die ehemalige Werkshalle geradezu genial mit einer schlichten Mischung aus Blechwandverkleidung, rotgekacheltem Boden und schwarzen Korbstuhlmöbeln im Garten-Look ausgestattet ist. Passend dazu die frei durch den Raum führenden Klimaschächte aus Weißblech, die jedem Wartungs-class-hero erst so richtig die Wohlfühlschauer über den Rücken jagen. Überzeugend die lange Theke, die relativ große Tanzfläche, das durchaus gemischte Publikum und die Plastikpalme mitten im Raum. Da es übrigens schon mal vorkommt, daß man trotz vollem Glas in der Hand verdurstet aufgefunden wird, empfiehlt es sich im Winter und während jeglicher Schulferien entweder die angespitzten Stahllenbogen auszumotten oder sich genau zu überlegen, um welche Uhrzeit man den Biergarten betreten will. Gilt übrigens auch für alle, die das gelegentliche Bad in der Menge scheuen. EXTREMST SPANNEND! ∿

FLIC FLAC, Steinstraße. ☎ 06071/25245. Mo-Sa 19-01, So 10-14, 19-01. Bier 2,80, Wasser 1,50, Säfte 2, Kaffee 2, gr. Milchkaffee 3,50, Guinness vom Faß. So Frühstück für 10 soviel wie der samstagnachtstreßgeplagte Magen verträgt. Näheres an der Theke.

Bestechend gemütliches Café mit Kneipenbetrieb, bzw. mittlerweile leider nur noch Kneipe im Caféhausstil. Viele Pflanzen, große Fenster, antike — nichtsdestotrotz ansprechende — Tische und Stühle und vor allem riesig große, alte Spiegel an den Wänden. Von allen bedauert, die den neuen Tag gerne genauso beginnen, wie sie den alten beendet haben, unter der Woche morgens nicht mehr geöffnet. Einer der Hauptgründe ist wohl, daß heutige Schülergenerationen lieber schulische Theorie statt ein wenig Bohème an sich lassen. Dafür entschädigt jedoch der Sonntagmorgen jeden Nachtschwärmer voll! Herz, was immer du begehrst nach viel zu wenig Schlaf, auf der Theke ist es in Form eines Büfetts zu finden. Und für den zweitkleinsten deutschen Schein gibt es soviel Frühstück, daß es nicht leichtfällt, den Rest der Woche ohne Sonntag auszukommen. Allerdings Vorsicht: Nur der erste Kaffee ist inklusive, der Rest geht extra. Für das eher abendliche Frühstück empfehlen sich Tuborg und Guiness vom Faß oder — für Leute, die die Nacht erst spät beginnen — alle möglichen Säfte, darunter der dickste Tomatensaft nördlich Italiens (mit Zitronen geradezu göttlich!) ÄUSSERST ANGENEHM! Holger.

PRISMA, Steinweg 1, 6110 Dieburg. ☎ 06071/21133. Tgl. 11-14 & 16-01. Draußen sitzen.

Den Prismatikern gebührt das Verdienst, in die Ex-Kreisstadt die Neonschrift eingeführt zu haben — nicht viel mehr. Schicki-Abfülle mit Draußensitzen, das dekorativ-nutzlose Mühlrad glänzt in nächtlicher Beleuchtung. Warmes Bier und fade Cola härten die Wendejugend ab, bevor sie im Benz-Cabrio heimwärts zischt. TENDENZIELL. ∞

dreieich

BURGKELLER BURGBEILZ, Dreieichenhain. Darmstädter Str. 21. ☎ 06102/8093. Mo-Fr 17-22, Sa 15-22, So 14-22. Bier 3, Cola 1,50, Handkäs' 3,80, Rindswurst 3. Mann/Frau kann nur draußen sitzen, deswegen nur im Sommer geöffnet. Zuweilen Jazz-Frühschoppen. EMPFEHLENSWERT. ★

CAFÉ ZEITLOS, Sprendlingen, Kurt-Schumacher-Ring 2. ☎ 06103/33276. 8.40-ca.14, 19-01, Sa/So ab 14. Bier 2,50, Wasser 1,20, Kaffee 2. Baguette bis 3,50, Suppen u. Salate im Wechsel.

Alte Sofas und alte Möbel, Spiegel und der

Hund des Wirtes. Pausentreff für die Leutchen vom benachbarten Schulzentrum, auch abends hauptsächlich Jugendliche. Der Wirt (sehenswert, liebt Rémy), ist 68er, seine Freundinnen sind jünger. Getrunken werden Faß- und Weizenbier, auch Nichtalkoholika, der Name Café gilt. Zu essen gibt es Sandwiches und Suppen — wenn es dem Personal nicht zuviel wird. ≠

DRUCKKAMMER, Sprendlingen, Otto-Hahn-Str. 10. ☎ 06103/33282. Di-Do 17-01, Fr/Sa 17-03, Mi-Sa Disco. s.S. **60**

ENDSTATION, Buchschlag, Bahnhof Buchschlag. ☎ 06103/61919.Tgl. 19-01. Bier (Warsteiner) 3, Wasser 2,50, Kaffee 2,50. Mexikanische Küche.

An den alten Wartesaal erinnern der Lärm vorbeifahrender D-Züge und der ungünstig langgestreckte Raum. Trank-volle Enge am späten Abend läßt auf die Beliebtheit bei höheren Töchtern und hoffnungsvollen Söhnen des Villen-Stadtteils, Abgesandten einer Geisterwelt, schließen. Modisch eng. Hoher Lärmpegel, wenn der Laden voll ist. Empfehlenswert für alle, die im Umland gesehen werden wollen, und sehen wollen, was im Trend liegt. Mexikanisches Essen, vom deutschen Hobbykoch ausgedacht, Warsteiner Bier, Teenies, immer beliebt, guter, teurer Wein. LANGWEILIG. ≠

Hanau Wilhelmstraße 15 a
Telefon 06181/1 57 89
Mo-Sa 15 - 1.00 Uhr, So 12 — 1 Uhr
Biergarten

HOFGARTEN, Götzenhain. Rheinstr. 29. ☎ 06103/87670. Okt.-April: Di-So 19-01, Mo zu, Mai-Sept.: Di-Sa 18-01, So 16-01, Mo zu. Besondere Biersorten im wechselnden Angebot. Cola 1,80, Licher Bier 0.3l 2,30, zwei Handkäs' mit Musik 4,60, Brottasche 8,50, Pfälzer Spezialitäten.

KLAMOTTE, Sprendlingen, Offenbacher Str. 34. ☎ 06103/32240. Tgl. 18-01. Cola 1,80, kl. Bier 1,50, Bauernsalat 7,50. Draußen sitzen.

DIE Kneipe als politisches Aktionszentrum. Hier treffen sich GRÜNE, BI's, Nicaragua-Gruppen, DGB, JUSOS. Selbige führen hier auch Veranstaltungen durch. Gäbe es die Klamotte nicht, müßte die Stadt sie erfinden, oder anders gesagt: Die Klamotte läßt mit ihrer Arbeit die Vision entstehen, welche Möglichkeiten öffentlich nicht nur geförderte, sondern wie selbstverständlich unterstützte politische Kultur haben könnte — ohne daß alles im Ernst des Bieres theoretischer Überkandideltheit untergeht. Die Stadt, die starke, läßt sich das noch x-mal sagen. Erst im Jahre 2010 gelangt dieser Stoff an die Öffentlichkeit. Bis dahin, gibt es viele Klagen. Aber diese, aus dem Publikum garantiert nicht: Halb eingenickte Zuschauer findet man nicht. Schon gar nicht halb Eingenickte, die die Wirklichkeit glatt verschlafen. Man kann dem Wirt diese Haltung getrost abnehmen: »Ich fühle mich primär nicht als Gastronom.« Die meisten kommen wegen — vielem, nicht nur des Geldes und der immateriellen Kapitale, sondern des eigenen Fortkommens wegen. Man redet soviel mit den Gästen, daß sie glatt vergessen, weshalb sie dahin kamen. SPITZENKLASSE.   ★

ZUR BLAUEN BLUME, Sprendlingen, Lindenplatz 9. ☎ 06103/63616. Mo-So 19-01. Bier 0.3l 2,90, Apfelwein 1,80. Gefüllte Pfannkuchen mit Broccoli 7,80.

Kleine Fachwerk-Idylle auf einem scheinbar dörflichen Platz, propper renoviert, rusti-

kale Tische und Bänke, Butzenscheiben. Gemischtes Publikum, mit leichter Tendenz zur Smartness. Als Modell der Neu- und Alternativgastronomie zweifellos gelungen. Wie dabei üblich: Nur kleine Speisekarte auf einer Schiefertafel, stattdessen dominiert der Zapfhahn.   ≠

hanau

BIERBRUNNEN, Langstr. 3, ☎ 06181/26336. Tgl. 11-01, So 19-01. 0.3l Jever Pils 2,80, Cola 1,80, Apfelwein 1,60.

Junge Wirte versuchen dem Laden neuen Schwung zu geben. Gegen Mitternacht wird schon mal die eine oder andere Flasche »Remi« verlost. Das Dartsspiel macht Spaß. Gefährlich nur für Toiletten-Renner, die stehen flugs in der Wurfpfeil-Flugbahn. Angenehm für die Stunden, in denen man nicht immer nur Hochgeistiges sehen und hören will. ERGÄNZUNGSMEDIUM.   ★

BOOTSHAUS SKG, Katharina-Belgica-Str. 11. ☎ 06181/259267. Tgl. 16-01, ab Okt. 17-01, Mo zu. Kaffee 2, Bier 0.3l 2,30, Cola 1,50. Bürgerl. Küche, draußen sitzen.

Treffpunkt der Mainskipper mitten im Neubaugebiet. Mit Blick auf prachtvoll begrüntes Flußufer, der freilich donnerstags ab 19 Uhr den SKG-Mitgliedern vorbehalten bleibt. Wen die ältere Generation, die sich hier sichtlich wohlfühlt, nicht stört, kann mit Hilfe polierten WMF-Bestecks kräftige Rühreier mit Schinken, Pommes und Salat, anstelle dessen auch diverse Schnitzel (ab 12 Mark) spachteln — nur möglichst nicht allein. Hier kennt man sich in der Ski- und Kanu-Gesellschaft, der Soziologe nennt das In-Group. Nebenraum für private Feiern. Ist laut Beate im Sommer sehr zu empfehlen. Oase mitten in der Stadt. INTERN. ∞

Brückenkopf,

BRÜCKENKOPF, Wilhelmstr. 15a. ☎
06181/15789. Mo-Sa 15-01, So 12-01. Cola 1,50,
Kaffee 1,50, Michelsbräu 0.4l 2,80. Tagesgerichte z.B. Cordon Bleu mit Kartoffeln und Salat 11, Fladenbrote, Toasts 5-6, vegetarische Gerichte.

Am 1. Mai, Feier- oder Kondolenztag der
Deutschen Arbeiterbewegung, je nachdem,
feiert diese linke Institution Fünfjähriges. Lob.
Lob, ob des Durchhaltevermögens! Da bleibt
einem nur die Spucke weg. In Hanau, wo bei
der Metall-, Chemie-, und Atomindustrie viel,
wie die gefährlichen »Skandale« der letzten
Jahre zeigen, eher zuviel, kultur- und allge-
meinpolitisch aber, wie Autoaufkleber klagen,
»nix los« ist, linken Heimatgefühlen eine Kommunikationszentrale, Fluchtpunkt, Groß-WG —
wie man will — zu bieten, ist allemal nicht das
Einfachste. Die Robin Hoods des linken
»Sumpfs« blieben stramm zeitlos im Zeitgeist,

undogmatisch, nicht-sektiererisch und überlebten so manche Angriffe verbaler wie hand-
greiflicher Art seitens politischer Gegner in Zivil aber auch manchmal schön dekorierter
Uniformierter. Der Kneipenbetrieb schafft Arbeitsplätze im selbstorganisierten alternativen
Sektor, bietet politischen Gruppen und Initiativen absolut Rares und damit Wertvolles:
Arbeits- und Versammlungsräume. Dieses Angebot wurde in den ersten Jahren begeistert
genutzt — leider machte sich auch im partei-
politisch ungebundenen Spektrum etwas
Lethargie breit, deftige politische Parolen-Ru-
fer wichen zugegeben brillanten moderateren
szenigen Brauchtumsbläsern, die eine gute Ba-
lance zwischen Schmiß und Schmus halten. Wo
»damals«, vor drei Jahren etwa, Ideen sprüh-
ten, Phantasie, Utopie und Streitgespräche den
Raum füllten, kann sich heute schon mal diese
Szene abspielen: Fragt der Schorsch den

Heinz: »Hast du nen Zweimarkstück für'n Billardtisch?« Heinz:«Nee, brauch ich für das Video heut' abend. Abends ist der Laden knallevoll. Hartgesottene Thekensäufer, alternative Weinfamilie, Frauenstammtisch — alles da. Statt konservativen Nashville Veteranen und diversen Polka-Fürsten des Deutsch-Rock, wird dem konventionellen städtischen Kulturangebot durch wenige, brisante Dichterlesungen, Kabarett oder musikalische Kleinkunst eine alternative Front geboten. Die Küchenmannschaft wird nicht als die alleinigen Künstler, die tatsächlich die Verpflegungs-Postmoderne, das Fastfood-Fieber, beendeten, in die Gastronomiegeschichte eingehen. Essen und Trinken stehen in positiver Tradition der »Volksküchen« diverser politischer Strömungen, was heißt: Alles geschmacklich wie qualitativ fit und reichlich — für den kleinen Geldbeutel eine Freude! So ganz widerspruchslos wurden die Veranstaltungen nicht verkonsumiert. Manchmal tragisch, wie der Schoppe und die gestörte Trinkerruhe in »unheiliger« Allianz die phonalen Eindringlinge zurückweisen. Wenn es um die Konsequenz der Rückzüge, ums Eintauchen in die Wogen der Bierseligkeit geht, wird auch so mancher Friedensfreund plötzlich militant. Zum Fünften Gründungstag führte die Brückenkopfmannschaft ein Karbarettstück auf, imitierte, persiflierte sich selbst, die Stammgäste und sowieso die ganze Welt. Dazu gab's eine Ausstellung von Kundenfotos. Von denen so mancher Dauerzecher gar nicht so angetan war. Weitergemacht wird so lange bis die Teller brechen, der Gäste Mägen rebellieren oder Angestellte von Fritzchen Zimmermann die Kneipe leergetrunken haben — also bis zum bitteren Ende. Sigrid meint: Ich würde den Brückenkopf zum Rhein-Main Kneipentip machen. Hier geht alles: Billard spielen, Tischfußball und AZ Uni-extra lesen. Wenn Hanauer Hanauer Leute auf gut Glück treffen wollen, gehen sie in den Brückenkopf. Zugegeben, die Schmutztoleranz ist nicht so hoch wie bei Mutti

oder in der Wiesbadener »Ente vom Lehel«. Aschereste auf dem Tisch werden in der Hektik schon mal nicht sofort weggewischt, sondern mit dem Deckel untern Tisch gekehrt. Aber auch am Konferenztisch des Chef der Deutschen Bank ist Vorsicht geboten, wenn man den Arm auflegt. Als Kommunikationszentrum einsame Spitze. HÄNGEBRÜCKE OHNE ENDE.   ★. ☼

CASABLANCA, Heumarkt 2. ☎ 06181/21000. Tgl. 18-01. Bier 2,70, Apfelwein 2,50.

Kühl, etwas hallig, aber durchaus besucht. Die Abenteurer im Polo-Shirt schätzen es eben, den Weißlackierten mal ganz lässig gegenüber, zwischen Spielhölle und Hemden-Paradies abzustellen und den harten Apfelwein in waschechter Bogart-Atmosphäre zu genießen: Schwarze Theke, weiße Kacheln, Filmfotos an der Wand(!), Propeller an der Decke (drei!) und in der Ecke eine per Doppelbildschirm sehr präsente Video/Musicbox, aus der gerade »Run DMC« hämmern. »So beginnen große Feindschaften«, murmelte der Tester und verschwand im Nebel. FEHLSCHUSS. ∞

CENTRO ESPAGNOL DEMOCRATICO OBRERO, ☎ 06181/21772. 12-24, Mo zu. Bier 1,50, Wasser 0,80, O-Saft 2,10, Kaffee 1,50, Wein ab 1,50, Liköre 2,60. Sa u. So Churros (Fettgebäck) 5, Hähnchen mit Knoblauch 7,30, Merluzu (Hechtbarsch) 7,50, Miesmuscheln in Tomate 6,20, Sardellen in Essig 2,70, Portion Ketchup 0,45.   s.S.365

MILLIWAYS, Leimenstr.35, ☎ 06181/16969, Tgl. 11-01, So ab 18. 0.3l Pils 2,70, 0.2l Pils 2, Wasser 1. Frühstück ab 11 von 5-10.

»Café am Rande des Universums« nennt sich das Milliways. Was will der Besitzer wohl damit sagen? Programm, apokalyptische Lebensphilosophie des Wirtes, inhaltsleerer Werbespruch oder Hinweis auf den Zustand der Gäste nach einem vermeindlich alkohol-

Milliways

reichen Abend dort? Wir werden es bis Redaktionsschluß nicht ergründen. Am Rande allerdings, bewegt sich die Einrichtung der kleinen Kneipe, denn Plastikoutfit hat sich allgemein in der Branche überlebt. Das Non Plus Ultra ist es nicht. Und dies nicht allein deshalb, weil selbst der bemühteste Wirt den nervenden Kunststoffgeruch nicht aus den Räumen bringt. Neben der großen Theke gibt es wenige Tische zum Sitzen. Alles in grau/weiß/schwarz Tönen gehalten. Die vorherrschenden Farbtöne lassen jedoch keinen voreiligen Schluß auf das Temperament der Gäste zu, die zusammen mit dem sehr netten Wirt hinter der Theke mehr als Grautöne und Plastik versprechen. DER KNEIPE EINE CHANCE. ☆

SIMPLICISSIMUS, Vorstadt 13. McGaul's Staut 0.4l nur 3.

Give peace a chance. Schöne Erinnerung an Zeiten, wo man sich selbst zum rücksichtslosen Ausleben seiner Jugend verführen wollte. Hier herrscht das alte Gebot der Stunde: Prinzip abfüllen, abhängen, abschlaffen und wenn's danach noch geht — abschlappen. Dunkel, schummrig, wie es sich für altbewährte Höhlenkinderlein gehört. Restbastion waschechter Freaks. Die man sonst nur noch auf Bildern und im Kino sieht. Gastronomie als politischer Bekennerbrief im Outfit des Sperrmüllsammlers. Langhaarige Freaks, Punks und Machinenbaustudenten. Western-Touch, Mobiliarfossilien aus allen möglichen Scheunenauflösungen sollen ein »Gesamtkunstwerk« abgeben. Putzig. Als die Bedienung mit leichter Hand den Tester übergeht und stattdessen ihre ganze Gunst der nächsten Seite des »Stern« widmet, wird ihm der beginnende Identitätsverlust zum ersten Mal so richtig bewußt. Im Laufe der nächsten halben Stunde hat er das Gefühl, er könne jeden Augenblick den letzten moralischen Halt verlieren. Doch voller Gier gibt er sich stattdessen lieber seinem größten Lebensgenuß hin: Gerolsteiner Sprudel, dem Lebenselixier aus der Eifel. Auf der Bank lümmeln zwei spätpubertierende Teenies, eher jung und verklebt als faszinierend schön. Dennoch wird es jedem Nostalgiker warm ums Herz. Ten Years After, Led Zeppelin I, das waren musikalische Sternstunden, und hier revitalisiert sich ein Trauma zum Traum. Man könnte jetzt im Stil der Psychedelischen 70er weitermachen: »Der Tester traf sich in der Kneipe selbst und zerstörte sein wahres Ich: Voller Abscheu sticht er mit dem Kugelschreiber in die Dachlattendekoration«. Plakate von Uriah Heep, Jesus Christ Superstar, Coochise, an der Wand. »Wer Beton statt Bäume will, wem Eigentum vor Leben geht und Gesetz vor Menschlichkeit, dem erlauben wir nicht mehr uns zu regieren.« So steh es an der Wand. Zeiten, sind hier noch lebendig! Der Traum vom Indianer, die Suche nach dem Unverdorbenen im Menschen und der Politik und das Eingeständnis, es doch nicht mehr zu finden. Hier wird's lebendig. Oder senil, wenn die Alt-Hippies von »früher« erzählen wie Opa vom Krieg 1914-18. Hier trifft man alles, denn die Stadt verbindet. Ein herrliches Portrait eines herrlich, sympathischen Fossils, ein Kleinod. Der Lauf der Dinge wurde konserviert, so wie alles zu Lebzeiten des Jim Morrison ausgesehen hatte, in all seiner erlesenen Schönheit. Die Leute heute, 1989, ein bißchen verwelkter, ein bißchen runzeliger und hier und da auch ein bißchen weniger glamour-like. Wer es noch so richtig echt, verqualmt und dunkel mag, dem sei das Simplicisimus wärmstens empfohlen. Unser Photograf Waldemar bekam es zu spüren. Prompt schenkte man ihm reichlich — eine ganze Flasche — Wein ein, die Einladung zur Geburtstagsfete und einen ziemlichen Schwips. HANDMADE. ★ ☆

SPUNDLOCH, Jakob-Rüllmann-Str.9. ☎ 06181/253771. Tgl. 19-01, So zu.

Telefonprotokoll: Weiser, Guten Tag. Können sie mir mal saache, wann sie geöffnet habbe? Mir? Also mir hadde gestern auf und heut mache mer auch wieder auf. Ab wieviel Uhr? Um siebbe. Also sie haben jeden Tag ab 19 Uhr auf? Na, net jeden Taach. Sonntags iss zu da fliecht kein Huhn, da fliecht kei Tür, da iss zu. Also täglich außer Sonntag ab 19 Uhr. Ja, heut abends geht's weiter: da fliegen die Hüt', da boxt der Papst, da fließt der Wein in Strömen. Kurzum: so »gemütlich« wie die Wirtsleut sich geben, so urrumpelig ist die kleine Fachwerkkneipe. Bei der Einrichtung waren formales Bemühen und handwerkliche Fertigkeit am Werk. So manche Herzensbindung wird sie beim guten Weine ergeben. ERFÜLLUNG. ★ ☆

VOY, VOY, am Freiheitsplatz 16. ☎ 06181/252797. Cola 2,50, Kaffee 2,50, Cappuccino 3, Perrier 2,50.

World-Dumpfheit-Award! Die Bedienung ist die größte Schnarcherin auf der kompletten Hanau-Tour. Die Testerin wartete eine halbe Stunde auf den schlechten Cappuccino. Selbstbedienungsversuche provozierten erstmal überhaupt keine Service-Aktivität. Man kann sagen: Die Frau ist n u r blond. Vielleicht hatte sie zuviel Transquilizer gefressen. Nun, sie bedient primär die kleinen Götter der Ramsch-Tische im Hause nebenan: Hertie-Abteilungsleiter. Damit hatte die Kaffee-Schaffnerin den eigentlichen Sinn ihres öden, schwerfälligen Spektakels prima auf den Punkt gebracht. Also doch Selbstbedienung. Von dem Zeitpunkt an, als sie nach langem Warten die Bestellung endlich aufzunehmen begann, wobei sie bis zur finalen Aufnahme noch dreimal nachfragen mußte, bis zum Servieren des bräunlichen Spülwassers muß man warten, bis sie sieben Pils gezapft hatte. Eine Tortur für eine aufgeblasene Pute vom Dienst! Und wegen Uberfüllung des Ladens durch acht Gäste völlig überfordert. Man wünscht ihr und diesem Tal der Trinkertränen in solchen Augenblicken nur ganz ganz Liebes. Daß sie möglichst bald vom Förderband erfaßt würden. Oder so. Das Publikum — nicht viel intelligenter als die Wirtschaft selbst. Ein Laden für Möchte-Gerns, die unter sich bleiben müssen. Sonst sehen zuviele Leute, wie sie sich ständig an den Kopf greifen und minutenlang »Aua« schreien. Ein Etablissement wie ein Billig-Hamburger: Fade, ohne Nährwert, überflüssig wie ein Spoiler am Traktor. IGITT.   ★ ☆

ZUM ROTEN LÖWEN, Kesselstadt, Landstr.4. ☎ 06181/24706.

Sanierungsgebiet — muß man eigentlich noch mehr dazu sagen? Dieses Lokal wird hier nur erwähnt, weil hier drin mal der alte legendäre »Blutige Knochen« beheimatet war. Ein Original des gastronomischen Kesselstädter Heimatgefühls. Wer in Hanau kannte die Oma in ihrer Gaststube nicht? Hier hat man sich »gut benommen«, sonst konnte der Oma die Galle übergehen. Eine von allen akzeptierte Person, der man wegen ihres Alters und ihrer Erfahrungen als Wirtin alles verzieh. Die aber auch das besondere Klima einer wirklichen Gaststube verbreitete, wo Leute, ob alt oder jung, bewirtet wurden nach allen Regeln gastronomischer Kunst. Den blutigen Knochen gibt's nicht mehr, die Oma ist weg. Es entstand ein auf alt getrimmtes Lokal mit »Bauernstube«, »Eßzimmer« und Stehtisches für die nostalgischen Gefühle der Angestellten mit Zweitwagen und Eigenheim. TRAURIG.   ☆

hochheim

GASSENSCHÄNKE, Königsberger Str. 16. 17-01. Apfelwein 1,70, 1l Pils 6,50, Salami Brot 4.

Massenhaft Sprüche an der Wand, wie: »Im Glas ertrinken mehr Menschen als im Meer«. »Der Gast ist König, doch wer ist heute noch für Monarchie?!, »Der Spruch, 'der Klügere gibt nach', hat die Weltherrschaft der Dummheit begründet.« Die Kneipe über dem Misty-Jazzkeller ist Treffpunkt der agilen Hochheimer Jugend, auch Domizil des örtlichen Basketball-Clubs. Der motorisch verlangsamte Wirt, Typ liebevoller Bär, braucht leider sehr lange für das Zapfen eines Bieres. Vielleicht nimmt er beim Bierzapfen künftig die Zigarette aus dem Gesicht, dann bekommt das Bier wenigstens keine Ascheäubchen. HAT TIEFE. ★

hofheim

NASSAUER HOF, Hauptstraße. Tgl. 11-24. Mo zu. Bier Ex 1,70, Pils 1,80, Wasser 0,50, Roter Korn 1,80, Wurst mit Kraut, Rippchen, Schnitzel mit Brot, Wurst/Käse-Brot, Handkäs'.

Die Einrichtung ist einfach, aber gemütlich. 15 bis in die 90-er, rege Kommunikation durch alle Altersschichten.   s.s. 516

kelsterbach

DICKWORZ, Berliner Ring 1. ☎ 06107/8729. Tgl. außer Sa 17-01. Sa zu. Bier 0.3l 2,80, Cola 1,60, Wasser 1, Säfte 2,40, Schmalzbrot 1,50 bis Schweinerückensteak mit Beilage 12,50.

Volkstümliche Einrichtung der ersten Scenekneipen-Stunden mit einer reichhaltigen Bilderauswahl. Pop-art Tierfotos, Startbahn-West-Kampfbilder, verhaßte Spirituosen-Spiegel. Die Stühle sind sehr bequem, die Tische abgewetzt. Alles passend zur teilweise vorhandenen Holzverkleidung an den Wänden. Stammtische für Hobbyathleten. Junges bis erwachsenes Publikum. Immer sympathisch. Beschäftigte aus dem Speditionsgewerbe und Ruderer des örtlichen Paddel- und Plauschvereins fühlen sich gleichermaßen wohl. Welch' herrliche Integrations-Institution! Angreifbar vor allem von jenen Puristen, die lieber einen politischen Reinheitskindergarten vorfänden. Seit sechs Jahren gibt es die »Dickworz« schon. Sie hat bewegte Zeiten erlebt, diese aber bestens, mit stetiger Verstärkung bis zu vierzehn AkteurInnen bewältigt. Gewiß, die Scene altert. Aber im Gegensatz zu manchen Nachwuchsaktivisten lebt sie und ist zum anfassen. Besonders zu empfehlen in diesem »No-pommes-Land« sind die üppigen Fladenbrote mit leckerer Füllung und die von Tag zu Tag wechselnden Hauptgerichte. Y A PLUS DE CHEF.

★ ◊

königstein

BIERAKADEMIE, Limburger Str. 18. ☎ 06174/23280. Tgl. 18-01, 11.30-14.30 Mittagstisch, Sa-Do. Prager Schnitzel 13,80, Biere ab 2,80. 18 verschiedene Sorten Bier.

Wie der Name schon sagt, kreist in der Bier Akademie alles ums Bier. Angefangen bei Jever bis zum Flens gibt's insgesamt 18 verschiedene Biere, natürlich ist auch ein alkoholfreies dabei. BIER-JOKER. ∾

BOGART, Limburger Str. 14. ☎ 06174/22979. Tgl. 18-01. 0.3l Bier 3, Cola 2,50. Eintritt frei. Kein Getränkeaufschlag bei Konzerten. s.S. 147

PILS AND POOL, Hauptstr. 10. ☎ 06174/23183. Tgl. 10-01, So ab 13. Pils 0.3l 2,90. 3 Billardtische, 1 Dart, 1 Tischfußball, haufenweise Automaten.

Am Eingang verkündet der Wirt mittels Schild: »Jugendlichen unter 16 Jahre Eintritt nicht gestattet.« Einmal im Monat (mindestens) Live-Music der Richtung Country. Treffpunkt vieler Jugendlicher, die von der Automaten-Armada inclusive Billard, Dart und Tischfußball angezogen werden. Die im Kellergeschoß gelegene Kneipe ist groß und schmuddelig, die Bedienung (offensichtlich) schwerhörig, das Publikum sehr gemischt und der Wirt mit besonderen politischen Auffassungen ausgestattet, davon zeugen zumindest die an der Decke befestigten großen Flaggen von Bundeswehr, Südstaaten und USA. ABWÄRTS. ∾

langen

BAVARIA BIERAKADEMIE, Nordendstr. 73. ☎ 06103/51263. Mo-So 18-01. 14 Biersorten vom Faß, 22 Biersorten im Ausschank. Bayrische Spezialitätenküche. Selbstgebackene Brezeln. Jugendkneipe. Musikveranstaltungen. Draußen sitzen und im Sommer Steaks vom Grill für 5.

Kneipe für die schnelle, kleine Abwechslung. In der relativ unterversorgten Kneipenscenerie der Stadt absolut ein Lichtblick. Die Wirtschaft bemüht sich um üppigstes, deftigstes Getränke- und Speiseangebot. Wer kann schon zwischen Frankfurt und südlich bis nach Heidelberg soviele Biersorten anbieten? Wer kriegt ein dermaßen günstiges Preisniveau hin? Sozusagen ein handverlesener Betrieb. Die Kosten werden niedriggehalten, weil man soviel wie möglich selbst macht. Bis zum Herankarren der Biere! Nix für abgestandene notorische Massenbier-Vertilger, die aus Phantasiemangel und Bequemlichkeit auf das Orginalerlebnis höchster Bierkultur verzichten! Unbelehrbar, die Leute! Wie oft klagen sie über dicke Brummschädel nach einer heftigen Sauforgie, weil sie im Meer der besseren Biersorten beim Profan-Gesöff verblieben und nicht einsehen wollten, daß solche Navigationsfehler zwangsläufig zur Havarie führen. Kneipen mit Hochqualitätsbieren sind allemal gesünder. Sie ersparen den Griff zur Spalt-Tablette. Vermindern die Folgeschäden. BELIEBTES STÜCK. ★

FRANKE-STUBB, Obergasse 27. ☎ 06103/23261.

Ein weiterer Stützpunkt für alle, die wegen eines Kneipenbesuchs nicht sofort nach Frankfurt flüchten wollen. GUT.   ★

MALKASTEN, Vierhäusergasse 1. ☎ 06103/51888. Mo-Fr 20-01, So 20-01, Sa zu. Pils 3, Weizen vom Faß 4, Alt 3, Cola 3. Verschiedene Gerichte, tgl. aus frischem Gemüse. Keine Fleischgerichte.

Monatlich wechselnde Ausstellungen. Vernissagen: Bei schönem Wetter Open-Air im Hof. Empfehlung: Hausgemachte Suppen, Geisterkaffee. Hefeweizen vom Faß. Die gemütliche Wohnungskneipe. Die Zimmer sind individuell, mit Kunst und Antiquitäten voll gepfropft. Die Atmosphäre ist geprägt vom Bemühen, auf individuelle Wünsche ihrer Gäste einzugehen. Das Zusammenspiel der Wirtsleute ist nicht so ideal, die Temperamente wohl zu verschieden. Die große weltstädtische Sause findet woanders statt. Eher gibt's gehobene, etwas steife Provinz-Remmidemmishow. Ach ja das Hirschgeweih gegenüber der »postmodernen« Fensterpartie! In sich schon wieder einer dieser verunglückten Provinz-Postmodernismen. IM FRÜHTAU ZU BERGE.   ★

münster

BKA/SCHÜTZENHOF, Münster bei Dieburg. ☎ 06071/35939. 20-01, So 15-22, Nach Vorankündigung auch mal »bis 03 dabei«. Bier (Flasche) 2,50, Wasser 0,50, Saft 1,50, Kaffee 1, offene Bioweine 3. Nur Sa-Mi tgl. wechselnd ein Essen. Hauptmerkmale: Billigst (3-5), viel (sogar Punks sollen schon satt geworden sein.!) Fast immer ohne Fleisch.

Letzter echter und dazu noch selbstverwalteter Kneipenbastard im ehemals reichhaltigen Dieburger Versumpfungsgebiet. Versteht sich als Nichtkommerz/-konsumorientiert. Bietet seltsamerweise aber viel für wenig Geld. Sa-Mi Wahnsinnsspitzenessen, tgl. wechselnde Sorte und immer viel. Jeden zweiten Dienstag Kino zum Nulltarif — Rauchen, Essen und Trinken ist geradezu selbstverständlich dabei. Life-Musik-Veranstaltungen (meistens Fr/Sa), Besichtigung 3-5 Taler und vieles mehr. Allgemein ist das Publikum echt kosmo — und spätestens bei den leider selten gewordenen »bis drei dabei« ist von Nietengürteln über Birkenstöcker, von BMW's bis Enten wieder alles vertreten, was im Dieburger Umland zu feiern weiß — aber Achtung: Gewöhnungsbedürftig! Einziger echter Nachteil ist die Raumakustik bei der Life-Musik: Läßt die Herzen aller HNO's im Umkreis höher schlagen. Trotzdem sollten sich empfindliche Naturen nicht die Chance entgehen lassen, Newcomer, aber auch mal Indie-Bands aus England oder Italien an sich ranzulassen. ABSOLUT SUCHTERREGEND!   〰

nauheim/ groß-gerau

RIED CASINO, CAFÉ-KINO-BAR, Königstädter Str. 39. ☎ 06152/6088. Mo-Mi 19.30-24, Do-Sa 17.30-24, So 15-24. Weizen 5, Bier 2,50, Wasser 1, O-Saft 1,80, Kaffee 1,80, Kakao 2, Apfelwein 1,50, Ökowein 4, Cocktail der Woche 3-5, Longdrinks 4,50-5, Weine 3,50-4, Spirituosen 2-4, Sekt 3-20, Eis 0,50-2,50. Kleine Snacks 2-4.

Zeitgemäße, graue Einrichtung, blaßgelb und weiß; große Glasfassade. Schwarz-Weiß-Fotos an den Wänden, sehr wenig Filmplakate. Halbrunde Anordnung der Tische mit gegenüberliegendem Tresen, phantastisch geeignet für Diskussionen. Das Publikum besteht aus sowohl als auch, das Kino hat sich über acht Jahre ein Stammpublikum geschaffen, das von sonstigen Kinobesuchern (abhängig von den jeweiligen Filmen) vervollständigt wird. Die Reichweite geht von dem Kreis Groß-Gerau bis hinüber nach Darmstadt. Es wurden auch schon Frankfurter und Wiesbadener Kennzeichen beobachtet. Nach sieben Jahren des unabhängigen Kinos hatte sich das Quasi-Kollektiv des Ried-Casinos im Mai 1987 auch zum Kneipenbetrieb entschlossen. Die Intention liegt auf der Hand, nach dem Augenschmaus auch noch etwas für den Bauch anzubieten und ein Forum für intensive Diskussionen zu bieten. Die Umsetzung ist gelungen, das Interieur ist halt Geschmacksache, etwas zeitgünstig, aber praxisgerecht, hat vielleicht etwas zuviel Barcharacter, aber die Preise stimmen! Das Problem ist wohl eher das Publikum, das zu oft den Platz des Betrachtens schnellstmöglich verläßt, um kurz vor der Haustür nochmals in die Welt des Ausschanks einzukehren. Außerdem läßt auch noch das Stamm-Kneipenpublikum auf sich warten. Die Kinomacher aus Leidenschaft machen dort außerdem noch kulturelle Veranstaltungen, einmal im Jahr das von vielen Leuten ersehnte Ried-Casino-Fest, und wenn sie dieser Tage die offizielle Erlaubnis erhalten, auch bald Sonntagsmatineen mit Frühstück. FAST GOLD!

◊

neu-isenburg

BAZILLE, Karlstr. 33. ☎ 06102/33182. Mo-Fr 17-01, Sa zu, So 19-01. Bier 0.3l 2,20, Hütchen 3.

BISTRO FROSCH, Waldstr. 122. ☎ 06102/17870. Tgl.10-01. Bier (Becks) 3, Wasser 2,50, O-Saft 3. Rollbratenbrötchen 3,50, Frikadellenbrötchen 3,50, Baguettes 4.

Eine immer umstandene Theke und ein kleiner Nebenraum mit engen Nähmaschinentischen. Paare im Nebenraum, Theken- und

Eckensteher, meist männlich. Anziehend machen dieses Kneipen-Bistro der weitbekannte Wirt, seine Faßbiere und die Theke für Einzelgänger und Raisonierer. LOVELY   ≠

LIGHTHOUSE PUB, Beethovenstr. 29. ☎ 06102/6118. Kleine Imbisse.

Mehr irisch oder mehr englisch, die Einrichtung? Unter dem Einfluß der Guinness Brauerei, dabei aber ohne Künstlichkeit. Pub auf deutsch. Junge Leute und solche, die es gern noch wären, Schüler und Jungsozialisten. Die Wirtin und ihre Helferinnen lachen auch noch, wenn der Laden voll ist. Mehrere Biere vom Faß, darunter auch Guinness für den, der's mag. ANGENEHM.   ≠

SCHOBBEKLOPPER, Bahnhofstr. 59. ☎ 06102/25678. Tgl. 19-01. Di zu. Bier 0.4l 3, Alt 3,30, Cola 1,50.

Nein, nein, so spielt sich das wüste Treiben in der beliebten Scenekneipe nicht ab, alles Lüge: Endlose Musiknummern von Punk-Rockern und ihren tobenden, tanzenden Fans. Dazwischengeschobene Morde kommen einem wie eine Erleichterung vor... Wer's glaubt, wird neugierig. HINGEHEN.   ★

TREFFPUNKT, Bahnhofstr. 50. ☎ 06102/8607. Tgl. 17.30-01, Sa zu, wenn keine Gruppen spielen. Bier 3, Wein 3,50, Kaffee.   s.S. 148

oberursel

BOTTOMS UP, Frankfurter Landstr. 13. ☎ 06171/3487.

Sympathische Rockerkneipe. Der Wirt als Antwort auf ein Kompliment: »Ich such' sofort meinen Spiegel. Ich bin nämlich gar net eitel!« Rustico, Stil der frühen 70er. Beste Hardrockmusik, aber nicht nur von der hirnlosen Krawallfront. Melodiöse Heavy Lieder dominieren. Dienstags Bingo: Am 26. Juni wären 900

foto: Waldemar Hanke

Simplicissimus, Hanau

Mark im Pott. Trucker machen ab und zu auch mal Pause auf der Durchreise von Hamburg nach Rosenheim. Das bekommt dem Flair des Ladens nur gut. GUT. ★

oppenheim

MESCHUGGE, Mainzer Str. 46. ☎ 06133/3964. So-Do 19-01, Fr & Sa 19-02.

raunheim

CAFÉ PLANLOS, Robert-Koch-Str 4. ☎ 06142/402264. Fr 20-01 u. Veranstaltung siehe Tagespresse und Scenecafés. Bier 2 + Pfand, Wasser 1, Sekt 7, Cola/Limo 1,50. Wenn irgend

jemand dort Bock darauf hat, gibt es auch mal was günstiges Warmes.

PIWITT CAFÉ-GALERIE-KNEIPE, Mainzer Str. 38. ☎ 06142/21268. Tgl. 19-01. Bier 2,30-2,90, Wasser 1, O-Saft 2,50, Wein 3, Guinness 4, Spirituosen 2,50-4. Kleine Snacks 2 (Toast) bis 4,50 (Chili con Carne).

Die Wände verändern sich mit jedem Objektwechsel, vom stilechten Geschmack zeugen die Spiegel, mit verschiedenen Spirituosenaufdrucken, Kindheits- und Jugenderinnerungen werden wach, ansonsten ziemlich hell, das Mobiliar ist noch recht gestückelt, auffallend der Nierentisch vor dem Sofa. Nach dem Umbau im Sommer '88 erscheint das Piwitt hell, anheimelnd, wohnlich in der kargen Szenerie Raunheims. Das dreiköpfige Feierabendkollektiv, bestehend aus einem Architekten, einem Optiker und demnächst noch einem leitenden Angestellten, betreibt seit fünf Jahren das Piwitt in einem im Eigenbesitz befindlichen Haus. Mit einer Handvoll von befreundeten Leuten haben sie noch einiges vor in der Zukunft. Die Idee des Café-Betriebes am Wochenende ist fast realisiert, es wird nur noch an der Speisekarte gebastelt und ab Januar 1989 geht es dann los. Als nächstes steht dann wohl im Laufe des Jahres die Einrichtung eines Billardraumes bevor. Und mit der Zeit wird aus dem jetzt noch etwas zusammengestückelten Piwitt wieder eine kompakte Einheit wie zuvor (vor dem Umbau, zwar dunkel, aber kompakt). Die Problematik des gemeinsamen Projektes ist: Es bleiben zuviele Kleinigkeiten einfach liegen. ANSPRECHENDE ENTWICKLUNG. ◐

riedstadt

CAFÉ MOSKITO. Erfelden. ☎ 06158/4698. 17-01, Sa/So ab 10. Mo zu. Bier 2,30, Wasser 0,80, O-Saft 2, Kaffee 2. Kleine Mahlzeiten, am Wochenende Frühstück zu humanen Preisen.

Ried-Rockers, lokale Müsligrößen, Normalos und Leute, die einfach im Vorbeikommen reinstolpern, jedoch nicht normal sind, finden sich hier. Der Riedstädter Rentnerstammtisch überlegte vor Jahren, ob er seinen donnerstäglichen Stammtisch hierher verlegen sollte, kam jedoch davon ab, weil aus dem Umfeld der Kinderecke des »Moskito« sich eine BI konstituierte, die, wie wir meinen, berechtigte Vorbehalte gegen den Zigarrenqualm lautstark artikulierte. Wäre doch schade, um die schönen grünen Pflanzen und die Helligkeit in dem Raum, in dem drei von vier Wänden aus Glas sind, gewesen. KOMMT GUT.   ☆Peter

CAFE FIASKO. Stockstadt. ☎ 06158/85181. 18-01, Di zu. Bier 2,20, Wasser 1, O-Saft 2, Kaf-

fee 1,80. 1 m Brot 5, 0.5 m überbacken 3,50.

Mit viel Liebe aus dürftiger Einrichtung das Beste gemacht. Publikum: Landfreaks usw. Ab Mai '89 geschlossen.   ∈

rüsselsheim

FREIES KULTURCAFE, Mainstr. 11. ☎ 06142/12333. Do-Mo 10-24, bei Veranstaltungen u. Festen länger. Kaffee 2, 0.3l Faßbier 2,50, Salate 5,50-8,30; Frühstück 2,80-12,80.   s.S. 165

HOLZWURM, Kohlseestr. 46. ☎ 06142/34168. So-Fr 18-01, Sa 20-01. Bier 3, 2,80, Wasser 1, O-Saft 2, Kaffee 1,80, reichl. Säfte à 2, Guiness vom Faß 4. Kleinküche, von Schmalzbrot 1 bis hin zu Chili con Carne 4,50, je nach Küchenbelegung.

Die pink-graue Einrichtung hat sich nach 8,5 Jahren Rustikalität dem Zeitgeist ergeben: Weiße Wände, Spiegel, grau lackiertes Holz und pinkfarbene Ecken und Kanten. Aber alles selbstgemacht! Dafür ein Leistungslob! Harmloses bis liebes Publikum, die Scene kommt immer seltener, dafür ist das zum Überleben wichtige Normalpublikum inzwischen stärker vertreten. Anfang des Jahres verließ Dorle den Holzwurm, die über Jahre hinweg einzige Scenekneipe in Rüsselsheim, um im Kollektiv des Freien Kultur-Cafés mitzuarbeiten. Vorher wurde der Kneipe nach 8,5 Jahren Rustikalität jedoch noch ein zeitgeistmäßiges Outfit verpaßt (s.o.). Den Wirt sah ich, da ich dieses Jahr dort weniger verkehrte, erstmals in neuem Outfit, Bundfaltenhose statt verwaschene Jeans und zeitgemäße Augenoptik statt Nickelbrille. Aber nett ist er nach wie vor. Also mal jemand, der mit dem Outfit nicht auch das Gedankengut wechselt, in dieser allzu vergnüglichen Welt. Wohltuend auch noch die Möglichkeit, spätestens nach 23 Minuten des Trinkens (das Pils dauert sieben Minuten), jemanden Bekanntes zu sehen. Außerdem merkt man auch am Lautstärkenregler die jahrelange Erfahrung von Peter, dem Wirt (er legt auch mal nach Wunsch auf). Wohltuender Anachronismus mit Anpassungsschwierigkeiten an das sogen. »Zeitgeistgefühl«. VOLLER GLANZ.   ◐

TAKE OFF, Grabenstr. 64. ☎ 06142/62763. Wochenende 20-03, Di zu, sonst 20-01. Bier 0.3l 3,50, Wasser 2,50, O-Saft 2,50, Kaffee 3, Alt-Bier 3,50. Rolfs-Rache (Mix-Getränk vom Wirt) 12. Hot Dog 4, Cheesburer/Hamburger 4, Laflute 5.

Tanzmöglichkeiten. Gemischte Musik, nicht zu laut, man kann sich in gemütlicher Atmosphäre unterhalten. Montags ist Alt-Bier Abend. Verschiedene Veranstaltungan (mit Hypnotiseur). Jedes halbes Jahr eine Take-Off-Rallye (Fuchsjagd). KOMMUNIKATIV Claudiia

ZUR KRONE, Wolfingerstr. 2. ☎ 06142/72130. Tgl. 17-01. Mo zu. Bier 1,80, Wasser 1,50, O-Saft 2,50. Pizza mit allem 9, Steaks, Schnitzel aller Art.

Beste Pizza im Umkreis von 20 km. Macht

öfters Steakwochen, Stück mit Beilage für 9.-. Musikbox mit den neuesten Hits der internationalen Hitparaden. PIZZAHIT.   ◡

sindlingen

BEI RITA & WILLI, Sindlinger Bahnstr. 96. ☎ 372595. Apfelwein 1,30. Spezialitäten: Riesenmettwurst Westfäliger Art. Hieß bis vor einem Jahr »Zum Rotfabrikker«.

Jeder Gast, fast jeder, kriegt von »Mutti«, der pummeligen, aber süßen Wirtin ein Küßchen auf die Stirn, Backe, ob 18 oder 80! Dazu laufen aus der Music-Box so legendäre Lieder, wie von Nicki! Ansonsten finden in der Chemiearbeiterkneipe hochspezialisierte Philosophengespräche statt: »Musik schaffen beginnt im frühen Mittelalter bei Walther von der Vogelweide.« Oder »Heute ist kreatives Musikschaffen nicht mehr möglich. Ist alles von Subkulturen verseucht«. Bis vor wenigen Jahren hieß das Lokal noch traditionsgeschwängert »Zum Rotfabrikker« und hatte nach hinten, zu Tor der Farbwerke hin, einen Extra-Eingang. STERBENDE LEGENDE.   ★

Foto: Chris Lewis

VORSICHT KANNIBALISMUS

»Die Deutschen sind in erster Linie Fernsehzuschauer und verlangen mit geradezu wahnwitziger Verbissenheit nach dem, was sie schon kennen«. Werner Herzog charakterisiert mit dermaßen klugen, treffsicheren Worten unbeabsichtigt Dilemma und Stärke bundesdeutscher Profi-Brutzler. In der Tat. Was so mancher Wirt bei Großmuttern abkupferte, womit er ein Wirteleben lang Gäste quält, ist wenig ernsthafte Kochkunst als vielmehr teilweise schockierend und zeugt von außerordentlich schlechtem Geschmack. Dem durchschnittlich süchtigen Schnitzelfresser mit der ihm eigenen Geschmacksflexibilität — radikal wechselt er von der Wiener- zur Paprika-, Jäger- bis hin zur Hanuta-Variante — geht es wie dem süchtigen Serienglotzer: Nicht jeder, der Fernsehen schaut, sieht auch hin, nicht jeder, der in sich hineinfrißt, will sehen, was er sich antut. Aber erst eine kleine radikale Minderheit verhält sich konsequent. Da Frikadellen, Pommes mit Mayo und Ketchup, Eisbein in Aspik und Schweinebraten in Maggisoße lediglich Ernährungsfunktion zukommen, nähen, stricken oder basteln sie beim Hinunterschlingen des Stoffes, aus dem die Freßsüchte sind. Aber es gibt auch Hoffnungsträger in der Garde Neu-Deutscher Köche. Vornehmlich der Nachwuchs, speziell der Nachwuchs aus der Szene, bemüht sich, die gewandelten Bedürfnisse der Verbraucher zu verstehen. Sie kommen ab von der Trivialküche, wo der Koch als Gewürz nur Salz und Pfeffer kennt und liefern das, was der moderne Großstadtmensch geschmacklich, optisch und auch preislich will. Von daher ist das Statement jenes Nachwuchskochs »Ich könnte mir mein Leben nicht mehr ohne Kochen vorstellen« ein hoffnungsfrohes Signal. Signal für zukünftig weniger Fettriefendes, garniert mit traumatisch betonharten Dreitage-Fritten. Alles Wünschen und Hoffen auf das Zeitalter massenhaft aufkommender Meisterköche ist nicht mehr für die Katz: Vor diesem Hintergrund lassen sich die Novitäten der Saison genießen. Aber auch Zartes, Kalorienarmes für Leckermäulchen ist noch nicht alles. Das wissen Kenner der Beißkultur. So, und jetzt gehen alle meilenweit für Haspel mit Weinkraut.

★

bahnhofsviertel

CITY BISTROT , *deutsch/franz.* Münchenerstraße 59. Tgl. 10-01, Sa 10-02. Hawaii-Schnitzel 13,50, Cordon Blue 13,50.

Neue deutsche Übersinnlichkeit und eine Theke mit allerlei Schnörkelfirlefanz beeindrucken die feine Zunge noch lange nicht. Kulinarische Dum-Dumm-Geschosse, auf bürgerlich-deutsch »Frikadellen«, sind damit zwangsläufig noch lange nicht ausgeschlossen. Doch dem Publikum, zusammengesetzt aus Hotelgästen, vom Hauptbahnhof abgedrifteten Reisende, kein »Milieu«, bleiben Abartigkeiten dieser Sorte hier meistens erspart. Zu erleben: Ansätze neuer deutscher und französischer Küche, wunderschön dekoriert, relativ spärliche Tellerauslastung, geschmacklich gut. Der Gast bleibt von einer Bedienung mit gorilla-ähnlichen Boxerarmen und groß bis stupide stierenden Kellneraugen, wie öfter im Viertel zu erleben, wirklich verschont. Der Service ist nicht nur gut, die Dame hat sogar Niveau. Eine echte Alternative zur Gastro-Schreckensstätte, der »Schnitzelstubb«, jener Fünf-Mark-Schweinefleisch-Fettbeule auf der anderen Straßenseite. STRAPAZIERFÄHIG.   ★

DIPPEGUCKER, Am Hauptbahnhof 4. ☎ 234947. Mo-So 11-22. Bier 1,90, Wasser 2, Kaffee 1,90. Frankf. Spezialitäten, Grüne Soße 8,85, Sauerkrautgerichte 10,85-17,85. Draussen sitzen.

Eines der meist unterbewerteten Häuser am Hauptbahnhof. Wenig spektakulär dekoriert. Wagt man den Versuch und vergleicht Preis-und Leistung mit dem Angebot der neuen Selbstbedienungs-Freß-»Markt«halle im Bahnhof, so wird der Ort zur echten Alternative, gerade für Liebhaber regionaler Gerichte. Der Laden lebt von Touris, folglich sollte man sich daran nicht stören. Im Gegenteil. Freut euch der weltweiten Gäste! Das gibt unserem großen Frankfurter Dorf erst das Weltstadt-Flair, den man hier so gerne angedichtet bekommt. Die Legende geht um, daß die Brötchen in einem orginal Bäckerofen aus dem 18.Jahrhundert im Show-Backen hergestellt werden. Wir haben Verstädnis dafür, daß diese Vorstellung ausfällt oder nur zu höchst publikumsintensiven Zeiten aufgeführt wird. GEHEIMTIP.   ★

FRANKFURTER SCHNITZELSTUBB, Münchener Str. 52. ☎ 296949. Mo-Fr 11-23, Sa 11-22, So 12-21. Cola 1,80. Jägerschnitzel 5,50, Wiener Schnitzel 5.

Die wenig charmante Tyrannei aus Semmelbrösel, dünnen Schweinefleischschuhsoh-

len und Fett. Resto-Verpflegung unterhalb Cartering-Niveau der simpelsten Sorte. Für jene, die sich auch noch dem allerletzten Angebot ausliefern, nur weil es mit dem scheinbaren Superpreis von einem kleinen Fünfer daherkommt. Nein, der Gast muß sich hier nicht sanft bis heftig überwältigen lassen. Alle tendenziellen Freibiergesichter, solche, die auf jedes vermeintliche Schnäppchen abfahren, bestrafen sich durch die selbstauferlegte grelle Freßpraxis. Denn: Daß die Beilagen extra kosten, steht groß und breit angeschrieben. Daß an den vorgebratenen Schnitzeln, die für den letzten Hitzeschock in die Friteuse geknallt werden, mehr Mehl und Brösel kleben, als Fleisch vorhanden, ist in der Kühltheke anzuschauen. Die Soßen sind nach kurzem Blick in die Behälter alles andere als Geschmacksblüten. Eher von stabiler, pampiger Dicke. Dieses Kuriositätenkabinett lebt von der Phantasie jener, die sich alltäglich Sommerschlußverkauf wünschen,

und durch diese Sucht dem Aschenputteltrick aufsitzen: »Je schmuddeliger und billiger um so geiler«. Den Tester überkamen ganz eklige Phantasien. Dem Dreizentnermann am Nachbartisch schien beim Verzehr der dritten Portion eine fette Spinne in den Mund zu fallen. Die Wirtin, gelernte Akademikerin mit besten Beziehungen zum Futtergroßhandel, hat von 10 möglichen Punkten 9,5 erreicht — auf unserem persönlichen KOTZOMETER. ★

NIDDASTÜBCHEN EDGAR POHL, Niddastr. 37. ☎ 231615.
Pils 1,50, Cola/Fanta 1,70. Kalbsmedaillon, Rahmsoße 13,50, Kalbsschnitzel, Bratkartoffeln, Spargel, Käse überbacken 14,80.

Wer's deftig und gutbürgerlich mag, aber keine Pampe wünscht, der ist hier richtig! Überraschung im Viertel als vorzüglicher Preisleistungshit. Publikum ist verträglich. Einrichtung: Na, eben wie bei Muttern, gutdeutsches Rustico. HEFTIG DEFTIG. ★

bockenheim

GASTSTÄTTE PIELOK, Jordanstr. 3. ☎
776468. Mo-Fr 11.30-24, Sa So zu, warme Küche
11.30-14.30 & 18-22.30, 15-17.30 zu. Auch vegetarische Küche. Kaffee 1,80, Cola 1,70, Gemüsevollkornpfannkuchen mit Salat 8.

Da gehen Profs, Assistenten, Dozenten der
besonderen Sorte, und studentische Selbstver-
sorger hin. Wer weiß, wo die magische Anziehungskraft herrührt! Irgendwie erinnert das
»Ambiente« an zu Hause, an Kittelschürzenkul-
tur. Vielleicht sehnt sich so manches akademisch geadelte große Kind an die Wiederaufla-
ge des absoluten mütterlichen Zuwendungs-
meisterwerks. Zur Schnullerstunde fehlt nur
noch die zarte Hand, die das Lätzchen umbin-
det. Oder ist es die penetrante »Gemütlichkeit«
der Nice-Price-Schallplattensammler, mit dem
ersten Anflug von Doppelkinn, blitzeblankem
Seitenscheitel und der astreinen Bügelfalte im
braunen Woolworth-Anzug, die da auf albern-
ste Weise überstrapaziert wird? Spießige Be-
klemmung überlagert selbst den schönen
Garten. Wie blöde eigentlich! Denn die Küche
ist variantenreich, das Vegetarische genießbar
und bezahlbar. Die Betreiber nette Kerle und
durchaus innovativ. Und niemand will jemandem beweisen, er sei ein Superstar. Aber vielleicht ist der Rezensent einer ganz simplen
Täuschung unterlegen, und vermißt nur die
mittlerweile dominierende, entnervende Ego-
zentrik des durchschnittlichen modernen
Kneipenpublikums. VERWEGEN.   ★

MOLTKESTUBE, Hamburger Allee 59. ☎
7072266. Mo-Sa 6-01, So zu. Bei wichtigen Messen -04 und am So geöffnet. 0,2l Pils 1,70, Apfelwein 1,60. Eintöpfe ab 4,50. Rumpsteak mit
Beilagen 17,50.

Gloria Fürstin von Thurn und Taxis, die aus-
geflippte Mutter, würde hier niemals den 60ten
Geburtstag ihres Gemahls Johannes mit einem
Drei-Tage-Fest im Rokokostil und Kostümzwang
feiern. Dazu haftet diesem Etablissement zu
sehr die positive Aura eines Refugiums für Kel-
lerkinder von 9 bis 90 an. Beim Frühstück aus-
gezeichnetes Preis-Leistungsverhältnis. Für
5,50 gibt's Wurst und Käse. Überhaupt, die
Karte ist ein frohmachendes Erlebnis für die
Geldbeutel aller Einkommmensgruppen. Rin-
dergulasch mit Spätzle und Salat 12,50, Schnitzel mit allem zu 11,50, da fällt nur der »Damen-
toast« zu 10, zwei kleine Schweinelendchen, begrifflich aus der Rolle. Vor dem Besuch des Or-
feokinos oder danach eine Alternative für
Leute, die den modisch gehobenen Scenestil
der Alt-68ger und heutigen Neu-Werber in der
Orfeo-Gastronomie jene »Avantgarde«, die in
jedem neuen Gast am liebsten den Baron Hans
Heinrich von Thyssen-Bornemisza eintreten sähen, nicht so unbedingt mögen. HERVOR-
RAGEND.   ★

PELIKAN, *deutsch/intern.* Jordanstr.19. ☎
701287. Mo-Do 12-01, Fr 12-02, Sa 18-02, So zu.
0.4l Bier 3, Kaffee 2, Mittagstisch 7-16. Salatkarte
4-16. Vegetarische Gerichte, elsäßische Küche.
Überbackene Tomaten mit Spaghetti 8,50.
Draußen sitzen.

Sie erleben zuweilen einen schrecklichen
Alptraum, die Studenten und Nicht-Studenten
Bockenheims, wenn ihnen im »Quartier« nach
wirklicher Küche und' angenehmer Atmosphäre jenseits fanatischer Neonsektierer zu-
mute ist. Neu renoviert im rechten Winkel, für

In Bockenheim:

Heck Meck
Friesengasse 19
Frankfurt
Tel. 77 25 86

warme Küche
von 18.00 - 23.00 Uhr
außer montags

Liebhaber von Nähe in Mithörqualität, entwickelt sich dieser Ort zusehends zu einem Eßlokal, dessen Erzeugnisse entschieden Fertigungsmethoden modernster Serientechniken aus der Welt der Fast-Food-Generation vermissen lassen. Zugleich fehlen hier Dogmatiker, die nur Algen, Gras und Sojabohnenkäse fressen, um ihre Figur zu entschlacken. Glücklicherweise werden eher solche sinnesfrohen Wünsche befriedigt: Gebt uns eine »Quiche« und wir sind glücklich! FÜR HERUMTREIBER.

★

bonames

ZUR ZWIEBEL, Am Burghof 13. ☎ 505454. Mo-So 11-01, Küche bis 23. Jägerschnitzel mit frischen Pilzen und Beilagen 15,50. Auch frischer Fisch. Draußen sitzen bis Kneipenschluß.

Das Lokal ist ein Beispiel dafür, daß man eine gute Tradition nicht unbedingt totreiten muß. Ein Metzgermeister führt seit 1985 das Lokal, das zuvor jahrelang vom Bruder betrieben wurde. Vor allem Rindfleischfresser fühlen sich hier wohl. So kommt es, daß den Tätern in Sachen Völlerei beim Anblick der 500g Steaks statt Trauer und Reue nur die Sorge bleibt, das Rindvieh so schnell und komplikationslos wie möglich im Magen verschwinden zu lassen. Keine Angst vor Diffarmierungen: Auch dogmatische Körnerfreaks plagen sich mit Schuldgefühlen herum. ELANVOLL.

★

bornheim

BORNHEIMER RATSKELLER, Kettelerallee 72. ☎ 454106. Mo-Sa 11.30-14.30 & 17-24, So 11.30-14.30 & 18-24, Di ist geschlossen. 0,4 Bier 3,20, Kaffee 2,50. Lachs in Sauerampfer 32,50,

Rumpsteak auf Toast 14,50. Draußen sitzen bis 23.
GEHT GRAD NOCH DURCH. ★

MALEPARTUS, Bornheimer Landwehr 59. ☎ 447910. Mo-Fr 12-14 u. 17-22, Sa/So 12-22, Di zu. Bier 3, Wasser 1,20, O-Saft 2,20, Apfelwein 1,20, Korn 1,20. Solber, Kraut, Brot 7,80, Schweineschnitzel 7,80, Spanferkel, Kartoffel, Bayr. Kraut 9,80.

Einer der ersten Szenehits in den frühen Siebzigern. Als der Standardverpflegungsort noch die Wohngemeinschaftküche war. Je nach WG-Sonntag, ob maximal einmal die Woche, als der kollektive Auflauf, die unzähligen selbstgebastelten Nudelsalate begannen, aus dem Halse rauszuhängen, pirschten sich die ersten Aufklärer mutig in die städtische Gastronomie. Da es noch keine typischen Szene oder Wave-Kneipen gab, nahm man auch mit germanischer Eßkultur vorlieb. Da war auf einmal die saftige Haxe wieder ein Gaumenschmauß. Hauptsache, die Ladung war üppig und schmackhaft. Mit dem Aufkommen der legendären »Griechen«, »Italiener« und »Spanier«, als die Scene so richtig noch aus sich herausging und auf den Geschmack jenseits des Selbstgebruzzelten kam, verlor sich das Pioniervölkchen schon wieder. Auf zu anderen Traumtellern. Das lebende Denkmal, Kellner Helmut mit seinem lustigen Schnauzbart, bleibt glücklicherweise bodenständig. Manchmal Nostalgiker-Treff. DEFTIG. ★

ZITADELLE, Falltorstr. 6. ☎ 458668. Mo-Fr 17-24, Sa So zu. Bier 2,60, Cola 1,70. 20 verschiedene Sorten Schnitzel und Steaks, z.b. Schnitzel mit Gorgonzola und Birnen 11, Röstiteller 15, Tageskarte.

Entspannen oder abschalten heißt nicht Schlappmachen! Der Salatteller ist (nicht übertrieben formuliert), voluminös! Ruck zuck sitzt in der Mitte eine ganze Dose Thunfisch. Die Wirte leben zum Teil im Spessart und von dort

FOTO: Norbert Frank

Bernemer Brünnche

kommt wohl der Hang zum Deftigen und Reichlichen. Solide deutsche Küche unter modernen Menschen. Lob der Beständigkeit! Und das vor allem, da viele Etablissements in den letzten Jahren leistungsmäßig abschlafften und sich sagen lassen müssen: Auch nicht mehr das, was es einmal war. BESTÄNDIG GUT. ★

*e*ckenheim

HOMBURGER HOF, deutsch/intern. Engeltaler Str. 13. ☎ 544272. 16-24, So 11.30-14, 16-24. Bier 1,80, Kaffee 2, Apfelwein 1,70 (kein selbstgemachter). Indisches Geschnetzeltes in Curryrahm 17,50, Calamares 12,50, Allgäuer Spezialitäten 4-19,50, Frankfurter Spezialitäten 3,50-11,50.

Plopp. Hier springt kein Korken aus der Flasche. Hier rülpst ungeniert die Oma. Traditionelles Gasthaus, was soviel heißt wie: Die Gäste klimpern, tanzen, blasen, flöten, hacken, spielen nicht den Ohrwurm auf unterschiedlichen Instrumenten. Wenn Instrumente, dann Schifferklavier, Blasmusik, all das, was zur Volksmusik zählt. Das aber nur bei Festen. Brauereitische, Bänke entlang den Wänden, Holzpaneele, halbhoch, Lampen aus den späten 50ern. Die Leute sind altersmäßig gemischt, Bedienung flott und freundlich. Männer achten auf den korrekten Sitz ihrer Oberkleidung. Eine Million mal Sicherheit für deutsche Familien. Die neuen Einfamilienhaus-Biedermeier wirken in einer traditionellen Ureinwohner-Kneipe etwas deplaziert. Die Essenproportionen sind reichlich und sehen gut aus. Eine Kneipe zum deftigen Essen und Biertrinken. NICHT UNGEMÜTLICH. ∧★⌐

DROSSELBART, *deutsch/intern.* Eschersheimer Landstr. 607. ☎ 534393, Tgl. 18-01, Sa/So 17-01. Cola 2, Kaffee 2, Apfelwein 1,50. Gemischter Salat 10, Putenschnitzel von Hühnerbrust mit Pfefferrahmsauce mit Tagliatelle und Salat 16,50.

In einem schönen Altbau lädt der Drosselbart von außen mit hellerleuchteten Fenstern zum Reingehen ein. Etwa zum Rausgehen? Mit der Renovierung gab sich der Neuwirt viel Mühe. Das Ergebnis: eine schöne, ansprechende Kneipe mit viel hellem Holz und Kunstdrucken an den Wänden. Alt und jung, gutbürgerlich bis alternativ und ökologisch, alles hier vertreten. Der Wirt der »Pumpe« hat sich ein neues Domizil gesucht, um neue Märkte zu erobern. Ob der Markt allerdings in Eschersheim am Weißen Stein zu finden ist, steht noch in den Sternen. Besucher der Batschkapp, die hier vorbeifahren oder über die Fußgängerbrücke über die Bahngleise hier einlaufen könnten, haben sich bisher nicht in Massen hierher verirrt. Das Ambiente schließt dies förmlich aus. Vielleicht ist es ihnen ja zu edel. Das Preisleistungsverhältnis ist gut. O.K. Jedenfalls wird es mir als Sachsenhäusern schwerfallen, diesen weiten Weg zurückzulegen, wenn es mich nach gutem Essen lockt. Viel zu viele Kilometer. Was hält aber die Leute aus dem extremen Norden Frankfurts ab, die nahe dieser Futterkrippe wohnen? Der Vorgänger-Pächter wurde in der letzten Ausgabe des »Doppelkorn« für reformbedürftig eingestuft. Die Perestroika ist vollzogen. Die Szene älter geworden. Den Bewegungsomas und -opas ein geeignetes Eß-Schlafzimmer, oder der Ort für sektige Bettfrühstücke. Immer noch eine Idylle: der wunderschöne Garten mit großen alten Bäumen. Allein ihn zum Besuchsmotiv zu deklarieren wäre eine böse Diffamierung des Gesamtkunstwerkes. EIN BESUCH ALLEMAL WERT.

★ ★ ☆ □

JAHNVOLK, *deutsch/jugosl.* Kirschwaldstr. 10. ☎ 529379. Im Sommer Mo-So 16-01, im Winter So-Fr 19-01, Sa zu. Metaxa, Ouzo, Tequilla 2,50, Apfelwein 1,30, jugoslawische und deutsche Speisen, Grillteller mit Beil.

Im »geordneten Chaos« ab und zu kleine Live- Musik- u. Spontan-Feten. Sehr viel Wert legt die Wirtschaft auf Speisekarte und Sympathiewerte des Personals. Wie so selten, wenn Gastronomen wirklich originell werden und in diesem unserem Lande aus den Dunstschwaden der Ohnesorg-Kultur hinaus ins grelle Licht wahrer Unterhaltungsshows geraten, kam mehr als Trivialküche, kam mehr als Scenemurks heraus. Der Grillteller mit Calamares ist nicht minder lecker wie der Schlemmertoast, und mein Begleiter schwärmt noch heute von den mit Käse gefüllten überbackenen Champignons zu locker zu verdauendem Preis. Zu einem schwärzeren Kapitel dieser Kneipe: Das Interieur gleicht wirklich mittelalterlichen Vorlagen, na ja, es könnte mindestens aus den Zeiten Turnvater Jahns stammen. Dafür ist das Open-Air-Feeling, wenn's das beschissene mitteleuropäische Klima endlich mal erlaubt, hier draußen, zwischen Schrebergärten und Rasen mit volleyball- und fußballspielenden Leutchen wirklich und einfach schöööön. PRIMA.

★

SCHLUND, Eschersheimer Landstr. 347. ☎ 5601895. Di-Sa 18-22, Mi Do So 12-14, Mo zu.

Berühmt für das sensationelle Preis- Leistungsverhältnis. Schwäbische Küche mit Speckofenschlupfern, Maultaschen und handgeschabten Spätzle, Kutteln, Gaisburger Marsch, also ein echtes Kontrastprogramm zur etwas einfacheren Frankfurter-Würstchen- und Rippchen-mit-Kraut-Eßkultur. Sicher ist das unzulässig: von der schwäbischen Küche auf die etwas biedere, spießige Art von Schwaben zu schließen oder umgekehrt. Und so völlig unverschämt wie unmöglich ist der Versuch einer Übertragung dieser Wesensunarten auf

KÜCHE DEUTSCH

Gäste von Lokalitäten, die regionale Speisen dieses Landes in Frankfurt anbieten. Gewiß. Gewiß. Aber die Gäste und ihr Styling! Ihre Geisteshaltung erst! Die kräftigen Gesichter, die satt und rundum zufrieden mit sich den Lauf der Welt betrachten, die sehr teure konservativ-spießige Kleidung und die etwas monotonen Gespräche über die Preise bei Aldi im Vergleich zu HL und die gestiegenen Werte von Eigentumswohnungen — all das ist doch der Stoff, aus dem echt deprimierende Filme sind. Der Wirt kritisiert diese Art Gästebeschimpfung. Er besteht darauf, daß auch andere Gäste hier verkehren. Das ist keine Lüge. Wer die erste der beiden möglichen Gästegruppen nervlich verkraftet und in ihrem Umfeld ohne Magenkrämpfe genießen kann, dem sei dieser Ort gehobener Gastlichkeit empfohlen. HERVORRAGEND.   ★

gallusviertel

LÖFFEL'S FRANKFURTER STUBEN, Mainzer Landstr. 374. ☎ 733360. Mo-Fr 11-15 & 17-24, Sa So Bereitschaft (z.b.Trauerfeiern, Hochzeiten), bei Messen tgl. geöffnet. Bier 2,20, Kaffee 2. Geschnetzeltes Kalbfleisch mit Beil 30, Lammschulter mit Beil 26, saisonale Gerichte, Tageskarte, Happy Hour Preise.

Im Gallus eine der wenigen Oasen für gehobene Speisegastronomie, die seit 34 Jahren vom gleichen Beitzer betrieben wird und Kontinuität bewahrt hat. GUT.   ★

MAINZER RAD, BEI DORLE UND HELMUT, Schwalbacherstr. 66/Ecke Frankenallee. ☎ 7306646. Tgl. 10-01, So zu. Cola 1,50, 0,2l Pils 1,50, div. Schnitzelvariationen ab 10, Rumpsteak 15, tgl. frische Fische aus eigenen Gewässern.

Auweia. Das war mal DIE Fresskneipe des Stadtteils. Mittlerweile liebt das Wirtepaar seine Fischzucht mehr als die Qualität der Küche und die Gäste. Das gegrillte Kassler war

reichlich, aber auch reichlich im Pfannenfett ersoffen. Die sonstigen gutbürgerlichen Spezialitäten werden zu jeder Öffnungszeit ebenso schnell und ebenso »nährwerthaltig« zubereitet. Wir hoffen, daß allen, die nach uns speisen, kein dermaßen dünnfließender Kartoffelbrei vorgesetzt wird. Der rote Sekt fließt hier nicht in Strömen. Keine leichtbekleidete Blondine gibt den Blick ins erotische Universum frei. Dafür sind die Leutchen orginell & süffig. Der Stamm liegt so um die Fünfzig. Getrunken und geschunkelt wird viel, mal sehen ob wir im Alter noch soviel vertragen. Die älteren Zecherinnen und Zecher waren jedenfalls bestens bestückt. Etatkonflikte gibts keine. Die Altersrente gibt gnadenlos das Ende der Orgie vor. UNSER TÄGLICH BROT ERSPARE UNS HEUTE.   ★

REBSTOCK-GASTRONOMIE, Rebstockbad. Cola/Fanta 2. Salatbuffet 7,50, überbackener Blumenkohl 8,50.

Salatbuffet für 7,50 reichlich und preiswert gut. Immer zu bedenken: Der Eintritt im Bad ist vorher zu bezahlen (9). Sondertarif Mo-Fr bis 12 h nur 5.- Eintritt. Cafeteria: Zu teuer. Pommes mit Mayo triefen vor Fett. Restaurant: Überbackener Blumenkohl mit Schinkenkäse und Kartoffeln, große Portionen, Kartoffeln steinhart, wenig geschmackvoll. Salatbuffet für 7.50 war auch schon mal besser. NOTLÖSUNG BEI KREISLAUFSCHWÄCHE.   ★

heddernheim

KLAA PARISER HOF, Heddernheimer Landstr. 82. ☎ 583344. Mo-Fr 17-01, Sa ist zu, So 11-01. Bier 3, Cola 2,50, Schweinelendchen in Champagnerrahmsauce mit Beil 19,50, Tomatencremesuppe 4.

Für Liebhaber der guten deutschen Hausmannskost zumindest Grund genug, vor Ort zu speisen, um nicht ins Ausland, also in die Innenstadt, flüchten zu müssen. GUT.   ★

*h*oechst

MAINTERRASSEN, *deutsch/intern.* Mainzer Landstr. 793. ☎ 391071. Mo-Sa 17-01, So ab 11. Küche bis 24. 0,4l Bier 3, Cola 2,50, Wein ab 3,50. Fleischplatte 17, Gyros 13,50. Große Terrasse.

Wer den Wirt hier erlebt, weiß, daß nur Mario Adorf sich selbst schöner kopiert! Zwar verkehrt hier in der Regel unsäglich spießiges Publikum, doch die relativ ruhige Lage, sommers auf einer gigantischen Terrasse unter angenehm kühlenden Bäumen, und die vielfältige Küche verweisen diese Nachteile schnell auf den zweiten zu. Also kein Lokal fürs intime tete a tete, dafür umso schöner in geselliger Runde. Alles in allem stehen dem hungrigen Besucher ca. 100 Gerichte — gutbürgerlich, international, und in der Sonderabteilung Fisch — zur Auswahl. Diese durchweg schmackhaft, und mit mittlerweile kräftig angezogenen Preisen versehen. Der kleine, feine geschmackliche Unterschied wird hier nicht so gepflegt, dafür sind die Portionen reichlich. Das Herz des Vielfressers schlägt höher! Unschlagbar und offensichtlicher Anziehungspunkt ist das einzigartige Salatbuffet mit rund vierzig verschiedenen Sorten. Daran kann man sich — sofern man ihn als Vorspeise deklariert — beinahe unbegrenzt, d.h. nur vom Fassungsvermögen des Tellers sanft begrenzt, gütlich tun. Schnorrer und Freibiergesichter laufen mit ihren Billig-Tricks mittlerweile ins Leere: Salatbuffet ist nur noch im Preis eines Hauptgerichtes inbegriffen. Von wegen Suppe für 3.50 und dann Salat umsonst! Mario Adorf II, der große Griechenpatriarch, guckt nicht mehr so lustig wie ehedem. Eher angestrengt und ausgelaugt. Darunter leidet die Atmosphäre, die allabendlich von seinem Auftritt lebt. GUT. ★

ZUM BÄREN, Höchster Schloßplatz 8. ☎ 301524. Mo-So 11-01. Bier 2,60, Kaffee 2, bieten 165 Gerichte von 3,90-62 Mark an, z.B. Spaghetti Bolognese 10,80, Rinderfilet 16,40. Im Winter Mo zu. Draußen sitzen.

P.Lautenbach führt ein klassisches Traditionslokal, das — hört! hört! — seit 1799 besteht. Stars, Szene-Gänger und Stammgäste aus dem Top-Spießermilieu haben das Lokal mittlerweile zu ihrem Wohnzimmer erklärt. Omas Küchenschrank darf da natürlich nicht fehlen, die entsprechende Dekoration mit Kitschfragmenten auch nicht. Schund zwar erster Klasse, aber halt Schund. Ich kann auch nichts dafür. Täglich frische Schlagsahne für den Kuchen. Was fehlt, ist einzig die Wurlitzerorgel mit entsprechend melancholisch- volkstümelndem Liedgut. Sensationell der Mut des Wirtes zur Normenverletzung. Der kleine Rebell spült doch richtig kontrastreich mit Zigarette im Mund Gläser. Na sowas! Du bist mir vielleicht ein heimlicher Wilder! Allerdings: Der Mut zum Risiko war gut kalkuliert. War außer mir sonst keiner da! Die kunstvolle Anordnung von diversem Grünzeug nannte sich wirklich Salat Nicoise. Stilecht Weißbrot mit Butter hinzugereicht. Ich hätte so gerne mehr als nur drei Mäuler voll für 9,50 zu mir genommen. Schade. Was nicht sein soll, soll nicht sein. Der Einstieg in ein echtes Schläferparadies kann nicht eindrucksvoller gestaltet werden. Unser Freund R. meint dennoch, der Laden gehöre zum urwüchsigsten, was die Traditionsgastronomie zu bieten habe. Alles hänge von der Tagesform ab. Mag sein, mag sein, mein Guter. Mir kam es vor, als hätte ich in 30 Minuten eine komplette Show aus »Death, Destruction und Dallas« erlebt. MITTELMASS. ★

*i*nnenstadt

ALT FRANKFURT, Berlinerstr.10. ☎ 281064. Tgl. 11.30-01, Küche -23. Kaffee 2,50, Cola 3, Wasser 2,80, 0,3 Bier 3,40. Spanferkel 19,50.

Im City-Bereich eines der kleineren Preisübel. Für Gäste, die es »gemütlich« brauchen, also ziemlich auf traditioneller Eßkultur stehen. Hinsetzen, auswählen, Bedienung durch gelernte Kellner, und all diesen Schnick-Schnack. Gegenüber hat der Edel-Fast-Food-Tempel, »Fisch-Franke«, neu eröffnet. Dort bekommt man das geräucherte Forellenfilet mit Pi-pa-po auch nicht billiger. Nur schlechter. Wichtig: Für Liebhaber Frankfurter Spezialitäten! BEWÄHRT. ★

BLAUBART, Kaiserhofstr. 18. ☎ 282229. 17-01, jeden Fr Sa bis 04 auf. Bier (Flasche) 5, Wasser 3,50, Cola/Fanta (Dose) 3,50, Kaffee 3, offene Weine ab 5. Mohnspätzle 6, Walnußspätzle 8, Dampfnudeln mit Vanillesauce 4,50, Kesselgulasch 5, Szegediner- gulasch 8, Kohlnudeln 7.

In einem großen Weinkellergewölbe ist der Blaubart untergebracht. Man fühlt sich wie in Satans düsteren Gemächern, denn da wird in der Höhle das Fleisch auf dem offenen Feuer gegrillt. Es gibt Dampfnudeln mit Vanilesauce, und Wein und Bier fließen in Strömen. In Strömen? Für den kleinen Hunger schmiert man sich ein kostenloses Schmalzbrot, dafür darf man sich mit allen möglichen und unmöglichen Leuten auf eine Bank quetschen. Getränke holt man am besten selbst. Aber nicht vergessen: Platz freihalten! FÜR HÖHLENFORSCHER.

BÖRSENKELLER, Schillerstraße 11. ☎ 281115. Mo-Fr 11-23, Sa 11-15, So zu. Pils 3,70, Wein 5-6,75. Ab Sommer 89 Garten.

Wenn schon nicht das gelungenste, so doch immerhin das aufwendigste Gastro-Märchen dieser Frankfurter Heiß-und-kalt-Ecke. Den Gästen steht irgendwie immer das Börsenfieber ins Gesicht geschrieben, die körperliche Nähe zu Bösenkursen und dem großen Geld der Welt. Ablenkung und Entlastung für die grübelnden Wallstreet-Möchtegerns schafft

das Kalbshaxenfleisch Gärtnerinnen Art auch nicht. Obwohl fälschlicherweise als Charakteristikum Neuer Deutscher Küche deklariert. Die etwas andere Art von Dope oder Koks. Was soll die Mäkelei – solange Hund mit Möhren-Gratin auf der Karte (noch)nicht auftaucht – WOHL BEKOMMS. ★

BRÜCKENKELLER, Schützenstr. 6. ☎ 284238. Mo-Sa 18-01, So zu (außer bei wichtigen Messen). Menues ab 128. A la Carte ab 38.

Franz Steinkühler, IG-Metall-Chef, wird viel Liebe für exquisite Küche nachgesagt. Ob er sich allerdings hier die gefüllten Ochsenschwanz, Taubenkotelett, Mittelmeerlotte in Tomaten-Basilikum-Vinigrette leisten wollte, ist undenkbar, wenn er weiterhin der klügste Spitzengewerkschafter der jüngeren Generation genannt werden will. Häme beiseite: Der Brückenkeller ist über Jahre mit das renommierteste Haus für die Spitzengastronomie. Kein Platz für von Pubertätspickel geplagte Vorort-Teenies. Stammgäste aus Politik und Kultur. Besonders diese Kreise wissen zu es schätzen, daß die Leitung des Hauses unbedingt von profanen Tellergerichten weggekommen ist. Was macht eigentlich die hohe Kunst des Essens aus? Der Zauber des Gaumenspiels liegt in der Möglichkeit, tiefliegende Triebgungen auf kultivierte Weise und in geselliger Runde zu lösen. Wer will, kann mit American Express, Diners Card oder anderen Karten zahlen. Die Kunden hier haben doch nie kleine Beträge in den Taschen. ALLZEIT FRISCH. ★

DER ALTE HOCHSTÄTTER, Meisengasse 10. ☎ 282864.
Bier 4,50, Wasser 2,50, O-Saft 3, Kaffee 2,50. Wildklößchen mit Bandnudeln u. Champi in Sahne 16,80, Pilzragout mit Semmelknödel u. Blattspinat 16,80, Farmersteak mit Maiskolben u. Bratkartoffeln 17,80, Hirschgulasch mit Preiselbeeren, Spätzle 19,80.

Der alte Hochstätter ist so wie sein Name und natürlich auch sein Publikum. Die wunderbare Einrichtung läßt Maier Gustels Herz höher schlagen. Kein »Muß« für vernünftige Leute, aber ein »Kann« für Freßgassbesucher. Es wird darauf hingewiesen, die draußen angebrachte Speisekarte nicht zu lange zu studieren, sonst kommt der Kellner. NUR KLÄFFEN IST SCHÖNER.

DER GASTHOF, Steinernes Haus. ☎ 283491. Mo-So 11-01. Bier 3, Cola 2,50. Rippchen mit Kraut 11,50, Ochsenbrust mit grüner Soße 14,50. Spezialität: Steaks auf heißen Lavasten. Draußen sitzen.

Ein Hauch von historischer, derber Gaumensinnlichkeit schwebt durch die Räume. Für Freunde der neuen deutschen Küche, die sich bekanntlich durch eher zu spärliche als zu reichliche Garnierung mit Salatblättern auszeichnet, ist dies geeignete Lokal. Das Preisleistungsverhältnis ist für eine Innenstadtlage erstaunlich akzeptabel. Vorbestellung von Tischen wird wohl nie notwendig werden. Das Lokal erscheint andererseits ach wieder reichlich antiquiert, was zugleich Schmunzeln hervorruft. GEHT.   ★

FRANKFURTER STUBB, im Hotel Frankfurter Hof. Kaiserplatz 1. ☎ 21502. Tgl. 12-24. So zu.

Glauben Sie uns das: Im »exquisiten« Roséwein der Frankfurter Stubb schwammen wirklich sehr große Ohrenkriecher? Nein? Sie müssen aber. Mittwoch abend im Herbst 1988. In der Tombola gewonnen, verfressen heute abend vier Frankfurter TaxifahrerInnen ihren Gutschein in der weltweit als renommiert geltenden Futterkrippe. Das Personal verhält sich eindeutig. Jede Bewegung signalisiert die Deplaziertheit solcher Lifestyle-Desperados in den heiligen Hallen der Güldene-Handkettchen-Schickeria. Der Wein wird gereicht und wegen Tote-Tiere-Besatz reklamiert. In einem der Traumhotels dieser Welt, dem »Biltimores« in Los Angeles, speiste jüngst ein Kutscherkollege zünftig in voller Lederjacken-Tracht mit

Vier-Tage-Bart im Rokko-gestylten Rendezvous Court und wurde zuvorkommendst bedient. Na ja, das ist er halt, der Unterschied zwischen wildgewordenem Kleinbürgertum und souveränem Charme der Großbourgeoisie. Oder: Jeder aufgestiegene »Pommfrit-Mann« (der schreibt sich so!) ist noch lange kein Weltmann der Hotelerie. Trotzig sein gilt nicht. Das servierte Essen war ganz ordentlich. Im »Größenwahn« ißt man besser. Allerdings wäre es unaushaltbar, wenn dieses Volk hier plötzlich komplett im Nordend auftauchen würde! Das dicke Ende sollte noch kommen: So schwach wie der Wein in der Flasche, so schwach bemüht sich das Management um die Imagepflege des Hauses. Der verdorbene Wein wurde gerade noch ersetzt. Kein Wort des Bedauerns, schon gar kein großzügiger Verzicht auf die Bezahlung des Essens, wie in solchen »Luxus-Häusern« üblich. Frau Steigenberger hält das für weltläufig. Wir nicht. Taxifahrer schätzt man als Dienstleistungspersonal VOR der Tür. Man hätte es auch direkter sagen können, daß sie unerwünscht sind. Freundlicherweise vermied es der Kellner, den Kaffee mit dem Finger umzurühren. SOLL DIE MOTTEN HOLEN.   ★ ☆ ℋ

HISTORIX — KNEIPE IM HISTORISCHEN MUSEUM, Saalgasse 14. ☎ 2944. 11-22.30, außer Son und Mo, im Sommer 11-01, ab 11 Frühschoppen. Bier 2,70, Wasser 1,60, O-Saft 2,60, Kaffee 1,70, Apfelwein 1,60, Schlehengeist/Hausspezialität 1,95. Lammmcurry mit Reis-Salat 10,50, Leberkäse und Salat 8, Frikadelle mit Spiegelei und Salat 8.

Lobenswerte Alternative zu den teuren Römerberg-Puppenhaus-Kneipen mit Disneylandflair und Rummelplatzpreisen. NOTWENDIG.   ★

KARUSSELL, Porzellanhof 10. ☎285293. Di-So 11.30-01, Mo zu. Preise abends höher als am Tag. Bier (tgs.) 2,60 (abends 3), Kaffee 2,50, Menues 10,50-13,50. Spezialität. Kaiserschmarren, Schwabentopf, Salat 15,50. GUT.

KEMPF'S GASTSTÄTTE, Hochstr. 27. ☎ 292867.

Karlheinz Kempf, in der Schickeria gefeierter Koch der »neuen deutschen Küche« und ehemals treibende Figur der Sachsenhäuser »Gans«, eröffnete in den Räumen des legendären »Adloff« schon vor Jahren einen Treffpunkt damaliger Werbepäpste gleichen Namens. Der »Nouvelle-Cuisine«-Schuppen ist zwar Wochen im voraus ausgebucht, doch an der Bar trifft sich neben den lonely hearts aus dem Börsen-Business allabendlich auch eine Riege nachterprobter Kampftrinker aus der Branche der High-Tech-Marktschreier. SNACK-ART. ★

MÖVENPICK, Opernplatz 2. ☎ 20680 oder 20691. Tgl. 8-24. Tageskarte 8-25. So ab 9 Frühstück, ab 10.30 Brunch. Tgl. bestes und preiswertestes Salatbuffet der Region.

Wer zu hochwertiger Gastronomie automatisch astronomische Preisgestaltung assoziiert, irrt bei Mövenpick gewaltig. Ohne ins Schwärmen zu verfallen: Bedenkt man die Zumutung namens »großer Salat«, den mancher der 300 Griechen und nicht wenige deutsche Wirte für 10 und mehr Mark anzubieten wagen, dann gibt es für das Buffett zu 9,50 Mark hier keinen Gradmesser: Alles heilos überbelichtet! Gerade jüngere Leute, die üblicherweise einen großen Bogen um die Tempel der Börsianer und Vorkämpfer des neokonservativen Wirtschaftsliberalismus machen, sollten mit ihren knappen Märkern ruhig vom harten Preis- und Qualitätswettbewerb der Spitzengastronomie um den Opernplatz profitieren. Zumal hier, wenn auch vom grimmig-lächelnden Blick des Geschäftsführers begleitet, ein Salatteller toleriert wird, der vom Gast am Buffet selbst zusammengestellt, vor Überfüllung bricht. In Sachen Brutalitäten gegenüber nonkonformistischen Gästen hat man wohl bestens aus dem Negativverhalten des Operncafés gelernt, und

so versteht sich das Restaurant heute als Mittelpunkt für alle, die sich nicht an Äußerlichkeiten stören. Und schon moniert sich die Snobiety-Presse und wertet das Lokal als »bürgerlich« ab. Etikettierung hin und her. Kenner gemütlicher Sonntagsmorgens-Fressorgien schwören, daß »Brunchen« hier für 35 Mark allemal köstlicher und vielfältiger ausfällt als im Interconti für 48 Mark. Sich über das Mövenpick-Eis auszulassen, ist überflüssig. Jeder wirkliche Eiskenner weiß, was er daran hat. Der Klassiker unter den Top-Restaurants hat der »Fast-Food« Offensive für seine Verhältnisse sehr gut und originell Paroli geboten und dürfte mit diesem Konzept der arroganten Konkurrenz im Umfeld wieder mal mehr als eine Nasenlänge voraus sein. Hoffentlich merken das noch viel mehr Normalverdiener. GENIAL.
★

MUTTER ERNST, alte Rothofstraße 12. ☎ 283822. Tgl. 09-21, So zu. 0,2l Bier 1,70, Wasser 2, O-Saft 2.

«Wir schaukeln uns ganz sachte durch das Leben, manchmal haut es hin, mal gehts daneben«. Solche fröhliche Walzermelodien könnten durchaus den Lippen einiger Stammgäste entfliehen. Der tragischste Gebäudereiniger Frankfurts, der ehemalige Eintracht-Präsident Rammlich, bekannte und unbekannte Größen aus dem Geschäftsleben der Innenstadt, komische Figuren, die außerhalb ihres Büros nach fünf Schöppchen zu richtigen Menschen mit all ihren Schwächen werden, sie alle sind bei Mutter Ernst, der Einfachszentrale mitten im Wucherviertel, anzuschauen. Die genießende Klasse hat sich um den Genuß gebracht, wenn sie hier einläuft. Sie giert nach Vulgärem, das sie sonstwo gar nicht mehr essen darf. Wo gibt es im Umkreis von zig Quadratkilometern ein zweites Resto, das sich so hoffnungslos antiquiert gibt und darauf besteht, auch noch 1988 Fleischwurst mit Kartoffelsalat und Brot anzubieten? Nein, die Hähnchen sind nicht aus Pappe, die größere Wohnung, in der hier gespeist wird, entpuppt sich ungewollt als gut getarnte Bühne. DE LUXE. ★

SCHEFFELECK. Am Scheffeleck. ☎ 595352. Tgl. 11.30-24 warme Küche.

Der Gutsausschank des Pfälzer Weingutes zählt schon seit Jahren zu den wenigen gastronomischen Kleinodien und Klassikern dieser Stadt. Quasi eine Restaurationslandschaft für traditionelle Küche mit deftigem Pfälzer Einschlag. Der Saumagen darf nicht fehlen, der italienische Salat steht dem Sauerbraten mit Preiselbeeren in nichts nach, und die Ochsenbrust zählt zum Feinsten. Die Weinkarte konzentriert sich logischerweise auf Hochwertiges aus der Pfalz. Keine »Sehen- und Gesehenwerden-Abende«, viele Theaterbesucher. Die Einrichtung wird von vielen für eine Nobel-Rustikal-Kreation gehalten. Wo andere dekorierte Sperrholzbretter annageln, strahlt hier die satte Eleganz uralter Vollholzstämme den Hauch von Wertkonservatismus aus. EMPFEHLENSWERT.
★

SPECKDRUM, Berlinerstrasse 64. ☎ 287833. Mo-Sa 11.30-23.30, So 17-23.30 warme Küche. Weinlokal und Restaurant.

Hat mit gleichem Programm die Nachfolge des Hahnhof angetreten. Liebhaber von Sauerbraten mit Knödeln, fernab von Kantinen-Fertigmenues mit viel brauner Maggi-Bratensoße und Pfanniknödeln, werden hier gut und preiswert, aber nicht billig, bedient. Die Wirtschaft kümmert sich weniger um den letzten Ausstattungsschnick-Schnack, sondern konzentriert sich hauptsächlich auf die Qualität der Küche. Wer absolut zerkochten Mist, a la Spießbraten bei MASSA mag, ist hier fehl am Platze. KULINARISCHE ANTIQUITÄT ★

ZUM BITBURGER, Hochstraße 54. ☎ 280302. Mo-Fr 11.30 – 01, Sa So zu.

Das muß ein Lokal einfach haben bzw. jeder muß es wissen, auch wenns niemanden wirklich beeindruckt. In dieser Lage, und bei

diesem Publikum. Für die Inneneinrichtung mußte ein kleines Eichenwäldchen dran glauben, und die Verarbeitung erfolgte handgeschnitzt! Das brauchen die Geschäftsleute aus der Boutiquerie von Goethestraße, Hochstraße und Freßgass irgendwie. Jene halbe-halbe-InhaberInnen, deren kapitalstarke, bessere zweite Gesellschafterhälfte hier Geld aus dem horizontalen Gewerbe des Bahnhofsviertels wäscht. Das brauchen die gern gutessenden Banker und Börsianer, und nicht zufällig ist es ein höherwertigeres Markenbier, das dem Lokal den Namen gibt. Während gegenüber im Pizza-Hut die Einfalts-Gastronomie mit schwerpampigen deutsch-amerikanischen Pepsi-Pizzen den Blick auf die Gass'verschandelt, gehen hier hauptsächlich württembergische, badische und elsässische Hausmannskost den Schlund hinab. Spezialitäten machen die Musik. Eines jener Restos, die fast ganz »normal« herkommen müssen. »Fast« und keinesfalls zu gewagt, um als wert-konservative Stände-Treffpunkte akzeptiert zu werden. GÄHN. ★

ZUM STORCH, Saalgasse 3-5, ☎ 284988, Tgl.18-23, Sa zu. Warme Küche bis 23. Draußen sitzen.

Vergeßt den wilden Westen. Auch Frankfurt hat einen Ort historischer Abenteuer. Das markanteste am Storch, seine Visitenkarte, ist mit Faksimile- Urkunden zur Frankfurter Geschichte garniert. Die Legende besagt, daß der Name Storch von der Verwendung des Lokals als Taufstättenersatz herrührt, wenn dieser durch Brand unbenutzbar geworden war. Andere bewerten die Namengeschichte nüchterner. Hausbesitzer war anfänglich eine jüdische Familie »Storken«. Die Küche: Locker vorgetragene Durchschnittsarrangements. Die Nudeln quellen heute wie vor hunderten von Jahren im Bauch auf und geben dem Fresser das angenehm trügerische Gefühl, sich dem Paradies nahe zu fühlen. Sommers erlebt man abseits der hektischen Konsumrauschmeile im

Die epochale Verflachung der Knolle

Kartoffeln, Puffer, Pommes und die Haute Cuisine.

Von Manfred Knispel

Von einem Volksnahrungsmittel soll hier die Rede sein: von der Kartoffel. 8000 Millionen Tonnen buddeln deutsche Bauern jährlich aus. Die Folgen des klassischen Generationskonflikts mit Mutters Kochkünsten sind zwingend. Die Notwendigkeit, dem elterlichen Eßdiktat zu trotzen, führte eine ganze Generation von Nachwuchsfressern durch ungewollte Imitation elterlicher Eßkultur zu höchst amüsanten, gleichwohl aber armseligen Erlebnissen: die hutzligbraune Knolle aus den Anden Chiles ist den Kids fast nur noch als Ketchup-aufgeweichte Fritiermasse schmackhaft zu machen.

Halt! Stop! Alles Lüge! Rufmord! Es geht ihr glänzend, der Knolle. Sie hat sich in ihrer heuer 400 jährigen Karriere hervorragend gemacht. Sie setzt zum Comeback an, und zwar zu einem glorreichen. Sie gewinnt allseits neue Freunde. Und sie zeigt sich in immer neuen Kleidern, sei es als Rösti, als Krokette oder als rahmgefüllte Dicke in Alu. Selbst die Salzkartoffel erfährt ihre Reinkarnation im gutbürgerlichen Eßlokal. Und nicht nur das. Auch der Hamburger, das Symbol amerikanischer Unkultur schlechthin, muß sich in acht nehmen. Der Reibekuchen, diese ultimative, historisch gewachsene Fast-Food-Alternative, ist so lebendig wie nie zuvor und darf nun sogar in den besseren Kreisen verkehren, die dem US-Fleischklops auf ewig verwehrt bleiben dürften. Von ihm und seinen Vettern, dem Berliner Puffer, dem bayrischen Reiberdatschi, dem saarländischen Grumbierkiechle, dem Frankfurter Pannekuche, und natürlich dem Ur-Kuchen, dem kölschen Rievkooche, soll hier geschrieben werden. Und davon, wie dieser flache Kerl trotz seines rauhen proletarischen Charmes den Weg in die Luxusrestaurants fand.

Doch beginnen wir am Anfang, dem Jahre Null neuer Zeitrechnung. Natürlich kannte damals noch niemand den Puffer. Aber seine Urgroßmutter, die Kartoffel, wurde schon seit dieser Zeit als göttlich verehrt. Die Inkas vermuteten magische Kräfte in dem runzligen Dings. Die Spanier nahmen den Südamerikanern nicht nur das Gold, sondern auch ihr Kartoffelmonopol. Daß man von Gold allein nicht satt wird, war zwar allgemein bekannt. Trotzdem hatte es die Kartoffel schwer, bis sie sich in die Kochtöpfe des Abendlandes vorgekämpft hatte. Wen wundert's. Als obskures Objekt leiblicher Begierden war die dreckverkrustete Wurzelfrucht denkbar ungeeignet. Qualität ist eben meist nicht schön und mußte sich noch stets durchbeißen.

Südamerika—Spanien—Frankfurt, dies ist tatsächlich die magische Achse des Weges des Erdapfels zu seiner definitiven Bestimmung als fritierter Raspel. Heute vor fast genau 400 Jahren trug es sich zu, daß ein Mann namens Cluvius, seines Zeichens Botaniker in den kaiserlichen Gärten Wiens, sich mit zwei einsamen Knollen im Handgepäck in der Stadt am Main niederließ — den Ureltern aller Kartoffeln dieses Landes. Von Frankfurt aus begann der Siegeszug der Kartoffel durch Deutschland. Was wurde in den folgenden Jahren an der armen Knolle herumgedoktert und experimentiert. Entscheidende Zwischenstationen bis zum Ruhm: die Bratkartoffel, erfunden von einem Markus Rumpold, für den verwöhnten Geschmack der europäischen Fürsten, sowie der gebratene Kartoffelkloß, der nichts anderes ist, als ein kugeliger Pannekuche.

Friedrich der Große war Mitte des 18. Jahrhunderts der wichtigste Mentor des Erdapfels. Seine Hochwohlgeboren höchstpersönlich machte ihn zum Grundnahrungsmittel, das Arbeiter und Bauern die Mäuler stopfte. Es war nun nur noch eine Frage der Zeit, bis die epochale Verflachung einfach kommen mußte: wann und wo würde endlich der erste Kartoffelkloß plattgeschlagen werden? Kein Denkmal erinnert an ihn, jenen Kölschen Ureinwohner namens Willi Düres, obwohl ihm wie kaum einem anderen ein Platz auf dem Olymp gebührt. Er nämlich war es, der den entscheidenden Schritt in Richtung Kartoffel-Nirwana riskierte. Geriebene Kartoffel, Eier, Zwiebeln und ein paar Gewürze, das Ganze im heißen Fett in kürzester Zeit zusammengebacken — dem Düres Willi kam diese Idee, die unsere Imbißwelt so nachhaltig veränderte. Mit seinem Wagen zog er auf die Märkte der Stadt, versorgte das vorbeieilende Volk mit seiner Kreation. Kein Zweifel also: das fritierte Kartoffelstäbchen der Neuzeit ist der mißratene Enkel des Düres'schen Rievkooche. Man hört förmlich den Willi sich im Grabe drehen.

Auf ein Stück dunkles Brot gelegt, als Beigabe zu einer deftigen Linsensuppe, vor allem aber bestrichen mit Rübenkraut, entwickelte sich das fritierte Küchlein schnell zu einer billigen Vollwertkost für das hart arbeitende Volk — Schmalhans-Delikatesse, solange es uns schlecht ging.

Doch das Stigma des Arme-Leute-Essens kostete unseren kleinen fettigen Freund fast das Leben. Das Wirtschaftswunder duldete keine Erinnerung an schlechte Zeiten. ,,Vorwärtsblicken in eine satte Zukunft'' hieß die Devise. Das Rübenkraut, der langjährige treue Begleiter des Reibekuchens, hat die Nachkriegsvöllerei nicht überlebt. Der verwöhnte Mensch des 20. Jahrhunderts hat es durch den eleganteren Apfelmus ersetzt. Der Reibekuchen selbst aber war nicht totzukriegen, auch wenn er von einer Hauptmahlzeit zu einer Zwischendurchkost verkümmerte. In seiner Heimatstadt gilt er heute als Spezialität, als absolute Pflicht für alle Touris aus Übersee, auf daß deren ungeübte Mägen der ölige Dünnpfiff treffe. Und auf allen Jahrmärkten gehört er untrennbar zum miefig-spießbürgerlichen Ambiente: das Stück 'ne Mack, Reiben im Akkord, denn die Nachfrage ist riesengroß. Zugegeben, seltener als früher trifft man den echten, manuell hergestellten Pannekuche an am eigenen Küchentisch. Vor dem Genuß steht nämlich das Reiben, eine oft verfluchte Lästigkeit. Und dem stets mitessenden Auge verschafft die braungefärbte Reibepampe die unappetitlichste Pein. Aber die Tiefkühlindustrie springt helfend ein; Sieg der Technik über die Tradition, auch der Faulste muß den Puffer nicht missen. So oder so, er steht auf jedem guten heimischen Speiseplan.

Wer aber das schmierige Kirmesbudenflair verschmäht und trotzdem, ohne selbst zu reiben, auswärts Frischgeriebenes essen will, muß lange suchen auf der Restoscene. In Wiesbaden zum Beispiel gibt es ein kleines Lokälchen, das nennt sich programmatisch ,,Die Kartoffel". Auf Wunsch darf der Gast hier gar seine persönliche Kartoffel auswählen; eine Viertelstunde später liegt sie braungebraten auf dem Teller. Noch konsequenter treibt es das Frankfurter ,,Pfannkuchenhaus" in der Leipziger Straße. Alle Sorten und Varianten des Kartoffelflachmanns gibt es auf der üppigen Karte. Wenn dort die Brutzler gut drauf sind, können ihre kleinen Meisterwerke das Tor zum Pfannkuchenhimmel öffnen. Und das Café/Bistro ,,Glühlämpchen" in Niederrad gilt schon fast nicht mehr als Geheimtip. Insider wollen wissen, daß die Püfferchen hier unüberbietbar sind.

Die traditionell simple Rezeptur des Kartoffelfladens läßt keine größeren Eingriffe zu. Ein bißchen Gewürz hier, ein anderes Öl da, oder vielleicht die Kartoffelsorte gewechselt — das wär's an Variationsmöglichkeiten. Der Puffer schmeckt, ordentliche Zubereitung vorausgesetzt, überall gleich. Ein Geschmack über alle Klassengrenzen hinweg. Und doch: er, der niemals mit dem Luxus kokettierte und dem die Einfachheit stets Herzenswunsch war, er hat es geschafft. Dem Arbeiterkind gelingt der Sprung in die feine Gesellschaft. Die höheren Weihen der Haute Cuisine werden ihm zuteil — Sozialisierung umgekehrt. Kleider machen Leute. Hergestellt für ein paar Pfennig selbst von einem Meisterkoch, findet unser Freund sich plötzlich dort wieder, wo langsam nicht mehr von Preisen gesprochen wird. Zu ,,hausgebeiztem Lachs mit Grapefruit-Vinaigrette und Kaviar" reicht ihn der Maitre der ,,Ente vom Lehel", jenem hochnoblen und weltberühmten Schlemmerdorado in Wiesbadens Kurviertel — ganz ohne jegliche Berührungsangst. 34 Mark kostet der Spaß. Billiger, doch nicht weniger elegant macht es das ,,Herholz" im Airport. Drei Reibeküchlein, wie der Puffer auch hier verniedlicht genannt wird, mit Lachsröllchen und Kaviar für — man staune — nur 12 Mark. Mögen Lachs und Kaviar auch indigniert die Nase rümpfen ob des neuen Tellergenossen, unbeirrbar hält der Reibekuchen Hof im Luxusrestaurant, kämpft sich vor zu den feinen Gaumen der Gourmets, verbreitet Bodenständigkeit im Sterne-Establissement. Eine wundersame Karriere? Anpassungsfähigkeit? Nein, nur später Ruhm für einen, dem er gebührt. Das wahre Gute triumphiert immer.

Schatten des Doms und einiger schöner alter Bäume Frankfurt-untypische Beschaulichkeit. Das ist alles ganz nett, wenn man über solche Anachronismen noch lachen kann. SEHENSWERT. ★

ZWÖLF APOSTEL, *deutsch/jugosl.* Rosenbergerstr. 1. ☎ 288668. Tgl. 10-01. 0.2l Zwölf Apostel Bräu 2,10, Kaffee 2,20.

Lang lang ist's her, daß man in Frankfurt hausgebrautes Bier trinken konnte. Gerade erst wurde dem Metzger Weis, Mitbetreiber des Sachs-Kellers, eine Konzession für Selbstgebrautes verweigert, da schlugen die jugoslawischen Selbst-Brauer zu: Ihr trübes, untergäriges Bierchen, im Keller des Restaurants serviert, vereinte eine ganz eigenartig-wohlige Gaumenfreude. Gebraut wird nach dem Reinheitsgebot. Das Bier fließt direkt vom Lagerkeller in die Gläser. Es muß daher weder stabilisiert noch pasteurisiert werden. Im Zwölf-Apostel-Hausbräu sind alle natürlichen Geschmacksstoffe und Aromastoffe, einschließlich der Fermente und Vitamine erhalten. Braumeister Bernhard Fischer ist ein wohlbekömmlicher Trunk gelungen, die Familie Zelic bietet am Buffet dazu Grill-Spezialitäten aus der deutschen und jugoslawischen Küche. KRÄFTIG REINTUN. ★ 🍴

niederrad

GLÜHLÄMPCHEN, ☎ 670240.

Zwei Schwestern aus Schwaben bereiten in exquisiter Form heimische Gerichte zu. KLEIN UND FEIN. ☆

niederwald

EINTRACHT-GASTSTÄTTE. Pils 1,50, Kaffee 2. Roulade mit Kartoffelpurée 11,50, Hackbraten mit Nudeln 9,80.

Sommers großer Biergarten hinter der Tribüne. Hier trifft man viele Eintracht-»Stars«, Sternchen und vor allem die Claqueure, die alles besser wissen, neben netten und soliden Vereinsmitgliedern. Timo Zahnleiter, 88 Assistenztrainer, Cheftrainer und wieder nur zweiter Mann, füttert hier zur Ablenkung ab und an den Geldautomaten. Zu der Frage nach dem Geheimnis seines Erfolgs:»Man kann nur malochen, dann kann man nur noch hoffen, daß man Glück hat.« Die »Berater« spekulieren gerne und lustvoll, auch über das Geschehen beim FSV und bei Rot-Weiß. Wann nun dieser und jener Spieler kommen, wann er gehen muß usw. FÜR SPANNER. ★

GASTSTÄTTE SPORTZENTRALE, Am Erlenbruch 94. Export 1,05, Pils 1,05, Apfelwein 1,05, Cola 1,30. Forelle, Kartoffeln, Salat 10,80.

Hier haben wir sie gestellt, die vom Aussterben bedrohte Gattung der »Reihenhausglucken«. Billigstes Bier und billigster Apfelwein! Treff für Sportler und Fans der SG Riederwald, FSV und Eintracht. Nach Trainingseinheiten werden Getränke- und Freßeinheiten verkonsumiert. Kommunikationszentrale für vereinsinterne Problemchen, Sportler intim mit und ohne Freundin beim Küßchen und Schöppchen. Kraftnahrung für den teuer gequälten Body erster Klasse. Die üblichen Feierabend- und Wochenendsäufer am Tresen und vor der Glotze. Speisegaststätte für zünftig, deftige Geschmäcker. Scene trägt durchaus liebevollen, dörflich, heimeligen Riederwald-Siedlungscharakter. Alle Altersstufen, alle Typen sind vertreten. Essen »außer-Haus-Verkauf«. DDR-Verhältnisse: Warum bei diesen Preisen noch selbst kochen!? Sonderangebote, absolute Preisleistungsknüller. Rahmschnitzel mit Spätzle wirklich mit Rahm, fettfreiem Schnitzel und goldgelben Nudeln mit edlem hausmacher Geschmack! HIER DARF ESSEN SÜNDE SEIN. ★

Sachsenhausen

ACHTER KONTINENT, Deutschherrenufer 26. ☎ 615628.

So-Do 18-01, Fr Sa 18-02. Pils 0.4l 3,20, Apfelwein 0.25l 1,60, Wasser 0.2l 1,20, diverse Aufläufe 9, tgl. wechselnde Speisekarte. Preise von 5,50-14,50. Z.B. Haifischsuppe mit Gemüse u. Butterkartoffeln 14,50.

   Die Scene kommt essensmäßig zu sich und weg von der Exotik um jeden Preis. Die Wirte legen Wert auf eine täglich wechselnde Karte mit z.T. bewußt angebotenen, gutbürgerlichen, deutschen Gerichten, z.B. Sauerbraten. Feste Karte, internationale Snacks. Alle Gerichte werden frisch zubereitet, keine industriellen Fertigprodukte. Achtung, Gruppen und Organisationen: Kolleg für 30 Personen! Menues nach Absprache mit dem Koch. Empfehlung: Lammkeule mit grünen Bohnen im Speckmantel, Kartoffelgratin. Sympathische Gäste und Wirtsleute. Da hat keiner Angst vor Erfolgsdruck. Die Einrichtung ist richtiggehend friedenstiftend, fernab modernistischer und schon wieder langweilig eintöniger, gastronomischer Aluminiumkarosserien. Ihrem Namen hat diese Lokalität wirklich Ehre gemacht. HERVORRAGEND.
★

PARADIESHOF, Paradiesgasse 23. ☎ 624053.

   Mitten im Herzen des Apfelweinviertels ein Hort der Geselligkeit für alle ab 35 bis 60 unter Erlebnis-Volldampf, die sich »gediegen« amüsieren möchten. In dieser Alters- und Einkommensklasse kann man es sich schon mal leisten, zwei wechselnde Bands zu bezahlen. Das Essen ist für die Lage des Lokals nicht überteuert. Für alle Paare, die sich gegen den antiquierten Terror richten, der von Moderne und Postmoderne ausgeht, und Unterhaltung mit dem Gütezeichen »solide« wünschen. Vorsicht vor Speckjägern und Herren mit der Lebensphilosophie »Ich bin kein schöner Mann, ich muß mich mit Frauen schmücken«. Sie haben es auf weibliche Singles in der Mitte des Lebens abgesehen, und ihr nimmersatter Blick signalisiert kommende Tränentäler. HEIß & KALT.
★

Unterliederbach

VATER JAHN, Heimchenweg 29. ☎ 307437.

Mo-Fr 16-01, Sa So 18-01. Bier 0.2l 1,70, Wasser 0.2l 1,20, O-Saft 0.2l 2,20, Kaffee 2,30. Schwertfisch mit Beilage 18.

   60 Sitzplätze in rustikaler Eiche mit Polsterung für das lange Sitzen beim Doppelkopf. Die Muschelkalk-Lampen spenden das kostbare Licht, und der Rauhputz tut das Seine dazu. Nur Mut, mal hingehen und Himmel und Erde bestellen. Sehr aufmerksame, neue Wirte, die den besten gebackenen Camenbert, den ich jemals in Frankfurt gegessen habe, servieren. ERMUTIGEND.

Westend

MESSERESTAURANTS, Messegelände. Messeagentur: ☎ 75-750.

Foto: Norbert Frank

Einbildung ist eine ausgesprochen blöde und schmerzhafte Verkrüppelung der Birne. Bis zur gastronomischen Leitung der Frankfurter Messebetriebe scheint diese Erkenntnis nicht durchzudringen. Man gibt dort vor, allerorten die feine Kunst der Köstlichkeiten zu pflegen, aber noch niemand hat die Schmerzensschreie der kopfleidenden »Leitenden« gehört. Im Resto Schwitzerland, gegenüber Eingang Halle 4.1., ist nichts zeitgenössischer als die sündhaften Preise. Man erwartet vielleicht »standesgemäß« in Rosmarin, Salbei oder Wein eingelegten Lammbraten, Schweinekarree im Kräutermantel oder original Schweizer Salatteller in voller Magenschwere. Nein! Denkste. Nix als derbe bundesdeutsche Wiener-Schnitzel-Kultur, wie gesagt, bis auf die Preise, die sind vom feinsten! Hier werden weniger die Portemonnaies der Messebesucher, sondern die der großen Geschäftswelt angesprochen, die Leute mit kleinem Geldbeutel müssen eben mangels Alternative zwangsweise blechen! Autobahnraststätten und Messerestaurants sind allerwelts nichts anderes als moderne Formen von Wegelagerei. Die hochmodernen Frankfurter Einrichtungen des schlechten Geschmacks geben dem Besucher das Gefühl, wie von üblen Verbrechern gesteinigt und hemmungslos ausgeraubt zu werden. Da wird ein Profan-Salat zu 14 schweinischen Mark serviert, ein dekorativer Aufwand mit versteckten Tomatenachteln betrieben, und die reale Grundlage des »Salates« bietet ein Sammelsurium gleichen Namens aus der Plastiktüte. Jawoll, eine feine Knödelsuppe aus der Knorrtüte wird auch geboten, für wertvolle fünf Mark. Happyness has to be earned — das Glück will verdient sein. Oder: Die Diebe vom Messegelände. Fachleute erkennen schnell die groteske Art wieder, mit der die besondere Art der Verwesung von Eßkultur und kaufmännischer Seriösität zelebriert wird. SAUSCHLECHT, DAS LETZTE. ★

offenbach

AGADIR, *deutsch/marokk.* Bleichstraße/Ecke Gr. Hasenbachstraße. ☎ 883269. Tgl. 11-01. Pils 1,50, Calamares 12,50, fünf Varianten Couscous 14-17,50.

Neben der reichhaltig vertretenen marokkanischen Küche wird auch die deutsche gepflegt. Leicht folkloristisch bis hin zu einem Hauch Morbidität. Preisleistungsverhältnis geht klar. Einrichtung: Zwischen Zufallsprodukt und Zumutung. MITTELMASS. ✔

BOOTSHAUS WIKING, Nordring 131. ☎ 814222. Mo-Fr 17-23, Sa Veranstaltung, So 11.30-22, Mi zu. Hefeweizen 3,20, Salat Primavera 8,80. Kegelbahn.

s.S. 133

FISCH-STÜBCHEN-SIEGFRIED, Frankfurter Str. 70. ☎ 887310. Di-Fr 11.30-14.30, 17.30-22, Sa-Mo 11.30-15, abends nach Vereinbarung. Tasse Kaffee 2,30, Forelle, gebraten mit Beilage 14,50. Fichspezialitäten aus dem »eiskalten und kristallklaren Wasser um Grönland«.

Die Alternative zur Fisch-Burger-Kette in der Innenstadt. Fischgerichte von 12,50 bis 18,50, zwei Schonkostgerichte, aber auch Fleisch und Wild für Fischverächter. Aber nix für Vegetarier. Klein und rustikal mit Plastikfischen im unter der Decke gespannten Netz. FISCHIG. ▬

TAVERNE SAMOS, *deutsch/griech.* Bismarckstr. 6. ☎ 889477. Tgl. 18-01. Domestica 4, Moussalla 11. Acht Sorten überbackener Schafskäse 7,50-10,50, italienische Nudelspezialitäten.

Ein bißchen Folklore an den Wänden und aus dem Lautsprecher muß wohl schon sein.

Sonst ist ein Grieche nicht ein Grieche. Doch die Qualität stimmt und die Atmosphäre letztendlich auch. Auch Verächter der griechischen Küche kann man durchaus mit hierher schleppen zum behaglichen Tete a Tete oder zur kulinarischen Gruppenreise, weil es auch reichlich italienische Nudelspezialitäten und die deutsche Steak- und Schnitzelliste gibt. RICHTUNGSWEISEND. ✔

darmstadt

BAUERNSCHÄNKE ZUR FRAU SCHMITT, Bessunger Str. 91. ☎ 06151/63370. Tgl. 16-01, So zu. Bier 0.41 2,80, Cola 1,50.

Der Geheimtip in Darmstadt, wenn auch far out. Die Bauernschänke braucht nicht bemüht die Fifties zu imitieren, in der niedrigen, verwinkelten Freßkneipe mit Gartenwirtschaft stimmt vom antiken Schirmständer bis zur nierentischförmigen Deckenlampe alles. Die Sinalco-Werbung hat den vorerst letzten Weltkrieg wahrscheinlich noch gesund überlebt, es ist einfach saugemütlich. Früh da sein, meist ist's voll (mit jungen Leuten vor und hinter der Theke), was vor allem an dem wirklich göttlichen Essen mit geradezu märchenhaftem Preis-Leistungsverhältnis liegt.

Zur Frau Schmitt geht der Student, der gut und billig essen will. Welcher Student muß nicht billig und gut essen, um diesen Zustand, genannt »Studium« auszuhalten? Die junge Familie trifft sich hier nach dem Sonntagsausflug. Wie teuer waren noch die Kondome? Man schwätzt mit dem Tischnachbarn, wenn man noch ein Plätzchen gefunden hat. Man geht zur Frau Schmitt auch der köstlichen Bratkartoffeln wegen, oder wenn man zu Hause die Ölsardinendose nicht aufbekommt. Hier gibt's diese Meerestiere mit Brot für 4,80 oder vielleicht doch lieber den Camenbert »Liptaner Art« für 5,90? Tradition ist oft spießig. Diese nicht. Sie wirkt liebenswert lebendig, und wem die Portionen Handkäs mit Musik in Frankfurt oder Wiesbaden zu klein sind, der sollte mal nach Bessungen fahren. Nun, für Männer und Frauen, die in jeder Situation kühlen Kopf bewahren, sei der große Salatteller empfohlen. Hier tummeln sich massenhaft und ungeniert Produkte aus der konservierenden Blech- und Glasverpackungswelt der Firmen Hengstenberg, Manz und Kühne. Das von Maggi und Knorr weltweit bekanntgemachte Süß-Sauer-Dressing wirkt verläßlich und schnell sättigend und ist besser verträglich als so manches French-Dressing über Broccoli, Palmenherzen und sonstigem ausländischem Schnick-Snack. Damit gelangen die einheimischen Gemüse nämlich gelöster in den Magen. Was extrem ausgefallen und gut ist, muß ja modisch nicht brandaktuell sein! VOM HERZEN FÜR HERZCHEN. □ ● ★ ∞

BEI BULLY — FRANKFURTER HOF, Frankfurter Straße/Ecke Irenenstraße. ☎ 06151/25705. Mo-Fr 11-14, 17-25, So 11-14, 18-25, Sa zu. Bier 2,20, Wasser 1,60, O-Saft 2, Kaffee 2, Süßer 1,50. Schnitzel paniert mit Brot 10, Tagesmenüs 8-10.

Die Schleckermäuler wissen's längst: Lutschen und schmatzen bringt's! An den hiesigen Schnitzeln kann man seine oralen Gelüste austoben. Das macht echt Spaß! Wenn ein zu gieriger Biß die Brocken im Hals krachen läßt, dann weiß der Gast, er hat mit dieser Kneipe einen exorbitanten Fang gemacht! Bully dieser filigrane Sammlertyp mit der besonderen Spürnase. Nein, er kleckert nicht, er klotzt. Weiß das Besondere zu lieben und zu schätzen. Seine Wandteller, Bierkrüge, Steinguttöpfe, diverse Uniformmützen, Brauereimöbel, das hat schon was. So manches Sammlerhöschen wird da naß. Junges, hungriges Publikum, eine Skatrunde 40er, wenig Frauen. Bully hat angeblich die größten Schnitzel in Darmstadt, das verpflichtet zu einem Schlachtfest. Original deutsche Kneipe! Die größten Schnitzel waren's zwar nicht, aber die besten (oh, diese Bratkartoffeln). Den Wirt Bully haben wir leider nicht gesehen — der Name soll aber zutreffend sein. Wenn man/frau mal wieder wie bei Muttern essen will. Institutionell. INSIDER TIP. □ ● ★

BÖLLENFALTOR, Nieder-Ramstädter Str. 251. ☎ 06151/422987. Mo-So 12-01. Bier 2,60, Kaffee 2, Frühlingsrolle 3,50, gegrilltes Schweinesteak mit Brot 6,50. Biergarten und Weinlaube im Sommer.

Moderne neue Übersichtlichkeit, erwartet den Sommerfrischler und Herbstzeitlosen entweder vor dem Fußmarsch im Bierrausch oder nach Erschöpfung von der Wanderorgie im Kaffeerausch. Man kann es aber auch einfacher haben. Schwupp die wupp mit dem Auto vorfahren zum Mittagessen oder Abendmenue, für die Ingenieurstudies allemal nährwer-

Foto: Norbert Frank

tiger als die Kantinenverpflegung im Unizentrum Lichtwiese. Von Ketchup braucht der Genießer dieser kleinen Küche keine Ahnung zu haben. Es reicht wenn's ihm schmeckt. Allerdings gehört diese Soße nicht zur Standardausrüstung der gutgemachten kleinen Karte. Sie orientiert sich eher an den neueren Küchen, also weniger für den Bauch viel fürs Auge. Eine Wirtin mit zuweilen Haaren auf den Zähnen, wer hat so was Schmackhaftes sonst zu bieten?

Die weiblichen Bedienungen wirklich flink & flott, die Kellner? Sommers 88 könnten sie aus der Darmstädter Männergruppe entsprungen sein. Ein wenig abwesend, tütelig, durcheinander aber unheimlich lieb. Alarm! Alarm! Gefahr droht von der gigantischen Schüssel Café au lait. Man könnte fast drin ersaufen. Für Wandersleut' und Szenegrenzgänger im Jägertrachtenjäckchen. FRISCHWÄRTS.   ★

CAPONES POOL RESTAURANT, *deutsch/ ital.*, Frankfurterstr. 69. ☎ 06151/75146. So-Do 12-14.30 & 18-01, Fr Sa -03.   s.S. 46

DARMSTÄDTER HOF, Grafenstr. 24. ☎ 20444. Mo-Sa 9.30-24, Küche bis 23, So zu. Bier 2,70, O-Saft 3, Wasser 2, Kaffee 2,20, Jagertee 4. Gerichte aus Hessen, Österreich, Ungarn. Mittwochs Schlachtfest, Schlachtplatte mit Sauerkraut und Knödel 11, Puszta-Steak 15.

Hier heißt der Longdrink noch Langdrink. Helle Eiche-rustikal, sieht neu renoviert aus. Wer Kneipen will, wie seine Altvorderen, kann sich hier austoben. Gutbürgerliche Küche zu zivilen Preisen. Daß wir hier hineingegangen sind, beruht auf einer Verwechslung. Es hätte nicht sein müssen. In den früheren, noch glorreichen Tagen, befand sich hier das Hotel Darmstädter Hof, mit, laut Photo, eindrucksvollem Vestibül. SOLIDE.   □●

KÜCHE DEUTSCH

RIWWELMADDES, Wilhelm-Leuschner-Str. 24. ☎ 06151/25652. 18-01. Bier 2,80, Wasser 1,50, O-Saft 2,50, Kaffee 2,20, Edelzwicker 4,80. Folienkartoffeln mit saurer Sahne 3, Fleisch vom heißen Stein, 200 gr Schweinefilet 18. s.S. 219

ZUM SCHINKEN-KRUG, Landgraf-Philips-Anlage 52. ☎ 06151/315412. Tgl. ab 18. Bier 2,80, Wasser 2,50, O-Saft 3, Kaffee 2,50, Pils im Steinkrug 4,50, Holzfällersteak 15,80, Essen vom heißen Stein: Geschnetzeltes vom Rind 16.80.

Nicht irritieren lassen durch die Einrichtung im Parterre. Laßt Euch von den Düften in den ersten Stock ziehen. Wir haben weder Kosten noch Mühen gescheut und all unser detektivisches Können aufgewendet, um das allerneueste auf dem Darmstädter Restaurantmarkt aufzutun. Fleisch vom Stein, direkt auf dem Tisch gegart. Eine echte Weiterentwicklung seit dem fettigen Fleisch-Fondue. Leider tönt die Musik ab. Gourmet Karte. Unten Theke (spießig), oben Restaurant (außergewöhnlich). VIELVERSPRECHEND.   □●

GLOBUS, Ludwighöhstr.35. ☎ 06151/661567. Tgl. 18-01, So zu. 0.4l Bier 2,50, Cola 1,50. Pizzen 5-9, Schnitzel 9-13, Nudelgerichte 6-8.
s.S. 210

GROHE, Karlstr. 10. ☎ 06151/44455. Mo-Sa 10-24, So zu. 0.4l Bier 2,70, Kotelettes 7,60 mit Beilage 9,80. Spezialität: Das selbstgebraute Bier, klar!   s.S. 210

LAGERHAUS, Julius Reiber Str. 32. ☎ 06151/21891. Mo-So 18-01, Mittagstisch Mo-Fr 11.30-14.30. *Deutsch/intern.*. Frische, vollwertige Kost. Omelette mit Mozarella, Sonnenblumenkernen und türk. Fladenbrot 7,50. s.S. 393

LOKALES, Dieburger Str. 50. ☎ 06151/714737. Tgl. 11.30-01. Super Pizza 8,80, 0.4l Pils 2,60, Cola 1,40. Warme Küche bis 0.30, Sa So & Feiertags -0.45.

Wer weiß schon was gastronomisch sein wird? Was kommt? Wer wirklich informiert sein will über die Zukunft seines Magens, der hat schon Jahr um Jahr die Gelegenheit zu erfahren, was ihm schönes widerfahren wird. Wirklich nicht übertrieben: Eine ganz andere Pizzeria. Unbeschreiblich nach Auskunft der Wirtschaft und nach anonymem Test. Bald 50 Pizza-Varianten im Angebot. Jede runde Scheibe eine Wucht! Seit Jahren schon die Beste in Süddeutschland. Die Karte, die kunstvollst und interessantest gestaltete, die ich jemals sah, ist immer auf dem neusten Stand der Ess-Trends. Nein, sie setzt neue Trends. Dieses Jahr besonders zu empfehlen: Pizzen ostasiatisch. Also süß-sauer mit chicken! Die Zutaten? Nur vom Feinsten. Dafür keine Pasta im Angebot. Löbliche Konzentration aufs Wesentliche. Der Appell an die Jugend, daß sie sich im Leben in Sachen Verpflegung selbst helfen muß, und daß man auf keine Wunder warten soll, entspricht sicherlich den Absichten dieser gastronomischen Überzeugungstäter. Alle Speisen äußerst phantasie-gehaltvoll, die Portionen ausgesprochen voluminös. EINZIGARTIG.   ★

wiesbaden

ARTISCHOCKE, Rheinstraße 80. ☎ 06121/302633. Di-Fr 12-15 & 18-01, So 18-01. Wasser 2,50, Cola 3, Pils 3, Soave 4,50.

In edelschicker Atmosphäre wird jede Woche frischer Fisch, z.T. mit Zubereitung nach Wunsch, serviert. An schönen Tagen auch auf der Terrasse. HERVORRAGEND.   ○

HANNEN-FASS, Taunusstr. 59. ☎ 06121/51476. Mo-Fr 11.30-14, 18-01, Sa 18-02. So zu. Bier 0.4l 3,80, Wasser 2,50, O-Saft 3,60, Kaffee 2,50, Whiskey 5, Wein 4, 5. Kartoffeln, mal so, mal so 10, urige Gerichte. Rumpsteak 23.27.

Altbierkneipe mit zwei Besonderheiten: 1. Hannen-Alt Meterbrett — 16 Gläser à 0.2l für 28 Mark, 2. Hannen-Alt — 10l Flaschen zum

Selbstzapfen 85 Mark. In gediegener Atmosphäre bedient der Wirt in Anzug und Schlips und serviert, wenn gewünscht, in professioneller Sachlichkeit wunderbare Bratkartoffeln. Wer will kann im Sommer draußen sitzen. WERT-KONSERVATIV. ∎

KARTOFFEL, Nerostr. 33. ☎ 06121/524366. Okt-März 17-02, April-Sept 18-02, Mo zu. Bier 3, Wasser 2,20, O-Saft 2,50, Kaffee 2,50, andere Säfte 3, Wein ca. 3-4, Bloody-Mary 7, Irish-Coffee 7. Kartoffelsuppe 4,50, Röst-Hawaii 9,80, Kartoffelpuffer 5,50-7. Ofenkartoffeln 5, Schupfnudeln 9,80, Rumpsteak mit Bratkartoffeln u. Salat 18,50, »Antjes« Kartoffelpfännchen 9,80.

Die hutzligbraune Knolle aus den Anden Chiles hat eine nahezu klassische Karriere in Europa hinter sich. Steiler Aufstieg, steiler Fall. Einst das Wundermittel gegen Hungersnöte, in wirklichen Notzeiten gar zu Schnaps gebrannt, taucht sie heute fast nur noch als schmackhaft gemachte aufgeweichte Fritiermasse auf. Plötzlich eröffnet hart am Rand des berühmt-berüchtigten Wiesbadener Bermuda-Dreiecks, ein kleines Lokal, das der Knolle den Sinn des Essens zurückgeben will - gegen die Ellenbogenkeilerei, das Gedränge, an den Trögen des Hackfleischimperiums. Die allzu nötige Rehabilitation dieses Volksnahrungsmittels findet ausgerechnet auf der Rennbahn für Sturzbetrunkene, der Nerostraße, statt. Oh Frevel, da mußte es Christoph und Antje aus Münster-Sarsheim, vom Fuße des Hunsrücks, zur Heidenbekehrung nach Wiesbaden verschlagen. Aus dem Schoß der Welt-Kurstadt sproß sonst kein Gesünder & Origineller-Essen-Missionar. Der Name des Lokals ist zugleich Konzept, das Interieur Ausdruck des Versuchs endgültiger stilistischer Formfindung. Sie schwankt zwischen den Extremen. Rustikal: Holzgetäfelte Wände, Tische mit Weinhausflair. New- Wave: Gewagt neonpopp'g. Bunte Lackfolien als Tischdecken. Also: Einrichtungs-Grebo. (»Grebo« kommt aus der modernen Musik: Gezielte, nicht zufällige Synthese mehrerer Anno-dazumal-Pop-Stile mit Krach-Rock-Wave-Pop). Also »Ausstattungs-dilettantismus«. Übersichtlichkeit im Meer des Unübersichtlichen: Alles nicht über Eßzimmergröße hinaus ausgewalzt. Kurzum: Das Fleckchen Ackerverwertung will sein Resto, Kneipe, Bistro zugleich. Die Kartoffel rauf und runter so präsentiert sich das Programmheft: Rahmsuppe, Salat, Kartoffelpuffer. Große Dotzheimer mit Schnittlauchspeckrahm für vierfuffzig (macht satt und durstig). Butter-Rösti (selbstgemacht, meint die Freundin eines Mitautoren dieser Textdelikatesse) mit Jungschweinegeschnetzeltem. Der Renner: Antjes Kartoffelpfännchen. Worum geht es hier nun: Jagd, Lustpartie, Essen, Trinken, Pferde, Hunde, stilvolle Langeweilerei mit ein ganz klein wenig Erotik? Jedenfalls hatte der Chef Kartoffelbeschaffungsprobleme. Klar, so richtig dicke,

KÜCHE DEUTSCH

gute Kartoffeln, die wollen erst angeschafft sein (mehlig-festkochend will er sie haben). Die Rettung nahte. Der Bauer aus der Pfalz lieferte mit virtuoser Züchterkunst creierte, biologisch sauber angebaute, Ware. Auch wenn sie mal vom Massa kämen: Zumindest hört sich sowas gut an. Und nichts anderes soll er mir erzählen! Hurra, das Comeback des Erdapfels ist da! Kein Weg führt an ihm vorbei. Was dem Italiener die Nudel, das ist dem bundesrepublikanischen, mehr noch dem realsozialistischen, Deutschen das Gold in der Kehle, dieses runzelige Nachtschattengewächs. Zudem stärkereich und kalorienarm! Kaum zu glauben. Der Kartoffel blieb der Mißbrauch als imageträchtiges Symbol des sogenannten »Zeitgeistes« bisher glücklicherweise erspart. Dicke Knolle, dickes Fell: Wirt und Kartoffel passen irgendwie toll zusammen. Such & Find. Der Mann grinst immer, selbst wenn es nichts zum Lachen gibt. Die unmittelbare Spannung, die er auf diese Weise erzeugt, entfaltete sich unabhängig davon, ob man seine narrativen Elemente versteht. Um so reifer war die Zeit für die »Cuisine de pommes de terre allemagne«. FESTKOCHEND.★ ≡

KLAPPE, Nerostr. 20. ☎ 06121/51674. So-Do 12-01, Fr/Sa 12-01. Bier 0.3l 3, Wasser 0.25l 2,80, Kaffee 2,50, Tequilla 4, Wein 4,30-5, Sekt 5, Champagner 7,50 bzw. der Liter 30-180. Schmalzbrot 2,50, Toast 5, Salate 7,50-10,50, Handkäs' 5, Tagesessen, z.B. Spaghetti Bolognese 8,50 oder Zucchini mit Tomatensoße u. Fleisch 11,50. s.S. 227

MÖVENPICK, Sonnenbergerstr.2, ☎ 06121/524005. Tgl. 08-24. Frühstück ab 08.
Siehe die Besprechung zum Mövenpick Frankfurt.

PAVILLON, Adolfsallee 7. ☎ 06121/374887. Mo-Fr 17-03, So/Feiert. 19-03. Sa zu. Bier 3,80, Wasser 2,80, O-Saft 3,50, Kaffee 2,80, Wein 4,50-5, Kir Royal 14, Champagner 11 180, Sekt

11 40-90, Whiskey 4,50-6. Suppen 5,50-7, Calamares 12, Scampi 12, warme Salzstangen 4, Steaks 18-29,50, Eis-Cocktail 5,50. s.S. 52

SPITZWEG, Nerostr. 6. ☎ 06121/520418. Tgl. 18-01, Fr/Sa -02. Cordon Bleu, Schweinelendchen oder Westernsteak 9,90.
Bistro im bekannten Nostalgiestil, wird von recht jungem Publikum besucht. Zu empfehlen sind die preiswerten aber reichhaltigen Speiseangebote, besonders die wechselnden Wochengerichte und der Salat. Früh hingehen, da oft ab 21 Uhr kein Platz mehr frei ist. RICHTUNGSWEISEND. ↘

TREIBHAUS, Klarenthaler Str. 127. ☎ 06121/467277. Sommer 12-01 geöffnet, im Winter 18-01. Bier 3, Wasser 2, O-Saft 3, Kaffee (Kännchen!) 5, Kirsch-, Brombeer-, Erdbeerwein 4, Apfelwein 0.25l 1,90, 11 7,50, 2l 14. Broccolisuppe 5, Salate 9,50-12,50, Handkäs' 6, Calamares 11,50, Nudeln 10,50-11,50. s.S. 493

ALT MAINZER STUBB, Grosse Langgasse 11. ☎ 06131/220419. Tgl. 18-04, Warme Küche -3.30. 0.3l Pils 2,80 (ab 24:4), Kaffee 2,40 (3), Wasser 2,20 (3), Rhg.Riesl. 4 (5,50). Internationale Küche (15 versch. Pizzen), von Suppen 4,50 bis zum Filet 25.50. s.S. 55

AM PRÄSIDIUM, Klarastr.4a. ☎ 06131/226482. 0.3l Pils 2,20, 0.2l Ex 1,40, 0.2l Cola 1,50, Toasts 7,50, Cordon Bleu mit Beil. 14,50, Omeletts 7,20/7,50. s.S. 232

AUGUSTINERKELLER, Augustinerstr.26. ☎ 06131/222662. Tgl. 18-01. 0.3l Bier 3,30, 0.3l Cola 3,30, Altbierbowle mit Kaiserkirschen 4,20. Gr. Hausmacher Wurstplatte 13,90, Rumpsteak mit Beilagen 19,80. Ölsardinen, Toast, Butter 7,50. s.S. 234

BRAUHAUS ZUR SONNE, Betzelsstr.23. ☎

Kartoffel

06131/231610. Kohlroulade mit Speckrahmsoße, Kartoffelpüree, Dessert 10,80, Stammessen 9, Rheinischer Sauerbraten mit Rosinen und Mandeln, Rotkohl und Kartoffelklöße 14,80.

s.S. 237

DOMSGICKEL, Grebenstr.16. ☎ 06131/221211. So-Do 18-01, Fr, Sa 18-02, Bier 2,90, Cola 2,50. Spezialität: Guiness vom Faß. Tortellini mit Sahnesoße 9,50. Knoblauchbrot 5. Draußen sitzen.

s.S. 239

EINSTEIN, *intern*. Uhlandstraße. ☎ 06131/613767. Tgl. ab 18-01. Bier 2,60, Kaffee 2, biologisch angebauter Wein. s.S. 239

MAC BOSS, Augustinerstr. 57. ☎ 06131/231625. Tgl. 10-01. Kaffee mit After Eight 2,50, Cola 2,30, 0.3l Pils 3,30, Riesling 3,30, Filetsteak 26,50, Wiener Schnitzel 14,50, Altstadtknochen (Spare Ribbs) 14,50.

Laßt uns dahin gehen, wo das Holz der Tische noch hart ist und die Frauen für die Au-

gen der Männer so schön und kostbar herausgeputzt sind wie Kathedralen an Christi Himmelfahrt. Bei manchen Kneipen, die so überflüssig wie der Kropf sind, kommt mir der Wunsch nach einem Sach- und Fachbuch über das sinn- und nutzlose Abholzen unserer schönen Nutzhölzer. Ein Lokal, in dem allerhand steckt. Der Wirt nimmt's nicht von den Armen. NICHTS BESONDERES. ★

MARTINSSTUBEN, Mitternacht 18. ☎ 06131/221635. Gerichte 10-25.

Ist derjenige, der Portionen austeilt, seliger als der, der sie aufißt? Es ist wieder soweit: Wildgerichte klassisch, d.h. mit Knödeln und frischen Pilzen. Das Auge ißt mit. Ganz persönliche Portionen, d.h. hier kann man nachbestellen so viel man will, ohne draufzuzahlen. WILD. ☆

SCHINDERHANNES, Holzstr. 15. ☎ 06131/

234020. Tgl. 18-01, Fr/Sa 18-02. Bier 3,20, Wasser 2,70, O-Saft 3, Kaffee 2,80, Wein 2,30-4,90, Sekt 40, Champagner 120. Garnelen-Pfanne 24,50, Käse 6,50-8,90, Vorspeisen 6,50-8,90, Steaks 19,90-20,90, Salat 9,90-14,50, Wurstsalat 8,90-14,90, Vanilleeis mit heißen Himbeeren 8,90.

s.S. 249

SENFKORN, Ölgasse 2. ☎ 06131/226669. Di Do Sa 16-23, Mi 11-23, So 10-17, Mo zu. Alkoholfreie Kneipe! Acht versch. Säfte 1,20-1,50, kalter Kaffee 1,20, Wasser 1, O-Saft 1,20, Kaffee (groß) 1, Eskimo-Flip 0,50. Schmalzbrot 0,60, Frühstück (sonntags) 3,50, Salat (griech., ital.) 4, Seelachsfilet m. Kart. 4,50, Quarkspeise 1,50, Kuchen 1.

s.S. 249

ZILLESTUBE, Münsterstr. 21. ☎ 06131/220741. Mo-Fr 16-01, Sa 16-02, So zu. Bier 2,70, Wasser 2,50, O-Saft 2,50, Kaffee 2,20, Whiskey 3,50-10, Metaxa 3, Wein 3-3,50, Weizen 3,50, Champagner 68-75, Sekt 28-38. Suppen 4,40-4,50, Toast 3-12, Gegrilltes 17,50, Rumpsteak 16,50-18,50, Salate 8,50.

Fehlt nur noch der Kellner der fragt: »Möchten Sie lieber eine altersschwache Giraffe, eine blinde Antilope, ein Nashorn mit Rasselung oder lieber einen gelähmten Delphin? Tja, da ist nichts mehr zu machen. Wohl leicht daneben, die Mischung aus Rustikalem und 80er-Jahre-Specials, wie z.B. eine Bierkorkenuhr. Fein gardinen-bestickte Platzdeckchen, ein Kunstblumenstrauß in einer verzierten Keramiktasse. Backformen, Tiffany-Lampen und ein altes Klavier. Sitzplätze, wie in Omas Zeiten, aber knallhart! Der normale Spießbürger, der anständige und etwas aus der Reihe tanzende, treffen sich hier. Ist dies das nette deutsche Volk, das unser Bundeskanzler in seinen Wahlkampfreden zitiert? Auch die leise Musik schlaucht. Chansons aus den 30ern kommen aus dem Transistorradio, dafür aber Hi-Fi-Boxen. Ein ganzes Jahrhundert ist hier optisch und akustisch durcheinander gewürfelt. Der Freßnapf des Hofhundes aus Plastik, die moderne Barform, die von au-

ßen so aussieht, wie ein Kleiderschrank meiner Ur-Oma, Spiegel, die mit Sicherheit nicht gestern bedruckt worden sind, Bildchen, die bestimmt schon vor dem Zweiten Weltkrieg fotografiert wurden. Diese Mischungen merkt jedoch keiner, da hier eher gegessen, als beobachtet wird. SCHADE. ★■

ZUM BACKBLECH, Nackstr.16. ☎ 06131/672441. Tgl. 10-01. Küche 11.30-14, 17-23.

Hier bleiben solche Abenteuer erspart: »Das einzige Risiko ist, daß ich selber draufgehen könnte, bei der ganzen Fischfresserei«. Gutes Essen, große Portionen und günstige Preise locken alle Altersgruppen in die mittelgroße Gaststube. Deutsche Küche aber auch Internationales bietet die abwechslungsreiche Karte (zu empf.griech. Teller unter 10,00). HINGEHEN ✕

ZUM GEBIRGE, Große Weißgasse 7. ☎ 06131/223968. Tgl., außer Mi 11-01. Kännchen Kaffee 3,30, Wein ab 2,30, Cola 1,50. 0.4l Pils 2,70, Essen von 3,50 bis 16.

Tolle Gartenwirtschaft mit einem Dach aus Reben. Wegen der manchmal überschäumenden Stimmung mahnt der Wirt schriftlich: Füße von den Stühlen runter. Handfeste Freßportionen direkt an der Quelle dank hauseigener Schlachtung: Die Schweinshaxe mit Klößen sprengt die Vorstellungskraft des Städters und beim Schlachtfest jeden Dienstag fällt Metzelsuppe, Stichpfeffer und Bauchfleisch ab. Ein deftiger Traum für Hausmacher-Verehrer. SPITZENKLASSE ✕

ZUM KAMIN, Kapuzinerstr. 8. ☎ 06131/228431. So-Do 18-01, Fr Sa 18-02, Küche bis 24 geöffnet. Cola 2,20, Riesling ab 3,30, 0.4l Pils 3,30. Empfehlenswert: Reisfleischpfanne mit Maiskolben 16,50. Kaminpfännchen 16,80. Gutes Teeangebot.

Hummer. Hummer. Am Rande der Altstadt fällt der Kamin mit seiner Einrichtung sehr angenehm auf. Auf aus Baumstümpfen gefertigten Stühlen mit Kuhfellen überzogen, sitzt man hier in uriger Umgebung. Hummer. Hummer. Viele Nischen gruppieren sich um den von allen Seiten offenen Kamin in der Mitte des Lokals. Hummer. Hummer. Von der grob verputzten Decke hängen viele Tonkrüge und auch sonst hat man hier an alles gedacht. Das Teegedeck (ca. 80 Sorten) ab 6,90 wird liebevoll mit Stövchen und Knabberzeug im Bastkörbchen serviert. Hummer. Hummer. Hier macht dem Hummer essen und trinken noch mehr Spaß. GUTEN ABO. ×

![bad homburg]

TAUNUSTHERME, Im Kurpark. ☎ 06172/4878-9. Tgl. 09-23, Fr/Sa bis 24. Bier 3, Wasser 2, O-Saft 3,20, Cola 2,20. Kl. Salat 4,50, gr. Salat 9, Fleischkäse u. Salat 8,20, saftiger Grillschinken 13,50, Spaghetti Carbonara.

Die Einrichtung besteht aus Wasser und Dampf. Bekleidete und Unbekleidete sind hier. Großsprecherisch heißt es im Reklame-Text der Taunus-Therme: »Zwei Restaurants verwöhnen Sie mit einer großen Auswahl an Getränken, frischen Salaten und Speisen.« Tatsächlich handelt es sich weder um zwei Restaurants, noch um eines, denn die Einrichtung verdient den hochtrabenden Namen 'Restaurant' nicht. In Wirklichkeit handelt es sich um eine Abfüllmöglichkeit für Badegäste (in Badekleidung) und eine andere für Laufkundschaft (in Straßenkleidung), getrennt durch eine Glasscheibe, an der man sich die Nase platt drücken kann, wenn man die Schwimmer-Innen in der Therme begaffen will. Auch die Auswahl ist nicht sonderlich groß, ein kleiner und ein großer Salatteller, sowie an die vier warme Gerichte. Neuerdings wurden die Preise für Kleinstgerichte für den Mini-Hunger locker mal um bald das doppelte hochgesetzt. Die Ofenkartoffel mit prima Kräuterrahm kostet jetzt fette 4,50! Für die ehedem 2,50 will sich

niemand mehr die Finger krumm machen. Na ja, die nächste Frittenbude ist nur zwei Kilometer entfernt. Beutelschneiderei für Badegäste, die es vor lauter Hunger nicht mehr bis zur nächsten Kneipe schaffen. Das »japanische Flair«, von dem der Werbeprospekt spricht, ist in diesen beiden Abfüllstationen noch weniger als in der Therme selbst zu spüren. Ein rotgestrichenes Pagoden-Dach macht noch lange kein japanisches Flair. Und die auf antik getrimmten Torsos im Saunabereich erst recht nicht. Von der versprochenen »Gemütlichkeit« (Werbeprospekt) ist auf und an den weißen Plastikmöbeln nicht viel zu spüren. Ebensowenig klappt es wohl auch mit der süßlich-ablenkenden Philosophie der Therme-Betreiber, die »Kleidung mitsamt den Alltagssorgen abzulegen«. Übrigens, dafür, daß Getränke und Speisen selbst geholt und das leere Geschirr (zwecks Personaleinsparung und Gewinn des Unternehmens) vom Gast selbst wieder weggeräumt werden müssen, sind die Preis ganz schön happig! BEUTELSCHNEIDEREI. ▚

ZUM WASSERWEIBCHEN, Bad Homburg. Am Mühlberg 57. ☎ 06172/29878. Tgl. 18-01. So zu. Warme Küche bis zum Schluß. Cola 2,50.

Wenn Konzertagent Fritz Rau seine Sternchen und Stars auf dem kleinen Frankfurter Privatairport GAT begrüßt hat, lotst er sie schnell in sein Lieblingslokal, diesen alternativen Etikettenschwindel de luxe. Hier kocht Inge Kuper angeblich wie bei Muttern. Sehr gesund, vollwertig, kalorienbewußt, wenig auf den Tellern und wirklich schöne Preise. Dann laben sich hier Joan Baez und Peter Maffay, Harry Belafonte und Peter Alexander bei Ochsenbrust und »Griee Sooß«. Konstantin Wecker erwartet lebendes Frauenfleisch in blond, jung, saftig, nicht so abgehangen, und auch dieser Hunger wird medienwirksam gestillt. EINE WAHRE GESCHICHTE. ★

eschborn

RASTHAUS SICKS, Düsseldorfer Str. 1. ☎ 069/342408. Mo-Fr 11.30-14.30, 17.30-20, So/Feiert. 11.30-14. Kaffee 2,20. Kansas City Steak 24,50.

Bürgerliche Einrichtung, in der sich Freßsäcke und Angestellte der umliegenden Büros und Verwaltungen treffen. Die richtige Adresse für Freßsäcke und Vielfraße. Es gibt allein 60 verschiedene Schnitzelsorten — und zwar Riesenschnitzel. Preisklasse zwischen 8 und 26 DM. Dazu noch jede Menge Steaks, Grillplatten und all' das Zeug, was manche Leute zur Befriedigung des ganz großen Hungers brauchen. Keine Kneipe zum Sitzen und Schwatzen, sondern nur zum Essen, darauf deuten auch die knapp bemessenen Öffnungszeiten hin. Wer sicher gehen will, daß er noch einen Platz bekommt, der sollte vorher besser anrufen. Das Rasthaus Sicks ist zwar von der Autobahn Frankfurt/Wiesbaden aus zu sehen, trotzdem aber etwas schwierig zu erreichen: Von der Straße zwischen Sossenheim und Eschborn Einfahrt in die Straße gegenüber dem Tor des US-Camps, dann zweimal rechts und bis ans Ende dieser Straße. RÜLPS. 〰

hanau

BRÜCKENKOPF, Wilhelmstr. 15a, ☎ 06181/15789. Mo-Sa 15-01, So 12-01. Cola 1,50, Kaffee 1,50, Michelsbräu 0.4l 2,80. Tagesgerichte z.B. Cordon Bleu mit Kartoffeln und Salat 11, Fladenbrote, Toasts 5-6, vegetarische Gerichte.
s.S. 257
LEBERECHT, Steinheim. Wenckstr. 3. ☎ 06181/62940. Tgl. 19.30-24, Di zu. Bier 2,70, Cola 1,80, Gulaschsuppe 4,50. Ab und zu treten Liedermacher auf.

SPUNDLOCH, Jakob-Rüllmann-Str. 9. ☎ 06181/253771. Tgl. 19-01, So zu. s.S. 260

ZUM ROTEN LÖWEN, Kesselstadt, Landstr. 4. ☎ 06181/24706. s.S. 261

kelsterbach

DICKWORZ, Berliner Ring 1. ☎ 06107/8729. Tgl. 17-01 außer Sa. Bier 0.3l 2,80, Cola 1,60, Wasser 1, Säfte 2,40. Schmalzbrot 1,50, Schweinerückensteak mit Beilage 12,50. s.S. 261

königstein

KURSCHÄNKE, Georg-Pingler-Str. 9. ☎ 06174/3191. So-Fr 11-14.30, 17-01, Sa zu. Bier 1,60, Wasser 1,60, O-Saft 2,50, Kaffee 2,20. Paniertes Schweineschnitzel 13.

Zwar hält das Essen nicht ganz das, was das Eigenlob der Gaststätte mit dem Spruch »Essen wie Gott in Königstein« verspricht, doch ist die Verpflegung recht gut, die Wirtsleute sind nett und die Gaststätte ist gemütlich. Treffen kann man hier viele Alt-Königsteiner, auch kleine Geschäftsleute und Kurgäste. GÄHN. 〰

ZUR LINDE, Schneidhain. Wiesbadener Str. 173. ☎ 06174/4196. Tgl. 11.30-23.30 warme Küche, Di zu. Export 2,50, Cola 1,50. Steak auf heißem Stein mit Beilage 22. Auch italien. Küche. Draußen sitzen.

Deutsche und italienische Küche, nicht besonders berühmt, aber im Stadtteil Schneidhain gibt's sonst nur noch eine einzige andere Kneipe. Bei gutem Wetter kann man auch draußen im Biergarten sitzen, allerdings mitten im Beton, dafür kein Straßenlärm. MÄSSIG. 〰

ZUR POST, Adelheidstr. 10. ☎ 06174/7846. Tgl. 11-14.30 & 17-01, Mo zu. Warme Küche bis 23.

Roter Löwe, Hanau

Ein Grieche mit deutschen Gerichten. Bis Anfang 1986 am alten Standort sehr beliebte Kneipe, sowohl bei der Scene als auch bei bodenständigen Einheimischen. An schönen Sommertagen platzte der Garten unter den vier alten Ulmen immer total aus den Nähten. Dann aber wurde die »alte« Post ein Opfer der in Königstein grassierenden Grundstücksspekulation. Die Kneipe wurde dicht gemacht und einer der bisherigen Gastwirte eröffnete mit dem gleichen Gaststättennamen und erweitertem Angebot in einem Neubau 200 Meter entfernt ein neues Restaurant. Von der Atmosphäre kein Vergleich. Viele Stammgäste sind jetzt weggeblieben. Vor allem die Plätze draußen sind der totale Abbruch. Viel Beton, keine vorbeilaufenden Leute mehr zum Gaffen, dafür aber die Autos von der B8. MITTELMAß.

PUMPE, Wiesbadener Str. 183, 6240 Königstein-Schneidhain. ☎ 06174/7968. 18-01, Essen bis 22, Mo zu. Bratkartoffeln in der Eisenpfanne mit Ardennen Bauernsülze 7,50.

Essensmäßig wenig Auswahl, dafür ist das, was es gibt, gut und in ordentlicher Menge. Mehr als sattwerden ist gut drin, beispielsweise mit zwei Jägerrahmschnitzeln, Bratkartoffeln und Salat für 13,50 DM. Rumpsteak (von nord- und südamerikanischen Viechern) mit 200 Gramm für 18,50 DM. GUT.

kronberg

GASTHAUS ZUM FELDBERG, Grabenstr. 5. ☎ 06173/79119, 12-14, 18-22, Mo zu. Sauerampfersuppe mit Wachtelei 9.

SCHÜTZENHOF, Friedrich-Ebert-Str. 1, ☎ 06173/4968. Tgl. 11-15 u. 17.30-24. Warme Küche von 11-14 und 17.30-21. Kleine Karte von 21-22. 0.5l Export 4, Schnitzel mit Beilage 11, Salatkarte 5,50-14.

Schöner Garten, in dem an lauen Sommerabenden der Teufel los ist. Der Treffpunkt in Kronberg. Auf der Speisekarte stehen viele interessante Salat-Kombinationen. GUT. ♒

ZUM GRÜNEN WALD, Friedrich-Ebert-Str. 19. ☎ 06173/78715. Tgl. 11.30-14.30 u. 17-22, Mo zu. Rippchen mit Kraut und Kartoffeln 11. Cous Cous auf Vorbestellung. Bier 0.4l 3,30.

Von Stil und Einrichtung eine alte deutsche Gaststätte, der man anmerkt, daß sie bereits im vergangenen Jahrhundert gegründet wurde. Geöffnet bis mindestens 22 Uhr — ob länger, hängt davon ab, ob noch Gäste da sind. Spezialität im Angebot ist das Kronberger Nationalgetränk Apfelwein aus eigener Kelterei, das 0,3 Liter Glas randvoll eingeschenkt für nur 1,50 DM. Es besteht ein himmelweiter Unterschied zwischen selbstgekeltertem Apfelwein und solchem von Großfirmen. Neben deutschen Gerichten gibt es auch — dank des Einflusses des Ehemannes der Gaststätten-Inhaberin — auch Exotisches wie Couscous auf der Speisekarte, dies allerdings nur auf Vorbestellung. GUT. ♒

oberursel

DIE LINSE, In der Krebsmühle, Frankfurter Landstraße. ☎ 06171/73018. Di-Fr 12-15, 18-23, Sa So 11-23. Speisen von 4-18,50.

Das italienische Restaurant gibt's nicht mehr. Die Räume wurden geteilt. Während in einem Teil im Januar 1989 eine Disco eröffnet wird, startete im Dezember 1988 in den verbleibenden Räumlichkeiten die »Linse«. Ein Speiselokal mit angenehmem Preisniveau und Schwerpunkt auf gesunder, frischer Küche. Samstags und Sonntags Mittag gibt's selbstgebackenen Kuchen, so daß sich wie in den Zeiten als es das Café Krebsmühle noch gab, ein Ausflug dorthin wieder lohnt. HOFFNUNGSFROH. ☆

LECKEREI IN POTENZ

Unsere Körper sind in einem Stadium der Umstrukturierung. Lisa serviert frischen schottischen Lachs, in Dill gedünstet, auf Fenchel und braunem Reis. Delikat! Mit einer kulinarischen Reise in ferne Länder nährt man alltags Fernweh und unerreichbare Träume. Man hat schließlich was im Magen, das Land der Sehnsüchte geschmeckt, geschluckt und verdaut. Das ist bald so viel wie dortgewesen. Rezepte gibts neuerdings von Warner Brothers auf Video.

Gute Restaurants oder Pick-up-places — ganz eingefleischte Lokalmatadoren werden schnell zu Sektierern und kommen mit ihrer Skepsis nicht über das Mosern hinaus, wenn Konkurrenz ausbricht zwischen der treudeutschen Schinken-Nudel und der formvollendeten, geschmacklich rassigen Tortellini in Sahnesauce: »Das ist doch alles der letzte Nepp«. Oder: »Ganz unmöglich, wie locker die Leute hier ausgenommen werden«. So artikuliert sich meistens Neid. Der Neid gästearmer heimischer Bratkartoffel-Wirte, die nicht verstehen wollen, wieso ihr Laden leer und diese vergleichsweise kulinarischen Oasen proppenvoll sind. Dabei würde eine Stunde genaues Hinschauen reichen, um alles Wichtige, vor allem die positiven Unterschiede, gesehen zu haben. Zum Liften der eigenen faltenreichen Speisenkarte ist so ein Spionage-Melodram feinstes, stilbildendes Mittel.

Das lukullische Fernweh, die Flucht in exotische Genußwelten, läßt so manche Kassler-mit-Kraut-Flüchtige wieder heimkehren zur deutschen Küche — sofern sie vom Geschmack dicker Muttis und Pappas wegkommen und Feinschmecker-Musik der Zeit auf den Gästeteller zaubern. Die ausländischen Köche exerzieren es vor. Trotz zuweilen überrüstetem Drumherum, penetrant aufgetragenem architektonischen Profil, lasziven Blicken, harten Muskeln der Kellner, dekorativ gestyltem Blicke der Thekendamen — besser, phantasiereicher Essen, sich bisher unbekannten Geschmäckern aussetzen, heißt das Gebot der Stunde! Erlebnisgastronomie wird derzeit von ausländischen Köchen am besten zelebriert. Eßkunst ist eine besondere Form der Verkündigung. Da Preis und Leistung stimmen, wird der Muff in den Töpfen germanischer Haxen- und Hendlküchen vom Glanz der Enchiladas, kantonischer Ente und Sate Padang meilenweit überstrahlt.

Wir empfehlen Mut zum Antesten, zum Verlassen eingefahrener Eßgewohnheiten. Selbst wenn so manchen Newcomer Angst überkommt: »Ich finde die Idee ganz schön crazy, weiß aber nicht, was daraus entsteht.« Man begegnet Neuem bekanntlich erstmal nur kurz — um so länger hat es dann Zeit im Magen zu wirken«.

★

BOMBAY PALACE, *ind.* Taunusstr. 17 / Ecke Weserstr. ☎ 233983 oder 251732. Mo-So 12-15 & 18-24.

Anspruchsvoller Slogan: »Gateway to superb India Cusine«. 54 Gerichte von 14,80 (Huhn ohne Knochen) bis 29,50 (Lammfleisch in Tandoor, in Tomaten gekocht). Ein Herz für Vegetarier: Alu- Gobi-Aama Sala, bedeutet: Kartoffel mit Blumenkohl, gedünstet mit Kräutern und Gewürzen. Tischreservierung unbedingt angebracht. Engagierte Flirter flirten hier nicht. Die fressen. Die bessere indische Adresse im Viertel. SEHR GUT. ★

DA BRUNO, *ital.* Elbestr. 15. ☎ 233416. Mo-Sa 12-14.30 & 18-22, So zu. Panzarotti 12; Hummersuppe 8; Filetto di Bue alla Griglia, heißt soviel wie Rinderfilet vom Grill mit Salat 31; Bei internationalen Messen auch So. geöffnet.

Hier trifft sich die Creme des Milieus und die Freunde des Luxus, die der Faszination des Viertels ein- bis sechsmal im Jahr unterliegen. Zweifellos seit Jahren der renommierteste Upperclass-Treff für Red-Light-Schnupperer. Seit 1950 der älteste Italiener Frankfurts! Die Synthese zwischen Cuisine extraordinaire und Bordell will sich hier, anders als beim großen Vorbild in der Rue St. Denis in Paris, einfach nicht einstellen. Daß Luxus wie zu Hause ist. Seit 1967 schmeißt die Nichte von Onkel Bruno, Bärbel Franchi-Haasler die stockkonservative Küche. SCHMERZHAFT & EHRLICH. ★

DIVAN, *türk.* Elbestr. 9. ☎ 235108. 06-01. Tee 2, Kaffee 2,50, Pils 3,50. Adana mit Joghurtsauce 15, Izmir Köfte 10.

Deutsche Gäste sind hier die Ausnahme — spürbar am anfänglichen Mißtrauen, das aber sehr bald in Freundlichkeit umschlägt. Speziell für uns präsentiert die Ein-Mann-Band Roy Black — auf türkisch. Wer folkloristische Einrichtung erwartet, ist hier falsch. Küche ist gut und bezahlbar. Am Wochenene Live-Musik, aber Vorsicht: SCHNULZIG. ±

GAYLORD, *ind.* Elbestraße 24. ☎ 252612. tgl. 11-15, 18-23.30. Cola 2,50, Bier 3,50.

Apropos Schönheit der Indischen Küche: New-Comern sei dieser Laden im Herzen des Red-Light-Districts bestens empfohlen. Indische Küche: Innere Kosmetika, die die Haut zum Schimmern und Schillern bringen — sagt ein altes asiatisches Sprichwort. Der Geschmacksvielfalt sind keine Grenzen gesetzt. Vor allem, wenn man süß-saure Curry- und Hühnerfleischgerichte kennenlernen möchte. Für Einsteiger deshalb empfohlen: Nicht das billigste Lokal, dafür aber mit den qualitativ besten Grundstoffen und Zutaten! Natürlich kann man sich auch Vorurteile bestätigen. Von wegen bis daß der Schlund ausbrennt. Wer sich infolge dessen einen Nervenzusammenbruch einhandeln möchte, muß nur eine der dementsprechenden Vorspeisen zu sich nehmen. Vor allem sollte man sich Ruhe nehmen. Auch ein überbackener Blumenkohl bietet hier mehr als erwartet — der Phantasie des Koches sind einfach keine Grenzen zu setzen. EINSTIEGSINDER. ★

KASTORIA, *griech.* Karlstraße 9. ☎ 231368. Tgl. 06-01. Bei Messe -04.

Das bemerkenswerteste an diesem Lokal ist seine distanzierte räumliche wie inhaltliche Nähe zu den unzähligen Milieugriechen in der unteren Moselstraße. Man spürt hier wenigstens nicht sofort den Charakter der Geldwaschanlage und hat eher den Eindruck, daß Bewirtung wirklich zentrales Handlungsmotiv des Wirtes ist. Ich fühle mich in Lokalen, die mich zu Human-Deko-Material reduzieren, nie so richtig wohl. Das Preis-Leistungsniveau ist akzeptabel. Der Service beachtlich. GUT. ★

LATINA PASTO, *ital./intern.* Weserstr. 35, ☎ 253602.

Wie im Schaufenster sitzend, glotzt mir das Double von Franz Xaver Kroetz entgegen. Das aufdringliche weiße Schleiflackambiente soll wohl animieren, die Spendierhosen leichter und schneller auszuziehen. Bemerkenswert: Trotz aller »styling-Bemühungen« bleibt nicht mehr als das Flair einer Dorfschenke im modernisierten Gewand. Die »Nouvelle Cuisine« mit ihren optischen Reizen, aber letztlich leeren Tellern, dominiert. Ein Hauch von Spaghetti Bolognese kostet 7,50; Kalbfleischgerichte gibt es ab 21, frischen Seefisch ab 28. Wer nicht weiß, wie er sein Geld unnütz los und nicht annähernd satt wird, schläft in dieser stocksteifen Atmosphäre goldrichtig ein. MÄSSIG. ★

L' EMIR, *liban.* Baseler Platz 2, 230123. Tgl. 12-04 Uhr

Die Trockeneis-Explosionen fehlen gerade noch, dann wäre die Angeberei der levanthinischen Wirte aus dem Hause Abour-Zaki perfekt. Libanesische Spezialitäten bereichern die etwas einfältige Frankfurter Küche allemal. Von daher hat jeder Wirt, der grenzüberschreitend kulinarische Besonderheiten präsentiert, einen Sympathiebonus. Nur, was hier Besonderheit sein soll, findet man in vielen anderen exotischen Küchen ebenfalls – nur etwas volumiger und kostengünstiger. Kichererbsenmus, eine vegetarische Frikadelle mit Sesamsoße, sind nur Umschreibungen für Einfallslosigkeiten. Die heiß angepriesene Arabische Nacht ist die Achillesferse des Unternehmens. Beides, Küche und Entertainment, sind schon seit Beginn am Ende der Fahnenstange angelangt. Warum Gasthäuser so oft den Rahmen vielfältiger branchenfremder Unternehmungen ihrer Wirte hergeben müssen.
ULTRA-UNINTERESSANT. ★

LIAN-YI, *chin.* Niddastr. 39-41. ☎ 235915. 10-24, Küche 11-15, 18-23. Cola 3, Wasser 3. Mittagsmenü mit Suppe & Frühlingsrolle als Vorspeise ab 8.

Endlich, nach langer Abstinenz, haben die Kinder von Mao und Deng Tsiao Ping ihr Herz für Red-Light-District-Besucher entdeckt. Nacht- und Tagschwärmer finden in der einzigen echten Dependance Rot-Chinas eine vorzügliche Ergänzung zum multikulturellen Speisenangebot des Viertels. Sie suchen den bundesdeutschen Markt und gehen ran wie Blücher. Im ehemaligen Hotel Ravel wird ein einmalig günstiger und geschmacklich hochstehender Mittagstisch geboten. Die Köche aus dem Pekinger Regierungsviertel bedienen vornehmlich Personal der chinesischen Fluglinie, Diplomaten und Staatshändler. So nebenbei spielen sie mit ihrer Gastronomie hervorragende Botschafter des Reiches der Mitte. Selbst die »einfachsten« preisgünstigen Dreigang-Menues aus Rind-, Schweine- und Hühnerfleisch basieren auf Rezepten aus der alten Kaiserdynastie. Wird behauptet. Sie machen aber vor allem pappsatt! Wo andere mit 13 Mark anfangen, geht es hier mit kleinen 8 Mark los! Trotz offenkundiger Rückbesinnung auf konservative Traditionen auch bei der prunkvollen Einrichtung, fühlt man sich sauwohl. In der schon länger sektfrönenden Autonomen-Scene Frankfurts schon kein Geheimtip mehr. Wie tödlich langweilig gleich wieder. Vom anderen Ufer fehlt's glücklicherweise auch. Die modernen Satanisten lassen sich in einem derart politisch verfallenen Hause niemals nieder: Mäzene, Magnaten und Mogulen hauen nicht auf den Putz und lassen's auch nicht am lautesten knallen. Obwohl der Hotelmanager zur Aufbesserung seiner Leistungsbilanz, so scheint's mir, nichts dagegen einzuwenden hätte. GLÜCKSTREFFER. ★

MAHARAJA, *ind.* Taunusstr. 36. ☎ 232277. Pils 3, Cola 2. Mo-Sa 11-15 u. 18-23. Hauptgerichte ab 14,80. Restaurant des Hotel Ebel.

Gutdeutsche Einrichtung läßt eher Hausmannskost als indische Spezialitäten vermuten. Laden ist erschreckend leer, Schwellenangst angebracht. Atmosphäre wird etwas hilflos und bieder von Werbeplakaten des Indischen Amtes für Tourismus reingezwungen. Hauptgerichte ab 14,80. MITTELMASS. ★

SIAM, *asiat.* Am Hauptbahnhof 8. ☎ 253444. Tgl. 12-14.30, 18-22.30, So zu. Ente süß sauer 16,50. Cola 2,50, Bier 3,50.

Ja! Eigentlich gebührt dem Wienerwald im Keller das Etikett »Geheimtip«, interkulturelles Verpflegungszentrum. Wer im Gewerbe rund um den Hauptbahnhof und im angrenzenden Rotlicht-Bezirk etwas mehr im Geldbeutel hat, sättigt sich jedoch fernöstlich stilechter und geschmacklich höherwertiger hier oben im ersten Stock. Leute, die auf den Überblick über das Geschehen auf der Straße und am Kaisersack angewiesen sind, verlieren hier niemals die Blickkontrolle. Gib mir ein Zeichen. Die anderen brauchens nicht zu sehn. EDEL-QUICKI.
★

*b*ockenheim

ANDALUCIA, *span.* Konrad-Broßwitz-Str. 41. ☎ 773730. 18-01, Küche -24. Gegrillte Sardinen/Salat 10, Krabben in Knoblauch 7, Espresso 3.

Legenden leben länger:«Ein adrett-gemütlicher Spanier mit Hang zur guten Küche«. Warum nur? Der Salatteller war schlichtweg eine Pleite. Absolute »Erlebnisgastronomie« für WG-Kuschelecken-Fans. Schummrig, eng und laut, welch' wunderbare spanische Gitarre (!), schmusig und dämmrig. Pickup-Place für Körperkontaktler. Es wird nicht getanzt aber zwangsweise der Nachbar angemacht. Neo-Post-Studies tragen zunehmend Westernstiefel, gerade richtig für die Jagd durch die Hörsaal-Prärie. Aber echte Gourmets scheuen halt keine Wege! VERWEGEN. ★

ATELIER, *ital.* Ginnheimer Landstraße 49.

Es lohnt, ihn zu entdecken. Sofern die Kasse stimmt. Ein Italiener, dessen Wanderjahre quer durch die Küchen Europas ganz besondere, interkulturelle Geschmäcker verspricht. Um es noch illustrer zu gestalten: Der Küchenchef kommt aus Lothringen. Wer gute Küche zeitgemäßer erleben will, wird sich nicht auf dem einmal erreichten Pizza & Pasta aus dem Stehimbiß um die Ecke ausruhen. Was war, zählt wenig, wichtig allein, was man kulinarisch noch erleben will. EßVERGNÜGEN. ★

BASALTECK, *ital.* Basaltstr. 35. ☎ 700868. Tgl. 12-01, Fr/Sa bis 02, Mo ab 16. Ex. 0.5l 2,60, Cola 1,50.

Hier lebt die gekonnte Fusion Neapels mit Bockenheim. Wer den ersten Schock über die hohe Halle überwunden hat, darf sich an deutschem und italienischem Speiseangebot (Pizza Assortittissima ella Lina, »für zwei normale Esser« 11,-) ergötzen und dem launigen Chef, der auf die Frage nach der Haustelefonnummer zurückfragt, ob das sein müsse? Nö, muß nicht. Hier ist auch so genug los, und wer einmal da war, kommt auch wieder. (Oder auch nicht!!! d.S.) Wetten? Es sei denn, der Wirt ist so faul wie neulich, und wie es Eberhard auch moniert. Die Qualität des Essens hängt von der jeweiligen Küchenmannschaft ab, die Lina aus der immer entferntesten Verwandtschaftslinie für eine Saison einreisen läßt. Derart konsequent durchgehaltene Stillosigkeit bedeutet schon wieder Anti-Stil, also Mut zum Stil! Man glaubt sich glatt 15 Jahre zurückversetzt. Lediglich die Studies, die rumsitzen, debattieren

nicht mehr so leidenschaftlich. Die glotzen eher dumpf bis dröge ins Bierglas. Erfrischend sind die Auftritte von Friedensbewegten und Stadtteilgrüpplern. Wenn es wirklich gelingt, im Viertel ein städtisches Nachbarschaftsheim durchzusetzen, dann kriegt die Lina aber einen Orden. Solange leistet sie für die Alten aus der Umgebung dieses Sozialstationsfunktion gratis — und mit mehr Herz! Neuerdings will man sie wegspekulieren. Ein Chinese hat eine Riesensumme für die Kneipe geboten. Lina wankt bisher noch nicht. Vom Fallen also keine Rede. EINZIGARTIG. ★∞

BODEGA LUCIANO, *span.* Kiesstr. 39. ☎ 705166. Tgl. 18-01. Paella für 2 Personen 44.

CASA DI CULTURA, *ital.* Adalbertstraße 36 H. ☎ 775116. So-Fr 19-01, Sa zu. Bier 2,50, Kaffee 1,60, Nudelgerichte 6-7. Kulturangebote.
s.S. 171

DIE ZWEI, *ital.* Adalbertstr. 37. ☎ 773405. Mo-Sa 11-01. Bier 2,50-3, Wasser 1,50, O-Saft 1,50, Kaffee 1,50. Brottaschen 5-7, 29 versch. Sorten Pizza 4-8.

DIONYSOS, *griech.* Rödelheimerstr.34. ☎ 703689. Mo-So 16-01. 0.4l Pils 3, Cola 2,50, Ouzo 2. Gyros mit Beil. 14. Großer Garten.

Der Grieche im Schönhof war einer der ersten in Frankfurt und von daher schon bald sowas wie ein Traditionslokal. Zahlreiche Generationen von Studenten ertränkten hier ihren Ausbildungsfrust oder soffen sich Mut zur Bewältigung des Liebesleides an. Projekte wurden geboren und zerredet, bevor sie das Licht der Welt erblickten. Über allem schwebt auch heute noch ein aufklärerischer, aufmüpfiger Geist. Siehe da, der kleine Laden gedeiht weiter mit großem Garten, trotz täglich größer werdender Konkurrenz. Ein waschechter »Gourmet« allerdings, dessen Zunge erst ab 25 Mark zu zucken beginnt, würde hier in der Rolle des Masochisten brillieren, der seine Befriedigung ausgerechnet in einer »Primitivküche« suchen muß. Das spricht nicht gegen den Griechen — aber erst recht nicht für den »Gourmet«. SEHR GUT. ★

FLORASTUBEN/KOSTAS, *griech.* Florastraße, ☎ 702555. Tgl. 17-01. Warme Küche -24. 0,4l Bier 2,80. Gyros mit Beilage 12.

Jedem Alternativler seine Heimat. Er wird mit seinen Kameradinnen und Kameraden hartnäckig an allen gesellschaftlichen Irrtumszuweisungen und Anklagen festhalten, dafür »ganz entschieden und kompromißlos« also »dogmatisch«, dem Neid und den Parolen, den Ängsten und den Kleinlichkeiten, den Vorurteilen und den Geschlechtsprivilegien, abschwören. Die reine Lehre wird von Generation zu Generation weitergegeben werden, wie von einer hängengebliebenen Schallplatte. Übrigens: Das Essen kommt nicht nach dem Motto »Proletarier und Lehrer aller Länder Gürtel enger schnallen« daher. TOPFIGUR. ★

GARGANTUA, *intern.* Friesengasse 3. ☎ 776442. Mo-Fr 19-01, Sa & So (außer bei wichtigen Messen) zu. Menues à la carte für 68 und 95.

Klaus Trebes hatte eine harte Jugend und mußte immer kämpfen. Erst auf der Straße bei den Kämpfen gegen die FVV-Fahrpreiserhöhungen und für den Nulltarif in den frühen Siebzigern. Dann in Häusern: Bei ihrer Besetzung gegen Spekulanten und den Abriß, bzw. gegen Luxussanierungen mit späteren Umnutzungen von billigem Wohnraum in teure Büroräume. Und dann auf den Brettern, die die Welt bedeuteten: Klaus spielte beim Karl Napps Chaos Theater. Und das machte er gut und verdiente sich einen Teil der Brötchen, die ihm die Eröffnung des Luxus- Freßtempels für nun aufgestiegene und betuchte Apo-Veteranen erlaubten. Für Klaus Trebes ist dies die erste halbe Sache. Das Lokal besitzt er mit seiner Frau. Sowas kannte er früher nie. Da galt: Entweder oder! Schwarz oder weiß. Ja oder nein. 10 Jahre danach: Samstagsabends, dann ist Alt-Kämpfer-Treffen. Aufgestiegene Greenhorn-Gourmets, die nach Hungerjahren, Salatdiäten und griechischen Fleischspießen en masse, das Brot für die Welt mit Blinis und Kaviar tauschen möchten. Auch BILD-Redakteure loben das Gargantua. Die Auslieferung der BILD-Zeitung sollte vor 20 Jaren mit umgestürzten und angezündeten Lieferwagen verhindert werden. Ein weiter Weg von ehemals exorbitanter Kenntnis des Handbuches für Hausbesetzer, gekonntem Gebrauch von Pflastersteinen bis zur pikanten Fachkenntnis über Frankfurter Nobelküchen. Nein, niemand aus dieser Redaktion neidet ihm den gastronomischen Erfolg. Spricht seiner Küche Qualität ab. Gastronomie ist ein Kampf Gast um Gast, Wirt gegen Wirt. Der Gegner muß, wie früher, entschiedenst bekämpft werden. Nur: Die Frontlinien haben sich merklich verschoben. Und die Jungs vom »Revolutionären Kampf«, die heute von Sozialhilfe leben, trifft man hier leider nicht an. Lieber Klaus, wie wärs mit der Aktion: Kommt setzt euch zu uns. Genießen wir die Nacht! GIPFELSTÜRMER. ★

HESSENECK, *griech.* Hessenplatz 9. ☎ 774994. Mo-So 17-01. Bier 2,20, Cola 1,80. Gyros 11, Calamares 13.

KÜCHE EXOTISCH

Einer der bewährtesten und beliebtesten Griechen Bockenheims. Friedensfreunde treffen sich hier mit anderen aufmüpfigen Zeitgeistern. ANREGEND. ★

LA PENTOLA , *ital.* Adalbertstraße 24. ☎ 775776. Tgl. 11.30-15, 17.30-24. So zu. 0,4l Bier 3, O-Saft 3.

Vergißmeinnicht für StudentInnen, die sich einfach von ihren rot-weißen Resopal-Kinderzimmern nicht trennen wollen. Im Winter fallen die dicken Leute auf. Im Sommer die dünnen. Den Nudeltraum kann sich auch der BAFÖG-Empfänger leisten. Der Macho-Kellner ist RÜHREND

NORMA'S PLACE, *malaysisch.* Schloßstraße 92. Mo-So 11-01. Gebratene Bananen mit Rohkost 4,50, Fisch-Curry, scharf 14,50, gebratenes Rindfleisch, Bambus, Paprika 15,50. Bier 2,50, Weine ab 4,50.

Meine Braut ist übersinnlich. Meistens überkommt sie dieses gewisse Ahnen und Fühlen in Gedanken an besondere Eßgenüsse. Nach einer Eßorgie, die eine Liebesorgie um ein Vielfaches an Intensität und Ausdauer übertrumpft, läßt sie sich trösten, weil sie im Erleben ihrer Übersättigung spürt, wie ihr alle übernatürlichen und sinnlichen Kräfte verlorengehen. Dann braucht sie mich, ich tröste sie gekonnt.«Einen kleinen Happen kann sich ab und an doch mal jede gönnen«. Und weiter solche blödsinnigen Sprüche. Es fehlt ihr nicht an der Leichtigkeit der Erkenntnis dieses windigen Schauspiels. Aber was soll's: Man kennt sich und schätzt sich mit allen Stärken und Schwächen. Neulich überkamen sie wieder jene übersinnlichen Reize. Hervorgerufen von den Vorstellungen von märchenhaftem Essen, wie es die Speisekarte von Norma's Place verheißt. Nein, was hier geboten wird, liegt jenseits aller Routineprodukte, und der geübte Esser bemerkt, daß es sich tatsächlich um fernöstliche Kochkunst handelt. Bei vielen Griechen, die italienische Teigwaren anbieten,

weiß man hingegen nie, um welches Mutationskunstwerk es sich nun schon wieder handelt. Spaß beiseite, den Schreiber überkommt Übermut. Trotzdem sollte man nach 30 Prozent Lobhudeleiabschlag, den Schritt in eine andere Eßkultur wagen. HAPPY-END-VERDÄCHTIG. ★

ROMIOS, *griech.* Juliusstr.22. ☎ 778225. Tgl. 17-01, Frischer Fisch auf dem Grill gebraten.

Einer der ersten Griechen in Bockenheim und daher mit schöner Szenetradition. Das Preis-Leistungsverhältnis war es noch nie, was ihm über die Jahre den Vorzug vor vielen Epigonen gibt. Aber der vulgäre Preis-Leistungsvergleich interessierte noch nie, wenn man ein bestimmtes Milieu suchte, oder den besonderen Stallgeruch einer Kneipe mag. Wer das nicht kapiert, der hat nie in der Scene gelebt. Von außen her betrachtet, alles schöne Irrationalismen. Sie zeigen erfreulicherweise, daß man sich zwar mal mit einem kleinen Pils und einem kleinen griechischen Salat ins Milieu einklinken, aber noch lange nicht Erfahrungen und Werte von 15 jahren mental schnorren kann. Nachtfalter der Neon-Fraktion bekommen hier natürlich einen Asthmaanfall! ÄTSCH!
★

SANTIAGO, CLUB LATINO, *südamerik.* Adalbertstr.29. ☎ 733145. Tgl.18-01. Apfelwein 1,70, Cola 2,50, Longdrinks 7,50. Omelett 8. Fleischspieß mit Pommes 9,50. s.S. 174

STADT ATHEN , *griech.* Ginnheimerstr. 14. ☎ 700303. Tgl. 17-24. Cola 1,50. Draußen sitzen.

Nein, weder kolporiert noch rassistisch angehaucht, dennoch wahr: Schmuddelgrieche. Sowas muß es auch gegeben. Wie sonst sollten sich die Saubermänner deutlicher unterscheiden können. Gäbe es solche Läden nicht, die 300 griechischen Wirte Frankfurts müßten sie erfinden. Schließlich kaufen sich berufliche boxende Strahlemänner auch ihre K.O.-UMFALLER. ★

TRIANGOLO, *ital.* Robert-Mayer-Str. 18. ☎ 7072674. Mo-Sa 11-24. Pizza ab 4,50.

Italienisches Fast-Food-Resto. Wahrscheinlich kann hier keiner was dafür, daß qualitativ einiges den Bach runter ging. Oder was würden Sie tun; wenn Ihnen hungrige Studenten mittags und abends die Tür einrennen? Da bleibt nur noch die Umstellung auf Schnelligkeit, wiedererkennbare Speisen und modernes Styling. Dieser Rest ist nicht besonders billig, dafür aber auch schlechter als das Mittelmaß. SCHLECHT.   ↘

UNION INTERNATIONAL CLUB, *franz.* Am Leonhardsbrunnen 12. ☎703033. Mo-Fr 12-14.30, 18.30-22, So 12-14.30, Sa 11-24, Weine 7,50-8,50. Gartenterrasse.

Wer nicht glauben will, sollte sich verkleiden und hingehen. Die Dallas-Denver-Gesellschaft tafelt regelmäßig in Frankfurt. Als mir der kultivierte, von der Geschäftsleitung hochgeschätze Kellner seine Speisekarte überreichte, überraschte ich mich dabei, wie ich beim Aufschlagen meine Krawatte zurechtzurücken begann. Besonders bemerkenswert ist das deshalb, weil ich vor diesem Testbesuch sage und schreibe 21 Jahre lang diesen modischen Galgenstrick mied wie die Pest. Ich war zutiefst unglücklich. Denn Glücklichsein heißt, sich ohne Schrecken seiner selbst gewahr werden. DA SITZT DER SPECK!   ★

*b*ornheim

BANGKOK, *thail.* Sandweg 17. ☎ 491360. Tgl. 12-14.30 u. 18-22.30, Sa 18-22.30, Di zu. 0.4l Bier 3,50, Frühlingsrolle 4.

Rätselhaft, dieses stets freundliche, immer weiche Lächeln der Bedienungspersonen im Bangkok. Dabei ist der Streß beachtlich: alle Tische voll, dazwischen lauern die Wartenden, mittendurch dann mit vollem Tablett, Gelassenheit ausstrahlend — die Bedienung. Daß

hier soviel Volk zusammenkommt, an der Grenze zwischen Bornheim und Nordend, hat schon seine Gründe. Entsprechend der Atmosphäre ist das Essen gut. Oder Umgekehrt? Auch gut. Vorbestellungen, vor allem am Wochenende sind dringend zu empfehlen. BEWÄHRT.   ±

DA FRANCO, *ital.* Saalburgstr. 41. ☎ 459567. Mo-Sa 11-24, So zu. Pizzen ab 4,50. Empfehlenswert: Italienischer Salat.

Sonst ist es in italienischen Ristorantes üblich, sich den Salat selbst anzumachen. Dementsprechend fad ist dann oft auch das Ergebnis. Hier aber nicht! Weit gefehlt. . . die Salattunke ist köstlich. Am Vorspeisenangebot bin ich auch heute wieder nicht vorbeigekommen. Diesmal war's Zucchini im Eierteig — frisch; kein Wunder bei den guten Beziehungen zu den Obst- und Gemüsehändlern des Bernemer Wochenmarktes. Die sind hier jedenfalls oft vertreten. Von der Stehpizzeria zum kleinen Ristorante hat sich der Familienbetrieb entwickelt. Ein bißchen cool die Einrichtung — modern und trendbewußt, eben italienisch — die zurückhaltende Herzlichkeit der jungen Crew hinter der Theke macht das aber wieder wett. EMPFEHLENSWERT.   ±

DALI, *span.* Baumweg 20. ☎ 444320. Tgl. 18-24, Mi zu. Fischplatte 25 pro Person, Cola 2.

Man kann vom Wirt allerhand behaupten, nur dies nicht: Seine Einstellung, sein Aussehen und seine Sicht der Dinge seien nicht mehr dieselben wie vor zehn Jahren! Der Mann imitiert sein Vorbild bis hin zur Arroganz des Spaniers. Er hat es wohl nicht mehr nötig, glaubt er wohl, jeden Gast korrekt, schnell und freundlich zu bedienen! Nun, meine Kollegin meinte, das sei sicher ungewollt, der Gute sei rentenreif, oder auf den Punkt gebracht, schlichtweg senil. Wir führen das Lokal hier nur der Vollständigkeit halber auf — und weil es außer ihm gewiß noch einen schlechteren

Spnaier in Frankfurt gibt. Gewiß. Noch einen. ABGESAGT. ★

EL PACIFICO, *mexik*. Sandweg 79. ☎ 446988. Mo-So 16-23. Bier 2,80, Kaffee 2,50, Taco Enchilada mit Avocadocreme und Bohnenmus 14,50, T-Bone Steak mit Beil 25, Tageskarte.

Eines der seltenen mexikanischen Restaurants. Geschmackvolle Einrichtung, die tatsächlich an Mexiko erinnert. Erfreulicherweise trübt kein Touri-Urlaubs-Kitsch den guten Eindruck. »Die Propeller an der Decke sind original Mexiko«. Ob das stimmt? Egal. Schön sind sie. Noch schöner, aber ganz sicher nicht aus Mexiko, ist der junge Mann, der mich bedient. Schwierig, sich da noch auf die Speisekarte zu konzentrieren. Er hat alle Hände voll zu tun, um den Gästeandrang zu bewältigen — an Flirten denkt der leider gar nicht. Bis die mit Avocadocreme gefüllten Enchiladas vor mir stehen, wundere ich mich, daß die Männer, die mir gefallen, immer jünger werden. Warum wohl? Bei diesem hervorragenden Essen, der bunten, lauten Atmosphäre stimmt mich mein neues Gedankengut heiter. Wo wird das noch enden? Zum Essen und zum Flirten EMPFEHLENSWERT. ±

FIRENZE, *ital*. Bergerstraße 30. ☎ 433956.
Wie wichtig ist doch die Einhaltung grundlegender Verkehrsregeln! Viele Lokale hängen ihre Speisekarten aus. Sofern der potentielle Gast sie liest, ist das eine hervorragende Vorsorgemaßnahme gegen Herzinfarkt. Der blüht nämlich Einkommensbeziehern unterhalb der Abteilungsleiterebene, die sich am Tisch niederlassen und sich dann mangels Zivilcourage zu einer Bestellung verpflichtet sehen. Ansonsten locker durchatmen, kräftig zahlen und die NACHWELT WARNEN. ★

GASTHOF ELSASS, *elsäss*. Waldschmidtstr.59. ☎ 443839. Mo-So 17-01. Warme Küche 18-24. 0.3l Pils 3, Kaffee 2,20, 0.2l Riesling 6. Flammen-

kuchen ·10,80, Schocroute Straßburg 22,50. Speisen von 10,80-43,50.

Eines der, im Verhältnis zur geschichtlichen Bindung an Frankreich, wenigen Lokale dieser Art in der Stadt mit Schwerpunkt nährwertreiche, also äußerst fettige, elsässische Küche, eine Mischung aus derber alemannischer und feiner französischen Kochkunst. Pampers-Pionier und Wetterfrosch Elmar, der glitschige Gunsch hüpfen selten hier rein, eher vielleicht die Volksschauspielerin Liesel Christ und auch der Mann mit den weltbewegenden »Nachtgedanken«, Hans-Joachim Kulenkampff, gönnt sich mit Hingabe einen Flammenkuchen. Und auch mehr. Das Besondere: Sommers Open-Air-Programm für Freiluftfresser und Grünfanatiker. ABWECHSLUNGSREICH. ★

GICKELSCHLAG, *deutsch/marokk*. Berger Str. 257. ☎ 459319. So-Sa 11-01, KÜche -23, Mo zu. Apfelwein 1,50, 0.2l Pils 1,50, Cous Cous ab 18,80, Schnitzel ab 11,50, Stammessen 7,50. Draußen sitzen.

Leider viel zu wenige Wirte wagen Außergewöhnliches. An dieser Stelle Bornheims, dem Zentrum der dortigen Apfelweinbewegung, eine Mischung aus interessanter marrokanischer und deutscher Küche zu präsentieren, ist allemal ein Besuch wert. Viele mögen die Idylle der oberen Bergerstraße. Einige mögen aber die, vor allem an heißen Sommerabenden, lärmenden bis krakeelenden Suffköpp in überfüllten Kneipen nicht. Im Gickelschlag findet man die nötige Distanz, ohne auf Bornemer Flair verzichten zu müssen. LOBENSWERT. ★

IMMANUEL KANT, *intern*. Kantstraße. ☎ 432500. Bretonische Fischsuppe 10, Pilzgemüse 14.

Begegnung der verlorenen Art. Ein neuer Sprößling der etablierten Szene mit revolutionärer Vergangenheit und Kapital-Anleger-Problemen in der Gegenwart. Die Speisen sind hinsichtlich Qualität und Quantität überteuert.

Die Fischsuppe für 10 Mark war äußerst schlapp (zu empfehlen für eine wirklich gute Fischsuppe, der Portugiese »Gallo Nero« in Mainz). Viel Geld, nichts auf dem Teller, das gilt für die übrigen Gerichte. Alle weiteren Kommentare sind überflüssig. UNINTERESSANT. ☆

KNOSSOS, *griech.* Luisenstraße 7. ☎ 444796. Tgl. 18-01. Bier 3, Kaffee 2, Wein ab 4.

Ist es ein Perser, ein Grieche, ein Türke oder ein Araber? Für den Neugast ist die Frage, wo bin ich gelandet, allein über den Einrichtungsstil nicht zu beantworten. Raffinierte, linksgerichtete Desorientierungs- und Vernebelungspolitik? Das auf keinen Fall. Jedenfalls sind die Preise so gehoben »sauber« wie das Styling. Dafür erfährt die Kochleistung vom angegrauten und beruflich etablierteren Scenepublikum mit der Akzeptanz des Preisniveaus die gewünschte Gratifikation. Auch wenn es sich um »neue« griechische Küche handelt, im Anlehnung an alle »neuen« Nationalitäten-Küchen, bei denen »neu« für abgespeckte bis schwindsüchtig kleinste Portionen steht. Der Service entspricht glücklicherweise nicht dem tendenziellen Phlegma eines Familienbetriebes und versöhnt auf seine nette Art das lange Schlangestehen. FÜR NIMMERMÜDE. ★

MICHELANGELO, *ital.* Berger Str. 15. ☎ 432085.

Sehr gutes Essen und den unübertroffen preisgünstigsten kleinen Salat, der in Wahrheit eine mittlere Schüssel ausfüllt für 3,50 Mark! Nettes kleines italienisches Ristorante, das keine Blasiertheit und keinen Gut-Benehm-Zwang kennt. Es darf laut gelacht werden. Körperkontakt mit dem Nachbarn läßt sich nicht vermeiden. Die Räumlichkeiten sind beengt. Schlimm für den, der überall Bazillen und Schweißgeruch vermutet, was ihn veranlaßt stündlich sein frisch gestärktes Hemd zu wechseln, wie am nächsten Tag sein Auto. Banker und Börsianer werden hier nicht gesichtet. Im Sommer draußen sitzen. MACHT FREUDE. ☆

RESTAURANT FELDSCHLÖSSCHEN BEI CEONIDAS, *griech.* Scheidswaldstraße. ☎ 433614. 18-01. Bier 3,20, Wasser 1,80, O-Saft 2,50, Kaffee 2, Ouzo 2,50, Wein 4,50. Gyros 12,50, Griech. Gulaschsuppe 4, Tzatziki 5, Lammkotelett 18,50.

Gute Griechen gibt es viele — aber Luis ist ein wahrhaft freundlicher Mann. Und ein schöner Mann — hui hui hui — ist er noch dazu! Die Fotoserie an der Theke zeigt, wozu er bei griechischen Festen fähig ist. Aber auch alltags ist Besuchern ein netter Plausch und ein »Giamos« (Auf dein Wohl) sicher. SCHÖNER BRUNNEN. ≅

KÜCHE EXOTISCH

TAVERNE SAMOS, *griech.* Sandweg 38. ☎ 439859. Mo-So 11.30-14 & 17-01, Küche -24. Bier 2,60, griechischer Kaffee 2, Lammkeule 11, Souflaki 10. Draußen sitzen.

Urige Atmosphäre ohne übertriebene Folklore. Angenehme Mischung des Publikums, fast alles vertreten außer Juppies und Anzugträger. Gutes Essen zu soliden Preisen. SPITZENKLASSE. ✔

ZUM WILDEN KEGLER, *ind.* Wiesenstr.13. ☎ 4691664. Kl. Bier 1,60, 0.4l Pils 3, Cola 1,80, Wasser 1,50, Apfelwein 1,50. Fritiertes Gemüse 4,80, kleine indische vegetarische Pastete 2,50, vegetarische Hauptgerichte ab 11.

Alle Neune abräumen, um nachher nach der netten Bedienung des »Wilden Keglers« zu klingeln, um sich von der würzig, indischen Küche verwöhnen zu lassen, ist kein Alptraum sondern süße Realität. MIR SCHMECKTS.

ZUR BURGWIESE »KOSTAS«, Wiesenstr. 52. ☎ 459636.
Bier 0.4l 2,80, Apfelwein 1,50, Bauernsalat 7, Gebackener Schafskäse 6.

Restaurant-Kneipe, in der üblichen Ausstattung der deutsch-griechischen Brauerei-Gastronomie. Essen im Angebot, wie man es von einem Griechen erwartet. Der Unterschied: Hier gibt sich niemand mehr die Mühe, die sonst übliche süßliche Tavernen-Atmosphäre zu servieren. Das hat jedoch Nachteile, denn das Essen macht zwar satt, aber für den Rest des Abends will und will der angekohlte Geschmack des Gyros mit Pommes und Zsaziki mich nicht mehr verlassen. Der Wirt, der zu anderer Gelegenheit, an eine heftig, im Suff streitende, Wohngemeinschaft schon flaschenweise Wein verschenkt haben soll («Das Leben ist viel zu kurz, um sich verrückt zu machen..«), nimmt alles etwas ruhiger. Schließlich ist er am Tresen beim Würfeln. Die Runde geht an den Verlierer. Und nun geht's. . . Die Gäste und Würfler am Tresen haben nach dem Wunschfilm im ZDF und den Lottozahlen nochmal die

Trainingshose ausgezogen, die Kartoffelchips Krümel sein lassen, um nach nebenan zu Kosta zu kommen. Die Wirtin hält den Restbetrieb am Laufen. . . Müdigkeit zieht ein und uns fragt ja niemand, ob wir würfeln wollen. Trinke mer noch en Äbbelwoi odder: Was gibts denn heut' abend in der Glotze? SYMPATHIEBONUS. ☆

*e*schersheim

DA CLAUDIO, *ital.* Zum Jungenstr. 10. ☎ 565471. Tgl. 12-15 & 18-24, Küche -22, Sa & So 18-24. Traditionelle ital. Küche. Viel Fisch u. hausgemachte Nudeln.

Für Snobs und solche, die gerne welche wären. Wer fährt schon nach Eschersheim zu einem Italiener, wer kann es sich schon leisten, auf eine Karte zu verzichten, weil die Frage nach dem Preis sowieso überflüssig ist? Der Wirt weiß seine Gäste zu nehmen, er befiehlt ihnen, direkt oder subtil, welches Gericht sie zu nehmen haben. Um Pizza geht es nie. Eher um Fisch und teure Fleischgerichte. Deftigstes rurale Heimatküche. Die Küchenchefin liebt's fettig und soßenreich. Aber guuuut. Folglich mischen sich für Freunde diverser Diäten reichlich Wermutstropfen. Nichts für Normalverdiener. Also in der Regel: Finger weg! TROTZDEM GUT. ★

DORFSCHMIEDE, *dt./griech.* Hügelstraße. ☎ 512531. 17-01, So 12-14.30, 17-01. Griech. Spezialitäten und dt. Küche, Holzofengrill, Gartenresto.

Kein Billigheimer, aber enorm günstiges Preisleistungsverhältnis. Heutzutage nicht mehr zu erwartende große Portionen und die noch mit allererstem Geschmack. Zu Beginn fällt der Genuß noch schwer, weil man sich nicht vorstellen kann, daß der Hackbraten mit Schafskäse wirklich vollständig in den Magen paßt, doch wenn man erst mal in Fahrt gekommen ist, stürzt man sich in wahre Eß-Räusche. Der Exzess liegt im Wesen der Freßorgie. Ein-

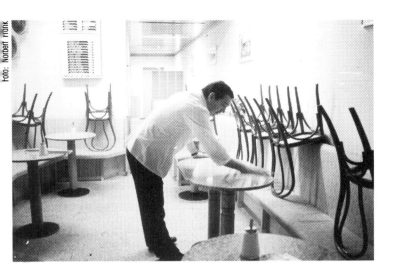

gelegter Schweinekamm vom Holzkohlengrill mit Gemüse, Kartoffeln, Salat (Südwestdeutsche sagen dazu »Schwenkbraten«) und eine Ouzo gratis — kleine 17 DM. Einziger Wehmutstropfen: Der Wirt ist zu Lederjackenträgern eher muffig. NA SOWAS! ★

RODEO, Eschersheimer Landstr.158. ☎ 554733.

Serviert der Koch des »Entrecote« im Reuterweg die besten »steaks a poivre« aus der Pfanne, so bekommt man hier ohne Lüge die besten Grillsteaks vom Schwein und vom Rind. Es gibt ja genügend Eß-Lust-Verheißungen, von denen viel zu viele in schöner Regelmäßigkeit als Trauerspiel enden. Drum tut es so gut, wirklich mal ohne zittrige Erwartung eines weiteren Horrorerlebnisses bestellen zu können. Zu den vielen spanischen Spezialitäten bietet die Karte amerikanische Küche. Wenn schon Steak, dann empfehle ich hier mal das

Geschnetzelte mit Süß-sauer-Zwiebelringen und einer Ofenkartoffel. Schweinefleisch ist out! Gewiß. Doch von heut' auf morgen ist noch niemand seine Sucht losgeworden. Wenn der Rückfall fällig ist — von diesem Schweinesteak zehren sie noch 2 Wochen. Provinz gibt's überall, auch in Frankfurt. Gut, daß es nicht nur gastronomische Provinz ist. Das Rodeo leistet hier einen wichtigen Beitrag. Menschen sind noch nie ohne Bacchanale ausgekommen. Und hier erlaubt auch der Geldbeutel des Normalverdieners die Teilnahme. NA LOS, WALTER. ★

TAVERNE SEVILLA, *span./intern.* Mainzer Landstr. 243. Tgl. 20-01. Gambas a la plata 10,50, Vorspeisenteller 12, spanische Tagessuppen, Calamares 14, Sardinen 10.80.

Spanisch bis in die Knochen. Viele Landsleute, junge Männer, kleiner Raum, in dem vier Personen an rustikalen Holztischen stehen. Die Beleuchtung kommt von Kerzen, die stilvoll in

Rioja oder Tequila Flaschen stehen. Sehr romantisch. Dienstags kommt die frische Ware, Fische, Schalentiere, Wachteln, ganz nach andalusischer Art zubereitet. Bedient wird man sofort, wenn man einen Tisch ergattert hat.

gallus

DA ANTONIO, *ital.* Mainzer Landstraße 278. ☎ 736292. Tgl. 11.30-23. Pils 2,50, O-Saft 3, Kaffee 2,50. Draußen sitzen.

Wem wird's nicht warm ums Herz, in dieser zuweilen supercoolen Stadt, wenn er italienische Familienscenen live und dazu noch ohne Aufschlag erleben kann? Ein Film mit reichlich Traumelementen, den man allerdings ernstnehmen kann: Antonio betreibt im Gallus einen herzerfrischenden, gaumenentzückenden Familienbetrieb für Leute mit kleinem und mittlerem Resto-Budget, und ein Ausflug in den westlichen Vorort lohnt sich nicht nur für Kunden des VOBIS-Computershops in der Frankenallee. DAS DARF WAHR SEIN. ★

ginnheim

ZUM ADLER, *jugosl.* Ginnheimer Hohl 2a. ☎ 52 09 81. Mo-So 11.30-01. Küche durchgehend bis 24.

Der absolut staubigste, man kann nach dem 88er Sommer sagen, dreckigste Biergarten in Frankfurt. Wenn dann noch das Essen lauwarm bis kalt serviert wird, und der Genuß des versalzenen Spießes oder der überwürzten Cevapcici den Einsatz eines Kasten Mineralwassers zur Löschung von Magenbränden erfordert, dann wird ein harmloser Resto-Besuch flugs zum Horrorerlebnis. AUSZEIT. ★

gutleutviertel

BODEGA FLAMENCA, *span.* Gutleutstr. 145. ☎ 234193

Es ist hart, sich umzusehen ohne wegzugehen. Sie hat einen Schlitz in der Zunge, ein Messer im Dekoleté. Gerade deshalb hat das Gutleutviertel seinen besonderen Reiz. Nicht nur weil die az hier »residiert«: Die anderen sind schuld, für mich ist es klar. Psychologische Stilkunde würde ins Innere dieses unverwüstlichen Schaffens führen. So weit wollen wir auf keinen Fall vordringen. Sondern nur um die Ecke bis zu den Geheimnissen des Spaniers. Kein innenarchitektonisches Glanzstück, gewiß. Allerdings: Am hinteren Tisch des langen Schlauchs läßt es sich hervorragend sündigen. Jetzt geht's los: Wir ham'noch ne Schongse! Ein Krug Sangria zu glanzvoll verträglichen Preisen läßt Leidenschaften aufkommen, an denen sich die Erinnerung so manchen Pärchens bis ins Alter nährt. Wenn man dann noch eine Portion Sardinen gegessen hat und sich über die leicht mafiosen Fellinigestalten hinter und vor der Theke und in der Küche sattgesehen hat, beginnt die Sangria zu wirken. Das, was dann zu ziemlich unvernünftigen Reaktionen treibt, ist was den Menschen in seinem Innersten peitscht, und falls er gutchristlich erzogen wurde, über den Begriff »Todsünden« verarbeitet werden muß. Tags drauf, wieder auf der Straße, wieder unterwegs, mit dickem Kopf, balgen sich die Leute mit den Folgen der Sangria und ihrem schlechten Gewissen rum. Die anerzogene Moral, die Moral! So ist es es halt im angeblich runtergekommenen Gutleutviertel. Manchmal beim Spanier. Keine Weltstadt. Keine Stars. Leben und Treiben im höllischen Sinne aller modernen Laster. DIE MISCHUNGS MACHTS. ★

DJANG-WON, *korean.* Gutleutstr. 153. Tgl. 12-15, 18-24, So zu. Cola 2, Bier 2,90. Rindfleisch am Tischgrill 17,90.

In alten Krimmis oft gelesen. Hier livehaftig: Die Belegschaft stellt sich am Eingang in Reih' und Glied auf. Legt die Hände an die Hosen- und Rocknaht. Steht stramm. Alle setzen ihr Dienstgrinsen auf. Große schwarze Limousinen fahren vor. Ein koreanischer »Pan« tritt ein. Der Chef des Restos fällt nicht unbedingt auf die Knie. Weit vom Teppich ist seine Nase bei dieser Verbeugung auch nicht mehr entfernt. Korea ist extrem patriarchalisch organisiert, denke ich mir, oder wie die Mafia. Am Essen gibt's nichts auszusetzen. Das Preis-Leistungsverhältnis ist vorzüglich. Geschmacklich hält das Lokal mit Luxusdependancen mit. Der durchschnittlich hier anzutreffende deutsche Besucher sitzt »bei nem Chinesen«. Daß ihn ein Koreaner bewirtet, ist ihm auch egal. Nun, dem Mann fehlt es nicht an Oberflächenglanz. Fundgrube für vegetarische Esser. Tofu-Gerichte und viel Fleischloses zieren die Karte! Hallo Stefan, du kannst hier im Viertel wieder Essen gehn'. Ist doch was! Die Zungenbrecher bezüglich der Namen der Gerichte möchte ich niemandem ersparen. Nix für Leute der Marke: Meine Kohle ist alle, die Kneipen sind schon dicht. Eß DICH SCHÖN. ★

ERMIS, *griech.* Gutleutstr./Schleusenstr. ☎ 251102. Mo-Fr 11-14.30 & 17.30-01, Sa, So 17-01. 0.3l Bier 2,50, Ouzo 2, Cola 2. Griech. Teller 11,50, Mousaka 12,50, Gyros mit Beil 11,50.

Der große Griechenvater des Gutleutviertels. Alle schätzen diesen gemütlichen, leicht überangesetzten Bauch, der mit viel Liebe und Herzlichkeit Gerichte als auch Getränke serviert. Einer der wenigen Wirte, die sich wirklich für das Beste ihrer Stammgäste, nicht nur

für ihr Geld interessieren. Nach einiger Zeit ist weder eine Speise- noch eine Getränkebestellung notwendig. Der »Patron« kennt längst die bevorzugten Eß- und Trinkgewohnheiten seiner Lieblinge. Und immer ist er bereit, trotz größter Hektik, für eine oder zwei Minuten zu plaudern und jedem ein paar persönliche Worte zu widmen. Seine väterliche Ader zieht auch das heftige Jungvolk des Viertels, Punks, Reserverocker, aber auch Rentner und Akademiker an. Beliebter Erholungsort für die aus dem naheliegenden Gewerkschaftshaus zuströmenden Kolleginnen und Kollegen. Wenn mal nicht soviel los ist, freut er sich regelrecht. Dann kann er mit Tochter und Frau nämlich schon um halb Zwölf die Rolläden runterlassen, anstatt sich unnütz die Beine in den Bauch zu stehen. So oft kommt das übers Jahr allerdings nicht vor. In einer sentimentalen Minute,

Casa di Cultura
trattoria italiana
tägl. außer Sa. 19:00-1:00 Uhr, T 77 51 16
Adalbertstr. 36, Hinterhaus

Große Auswahl an ital. Weinen

wenn er einen Ouzo spendiert, erfährt man auch was von seinem Streß und seinen Träumereien, was ihn der Laden und der Aufenthalt fern der Heimat an Überwindung und Selbstkontrolle kostet. Also durchaus ein Verhältnis auf Gegenseitigkeit. Natürlich wird hier vertraulich geschmust! Der Griechenvater ist so feinfühlig und taktvoll! Selbst das Abstellen großer Biere stören keine Sekunde das gegenseitige Zungenreinhängen! Einziges Lokal im Viertel wo sich alle links-alternativ-SPD-Realo-Fundi-Politkulturen begegnen, ohne sich gegenseitig anzuscheißen. Hier sitzt der Autonome neben dem Gewerkschafter und der GRÜNE neben dem DKP-Mensch. So daß sich wieder einmal zeigt, daß die Utopie herrschaftsfreier Räume durchaus eine erstrebenswerte Zielvorstellung ist. SPITZENKLASSE. ★

*h*ausen

ELLERFELDSCHÄNKE, *deutsch/intern.* Alt Hausen. ☎ 784639. Tgl. 11-14.30 & 16-01, Sa 16-01. Warme Küche -24. Ellerfeld-Schnitzel 14.

Gute Küche. Immer frisch zubereitete große Portion Calamares, ungewöhnlich voluminöser Bauernsalat. Im Sommer große Gartenwirtschaft. Der Wirt ist gewiß freundlich, aber erst nach gezielter Gesichtsgymnastik gelang ihm schließlich das schief-schüchterne Lächeln, das die Stammgäste so entzückend finden. Wortlos tut er seine Pflicht, die sich auch auf das Vermieten von Bundeskegelbahnen erstreckt. SEHR GUT. ★

MESSINA, *ital.* Ludwig-Landmann-Str.19. ☎ 766858. 12-14.30, 17.15-24. Mo zu. Messinasalat 9, Pizza, Pasta 6,50-10,50.

Eigentlich schon fast am Rande der Stadt, zu weit draußen für irgendeine »Scene« und für den echten ausgehobenen Metropolenfuzzi längst fett in der Pampa. Inmitten geschichtsträchtiger Ernst-May-Architektur, fernab von Nani Bon-Hemden, Hosen, Pullovern und Um-

berto Ginocchietti-Leinen Sacco zu 598 Mark und Hemd zu 278 Mark, trifft sich die »Siedlung«. Die Inneneinrichtung: Keine Spur von jener unsäglichen Höhlenbauweise zu vieler italienischer Gastronomen, die damit kläglich wie vergeblich »Orginalität« zelebrieren wollen. Dafür ist das Wesentliche, worum es einem Resto gehen muß, original, quasi güteversiegelt: Die Speisen! Die Familien Basile und Di Liberti aus Sizilien, Palermo, sorgen in »ihrem« Ristorante für eine eher einfache, gediegene Atmosphäre. Bewußtes Minimal-Art-Ambiente.

Auffällig unauffällig dermaßen, daß die Wertung feinsinniger Ausstattungsästheten zutrifft: In gewisser Weise schon wieder zum Erbrechen schön. Auffällig hingegen: Die ausgeprochene Feinschmecker-Küche, und es bleibt nur der Seufzer: »Ach, ist das Leben nicht herrlich?!« Gängige Pastas und Pizzas in allen Farben, die phantasievollsten Creationen, auch Besonderes wird geboten. Je nach Saison, Lust und Laune der Köchin, oder auf Wunsch des Gastes, werden Leckereien aus Schwertfisch, Gemüse oder Fleisch zubereitet. Für solch ein Gericht, bestens geeignet für Leute, die in der Umkleidekabine der Rebstock-Sauna soeben einen Geldbeutel mit 800 Mark gefunden haben, komponiert aus Schwertfisch, reichlich Knoblauch, frischem Weißbrot und einem Zucchini-Paprikagemüse in pikanter Tomatensauce, muß ein Single schon 25 Mark investieren. Für das klassische Doppel macht das schon den kleinen Fuffi! Nun gut, nicht alle Tage liegt das Geld auf der Straße, also tut's für uns kleinen Leute auch eine gigantische Schüssel »Italienischer Salat« für 9 Mark. Der heißt »Messina« und sättigt absolut. Klasse Sache, Mann! Brot, so soll ich unbedingt schreiben, gibt's natürlich auch dazu. Das teuerste Fleischgericht, ist ein Rinderfilet mit Schinken und Käse überbacken plus Beilage nach Wunsch für 20.50 Mark. Da kommen selbst dem Grillero im bischöflichen Residenzresto zu Eichstätt, Niederbayern, bei Preisen um 40

Mark für Vergleichbares, die Tränen. Vor Lachen. Und jetzt kommt's: Die Hausmacher-Sauce wird aus frischen Kräutern zubereitet, ist leicht verträglich, provoziert also keinen Dreifach-Salto des Magen-Darmtraktes. Wer mehr als Italo-Standards begehrt, mag sich von Giuseppe beraten lassen. Der macht's gerne und so fix wie der Kellner serviert. Telefonservice gefällig? Komplette Hochzeiten aber auch das private tete a tete werden speise- und getränkemäßig eingerichtet. Ob für 20 oder 70 Mark pro Person, mit oder ohne Fleisch, die Qualität — jede Braut wird übersinnlich. Hier dominiert der spartanisch, dogmatische Blick aufs gastronomische Angebot. Musik — oder ähnliche »Attraktionen« gelten nur als Ablenkung vom Wesentlichen. Mit diesem Konzept liegt der Clan der Sizilianer ganz gut. Wer solchen Firlefanz sucht, kommt von der Endstation der U6(Heerstraße) gegenüber, oder auch anders, ganz fix zurück in die innerstädtischen Amüsierzonen. Schließlich ist ein Ristorante keine Disco. Was? Nicht auf Video erhältlich! FÜR GENIEßER. ★ ☆

TRES PABLOS, *südamerik.* Bachmannstr. 2. ☎ 7891184. Di-So 18.30-1. Wein ab 4, Paella (2 Pers.) 34, Gambas 12,50.

Manche Wirte sind vollendete Regisseure ihrer Krankheiten. Das drückt sich in ihrem Hang zu gutdeutschen Rustikalbauten aus — oder rüder formuliert — zu Bretterbuden statt innenarchitektonisch gestalteten Räumen. Ach wie ist das erholsam hier! Weite Sicht über das ganze Lokal, nicht zu eng bestuhlt und die Wände weiß gestrichen. Die Atmosphäre ist entspannt bis neugierig. Das Rasseln der Bronchien vom Nebentisch ist nicht störend. Die Worte heben sich positiv ab von dem zuweilen hohlen Geseiche in so vielen Innenstadt- und Scenekneipen. Dieser Wirt scheitert nicht an der selben Unerfahrenheit, die ihn dazu verleitete, dieses Lokal zu eröffnen. Die Integration in das Gesamtensemble »Brotfabrik« tut dem Lokal nur gut. Die Küche ist so formidable, daß sich dort auch echte Spanier hintrauen. Nicht nur Urlaubs-Nostalgiker. HERZHAFT. ★

h̲eddernheim

ERZHERZOG JOHANN, *steyrisch*, Alt Heddernheim 41. ☎ 573800. Mo-Sa 19-23, So zu. Cola 2,60, Kaffee 2,60, Heuriger 0.2l 4,90. Geselchtes mit Servietten Knödeln auf Weinsauerkraut mit Meerrettich 17,90. Spezialität: Geräuchertes aus der Steiermark. Draußen sitzen.

Eine Gaststube, wie es nur noch wenige in Österreich gibt: Ohne Resopal! Stammgäste sagen, hier gäbe es die besten Wiener Schnitzel und den schönsten Garten Frankfurts. Kaltes aus der Räucherkammer kommt direkt aus der Steiermark. Empfehlung: trockene österreichische Weine. HERVORRAGEND. ★

i̲nnenstadt

AL GAMBERO, *ital.* Echersheimer Landstraße 38. ☎ 553455. Tgl. 12-14.30, 18-23, So zu. Pils 3, O-Saft 3. Hausgemachte Nudeln. Draußen sitzen.

So ist das, wenn Wirte zu florentinischen Rustikalfanatikern werden. Die Einrichtung: Ein einziger Bauern-äh-Augenschmaus mit höchstem Erlebniswert für LiebhaberInnen kitschiger Öl-Schinken. Nicht nur an der Decke. Das war auch schon das Bemerkenswerte, nun geben wir als Trostpreis DEM SERVICE EIN SYMPATHIE-PLUS. ★

AUBERGINE, *franz.* Alte Gasse 14. ☎ 287843. Tgl. 12-15, 18-23, Sa So ab 18. Warsteiner 4. Zwei kleine Tische.

Die Einrichtung vermittelt sofort das Gefühl: »In Frankreich zu Gast«. Und zwar in jenen kleinen Restaurants, wo der »Patron« auf jedes Stück Möbel achtet wie auf jede Prise

Charlot

Gewürze. Die Gerichte sind keine Erzeugnisse prahlerischer Kraftmeierei, hier entfaltet jemand kochkünstlerisches Format. Im Vergleich zu den eh überteuerten Fast-Food-Erzeugnissen, z.B. ein Scheibletten-Schwabbelburger mit Fritten und ner Cola, muß man absolut sehr viel mehr hinblättern. Relativ. Qualität, Quantität und Service vergleichend bekommt man ein Menue für 28 Mark förmlich nachgeschmissen. Bei der Würdigung der Preise also darauf achten, daß man nicht Ananas mit Metallspänen vergleicht. ÄUßERST ANGENEHM. ★

BYBLOS, *liban*. Vilbelerstr. 32. ☎ 294959. Tgl. 12-15 u. 18.30-24. Mo zu. Petersiliensalat 8, versch. Grillfleisch.

Sei hier mehr der Vollständigkeit halber erwähnt. Wer die Reize des Levantinischen Lebens und Genießens erproben möchte, ist direkt fehl am Platz. Nicht jeder Wirt betreibt

sein Geschäft als öffentliches Lokal aller möglichen Gäste wegen. Hier wird selektiert, die Frage ist unklar nach welchen Kriterien. Eine weitere Möglichkeit, Gäste zu defintiven Einmal-Besuchern zu machen: Das abgestandenste Bier, der ungenießbarste Wein und die heruntergekommensten Speisen sind für solche Störenfriede das Beste. Alle Nationalitäten haben in Frankfurt ihre Treffpunkte. Wollen hier unter sich sein. Warum nicht. Vielleicht kann man es uns das nächste Mal etwas netter sagen. Diesmal dachten sie sich aber auch rein gar nichts aus. Trostlosigkeit ist die Trostlosigkeit in Vollkommenheit. ROTE KARTE. ★

CHARLOT, *intern*. Opernplatz 10. ☎ 287007. Mo-So 11-15 & 18-24, So 18-24.

Es wird behauptet, daß das Operncafé zumindest für Nachtschwärmer schon immer der Mittelpunkt der Mainmetropole gewesen sei. Offensichtlich fehlt solchen »Kennern« die tatsächliche »Kenntnis« über das Nachtleben. Berühmt und berüchtigt für seine Ausländerfeindlichkeit, mit Beinahe-Konzessionsentzug. Ein Ort, der sich recht offen als »Kanakenfreie Zone« definiert. Betreiber des Operncafés wollten mehr als ihr Leben lang nur Snacks servieren. Sie reizte die wöchentlich dreimalige Frischfischlieferung aus La Rochelle und Rungis. Kleine Tische, französischer Bistrostil, so manchem Gast verschlägt es bei solcher Art Gediegenheit glatt die Sprache. Da bleibt als Ersatz immer noch die einsame Reflexion über das große Wandgemälde. Ein mitunter arg dialogarmes und von daher lähmend langweiliges, aber teures Forum für den Austausch von Bargeld und Lebensmittel der luxuriösen Sorte. Zumeist ist die brillant ersonnene, inszenierte tragikomische Jet-Setterei mit hier und da spektakulären Slapsticks aus der Küche dann doch recht eintönig und ermüdend. Solche Anliegen, wie dieses Lokal, gehen auf Kosten des gesunden Humors. MITTELMASS. ★

CIAO ITALY, *ital.* Stiftstraße, gegenüber dem Rundschauhaus.

Noch ein Koch aus dem Süden, der seinem Heimatland wehmütig mit dem Namen seiner Kneipe (mindestens) eine Träne nachweint. Das Frankfurter »Ciao Italy« ist ein Ableger des Vorläufer-Restaurants im Taunusort Königstein. Aufmachung, Speisekarte, Angebot und Preisgestaltung sind fast identisch, Frankfurt ist allerdings etwas preiswerter. Da der Tester dieser Gaststätte in diesem Restaurant zwei ziemlich wichtige Gespräche mit einem sehr wichtigen Menschen geführt hat, kann dieses Restaurant und sein Essen in diesem dadurch gefärbten Testbericht natürlich gut wegkommen, auch wenn wir einmal von Düften gepeinigt wurden, die in der Kneipe nichts zu suchen haben. BEFANGEN. 〰

DA ANGELO, *ital.* Reuterweg/Ecke Elsheimerstr. 12. ☎ 728316. So-Fr 12-14 & 18-24, Sa zu (außer bei intern. Messen).

Die orginelle Einrichtung erinnert an das Inventar einer italienischen Bauernkate. Alte Gerätschaften und Werkzeuge dekorieren Decke und Wände und signalisieren die Vorliebe des Wirtes für klassische italienische Küche. Wer sich kalorienmäßig was antun möchte, ist hier mit einer gewiß nicht fettsparenden Küche und zahllosen Fleischgerichten bestens bedient. SÄTTIGEND. ★

DA TONINO, *ital.* Bleichstr. 46, ☎ 284411. Ö-Zeiten: ja auch. Pizza 5-9,50, anderes ist teurer. Live-Musik im Piano-Keller (Balkan-Folklore oder so, schauderschauder). Ab 40 Lieferung des Essens frei Haus.

Und dann ist folgendes passiert. Kaum bin ich am Restaurant-Teil vorbei die Treppe runter in die rustikal gestylte Kneipe gestiefelt, baut sich doch ein Rausschmeißer der Sorte »Lino Venturas größerer Bruder« vor mir auf, sagt kein Wort, zieht die Mundwinkel in Richtung Knie und läßt seinen Blick entlang meiner vertikalen Körperlinie gleiten. Nie werde ich es erfahren, welch Begehr sein Herz erfüllte, denn als er zum ersten Schritt in meine Richtung anhub, zischte ich weg wie ein Flitzebogen, weil die Krankenkasse ja auch nicht mehr jeden neuen Zahn zahlt. In welches Milieu hat sich unser langjähriger OB Brück da begeben? Denn daß er da war, dafür hängen Beweise an der Wand, farbig, neunmal dreizehn. Inhaber Vincenzo Nacci — ein Fall für Interpol? MAFIASPELUNKE. ∞

ENTRECOTE, *franz.* Reuterweg 61. ☎ 724598. Tgl. 11.30-15, 18-01, Küche: 11.30-15, 18-23. Bier 0.31 3, Cola 2,50, Kaffee, Tomatensaft 3, Heilbutt vom Grill, Dillkartoffeln, Salatteller 18,50, Entrecote, Gemüse, Rösties 19,50, Schweinerückensteak, Calvadossauce, Ratatouille-Natur, gedünsteter Apfel mit Käse überbacken, Gigantes-Rösties 16,80.

Bester Franzose Frankfurts. Total unterbe-

wertet. Vorweg, ob man ein komplettes Menü nimmt oder nur eine Suppe, echtes französisches Weißbrot mit gesalzener Butter. Apropos Suppe, an der Suppe erkennst Du die Qualität des Koches, besonders bei Zwiebeln, Gulasch und Rahmsuppen. Meistens ist es Pamp oder Fettauflauf. Hier ein Genuß, die Tomatencreme(rahm)suppe!!!! Publikum: Franzosen, vereinzelt Gourmets, nix Überkanditeltes. Leute, die gerne mal gut und preiswert ausländische Küche genießen. Leider viel zu wenig Publikum! Die Wirtsleute: Er, Franzose aus dem Süden, sie, Elsässerin. Von daher wohl auch der Versuch, französische Küche und allemanisch-elsässisch-derbes auf der Karte zu kombinieren. EXTRAKLASSE.   ★

GILDESTUBEN, *böhmisch*. Bleichstr. 38a. ☎ 283228. Mo-So 10-01. Cola 1,60, Budweiser/Pilsner Urquell 3,50. Böhmischer Schweinebraten

mit Knödel und Kraut für 11,90

Kaum Größeres bietet diese Stadt, als in warmen Monaten im Garten der Gildestuben den böhmischen Schweinebraten mit Knödel zu genießen, passendes Bier vom Faß dazu, serviert von echten Böhmen und Tschechen. Der Mittagstisch, ähnlich attraktiv, lockt stets die halbe »Rundschau«-Redaktion, und das will hier mal was heißen. Die Hände tief in den Hosentaschen vergraben, fragen immer wieder progressive Menschen nach, ob das Lokal ein Nazitreff sei. Ist es definitiv nicht! Als es vor bald 18 Jahren in Frankfurt noch wenige Räume für politische Gruppen gab, war das Nebenzimmer immer ausgebucht. Bei der Flut von Reservierungen rutschte auch mal ein falscher Verein drunter. Schon wars' um den guten Ruf geschehen. Da nutzte die etwas später vorgenommene Ernennung zum Stammtischtreff der Deutschen Journalisten Union in

der IG-Druck und Papier zur Imagekorrektur auch nichts mehr. Jenseits all dieser Überlegungen präsentiert sich für Liebhaber osteuropäischer Küche alles herzhafte jenseits zuviel gekauter roher Spaghetti. Dicke Rahmsaucen, Knödel jeder Variation, Preiselbeeren, Sahne, Palatschinken, Schweinisches! Gift für jeden Diätmagen. Wirklich. Wenn ich nur an die »Gulaschsuppe« denke. Welch' ein Nährwert. Ich hatte eine Woche lang daran zu schlucken. (Was will uns der Autor damit sagen? d.S.) Nicht nur den schönen Garten können sich Normalverdiener leisten. Eine Oase im innerstädtischen Straßenlärm. Sowas läßt sich nicht ausdenken. HERVORRAGEND. ★

KORYO, *japan/korean/chin.* Hasengasse 10. ☎ 281603. Chop Suey ca 15, Cola 2,50, 0,3 Bier 3,50.

Kein eindimensionaler Koreaner. Fällt auch

schwer, ihn von der japanischen, chinesischen, thailändischen Küche fundamental zu unterscheiden. Aus der Not einer wenig differenziert empfindenden deutschen Zunge wurde eine Tugend gemacht. Allerlei Nationalgerichte aus den Regionen um das chinesische Meer sind vertreten. Das Lokal: KLEIN, FEIN, NICHT ZU TEUER.
★

La GALLERIA, *ital.* Theaterplatz 2/BFG-Haus.
Mit der am meisten überbewertete Edel-Italiener der Stadt. Weder provokant noch provokativ. Der Besitzer wäre besser Schauspieler geworden statt Italo-Wirt. Die Küche — ein bißchen italienisch und ein bißchen französisch. Sozusagen ein kulinarischer Transvestit. Wenn in der Mittagspause die Wartezeiten recht lang werden, liegt das nicht an der Exclusivität der Gerichte, eher an der Minderqualität der übrigen Futterkrippen im

BFG-Hochhaus. Rufe der Empörung wären angebracht, doch der Pseudo-qualitative Ruf verhinderte bisher die Erkenntnis bitterster Wahrheit. Für Hungerkünstler oder für Freundinnen begüterter Gönner, die ihr ganzes achtzehnjähriges Leben von einem beeindruckenden Kerl geträumt haben, der ihnen mehr Glanz des Augenblicks als Gloria auf dem Teller serviert. ABSTRUS. ★

MAREDO, *intern*. Freßgasse 24. ☎ 288054. Tgl. 11.30-24.30. Draußen sitzen.

Von vielen beschimpft als Mac-Donalds für höhere Angestellte. Andersrum: Das Salatbuffet wird im Preis-Leistungsverhältnis nur noch vom Mövenpick übertroffen. Rummelplatz für Sekretärinnen und Sekretäre, Diener und Dienerinnen, die Pseudoatmosphäre zu schätzen wissen, den Hauch von St. Tropez und Copacabana gern im Nacken spüren würden, mit der Zugluft der Klimaanlage letztlich doch sehr zufrieden sind, aber natürlich nix dafür zahlen wollen. Life-Style Schnorrer machen sich im wahrsten Sinne des Wortes »breit«. Die Portionen sind wohl bemessen und nicht wie Alfred Edel rundum, so groß wie im Bayrischen Wald. Abgesehen von Edels Leibesfülle sind Quantitätsangaben nicht so seine Stärken. Wenn es nicht immer Tote-Tiere-Essen mit Rinderfleisch sein muß, kann man diesen Edelersatz meiden. Wenn schon denn schon: Wen es nicht in den naheliegenden Club-Voltaire treibt, bis zum Mövenpick sind es nur ein paar Meter. Dort wird zum gleichen Preis mehr als nur ein verkrüppeltes Speiseprogramm geboten. DIE SEHNSUCHT NACH MAXIMS'. ★

MIKUMI, *japan*. Fahrgasse 91-95. ☎ 283627. Tgl. 12-14 & 18.30-22, Mo zu. Tempura (versch. Fische in Öl gebacken) 25, Vorspeisen ab 5.

Wir beben vor Stolz als wir zum Abschied zur Tür hinaus begleitet werden. Mit das beste und günstigste japanische Restaurant in Frankfurt. Nach dem Umbau wirkt es noch originärer japanisch als vorher, was die Atmosphäre erheblich verbessert. Wer möchte, kann den Köchen bei ihrer Tätigkeit zusehen, die Entstehung des Sushi bis zum Arrangement auf dem Eßbrettchen. Die Ein-weg-Eßstäbchen (aus Holz) sorgen dafür, daß die Hygiene in diesem Lokal auch beim Eßbesteck nicht zu kurz kommt. Die in japanischer Tradition servierende Bedienung sorgt dafür, daß dem Gast zum rundum gelungenen Essen nichts fehlt. Wer allerdings heimlich auf den typisch japanischen Geisha-Service spekuliert, wird frustriert von dannen ziehen. Es geht wirklich ums Essen, nicht um eine Dame, die meine Augen kaum widerstehlich findet, stundenlang an meinen Körper denken muß, und die Shamisen (Klangkörper mit Saiten) spielen muß. Der Gast ist für das Personal kein Naturereignis, sondern ein Verpflegungsobjekt. Dennoch geht es hier einmalig zuvorkommend zu, und im Verlauf der Zeremonie wird man zu Wachs in den Händen der Kellnerinnen. MÄRCHEN-HAFT. /// ★

TAJ-INDIEN-RESTAURANT, *ind*. Liebfrauenberg 37. ☎ 288061. Tgl. 12-23.30.

Der einzige Inder der Innenstadt. Nicht nur für Exclusiv-Gäste, obwohl der durchschnittliche, »gutbürgerliche« Rouladenesser immer noch Schwellen- und Gaumenberührungsängste hat. Dabei ist Gefahr nicht im Verzug. Frau Mueller wälzte jedes Hühnchen- und Gemüseteilchen viermal von einem Mundwinkel in den anderen. Die Pein aus plötzlicher Schärfe mit drauffolgender Atemlosigkeit wollte sich einfach nicht einstellen. Little Miß Wunderbar: Allein die Vorstellung dieses Martyriums ließ sie unendlich leiden. Etwas was den eigenen Körper zum Kultgegenstand macht. Sinnesverwirrung. Frau Mueller verdiente einen Oscar als die beste Nebendarstellerin dieses Tages. Wer's noch exotischer wie indisch mag, dem sei persische und afghanische Küche empfohlen, wobei es unbedingt notwendig ist, die Erklärungen zu lesen!!! AUFREGEND. ★

KÜCHE EXOTISCH

höchst

IL VECCHIO MURO, *ital.* Schleifergasse 3. ☎ 319559. Mo-Fr 11.30-15, 18-24, Sa ab 18, So zu. Flaschenbier 4, O-Saft 3,50, Kaffee 2,50.

Das kann in Höchst schon mal passieren. Daß da was danebengeht. In jeder Beziehung aufgetakelt und überzogen. Wirkt wie ein Fremdkörper in der Beschaulichkeit der wunderschön restaurierten Höchster Altstadt. Die Preise sind gesalzen, der Service nicht überprüfbar. Bei dieser geringen Gästefrequenz ist jeder Kellner unterfordert. Aus dem Brett vorm' Kopp eine Waffe machen. EKLIG. ★

nordend

AL TERRAZZINO, Rothschildallee 52. ☎ 465075.

Wenn Frankfurter Sprücheverleger mit kleinem belletristischen Beiprogramm vom lungenschonenden Frankfurter »Dichterviertel« ins abgasverseuchte Nordend zum Speisen einfallen und dieses Lokal gar öffentlich empfehlen, dann meint alle Welt, es müßte etwas Besonderes sein. Es ist was! Nein, keine billiger, schnöder PR-Gag, hier kommmt's nicht nur deftig, hier schmeckt's auch gut. Publikum: eine schöne Mischung aus Szenespätlese und gut abgehangenen Durchblickbürgers. Welch schöne LEBENSSTIL RARITÄT. ★

DA ALBERTO, *ital.* Spohrstr. 1. ☎ 5961826. Tgl. 12-15, 17.30-24, Sa zu. Bier 2,50, O-Saft 3.

Fluchtpunkt frustrierter Tofu-Panscher und chronischer Beilagenfresser, die mal wieder preisgünstig italienisch sündigen wollen. Der Punk muß vor dem Zahlen nicht erst auf die Bank. Eine oft zutreffende Unsitte, wie sie auch in der Casa del Pitorre, in der Zeiselstraße stilecht gepflegt wird. Den Gerichten fehlt glücklicherweise jedwede Art-Deco-Gar-

nierung. Man kann sich mit den Hackerchen viel unverkrampfter, wenig vornehm zurückhaltend, eben hemmungslos, der Schlemmerei hingeben. UND IMMER WIEDER GEHT DIE SONNE AUF. ★

DELPHI, *griech.* Weberstr. 84 (Ecke Schwarzburgstr.). ☎ 598707. Im Sommer: 11.30-14.30 u. 17-01. Im Winter: 17-01. Draußen sitzen.

Nordend-Wohngemeinschaften und ihre externen Sympathisanten verlegen den Küchentisch schon seit Jahren hier her. Diese Wohnform ist alterstypisch. Von daher wird das Delphi-Publikum auch nicht jünger. Wirklich ein liebenswerter Platz, zumal der Wirt mit seiner Niedrigpreis-Politik liebenswürdigerweise die WG-Haushaltskasse entspannen hilft. Hier ißt man nicht aus Solidarität mit dem rotierenden Koch mit, hier ißt man freiwillig. Weil's schmeckt. Für »Styling«, teure Inneneinrichtungen, bleibt was übrig — aber welcher Grieche will es anders? Welcher Gast erwartet anderes? Beide Gruppen befinden sich unausgesprochen im Einklang. Niemand hat hier Sinn für die Ästhetik des Zeitgeistes. Kein »Grieche«, wie viele andere, von denen es gerade in dieser Ecke des Nordends einige gibt. Kollektivunternehmen von ehemaligen Studenten, die es »anders« machen wollen. Essen gut, Preise ein wenig höher als bei anderen. REIF FÜR DIE NEUNZIGER. ★ ❦

ESTRAGON, *franz.* Jahnstr. 49. ☎ 5978038. Mo-Fr 17-01, So 19-01. Wein ab 4,50, Poulet à l'Estragon 16,50.

Kleines französisches Restaurant mit einer ihm eigenen Gemütlichkeit. Trotz gehobener (Speise-)Preise findet sich immer ein mundendes Gericht für den Geldbeutel des Durchschnittsbürgers. Die Atmosphäre? Intim und offenherzig — je nach Bedarf. (Da verzeiht man sogar dem Wirt, daß er manchmal ein Stoffel ist).

HERVORRAGEND.

///

GRÖßENWAHN, Lenaustr. 97/Nordendstraße. ☎ 599356. Tgl.16-01, So ab 10. s.S. 192

GRÜNER PANTHER, *intern.* Eckenheimer Landstr. 20. ☎ 553030. Tgl. 18-24, So zu. Toskanische Küche. Tortellini in Salbeicreme 16,50. Spezialität: Franz. Flugente.

Wechselnde Ausstellungen deutscher und internationaler Bildhauer und Maler, exquisite Gerichte nach dem Motto: Essen mit Kunst. Spezialität: Französische Flugente mit Apfel gefüllt, Shrimpsgerichte. Normalverdiener können nur rote Augen kriegen. Es sei denn, man nimmt es mit einem kleinen Sehfehler nicht so genau. Diese Handhabung spricht für Genießer. Könner·und Kenner ziehen beim Anblick der Karte nur mal kurz das Lid hoch, und schwupp, wissen sie, wo sie küchenmäßig zu Hause sind. Bleiben wir positiv. Jede Geschichte hat ein Happy-End. Lassen wir Karin Gilliam, die Wirtin, zu Wort kommen: »Ich bin immer enttäuscht, wenn ich woanders esse, weil meist die Zutaten nicht frisch genug sind, oder wenn — Humperndinck, Arnos' Bistro — die Preise astronomisch ausfallen.« AUFFALLEND. ★

HORIZONT, *intern.* Egenolffstr. 39. ☎ 432523. Mo-Do 18-01, Fr Sa 18-02, So 18-01. 0.4l Pils 3,30, Cous Cous 15,50. s.S. 193

JADE, *asiat.* Oederweg 151. ☎ 593333. Täglich von 11.30-23.30, warmes Essen bis 23. Cola 2, Tasse Kaffee 2,20.

Sehr gutes Essen und dazu relativ preiswert, große Vorspeisen-Auswahl. Terrasse mit schattenspendenden Bäumen. RICHTUNGSWEISEND. ✍

KORFU, *griech.* Weberstraße 90. ☎ 5961966.

Einer der beliebtesten Szenegriechen im Viertel. Nach 20 Uhr ständig überfüllt. Vorsicht ist geboten. Für das Nachsitzen der Gruppe und Aussitzen bzw. Ausdiskutieren definitiv unklär-

barer Tagesordnungspunkte, sollten BI's und Politics vor dem Abmarsch ins Lokal Späher aussenden. Manchmal ist das Essen spitze, doch wer hat bei einem Griechen noch keine Einbrüche erlebt. ALT-BEWÄHRT. ★

LAS TAPAS, *span.* Friedberger Landstr. 62. ☎ 438305. Mo-Sa 19-01.

Ultimatives Sympathico! Besucher kommen von weit weit her, um Freunden und Bekannten dieses einmalige Einrichtungsfossil vorzuführen. Ätsch, seit Anfang November 88 ist einiges anders! Erstmals seit zig Jahren wurde renoviert. Keine Angst! Der Stil jenseits jedweder Stylingkategorie blieb erhalten und setzt damit weiterhin einen Einrichtungsstandard ganz besonderer Qualität. Die Wirtsleute sind dermaßen nett und persönlich, daß ich das gesamte Ensemble einfach zum Dorfwirt der Scene erkläre. Was ein Lob ist, das in diesem Buch kein zweites Mal vorliegen wird! Über die Qualität der Küche braucht man keine weiteren Worte zu verlieren. Über Selbstverständlichkeiten rede ich nicht gerne. WE LOVE YOU. ★

MUSTERKLAUSE, *marokk.* Eckenheimer Landstr. 43. ☎ 5961173. Tgl. 17.30-01. Warme Küche bis 24 Uhr. 0.4l Bier¨3,10, Cola 1,80. Spezialität: marokkanische Gerichte, Cous Cous auf Bestellung.

Nicht nur der Erfolg über Jahre gibt die-

Restaurant Nabuco

sem universal-genialen Einfachst-Ort Recht. Wer an arabische Küche denkt, dem fallen märchenhafte Namen aus Tausend und einer Nacht ein. So märchenhaft klingen die Gerichte. So traumhaft schmeckt es hier. Hier wird sie serviert, die ultimative Aubergine, mit Hackfleisch gefüllt, überbacken und Tomatensoße. Die marrokanische Küche, ergänzt durch einen kleinen italienischen und deutschen Anklang hat sich gewaschen. Zu jedem Hauptgericht reicht die Wirtschaft einen kleinen Slatteller mit einmalig würziger Joghurt-Soße und ein Körbchen heißes Fladenbrot. Was soll man über den besonderen Geschmack, die aromatischen Hochgenüsse der frischen Gemüse, der Grillspieße der Lammgerichte, über die Curry-Gerichte noch weiteres sagen? Man merkt doch, daß der Schreiber völlig eingenommen und vor Ehrfurcht förmlich vergeht! »Womit soll man jemandem eine Freude machen, der schon alles hat?«. Dieser Satz stimmt traurig, denn offensichtlich ist das Frankfurter Kneipenpublikum schon dermaßen abgestumpft, daß man die feinen und wichtigen Innovationen, das Besondere, gar nicht mehr sehen und spüren will. Und schon gar nicht hier erwartet. Viele Kneipen ringen um einen persönlichen, nicht ersetzbaren Charakter. Diese hier hat ihn und damit etwas Kostbares, was der zeitgeistige Westentaschen-Nachtfalter neidet. Durch den schmalen, langgezogenen Gastraum mit Nebenzimmer schwebt ein Hauch von Links-Romantik. Hier sieht man die Leute wieder, deren Kultur in den letzten Jahren aus dem Stadtbild verdrängt wurde. Parka, lange Haare, abgewetzte Jeans, Charly Marxs-Bart dominieren weiterhin. Aber nicht nur. Über Stadtteil-'' u Schulpolitik und berufliche Benachteiligung von Mädchen unterhält sich auch die schicke Feministin in Stöckelschuhen im »kleinen Schwarzen«, mit der Sozialarbeiterin aus der Evangelischen Gemeinde, Kennzeichen lila Seidenschaal und Wollhemd. Unbeeindruckt raucht der Gewerkschafter seine Pfeife. Es gibt also nicht nur knuspriges auf dem Teller, sondern quasi noch handgemachte Kommunikation. In gewisser Weise eine angenehme Art von Exklusivität und heutzutage ungewöhnlicher politischer Kreativität. LANG ANHALTENDER BEIFALL. ★

NAXOS, *griech.* Glauburgstr. 29. ☎ 554321. Mo-Sa 17.30-01, So 12-15 & 17.30-01.

Griechischer Standard. Jeder Gast wird von dem angenehmen Preis-Leistungsverhältnis überrascht sein. Bei der täglich zu erlebenden Beutelschneiderei im Gastgewerbe schon ein dickes Lob. LOB. ★

NIBELUNGENSCHÄNKE, *griech.* Nibelungenallee 55. ☎ 554244. So-Fr 17-01, Sa 18-02. Küche -24. Bier 2,80, Kaffee 2,30. Gyros mit Beil 13,50, Mousaka mit Beil 14. Tageskarte je nach saisonalem Marktangebot.

Einer der schönen, großen Gärten im Nordend. Aber auch winters büßt dieser Grieche nichts von seiner Beliebtheit ein. Zugegeben: Andere Griechen schreiben mehr auf die Speisekarte. Die Bestellroutine des Durchschnittsgastes wird dadurch nicht verändert. Mehr als knapp acht Hauptgericht-Variationen kommen ihm nicht über den Gaumen. Das Wesentliche wird hier reichhaltig, geschmacklich bis pikant und säurefrei geboten. Der Service sieht sich glücklicherweise nicht gezwungen, nach dem Abkassieren der wirklich kleinen Preise Souvenirs zu verteilen: Verdauungspillen ist Sache anderer Geschmacks- und Bauchgewebe-Routiniers. Ein Lob der Schlichtheit! Besonders beliebt bei jungen Berufstätigen und älteren Studentensemestern. Diese gesunde, anregende Mischung lockt schon mal einen sitzgeschädigten HR-Redakteur ins kalkulierte Abenteuer. Getreu dem Motto: Wer sich in Ansteckungsgefahr begibt, kommt darin nicht um. GAUMENKITZEL. ★

NR. 16, *ital.* Rohrbachstr. 16. ☎ 464591. Mo-So

18-01. Sardisches Restaurant, sauteuer, saugut.

Hier päppelt ein kugelrundes Sizilianerpaar die Gäste schüsselweise hoch. Und dazu gratis: Allabendlich echt sardisches Familienprogramm. Der legendäre Salat- und Vitaminstoß ist unbedingt in den Bereich des Möglichsten zu ziehen. Der Laden ist voll von Gemütlichkeit, Kitsch, Sonne, Meer — an den Wänden. Dieses Lokal ist etwas für spezielle Abende. Essen ist teuer, Wein preislich eher unverschämt, noch leicht unter dem Niveau, das man sich auf dem Nobeltrip antun könnte. Der Salat reicht dafür für zwei, inclusive Fenchel und sardischem Käse. Fleisch- und Nudelgerichte sind schlichtweg Spitzenklasse. Die Gäste kennen sich inzwischen. Spätestens dann, wenn Luigi für Frau und Kinder nach dem Taxi ruft, sollte man nach dem Portemonnaie suchen. Der Wirt ist so sympathisch, daß es die Mark Trinkgeld dann auch nicht mehr macht. SPITZE. 〰 ★

OMONIA, *griech.* Vogtstr. 43. ☎ 593314. Tgl. 18-01, Mo-Fr 12-14.30. Riganato 12.

Kleine und gemütliche griechische Kneipe mit netten Wirtsleuten, gutem Essen und Atmosphäre. Sogar an Kinder ist gedacht, denen auf der Karte drei extra Kindergerichte angeboten werden. Vorsicht: da das Essen gut ist und nur knapp 40 Plätze vorhanden sind, empfiehlt sich eine vorherige Tischreservierung. RICHTUNGSWEISEND. 〰

OUZERIE ATMO, *griech.* Gaußstr. 39HH. ☎ 431590. Tgl. 18-01, Fr, Sa -02. Gr. Gemüseteller mit Knobisoße 11. Cola 2,20, Bier 3,20.

Eines der seltenen wirklich Originale der Kneipenszene. Die »Ouzerie« verbindet auf unnachahmliche Weise traditionell Griechisches mit »neon-deutscher Kneipenkultur«, ohne jeglichem Urlaubskitsch zu verfallen. Gezielt plazierter Tand — etwa die Serviettenhalter aus Plastik oder die offenbar original-importierten Aluminiummaschenbecher — ist in diesem Sinne nicht Geschmacksverirrung, sondern gezielter, wirkungsvoller Rückgriff auf

tradiert Originäres. Ein wirklich gewagtes Unternehmen mit dem gebührenden Erfolg. Hierher kommt man weniger, um sich die Wampe möglichst billig vollzuknallen. Natürlich gibt's eine kleine Karte, wer braucht beim Saufen überhaupt keine »Grundlage«? Folglich fehlen hier die zuweilen nervenden Pfennigfuchser aus der Rucksackreisen-Abteilung, die für den Preis eines Ouzos am liebsten noch ein Gericht Lammrücken mit Bohnen gratis bekämen. Alexis Sorbas fühlte sich hier sauwohl. SPITZENKLASSE. ★

PICCOLO GIARDINO/KLEINER GARTEN, *ital. Oederweg 94 (Adlerflychtplatz).* ☎ 595900. Tgl. 12-14.30 u. 18-24, So zu. Bier 0.41 3,50, Wasser 2, O-Saft 2, Kaffee 2,50, Pizzen 7-10.

Der Kleine Garten hat auch wirklich einen, in dem es sich an lauen Sommerabenden schön sitzen läßt, sofern man dran gedacht hat, seinen Tisch vorher zu reservieren. Das Essen ist auch zu den übrigen Jahreszeiten sehr gut, Pizza von 7 bis 10 Mark, Fleischgerichte ab 20 Mark. Auf Wunsch stellt der Wirt ein Spezial-Menü außerhalb er Speisekarte zusammen, das aber sein Geld kostet (und es auch wert ist). HANDVERLESEN. 〰

ROMANELLA, *ital.* Wolfsgangstr. 84. ☎ 5961117. Tgl. 11.30-15, So-Fr 17.30-23.30. Wein ab 4, Pizza ab 5,50, mit allem 9.

In der Romanella habe ich vor Jahren meine Gastronomie-Kenntnisse gewinnbringend um den »Vorspeisenteller« erweitert, der seither zu meinen Lieblingsessen in italienischen Restaurants gehört: Also hier immer an der Theke vorbeigehen und sich von den dort aufgestellten Tabletts mit überbackenen Auberginen, Zucchinis, Champignons, Broccoli, Spinat, und Fisch in diversen Variationen verführen lassen. Wenn man nicht frühzeitig kommt, ist es ratsam einen Tisch vorzubestellen. Dies gilt besonders für den Sommer, wenn man draußen im kleinen Garten sitzen kann, der meistens voll ist. Die italienischen Kellner zeichnen sich durch ihre Ruppigkeit aus. Also beim ersten Mal nicht gleich abschrecken lassen, sondern etwas Geduld haben. Dann erschließt sich dem Gast der italien. Charme — und ich finde es sehr sympathisch, nicht überall auf die gleiche dienstbeflissene Freundlichkeit zu treffen. Meine Freundin Elke ist Stammgast in der Romanella. Sie wohnt nur ein paar Häuser weiter um die Ecke. Sie holt sich ab und an eine Pizza aber am liebsten mag sie Tortellini in Sahnesoße. Und wenn ich um die Ecke wohnen würde. . . .(siehe Anfang). . . AUSGEZEICHNET. □

TAVERNE PLATON, *griech.* Glauburgstr. 1. ☎ 559966. Mo-So 10-01.

Griechisches Restaurant mit riesigem Vorspeiseteller zu 7,-. Ein Begrüßungssouzo ist selbstverständlich. Besonders zu empfehlen Lammkotelett. Kleines gemütliches Lokal, vorwiegend Gäste aus fortschrittlichen gewerkschaftlichen Kreisen, die mit dem äußerst sympathischen Wirt ihre politischen Ansichten teilen. Die Riesenportionen sind preiswert und gut. HERVORRAGEND. □

TAVERNA SPARTA, *griech.* Friedberger Landstr. 140. ☎ 498704. Mo-So 17-01. 0.4l Bier 3, 0.4l Cola 3,70, Hacksteak 9,50, Gyros 11.

Hier wurde der legendäre Spruch geprägt: Bis daß der Teller bricht. Ganz selbstverständlich reicht der Kellner zu einer Mahlzeit zwei Bestecke. Ganz selbstverständlich auch bedeutet die Bestellung eines Bieres oder eine Cola die Lieferung großer, kübelartiger Gläser, womit die Endabrechnung nicht wesentlich günstiger ausfällt als bei einem normalen, etwas teurer aber besserkochenden Griechen, der »normale« Getränkemaße ausschänkt.
Neben Sparta-Fans gibt es ob dieser zeitfremden Völlerei auch entschiedene Gegner dieser Tot-Freß-Einrichtung, die meinen, beim Gedanken an die Dritte Welt könne man hier vor Scham nur kotzen. FEUCHT-KLEBRIG. ★

TREFFPUNKT KAFENION, *griech.* Gluckstr. 31/Ecke Schwarzburgstr., ☎ 557688. Tgl. 17-01, Garten 17-23. Gyros 12,50.

Eine riesige Kneipe — was den Platz betrifft. Wenn die Griechen in den Nachbarstraßen aus den Nähten platzen, dann findet man im »Kafenion« unter Garantie noch ein Plätzchen. Ein etwas kläglicher Garten. MITTELMASS. 〰

ZUM PETER, *intern.* Glauburgstr. 6. ☎ 595262. So-Fr 11-24.30, Sa 11-01.30, Do zu. 0.4l Bier 3,20, Cola 2,50, Schnitzel mit Beil 18,50, Lasagne 8,50, Tageskarte.

So manches Pop-Sternchen wurde hier der Presse als kommender Plattenstar untergejubelt. Auf daß es wieder mal 'ne Pleite wurde. Neudeutsch: Hier wird des öfteren »Promotion« gemacht. Für alle Fälle, wenn einem trotz zahlreicher Neueröffnungen nichts mehr einfällt, ist hier die gute Adresse für gehobenes Eßkneipenviertel. Des öfteren spielen sich hier die interessantesten Szenen ab. Bei der Farbigkeit des Publikums kein Wunder. GOLDENER SCENE-VERDIENSTORDEN. ★

niederrad

RESTAURANT WEIDEMANN, *intern.* Kelsterbacherstr. 66. ☎ 575996. Mo-Fr 12-15, 18-01, Sa ab 18, So zu, Küche bis 22.

Das Vergessen des Gewohnten, des Gelernten,ist oftmals Voraussetzung zum Neuanfang. Wenn der spanische Wirt sich diese »Weisheit« zu eigen macht, dann wird vielleicht noch mal was aus seiner »internationalen« Küche. Sie besticht derzeit eher durch Angebotsbeliebigkeit als durch qualitative Vielfalt. Oder etwas volksnäher ausgedrückt: Small is beautiful, bzw.noch schnörkelloser: Weniger ist oft mehr. Zumal die Wirtschaft ganz saftige Preise nimmt. Diesen Gefühlskälteeinbruch machen weder guter Service noch gute Stimmung im Sommergarten wett. NUR MUT.　　　★

*o*berrad

KING LONG, *chin.* Offenbacher Landstr. 280. ☎ 653146. 12-15, 18-24, Mo zu. Normale Getränkekarte.

Beim King-Long ist das, wie man so schön sagt »Preisleistungsverhältnis« hervorzuheben. Das Essen ist sehr gut, reichlich und wirklich nicht teuer. Frau Sue, die Wirtin, ist auch jederzeit bereit, den Rest des Essens einzupacken. Da ist sie dann beruhigt, denn sie weiß, daß es wirklich geschmeckt hat und nur der Magen nicht groß genug war, um alles zu fassen. Frau Sue ist übrigens eine bemerkenswerte Frau: Sie nimmt persönlich sämtliche Bestellungen auf, ohne diese aufzuschreiben. Sie kennt wirklich die — wie bei Chinesen üblich — sehr umfangreiche Speisekarte in- und auswendig. Es wurde ihr sogar schon vorgeschlagen, bei »Wetten, daß..« aufzutreten, was sie aber nicht will, dazu ist sie viel zu bescheiden. Dies zeigt sich auch in ihrem ungewöhnlichen Verhalten Trinkgeldern gegenüber: Erscheint ihr der Betrag zu hoch, nimmt sie ihn nicht an. Frau Sue ist übrigens Jugoslawin. Für die chinesische Küche ist ihr Mann zuständig, der ist Chinese. FAIRPLAY.　　　♥♥

*o*stend

DERWISCH, *asiat.* Obermainanlage/Ecke Schwanenstr. 2. ☎ 499331. Mo-Fr 12-14, 18-24, Sa 12-15, 18-02, So 12-23. Mi, Fr, Sa: Bauchtanz.

Kaspar König, Professor an der Städelschule, betont ausdrücklich den bürgerlichen Charakter dieses iranischen Lokals. Offensichtlich will er damit sagen, daß hier keine

Khomenianhänger wüten, bzw. keine heimliche Geldwaschanlage betrieben wird, sonst könnte man den honorigen, bürgerlichen Professor auch hier nicht antreffen. Schweineschnitzel sind bei Moslems nicht anzutreffen. Schonende Vollwertkost ist angesagt. Vorbildliche, geglückte Synthese von Kunst und Gastronomie. Hier wird Bauchtanz nicht nur angekündigt, hier tanzt die Dame vor und der ganze Laden tobt mit. Man muß auf kein besonderes Zeichen warten. So soll es sein. Aufkommender Hunger wird befriedigt. Keine Belustigungszentrale von Khomeni-Anhängern! Treffpunkt des demokratisch-bürgerlichen Spektrums. Stilecht orientalisch eingerichtet. Für rustical-geschädigte Sehleute ein Augenschmaus. So mancher Deutsch-Bürger, dem bisher eine Traumrolle verwehrt wurde, wird dermaßen mitgerissen, daß er sie unvermutet im erotischen Hüftschwung zu finden glaubt. Er bildet sich ein, daß er auf dem Riesenrad tanze. Die Suche nach Identität, nach Rettung durch Vergötzung dessen, was für das ewig Menschliche gehalten wird. Nix für Leute, so kalt wie die Asche ihrer Zigarette. Nix für Alk-Fanatiker. Allenfalls wird Autofahrerbier gereicht. NASE WEIT VORN.　　　★

GRÜNER BAMBUS (TREXANH), *vietnames.* Ostendstr. 61. ☎ 446434. 18-23, Mo zu. »Vit Tiem« Entenragout mit Mandeln, Sojabohnen, Lotusherzen u. Tongo-Pilzen 20, »Tom Boc Cha'Thit«, Garnelen mit Fleisch, gebacken, Salat 6, Vegetarisches Gericht: Aubergine mit Sojaformquark u. Glasnudeln, gegrillt 14, Bier 3, Cola 2,20, Reiswein 3,50, Tee 3.

Nicht nur Kenner und Könner, auch Gelegenheitsgourmets oder leidenschaftliche Gastgeber brauchen einen wohlsortierten Grundstock an hochprozentigen Freßerfahrungen. Man kennt das ja zu genüge: Hunger, in die nächstbeste Schnitzelstation hinein, ausdrucksloses vor sich hinstarren, Fetttriefendes vom Schwein oder Huhn runterwürgen — das

Krankenhaus ist einem in zwanzig Jahren sowieso sicher. Wie der Mensch auf diese Weise hilflos zwischen den Seilen hängt, das ist schon ein zwar alltägliches Schicksal, aber doch immer wieder ein unvergeßliches Bild. Nichts dergleichen blüht dem Gast des kleinen vietnamesischen Restaurants, unvermutet und ein wenig versteckt im Ostend plaziert. Hier treffen der Glanz der Kochkunst und die Kunst des Genießens als Kulturgüter aufeinander. Wer hier zum Abendessen einlädt, findet anspruchsvolle Ausstattung vor. Vergessen sind im Nu verkitschte Pappgirlanden und die unsäglichen Plastikskulpturen so mancher Gastronomie-Imitationen aus dem Reich der Mitte.

Unaufdringlich, dezent aber einprägsam vermittelt die Einrichtung asiatische Kultur. Bilder dokumentieren Arbeit und Leben in Vietnam, Menschen inmitten eines harmonischen Gesellschaftsgefüges. Die Aufmerksamkeit des Personals vermittelt das Bemühen um Integration des Gastes in die »Familie«. Folglich fällt die Atmosphäre sehr persönlich aus. Wer solche Nähe, solche Intimitäten nicht mag, ist mit der perfekten Anonymität und Sterilität des Mc-Donalds für Sekretärinnen, dem MAREDO, gewiß besser bedient und wird sich in dieser Resto-Oase deplaziert fühlen. Hier dominiert zwingende Ruhe, Antistreß-Atmosphäre, in der selbst der größte Zappelmann von seinem Hektiktrip herunterkommt. Von nun an wird er sich verwöhnen und verzaubern lassen von der vorzüglichen Küche und geradezu philosophischen Anmerkungen und Erläuterungen des Wirtes. Wenn der Gast das Lokal verläßt, tut er dies mit einem Gefühl der Freundschaft. Und Freunde, die besucht man bekanntlich immer wieder. Nichts scheint ja kurzweiliger, leichter als ein Spiel mit Kuriositäten. Bei genauem Betrachten schält sich hier in Wahrheit mehr als nur Kurioses heraus. Ein bald geniales Gesamtkunstwerk, das die Gäste, hungrigen Findlingen gleich, über Eßzeremonien in die Kultur Vietnams einzuführen

weiß. Geduld ist ohnehin das Kernstück wirklicher Freundschaften. Exotisch wie man das, so ganz nebenbei, bei einer ganz trivialen menschlichen Tätigkeit, lernt: Der Befriedigung von Eßbedürfnissen. Nix für biedere Pommes-Frömmler. WUNDER GIBT ES IMMER WIEDER. ★

MÜHLE MYKONOS, *griech.* Ostendstr. 49. ☎ 448865. Mo-So 12-15 & 17.30-01, warme Küche bis 24 Uhr. 0.3l Pils 2,40. Mix Grill 16, Steinzeitessen Fr, Sa, So 22.

Einer der berühmt-berüchtigten griechischen Familienbetriebe. Der Atmosphäre von Sirtaki, Sandstrand, Ouzo und Sonne, also unseren alltäglichen Fluchtträumen, tut sowas gut. Den jüngeren Familienmitgliedern weniger. Die müssen malochen und haben von ihrer Jugend recht wenig. Peinlich wird es, wenn diese Verhältnisse Sonderbegabungen heranziehen: Jugendliche Kellner, die nur scheinbar die Rechnung addieren, in Wirklichkeit aber auswendig zusammenrechnen. Das fördert zudem noch die Fehlerquote und schon gerät der Junge ins schiefe Licht versuchter Betrügereien. Bzw. welcher progressive Mensch kann ihm angesichts solcher Bildungsnachteile noch so einfach an den Kragen. Die »Mühle« ist und war beliebter Treffpunkt von Stadtteil-Initiativen und ist einer der wenigen Orte im Westend, wo man gleichgesinnte Scenies trifft, ohne vorher stundenlang telefonisch »abchecken« zu müssen. NOTWENDIG. ★

*p*raunheim

ALEXIS SORBAS/LA GIACONDA, *griech./ ital.* Alt Praunheim 46. ☎ 766756. Mo-So 12-01. Bier 2,60, Cola 1,80, Souvlaki 12.

Die sehr hohen und weiträumigen Räumlichkeiten waren früher eine Discothek. Gespeist wird in zwei Etagen. Vom Plateau, wo das Billard steht, kann man das gesamte Lokal

Foto: Norbert Frank

Pizzeria Da Cimino

überschauen. Die Inneneinrichtung ist liebevoll ausgeschmückt, ihr Zustand trägt schon leichte Kerben vom süßen Leben. Auch im italienischen Teil sind Stücke griechischen Kulturgutes zu entdecken. Viele Jugendliche aus Praunheim, aber auch auswärtige aus der Nordweststadt. Mittags ab und zu die Männer vom 14. Revier. Die beiden Gastronomiebetriebe wurden früher unter getrennter Leitung geführt.-Mittlerweile wird alles von Maestro Damiano Longobucco geführt. »La Giaconda« ist der bürgerliche Name einer Frau Mona Lisa. Das Essen ist wohlschmeckend, besonders zu empfehlen: Fischgerichte und Mousakas. Der italienische Salat wird allerdings mit Dressing gereicht — Änderungswünsche werden natürlich erfüllt. Die Bedienung ist immer prompt, meistens sehr freundlich, und wenn die Bedienung noch nicht so gut deutsch spricht, so gibt sie sich viel Mühe, noch mehr

von dieser Sprache zu lernen. AUFSTIEG. ⟼

*R*ödelheim

DA FRANCO, *ital.* Am Alten See 14. ☎ 7893258. Mo-Fr & So 11.30-15, 17.30-24, Sa zu.

Ein Türke, der gutes italienisches Essen macht. NA SO WAS. s.S. 313

*S*achsenhausen

ALT ATHEN , *griech.* Darmstädter Landstr. 6. ☎ 613294. Tgl. 17-01.

Einer der dienstältesten Griechen im Äpler-Zentrum, wirklich nicht mal originell gemacht. Die Ursache für den unteren Tabellenplatz. Speisen und Getränke sind nicht schlechter als bei anderen schlechten Griechen, die ständig überlaufen sind. Dem Besucherschwund sollte man jedoch nicht durch Angebotskompromisse entgehen. Deutsche Mutti-Küche veträgt sich nunmal nicht mit der Erwartung an einen Griechen. Und in dieser Sportart ist die »Nachteule« um die Ecke allemal besser. Die besondere »Schönheit« des Lokals darf, solange es noch Bestand hat, nicht verschwinden. FLASCHE. ★

ATSCHEL, *elsäss.* Wallstr. 7. ☎ 619201. Mo-Sa 18-01, So zu. Elsässer Weine 4,80-6,50, Cola 2, Bier 3,50. Elsässer Backkartoffeln 14, wechselnd frischer Fisch 18-24, Kuddeln 10,50.

Küchenchef Jean-Louis Michel hat hier etwas Einmaliges fertiggebracht. Frankfurts einzige traditionelle Apfelweinpinte mit echt elsässischer, also französischer Küche. Schmeckenswert. Sehenswürdigkeit. Christopher Sommerkorn und andere HR-Akteure wissen das bestens zu schätzen. HERVORRAGEND. ★

BISTRO 77, *intern.* Ziegelhüttenweg 1-3. ☎ 614040. 12- der letzte geht. 19-01. Samstagnachmittag u. So zu. Bier 6, Wasser 6, O-Saft 8, Kaffee 5, Flasche Wein 30-3200, Hauscocktail 15.

Überhaupt gehört die Welt der Spitzenpreis-Gastronomie zum den Lieblingsschauplätzen der Schönen, Reichen und Übersättigten. Ab und zu muß es Zander auf Linsen sein, womit die Gebrüder Mosbach in ihren Dämmerschuppen locken, der sich durch phantasievoll ausgesparte Überfrachtung der Teller und extravagantes, post-antikes Kitsch-Design in den letzten Jahren zum Tummelplatz alle Möchtegern-Gourmets gemausert hat. Yuppie sein genügt hier nicht. Dieser Lebensabschnitt muß schon in Richtung erfolgreichen Aufstiegs gelungen sein. Alles in weißen Kacheln. Reichlich künstliches Grün, skurrile Lampen. Gegessen wird nicht aus Goldschüsseln, simples, echtes Silber reicht zur Not auch mal aus. Die Gäste hausen weder in Obdachlosensiedlungen, noch fristen sie ihr Dasein in Unterkünften aus Kistenbrettern und Wellblech. Eher setzt man sich ins Fenster und läßt sich von den Anwohnern in den Wohnmaschinen um die Ecke beneiden. Mit einer dicken Havanna im Mund natürlich. Motto: Hummer statt Hamburger. Kaviar statt Fleischsalat. Seide statt Jute. Treffpunkt von Borstentieren aller menschlicher Arten. Die Rechnung über 509 Mark beweist es. DER FEINE UNTERSCHIED.
★ ⧫

BISTROT M, *deutsch/franz.* Wendelsweg 79. ☎ 627192. Tgl. 12-15, 19-23, So ab 19, Sa zu. Kaffee 3. Draußen sitzen.

Sie werden dieses Lokal sicher, wie so viele andere in diesem Buch, nie betreten. Dennoch sollen sie wissen, worum es da geht. Zu Spitzenpreisen wird für hochgestellte Geschäftsleute gekocht. Überall merkt man die liebevolle Aufmerksamkeit, die kompromißlose Hingabe zum Rustikal-Kitsch, die hier einer formidablen Futterkrippe geschenkt wurde. Wenn sie sich jedoch sowieso keine Speisekarte mit Menues ab 170 Mark angucken, können sie auch diese ruhig versäumen. Verpaßt haben sie nichts. NUN JA. ★

BODEGA LOS GITANOS, *span.* Paradiesgasse 21. ☎ 623763. Tgl. 19-01. Warme Küche bis 24. Span. Salat 11, Kaninchen Zigeuner Art 15, Paella pro Pers. 19.

Eine der ältesten spanischen Bodegas. Heute mit deutschem Besitzer. Phantasievoll dekorierte Decke. GEHT DUCRH. ★

CASA NOVA, *ital.* Stresemannallee 38. ☎ 622473. Tgl. 11.30-15, 18-24. Bier 3,50, Wasser 2,50, O-Saft 4, Kaffee 3,50. Spaghetti Bolognese 9,30, Pizza 8,80-17,30, gemischtes Eis 6, Fondue für zwei Pers. 65, Scampi Knobi 32.

Großer Wintergarten – schön zum Sitzen, allerdings macht das Gedeck schon klar, daß man eine Bestellung von mind. drei Gängen für angemessen hält. Im Windfang kommt einem denn auch gleich der Kellner entgegen und entscheidet in der Schrecksekunde, ob der Tisch wirklich noch frei oder eigentlich reserviert ist. Auch wenn am Essen nix auszusetzen ist, eine Pizza Margherita (= Käse und Tomaten) für 8,80 ist schlichtweg zu teuer. Publikum aus Sachsenhausen, Bad Homburg, Ausland und Geschäftsessen. ITALIENER FÜR DIE SOGENANNTE OBERKLASSE. ↘

CHICO, *span.* Mörfelderlandstraße 82. ☎ 612613. Tgl. 17.30-01. Paella für 2 Personen 39. Cola 2,50, Bier 3,30. Draußen sitzen.

Das Aufregendste ist wohl die Außenfassade. Fairerweise erkennen wir an: Dieses Resto kann nicht alles bieten. Küche und Flamencoshows gleichzeitig. Die Nachbarschaft ist gastronomisches Ödland. Absolutes Dorado für Eintopf- und Currywurst-Kinder. Daher ist die mögliche Ausweichbox zur Flucht vom Schnitzeldiktat deutscher KöchInnen eine wirkliche Alternative. Kleine Preise. Viel Temperament in Suppen & Soßen. Schlichte Einrichtung. Kleine Preise. Guter Service. NOTWENDIG. ★

DIE GANS, *deutsch/franz.* Schweizerstr. 76. ☎ 615075. Mo-Fr 12-14.30, 18-23.30, Sa So ab 18. So 10.30-13.30 Frühstück für 22. Draußen sitzen.

Bekanntlich rümpfen die LuxusfresserInnen dieser Stadt recht fix die Nase, wenn der Fisch aus der Bretagne vom Fangtag in Douarnanez bis zum Verzehr auf den Tellern von Sachsenhausen und des Opernplatzes länger als 24 Stunden benötigt. Bekanntlich darf für den Otto-Normalverbraucher das Fischgeschäft bundesdeutschen Massenfisch, Kabeljau und alle anderen Schuppenträger, noch viele Tage nach dem Fangtag als »fangfrisch« verkaufen. Von daher muß man schon aufpassen, wenn die Kritiker der Gans-Küche fehlende Frische monieren. Die Inhaber stört diese Nörgelei keinen Deut. Sie agieren ungehemmt auf Hoch-Preis-Niveau. Sie wissen was sie tun. Sie kennen den Stellenwert ihres Lo-

kälchens. Hier starteten schon einige Kochkarrieren, wer hier ißt, wird demnach vielleicht gerade von dem neuen Paul Bocuse für Äppelwoi-Express-Fahrer verköstigt. Bekanntlich muß man in dieser Scene immer etwas schneller ticken als die Rolex-Uhr. Das kostet Geld und Ärger über das Gebotene, Ärger über ein überzogenes Preisniveau bucht man als Werbekosten für die eigene Imagepflege. Man kommt sich vor wie unter anspruchslosen Schaumschlägern, die stellenweise ungewollt ihr Genre persiflieren. Eine wenig amüsante Komödie mit noch weniger Tiefgang... WITZIG. ★

EL NIL, *ägypt.* Wallstr. 19. ☎ 627930. Tgl. 12-24, So ab 14. Export 3,20. Foul 6,50, Falafel 6,50, Hormus 5, Tahma 3. Bauchtanz Mi, Fr, Sa.

Ägyptisches Einfachlokal mit kleinen Speisen. Für alle, die die ägyptische Atmosphäre suchen. GUT. ★

HALLES AUX VINS, *franz.* Brückenstr. 35. ☎ 619044. Restaurant tgl. 18-24. Bar 17-01, Fr, Sa -02. Menues 49-84. 0.2l Elsässer Pinot blanc 6, Glas Champagner 12, 0.3l Pils 4,50.

Es sind nicht nur Neureiche, junge Früherben, die sich unter greller Neonreklame exclusiv die Zeit vertreiben. Abseits der Tische, gehobenes französisches Ambiente, was heißt, gekonnt abgenutzte gebräunte Teakholz-Einrichtung, beinahe importiert aus dem Viertel um »Les halles«, dem ehemaligen Bauch von Paris, schwadroniert im tiefsten bayrisch die Betriebsrätin eines Elektronik-Konzerns ihrer Kollegin die Ohren voll. Käuflich sei jeder, beschämend an dem Vorgang nur die Tatsache, zu welch niedrigen Preis die meisten das täten. Hier wird diniert nach dem Motto: Wenn sie nicht teuer speisen können, dann essen sie gefälligst überhaupt nichts. Denn es stimme einfach nicht, daß Unechtes von Echtem nicht zu unterscheiden sei. Stars, Schickeria und ähnliches Geflitter war nicht zu sehen. Die meisten Leute sagen hier nicht viel, was für alle anderen Gäste sicher besser ist. Lustig, komisch bis devot, die Aufgeregtheit, mit der ein ganzer Schwanz von Personal hinter dem Geschäftsführer hertrottet, der seiner Majestät ein Tellerchen in Kindernapfgröße, gefüllt mit einem Händchen Reis und etwas Sößchen, an den Gästen vorbei defilierend, im Nebenraum serviert. Gewiß, ein Haus mit allem französischen Komfort, einschließlich des afrikanischen Kochs. Wirklich interessante Leute lernen sie hier nicht kennen. Trotzdem: Der Muscadet, ohne Häme, war einzigartig. ANSEHENSWERT (von außen, wegen der Preise!). ★

LA BONNE AUBERGE, *franz.* Letzter Hasenfad 93. ☎ 638874. Tgl. 12-15, 18-23, Sa ab 18.

Dem modernen, jugendlichen Betrachter bietet sich ein faszinierender Alptraum von einer uralten schon fast absolutistischen Vollverpflegungsgesellschaft. Refugium oder Relikt, hier spielen sich die von allen Kindern an Eltern gehaßten Essenszeremonien in exzessiver Form ab. Flucht ist machbar. TRIUMPHAL. ★

LA TRAVIATA, *ital.* Textorstr. 50. ☎ 622035. Mo-So 11-24. Pizza ab 4. Solide, verläßlich gut! Besonders zu empfehlen Tagliatelle alla Panna.

Die Inhaber, Rocco und Bruder Giocondo rennen sich für deutsche Mäuler unerbittlich die Sohle ab. Pizza und Pasta sind seit Jahren von gleichbleibender Qualität. Die Chancen, daß keine »Wende« kommt, sind äußerst gut. Im Sommer stehen draußen Tische und Stühle. Spätestens kurz vor Mitternacht ertönen original italienische Klänge über Mittelwelle. HERVORRAGEND. ➤➤

MAARSCHANZ, *franz.* Bärberstr. 75. ☎ 622886. Mo-So 17-01. Ochsenbrust in Sahne-Meerrettich 21.

Die Einrichtung einnert an elsässische Lokale, mit großen blank gescheuerten Tischen. Historisch gesehen, handelte es sich bei solchen Gaststätten immer um Arme-Leute-Kneipen. Ihres geschichtlichen Gehaltes beraubt, macht sich dieses Art-Deco natürlich prächtig zur orginellen Garnierung luxusklassiger Freßtempelchen. Gutbetuchte Gäste wissen den Schmuck mit dem Skalp von Unterworfenen besonders zu schätzen. FINGER WEG. ★

MUSCHELHAUS, Schulstr.36, ☎ 621162. Tgl. 17-22.30, So zu. Muscheln 14-16 in 16 verschiedenen Zubereitungsarten, 20-25 versch. Sorten Fisch.

Wem die Nordsee-Filialen zu teuer und zu Fast-Food ähnlich sind, wer nicht unbedingt beim Hummer-Herbert in Dingsda einkehren möchte, um seinen Fisch- und Meerestiergelüsten zu frönen, wird hier bestens bedient — ohne schon in der ersten Monatswoche pleite zu gehen. Der Name ist Konzept und durchdringt selbst die Einrichtung. Überall Muscheln, an den Wänden, hier und da ein präpariertes Schalentier, selbst die Lampen sind mit Muscheln dekoriert. Hildegard ist nicht mehr zu halten: Das Publikum, eine tolle Mischung: Alte Frankfurter, Scene, gutbürgerlich bis Jungunternehmer. Die Edelschnösel fehlen freundlicherweise. Wo gibt's das heute noch: Immer voll. Deshalb unbedingt Tische vorbestellen! Andi, Astrid und Lothar waren von der vierseitigen Speisekarte quer durch den Meeresgarten hellauf begeistert. Und Muscheln aller Art, die fehlen selbstverständlich auch nicht. Der jeweiligen Begleitung, die nicht auf Meere abfährt, bietet der Küchenchef Fleischgerichte der deutschen Küche. Ein Billigheimer ist es nicht, die Preise, meint Astrid, sind für das hohe Leistungsniveau vollkommen gerchtfertigt. Dazu noch eine aufmerksame, ausgesprochen nette Bedienung, was bleibt da noch außer der Wertung: EIN TOLLER HECHT. ★

PARTHENON, *griech.* Kennedyallee 34/Ecke Gartenstraße. ☎ 635419. Tgl. 12-14.30, 17.30-24. Draußen sitzen.

Allein schon der großzügig geschnittene, übersichtliche Raum ist eine der wenigen schönen Erlebnisraritäten in der Frankfurter Gastronomie. Das was berühmte Pariser Restaurants ausmacht, die Weite, der Versammlungscharakter so vieler Menschen beim Essen und Trinken, fehlt dieser Stadt einfach an Örtlichkeiten. Nenne mir einen Saal, wo sich 300 Gäste angenehm und lebhaft bewirten lassen können. Zurück zum Griechen. Er belohnt die Großzügigkeit des Bauherrn mit einer großzügig guten Küche. Keine Mousaka-Pampe und falsches, fetttriefendes Gyros mit Kraut. Hier geben sich viele Landsleute den wirklichen Spezialitäten des Landes aus dem Meer und von den Weiden hin. Dafür zahlen sie auch gern etwas mehr. Der Laden geht spielend über die Sphäre jener hinaus, die bereits von Griechenkost überzeugt sind. KOMPLIMENT. ★

PIZZERIA REMIH, *ital.* Gartenstraße 41, ☎ 622106. Tgl. 12-22.30, So 17-22.30, Sa zu.

Die einzige Pizzeria Frankfurts mit deutschem Bäcker, der seine Produkte in hervorragender italienischer Qualität abliefert. Dem Gast ist es so rum egal. Andersrum wäre es eine wunderschöne Lachnummer. APPLAUS.
★

PIZZERIA ROMA, *ital.* Mörfelder Landstr.101. ☎ 616496.

Präsentiert einzig und allein Pizza Popeye. Mit Knoblauch und frischem Blattspinat. ★

SCHNECKEN-SCHRÖDER, *intern.* Babenhäuser Landstraße 1. ☎ 685611. Tgl. 17-24, So 11.30-14.30, 17-24.

Wer hierzu ja sagt, ist kein allzu schwieriger Fall. Schnecken gibt's. Wie der Name sagt. Aber bekannt und belobigt wurde das Lokal wegen seiner Wildgerichte. Nachdem die Wampe voll ist, funktioniert das Gehirn etwas schlechter. Etwa wie bei einer ausgedehnten SIESTA. ★

TEXTORSTUBE, *griech.* Oppenheimer Landstr. 49. ☎ 625420. Tgl. 11-14 & 17-01. Pils 0.4l 3, Retsina 0.2l 3,50, Saganaki 8, Gyros 12,50.

Rustikal (Holz) eingerichtet. Sehr gemischtes Publikum. Das Essen ist mittelmäßig, dafür aber billig und viel. Auch gut für größere Gruppen geeignet. HUNNNGGEEERRR! ◯

ZORBAS, *griech.* Dreieichstr. 12. ☎ 629239. Mo-Sa 11-15 & 17-01, Fr/Sa bis 02. Pils 0.4l 3, Weizen 0.5l, Souvlaki 12, Gyros 14. Spezial-Ouzo: Halbes Wasserglas voll.

Holzeinrichtung mit sehr großer Theke. Wirklich gutes Essen. Gute und sehr nette Bedienung (die Wirtsleute selbst). Auch sehr gut für Thekensteher. Im großen und ganzen nicht so viel los, an der Theke kommt man mit dem Wirt schnell in Kontakt. NUR GUT. ◯

unterliederbach

DIONYSOS, *griech.* Nahestr. 2. ☎ 309920. Mo-Sa 18-01, So zu. Bier 3. Griech. franz. und deutsche Weine. Gyros 11,50, griech. Salat.
SEHR EMPFEHLENSWERT. s.S. 310

westend

BISTRO ROSA, *intern.* Grüneburgweg 25. ☎ 721380. Tgl. 12-14 & 18-01. Warme Küche -22.30. Sa 18-22.30, So zu. Die Preise sind für ein Luxuslokal erträglich.

Kein Wert für Leute, denen es bei einem Apfelwein darauf ankommt, ob er nun 1,50 oder 1,80 kostet. Dafür kann man sich hier an der »nouvelle cuisine« erfreuen, vor allem an

Lachs und Lamm. Winzig und schick. Von Atmosphäre hingegen keine Spur. Wie soll man etwas durch den Kakao ziehen, das schon im Kakao schwimmt? FORMVOLLENDET. ★

ERDNUSS, Myliustr.49, ☎ 723484.
Unbedingt als Anschauungsobjekt zu empfehlen, wenn man sehen will, zu welchen Einstellungs- und Verhaltensdefiziten das humanistische Bildungsideal bei den Kindern der Frankfurter Upper-Class führt. Mit der Zunge von Haus aus nicht gerade langsam, kann man erleben, wie sich die Kiddies vom Lerchenberg vor Arroganz und Banalitäten überschlagen und unter Alk-Einfluß als geistige Tiefflieger bis auf Überlichtgeschwindigkeit beschleunigen. TIEFFLIEGERGESCHWADER. ★

ERNOS' BISTROT, *intern.* Liebigstr. 15. ☎ 721997. Mo-Fr 12-14 & 19-22, Sa, So zu. Bei intern. Messen auch länger geöffnet.

Oh Mann, einfach Wahnsinn! Die lebende Legende der Top-Gastronomie. Kein Treffpunkt für Liebhaber eßbarer Sonnenbrillen, nein! Die Spezialität des Hauses ist seit Jahren: Enten aus Chalans. Traditionell, also deftig zubereitet. Parodistische Untertöne sind hier fehl am Platz, selbst wenn das fröhliche Lärmen eindringender »Leitender« aus umliegenden Werbeagenturen reichlich künstlich klingt, und so dem schlechten Charakter so vieler Werbungen entspricht. Die Einrichtung ist erstaunlich einfach. Der Kontrast zu den Preisen zieht eine ganz besondere Klientel an. Seufzte ein Gast: »Die Realität ist entsetzlich, aber das hier bleibt immer noch der einzige Ort, wo man einen außergewöhnlichen Bordeaux bekommt«. Ahhh. »In diesem verunglückten Witz liegt tiefe Verzweiflung über eine völlig unoriginelle Zeit und eine Kneipengesellschaft, die sich in ihren Zwängen total festgefahren hat«, klagt Janine leidenschaftlich und kippt den Rest Wein wenig grazil ab. Kein Wunder, daß mir dieser Witz auch wieder irgendwie unge-

KÜCHE EXOTISCH

heuer abgedroschen vorkommt. Oder? UN-
VERBESSERLICH. ★

HUMPERNDINCK, *intern*. Grüneburgweg 95.
☎ 722122. MO-Fr 12-14 & 19-22.30, Sa 19-22.30,
So zu (außer bei intern. Messen).

Das Publikum ist konservativ. In diesem Milieu fühlt sich Ex-Hausbesetzer und Minister-
sesselsitzer Joschka Fischer offensichtlich pu-
delwohl. Verkehrte Welt. Noch vor wenigen
Jahren das mindeste an militantem Widerstand: Die Hausbesetzerscene des Westends
und die sie tragende politische Scene wendet
sich angewidert von solchen Brückenköpfen
bürgerlicher Dekadenz ab. Heute heißt es:
»Joschka, das Lokal ist das Beste, was dir an
einem Weihnachtsabend passieren kann«.
Und Joschka genoß. Dann kam — na klar — das
feine Menü, serviert im Parterre eines alten
Bürgerhauses, in dem der Opernkomponist
gleichen Namens wohnte. Neben Absteigern,
ehemaligen hessischen Landesministern aus
der feinsten Turnschuhgeneration, treffen
sich aufsteigende Banker, Männer mit Geld
und Frauen, für die sie es gerne ausgeben. Mit
besagter GRÜN-Färbung erhielt das Ambiente nun einen hochmodischen, regelrecht
farbenfrohen Charakter. BEKANNT. ★

ISOLETTA, *ital*. Feldbergstr.31, ☎ 725889. Tgl.
11.30-14.30 und 17.30-23.30. So ab 17. 0.4l Bier
3, Kaffee 2,50, O-Saft 3.

Das Ende einer Ära mit einer für diese
Lage idyllischen und utopischen Geschichte
ist nicht in Sicht. Die gehobenen Pizzabäcker
dieses Viertels sind für Nicht-Werber und Kas-
senschalter-Bedienstete in der Regel unbe-
zahlbar. Diese Leute sind hier auch Gäste, was
die solide Preispolitik des Hauses inclusive hohem Qulitätsstandard mit dem Prinzip »Ita-
lo-Eßkultur für alle« ermöglicht. SCHÖNE
SELTSAMKEIT, VON DENEN DAS LEBEN SO
LEER IST. ★

**KÖNIG DAVID — JÜDISCHES RESTAU-
RANT**, Savignystraße 66. ☎ 752341.

Das einzige koschere Resto der Stadt hat
montags geschlossen. KOSCHER

KNOBLAUCH, *deutsch/franz*. Staufenstraße
39. ☎ 722828. Tgl. 12-14.30, 18-01, So 19-01, Sa
zu. 0.4l Bier 3,60. Draußen sitzen.

Ein Classico der Werberscene, trotzdem
kein Elitärschuppen. Gute, vergleichsweise
preiswerte Küche. ANREGEND-LUSTIG. ★

LA FRIGALE, *franz*. Grüneburgweg 29. ☎
728257. Mo-Fr 12-15 18-01, Sa So 18-01. Bier 3,50,
Wein ab 5. Restaurant und Weinbar.

Vielleicht liegt's an der gringeren Miete,
die Kellerraumexistenzen zahlen müssen, daß
wir in Frankfurt neben dem »Entrecote« im
Reuterweg erst den zweiten »Franzosen« antreffen, wo nicht die üblichen Schicki-Micki-
Knallchargen den Ton angeben, wo dem nor-
malverdienenden Gast nach Präsentation der
Rechnung der sofortige Herzkasper erspart
bleibt. Die hier demonstrierte Kochausbildung
ist genialen »Zaubern« allemal vorzuziehen.
FRISCHWÄRTS. ★

LE MIDI, *franz*. Liebigstr. 47. ☎ 721438. Tgl.
12-14 & 19-22.30, Sa & So ab 19.

Die Einrichtung ruft Staunen hervor. Ein
Sammelsurium von Dekorationsstücken vermittelt geistige Enge, wo der Laden räumlich
schon extrem bescheiden daherkommt. Wir
landen hier offensichtlich in einem orginalge-
treuen Imitat südfranzösischer, provencali-
scher Kleinstrestaurants. Dieser Nachteil wird
durch guten Service mehr als wettgemacht,
was wohl so viele Gäste schätzten, daß sie es
hemmungslos weitererzählten. Folge: ständige
Überfüllung trieb die Preise hoch und ließ die
Qualität sinken. Nein, ganz auf den Hund gekommen ist das Niveau noch nicht. Der erreichte Standard signalisiert aber ein extrem
gebrochenes Verhältnis des Wirtes zum wunderbaren und schönen Essen. Der ist bekannt-

KÜCHE EXOTISCH

lich der Food-Werbestratege Wilfried Abels, der hier wohl sein Gastro-Labor eingerichtet hat und sich den Test neuer Creationen von den Testkarnickeln auch noch teuer bezahlen läßt. Nacher finden sich seine Creationen »garantiert klinisch Le midi-getestet« in den unterschiedlichsten Kochbüchern. Einfach genial. Sowas wissen Größen wie Dr. Franz Burda, Gabriele Henkel, Ann Getty, Thekla Carola Wied, Jochen Maas, Bundes-Banker Pöhl, Fiat-Boß Agnelli mit bis zu zwanzigköpfiger Bodyguard zu honorieren. Mit ihrem Besuch. CLEVER & SMART. ★

LORD JIM'S, *thai/polyn.* Bockenheimer Lnadstraße 92, ☎ 746464. Tgl. 12-01.

Was hat man sich nun darunter vorzustellen? Huhnvater Jahn aus dem Waldstück vor den Toren Wiens verdanken es Menschen deutscher Zunge, daß ihnen der Appetit auf Flügel vergangen ist. Dem Huhn erging es wie dem Rockdenkmal »Led Zeppelin«. Es wurde rehabilitiert. Die Polynesische Küche in einem südostasiatischen Resto mit Café und Cocktail Lounge serviert zu überraschend kleinen Preisen ungewohnte Gaumengenüsse. Während Huhnvater Jahn jahrelang Millionen tote Tiere lieb- und leblos auf Grillspieße schieben ließ, pflegen unsere asiatischen Freunde den individuellen Umgang mit dem Grundnahrungsmittel. Hühnerfleisch mit Erdnußcurrysoße ist nur ein Gericht, das ahnen läßt, was jenseits traditioneller Fettorgien mit Hühnern kulinarisch alles möglich ist. AUFBAUEND. ★

RESTAURANT IM PALMENGARTEN, *deutsch/intern.* Palmengarten. ☎ 752093. Tgl. 09-18. Cola 3,30, Pils 4,50.

Für Leute, denen Springbockkeule mit Broccoli und Salat für garantiert über zwanzig Mark die kleine Schnupperportion etwas gibt. Sozusagen ein Mäuseabenteuer, allemal. Die Stadt hat sich mit dem grandiosen Umbau inclusive einzigartiger Koloration die größte

Mühe gegeben, doch als Gast, meine ich, bin ich nicht verpflichtet, wegen eines Essens gleich den ganzen Ersatz-Dschungel kaufen zu müssen. RASANT. ★

PX, *intern.* Feldbergstr. 4. ☎ 724444.

Gäste kommen in Seide oder im Lumpen, heißt es. Der Rhein Main Jet Set empfindet es schon als Beleidigung, daß der Champagner nicht nur gut sein soll, sondern auch noch billig ist. Die Kokettiererei kam anfänglich an. Die Küche gilt als »exquisit«. Tja, wer offeriert schon Wolfsbarsche? Lämmer? Längst kulinarischer Standard. Besonders zu loben, die Kellner. Sie sind so versnobt wie die Gäste. Kurz & gut: Die Kneipe eines weiteren Werbers wurde kurzzeitig zum Renner. Aus Peter Aschkes leicht Art-Deco gestylter Tränke konnte jeder Neugierige beim freitäglichen Stammtisch jede Menge Klatsch mit nach Hause nehmen. Und sowas reizt doch ungemein! Doch auch ihn ereilte das Schicksal »angesagter« Kneipen. Kaum war er mit seiner mehreren hunderttausend Mark schweren Kneipen-Investition über den Berg, entfaltete ein New-Wave-Age-Konkurrent seine ganze Pracht. Der Anmachtreff »Sonus«, wurde zum Umsatzkiller für Aschke und über Nacht wirkte das PX wieder so wie vor dem Werbereinmarsch — gähnend leer. BEILEID. ★

RISTORANTE DA LUCIO E MARIO, *ital.* Feuerbachstraße 23. ☎ 725480. Tgl. 12-15, 18-23, So zu. 0.3l Bier 3,50, O-Saft frischgepreßt 6,50. Selbstgemachte Nudeln.

Wen interessiert das überhaupt? ★

RIVIERA, *ital.* Grüneburgweg 81. ☎ 722819. Tgl. 12-15, 18-23, Sa ab 18. 0.3l Bier 2,50, O-Saft 3, Kaffee 2,70.

Setzt schon seit Jahren den Italo-Standard. Preis-Leistungsverhältnis erstklassig. Der Strom der Luxusdinge bricht sich an diesem Fels volkstümlicher Gastronomie. Der Aufwand an Ausstattungsfummel ist minimal. Kein mißmutiger Kellner legt dem mäßig hungrigen Gast nach der Vorspeise ans Herz, sich dringend, also auf alle Fälle, nochmal die Speisekarte anzuschauen. SPITZE. ★

LA ISOLETTA, *ital.* Feldbergstr. 21. ☎ 725889. Warme Küche 11.30-14.30 & 17.30-23.30, So ab 17.

Es gibt Leute, die sich wundern, warum dieser Luxus-Klassiker fast täglich überfüllt ist. Die Wirtschaft praktiziert die Methode »eingeschränkte Animation«, bietet nicht alles, das aber richtig. Nämlich: konservative italienische Küche, nichts Leichtes, sondern eher alle Deftigkeiten. Osso Bucco, Fische und frische Pasta. Die Teller brechen nicht vor Überladung, dennoch, wer sich den Besuch eines teuren Lokals mal leisten kann und will, sollte es hier mal auf italienisch versuchen. Guilio, der originelle Kellner, ist im Preis inbegriffen. SEHR GUT. ★

offenbach

AGADIR, *deutsch/marokk.* Bleichstraße/Ecke Gr. Hasenbachstraße. ☎ 883269. Tgl. 11-01. Pils 1,50, Calamares 12,50, fünf Varianten Couscous 14-17,50. s.S. 293

ALT-OFFENBACH, *ital.* Domstr. 39. ☎ 887119. 12-15, 18-23.30. Fachinger 3,50, Funghi 7,50, Minestrone 5,50.

ASIA, *asiat.* Kaiserstr. 33. ☎ 819556. 11.30-14.30, 18-23.30. Apfelsaft 2,50, Peking-Ente 19,90, 11 Mittagsmenüs von 8,50-10,50 mit Suppe, Frühlingsrolle und Salat.

Die Einrichtung ist eine Mischung aus deutscher Rustikalität und asiatischem Wandschmuck. Nette Bedienung, gute Küche. Die Speisekarte ist reichhaltig, eine Provokation für jeden Schlemmer. Und das alles bei akzeptablen Preisen. ESS-BAR. ✔

BODEGA LA SIMPATICA, *span.* Schloßstr.

20. ☎ 887575. Mo-Fr 18-03, Sa 20-03. Paella pro Person 18,50.

Für Nachteulen mit spätem Hunger geeignet. Sonst eher überflüssig. Die Nachtkonzession macht's, daß sich hier schon einmal Banker (eher die Regel) und Punker (eher die Ausnahme) gegenübersitzen. MITTELMASS. ✔

CHOPRAYA, *thail.* Bieberer Str. 260. ☎ 854366. Mo-So 12-15, 18-23.30, Di zu. Pils 2,90, Hühnerfleisch in verschiedenen Variationen 14,50. Singha/Thailändisches Bier 4,80, sechs vegetarische Gerichte.

Darf es einmal thailändisch sein? Das »Chopraya« bietet, was das Herz begehrt. Neben den kulinarischen Freuden ist es der nette Wirt mit seinem jugendlichen Elan und seiner Freundlichkeit, die ein bißchen aufgesetzt wirkt, der das Herz erfreut. 111 verschiedene Speisen weist die reichhaltige Karte vor, daneben auch viele Cocktails. Ein Paradies für Leckermäuler. Die Spezialitäten des Hauses zeichnen sich durch besondere Schärfe aus. HERVORRAGEND. ✔

DA LUIGI, *ital.* Taunusstr. 49. ☎ 882002. Tgl. 11.30-14.30. Chianti 3,50, Funghi 6,50. Gemischte Nudeln 12, für zwei Pers. 20.

Keine dieser üblichen Stehpizzerien, sondern mehr etwas Rustikales. Styling Deutsch-Italo-Mix mit Fachwerkimitationen. Die Pizza, ein Gedicht, der Wirt legt noch Wert auf sein unkastriertes, südländisches Temperament. ZIVIL. ✔

DATSCHA, *russ.* Kaiserstraße 8a. ☎ 885581. Tgl. 18-01, So zu.

Samoware auf den Tischen, angebliche Felle von Uralbären, ein großer Ziegelofen wird mit Birkenholz geheizt. Seit 10 Jahren bereitet Küchenchef Reinhard Wechs original russische Gerichte. Der unsägliche WG-Küchenhit, Borschtsch, fehlt nicht. Bereits origineller: ein Stück Stör. Die Grillspezialitäten taugen was. Vom geschlachteten Federvieh wollen wir nicht weiter sprechen, zumindest Kalbfleisch bleibt draußen vor. Ein Giftdepot weniger im Körper! Als normal gilt immer noch: Essen, bis man nicht mehr kann, bedingungslos zugreifen, was dargeboten wird. Auf gut deutsch: Die Platte putzen, blitzeblank. Der beste Weg in die koronare Arteriosklerose. Hier wird man versucht, sich den rauhen Trinksitten der Taiga hinzugeben. Nix gegen Exzesse, aber irgendwann mal geht's auf die Leber. Der Georgier im Service kann schöne Geshichten erzählen. BÄRIG.   ★

DINO, *ital.* Luisenstr. 36. ☎ 884645. Mo-Sa 11.30-14.30 & 18-24, So zu. Espresso 2,50, Minestrone 5,50. Im Sommer: Terrasse im Hof.

Auf piekfein getrimmt, weiße Tischdecken und so... Wechselnde Ausstellungen, hausgemachte Nudeln, frischer Fisch. SCHLECHT.

DUBROVNIK, *jugosl.* Bahnhofstr. 14-16. ☎ 882808. Mo-Do 11.30-14.30, 17.30-24, Fr/Sa -01. Apfelwein 2, zwei Crepes 6,90, Balkan-Topf 16,90.

Etwas für den pervertierten Feinschmeckergaumen. Auf der Karte alle Abscheulichkeiten, von Froschschenkeln bis zur Schildkrötensuppe. Atmosphäre so »gediegen«, daß man beim Änrauschen des Kellners Angstzustände bekommen kann, weil der einem das Gefühl vermittelt, man könne hier alles nur falsch machen. Lautstarke Lachorgien empfehlen sich als Gegentherapie. GEDÄMPFT.   ✔

HALIA, *ital.* Kirchgasse 27/29. ☎ 8144138. Tgl. 11.30-15 & 17-24. Pizza 4,50-8,50.

Rustikal, aber gemütlich eingerichtet. Nicht typisch italienisch »gestylt«. Sehr freundliche, aufmerksame Bedienung. Empfehlung: Fischspezialitäten. HERVORRAGEND.   ✔

HONG KONG, *asiat.* Schloßstr. 20. ☎ 884233. 11.30-15, 18-23.30. Sake 4,90, Wasser 2,20, Chop Suey (Entenfleisch) 16,50, Mittagsmenüs 8,50-10,50.

Die Gardinen sind wäschebedürftig, die Möblierung das übliche Mittelmaß, dafür hervorragendes Essen. Sowohl für den Abend zu zweit als auch für die Mittagsmahlzeit jenseits von Fast Food und Burger Kultur bestens geeignet. GUT.   ✔

HONG TAM, *asiat.* Nordring 72. ☎ 8002555. Tgl. 18-23.30. Bier 3, Wasser 1,50, O-Saft 2,50, Rotwein 3, Apfelwein 1,40. Fisch, Fleisch, Geflügel, Salat, Suppe auf vietnamesische Art.

Vorher eine einfache »gutbürgerliche« Kneipe — jetzt vietnamesisch, ohne an der Innenausstattung viel zu ändern — wirkt sehr angenehm, nicht so überladen mit dem üblichen asiatischen Klimbim. Hier sind Leute aus dem Stadtteil. Vietnamesische Küche: Eine echte Bereicherung für Offenbach. Die etwas abgelegene Lage in der Hafengegend tut dem keinen Abbruch. So setzt das Hong-Tam auch nicht auf exotischen Glanz, sondern auf wirklich vorzügliches Essen zu vergleichsweise günstigen Preisen (12-22 DM). Einziges Handicap: Der Wirt spricht noch nicht so gut deutsch, die Gerichte sind deshalb durchnummeriert. Also aufgepaßt, daß etwa bei Nr. 49 nicht erst die neun und dann die 4 gebracht wird. Aber warum nicht auch mal ein Überraschungsessen: Statt Ente in Mandelsauce ein Garnelenspieß? Logisch gedacht wäre es ja oder um mit Shakespeares Hamlet zu sprechen: «THOUGH THIS BE MADNESS, YET THERE IST METHOD IN'T«.   ∽

ITALIA, *ital.* Kirchgasse 27/29. ☎ 8144138. Mo-So 11.30-15 & 17-24, Di zu. Wasser 2,50, Funghi 6,50. 20 Sorten Pizza 5-8,50.

Gemütlich nicht allzu typisch italienisch eingerichtet. Aufmerksame, freundliche Bedienung. Empfehlung: Fischspezialitäten, sommers gibt's die Pizza auch im Freien, mit Blick auf das Busing-Palais, die Offenbacher Taschenausgabe von Frankfurts Alter Oper. HERVORRAGEND.   ✔

MÜHLE MYKONOS, *griech*. Domstr. 67. ☎ 8003522. 11.30-14, 18-24. Mineralwasser 2, Tsaziki 5,80.

Der Grieche in Offenbach mit dem größten Pizzaangebot: 10 Sorten. Doch auch reichlich griechische Spezialitäten. Kein Ort, wo man sich länger als zum Essen aufhalten müßte. Styling eher deutsch-rustikal, neugriechisch, folkloristisch. GUT. ✔

OTTAVIO, *ital*. Löwenstraße 26. ☎ 818484. Mo-Fr 12-14, 18.30-24, Sa und Feiertage ab 19, So zu. Keine Pizzen. Cola 2,80, Bier 3,50.

Die pure Freude am Kochen! Ottavio braucht den Vergleich mit Frankfurter Größen nicht zu scheuen. Die Stadt sollte ihm einen Orden für wirkungsvollste Öffentlichkeitsarbeit verleihen! Kritiker aus der Snobiety meiden das Lokal. Es ist ihnen zu billig eingerichtet. Ottavio kann darüber nur lachen. Er versteht sich halt als futuristischer Designer, der ästhetischen Hunger peripher mit einem Happen zur Stärkung des Kreislaufes garniert. Er ist leidenschaftlich Koch, und er weiß, worauf es dem wirklichen Feinschmecker und Liebhaber italienischer Küche ankommt. Und das Essen ist deftig. Richtiggehend artifiziell. Geschmacklich mal unversöhnlich schrill, mal sanft wie Alete-Kost. Wenn die Überraschung gelungen ist, lächelt der Service und Ottavio klatscht vor Freude in die Hände. AUF DEM SPRUNG IN DIE CHARTS. ★

SAAN HAN, *chin*. Sprendlinger Landstr. 4. ☎ 843088. Tgl. von 12-15 u. 18-24. Sake 3,50, Kaffee 2,20, Nasi Goreng 13,50, 15 Mittagsmenus 8,50-10,50.

Angenehmes Chinarestaurant, stilecht eingerichtet. Bester Service. Auch Straßenverkauf. Die Alternative zu Schnitzel und Pommes. Gut für zwiesame Auswärtsessen, aber auch in der Gruppe ein Renner. HERVORRAGEND.

TAVERNE SAMOS, *deutsch/griech*. Bismarckstr. 6. ☎ 889477. Tgl. 18-01. Domestica 4,

Moussalla 11. Acht Sorten überbackener Schafskäse 7,50-10,50, italienische Nudelspezialitäten in reichhaltiger Auswahl. s.S. 293

ZUR TAUBE, *türk*. Bieberer Str. 267. ☎ 856360. Tgl. 18-01, Sa -02, Di zu. Pils 2,90, überbackener Schafskäse 5,50. Orient Salat 4,50, Kebab 13,50-20.

Schon der Name »Zur Taube« für ein türkisches Spezialitäten-Restaurant läßt auf einen multikulturellen Mix schließen. Innen wird man nicht enttäuscht, weder von der Einrichtung, noch von der Publikumsstruktur. Mal so richtig türkisch essen, aber nicht im piekfeinen Schnieke-Stil. GUT. ✔

darmstadt

A LA MAR MITE, *franz*., Gräfenhäuser Str. 38. ☎ 06151/891246. Ab 18.30 und Mittagstisch. Mo zu. Bier 2,50, Limo 2,50, Ricard 3,50, Rotwein 4. Palmenherzen 6, Lammkeule provencale 15, Kutteln mit Lammfüßchen 18.

Billige, biedere, einfallslose Einrichtung. Viele Tische reserviert, aber wohl eher zur anregenden Illusion der Betreiber. Das Wirtehepaar: Von französischer Ausstrahlung keine Spur. An einer Ausfallstraße zur Autobahn gelegen, das sei ihnen verziehen, aber daß sie die Leute dann auch noch rausekeln, daran sind sie selber schuld. Die Testerinnen, die am Anfang eines langen Testabends nur eine kleine exquisite Vorspeise kosten wollten, wurden mit den Worten »da drüben ist ein Restaurant, wo man billisch esse kann«, auf die Straße befördert und erhielten so eine Kostprobe des Service dieses Lokals. Aber auch unabhängig von dieser »charmanten« Episode vermittelt das »La Mar Mite« nicht den Eindruck von Haute Cuisine, sondern eher einer Darmstädter-Autobahn-Raststätte. ABSOLUTES HALTEVERBOT. □ ☼

ALT ATHEN, *griech.* Heinrichstr. 68. ☎ 06151/421034. Tgl. 11-15, 17-01.

ARGO, *griech.* Bleichstr. 46. ☎ 06151/81404. 11-14.30, 16-01 werktags, So/Feiert. 11-01. Bier 0.4l 2,80. Retsina 0.25l 4,50. Preiswerter Mittagstisch, frisch und konservenfrei, 120 Speisen, Gyros 13,50, Griech. Flöte 8.

Rustikale, griechische Einrichtung, nicht überladen, gutes Essen, das nicht zu teuer ist. Blöde Gegend, in der Frauen nach Einbruch der Dunkelheit sich mit Regenschirm ausrüsten sollten. (Bahnhofsnähe). GUT. □●

BODEGA MALAGA, *span.* Erbacherstr. 5. ☎ 06151/23835. Mo-So 17-01, im Winter Di zu. 0.3l Bier 2,50, Cola 2,50, gemischte Paella 17, gemischter Fischteller 16. Draußen sitzen.

BODEGA MIGUEL, *span./ital./ind.* Kranichsteiner Str. 8. ☎ 06151/784429. Bier 0.3l 2,50, Wasser 1,50, O-Saft 2,50, Kaffee 2, Sangria 0.5l 7,50, Halbes Hähnchen mit Knobi 9,50, Paella 15 pro Person.

Brauereimäßige, rustikale Einrichtung. Der übliche Durchschnitt eben, hier jedoch garniert mit indischen Wandtellern und -bildern. Das Ganze ergibt eine exotische Mischung. Das Publikum ist genauso unentschieden wie die Einrichtung. Also ein sehr stark folkloristisch geprägtes Ambiente. Odenwälder Canaren, die ihre Ursprünge in den tief verwurzelten Traditionen dieser ewigen Bergwelten haben. Zur großen Weinkarte gibts Sitha-Musik, während hinter der Theke, ein Inder, ein Spanier, ein spanischer Inder... auch egal, brilliert. In den zwei Räumen mit braunkarierten Tischdecken und indischen Göttinnen, werden die famosen Frauen vom Plastikventilator befächelt. Verwirrender Worte, kurzer Sinn: Der Überraschungsspanier schlechthin und wer will, sitzt nur an der Theke, trinkt Bier und plaudert mit dem Wirt. Früher Pogo heute: INDISCH-SPANISCHE VERWIRR-CONNECTION. □●

CASA ALGARVE, *portug.* Pallaswiesenstr. 43. ☎ 06151/26779. Mo-Fr 17-01, Sa, So, Feiertag 11-15 u. 17-01. Bier 0.3l 2,30, Wasser 1,50, O-Saft 2,50, Kaffee 2, Wein Vinho Verde 3. Eierpudding = Creme Caramel 3, viel Fisch, Portion Sardinen 6,50 und Teureres ca. 20.

Einziger /unisolo/ Portugiese in Darmstadt und allein deshalb unbedingt erwähnenswert. Hier treffen sich die Portugal-Fans aller Altersgruppen. Im Lokal lebt bei portugiesischer Musik vom Endlosband die verlorene Heimat oder das beendete Urlaub sehnsüchtig auf. Der Carajillo tut sein bestes dazu und vielleicht klingt bei so manchem der Atlantikwind der Algarve statt dem Piepsen des Digitalweckers im Ohr. Die Testerinnen jedenfalls, schon reichlich champagnisiert vom Wechselbad der gastronomischen Etablissements, erholten sich hier prächtig, und das obwohl weit und breit kein Strand vorhanden ist. PORTUGALFANS, NICHTS WIE HIN! □●

CASA LOUIS, *span.* Erbacher Str. 5. ☎ 06151/22310. Sa 14-01, sonst 17-01. Bier 0.3l 2,50, Wasser 1,50, O-Saft 2,50, Espresso 2,50, Wein 3. Tapas: z.B. Tortilla 4, Marisco (Meeresfrüchte) 6.

Entweder man betritt den kleinsten Spanier Darmstadts vom Hof der Worschtküch aus oder von der Straße her — oder man läßt es sein. Im letzten Fall, wird man jedoch nach Ansicht eingeschworener Darmstädter, immer mit dem leicht schwummerigen Gefühl des Versäumnisses durch Darmstadts Straßen flanieren müssen. »Jeder ist seines eigenen Glückes Schmied«, sagte Helmut Kohl 1986 vor dem Kongreß der verlorenen Väter in der Kongreßhalle. Wir schließen uns an, empfehlen jedoch einen Besuch beim lebendigen, kommunikativen, authentischen, eben spanischen Spanier! VIVA ESPAGNA! □●☆

CASABLANCA, *marokkan.* Bleichstr. 38. ☎ 06151/84677. Bier 0.3l 2,50, Waser 2,50, O-Saft

3,50, Kaffee 2,50, Morokkan. Tee 4. Targin Hammel mit Gemüse und Salat 18, Couscous Royal 25. Männerbauchtanz .

Dieses Lokal ist der einzige Marokkaner in Darmstadt. Man betritt das Morgenland. Im Vorraum wartet die dicke Mam' mit glänzender Wasserpfeife auf Kundschaft. Die Töchter und Söhne bedienen. Platzreservierungen seien unbedingt empfohlen! Sehr edel und stilecht eingerichtet. In weichem, taubenblauem Polster sitzt selbst der kantigste Hintern angenehm platt. Die niedrigen Tische tragen für unsere gewohnten Tischrituale erstmal zur Irritation bei, doch zusammen mit den Teppichen auf dem Boden und an den Wänden und dem Casablanca-Ventilator an der Decke, verdichtet sich eine prickelnd, erwartungsvolle Atmosphäre, in der der Wetterbericht nicht überraschender wäre, wie wenn jetzt sogleich Humphrey Bogart um die Ecke

käme, über den Absatz stolperte und nach seiner »Kleinen« suchen würde. Ein bißchen Upper-class, höhere Angestellte, ein Hauch von Exklusivität. Natürlich gibt's Bauchtanz – frisch vom Mann. Und das Publikum wird nicht enttäuscht. Die meisten der vorgeführten männlichen Becken- und Hüftbewegungen, wurden von fachfraulichen Kennerinnenblicken als witzig und künstlerisch orginell eingestuft. Eine wunderschöne Morokkanerin bedient, aber auch der männliche Belegschaftsteil sieht nicht schlecht aus. Man sitzt an den Wänden entlang im Kreis und wer den betritt, wird ausgiebig gemustert. Ist das die Bauchtänzerin?. Nein, heute ist Mittwoch. Gehobenere Preisklasse. NIX FÜR SCHWEINEPRIESTER.   □●

CHINA HAUS CHAN, *chin.* Schöne Weiber Gasse 25. ☎ 06155/3113. Tgl. 11.30-15, 17.30-24.

Einziger Chinese in Griesheim. Sehr gute Küche, reichlich geschmackvoll eingerichtet und zuvorkommende Bedienung. Die Bestellung klappt wegen leichten Verständigungsproblemen zwar nur per Nummern, wer's jedoch findet, wird schmecken: es hat sich gelohnt. GUT. □●

DELPHI, *griech.* Heielberger Str. 37. ☎ 06151/312894. 11-15, 17-01. Bier 3, Wasser 2,50, O-Saft 2,50, Kaffee 2, Metaxa 3. Samos-Platte (Calamares, Seezunge, etc.), Fischsuppe 5.

Pompöse große Kronleuchter (Porzellanausführung mit Petroleumlampen-Look), griech. Götter (leider nur aus Stein) und wallende Stoffe an der Decke erzeugen eine Atmosphäre, die wir schätzend genießen, denn wo finden sich heute denn noch junge Götter? Die griechischen Kellner sind eifrig bemüht, ihrem göttlichen Kollegen nachzueifern. Damen bieten sie statt einem schnöden Thekenplatz einen ganzen Tisch an — aber wollen das die Damen? Zeitgemäß beschallt die Musikanlage die Gäste mit dem Discohit des Sommers, original vom griechischen Michael Jackson — Jorgo Mickaelis. Die Speisenauswahl ist griechisch und vielseitig und verspricht Genüsse zu durchschnittlichen Preisen. Und weiter geht's die ach so lange Heidelberger Straße. Souvlaki und Retsina wurden nur erfunden, damit man Kneipen wie diese genießen und lieben kann. ZEUS LÄCHELT. KATIE UND HILDE KICHERN. □☼

DIMITRIS, *griech.* Karlstr. 20. ☎ 06151/41061, 11-15, 17.30-01. Grüne-Bohnen-Suppe 3,50, Gyros 10,50.

Ein ruhiger, ansprechender Grieche, bei dem endlich mal weitgehend vermieden wurde, innenarchitektonisch gesehen, hellenische Verhältnisse vorzugaukeln. Die Asklepios-Platte für Sechzehnfuffzich bringt alles, was man beim Griechen erwartet, und zwar gut. RICHTUNGSWEISEND. ∞

DISCHRITZER, Alexanderstr. 37. ☎ 06151/25110. Mo-Fr 17-01, Sa/So 19-01. Bier 2,50, Kaffee 2, Apfelwein 1,80, Gin Tonic 3,50, Mexikanische Suppe 4,50, Knoblauchbrot 1,80, Pizza ab 6, Babypizza 4,50.

Rustikale Einrichtung mit geritzten (!) Holztischen und Pfeilern zum Anlehnen. Die Bedienung hat's — die Kneipe als solche nicht — das «gewisse Etwas». Dafür aber philosophielastig. In die Richtung zünftige Hüttenabende mit viel Humba-Täterä und Jodler-Musi und guter Laune, von Könnern, wie den Tiroler Kaiserwaldmusikern, der Oberkircher Familie, bis zu den Schwestern Maria & Josefa Stadinger. Altersmäßig von Mitte 20 bis Mitte 40 alles drin, ungeritzt. Den armen Testerinnen sei es verziehen, aber nach neun Stunden ununterbrochenen Kneipen-Ge- und Besuchen ist ihnen der Blick für das Spezifische verlorengegangen. Das kann an den Testern liegen oder an den Kneipen?! Aber hier liegt es am Spezifikum des Lokals: Es liegt auf der Hand bzw. am Namen. Ein Blick auf die Tische zeigt, wer hier schon alles gesessen und geritzt und gespritzt hat: »Der Mütterkreis, 2.7.88«, »G.T.W. SS 88«, »A + K.W. + ?« und jede Menge durchbohrter Herzen. Hups! Etwa eine okulte erogene Zone? So ein Mist, und wir haben unseren Dolch vergessen! Es könnte eine abendfüllende Beschäftigung sein, all diese verschlüsselten Botschaften und die dahinterliegenden dramatischen Ereignisse und Lebensschicksale zu ergründen. Deshalb ist es auch kein Wunder, wenn die Gäste hier zu philosophieren anfangen. RITZT DIE TISCHE WEG; HIER RITZT, DA RITZT, IMMER RITZ, RITZ IST IN, SCHMIERGELN IS OUT. Die Tester sind in Höchstform. FÜR RITZEGUCKER □☼

FAN'S, *asiat.* Mühlstr. 60. ☎ 06151/20199. Tgl. 12-15, 18-24. Bier 2,80, Wasser 2, O-Saft 2,50,

Kaffee 2, Sake 3,30, König Boris I, süß, 3,50. Indonesische Reistafel für zwei Personen 34,90, Frühlingsrolle 3,20.

Chinesische Lampen, Gemälde, Wandschirme, normal chinesische Einrichtung, gemischtes Publikum. Der Kellner aus China spricht exzellentes Hochdeutsch. Zu empfehlen ist die indonesische Reistafel für zwei Personen und die Fan's Spezialmenüs: Sechs verschiedene Menüs zu tragbaren Preisen. Preis und Qualität des Essens sind sich ebenbürtig. Anzumerken wäre noch, daß die Frühlingsrolle zu fett (in Öl schwimmend) war. Das Wan Tang süßsauer hat dafür sehr gut geschmeckt. Zur Erläuterung: Wan-Tang sind Teigtaschen mit Fleisch. Hervorzuheben wäre der Kinderstuhl — also kinder- und elternfreundlich — man muß nur der erste sein (Wegen der in China üblichen strengen Familienplanungsvorschriften). LIEBER FAN'S GAST ALS FUSSBALLFAN. ☐●

GALLO NERO, *ital.* Heidelberger Landstr. 105. ☎ 06151/62699. Tgl. 11.30-15, 18-01. Bier 2,80, Wasser 2, O-Saft 2,50, Kaffee 3, Rotwein 3,50. Drei-Gänge-Menu 35, Tiramisu 8, Spaghetti con Carne.

Elegante, altrosa und weiß gehaltene Einrichtung. Das Publikum ist zu später Stunde nervig, dafür aber ein äußerst aufmerksamer bis dezent aufdringlicher Kellner. Dem Koch, pardon Chef de la cuisine, liegen wir zu Füßen, nachdem wir seine Creation des Tiramisu verspeist haben. An ihm ist ein Designer verlorengegangen. Noch nie haben wir eine solche gestalterische Umsetzung des geschmacklichen Genusses des obigen Desserts in eine ästhetische Form auf einem schlichten weißen Teller gesehen. Wem dies vielleicht zu geschwollen vorkommt, dem möchten wir versichern, daß wir es ernst meinen. Wenn es noch früher wäre und unsere Mägen leerer, was wir nun doch sehr bedauern, würden wir hier ein Menü ordern und uns

so das Schlaraffenland vorstellen. Unsere Geldbeutel sind natürlich froh, um dieses Erlebnis herumgekommen zu sein. Der spanisch sprechende italienische Ober, pardon, Chef de rang, deutete an, nicht nur gerne das Tiramisu probiert haben zu wollen, was immer das für Phantasien beim Essenden bzw. Lesenden auslösen mag. Das einzig Störende in dieser vollkommenen Kulisse war eine winzig kleine Eintagsfliege über dem Cappuccino. Senor Ober wird noch in 100 Jahren darüber nachgrübeln, ob und wie und wo seine Vor- bzw. Nachfahren meine Urahnen getroffen haben im Laufe der letzten 100 Jahre, wollen wir ihn nicht in seinen anstrengenden Überlegungen aufhalten. TIRAMISU = ZIEH MICH RUNTER. ☐ ☼

GLASSCHRANK, *ital.* Pützerstr. 6. ☎ 06151/41471. 11-15, 17.30-24, So zu. Bier 3, Wasser 2,30, O-Saft 3,50, Kaffee 2,50, Frascati 5, Crespella (Teigröllchen mit Spinat und Gorgonzola) 10,50, Gemüseplatte für Vegetarier 17,50.

Ein etwas teurer Italiener, mit altfränkischem bis barockem Ambiente. Hier ist das Speisen eine Gaumenfreude und auch für Feinschmecker zu empfehlen. Italienisches Ambiente durch die Herren Ober, die ab und zu ein dezentes »Grazie« einfließen lassen, und einen hervorragenden Service bieten. Es ist halt doch etwas teurer, einen guten Geschmack zu haben, stellt man hier fest. Wir fordern, mehr Geld und Genüsse für alle. Im Sommer kann man auch draußen sitzen. Klaus meinte, der «Glasschrank» sei eine Bonzenkneipe, Claudia widersprach und empfahl uns die gefüllten Teigröllchen Crespella — wir meinen, beide haben recht. HOMMAGE AN DIE ITALIENISCHE KÜCHE. ☐●

INDISCHE SPEZIALITÄTEN «MÜHLSTR. 36«, *indisch* Mühlstr. 36. ☎ 06151/22694. 11-14, 17-24. Bier 2,60, Wasser 2, O-Saft 2,50, Kaffee 2,50, Shocker (Cocktail) 8,50. Vegatarische

Spezialitäten, Blattspinat mit Käse 11,50, Basmati-Reis mit hausgemachtem Käse, Erbsen, Gemüse 12,50.

Klein, aber fein. Weißer Rauhputz, rote Tischdecken, ind. Gemälde u. Bilder — dezente ind. Ausstattung. »Szene«-Inder, direkt hinter dem Café Chaos gelegen, eignet sich zum Tête-à-tête bei gepflegtem »scharfen« exotischen Essen und in einem Ambiente einer dezenten Verbindung Indiens mit dem westeuropäischen New-Wave. Eignet sich für die Scene abends. Hier bekommt man etwas Kleines, Feines oder auch was Größeres, als auch etwas Solides zu Mittag. Die Speisenauswahl ist gut, mittlere Preisklasse. Für Unwissende der indischen Küche: Bei den Beigabe-Saucen ist Vorsicht geboten: Kommt sehr scharf. Hier kann man sich so festquatschen, daß man nicht mehr zur nächsten Besprechung kommt. GUT UND SCHARF.   □

KARAGÖZ, *türk.* Sandstr. 32. ☎ 06151/21068. Tgl. 18-01. Bier 0.4l 3, Wasser 2, O-Saft 3, türk. Kaffee 2,40, Raki (türk. Anissschnaps) 2cl 2,50. Spezialität des Hauses: Katmer (gefüllte Teigtaschen mit Gemüse, Fleisch und Käse) von 10,60-12,50.   s.S. 392

KNEIPE 41, *ital.* Kahlertstr. 41. ☎ 06151/25517. 18-25. Bier 0.3l 2,40, Wasser 1,30, O-Saft 2,20, Kaffee 2, Guiness 0.3l 2,80. 3l gut Pizzen von 4,80-8,40 und für den kleinen Appetit die Mini-Pizza 3,50.   s.S. 213

LA BODEGA, *span.* Kahlertstr. 34. ☎ 06151/291674. Bier 0.4l 2,50, Wasser 1,50, O-Saft 2,50,
Kaffee 2, Carajillo (Cafe con Cognac) 4, Paella 15, Muscheln 6,50, Pizza ab 5.

10 verschiedene spanische Brandys, wo gibt es das? Vom Duque de Alba zu 6.- bis zum guten Veterano zu 3.-. Hoffentlich sind die Flaschen keine Attrappen! Publikum: Studenten und sonstiges intellektuelles Fußvolk

(Parkplätze sind nämlich Mangelware). Spanischer Duft, oh, wie gut und spanisches Ambiente mit spanischem Gemurmel (da geht einem Spanienfan doch das Herz auf!). »Der Studentenspanier« – also große Portionen für wenig Geld und gute Qualität. Große Auswahl an Fisch, Meerestieren, Fleisch und sogar spanische Paella gibt's schon für eine Person ab 15.-. Vom Rotwein bekommt man hier eine rote Nase, aber besser eine rote als eine verstopfte. Nur eine freie Nase ist eine gute Nase! Für den Hundebesitzer zu empfehlen: Die lieben Kleinen müssen nicht festgebunden werden, sondern dürfen an fremden Tellern schnuppern. So viele Artischocken-Herzen hat Hildegard noch nie als Vorspeise bekommen, dabei dachte sie noch, sie seien kalorienarm. Unstrittig hingegen ist, daß sie zahnschonend sind. Das heißt im Klartext: Dieser Vorspeisenteller ist mit dem Symbol der »Aktion zahnfreundlich e.V.« auszuzeichnen! NICHT NUR ZAHNFREUNDLICH.   □●

LA CANTINA & ZUM TREPPCHEN, *ital.* Annastr. 2. ☎ 06151/23002. Tgl. ab 17.30, So zu. Bier 3, Wasser 2,20, O-Saft 3, Kaffee 2,50, Cappuccino 3. Pizza von 6-11, gemischte Vorspeisen 16,50.

Wenn man mal mit den Eltern gepflegt speisen will, könnte man dieses Lokal aufsuchen. 20 verschiedene Nudelgerichte, italienische Speisen. Der Kellner besticht durch sein Ignoranz. Hilfe, wer hat eine Krawatte für mich? Erst mal auf's Klo. Aber nur zu empfehlen für Zwangsneurotiker mit panischen Ängsten vor Bazillen. Hier trägt selbst die Klobrille Pariser. Nachschieben, die scheiben sich sogar per Knopfdruck weiter. Auf Endlos programmiert für die nächsten Benutzer. Igitt, dieser Schmutz überall! Hinter der Tür lauert erst mal das Spiegelbild und läßt den Nichtsahnenden vor Schreck die Hose fallen. Der ignorante Kellner entwickelt sich zum arroganten, fistelstimmigen Faulsack, der zur vorgetragenen Bitte um die Rechnung nur ein hohes «ja, bitte« hervorstieß. NEIN DANKE. □●

LAS PALMAS, *span.* Dieburger Str. 22. ☎ 06151/76806. Tgl. 11-15, 17-01. Bier 2,70, Wasser 2, O-Saft 3, Kaffee 2,50, Rioja Wein 3,50. Paella Valenciana 17, Seeteufelfilet in Knoblauch 22, Span. Omelette 7.

Rustikale Brauerei-Einrichtung mit Muschelwänden. Gemischtes Publikum. Es ist immer wieder eine Freude, wenn ein spanisches Restaurant auch in der Bundesrepublik seine spanischen Sitten aufrechterhält, so z.B. bei der Bereitstellung von kleinen Appetitanregern, bevor der große Schmaus kommt. Reichhaltige Speisekarte, mit spanischen Spezialitäten, Fischgerichten und einigen italienischen Speisen. Ebenso gut: die Getränkeauswahl. Unverkrampfte Atmosphäre bei spanischer Musik aus dem »Off« mit echter (!) spanischer Bedienung. Der Mittagstisch zum Preis von 7 ist eine Service-Spitzenleistung. MUY BIEN! □☆

OLYMPIA, *griech.* Niederramstädter Str. 51. ☎ 06151/44918. Tgl. 11-15, 17.30-01. Bier 2,80, Wasser 2, O-Saft 2,50, Kaffee 2, Retsina 3,50. Feta-Schafskäse geb. 6, Gyros mit Tsatziki 11,50.

Tavernen-Einrichtung für alle, die »bei Taso« gegenüber keinen Platz gefunden haben. Sehr gute Eintöpfe und gutes Essen, daß schon für mittags zu empfehlen ist. IST O.K. □●

ORANGERIE, Bessunger Str.44. ☎ 06151/664946. Di-So 11.30-15 & 18-24. Mo und So abends zu. Bier 3,50, Cola 3, 85-er Riesling 11,50. Angemachter Mozarella 14,50. Kalbsmedaillons, Morcheln, Blattspinat und Bandnudeln 44. Menues 54-84. Wechselnde Speisekarte.

Natürlich ist fast jede Kneipe stinklangweilig. Wer geht schon in Kneipen? Und dann noch in diese? Es gibt zwar immer mehr Kneipiers, die Getränke und Speisen zubereiten

und verkaufen, es gibt tatsächlich Leute, die sich viele Gaststättenbetriebe anschauen, aber kaum noch jemand gibt dort sehr viel Geld aus. Reden wir also nicht über wirklich gute Kneipen und Restos. Reden wir über was anderes. Reden wir über einen Griechen in Darmstadt, der unbedingt schnell reich werden will. In angemieteten historischen Gebäuden, im Park gelegen, mit Garten und Terrasse. Hier sind unter anderem Scheckkarten-Besitzer von Amex bis Visa. Schelten sich kinderfreundlich und Hunde erlaubt in einem Satz. Das edle Vorzeigerestaurant des Griechen Dimitri Droukas für das gehobene Publikum. Die gastronomischen Qualitäten überzeugten hier das VIF-Gourmet-Journal, der PR-Artikel liegt als Hochglanzprospekt im Lokal aus. So leicht lassen wir uns aber nicht überzeugen. Denn wir kennen Herrn Droukas auch als Betreiber der Kantine des Darmstädter Staatstheaters, und dort gibt er sich ja nicht solche Mühe bei der Verköstigung der Angestellten und Mitarbeiter. Dort erzählt er Geschichten übers Essen, die sind so wie bestes Essen. Nur eben viel schöner. Äußerst lieblos, die Kommentare. Kein Ort, wo das wahre Leben brummt, das Herz ausklinkt, es sei denn bei der Präsentation der Rechnung. Wir beziehen uns nochmal auf das VIF-Gourmet-Journal und schließen uns an: »Jedoch waren die Artischockenböden ENTSCHIEDEN ZU SAUER«. ★□☆

POSEIDON, *griech.* Rheinstr. 41. ☎ 06151/27371. Mo-So 11-15 & 17-01. Bier 3,60, Kaffee 2, Lammkeule 13,50, Gyros 12,50. Draußen sitzen.

POSEIDON, BEI TASO, *griech.* Nieder-Ram-städterstr. 34. ☎ 06151/292355.Tgl. Tgl. ab 18, Reservierung erwünscht. Bier 2,50, Wasser 2, O-Saft 2,50, Kaffee 2,50, Demestica 4. Auberginen mit Knoblauchsauce 9,50, Moussaka-Auberginenauflauf 15,50, orig. griechischer Joghurt mit Honig und Nüssen 3,80.

Klein, rustikal, aber gemütlich. Gemischtes Publikum, viele junge Leute. Sehr umfangreiche, liebevoll gestaltete, ausführliche Speise- und Getränkekarte. Die Speisekarte führt durch die Vielzahl der Speisen und Getränke, aber belehrt auch den unwissenden Gast, den rüden Fresser, über die Kultur des Speisens mit vielen Informationen: original griechische Philosophen und aufschlußreiche Hintergrundinfos. Fragen nach Besonderheiten lohnt sich auf jeden Fall, denn es gibt Spezialitäten, die nicht auf der Karte stehen. Wenn der Wirt in Stimmung ist, singt er auch. Ein aufmerksamer Wirt, der sich um das Wohlergehen seiner Gäste bemüht. Hier findet das Knoblauchfestival weiterhin statt. Viele vegetarische Vorspeisen. Einige Speisen müssen vorbestellt werden, weil sie immer frisch zubereitet serviert werden, und der Wirt höchste Ansprüche an die Qualität seiner Speisen stellt, mit denen er seine Gäste bewirtet. Nach Auskunft der Gäste der beste Grieche in Darmstadt, und wenn wir das nächste Mal essen gehen, dann werden wir dorthin gehen. Um einige Speisen besonders zu erwähnen, fehlt einfach der Platz, denn wie könnten wir 302 Speisen hier beschreiben!? Für den Wirt ist essen nicht nur speisen, sondern eine Frage von Geist und Kultur. EINE GRIECHISCH-GASTRONOMISCHE PERLE.

□●

SAN REMO, *ital.* Grafenstr. 22. ☎ 06151/20778. Tgl.08-01. Bier 0.4l 2,90, Wasser 2, O-Saft 3,20, Kaffee 2,30,

Averna (Likör) 3,50. Sehr knusprige Pizzen ab 5,50, Reis »Mailänder Art« 7,50.

Stilechte Einrichtung wie in Italien. Karg, mit lautem Fernseher. Praktisch, quadratisch, gut. Die Atmosphäre kommt von den Gästen (viele Italiener, Stammpublikum, Italiener und Freunde der italienischen Kultur und Lebensart). Es ist Darmstadts italienischster Italiener. Besticht durch seine Schlichtheit, überzeugt durch seine solide Küche. Sehr leckere Eisbecher. Das Tiramisu ist ein Geheimtip. Wegen der Kino-Nähe nach Programmschluß immer besonders voll. Man kann auch telefonisch bestellen (Straßenverkauf). Tagsüber haben die alteingesessenen Italiener ihren Stammtisch, an dem dann Zeitung gelesen und diskutiert wird. Und wenn die Aubergine in der Bleichstraße zuʳ Bratkartoffel wird, bleiben zum Glück das San Remo und sein gleichnamiger San Remo-Salatteller, der dem Bauch einfache Freuden durch seine vielen Käse- und Schinkenwürfel macht. CIAO BELLO.   □●

TAVERNA ROMANA, *ital.* Dieburger Str.6. ☎ 06151/713040. Mo-Fr 11-15, 17-01, Sa 17-01, So zu.

TEGGIANO, *ital.* Bistro/Restaurant. Alexanderstr. 29. ☎ 06151/24220. Tgl. 11-15, 17-0.30. Bier 3, Kaffee 2, Wasser 1,50, Frascati 3, O-Saft 2,50. Pizza von 4,50-14, Gnocchi 8,50.

Neueröffnung am 12.11.1988. Atypische Einrichtung, d.h. Mahagonimöbel, viel Holz an der Theke, Raumteiler etc., gediegener als eine normale Pizzeria. Nette Geste der Wirte zur Eröffnung: Jeder Aschenbecher ist geziert mit Feuerzeugen in den Farben der Trikolore. Das macht Raucher schon mal positiv gesonnen für diese neue italienische Adresse in Darmstadt. Reiche italienische Speisenauswahl, gutes Preisleistungsverhältnis. IN HOFFNUNGSFROHER ERWARTUNG.□ ☼

VIKTORIA, *ital.* Viktoriaplatz 12. ☎ 06151/25152. Tgl. 12-01, vorübergehend zw. 15 u. 18 zu. Bier 0.4l 2,80, Wasser 1,50, O-Saft 2,50, Kaffee 2, Chianti 0.2l 3. Zabaglione für zwei Pers. 8, Pizza Margerita 6.

Das Viktoria ist schwer zu finden, da es in der Zone Darmstadts liegt, in der die Stadtplaner alles verkehrsberuhigt haben. Jeder Platz sieht gleich aus, ob im Westen oder Osten, und so läuft man erst mal in die falsche Richtung. Die beste Pizza Darmstadts, meinen die einen, die ultimativ beste Pizza Darmstadts, die anderen. Wem die Einrichtung und das Ambiente nicht gefällt, der hole sich hier die Kuchen ab und genieße sie in den nicht-durchschnittlichen eigenen Möbeln. Vielleicht sollte man in Darmstadt auch mal zur Abwechslung maledivisch essen gehen. Darmstadt wird noch ersticken an dem großen Pizza-Angebot. Nicht aber an denen von Viktoria. Agnes und Gianni freuen sich über jeden Besuch! EXTRAKLASSE.   □●

VIVARIUM, *ital.* Roßdorfer Str. 157. ☎ 06151/47651. Bier 2,90, Wasser 2, Traubensaft 3,10, Chianti 4,60. Gemischter Fischteller für zwei Personen 56,50, Carpaccio 19,50.

Carpaccio gibt es eigentlich nur in Mailand. Carpaccio ist roh ,aufgeschnittenes Fleisch in hauchdünnen Scheiben. Das Fleisch ist nicht, wie bei uns üblich, abgehangen, sondern frisch und blutig. Dazu ißt man eingelegte Artischockenherzen und anderes, sauer Eingelegtes. Wer sich diesen kulinarischen Luxus leisten will, kann ins Vivarium gehen. ZU TEUER.   □●

ZERO, *ital.* Im Karlshof. ☎ 06151/714550. 18-01. Bier 2,70, Wasser 1,80, O-Saft 3, Kaffee 2,20, Kir 5, Spaghetti Marinara mit Muscheln, Knoblauch, Tomaten 7,50, Canelloni Fiorentini (auf Blattspinat) 9.

Neues vom Billigkünstlerdienst: Über mehrere Ebenen erstreckt sich ein helles, gemütliches Lokal. Holztische, weiße Wände, schöne akzentuiert gefleckte Decke von hell-bis altrosa, unterbrochen durch blaulackierte Heizungs- und andere Rohre.

Das »Zero« liegt im Karlshof inmitten von Studentenwohnheimen und ist für Ortsfremde schwierig zu finden. Quer über die dunklen Höfe und Parkplätze gelangt man immer geradeaus zum Zero. Bekannt als guter und billi-

ger Italiener und tatsächlich, die Speisekarte zeigt kein Gericht, das teurer ist als 13,50 und die Pizza Zero gibt's schon ab 6,50. Die Auswahl klingt vielversprechend und hält, was sie verspricht. Die Innenarchitektur dieses Kellerlokals besticht durch einen wirklich interessanten, außergewöhnlichen Stil, der nicht zuletzt durch die italienischen Speisen ein sizilianisches bzw. sardinisches Flair hervorruft....äh — besonders dann, wenn man schon ein ganz klein wenig italienischen Rotwein gesüffelt hat. OHNE HOCHSEILNUMMERN ANREGEND.   □● ☼

ZUM ALTEN FRITZ, *ital.* ☎ 06151/79674. Frascati 3,30. Bier 3, Apfelwein 2, O-Saft 2,50, Kaffee 2,50. alle Speisen auch zum Mitnehmen. Spaghetti al Pesto mit Basilikumsauce 9, Pizzen von 5-10, Riesengarnele mit Knoblauch und Petersilie 24.

Hier müssen wir, um die Ehre des Wirtes wieder herzustellen, einiges richtigstellen: Das Essen ist hier sehr gut. Italienische Küche, die in der »Szene« bekannt und beliebt ist. Das Essen im »Alten Fritz« hat Tradition und ist aus dem Martinsviertel nicht mehr wegzudenken. Bedauerlich ist nur, daß die nette Wirtin nicht mehr lebt. Der Wirt, ein erfrischend sympathischer Italiener, der unentwegt zwischen Theke, Küche und Gästen herumwieselt, bekam sofort einen Wutanfall, als er uns mit dem »Doppelkorn« identifizierte.

KÜCHE EXOTISCH

Aber freundlicherweise bediente er uns dann doch. Alle »Stammgäste«, die hier immer essen, haben dem Wirt bestätigt, daß die letzte Beschreibung schlichtweg unzutreffend war. Da muß der letzte Tester doch einen arg schlechten Tag gehabt haben. Kein Martinsviertel ohne den »Alten Fritz«! Irren ist menschlich. SCUSI — NIE WIEDER OHNE.

□●

ZUR KANNE/DIONYSOS, *griech.* Kopernikusplatz 1, ☎ 713322. 17.30-01, So/Feiert. auch 11.30-14.30. Weine 4/5 Gyros. Veranstaltungen/Saal.

So kann Ausländerintegration aussehen: weder richtig griechisch noch bodenständig deutsch. Für Hungrige, die sich für 18,- die Heraklesplatte mit Rinderfilet reintun können. Ansonsten ist dem riesigen Freßlokal die Entscheidung zu empfehlen, ob denn nun Spanferkel oder Hammelkeule programmbestimmend sein sollen. MITTELMASS.

∞

![wiesbaden]

AL PORTO, *ital.* Schierstein, Wasserrolle 3. ☎ 06121/21903. Di-So 11.30-14.30, 17.30-24. Mo zu. Bier 3, Wasser 2,50, O-Saft 2,50, Wein 24-25, Tee 2,50. Pizza 6,50-10, Salate 7,50-8,50, Fleisch und Fisch 15-18,50, Krabben 10.

Eingerichtet wie eine typische, italienische Pizzeria in Deutschland eben eingerichtet ist. Was erwartet man von einer Pizzeria? Daß das Essen schnell kommt, man in Ruhe seine Pasta oder Pizza genießen kann und das möglichst in einer unaufdringlichen Atmosphäre mit italienischer Musikunterlage. Alles vorhanden, nur das Preisleistungsverhältnis ist nicht das Wahre. Der Teig zu fest und das Hackfleisch kann man auf der Pizza Bologna suchen. ZU TEUER.

■

ALEXIS SORBAS, *griech.* Kaiser-Fr.-Ring 73.

☎ 06121/812312. Tgl. 11.30-14.30, 17.30-24, Mo zu.

Für Anhänger der griechischen Küche, die gern die Musik des Landes live erleben, aber auf die übliche kitschige Ausstattung zugunsten von künstlerischen Ausstellungen verzichten können, hat Anfang 1987 das »Alexis Sorbas« seine Tore geöffnet. Auch 1989 zu empfehlen: Die Gerichte aus dem Backofen. HERVORRAGEND.

〵〵

ALI BABA, *türk.* Wellritzstr. 34. ☎ 06121/400155. So-Fr 06-24, Sa 06-01. Bier 1,30 & Pfand, Wasser 1, Fanta 1,20, Kaffee 1,50, Cay (türk. Tee) 1, Ayran 1,20. Div. Kebab 8-10, türk. Pizza 3, Suppen 4-5, Pudding 2,50, Pizza 3,50-9, die große Pizza kostet 1 mehr.

Schön und klein, das ist der erste Eindruck — trotzdem kein Platzmangel, das ist der zweite. Osmanische Verzierungen, ein paar Pflanzen und zwei Holztische kennzeichnen den Eßraum. Die Preise sind niedrig, die Portionen genau das Gegenteil. Logisch, daß man zu jedem Menü sein Fladenbrot bekommt. Man sollte unbedingt mal den Milchreis (Satlac) probieren. Nach dem Essen darf der Kaffee nicht fehlen, den gibt es jedoch nicht umsonst. Ansonsten fühlt man sich, auch durch die Masse der türkischen Männergesellschaft, wie in einem Lokanta, etwas abgelegen in einem Stadtteil von Istanbul. Die türkische Musik, laut, deutlich und verkratzt, sorgt für die entgültige Orientstimmung. ALLES NOCH ECHT.

■

CENTRO ITALIA, *ital.* Wörthstr. 18. ☎ 06121/376233. tgl. 10.30-1.30, Di. zu. 0.2l Chianti 2,50(!), Panzerotti alla Strasciciata 10,50 DM.

Nach diesem italo-lukullischen Erlebnis jucken selbst dem Kneipenmuffel so die Finger, daß es zu diesem Lobgesang auf »den« Italiener Wiesbadens kommt: Das Interieur verbindet Kitsch von der Strohüberdachung über dem Tresen bis zur obligatorischen Weinflasche mit langgezogenem Hals so geschickt mit

typisch südländischer Stimmung, daß es nicht stört. An einer Wand hängen Fotos von einem Freund des Hauses beim Body-Building-Wettbewerb einträchtig neben Szenenfotos der hauseigenen Kneipenmannschaft. Mit dabei auch Chef und Sizilianer Pasquale Buscema, dem es im Gegensatz zu allen deutschen und germanisierten Köchen gelingt, die Nudeln wirklich bißfest auf den Tisch zu zaubern. Da lohnt sich das Studium sowohl der gedruckten als auch der mit Kreide geschriebenen, täglich wechselnden Speisekarte. Wen es hierher verschlägt, der hat Glück gehabt. Wie der hungrige az-Reporter, der noch um 15.20 Uhr (Achtung, bei diesen freundlich ausgeweiteten Zeiten handelt es sich nicht um die Regel) mit Panzerotti alla Strasciciata versorgt wurde — nicht mit verbiestertem Blick, sondern freundlichem Lächeln. Was Panzerotti sind, wußte er vorher auch nicht — doch jetzt wird er die spi-natgefüllten Teigtaschen in Sahne-Tomaten-Sauce nicht mehr vergessen. Und das liegt nicht nur daran, daß ihm hier die bisher besten Nudeln seines Lebens serviert wurden. Sondern auch an der Stimmung rundum. Etwa an den 4 Männern, die ins Kartenspiel Amino vertieft am Nebentisch saßen, und von denen sich später herausstellte, daß sie andere italienische Kneipen in Wiesbaden betreiben. Die wissen schon, warum sie in die Wörthstraße kommen. NUR EINE TOSCANA-REISE KOMMT BESSER.   ★

ENTE VOM LEHEL, *intern*. Kaiser-Friedrich-Platz 3. ☎ 06121/133666. Tgl. 18.30-24. So, Mo zu. Restaurant, Bistro, Entenkeller und Gourmet-Boutique.

Der fürstliche Nassauer-Hof beherbergt das gastronomische Lieblingskind und Paradepferd der Region. Rund 15 Feste werden hier jährlich gefeiert und sie gehören zum teuersten. Gästelisten der »Wahlparty«, des »Fata-Morgana-Festes« lesen sich wie das Who is Who. Shari Belafonte, Hans Dietrich Genscher, Walter Scheel, Peter Boenisch. Nicht einmal Gerhard Löwenthal ließ sich abschrecken, obwohl Wirt Hans Peter Wodarz auch einen DDR-Wein offeriert. Dieter Kürten hat sich mit seinen Wasserträgern und Claqueuren im »Entenkeller« wohnlich eingerichtet. Wenn die Quaken der Ente ertönt, kommen sie alle, um ihre Schnäbel zu wetzen und Champagner und Gänseleber zu stopfen. WAS FÜR EIN DING. ★

FILIALE, *ital.* Stiftstr.9. ☎ 06121/590642. Tgl. 17-01, warme Küche bis 24. Milchkaffee groß 3,80, Säfte 3,50, Pils 3, Rotwein 4.

Auffällig die klare moderne Ausstattungslinie. Sie geht mit Pastelltönen eine gelungene Synthese von Farbe und alten Einrichtungsfragmenten ein. Die Bilder der lokalen Pinselgröße Knut Wrobel, sind fester Bestandteil der Einrichtung, sozusagen eine Dauerausstellung. Vom Vernissagerummel hält die Geschäftsleitung nichts. Gute gastronomische Kunst kreiert Rätsel und verweist immer auf unsichtbare Beziehungen. Der Besitzer der originellsten Pizzeria im Bergkirchenviertel wollte sich endlich den Traum eines fast jeden Kneipensüchtigen erfüllen: Nach den eigenen Vorstellungen und Wünschen einen Laden eröffnen, den man selbst auch als Stammgast frequentieren würde. Und er fand eine Partnerin. Auf diese Weise wird die Schlechtigkeit der profanen Alltagskneipenwelt ersetzt durch Faszination, die außergewöhnlich Normales ausstrahlt. Durchschnitt, aber etwas teurer, diese Aufgabe meistert die italienische Küche spielend. Besonders zu erwähnen: Tortellini mit Gorgonzola-Soße, Mozarella Caprese und für Gemüsefreunde Pizza Broccoli. Nein. Nix für Fresser, die ein Eßerlebnis an der Kiloschwere und dem Fetttriefgehalt einer Schweinshaxe messen. Es gibt Menschen, die Freude an den schönen Dingen des Lebens haben, an der Ästhetik des Alltags, an Kommunikation, an Essen und Trinken. Menschen, die dies als Ausdruck von Persönlichkeit und individuellem Lebensstil verstehen, sich aber nur einen bescheidenen Verzehr leisten können. Wer in der »Filiale« einen ganzen Abend lang nur an einem Pils nuckelt, wird ebenso nett und aufmerksam bedient wie der ausgiebige Zecher und kann den Abend ungestört genießen. Der Gast bleibt in jedem Fall, darauf legt der Wirt besonderen Wert, bei allen Besucherstürmen König. Sie wollen genießen und dennoch keine Ruine ihrer Gewohnheit werden? Sie lassen mutig, trotz der Neigung zur Vielfresserei, ein Göttermahl, eine säuisch große Portion Sauerkraut mit Rippchen und ein abgestandenes, schales Export in der Hauptbahnhofskantine einfach so stehen und können ihre Freßgier bis hier hoch in die Stiftstraße zügeln? Dann machen sie wirklich eine gute Figur. GEBT DER CHEFIN ENDLICH EINE CHANCE!!!   ★

GIRASOLE, Stiftstr. 12. ☎ 06121/527852. So-Fr 11.30 -14.30 & 18-23.30, Sa zu. 0.4l Bier 3, Cola 2,50. Hausgemachte Nudeln 9,50, gemischte Fischplatte mit Beilagen 32. Draußen sitzen.

KEBAB ORIENTAL, *türk.* Schwalbacher Str. 49. ☎ 06121/300494. So-Do 11-01, Fr/Sa 11-02. Bier 0.5l 2, Wasser 1,50, O-Saft 1,50, Kaffee 2, Wein 3, Raki 3. Preise sind korrekt. Fünf Tagesmenüs zw. 5 u. 8, Festmenüs, gefülltes Huhn 6,50, Calamares 6,50, div. Kebabs 6,50-8,50.

Zu den Kebabs wird heißes Brot (kein Fladenbrot), Reis und Salat serviert. KLEIN, FEIN, PREISWERT, SATT. DER ENDGÜLTIGE KEBAB.   ■

KID CREOLE, *creolisch.* Walramstr. 37. ☎ 06121/403133. Di-So 18-22, Sa 18-23, Mo zu. Wasser 3, O-Saft 4, Kaffee 3, Kir Royal 13,50, Weine ca. 6, Bouteille 45-68. Entrees 7,50-14,50, Fisch ca. 35, Fleisch 23,50-36,50, exotischer Fruchtsalat 28,50.

Ein quadratischer Raum mit vielen Tischen, die vor Tischdecken und Servietten nur so strahlen. Schöne bunte, bemalte Bilder an den Wänden, sehr, sehr sauber. DAS Publiukum gibt es wohl nicht. Die Qualitäten des Hauses, die Schönheiten des Speisengeschmacks verbreiten sich über Mund-zu-Mund-Propaganda. Rolling-Stones-Musik gibt an, wo das Herz des creolischen Wirtes schlägt, der so fachkundig wie kaum einer seiner Kollegen, Gerichte seiner Heimat erläutert und ganz individuelle Geschmäcker bei der Zusammenstellung des Menues berücksichtigt. Das Zeremoniell kommt richtig handverlesen daher, und wenn der inflationäre Gebrauch des Wortes »Ess-Kultur« wirklich mehr als ein Mythos ist, dann erlebt man sie hier. ich kann hier nur einmal im Jahr hingehen. Wenn ich im Lotto oder einen Prozeß gegen einen honorargeizigen Verleger gewonnen habe. Nein, entgegen aller Etikettierungen, das ist kein französisches Lokal, nur weil die Südseeküche hier zitiert! Der Antillencowboy ließ uns trotz recht herber Kleidung anstandslos eintreten und war vom ersten Augenblick an genau so höflich wie zu den beiden Herrn aus dem Middle-Management am einzig besetzten Nebentisch. FÜR SIEGREICHE SPIELER ∎

LA CIGALLE, *franz.* Westendstr. 26. ☎ 06121/400431.

Einer gutbürgerlichen, französischen Küche, einer »cuisine de marché«, die bietet, was gerade frisch auf dem Markt ist, hat Frederic Beau jetzt in Wiesbaden eine Heimat gegeben. Er sorgt dafür, daß die Speisekarte sich immer nach dem frischsten Angebot richtet. Daher reist der Wirt auch schon mal in aller Frühe auf den nächstgelegenen französischen Markt, d.h., nach Straßburg, um dort frisch zu besorgen, was deutscher Boden und deutsche Gewässer nicht hergeben. Und daß dieser »Service« auch noch zu bürgerlichen Preisen zu bekommen ist, macht »La Cigalle« wirklich EMPFEHLENSWERT. ○

LA LANTERNA, *ital.* Westendstr.3, ☎ 06121/402522. Tgl. 12-14 und ab 18.30.

Man könnte ins Schwärmen kommen, hätte man das nötige Kleingeld für die anschließende Rechnung: ins ungetrübtes kulinarisches Vergnügen präzis auf den Tisch gezauberter Heiterkeiten, voll der gnüßlichen kleinen Kniffe, die lebhaft an das Flair umtriebiger, kurzbeiniger Kneipiers in der Emilia Romagna erinnern. Puristen werden mäkeln, Aangelo die große Pflaume, mogele wenn er behauptet, »klassische italienische Küche« zu päsentieren. Moderne Nouvelle-cuisine-Elemente haben sich eingeschlichen. Teufel auch! Was soll der Prinzipienstreit. Ludwig und seine Kohlköpfe vom Keglerverein hauen sich bei Milchlammfilet in der Kräuterkruste die Wampe voll. Hauptsache es schmeckt und die Hardcore-Truppe wird satt. Vegetariern, aber auch mir, empfehle ich Blumenkohl mit Parmaschinken und Gorgonzola-Sauce. Sie müssen wissen, ich bin so narrisch auf Blumenkohl, wie die Schweine vor Perugia auf Trüffel! Gewiß ein teurer Italiener, aber zum Glück keiner dieser Sorte: Es kracht und zischt — zu sehen und zu beißen ist nischt! SCHÖN WÄRS. ★

LOKUM — KEBAB HOUSE, *türk.* Schwalbacher Str. 61. ☎ 06121/306345. So-Do 10-01, Fr/Sa 10-02. Bier 2,50, Wasser 1,50, O-Saft 2,50, Kaffee 1,70, türkische Limonade 1,50, Wein 3,80, Ayran (Trinkjoghurt) 1,90. Fladen aus eigener Bäckerei (klein, groß, mittel) 1,50-1,90, türk. Süßigkeiten -,60-2, vier Tagesmenüs 5-8,50, Salate 3,50.

PATTAYA, *thail.* Frankenstr. Mo-So 11.30-14, 18-24. Cola 2, Weine ab 3,50, 0.4l Pils vom Faß 3.

Gepflegtes Restaurant, ausgezeichnete Qualität zu annehmbaren Preisen. RICHTUNGSWEISEND ○

TAVERNA ASPENDOS, *türk.* Wellritzstr. 6. ☎ 06121/408912. Di-Do 16-01, Fr, Sa 16-02, So 18-01. Mo zu. Fr & Sa Bauchtanz.

Beim türkischen Fisch-Buffet (jeden Dienstag) nicht schon an den Vorspeisen satt essen – die Portionen sind reichlich, ebenso mittwochs beim orientalischen Schlemmer-Buffet (jeweils nur 21.50 soviel man will). RICHTUNGSWEISEND.   ○

THAI ORCHID, *thail.* Moritzstr. 34. ☎ 06121/372309. Tgl. 12-14 & 18-24, Di, Sa 18-24.
Das beste thailändische Restaurant in Wiesbaden zu erschwinglichen Preisen. HERVORRAGEND.   ○

THAI-PHUKET, *thail.* Emserstr. 44, ☎ 06121/406340. Tgl. 10-01, Cocktails ab 10, Essen gehobene Preisklasse.
Der Oldie unter Wiesbadens Thailändern. Was hat der im Doppelkorn zu suchen? Berechtigte Frage. Ja, ja, zugegeben, das Essen ist anderswo, etwa im Pattaya, Frankenstraße, nicht nur billiger — manch verwöhnter Gourmet behauptet gar unverfroren, es sei dort auch besser. Was wiederum an den Preisen liegen mag, bei denen der kleine Geldbeutel vor Schmerz schreit. Das Ambiente paßt wie die Faust: Genauso, wie sich ein nicht-asiengereister Provinz-Großstädter ein gehobenes Nepp-Lokal für amerikanische Hawaii-hemd-Touristen mitten im schwülstigsten Bangkok vorstellt. Die aufdringlich laute US/Thai-Popmusik eingeschlossen. Wunderschöne Schnitzereien aus Rettich als Tellerdekoration, adrette, in Landestracht gehüllte Thaifrauen als Bedienung, Unmengen von Rattan an Decken und Wänden: miefig-dumpfe Spießigkeit, Ostasien-Plüsch, wie röhrt eigentlich ein Hirsch auf thailändisch? Thai-Nippes für die Szene? Mitnichten! Etwas anderes hievt das Phuket auf diesen Platz hier: seine Cocktails. Es war das erste Lokal in Wiesbaden mit den exotischen Drinks in langen oder dickbauchigen Gläsern. Viele Nachahmer und -Äffer hat es bislang gegeben, für begnadete Körper und gnadenlose Stümper gleichermaßen unerreicht geblieben. Wohlgemerkt. Das ist keine traditionelle Bar für Night-Life Stromer; den trockenen Martini sucht man hier vergebens. New-Wave Drinks sind die Renner: Pina Colada, Blue Hawaii, Pogo Stick — Phantasienamen für klebriges Yuppie-Gesöff, auf das auch Teenie wie Twennie, Touri und Schwiegermutter abfahren. Macho-Drinks sind schon lange out, das pfeifen nicht nur die thailändischen Spatzen. Was Chefmixer Sunthon und seine Kollegen hinter der Bar aus weißem Rum, Wodka, Gin, exotischen Fruchtsäften und allerlei bunten Ingredenzien zusammenbrauen, das sind kleine und große Kunstwerke asiatischer Fingerfertigkeit und fast erotische Liebe zum Alk. Nur die Zutaten verraten die Betreiber dem neugierigen Frager. Selbstversuche am heimischen Küchentisch enden meist leidvoll unter dem Tisch. Der Blick auf die Künstlerhände zeigt warum: Intuition, pure Intuition ist es, die sie führt. Aus gut dreißig Flaschen stets das Richtige; Meßbecher sind verpönt, Augenmaß ist gefragt. Man will dem Trinker gut und tut ihm schlecht — manchmal ist dann doch vielleicht ein Quentchen Alkohol zuviel drin. Man merkt es so nach dem Vierten. Natürlich, auch die Drinks haben hier ihren stolzen Preis: 10 Märker und darüber. Aber hier stimmt das Preis-Leistungsverhältnis. Zielstrebig steuert der Ortskundige die Theke an, läßt Speisekarte und Resto gekonnt links liegen. Neue Welten eröffnen sich, alsbald sieht selbst der Standfesteste thailändische Inseln. COCKTAIL-OLDIE DER SUPERKLASSE.   ★ ≡

VESUVIO, *ital.* Schiersteiner Str. 22 ☎ 06121/87141. Tgl. 11.30-14, 17-24, Di zu. 0.2l Pils 1,50, Kaffee 2,50.
Wer's klein liebt und wie bei Mama ist hier richtig. Klein bezieht sich aber keineswegs auf die Portionen. Die sind weniger klein als vielmehr saugut. HERVORRAGEND.

WEISSENBURGER HOF, *deutsch/chin.* Sedanplatz 9. ☎ 06121/404685. So-Fr 11.30-14, 17-24, Sa zu. 0.3l Bier 2,60.

Hinter der gutbürgerlich-deutschen Einrichtung verbirgt sich eine exzellente chinesische und auch deutsche Küche. Der «Freak» und die «Oma» sind hier gleichermaßen vertreten. RICHTUNGSWEISEND. ○

mainz

AKROPOLIS, *griech.* Münsterstr.17-19, (beim Unterhaus). ☎ 06131/235107.

Ungemütliche Atmosphäre, durchschnittliches Essen. DURCHSCHNITT.

ALEXIS SORBAS, *griech.* Rhabanusstr.13/ Ecke Frauenlobstr. ☎ 679252.

In gewohnt griechischer Atmosphäre, wird man exzellent bedient und mit hervorragenden Speisen versorgt. GUT. ×

COMO LARIO, *ital.* Neubrunnenstr.7 (am Neubrunnen). ☎ 06131/234028.

Oh, diese köstlichen Torten, genannt Pizzen! Mindestens dreimal in der Woche brauche ich sie, sonst geht es bergab, und hier gibt es sie in Spitzenqualität in zwei Größen. Altbekannt für gutes Essen und feinen Service kann man im Sommer auch draußen sitzen. SEHR GUT. ×

DELPHI, *griech.* Hintere Flachsmarktstr. 2. ☎ 24343.

Täglich rühmenswerte Tagesgerichte im gepflegten griechischen Restaurant auf 2 Ebenen und die Köstlichkeiten aus dem Backofen, machen das Delphi EMPFEHLENSWERT. ×

KÜCHE EXOTISCH

EULE, *franz.* Pfarrstr. 6. ☎ 06131/449138.

Nicht gerade billig aber Preis-wert ißt man im französischen Restaurant »Eule«. Gepflegte Bedienung in gepflegter Atmosphäre für das entsprechende Publikum. GUTES ESSEN.

ITALIANO IL QUATRO FOLIO, *ital.* Heidesheimerstr.1 (Mz-Gonsenheim). ☎ 45195.

Gutes Essen in 2 Gasträumen und im Sommer im Innenhof. GUT   ×

JADE, *chin.* Am Kronberger Hof 1. ☎ 06131/234154. Bis 24 warme Küche.

Teure chinesische Küche über Parkhaus und Bowlingbahn mit Blick über Mainz. TEUER
                                                            ×

KORFU, *griech.* Rheinallee 2 (Kreuzung Kaiserstr.). ☎ 06131/673242.

Sehr gutes Essen in nachbarschaftlicher griechischer Gastronomie-Atmosphäre. GUT.
                                                            ×

O GALO, IM HAFERKASTEN, *portug.* Heidelberger Faßgasse 7a. ☎ 06131/233488. 10-24, Küche 11.30-15, 18-24. Fischsuppe aus fünf Sorten 5, Tintenfisch mit Knobisauce 7,50, Überraschung: Rumpsteak portugiesisch, Pfeffersauce, Bratkartoffeln, Salat.

Männer, verlaßt Eure Hausfrauen, Frauen, Eure Hausmänner und geht zum echten Portugiesen! Der stärkste gastronomische Impuls, den die Stadt seit langem zu bieten hat. Die Arbeiten dieser Küche werden gewiß nie im Centre George Pompidou in Paris ausgestellt, dennoch lohnt sich der Individualkontakt, wie auch die Gruppenorgie in Form ausufernder Familienfeiern. Wenn die Stimmung südländisch schäumt, liegt das an den vielen Landsleuten, die sich hier versammeln. Aber nicht nur die, vielmehr ein bunt gemischtes Publikum vom Punk bis zur Oma, ist hier zu finden. Folglich werden keine Marketingschlachten um die

ideale Zielgruppe inszeniert, man wirbt nicht um diese oder jene Prozente von Bundesbürgern, die weg vom Video, Fernsehen, Kino wollen, und dumme Sprüche, wie »Die Lust auf erlebten Süden wecken« einfallen. Originalität und Stimmung ergeben sich eher zufällig und spontan. Haben Sie manchmal Lust, in einer anderen Zeit zu leben? So kommen Sie sich vor, wenn Akteure eines portugiesischen Musikfestivals plötzlich hier die Vorstellung fortsetzen und 150 Leute ausgelassen feiern. Hoffentlich wird dieses Kleinod nicht allzuschnell versaut! Wo sonst bekommt man eine solche Fischsuppe, denn die allein war schon eine Reise nach Mainz wert. HANDELSGESELLSCHAFT FÜR AUSERLESENE GENÜSSE.   ≡

RIMINI, *ital.* Aliceplatz 6 (nähe Hauptbahnhof). ☎ 234344.

Ausgezeichnete Nudelgerichte machten unsere Tester im »Rimini« aus. Aber nicht nur die, auch alle anderen Gerichte sprechen der Küche höchste Komplimente zu. QUALITÄT. ×

ZUM GUTENBERG, *jugosl.* Franziskanerstr.5/Stadthausstr. ☎ 06131/234064. Tgl. 11.30-14.30, 17.30-23.30. 0.3l Cola 3, 0.4l Bier 2,80. Draußen sitzen.

Innenstadt, zentrale Lage, gute jugoslawische und deutsche Küche in 2 Geschossen zeichnet den Gutenberg aus. Dazu preiswert und der Erfolg ist hergestellt. EMPFEHLENSWERT.   ×

ZUM GUTENBERG, *griech.* Heidesheimerstr.11 (Mz-Gonsenheim). ☎ 06131/42727.

Freundliche Bedienung, griechische Atmosphäre, gutes Essen und
im Sommer massig Platz im Freien bietet Ilias Risos. GUT.   ×

ZUM LÖWEN, *franz.* Mainzer Str.2 (Mz-Gonsenheim). ☎ 06131/43605.

Klein aber fein, was für das teure kulinarische Wiesbaden die Ente ist, ist für Mainz der Löwe. LÖWE FRIßT ENTE. ×

bad homburg

LA MAMMA, *ital.* Dorotheenstr. 18. Tgl 12-14.30, 18-24, Mo Mittag zu.

Angelo ist eine Institution für die Musikszene. Welches Sternchen hat sich bei ihm noch nicht mit einem Konterfei verewigt? So manche(r) New-Comer(in) verdankt seiner Initiative überhaupt Konzertauftritte, und wenn sich kein etablierter Veranstalter fand, dann organisierte Angelo kurzerhand selbst die Shows. Barbara Klier weiß solche Unterstützung zu schätzen. Gina Livingstone liebt ihn. Der Neapolitaner hat den Blues sowohl im Temperament als auch in der Küche, denn zu behaupten, der kulinarische Wert seiner Speisen sei zweitrangig, bedeutete eine üble Verleumdung. Die Speisen, die auf den Tisch kommen, sind deftige Classicos und lassen die Lust der Köche an bestens bedienten Gästen spüren. Angelo hat in seiner Liebe zur Musik auch selbst eine Platte besungen, und ich muß sagen: Es gibt schlechtere Stimmen im Show-Business! Besonders angenehm: Hier trifft man keine Leute, die von der unerträglichen Seichtigkeit des In-Seins geschlagen sind. IN FRANKFURT LEIDER NUR AUF VIDEO. ★

SALVATORES PIZZA, *ital.* Bahnstr. 35. ☎ 06172/72200. Mo-So 11-23. Bier 2,50, Wasser 1,50, O-Saft 2, Kaffee 2, ital. Weine 0.2l 1,50. Pizza 4-8,50, Extrawünsche -.50 DM mehr, Pasta 5,50-9, Specials (sehr lecker!) 7,50-9, Salate 3-7,50, Tiramisu 5.

Bistroähnliche Einrichtung, Fenster sind mit Grünpflanzen voll, gekachelter Fließenboden, in einem relativ kleinen Raum, doch genug Plätze an Holztischen mit hübsch geformten Stühlen aus Mahagoni. Ein Paradies der Eitelkeiten, da man alles in den an der Wand hängenden Spiegeln beobachten kann. Kaum Fotos an der Wand, überdimensional viel Platz für das Bedienungstrio mit beachteten Ansichtskarten. Hier achten Italiener aller Altersklassen oder auch ein paar Disco-Cliquen im Haarspraylook peinlichst darauf, daß ja keine Bluse oder Hemd mit Spaghetti vollgekleckert wird. Ein Spitzenreiter der zahlreichen Homburger Pizzerien. Die Preise sind für diese Feine-Pinkel-Stadt, der Schlafstätte Frankfurter Bankdirektoren und Top-Manager, irritierend niedrig. Da rastet der Gaumen aus! Das schmeckt toll. Nochmal eine Rangstufe höher, also Extraklasse, sind die überbackenen Nudelgerichte. An Phantasie und Stimmung hapert es nicht. Eine Pizzeria, in der man mal nicht einschläft oder sich über eitle Arroganz diverser Italiener ärgert. Dummgeile oder rassistische Anmache funktioniert hier nicht. AUSNAHMEERSCHEINUNG. ■

ZIN-LONG, *asiat.* Frankfurter Str. 1. ☎ 06172/23023. Tgl. 12-15 und 18-23.

Zweimal gebratenes Schweinefleisch 13,80. Preiswerter Mittagstisch (incl. Suppe), 11 Gerichte zur Auswahl für 9,50 und 10 Mark, nur werktags von 12-15 Uhr. Empfehlenswert: Diverse Gerichte für mehrere Personen wie »Familienglück« oder »8 Schätze«. GUT. ∾

bad soden

ASIA, *asiat.* Königsteiner Str. 91. ☎ 06196/25818. Mo-Fr 11.30-15, 17.30-24, Sa/So 11.30-24. Indonesische Reistafel 17.

Gutes Essen bis spät in die Nacht, viel Platz.

Zu den Spezialitäten des Restaurants gehört die uralte chinesische Zubereitungsform, verschiedene Fleisch-, Fisch- und Gemüsegerichte mit Hilfe eines gußeisernen Brattellers ofenfrisch zu servieren. Preiswerter Mittagstisch mit 15 Menus (Vorspeise, Hauptspeise, Nachtisch) zwischen DM 8,50 und 14,50. Abends ist das Essen dann nicht mehr so preiswert. GUT. ∾

BRASSERIE DE FRANCE, *franz.* Zum Quellenpark 29. ☎ 06196/29492. Tgl. 12-14, 17.30-24. Bier 2,80, Wasser 3, Kaffee 2,50, Cola 3. Vollwertsalat 14, Rumpsteak 200 gr (nackt, ohne alles) 20.

Sehr gutes Essen, Schwerpunkt Frankreich, allerdings, wie es sich für die Nouvelle Cuisine gehört, große Teller, kleine Portionen. Dafür sind die Preise entsprechend gepfeffert. Spezialitäten sind die Crepes, die von Crepe Straßbourg (11,50) bis zur Crepe Stroganoff (28) reichen. Die Inneneinrichtung ist etwas zusammengewürfelt. Bei gutem Wetter kann man auch draußen sitzen. Achtung, Achtung! Beim Outfit schon einen kleinen Hauch von freakig und schon wird man vom Personal ignoriert. ALLEGORIE KULTURELLER ERFAHRUNG. ∾

bad vilbel

CHINARESTAURANT LOTOS, *chines.* Frankfurter Str. 2-6. ☎ 06101/88263. 12-24. Warme Küche von 12-24. Essen auch zum Mitnehmen. Mittagstisch zwischen 7,60 und 8,60, Hühnerfleisch Chop Suey 14,50, Schweinefleisch, süßsauer 14,50, Entenscheiben mit Gemüse 20,50, Indonesische Reistafel 18,50.

Eher kitschig-chinesische Einrichtung in Gold und Rot. Aber das Essen ist hervorragend!! Sowohl für das kleine Portemonnaie – Mittagstisch ab 7,60 – als auch für das besondere Essen: Peking-Ente muß vorbestellt werden, Tafeln gibt es für zwei bis acht Personen. Auch der Wetterauer braucht's zuweilen kosmopolitisch. GUT. ∧ ⌒

büttelborn

BOUKARON, *türk.* Darmstädter Str. 46. ☎ 06152/54029. Tgl. 17-24. Bier 2,80, Wasser 1,50, Kaffee 2, O-Saft 2, Rake 3, Div. Spirituosen 2-6, türk. Rotweine 3, türk. Mocca 2,30. Vorspeisen: Türk. Pizza 6,50, ansonsten 3,50-7, Hauptspeisen: Incl. Beilage und Salat, 11-13,50, Empfehlung: Gemischte Platte selbstzusammenstellen, z.B. Spieß, Hammel, Auberginen 10, einschl. Nachtisch.

Das Kochen ist nicht nur Ausdruck, sondern auch die Realisierung des Denkens. Was die Karte an wunderbaren Geschmacksvisionen aktiviert, erlebt der Gast hier real auf seinem Teller. Ob dieses Lokal dem gastronomischen Ziel optimaler Befriedigung tatsächlicher oder vermuteter Gästewünsche immer präzise gerecht wird oder sich bis auf Ausnahmen doch nur geil und unscharf an den Wunsch verliert, das zeigt das Urteil der Füße: Der Laden ist abends immer voll, folglich ist das Urteil eindeutig. Die Essensportionen sind reichlich und von Superqualität. Dafür dauert die Zubereitung auch etwas länger. Nach 24 Uhr steht der Kochlöffel still, weil der starke Arm des Koches es will. Sehr durchwachsenes Publikum. Vermutliche Überbleibsel vergangener Kneipenschlachten sind als Thekenfossile sehr schön anzuschauen. Der örtliche Damenhandballverein liebt es wohlerzogen: Realexistierende und kommende Muttis verzehren nach dem Training »Döner« mit Messer und Gabel. Die Ried-Scene gibt sich mit Insidern aus Darmstadt und Rüsselsheim manchmal ein Stelldichein. Wahrlich eine lobenswerte interkulturelle Begegnungsstätte. Und so

fällt auch die Einrichtung aus: Lauter cosmopolitischer(?) Kruschel-Kram in einer gutbürgerlichen Rustical-Stube. Ehrlich, die türkisch-deutsche Wirte-Connection hat mit sorgfältiger Akribie Krims-Krams aus aller Menschen Länder nicht nur herbeigeschleppt, sondern auch noch aufgehängt. Sowas tut nicht nur dem Auge weh, sowas ist zugleich ästhetische Folter: Vier Meter lange Schlangenhaut, chinesische Fächer, afrik. Geweihe, folkloristische Instrumente, Werkzeuge, echt bronze Plastik-Plastiken. Einfach Faszinierend! Diese stillose Beliebigkeit und Hilflosigkeit. Eine wunderschöne Alternative zu derben Vorort-Kneipen voller hirnloser Vollgesuffkies, Grölheimer der Marke »Deutsche trinken Deutsches Bier«! Das Etablissement besticht durch Qualität und Freundlichkeit. ABSOLUTES GENUSSERLEBNIS ZUM VERWÖHNTARIF. ◕

dreieich

ENDSTATION, *mexik.* Bahnhof Buchschlag. ☎ 06103/61919. Tgl. 19-01. Warsteiner 3, Wasser 2,50, Kaffee 2,50. Mexikanische Küche.

s.S. 255

hanau

CENTRO ESPAGNOL DEMOCRATICO OBRERO, *span.* Vorstadt. ☎ 06181/21772. Tgl. 12-24. Mo zu. Bier 1,50, Wasser 0,80, O-Saft 2,10, Kaffee 1,50, Wein ab 1,50, Ponche und Licor 43 je 2,60. Sa u. So: Churros (Fettgebäck) 5, Hühnchen mit Knoblauch 7,30, Merluzu (Hechtdorsch) 7,50, Miesmuscheln in Tomate 6,20, Sardellen in Essig 2,70, Portion Ketchup 0,45.

Leider in den letzten Jahren etwas abgemildert, hat es immer noch den typischen Charme einer echt spanischen Kneipe: Die Gemütlichkeit einer Bahnhofshalle, laufender

Fernseher und interessante Gäste. Gemischt-lockeres Publikum. Wo kann man bei einem Spanier sonst noch Spanier eine Kneipe dominieren sehen? Zu den deutschen Essenszeiten verdrängen die Deutschen die Spanier. Genau die richtige Mischung zwischen dem Billard vor der Theke und den halbkitschigen Stierkampfplakaten, zwischen Knoblauchgeruch und dem Stimmengewirr eines mittelgroßen Speisesaals, glänzenden Fußballpokalen auf dem Wandregal und frischen Gambas auf dem Teller. Aber: Tischreservierung von 18-21.30 erforderlich. Hungrige müssen sich mit Geduld wappnen. SEHR GUT.   ≃

GOLDENER STERN »BEI BENITO«, *span.* Großauheim, Alte Langgasse. ☎ 06181/52703. Tgl. 18-01, Mo zu. Cola 1,80, Apfelwein 1,50. Fischgerichte z.B. Sardellen in Knoblauch 4, Fisch in Weinsoße für 2 Personen 49.

Links-grünes Restaurant und Szenekneipe mitten im Herz von Alt-Auheim. Gutes spanisches Essen. Besonders empfehlenswert die Paella für mehrere Personen, die aber nur auf Vorbestellung. Auch sonst Zeit mitbringen, es dauert immer ein bißchen. Benito hat sich seine heimatliche Mentalität bezüglich der Kultur des Essens bewahrt. Im Saal gibt's Veranstaltungen des Hanauer wie des Auheimer Kulturvereins, und wenn die hier als Stammgäste versammelten Spanier gut drauf sind, gibt's Flamenco live. Niedriges Preisniveau. SÜDLÄNDISCHE TRÄUMEREI.   ☆ ≙

KLEINE TOSCANA, *ital.* Hirschgasse 6. ☎ 06181/28245. Mo-Sa 11-23.30, So zu. Wein 3, Cola 2, grüne Bandnudeln 10, Meeresfrüchtesalat 13,50.

Bevor Bacchus die große Toscana schuf, schuf er diesen Winzling an Restaurant in der

Stadtmitte, deren sensationeller Erfolg erst die Dependance in der Burgallee ermöglichte. Maximal 6 Tische drängen sich auf wenigen Quadratmetern um eine hohe Theke und um die Vitrine mit ähnlichen Köstlichkeiten wie in der großen Toscana. Der Familienclan, der beide Läden betreibt, leistet sich den Luxus einer unterschiedlichen Speisekarte. In dem kleinen Stammhaus besonders zu empfehlen, weil so in der Burgallee nicht zu kosten: Mit Hackfleisch gefüllte Zucchini und Champignons, beides in knoblauchhaltiger Tomatensoße, gute Pizzen, reichlich Fischspezialitäten. Alles frisch zubereitet und hausgemacht! HERVORRAGEND. ★

NUDELTÖPFCHEN/DON GIOVANNI, *ital.* Mühlstr. 13. ☎ 06181/12806. Mo-Fr 11.30-14.30, 17-23.30, So ab 17, Sa zu. Bier 0.3l 2,20, Cola 0.2l 1,50.

Keineswegs opernhaften Maßstäben entsprechend, aber aquariengleich rundumverglast führt Giovanni seine Restauration, die neben recht zentraler Lage auch Hort vernünftiger Preis/Leistungs-Deals ist: großzügig belegte Pizze (so heißt das in der Mehrzahl, ihr Banausen) für 8 bis 9 Mark. Gemeinsam mit den schmackhaften »Spaghetti alla D.G.« — mit Fleisch, Pilzen und Frutti de Mare für 8 Mark — rechtfertigt das die unprätentiös-gemütliche Umgebung. Auch bis zu beliebigen Passanten hat sich die Qualität des Hauses herumgesprochen. Unseren TesterInnen flüsterte man beim Studium der Speisekarte vorbeihuschend zu: »Da ist es gut und billig«. Eine Gäste-Kneipe-Bindung, wie sie sich jeder Wirt erträumt. Alain Delon, Heiner Lauterbach und den jungen Flicks würden die Augen aus dem Kopf fallen. ZU UND ZU SCHÖN ☆ ∞ ◬

PIZZERIA DA BRUNO »LUIGIANO«, *ital.* Großauheim, Bahnhofstr.2. ☎ 06181/52734.

Typische Pizzeria mit netter Atmosphäre. SCHNELL & GUT. ◬

TONY'S PIZZA, *ital.* Lamboystr. 23a. ☎ 06181/17194. Mo-Fr 12-01, Sa/So ab 17. Pils 0.4l 2,80, Cola 1,60, Chianti 4.

Die leicht beengten Verhältnisse hindern die Kellner in Tony's nicht daran, im weißen Hemd die Pizza (6,- bis 8,-) aufzutragen. Sauber geht es hier zu, der Kachelofen und die unaufdringliche Innengestaltung samt frischen Blumen auf den weißen Tischdecken sorgen für das Gefühl des gehobenen Mittelniveaus. Beste Referenz bleiben aber die (nicht mit der Belegschaft verwandten) italienischen Gäste, die hier ihre Zukunftsperspektiven zwischen Palermo und Wolfsburg diskutieren. ANGENEHM. ∞

RISTORANTE PAOLO, *ital.* Großauheim. Vosswaldestr. 3. ☎ 06181/52300.

Die Herren vom Abschleppdienst lernen hier die schönen Hanauerinnen nicht von allen Seiten kennen. Lutscher und Schlucker beiderlei Geschlechts lassen den Funken eher auf das Essen überspringen. Gehobenes italienisches Ristorante, nicht gerade billig aber gut. Erstklassige Eis-Spezialitäten. HIN UND HERGERISSEN. ★ ◬

SAM STEAKHAUS, *amerik.* Lindenstraße 4. ☎ 06181/20737.

Spezialitätenhaus für schlachtfrische Ochsen aus Argentinien, den weiten Flächen des amerikanischen Westens oder etwas rückstandsfreier aus der Wetterau. Serviert im amerikanischen Stil, und allein schon deshalb teuer. Ein typischer Ausschweifungsort für American-Way-Vielfresser mit steigendem Hormonspiegel beim Anblick riesiger T-Bone Steaks. Nicht nur den eßlust-feindlichen Zeugen Jehovas dreht sich beim Anblick dieser Völlerei zweilen der Magen um. Und danach ein Cocktail, na ja.. FÜR STARKE JUNGS MIT STARKEM MAGEN. ★

LA MOVIDA, *span.* Philippsruher Allee 50. ☎ 06181/253523.

Einst ging es hier unter dem Namen »Zum Schwanen« noch apfelweinmäßig deftig zu. Jetzt hat ein Abkömmling des legendären Hanauer Spaniers (siehe Centro Espagnol) hier ein Lokal mit spanischem Essen eingerichtet. Apfelwein gibt es trotz der preiswerten spanischen Küche noch. Sommers ist die schöne Gartenwirtschaft zu empfehlen. Bei Fußball-Europameisterschaften mit spanischer Beteiligung rasten die Südländer aus und der Salat bekommt so einen eigenartigen Geschmack. Bei der Tasse Kaffee meiner Nachbarin wurde der Zucker vergessen. Besteht da ein Zusammenhang? Nein, trotzdem sympathisch und lebhafter allemal als bei unseren temperamentslosen Landsleuten. ANIMATIONS-CENTER. ★ ☆

kelkheim

DA LUCIA, *ital.* Im Unterdorf 2. Fischbach. ☎ 06195/62944. Tgl. 12-14.30 & 18-24, Di zu. Pizza 5-11 Mark.

Essen und Atmosphäre sehr gut. Große Auswahl an Vorspeisen. Auf Wunsch wird ein besonders gutes Menue zusammengestellt, das kostet dann aber auch eine Stange mehr. Sehr freundlich, die Kneipen-Chefin Lucia. RICHTUNGSWEISEND. ⟋⟋

königstein

HERMIS, *griech.* Limburger Str. 5. ☎ 06174/3625. Tgl. 11.30-14.30 & 17-01, Mi zu. Bier 0.4l 3. Brisola (Schweinekotelett) 13,50. Draußen sitzen.

Warme Küche bis 23 Uhr. Viel Platz. Bei gutem Wetter auch Tische und Stühle vor dem Lokal, von denen man das Treiben auf Königsteins »Vergnügungsmeile« (teilweise) beobachten kann. MITTELMASS. ⟋⟋

PANDA, *chin.* Kronthaler Str. 26, Mammolshain. ☎ 06173/2566. Tgl. 11.30-15, 17-23.30. Frühlingsrolle 3,20, Mittagsmenus mit Vorspeise und Nachtisch ab 8.

Chinesisches Essen — was für 'ne Überraschung! Reichhaltige Speisekarte. Spezialität: Tik Bam Siu, frisch zubereitete Fleisch- und Gemüsegerichte in einer gußeisernen glühend heißen Pfanne serviert. GUT. ⟋⟋

ZAGREB, *jugosl.* Limburger Str. 3. ☎ 06174/7914. So-Fr 11.30-14.30, 17.30-01, Sa 17.30-01. Bier 0.3l 2,80, Apfelwein vom Faß 0.25l 1,80.

Warme Küche bis 23 Uhr. Ein Restaurant in einem sterilen Zweckbau, der zum Essen und dann Gehen einlädt. MITTELMASS. ⟋⟋

LEE'S RESTAURANT, *korean.* Kirchstr. 9. ☎ 06174/4040. Tgl. 12-15, 18-23, Di zu. Rindfleisch Bulgogi a la Korea 24.

Koreanische Spezialitäten. GUT. ⟋⟋

CIAO ITALY, *ital.* Falkensteiner Str. 2. ☎ 06174/21765. Tgl. 11.30-15, 17.30-24, So 11-24. Bier 3, Wasser 2, O-Saft 3. Pizza von 6,50-13,50.

Netter Wirt, passables Essen. Bei gutem Wetter kann man auf einer Terrasse im ersten Stock thronen und auf das Leben in der Hauptverkehrsstraße der Kleinstadt Königstein hinabschauen. Fleisch- und Fischgerichte gibt es erst ab 18.-. Beim Erscheinen der Doppelkorn-Ausgabe 10/87 wurde das Restaurant noch von den Wirten Mario und Pippo betrieben. Inzwischen hat das Königsteiner »Ciao Italy« einen Frankfurter Ableger mit gleichem Namen in der Stiftstraße gegenüber dem Rundschau-Haus bekommen, da Mario seine Aktivitäten verlagert hat. Aufmachung und Speisekarte sind identisch mit der in Königstein, das Angebot ähnlich, wenn auch kleiner, dafür etwas billiger: Hier kostet die Pizza zwischen 5,50 und 12. ⟋⟋

MICHELANGELO, *ital.* Limburger Str. 11a. ☎ 06174/5423. Tgl. 12-14.30, 18-23, Mo zu. Pizza 5-11, Piccata alla Milanese 16,50.

Restaurant in zentraler Lage an Königsteins »Reeperbahn«. Im ersten Stock eine Pizzeria mit Pizzen und Teiggerichten. Sehr schönes Gartenlokal, im Hintergrund ein plätschernder Bach. Gutes Essen, die beste Pizza dieser Kleinstadt. Allerdings: Als Gast kann man sich gelegentlich des Gefühls nicht erwehren, daß jemand, der ein Menu für 87 Mark bestellt hat, wesentlich aufmerksamer bedient wird, als jemand mit Pizza für 6 Mark. GUT.Robert Rohr

PIZZERIA CARMELO, *ital.* Kirchstr. 11. ☎ 06174/22854. Tgl. 11.30-24. Bier 0.3l 3, Pizza 5-11.

Nett und preiwert. Alle Speisen auch zum Mitnehmen. ∾

maintal

BODEGA GRANADA, *span.* Kennedystr. 2, Dörnigheim. ☎ 06181/45891. Tgl. 18-01, So auch 12-14.30. Mi zu. Küche bis 23. Spanische Küche. Paella für 2 Personen 36.

Auf diesem Bretterbuden-Acker, eine städtebauliche Unkultur, ragt der Rundbau markant hervor, erinnert aber an eine traditionelle Trinkhalle als an ein Speiselokal. Den Parademarsch ins gastronomische Elend, in jeder Fusel-Nische eine Kneipe, haben die Politiker mit ihrem Existenzgründungs- und Selbständigkeitsfimmel verursacht. Nicht schlecht, nicht herausragend. Seien wir mal ehrlich: Hält hier jemals ein Auto an? MITTELMAß. ★

HELLAS, *griech.* Eichenheege 17, Dörnigheim. ☎ 06181/491711.

Schönes griech. Lokal, gute Qualität. ≙

oberramstadt

ZAGREB, *jugosl.* Bahnhofstr. 22. ☎ 06154/52147. Mo-So 11-14.30 & 17.30-01. Bier 2,50, Oberramstädter Platte für 2 Pers. 34, Schnitzel »Zagreb« mit Schafskäse 15,50, geröstete Leber mit Dyuvec-Reis und Salat 10,50, Palatschinken »spezial« heiße Schokolade und Vanilleeis 8.

Ausflug oder nicht, Liebhabern der Balkanküche sollte dieser kleine Abstecher in den Odenwald nicht zu weit sein. Klatsch und Tratsch sind hier weniger angesagt, eher die Konzentration auf den Ernährungsvorgang in rustikaler Atmosphäre «gemütlich wie in de gudd Stubb«. HERVORRAGEND. ★

oberursel

PIZZERIA JOSEF, *ital.* Eppsteiner Str. 4, (Nähe Marktplatz). ☎ 06171/54223. Tgl. außer Mo 11-14.30, 18-23.30. Pizza 5,50-13,50.

Gutes Eßlokal, in dem man zu Haupt-Essenszeiten pünktlich sein sollte, da die 55 Plätze dann häufig alle besetzt sind, was ja auch für die Qualität des Essens spricht. Ordentlich zum Sattwerden ist die gemischte Grillplatte für zwei Personen, Kostenpunkt DM 38,-. Hinweis für Nachtschwärmer: Pizza zum Mitnehmen, frisch aus dem Steinofen gibt's bis 23.30 Uhr. GUT. ∾

rüsselsheim

MAZEDONIA, *griech.* Tgl. 19-01. Bier 2-2,50, Wasser 1,50, O-Saft 1,80, Kaffee 2, Weizen 2,50. Die üblichen griechischen Spezialitäten, deutsche Gerichte und dreimal wöchentlich zwei griech. Spezialitäten, z.B. Spaghetti mit Frikadellen und Tomatensoße.

RISTORANTE LA PERGOLA, *ital.* Im Reis/Ecke Spessartring. ☎ 06142/33865. Tgl. 11.30-14.30, .17.30-24. Bier 2,90, Wasser 2, O-Saft 2,90, Kaffee 3, Weine 4-45. 20 versch. Pizzen 4-10, Fleischgerichte 15,50-24,50, Fisch 12-24, Desserts 4-6, Vorspeisen 7,50-12, Suppen 3-5, Salate 4,50-10, Nudeln 6,50-10.

Romantisch-rustikale Einrichtung, klein, aber gemütlich. Bürgerlich bis Yuppie-Publikum, im Sommer ist der Garten vom Szene-Publikum gefragt. Nix für niveauvolle Augen, nix für niveauvolle Ohren — bei den Nasen wird es schon eher interessant. Die verschiedenen Arten der Pasta sind mächtig gut und billig. Besonders zu empfehlen sind die Tagliatelle Calabrise, einfach lecker und zu erwähnen auch die flotte Bedienung. Bemerkenswert am Personal: Am Rosenmontag war der Oberkellner mit den italienischen Nationalfarben geschminkt. PASTA BUENA. ✎

PIZZERIA LA RIVIERA/EISCAFÉ-BISTRO BEI NINO, *ital.* Virchowstr. 1. ☎ 06142/54594. Tgl. 11-14.30, 17-23.30. Sa zu. Bier 3-3,50, Wasser 2, O-Saft 2,50, Kaffee 2,50. Fleischgerichte 11-20, Pizza 5-10, Salate 4,50-8, Spaghetti 6,50-7,50, Maccaroni 6,50-7,50, Tortellini 7,50-8,50, überbackene Nudeln 7,50, Kuchen und Eisspezialitäten.

Zwei lange Schläuche mit breitem Durchgang, an der linken Wand die Eisbar, an der rechten die Theke mit dem Kuchen. Links caféhausmäßiger Bistrostyle, rechts kneipenmäßiges Pizzeriainterieur. Gemischtes, eher glattes Publikum, aber auch die sogenannte Szene haut sich den Bauch mit den tollen Salaten und den überbelegten Pizzen voll. Fast-Food-Aufnahmestelle Nr. 1 in Rüsselsheim. Ein Anruf genügt und 10-15 Minuten später gibt's was Gutes zur Magenfüllung. Abholen empfiehlt sich auch deshalb, weil die Örtlichkeiten mit dem verhaßten Spießbürgertum immer voll belegt ist und die Bedienung im Lokal des öfteren geistige Ausfälle hat. 1,5 stündiges Warten auf eine Tasse Kaffee oder 40 Minuten auf ein Bier und dreimaliges Bestellen eines gemischten Eisbechers sind schon vorgekommen. Ist das Bestellte irgendwann am Tisch angekommen, ist es meist absolut vorzüglich. Besonders zu empfehlen sind die Salate. Für 7,50 gibt's einen riesen Topf Salat, der als Vorspeise für zwei Personen vollauf genügt. In puncto Preisleistungsverhältnis unübertroffen. ITALIAN HARD-CORE. ✎

PIZZERIA TINO, *ital.* Thomas-Mann-Str. 1. ☎ 06142/63472. Hoffentlich bald andauernde Beurlaubung. Die Preise sind viel zu hoch, das Essen schlecht.

Der Laden schimpft sich Pizzería da Tino, die Qualität des Essens und des Services ist direkt am Gesicht des Chefs ablesbar. Man/frau fühlt sich bei seinem unendlich freundlichen Blick sofort so, als könne man sich, wie allerprivats zuhause auf'm Klo fühlen: Zum Kotzen. Letzte Erfahrung: 15.8.88. Wieder mal alle Pizzabäcker Rüsselsheims im Urlaub, also noch 'nen Versuch. Anruf, Wartezeit: 25 Minuten. Eine halbe Stunde später: Eine Pizza seit 10 Minuten fertig, eine gerade in den Ofen geschoben. Vom bestellten Salat keine Spur. Nach 12,5 Minuten äußerst tapferen Wartens zeigt das beharrliche Nachfragen nach dem fünften Versuch, kurz und prägnant, endlich ein Resultat: 10 Minuten noch. Naja. Nachdem die zweite Pizza auch fertig ist, wird auf den großen, italienischen Salat gewartet. Als er kommt, sind die Pizzen kalt. Der Salat, er wurde in Plastik verpackt aus der Küche angeschleppt, entpuppt sich beim Verzehr als etwas gewaschener, grüner Salat, 18 Käsewürfel, kaum Schinken, etwas mehr Zwiebeln, kein Essig, kein Öl und keinerlei Spuren von Salatsauce oder ähnlichem. Der Spaß hat dann 25.-Gekostet und mir jeglichen Lust an italienischer Eßkultur für die nächsten drei Wochen versaut. SCHEISSLADEN! ✎

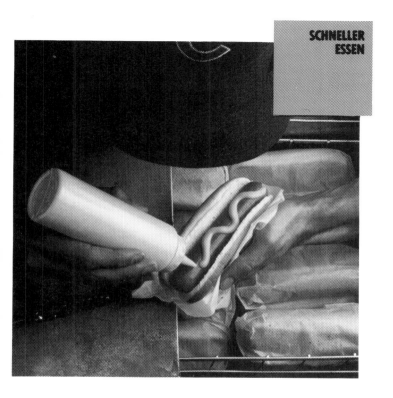

AUF TEUFEL KOMM RAUS

Safaris durch den Großstadtdschungel sind in. Prinzen, Warzenschweine, Urwaldfürsten und Madonnas treffen sich in Steril-Tränken von »Ronald -Mac-Donald« und drücken bergeweise »Dschungelburger« ab. Fehlt nur ein Plastik-Memorial mit der Inschrift: Hier stieg eine Äffin auf einen Baum und kam geröstet als Royal-Burger herunter. Es geht um bilanzierbare Erfolge in der industriellen Vermarktung eines zentralen Intimbereiches: Um die Diktatur der Wabbelbrötchen mit faden Fleisch-klopsen über unsere Gaumen, Zungen, Mägen. Welch ein Verfall von Eßkultur, welch ein Verfall von tariflichen Lohnnormen, welch gigantisches Killerprojekt für kleine und mittlere gastronomische Existenzen. 1987 erzielten Fast-Food-Konzerne welt-weit 60.000.000.000 US-Dollar Umsatz. Allein knapp 14 Milliarden Dollar gingen auf das Konto des größten Wabbelbrot-Normierers: Mc Donalds. Nein wir sind keine fundamentalistischen Fast-Food-Gegner. Wir verlangen gar keinen Abschied von der heißgeliebten Pommes-Bude, dem Ur-Proletarischen Gegenpol zum Luxus-Resto. Wir empfehlen die Umlenkung der eigenen Laufrichtungen! Hin zum äußerst lobenswer-ten kleinen Unterschied, zu den Fast-Food-Cleenex-Palästen: Feine Imbißbuden, Wür-stelstände, unbedingt zu empfehlende allererste Adressen für preiswerte Gelegenheiten, mit bodenständig bis exotisch-innovativen Produkten. Ja, Vegetarisches ist zu fin-den! Sogar das Angebot aus ausländischen Gemüsen hat sich deutlich erweitert. Hier und da sprengen weißgedeckte Tische die Vollholz-Thekennorm. Zur lebenden Legende wurden vor allem superoriginelle Typen hinter der Theke mit überwitzigen Lebensgeschichten. Alles in allem — ein Unterschied wie zwischen Himmel und Höl-le! Und der ist geschmacklich spürbar. Sowas muß man nicht erst verstehen! Die wahren Perlen sind, bis auf Ausnahmen, jenseits von Klein-Amerika zu finden, und einigermaßen abseits ausgetrampelter Touristenpfade. Für Fans kommt der Besuch eines wahren Imbisses dem Erlebnis gleich, als hätte der Butler zweier Prinzessinnen zum Dinner geladen. Unsere Empfehlung auch in diesem Jahr: Weg vom Mc-Rib hin zur indischen Reisplatte!   ★

bahnhofsviertel

ALF SCHLEMMERECKE, Hbf-B-Ebene, Rolltreppe zur Kaiserstraße. Tgl. 06-20, So zu. Cola/Fanta 1,80, Kaffee 1, Kotelett 4,30, Schnitzel 4,80.

Erster Imbiß im Hbf-Bereich, der die üble Bahnhofsgastronomie beschämte. Waren erster Klasse. Nicht billig, dennoch preiswert. Wer nach dem Essen nicht kotzen will, genießt dort! GUT. ★

BÄCKEREI RAHN, Kaiserstr./Ecke Moselstr. Tgl. 07-16.30, So zu. Kaffee 1. Brötchen mit Käse & Wurst belegt 2,35, Schinken-Käsetoast 2,50, Apfelstrudel/Butterstrudel 2,35, Tortellini mit Schinken und Sahne 4,95!!!, Spaghetti Bolgnese 4,90. Tolle Apfel- und Käsekuchen, Natur-Saures Brot 3,25, echte Berliner Schrippen. SPITZE. ★

BELLA ITALIA, Münchener Str. 25. ☎ 251446. Tgl. 09-04. Pizza zw. 4 & 8.   s.S. 11

BUFFET VITESSE, im Hauptbahnhof. ☎ 273950. Tgl. 6-23.

Vitesse suggeriert Schnelligkeit, Bedienungskomfort. Die Umgestaltung des trostlosen ehemaligen Bahnhofsrestaurants zu einem atmosphärisch angenehmen Großraumlokal mit weitschweifendem Blick und Kunststation im Nebenzimmer führte zu besserem Ausstattungskomfort, aber nicht zwangsläufig zu einer erstklassigen Serviceeinrichtung. Auch wenn hier ein Paradies der Vielfalt erscheint, die Speisekarte auf Mikrowellen-Basis ist geschmacklich nur der Eintopf der Eintöpfe. Seit bald zwei Jahren klagen Autoren der «az» Servicemängel ein. Von wochenlang überschäumenden Cola-Zapfsäulen, über unfreundliches Personal, schlecht — oder gar nicht — gewürzte Speisen und lauwarme Gerichte. Neuerdings setzt ein geniales Betrugscenter, das Salatbuffet, dem Ganzen die Krone auf. Hier wird nach Gramm berechnet. Die Zählwaage steht unseriöserweise verbraucherfeindlich nicht an der Salattheke, wo sie hingehört, — der Grün-Schaufler weiß also nicht was er beim Schippen tut — sondern zwanzig Meter entfernt an der Kasse. Dort trifft den Gesundesser in der Regel der.Preisschlag. Ist ansatzweise ja alles gut gedacht, aber unterm Strich nicht nur dilletantisch realisiert, sondern auch noch schweineteuer. Für ein bißchen Hasenfutter in Grün und ein Happen Mayo-ertränkter Nudelvariationen wird ein Lehrlingsvermögen fällig! Niemals sonst hat gastronomische Beutelschneiderei so wenig auf Zufall gesetzt. FINGER WEG. ★

CITY BAZAR, Elbestr.7. Ladenpassage.

Kommunikations- und Einkaufszentrum der Türken, nicht nur im Bahnhofsviertel. Zentrierte Infrastruktur, Einkaufspassagen mäßig-modern gestaltet. Synthese zwischen Orient und Okzident: Reisebüro, Kaffeehäuser, Imbissläden, Videoshops, Friseure, Discounts und einiges mehr. Zum Überleben praktisch alles und für die, die sich für das Leben der Türken in Germany interessieren, sehenswert. Persönlich am interessantesten fand ich den Musikladen mit türkischer Musik. (Wovon man nicht satt wird.) Ist vorgemerkt. AU REVOIR. ⊥

EUROPA-BAR, Kaiserstr. 56, ☎ 234928. Tgl. -04.

Warum müssen Linksanwälte ab und zu so ein blödes Rechtsgeschwätz von sich geben. Nur weil dieser Imbiß Ecke Elbe-und Kaiserstraße liegt, bis 04 geöffnet ist und besonders neonschrill leuchtet, muß ein Sebastian Cobler nicht unbedingt als Schriftsteller dilettieren. Hier versammeln sich keine Fellini-Typen, und sie sind auch nicht unfriedlich zuweilen. Bitterböse Klischees gegen das gemeine Nachtvolk. Cobler gehört wohl zu den Spannern, die alle Jahre mal das Milieu aufsuchen, die Hose voll haben, und über das «Europa» hinaus niemals in den wirklich wilden Westen des Viertels vorzudringen wagen. Schnell zwei Bier gekippt, mit zittriger Hand die gute Currywurst runtergeschlungen und nix wie ab nach Hause. Anschließend am Kamin mit der Intelligenzia phantasiert es sich nett von Helden, Gangstern, Pistoleros. Er mittendrin und so... NACHTEXPRESS. ★

FRUCHTBAR IM FRESSECK, Kaiserstr. 48/Ecke Weserstraße. Tgl. 09-18.30, Sa -14. So zu. Mango-Cocktail 4, Vitamin-Cocktail 4, div. Früchte und Papaya, Salatteller (Selbstbedienung) klein 4,50, groß 6.

Am Golde hängt, zum Golde drängt zeitgeistig alles. Goethe hat in seiner Geburtsstadt immer noch Gültigkeit, denn immer mehr Einzelhändler entdecken neue Formen des gelben Metalls. Den Lockruf des Goldes stimmen diesmal die Schlemmerfritzen jener Mini-Passage an. Jenseits des Wuchers liegt vielleicht gerade noch der Große Obstteller (auch zum Mitnehmen) mit Himbeeren, Kiwi, Erdbeeren, Birnen, Apfel, Trauben, Pfirsische für nen Fünfer. SPITZE! Alles andere erinnert an primitive Goldgräberstimmung. Finger weg von der Freßeck, alle anderen Shops, insbesondere der wirklich gute Italiener, sind einfach viel zu teuer! Fehlt nur noch die Wäsche-Boutique, wo Frauen Strapshalter aus purem Gold finden, mit denen sie müde Männer munter machen wollen. Ja, Wäsche hätte mit Fressen erstmals nichts zu tun. Aber ein Stand steht bereits leer, und besser Unterwäsche neben Froschschenkel als eine Pleite-Epidemie! Bei der Bäckerei glaubte ich einen Goldhalm zu entdecken. Kostenpunk 3500 Mark — der Umwelt zuliebe. Stimmt: VON HOHLEM BALLAST UND VERLOGENER LIEBLICHKEIT. ★

GRIECHISCHER IMBISS, Moselstr. 27. Tgl. 10-01. Cola/Wasser/Bier (Dose) 2. «Keftes«, griech. Frikadelle mit Spaghetti und Reis 5. Positio (Nudelauflauf) 5, großer Hähnchenschenkel mit Pommes 5, Gemüseplatte 5.

Wir wissen nicht, welcher Güteklasse die Nudel bei Da Bruno, der italienischen Edeladresse im Viertel entspricht. Wir wissen auch nicht, ob das Ei, das auf dem Tartar auslief, tatsächlich aromatisch schmeckte oder in der Welt eines Hühner-KZ's das Licht erblickte. Oder nicht. Eines wissen wir aber: Die besten, wirklich die geschmacklich besten Frikadellen mit Tomatensauce in ganz Frankfurt mit einer Riesenportion Nudeln oder Reis für kleine fünf Mark machen pappsatt! Sowieso: Viele Gerichte gibt's für 'nen kleinen Heiermann! Einmalig! Die Leute, die in diesem Speisesaal essen, wollen diesen lauwarmen Kram. Mit viel Eigengeschmack. So schön-schmuddelig. Der Wirt, ein echtes Unikum. Sehr temperamentvoll. Griechenland-live: Er ist der Typ Marke «Ich arbeite am liebsten nie, und wenn, dann ist es sehr sehr anstrengend«. AUSNAHMEERSCHEINUNG. ★

HEBERER, Hauptbahnhof-B- Ebene. ☎ 231490. Mo-Fr 06-20, Sa 6.30-18, So 10-18. Brot- und Stückchenfabrik mit Kaffeeausschank.

Wer Heberer nachmacht oder verfälscht oder nachgemachtes oder verfälschtes Heberer sich verschafft und in Umlauf bringt, wird mit dem großen vaterländischen Verdienstorden für Gastronomiehygiene geehrt! Müßig über die Stückchenqualität eines Fließbandbäckers zu lästern. Die Clownerien der Omi-Brigaden wurden erfreulicherweise eingestellt. Das Personal zeichnet sich durch höhere Kontinuität als vor einem Jahr aus, und macht den Gast im Kaffeeausschank nicht länger zum Feind und degradiert ihn förmlich zum Untermenschen. Die Kaffeetassen sind seit Spätsommer 88 sauber gespült, ohne dicken

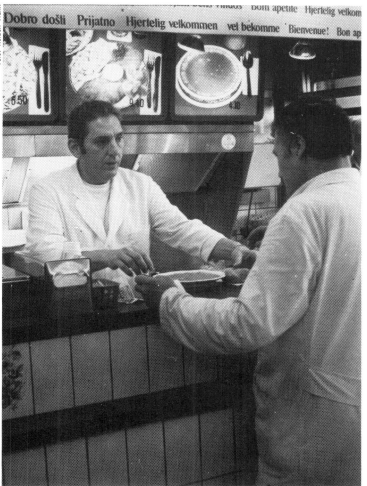

Dobro došli Prijatno Hjertelig velkommen vel bekomme Bienvenue! Bon ap

Pomfrit am Hauptbahnhof

Schmutzrand. Kaffee ist heiß und preiswert. Die Zeiten, wo er nach Spülwasser schmeckte sind vorbei. Ruhe ist eingekehrt, keine grauseligen Minuten mehr. Der Laden ist werktags ab 6 geöffnet und für einen kleinen Kaffeezuschlag gibt es das günstigste Frühstück um diese Uhrzeit in dieser Gegend. Anfangs klammerte man sich noch vor Erstaunen über das Unfaßbare an die Theke, dann aber eher aus Angst vorm Herzkasper. Heute gibt es keine Kreislaufprobleme mehr. Wie man sieht hat unsere Kritik gefruchtet. Wenn's dem Verbraucher dient... LEBENSHILFE FÜR ALLEINSTEHENDE. ★

INDIAN SNACKS, Kaiserstr. 55. Bier, Wasser, O-Saft, Kaffee alles 1,50 oder 2, Tee 1,50. Verschiedene indische Gerichte, auch zum Mitnehmen. Preise um die 5.

Eine weitere Bereicherung der kulturellen und kulinarischen Vielfalt im Bahnhofsviertel. Von der Einrichtung her eher trostlos, hat es mit dem Bahnhofsviertel eins gemeinsam: Es macht einem nichts vor. Indische Gerichte/Imbisse/Snacks zum Mitnehmen oder Dortessen. EMPFEHLENSWERT. ⊥

MARKT IM BAHNHOF. Tgl. 06-22. Vegetarische, asiatische Theke, diverse kleine Menüs ab 8, echt chinesische Speisen, Bier 0.5l 5. Metzgerei Zeiss: Prager Schinken 100 gr 2,90, Kurzgerichte. Blumenkohl, Sauerbraten und Kartoffelsalat ca. 5. Nordsee-Theke mit Klasse-Kleinhäppchen à la Champignons mit Sauce Bernaise.

Ansammlung von Spezialitätengeschäften teurer Art, darunter getarnt zwei Theken der unsäglichen Bahnhofs-Gastronomie. Erkennbar am sattgrünen Lätzchen der Personaluniform. Asiatische und Vollwerttheke. Sündhaft teuer. Da stößt sich Britta vor Verzweiflung ein Messer ins Herz. Nordsee, Heberer und riesige Stehmetzgerei. Letztere nicht gerade billig, aber im Vergleich zum Fruchtstand gegenüber nicht nur Qualitätspreise sondern Qualitätsware. Dennoch bleibt ein fader Nachgeschmack zurück. Wo die Bundesbahn-Gastronomie die Finger drin hat...MITTELMAß. ★

POMMFRIT, Münchenerstraße. Chili con Carne 3,50, Serbische Bohnensuppe 3,50, Spaghetti Bolognese 4.

Streng nach Rezept und hohen Qualitätsmaßstäben gebratene und gekochte Speisen. Hähnchen mit Knoblauchsoße, die besten und größten Rinds- und Bratwürste der Stadt, geliefert von 1. Klasse-Metzger Dörr aus Bad Vilbel. Selbstgemachte Salate, Ketchup, Mayonnaise, Senf unverdünnt! Täglich frische Eintöpfe. Kein Junkfood! Dafür Reibekuchen, extraflache aber lange Schnitzel. Ideal für Normalverdiener. Fr, Sa, So nach 01 Uhr Schalterverkauf mit geringem Nachtzuschlag. Wenn überhaupt jemand durch einen Imbißladen nachweislich Befriedigung seiner Eßbedürfnisse erfahren oder sogar Genuß empfunden hat, stehen die Chancen nicht schlecht, daß es sich um diesen exquisiten Quicki handelte, der den Lustgewinn so trefflich besorgte. SPITZENKLASSE. ★

SCHWARZWÄLDER-ECK, Hauptbahnhof B-Ebene, S-Bahn-Eingang. Rippchen mit Kraut 6, Bratkartoffeln 3, Schwarzwälder Schinkenbrötchen 2,50, Schwarzwälder Baguette und Roggenbrötchen 3.

Die Würze des süddeutschen Schinken- und Wurstgeschmackes. Wer ganz auf sicher gehen und absolut kein Qualitätsrisiko eingehen will, der verköstigt sich hier, bei kleinerem Sortiment und mittleren Bahnhofspreisen. Es hieße der Schwarzwaldmetzgerei Unrecht tun, wollte man sie allein auf Schinkenspeck festlegen. Absolut tödliche Falle für Diätisten. VORSICHT KALORIENBOMBER. ★

SCHNELLER ESSEN

STERN-CAFÉ, Taunusstr. 25. ☎ 231191, Mo-Fr 7-18.30, Sa 7-13, So zu. Pikant belegte Brötchen, diverse Snacks, Kaffee, Teestube mit über 2o Teesorten, Tasse 1.   s.S. 68

*b*ockenheim

DA CIMINO, Stehpizzeria. Adalbertstraße, ☎ 771142. Tgl. 11-01. Flaschenbier 1,50, Wasser 1,50.

    Der Laden ist eine Stehpizzeria und keine Knuddelecke. Folglich muß man auch keinen Eintritt bezahlen oder einen teuren Mindestverzehr lösen. Die übliche italienische Hektik beim Pizzamachen garantiert geringe Wartezeiten und Irritationen bei Ohrensesselfans. Bei vielen Bockenheimern beliebt: der gute Salat und die ebenfalls gute Pizza. BEWÄHRT.
                                ★ ☆

DIE ZWEI — PIZZERIA MARGELLINA, Adalbertstr. 37. ☎ 773405. Mo-Sa 11-01. Bier 2,30-3, Wasser 1,50, O-Saft 1,50, Kaffee 1,50. Brottaschen 5-7, 29 versch. Pizzen von 4-8.

    Kleines Restaurant für legeres Publikum. Zwischen Pizzeria und Trattoria gibt es hier ein sensationelles Preis-Leistungs-Verhältnis bei netter Bedienung. Einmal gegessen, nie vergessen: Die hervorragenden Brottaschen in den verschiedenen Variationen mit und ohne Knoblauchsoße zwischen 5 und 7 DM. SUPER.
                                    ☆

GRILLHAUS RESTAURANT JASMIN, Adalbertstr. 13. ☎ 703375. So-Fr 11-23, Sa zu. Bier 2, Wasser 2,50, O-Saft 2, Kaffee 1,50. Persische Spezialitäten von 10-17, zwei Hähnchenteile mit Pommes 3,50, Lammkeulenstücke mit Beilagen 12, alle Gerichte auch zum Mitnehmen.

    Erst seit ein paar Monaten im Bockenheim. Ein Schnellimbiß mit persischen Gerichten und sehr günstigen Preisen. Zwei Hähnchenteile mit Pommes für 3,50, das weckt Interesse.

Die ersten Kontakte mit kaltem Gyros, später mit Mikrowelle zu Temperatur gebracht inklusive leicht ranzig gewordenem Zaziki, ließen bei den Testern einige Zweifel an den gastronomischen Fertigkeiten der Besitzer aufkommen. Wegen der Preise: MAL PROBIEREN. ☆

LAKRITZ, Jordanstr. 11 HH, ☎ 7073841-9. Mo-Fr 09-19, Sa 09-14, So zu.   s.S. 387

PEPPINO, Stehpizzeria. Adalbertstr.90. ☎ 704543. Tgl. 11-01. Cola 1,50, Flaschenbier 1,50.

    Ich liebte sie in meinen Bockenheimer Zeiten. Damals und heute: Super-Pizzen aus dem Holzkohlenofen. SEHR GUT.   ☆

PFANNKUCHENHAUS, Leipziger Str. 16a. ☎ 775054.
Mo-Sa 11.30-24.

    Absoluter Schrottplatz. Sagt Stefan. Jedes weitere Wort zuviel.   ★

*b*ornheim

BINDING QUICK, Berger Str. 184. ☎ 491608. Mo-Fr 10-22, Sa 10-15, So 17-22. Pommes mit Majo, große Portion 2,20.

    «Wie in der DDR…», witzelt da einer in der Schlange vorm Straßenverkauf. Und die guten Pommes rechtfertigen die Warterei. Die besten in ganz Bornheim, und wer so 'ne Portion verdrückt hat, ist für die nächsten Stunden satt. Auch «gefestigte Vollwertkostler«, die nach Bergerkino-Schluß hier zwangsläufig vorbei müssen, werden da schwach. STINKNORMAL UND SAUGUT.   +

COSTA SMERALDA — PIZZERIA, Sandweg 28. Kebab, Pizza (16 Sorten), versch. Nudelgerichte, Salate. Preise sind auf normalem Level.

    Funktional, klein aber fein. Viertelmäßiges, gemischtes Publikum. Stehimbiß, normal, von

Pizzeria Dick + Doof

viel Nachbarschaft frequentiert, nichts Besonderes. GERADE DRUM. ⊥

DA FRANCO, Saalburgstr., 41. ☎ 459567. Mo-Sa 11-24,
So zu. Pizzen ab 4,50.

DICK & DOOF, Berger Str. 248. ☎ 457317. Di-Do 11.30-24, Fr/Sa 11.30-01, So 11.30-24, Mo zu. Bier 1,50, Kaffee 2, Pizza 4,50-9, Spaghetti Carbonara 7,50, Stehpizzeria.

Gilt bei vielen als die Institution für Frankfurter Pizza-Angelegenheiten. Immer voll und stark frequentiert gibts' hier ganz anständige Pizza und Pasta. GUT. ☆

LA CARBONARA, Stehpizzeria. Höhenstraße 24, ☎ 442686.

Hier werkeln Papa und Mama soli. Deshalb kann's manchmal etwas länger dauern. Loh-

nen tut es sich auf jeden Fall! Meine besondere Empfehlung für den süßen Hunger: Die Pizza mit viel süßer Sahne, Käse und Ananas. Einfach ein Gedicht. PRIMAMISSIMO. ☆

MISTIK, Berger Str. 142. Mo-Sa 10-01, So ab 12. Bier 2,50, Kaffee 2, Wasser 1,50. Dorni 5, Kebab 12, Sarma 5.

Tolle Sache, im Sommer draußen sitzen und Leute angaffen, während man sich die Knoblauchsauce vom Dönburger über die Bluse laufen läßt. Die besten Döner im Fladenviertel. GUT. ∧‿.

WAFFELSTUBB, Arnsburger Str. 62. ☎ 431014. Mo-Sa 08-18.30, So 14-16. Sämtliche Getränke 1,50. Waffeln 1,50, Waffeln mit Sahne 2, Waffeln mit Kirsch oder Apfel und Sahne 2,50.

Die Frau von der Waffelstubb ist vergleichbar mit Frau Holle. Ihr kleines Reich ist in hochglänzendem Weiß mit mattem Rosa eingerichtet. Sitzen oder Stehen, jeder wie er will. Hier gibt's ofenfrische Waffeln. Mit Sahne und Kirschen sind sie besonders gut. WAFFELIG

eckenheim

TRINKHALLE RICHTER, Berkersheimer Weg 18. Mo-Sa 08-22, So 09-21. Alles. Heiße Wurst, Rindswurst, Lebensmittel und großes Zeitschriftensortiment.

Zentraler Kommunikationspunkt für die Bewohner zweier anliegender Siedlungen. ★

gallus

LA STRADA, Lahnstr.70/Krifteler Straße. ☎ 731191. Mo-Fr 10-23, Do 10-01, So 17-23, Sa zu. Pizzen 5-9, Tiramisu 4,50. Hauslieferung!

Günter kommt ins Schwärmen: Klein aber wirklich fein. Über 40 Gerichte und Hauslieferung. Pizza, Salate und Pasta, ein Hauch von Italia in Frankfurts Kamerun. SPITZENMÄSSIG. ∞

innenstadt

BRATWURSTGLÖCKLE, Weißadlergasse 15. ☎ 283779.

Es gibt nur einen einzigen Grund, sich von diesem Traditionsschinken ästhetisch martern und kulturell geißeln zu lassen: Der Besuch der alten Tante aus Altötting (Bayern). Ihr ist eh alles andere zu modern oder «spinnert». Wie die Angebote aus Weißwürsten, Schweinshaxen, Fettmonster jedweder Art und bayrischem Dünnbier, ergänzt durch eine Palette von Gerichten die alle «mit Sauerkraut» enden, so auch das Publikum. Sympathische

Menschen, die nicht den geringsten Wert auf innenarchitektonische Experimente oder gar auf Anschläge auf ihren ordentlichen, guten Geschmack legen. So wird auch der Frankfurter über den Vorgang des Verschlingens zum «Eingepackten» Bayern und alle sinds' zufrieden. SOLIDE ★

DÖNER-HÜTTE, Schäfergasse 42. ☎ 293017. Ö-Zeiten: Eigentlich immer. Glas Tee 1, Döner-Kebab mit Knobi 5,50. Div. Suppen, Salate, Süßspeisen.

Nix Schmuddel. Deutsch-türkische Koexistenz ohne einen Hauch von Grauen Wölfen oder Nato. Der freundliche helle Stehimbiß überträgt die meist vorherrschende gute Laune prompt auf den staunenden Gast, der augenrollend verschiedenste vorderasiatische Spezialitäten spachtelt. Platzprobleme sind nunmal dazu da, gelöst zu werden. Nach dem Kino, vor dem Sinkkasten: IMMER REIN. ∞

nordend

PIZZERIA OLBIA, Glauburgstr. 14. ☎ 5972925. Mo-Sa 11.30-23, sonn- und feiertags 16-23. Pizza von 4-8,50.

Pizza für vier Mark ist schon ein Wort. Und dazu schmeckt sie noch gut. Teig und Belag sind okay und: es geht flott! Der Laden ist mit seinen Hockern zwar alles andere als gemütlich, aber der Sinn einer Steh-Pizzeria ist's ja wohl auch eher, in kurzer Zeit die Leute wieder aus dem Laden zu haben und an die nächsten Kunden Pizza zu verkaufen. Für Nordend-Bewohner empfiehlt es sich deshalb: Telefonisch bestellen, abholen und mit 'ner Dose Bier und der Mafia-Torte vor der Glotze versacken. OKAY. ∞

Güner's Grill

Sachsenhausen

DAL BIANCO, Darmstädter Landstr. 3. ☎ 614122.
Mo-So 12-24. Cola 1,50, Pizzen 4,50-8, Salat 4-5,50, Stehpizzeria.

PIZZERIA REMIH, Gartenstr. 41. ☎ 622106.
Mo-Fr 12-22.30, So 17-22.30, Sa zu. Bier 2, Wasser 1, Kaffee 1,50, Espresso 1,50, Cappuccino 2. Pizza von 4-12,50, Lasagne 7,50, Salat 7,50.
Ganz normale Stehpizza, Standardqualität. STANDARD ⟫

ROLLI, Klappergasse 30. ☎ 618609. Grill- und Partyservice.
Einziger Anbieter von Schweine- und Rinderrollbraten-Brötchen. Ausgezeichnete Theke mit wirklich selbstgemachten Salaten. Besonders hervorzuheben: der Broccoli-Salat

in Rahmsoße. Wenn das Öko-Resto gerade nur den Vorspeisenhunger befriedigt, kann hier die finale Fütterung vergleichsweise volkspreismäßig vorgenommen werden. Beste Pommes, beste Mayo und bestes Ketchup. Der Wirt sprüht nur so vor Originalität: Malt er doch seine Plakatwände selbst! Edelfresser, die auf den Innereien des Aals oder auf flambierter Wildsau stehen, werden hier enttäuscht. Manchmal klappt das nicht. Welch' ein Glück. NUMBER ONE HIT. ★

GÜNERS-GRILL, *türk.* Paradiesgasse 65.
Kleiner Laden. Preis-Leistungsverhältnis Spitze. Preiswert und geschmacklich besser als der Fast Food-ähnliche Alibaba-Kebab-Palast wenige Meter weiter am Eingang zum Vergnügungsviertel. SPITZE. ★

SESAM, Stadthofpassage 9. ☎ 882757. Mo-Fr 09-18,

Sa 09-14, langer Sa bis 16, So zu. Orangen-Karotten-Mix 3,30, Tofu-Burger 3,50. Bananen-Shake mit Sojamilch 3,50, reichhaltiges Sortiment gesunder Knabbereien ohne Zucker.

s.S. 392

darmstadt

ALTKORN, Kasinostr. 2. ☎ 06151/893759. Tgl. 05-24. Kaffee 2,30. Flottes Frühstück 5, Kotelette mit Gurke und Brot 6, Pommes Frites 2,50, die Delikatesse: Nieren-Schaschlik 4.

Publikum: Schwarze Lederjacken, Rentner, Arbeitslose, Ausländer aller Nationalitäten, Colombo-Verschnitte. Gestandene, witzige Frauen hinter der Theke der Heimstätte für Frühtrinker in rauchgeschwängerter und mit Friteusenfett angereicherter Luft. «Der alldehohl, der alldehohl. . .« Pioniergesichter der Underdogs ohne Revolvergürtel und Scheckheft. Einfach mal Tapetenwechsel. Unser Tip für heimliche Rendezvous — hier trifft man bestimmt niemanden aus der heimischen Scene. NICHTS FÜR FRISCHLUFTFANATIKER.☼□

DA GUISEPPE, Lichtenbergstr. 72. ☎ 06151/710277. Mo-So 10.30-24. Pizzen ab 5, Calzone 8, Tortellini mit Sahne 7, Salat 6 (immer frisch).

Das ganze Ding besteht aus einem Stehtisch ohne Stühle und einem Tresen mit Eistheke ohne Eis. Hier trifft sich alles, was Hunger hat. Eine freundliche italienische Mama bedient. Die Pizzen schmecken auch wie von «Muttern« gemacht. Jede Bestellung dauert 10 Minuten. Familienbetrieb. Besonders gut sind die Tortellini mit Sahnesauce. Vorsicht! Zu schaffen sind die nur, wenn man Hunger wie

ein Brauereigaul hat. GUT, SCHNELL UND VIEL. □●

DER WECK, Ernst-Ludwig-Str.17. ☎ 06151/26373. Mo-Fr 08-18.30, Sa 08-14, langer Sa 08-18. Weck mit Trüffel-Leberwurst 2,20, 1 Scheibe Vollkornbrot mit Krabben und Ei 2,50, Tortellini mit Schinken, Krabben oder Salami und Salat 5,95.

Vom Darmstädter Bäcker ein Sortiment verschieden belegter Brote oder Brötchen, Quiches, Müslis und Aufläufe. Fast-Food muß nicht übel machen: Die Quiche Provence schmeckte und verdaute sich vorzüglich. GUT.

☆

EIS-FRIEDER, Friedensplatz 1. Glühwein 2, Cola, Bier, Wasser 1,20, Bratwurst, Rindswurst 2,80, Fischbrötchen mit Odenwälder Bauernweck 1,80.

Fremder, kommst du in kalter einsamer Winternacht auf der Suche nach köstlichem Eis an einem Schild «Eis-Frieder« vorbei — aufgepaßt: Hier gibt's Curry-Wurst mit Pommes. Umgekehrt gilt: Kommst du im Sommer mit dem hervorragenden Kneipenführer «Wo die Nacht den Doppelkorn umarmt« auf der Suche nach Currywurst mit Pommes zum Eis-Frieder — erklären sie dich für plemplem, dann gibt's da nämlich (. . .na was? Unter den Einsendern der richtigen Lösung bis zum 1.Juli 1989, verlosen wir zwei Eis-Gutscheine bei Eis-Frieder. Kennwort «Ei, ei, ei Eis«.) NUN KEINE ÜBERRASCHUNG MEHR.

☆

LOKALES, Dieburger Str. 50. ☎ 06151/714737. Tgl. 11.30-01. Super Pizza 8,80. 0,4l Pils 2,60, Cola 1,40. Warme Küche bis 0.30, Sa So & Feiertags bis 0.45. Spezialität: Pizza Fantasy. s.S. 296

7 MINUTEN PIZZA, Weiterstadt 1. Darmstädter Str. 12. ☎ 06150/40583. 10-14, 16-22. Pommes Frites 2, Spaghetti mit Fleisch und Tomatensauce 7, Cordon Bleu mit Pommes und Salat 11.

SCHLEMMER-IMBIß, Schuchardstr.3. Calamaris 6, Milchreis 2, Lasagne 100 gr. 1,40, Dampfnudeln und Vanillesoße 4.

wiesbaden

DELICATESSA, Carsch-Haus, Kirschgasse 26-34.

Shopping Center der leiblichen Schnell-Ess-Muß-Bedürfnisse. Hier gibt's italienische Spezialitäten von der Vorspeise bis zur Pasta, Vollwertimbiß, Exotische Früchte, Fruchtsaftbar, Fischgerichte, grelle Naschereien, Salat-Bar und vieles mehr zu vernünftigen Preisen.   ☆

KEBAB ORIENTAL, Schwalbacher Str. 49. ☎ 06121/300494.

So-Do 11-01, Fr/Sa 11-02. Bier 2, Wasser 1,50, O-Saft 1,0, Kaffee 2, Wein 3, Raki 3. Fünf Tagesmenüs (wechselnd) 5-8, Festmenüs: Gef. Huhn 6,50, Calamares 6,50, div. Kebab 6,50-8,50.
s.S. 358

LOKUM KEBAB HOUSE, Schwalbacher Str. 61. ☎ 06121/306345. So-Do 10-01, Fr/Sa 10-02. Bier 2,50, Wasser 1,50, O-Saft Natur 3,20, Kaffee 1,90, türkische Limonade 1,50, Wein 3,80, Agran (Trinkjoghurt) 1,90. Fladen aus eigener Bäckerei (klein, groß, mittel) 1,50-1,90, türk. Süßigkeiten -.60-2, vier Tagesmenüs 5-8,50, Salate 3,50, Spezialitäten.

Reichhaltige, türkische Spezialitäten-Palette von Süßigkeiten, Backwaren, Salaten und Kebab-Gerichten. Die Qualität der Fladen ist nicht von der Hand zu weisen. Modern Turkey bei Disco-Music und internationaler Bedienung. GUT.   ■

PINOTECA, Goldgasse 15. ☎ 06121/378440. Tgl. 10.30-20.30, Fr/Sa 10.30-22.30, So zu. Kaffee 2, Cola 1,50, Wein 3. Dolce farniente — wer damit rot-weiß-karierte Tischtücher und angeschmuddelte Wände, die durch Farbe und Geruch Rückschlüsse auf die Speisekarte zulassen, verbindet, der ist hier völlig falsch. Konsequent durchgestylt, hell und — schnell: Im ganz in weiß gehaltenen Raum werden an sechseckigen, knallgrünen Stehtischen neben den obligatorischen Pizzen (5-9), Kinderpizza nach Wunsch, diversen Nudelgerichten (5,50-11) und Insalatas (5-7,50), Platten fritierter Gemüse serviert, die man sich an der Theke nach eigenem Wunsch zusammenstellen kann (ab 10). Als Abschluß dann vielleicht noch Tiramisu und einen Espresso (2,50) — im Sommer auch draußen ganz in Ruhe der Fußgängerzone. SCHNELL IM BISS.   ○

SALADIN, Schützenhofstr. 3. ☎ 06121/301077. Mo-Fr 11-21, Sa 11-16, langer Sa 11-20. So zu. Bier 3,20, Wasser 2,30, O-Saft 2,90, Kaffee 2,20, Frucht- u. Gemüsesäfte 2,20-2,90, Wein 4,90. Zwei Tagesgerichte (wechselnd) 4,90-5,90, Salate (180 g) 1,79, Suppen 3,90, Pflanzen Küchle 1,90 (drei Sorten), Folienkartoffeln 1,50, Kuchen 2,20.   s.S. 393

mainz

GRILLSTUBE SOFRA, Gärtnergasse 30. Tgl.-01. Dönburger 5, Lahmacun 2,50, Cola Fanta Dose 1,50.

Stehimbiß in Bahnhofsnähe mit vielen Salaten und guten Portionen. SEHR GUT.   ✗

KEBAB-STUBE SOFRA, Holzhof 15. Tgl.-01. Dönburger 5, Lahmacun 3, 0.2l Cola Fanta 1,20, Fl. Bier 1,50.

Abends und während der Nacht mal kurz aus dem Auto rausspringen und Kebab holen? Hier wird's möglich. Am Altstadtrand verkehrsgünstig gelegen und nicht vom Nachtfahr-Verbot betroffen. GUT.   ✗

KEBAB-STUBE SOFRA 2, Augustinerstr. 16. Tgl.-01. Cola Fanta: Dose 1,50 od 0.2l für 1,20.

Dönburger 5, Lahmacun 3.

Das Pizzamonopol am Ende der Fußgängerzone ist gebrochen, mal sehen was uns Kunden das preislich noch bringt. ENDLICH ×

GRILLSTUBE-ISTANBUL, Kaiserstr. 16, /Ecke Zanggasse. Tgl. bis ca. 24. Dönburger 5, Lammhaxe m. Brot u. Kartoffelsalat 5,50.

Deutsches und türkisches Essen am Stehimbiß in der Nähe des Bahnhofs ist nur im Freien zu verzehren. Teurer, dafür aber im Restaurant, geht es im dazugehörigen Restaurant Istanbul nebenan zu. DURCHSCHNITT. ×

GRILLSTUBE ORIENTEXPRESS, Mittlere Bleiche 16/Ecke Zanggasse. Tgl. 10-01, Fr Sa -02. ☎ 06131/235654. Kebab Sandwich 5, Sis-Kebab 9,50, Bauernsalat 4,50. 0.3l Cola Fanta Wasser 1,90, Espresso 2,00.

Neuer, heller Stehimbiß leider etwas versteckt gelegen. GUT. ×

KEBAB-KISTE-KURDISTAN, Große Langgasse 16. ☎ 06131/224525. Tgl. 11-01, So 13.30-01. Mini Pita 3,50, Kebab Sandwich 6, Gyros Sandwich 5, als Tellergericht je 8,50, 0.2l Wasser 1, 0.2l Cola Fanta 1,20.

Kleiner Imbiß, direkt gegenüber der Kinopassage, in dem man bis 1 Uhr in der Nacht noch was zum Abfüllen bekommt. KINO-SNACK. ×

NEMRUT-KEBAB, Heiliggrabgasse 12 /Ecke Augustinerstr.. Tgl.-01. Dönburger 5, Güvec 7, Dose Cola Fanta 1,50.

Mit aus Stoffbahnen abgehängter Decke bietet der Imbiß Standardgerichte. GUT. ×

PIZZA PA, Augustinerstr. 9. ☎ 06131/222044. Tgl. 11-01. Pizza piccola 3, diverse Pizzen, Salate und Nudelgerichte zu Altstadtpreisen. Stehimbiss.

PIZZERIA AN DER ALLEE, An der Allee 120. ☎ 06131/381023.

Für Münchfeld, Zahlbach u. Bretzenheim Lieferservice ins Haus. ×

PIZZERIA MONA-LISA, Leibnizstr.16. ☎ 06131/670774. Tgl. 12.15-14.30 u. 17.30-23, Sa So 17.30-23. Normale Pizzen groß von 5,50-9,50, Vollkornpizza groß 8, Spezialsalat 6,50, gefüllte Aubergini, Zucchini, Paprika mit Rindfleisch, Gemüse und Reis 8. s.S. 395

PIZZERIA PEPE, Augustinerstr.19. ☎ 06131/229986. Tgl. 11-01. Pizza mini 3, Margarita klein 5 od. groß 6. 0.5l Bier 2,30, Cola Fanta 1,30.

Hochbetrieb am Wochenende vor und nach dem Kino. Nachtfalter, lonesome Cowboys, Teenies, Amis. Bestellt wird nach Nummern und abgeholt auf Zuruf. Gut hier, das Angebot der kleinen Pizza. Die und einen Salat und man hat vorzüglich gespeist. SEHR GUT. ☆

PIZZERIA TUFFLI IMBISS, Neubrunnenstr. 7a. ☎ 06131/227636. Tgl. 10.30-23. 0.3l Bier vom Faß 2,80, Kaffee 2, 0.3l Cola 1,60. Hamburger ab 2,70, Currywurst 3,10, Pommes Frites 1,50 bzw. 2,50.

Der Edelimbiß im Bistrostil, weiß, hell und mit Marmor, bietet zu amerikanischer, deutscher, und italienischer Schnellküche auch Glasweise Sekt an. ×

PIZZERIA VENEZIA, Suderstr. 65. Mombach. ☎ 06131/681880. Tgl. 11-14 u. 17-22. P-Schinken 7,50, Speziale 8, Lasagne 7,50.

Lieferservice ins Haus. Gebühr DM 2,00. ×

RALFS ESSBAHNHOF, Bahnhofsplatz 2. ☎ 06131/227511.
Mo-So 06-21. Bier 1,80, Wasser 1,50, Kaffee 1,50, Bitburger aus der Flasche 2,50. Pommes 2, Majo/Ketchup 0,30, Currywurst 2, Wurst mit Brötchen 3, Gyros mit Krautsalat und Pommes 6,50.

Der Traum eines Frittenbudenbesuches ohne anschließende Magenverstimmung ist endlich wahr geworden. Wenn dann auch noch, wie hier, die Preise stimmen, schlägt das Herz eines jeden Fast-Food-Junkies höher. Zitat eine Gastes:«Hier gibt's die beste Worscht von Meenz». Einziges Manko: Der Laden schließt schon um 21 Uhr. Ansonsten freundliche Bedienung, gutes Bitburger aus der Flasche, was will man mehr? SPITZENKLASSE .

⚞

hanau

BEI MERTEN, Fahrstraße 12. ☎ 06181/22718. 0.2l Wiesner Pils 1,60, 0.2l Cola 1,60, Wasser 1,60, Kaffee 1,60. 1/2 Hähnchen vom Grill 4,90, Schnitzel 5,90, Salatteller mit Ei 5,90. Kinderteller. Alles auch zum Mitnehmen — telefonisch bestellen.

Absolutes Preis-Leistungs-Wunder. Ausgehungerte Polen, Spätaussiedler und New-York Bronx-Flüchtlinge sollten über diese Grenzstation in die BRD einreisen. Der Abend klingt mit und wieder überfressen und mit einem «Schöppsche» aus. Die Bemühungen des Wirts vor Renovierung ganz entschieden die Frage zu diskutieren, wie man den traditionell hohen Standard der Speisekarte bei kleinsten Preisen halten kann und trotzdem den Erfordernissen der modernen Neon-Zeit nicht anheim fallen muß, hat sich gelohnt. Wenn's um der Mittagszeit zu voll, also Schweinefütterung angesagt ist, sollte man zu einem Toast Mozart, Rührei und Nudeln in den Kaufhof ausweichen. Da werden die liegengebliebenen Essensreste, genau wie bei Merten, garantiert NICHT in den großen Topf zurückgeschüttet. ★

PANDORA, Kebab-Imbiß. Krämerstr. 19.

PIZZA-EXPRESS, Kurt Schumacher Platz 6. ☎ 06181/252061. Mo-Fr 11-23, Sa So 17-23. Hauslieferung: unter 20 DM 4,- über 20 DM 2,- Gebühr.

Das Erwähnenswerteste hier: Man bewegt sich nicht von der Stelle, vorausgesetzt das Telefon steht neben Ihnen, ansonsten begibt man sich zum Apparat, telefoniert und bekommt die Pizza und Pasta ins Haus geliefert. BEQUEM.

☆

sulzbach

MAIN-TAUNUS-SALATSTUBEN. Tgl. 11-18.30, So zu. Bier 1,70, Wasser 1,70, Kaffee 1,70, Cola, Fanta 1,70. Riesensalatbuffet, 25 Sorten, Gemüselasagne 5,90, Sahne-Rahmkartoffeln 5,90, Schinkennudeln 5,90, Vollwertpizza 3,95, Rahmgulasch, Rinderbraten natur, Tortellini.

s.S. 396

weiterstadt

DARMSTÄDTER HOF, Darmstädter Str. 78. ☎ 06150/14184. Mo-Fr 11.30-14.30 & 18-01. Sa zu. Wiener Kronenbräu 0.4l 2,50, Cola 1,60. Vegetarische Brottaschen 7,50. Pizzen auch zum Mitnehmen 5-8,50. Jeden Dienstag alle Pizzen 5. Wechselnder Mittagstisch.

7 MINUTEN PIZZA, Darmstädter Str. 12. ☎ 06150/40583. Tgl. 10-14, 16-22. Pommes 2, Gemischter Salat 8, Nudelgerichte 7-9, Pizzen 5-8,50, Hähnchen/Schnitzel.

FINGERNÄGEL —
ODER GARNIX ?!

Es ist ein Skandal! Die sonst so sanften Augen des nächtlichen Allesfressers sprühen böse Funken. Er rührt empört im Karotten-Apfelsaft, wartet kribellig auf die Expertin in Sachen Vollwertverpflegung, die selig-lächelnd sein Tofu schnippelt. Vor einem Jahr noch hatte er behauptet, daß ihm eine knusprige Schweinshaxe und ein Export wichtiger seien als Sex. Es ist ein Skandal! Die monatlichen Lebensmittel-Gift-Desaster. Fische voller Würmer, das zarte Kalbfleisch, eine einzige Hormondeponie, zum Hendel werden gratis Salmonellen serviert. Eine Delikatesse: Tiefgefrorene tote Hirsch- und Wildschweinteile werden dreimal aufgetaut, umgepackt und mit neuem Frische-Datum versehen, bis sie uralt und stinkend in die Pfanne eines Wirtes fallen. Alles Gründe genug, traditioneller Magenabfüllerei abzuschwören. Von Genuß ist längst keine Rede mehr! Unter solchen Zuständen leidet nur der Ruf der Nachteule als wilder Herumfresser! Was bleibt wäre nur noch Abstinenz. Keinen Abend mehr auf der Piste und aus wäre es dann mit den Horden von Girl-Friends. Von daher ist gesund bis vollwertig zu lunchen einfach wunderbar! Peinliche Verdauungstörungen bleiben ab sofort aus. Oh, das Leben ist wieder eine einzige Selbstbefriedigung! Gesunde Ernährung liefert zudem kostenlose Seelenmassage. Sieht man die traditionelle Esserei welternährungspolitisch, kommt man ohne schlechtes Gewissen gar nicht mehr zur Hungerstillung!

Ab sofort ist die kleine Welt des Individualvöllers wieder in Ordnung!

Ökologische und vegetarische Eßstationen sind auf dem richtigen Weg, der Masse endlich eingefleischte Eßgewohnheiten abzugewöhnen. Besonders beliebt sind Vertreter des nicht-militanten Flügels der Ernährungsbewegung, die beim Sichten einer Curry-Wurst auf drei Kilometer Entfernung keine Tobsuchtsanfälle kriegen. Dennoch: So mancher Öko-Imbiss mausert sich zum Abweichler von der reinen Lehre. Hier und da schleichen sich Fast-Food-Ideologien ein. Gewisse Tote-Tiere-Accessoires tauchen im Rand-Sortiment auf! Dennoch immer prinzipientreu und aufrecht, bleiben auch diese Etablissements aus Überzeugung Rauch- und Alk-frei. Das Bekenntnis des Schweinebauch-Konvertiten fällt leicht: »Ich habe endlich begriffen, was für ein Idiot ich ein Leben lang war!« Hier und da muß er das allerdings mit etwas Alternativ-Kitsch bezahlen, wenn wohltuende Ruhe offensichtlich mit Langweile verwechselt wird. Soll keiner sagen, er hätte es nicht gewußt! Diese Oasen sind besonders zu empfehlen, auch deshalb, weil sie in keinem Branchenverzeichnis, geschweige denn in einem der klassischen Restaurationsführer verzeichnet sind! Dinnershows der vierten Dimension! *

frankfurt

bockenheim

LAKRITZ, Jordanstr. 11 HH. ☎ 7073841-9. Mo-Fr 09-19, Sa 09-14, So zu. Vollwertkost, tgl. wechselndes Angebot, Frühstück, Mittagessen, Vollkornpfannkuchen 4,50-7, Salate 3,50-7, frische Säfte, Cappuccino 2,20. Partyservice.

Geheimtip für Gestreßte, wenn man erschöpft ist vom Reinigen der Vogelkäfige, dem Sortieren von Rabattmarken und vom SWF 3-Hören über Walkman während der Soziologievorlesung in den Vormittagsstunden. Eine der Inhaberinnen liebt Lakritz. Aber zu essen gibt's hier ganz andere Sachen (das nur zur Beruhigung für diejenigen, denen beim Wort «Lakritz» nur «Bääh» einfällt). Garantiert frische, vollwertige Zutaten, jeden Tag etwas anderes — je nach Saison, und zubereitet mit viel Fantasie und Anspruch an die Qualität. Erholsam, angesichts der übrigen Imbißwüste. Hier könnte frau/man/kind glatt zur Vegetarierin werden. GUT. . .UND GESUND. ★ ⊥

bornheim

KORNKAMMER, Bergerstr. 187. ☎ 468582. Mo-Fr 9-18.30, Sa 9-13. Specials: Kornheimer Gemüsepizza, Vollkornkuchen, frisch gepreßte Säfte, Milch-Mix, Tees u.s.w.

Sie könnte Lisa heißen. Die Expertin in makrobiotischer Küche, stapelt selig lächelnd Tofu-Burger, raspelt Karotten und schnitzt Sellerie in Streichholzform. All dies geschieht parterre in der größten und ersten Öko-Imbißstation Frankfurts. Auf der Berger, ein Tanzsprung weit weg vom Uhrtürmchen. Im ersten Stock artet dieses Gesundheitscenter in ein Self-Resto aus. Man spürt förmlich, was in der Küche geschieht: Die dunkle Miso-Suppe brodelt auf dem Gasherd, ein Vitamin-Cocktail röhrt im Mixer, und die Kundin sucht die zu erwartende Zustimmung der Kassiererin. «Hello, ich bin Gaby» krächzt sie im Baby-Doll-Tremolo. «Seit ich makrobiotisch entschlacke, schaut meine Haut so wunderbar aus!». Gewiß, ihr Doppelkinn wird nicht anwachsen zu einem fetten Dreifalter, und die Akne nicht in Schuppenflechte ausarten, wenn sie sich hier konsequent, weil dauerhaft, natürlich ernährt: Vitaminbällchen statt Chicken McNuggets, Grünkernsalat statt Chefsalat, Vollkorntaschen statt Doppel-Whopper, selbstgepreßte Obstsäfte statt Cola-Light, neue ökologische Küche gehobener Art: Broccoli mit, ma was es net, vielleicht sogar Käse aus rückstandsfreier Milch überbacken. Schon beim Betreten des kleinen Ernährungstempels spürt man den heiligen Reformbewegungsgeist über dem knackigen Karotten-Avocado-Creme-Salat schweben, schlägt das alternative, ernährungspolitisch täglich so strapazierte Herz höher. Die Station kämpft wacker und finanziell äußerst erfolgreich als vorgeschobener Posten hart an der Bernemer Traditionsverpflegungsfront der Haspel und Haxen mit Sauerkraut um verdorbene Mägen, neues Bewußtsein und die Möglichkeiten für ein besseres, weil gesünderes Leben. Also um neue Kunden. Weil alles noch nicht zu spät ist, sollten dogmatische, ignorante Dauer-Pommes-Fresser, die sich mit der täglichen Rindswurst ihren nötigen Fettschock verpassen, zum bekennenden Teil der Bewegung konvertieren: «Ich habe endlich begriffen, was für ein Idiot ich mein Leben lang war. Ich wollte der Welt beweisen, daß ich ein Superstar bin. 24 Stunden Tag. Zufressen. Birne zusaufen. Jetzt ist die Hysterie vorbei. Ich bin glücklich. Dank schottischem Lachs, in Dill gedünstet, auf Fenchel und braunem Reis. Soja-Bohnen-Käse und Karotten-Apfelsaft». Nun gut, gebt ihm einen Bauarbeiter und er wird glücklich. HAZY FANTASY. ★

*I*nnenstadt

EDEN, Palmhofstr.4. ☎ 283189. Mo-Fr 11-21.30, Sa 11-16, So zu. Tgl. wechselnde Karte.

Billy Wilder läßt sich von solchen Wunderschuppen am liebsten frisches Dreikornbrot in den Frankfurter Hof bringen. Denver-Diva Linda Evans ordert Vollwertpizza statt Entenpizza, die Rezepte dazu gibts in USA über Warner Bros.-Video, 8795 Sunset-Boulevard, Tel. 001-213/652-4025. Also kein Ort für die Träger abgewetzter Birkenstöcker und Shetlandpullies. Das nackte, namenlose Grauen, es kommt zu jedem. Meine Vorstellung von gesunder Ernährung ist hier einzig dessen Unterhaltungswert. Öko-Bewußtsein ist relativ und immer eine Frage des gesellschaftlichen Standes, wie man aber sieht — eine Lebensweise für jeden. Ludwig Erhardt mit seiner Losung «Reichtum für alle« dreht sich lachend im Grabe um. Mit dem Einsetzen der neuen Fitness-Welle erwies sich die Lage hinter der Börse als gelungene Spekulation. Jung-Börsianer, dem Joggen, Squash und der Tanzgymnastik zugetan, finden hier ebenso wie auf Schonkost gesetzte Rentiers das Äquivalent der inneren Körperpflege. Und das läßt sich das größte vegetarische Restaurant der Stadt einiges kosten. Für Normalverdiener ebensowenig geeignet wie für Müsli-Men aus echtem Überzeugungsschrot — und Korn. Fundamentalistische Körnies geißeln solche Schuppen als Pervertierung des ökologischen Gedankens. Obwohl sich die Geschäftsleitung eisern an die 10 Gebote dieser Glaubensgemeinschaft hält: Im Ausschank werden weder Alkohol noch Cola-Produkte geführt, dafür jede Menge Säfte. Außerdem herrscht striktes Rauchverbot. Dem Durchschnittsverbraucher empfohlen, wenn die Buletten vom Metzger um die Ecke im Bauch mal wieder Salto-Mortale schlagen. Na schön, Unterhaltungswert hat ja zuweilen etwas mit Orginalität und innerer Logik zu tun.

Diese Vernebelungsschwarte aber taugt zu nichts weiterem als zu einem Symbol des wertkonservativen schlechten Gewissens, das sich als «Umweltbewußtsein« im Unterbewußtsein eingenistet hat. Diese Art Gastro-Kultur setzt in der Tat dem Langmut des durchschittlich betuchten Öko-Essers grausam zu. ANSEHEN. BAUCHSCHMERZEN KRIEGEN. ★

*n*ordend

NATURBAR, Oederweg. Kein ☎. Mo-So 10-20.

Wo das EDEN mit vegetarischem Luxus angibt, bringt's die Naturbar zurückhaltend und dezent. Stilbildendes Interieur: die große Theke. Zur Mittagszeit reichlich überfüllt. Wer keinen freien Barhocker erwischt, hatte Pech und wartet. Mit schon phänomenaler Geduld, die sonst in Europa nur noch im realen Sozialismus zu bewundern ist. Als noch niemand von gesundem Essen schwärmte, schon gar keine Ideologie daraus erwuchs, leistete der Wirt Pionierarbeit für diese neue Bewegung, die ob ihres gigantischen Zulaufes gar nicht wußte, wie ihr so plötzlich geschah. Gedankt hat's ihm keiner. Weder wurde er Varieté-Direktor, noch Ortsbeiratsmitglied einer stadtteilbekannten Ökopartei, noch durfte er Interviews geben und in Talk-Shows auftreten. Sein Pech: Er bekannte sich nie öffentlich zur Alternativbewegung, er setzte eine Alternative durch. SPITZENKLASSE. ★

*S*achsenhausen

GREEN HILL, Gutzkowstr. 43. ☎ 626301. Di-So 18-01, Mo zu. Vegetarische Küche.

Das Konzept ist einfach wie genial: eine vegetarische Eß-Boutique, mit dem feinen Ambiente altjapanischer Meditationsorte. Für FreundInnen des leisen, wohlüberlegten Wor-

tes. Oase für hungrige Ruhesuchende. Nein, hier ist es nicht gefragt, das immer schneller, immer schriller, immer lärmender. Die Gäste vereint die Absage an alltägliche gastronomische Scharlatanerie. Schon frühzeitig begann der Wirt in unseren Breitengraden, dem freßlustigen Gast die Fleischwursthaut über die Ohren zu ziehen. Wer hier speist, wünscht sich keine Portionen, bis daß der Teller bricht. Es zählt der Wunsch nach Inspiration durch das Füllhorn des biologischen Anbaus. In den Augen der wenigen Gäste, die sich dazu hinreißen lassen, blitzt der ästhetische Spaß am Erleben wirklicher Eßkultur, wo alles in sich harmonisch verläuft. Mehr als jemals zuvor gehen jene, die sich ernährungsmäßig schon mal ruinierten, auf die Suche nach ihrem zweiten Magen. Von daher sind viele anspruchsvoller, vorsichtiger, aber auch eitler bei der Verfütterung von Nahrungsmitteln, jenseits des Tote-Tiere-Essens geworden. Jeder bekommt das, was er verdient — falls er genug verdient. Denn billig ist diese neue vollwertige Lebensweise gewiß nicht. Menues haben keinen Großseriencharakter, es sind Einzelanfertigungen, schlechtestenfalls Kleinserien. Zudem gibt es eine erlesene Auswahl ökologisch angebauter Weine und Gemüse- und Obstsäfte der schillerndsten Sorten. Im südlichen Sachsenhausen, wenige hunderte Meter entfernt nur von der Schlacht um Kalorienrekorde, eine ausgezeichnete Idee. Hier dominieren beide: Gebrauchswert und Kunstwert. SPITZENKLASSE.
★

MAROTTE, Brückenstraße 36. ☎ 626133. Tgl. 18-0.30. 0.4l Bier 4, Cola 2,30. Tageskarte. Überwiegend vegetarische Gerichte. Hausgemachter Tofu auf Kräutersauce mit Ratatouille und Vollkornnudeln 15.

Aus der ehemaligen Frauenkneipe wurde ein vegetarisches Resto mit Hochpreisküche. Unangenehm die lange Wartezeit. Ob deshalb das Gratin aus drei Scheibchen Kohlrabi, Kar-

Foto: Norbert Frank

Lagerhaus

toffelandeutungen mit Karottenhauch zwangsläufig frischer ausfällt, ist eine andere Sache. Die vierzehn Mark jedenfalls sind eine Beleidigung für jeden einigermaßen kostenbewußten Verbraucher. Oder man gehört zur Upperclass, wie jene Mutti, die ihrer Tochter Griesbrei und andere Armeleute-Essen aus mehreren Jahrhunderten Hungersnöte als Non-Plus einer neuen deutschen Küche unterjubelte. Dieses Preis-Leistungsverhältnis ist der Verbreitung der löblichen Politik vom «gesünderen Essen« absolut nicht förderlich. Provoziert gar Kontra-Reflexe: Bis zum «Rolli« in der Klappergass ist es glücklicherweise nur ein Sprung. Dort kann man seinen Hunger anschließend stillen. Mit Haltbarkeitsgarantie: große Portion Pommes, steife Mayo, dickes Ketchup für zwei Mark fünfzig! Der Marotten-Service ist nett, versucht auszudrücken, daß jedes Speiseteil ein kleines Kunstwerk und wirkliches Orginal ist. Zum Essen eigentlich viel zu schade! Um die neue Marotte: Es gibt halt Schönes, was Zeit und Vergänglichkeit übersteht. ZWISCHEN TRAUM UND TRAUMA. ★

VOLLKORNPIZZERIA WOLKENBRUCH, Textorstr. 26. ☎ 622612. Mo-So 18-01, warme Küche bis 23. Bio-Bier 3,80.

Kein raffinierter Zucker, dafür raffiniert frischgemahlenes Getreide und Gemüse, teilweise aus biolog. Anbau. Vernünftige Preise, keine Krankenhausatmosphäre, wie in so manch anderem trüben vegetarischen Restaurant. Jeden Tag frische Vollkornbrötchen u. Vollkornkuchen. Tofu-Burger. Nach dem Umbau Tische, Stühle u. Toiletten vorhanden. Hier trifft man Leute, die zwar undogmatisch und locker bleiben, aber nicht wegen fehlender Sonne und Strand, bestenfalls wegen Sightseeing herkommen und dennoch mehr wollen, als ungesunde Fast-Food-Orgien abzufeiern. Dafür Vollwertkost — was will die nach gesundem Essen gierende Seele mehr? Der erste Besuch: Ein Tag im Leben, den man so schnell nicht vergißt. SPITZENKLASSE. ★

offenbach

SESAM, Stadthofpassage 9. ☎ 882757. Mo-Fr 9-18,
Sa 9-14, langer Sa bis 16, So zu. Orangen-Karotten-Mix 3,30, Tofu-Burger 3,50, Bananen-Shake mit Sojamilch 3,50, reichhaltiges Sortiment gesunder Knabbereien ohne Zucker.

Wer sich bei M. Burger nicht wohl versorgt fühlt und trotzdem schnell in der Mittagspause oder beim Shopping auf dem Offenbacher Prachtboulevard mal nebenbei etwas zu sich nehmen will, der wird hier finden, was das Herz begehrt. Kleiner Stehimbiß mit Vollwertprodukten. Auch Straßenverkauf. Mittagstisch ab 11.30 Uhr. Formidabel sortiert und alles gschmacklich erstklassig zubereitet. Leider immer noch eine Ausnahmeerscheinung in der Region. HERVORRAGEND. ✔

darmstadt

KARAGÖZ, Sandstr. 32. ☎ 06151/21068. Tgl. 18-01. Bier 3, Wasser 2, O-Saft 3, türk. Kaffee 2,40, Raki 2,50, Spezialität des Hauses: Katmer (gefüllte Teigtasche mit Gemüse, Fleisch und Käse von 10,60-12,50).

Nein. Sentimentalitäten werden hier nicht ungebührlich vergröbert, alles was von den Speisen und dem Service her ein schöner Farbtupfer in der grauen Küchenlandschaft ist, wird berechtigt ins Bild gezerrt. Die Einrichtung, heißt es, kommt von der Brauerei. Einfach. Aber um echte deutsch-türkische Atmosphäre bemüht. Neben dem Halb Neun Theater, hinter dem Staatstheater. Künstler sind hier anzutreffen und auch Theaterpublikum. Bei Reservierungen ab 10 Personen auch mittags

ÖKO

geöffnet. Sehr leckeres, türkisches Essen mit großer vegetarischer Auswahl. Die Bedienung ist sehr nett (hübsche, junge Männer). Einen Tisch sollte man vorher bestellen. Eignet sich gut zum Diskurs über die kulturellen Leistungen der Theater etc. . .Wieso eigentlich hier. Sonst redet die Damenwelt auch kaum über Theater. Gewiß macht es die Kunstaura, das Flair, das durch die Wand vom Theatersaal gnadenlos eindringt. Beim Anblick hübscher Türken ist es dann aber endgültig aus. Dann wirkt jede Kunst überflüssig und trägt höchstens dazu bei, den naiven Charme der jungmädchenhaften Schwärmerei zu untergraben. Das Lokal rangiert weit über jenen schauerlichen Kebab-Stuben, wo man nach dem ersten Bissen immer wieder ins Husten kommt. PRIMA KLIMA. □●

KULTURCAFÉ, Hermannstr. 7. ☎ 06151/25832. Tgl 9-01, Di ab 18. Bier 2,60, Wasser 1,50, O-Saft ohne Zucker 3, Kaffee 2,20, Kinder-Cappuccino 2,40, Apfel-Holunder-Saft 3. Frühstück von 4,30-13,70, Gemüsequiche 3,80, Eisspezialitäten 4,80-6,80. Vollwertgerichte. s.S. 156

LAGERHAUS, Julius Reiber-Str. 32 ☎ 06151/21891. Mo-So 18-01, Mittagstisch Mo-Fr 11.30-14.30. Deutsch/intern/frische, vollwertige Kost. Omelette mit Mozarella, Sonnenblumenkernen und türk. Fladenbrot 7,50.

Alles weitestgehend vollwertig gekocht. Großräumig, imposante Einrichtung und dennoch schlicht. Die Gäste haben nicht das Gefühl, sich zu verlieren. Die tollen Wandbilder fallen gleich ins Auge und machen die Atmosphäre reicher. Kein Umfeld für spannenden Blickaustausch, ein freundliches Nebeneinander. Die zurückhaltende Einrichtung, stilistisch modern, klar und eindeutig, läßt den Betrachter weder in steriler Perfektion ersticken, noch ist sie so aufdringlich grell gemacht, daß sie aus der Stimmung sinnhaftiger Beschaulichkeit reißt. Da sind unauffällige Schönheiten, seien

es die prima gestaltete Speisekarte und das Essen, mit dem sich die Wirtinnen viel, viel Mühe geben. Jeden Dienstag vegetarisches Menue, täglich Gemüseaufläufe und ausländische Spezialitäten, vor türk. Borek bis Cous-Cous. Diverse Pilssorten vom Faß. Ein Team mit Spaß am Kneipemachen, was leider nicht immer vorkommt. Trotzdem: Der Salat hat mich maßlos überfordert, viel zuviel Grünzeugs, oh' bitte keine Bullenfütterung, beinahe wäre jemand an einer Salatblattquerlage erstickt! Aber vom Hocker gefallen war bis dahin auch noch niemand. Im letzten Jahr ist der Laden noch viel besser geworden. Der Blick auf das wunderschöne Bild an der Rückwand entschädigt für alles. Hier hält meine gute Laune an, und meine entspannte Stimmung läßt mich Räume, Menschen, Dinge, einfach schön empfinden. Ist wirklich ein Problem, laute und lästige Tischnachbarn einfach wahrnehmen zu müssen. Können aber die Wirtsfrauen nichts dafür! Schöne Feste, wie Fasching orientalisch mit Bauchtänzerinnen, Maifest am 30. April mit Travestie Show, Ladies Neid usw. Wenn Ernst Breit diese Freveleien mitbekäme. . .vielleicht zöge es ihn nach Darmstadt, und ihm bliebe am 1.Mai so manche lustlose Großkundgebung erspart. Übrigens: Wer ist denn dieser Ernst Breit? Kennt den jemand? Ist das der Gemüselieferant des Hauses? Dann müßte man sich den Namen in der Tat merken. HERVORRAGEND. ★

wiesbaden

SALADIN, Schützenhofstr. 3. ☎ 06121/301077. Mo-Fr 11-21, Sa 11-16, langer Sa 11-20, So zu. Bier 3,20, Wasser 2,50,
O-Saft 2,90, Kaffee 2,20, Frucht- und Gemüsesäfte 2,20-2,90,
Wein 4,90. Zwei Tagesgerichte (tgl. wechselnd) 4,90-5,90, Salate (100 gr, 50 Sorten) 1,79, Suppen

3,90, Pflanzenküche (drei Sorten) 1,90, Folienkartoffeln 1,50, Kuchen 2,20.

Etwas jenseits der Fußgängerzone in der
neu eingerichteten Öko-Passage, im Obergeschoß, das Vollwertrestaurant in Wiesbaden
überhaupt. Kuchentheke, Salatbar, Suppen-
kessel (zum Selbstschöpfen), Dessertvitrine
und die Theke der Tagesgerichte, zwei moderne Supermarktkassen und ein Fließband
für das leere Tablett. Ansonsten viel Platz zum
Sitzen. Drinnen und draußen. Altersgruppe 07
bis 77, alles da, was auf gesunde Kost achtet.
Ein bißchen riecht es schon, nach dem Motto,
jeder ist sein eigener Kleingärtner. Die Tendenz geht ins Grüne, keine Chance für Schwei-
nebauchfans. Der Ablauf ist wie in einer Kantine in einem Großbetrieb. Die Qual der Sa-
latwahl (Kresse-Champignons), der Suppen-
kessel, der Nachtisch, die Beilagen; das Anti-
fleischtablett kann voll werden. Auch die Ku-
chenbar sorgt mit 13 verschiedenen Sorten für
Abwechslung. Ein wertvoller Ort, an dem man
sich von einem Einkaufsmarsch in der über-
ladenen Fußgängerzone erholen kann. Das
Management achtet peinlich auf Corpo-
rate-Identity. Das lebende Frischfleisch (Personal) darf in Frischgrad, Alter und Haltbarkeit den Nahrungsgrundstoffen in nichts nach-
stehen. GESUND.   ★■

mainz

BROCCOLI,   Neubrunnenstr. 8.   ☎
06131/222109. Mo-So 11-15, Mi-Sa 18-22. Internationale Vollwertküche. Mittagstisch. Obstsäfte
2,50, Mixgetränke 6. Nudeltopf, mex. Taccosa-
lat, Kartoffelfenchelgemüse. Nix über 10 DM.

Vollwertkost, vegetarische Speisen sind
der Marktrenner dieser Tage. Das Hinweis-
schild führt in den Hinterhof des Volksbil-
dungsheimes und diverser Ämter. Der Raum
ist ausgestattet, wie es von ökologisch bewuß-

ten Gastronomen zu erwarten ist: naturverbun-
den, alles in hellem Holz, wird so ideologische
Treue dokumentiert. Zuweilen wirkt das etwas
zu stark aufgetragen, wie zwanghaftes Festhalten an überlebten Traditionen. Auffällig angenehm die Theke, gefüllt mit frischem Obst und
auch schön anzuschauendem, exotischem Gemüse. Obwohl Guiness, der rauhe Irentrunk,
ausgeschenkt wird, geht es atypisch ruhig zu,
im Vergleich zum wilden Treiben im irischen
Highland. Zähmung des Tieres in der friedlichen Öko-Szene. Dafür gehen alle vorbildlich
freundlich und lieb miteinander um. Seit April
1987 ist im typischen Angestelltenviertel Ent-
wöhnung von Fast-Food angesagt. Vegetarische Vollwertkost bietet eine echt schmack-
hafte Alternative. Fiel anfänglich nach 13 Uhr
der Vorhang, bewirkte der große Besucher-
ansturm eine Verlängerung der Öffnungszeiten. Jetzt können Blutwurstjunkies und Frika-
dellen-Süchtige sogar vier Abende in der Woche missioniert werden. Bewundernswert, mit
welcher Kreativität Abwechslungsreiches auf
die Tageskarte gelangt: Bewußtes Essen ist auf
der Grundlage chinesischer, mexikanischer
und arabischer Küche kombinierbar. Arabischer Mandelreis mit Zitronensauce — dieses
Gericht dürfte auf keiner anderen Mainzer
Karte zu finden sein. Die Mitarbeiter haben ir-
rsinnig viel Spaß an der Sache, lernen ständig
neu dazu. Welche konventionelle Köchin zaubert schon perfekt Vollwertiges aus dem Stand
aus dem Ärmel? Igitt, ganz eklig die Vorstellung, daß in gewohnter Weise ein Wiener
Schnitzel mit einem Kilo Fett zersetzt wird, bis
es wabbelig in einer Art Auflauf in der Brat-
pfanne schwimmt. Die Broccolis machen das
Herz weit, den Magen breit, und sie promovie-
ren schweigsame Pommes-Fresser zu lachenden, munteren Grünzeug-Gourmets. Rauchen,
das ist klar, ist Sadomasochismus, und bis der
Tabakabhängige seinen Aschenbecher erhält,
muß er schon zu seinem Sarg voller Nikotin-
scheiße stehen. So unter Legitimationsdruck

gestellt, wirkt die Erziehungsaufgabe meistens — bis vor die Broccolitür. Aber immerhin! So mancher wird seine Sünden gegen sich selbst bereuen und sich mit gesunden Essen kurieren. Nach dem Schock die Schöpfung bei biologisch angebauten Weinen, frischgepreßtem Apfelmost. Allen täglichen Dosenkillern, die nun Angst vor Umerziehungsaktionen haben, sei versichert: Die Leute haben ein richtig zärtliches Verständnis, und angesichts der anhaltenden Fettschwemme in der Ernährung ist die Angst vor größeren Unruhen wohl unbegründet. GUT. ★

NATURHAUS, Klarastr. 1. Vollwertladen und Stehimbiß. Ladenschlußzeiten.

Die Zeiten, in denen sich die Naturläden in den Hinterhöfen der Stadtteile versteckten sind endgültig vorbei. Heute sind sie zwischen Sportartikelgeschäften und Kaufhäusern in den Einkaufsstraßen zu finden. Unerläßliche Einkaufsmeile für die ökobewußten Mainzer. Seit Tschernobyl für Mütter und Väter mit solidem Portemonnaie und rückstandsfreiem Gewissen obligat geworden. Kurzer Snack beim Shopping oder vollwertige Babykost aus gesundem Obst für die nächste Woche? Hier bekommt man es. GUT. ☆

SENFKORN, Ölgasse 2. ☎ 06131/226669. Di-Sa 16-23, Mi 11-23, So 10-17, Mo zu. Acht versch. Säfte 1,20-1,50, kalter Kaffee 1,20, Eskimo Flip 0,50, Wasser 1, O-Saft 1,20,
Kaffee (groß) 1. Schmalzbrot 0,60, Frühstück (So) 3,50, Salat (groß, ital.) 4, Tageskarte: Z.B. Seelachsfilet mit Kartoffeln 4,50, Quarkspeise 1,50, Kuchen 1.

PIZZERIA MONA-LISA, Leibnizstr.16. ☎ 06131/670774. Tgl. 12.15-14.30 u. 17.30-23, Sa So 17.30-23. Normale Pizzen groß von 5,50-9,50, Vollkornpizza groß 8, Spezialsalat 6,50, gefüllte Aubergini, Zucchini, Paprika mit Rindfleisch, Gemüse und Reis 8.

Ein Laden, der sich sehen lassen kann. Einzige Vollkorn-Pizzeria in Mainz. Präsentiert wird eine Mischung, die traumhaft ist — oder wem gehen bei dem Angebot Vollkorn-Pizza u.a. mit Löwenzahn, Zucchini, Spinat, Lauch und Paprika nicht die Zähnchen auseinander. Es soll Leute geben, die Pizza nicht mehr sehen können. Denen sei an dieser Stelle im Vertrauen zugeflüstert, daß Thomas, der Taxifah-

rer aus Frankfurt sich hier unsterblich in die gefüllten Zucchini verliebte, und fortan nur noch Fahrgästen nach Mainz entgegenfieberte.

★

erzhausen

ERZHÄUSER HOF, Hauptstr. 69, 6106 Erzhausen. ☎ 06150/82371. Tgl. ab 18, So & Feiertag 11.30-13.30, Di zu. Kleine Gerichte und Vorspeisen ab 4,50, Hauptgerichte 11,80-19,80.

Das vegetarische Restaurant bietet über dreißig vollwertig gekochte Gerichte an. Ohne Rama, Industriezucker und sonstigen chemisierten Grundstoffen. Dafür gibt's Produkte aus biologischem Anbau, frisches Obst und Gemüse. Besonders spannend sind Gerichte mit dem vielsagenden Namen «Tempeh« und «Tofu«. Mittlerweile internationalisierte Standards des vegetarischen elaborierten Sprachcodes. Selbstverständlich gibt's ein Nichtraucherabteil. Reservierungen empfohlen. Mittlerweile strömen ernährungsbewußte Menschen aus dem gesamten Rhein-Main-Gebiet hierher. Machen Etappe auf der Öko-Rally vom «Broccoli« in Mainz kommend, vor der Weiterreise ins Lagerhaus Darmstadt. Man glaubt zuweilen, wegen Überfüllung könnten Catch-Vorführungen anstehen, Kindern gewiß nicht zuzumuten. Alle, die solcherlei erwarten, irren: Hier dominiert die ungeheuere Leichtigkeit des Seins, die in vielen Yoga-Übungen erworbene innere Ruhe. VORBILDLICH. ★

hanau

NATURHAUS KORNKAMMER, Altstädter Markt 9. ☎ 06181/21941. Werktäglich wechselnde Menüs von 12-14.

Bio-Laden und Stehimbiß, in dem täglich Mittagsmenues (aber auch einzelne Speisen) gereicht werden. Ein Sammelsurium vieler kleiner Köstlichkeiten. KÖSTLICH. ☆

sulzbach

SALATSTUBEN MAIN TAUNUS ZENTRUM. 11-18.30, So zu. Bier 1,70, Wasser 1,70, Kaffee 1,70, Cola/Fanta 1,70. Riesensalatbufett, 25 Sorten, Gemüselasagne, Sahnerahmkartoffeln 5,90, Schinkennudeln 5,90, Vollwertpizza 3,95, Rahmgulasch, Rinderbraten, natur, Tortellini.

Der McDonald für Vollwertliebhaber. Alles weiß, hellrot und Vollholztische und -stühle. Besonders unangenehm die Kleidung des Personals: Alle in weiß mit Holzclogs. Erinnert eher an die Sterilität von Intensivstationen in Krankenhäusern als an angenehme Restaurantatmosphäre. Wenn dann der Chef auch noch Bart trägt, und so grimmig böse glotzt wie ein Wärter in der Psychiatrie, dann bekomme ich Angst. Der Hunger vergeht. So manches froh Angeschluckte bleibt im Halse stecken. . . . und gleich bist du in der Zwangsjacke. Die Gemüselasagne schmeckt delikat, die Non-Vollwert-Produkte sind immer noch wertvoll und sehr schmackhaft, die Kuchen kommen nicht aus der Tiefkühltruhe. Die zig Sorten Salat sind schon ein Augenschmaus. Vom Zungen- und Gaumengenuß ganz zu schweigen. Die Politik der reinen Vollwertlehre war nicht durchzusetzen. Zug um Zug wurde das Total-Gesundleben-Sortiment doch mit Tote-Tiere-Gerichten durchsetzt. Welch Frevel, wird der Purist sagen — im Glück, die gemäßigten Naturfresser mit der Bereitschaft zum sündigen Seitensprung. Preislich, wie alle missionarischen Unternehmen mit Heilungserwartungen, sehr teuer. Trotzdem: Im MTZ mit all seinen Bratwurst- und Rindswursthardlinern eine wohltuende Ergänzung. EIN ERSTER PREIS FÜR SPEZIALEFFEKTE. ★

OPULENTER SINNESRAUSCH

Die Dame am Tresen hatte vielleicht einen Blick! Ja, ja. Lange Flüge, endlose Nächte hinterlassen irgendwie Kreislauflabilitäten und üble Spuren auf der Haut. »Haut-
krebs?« frage ich sie. »Ein unrasiertes Wildschwein heute nacht«, krächzt das

flügellahme Suppenhuhn in Jane-Mansfield-Verkleidung. Tolle Szenen, abgetakelte bis wüst herausgeputzte Fellini- und Männer-Vogue-Gestalten.

Hier redet man nur, wenn man gefragt wird. Wer an der Theke oder beim schmalhüftigen Kellner im verkappten Dandy-Look bestellt, erwartet makellosen Service, erstklassiges Ambiente, versierte Küche und vor allem — die richtige Dekoration: »Passende Leute«. Als Gäste zugelassen ist eine erlesene Mischung aus Seh-Leuten und Schaustellern, Claqueuren, Millionären, Bankrotteuren und Prokuristen. Eins müssen sie können: niemals zuviel, aber auch niemals zuwenig reden. Die Fähigkeit, Stimmungen zu erkennen und auszubalancieren, läßt sich sowenig erlernen wie der Beruf »Karrierist«. Beides verlangt devotes Talent. Überlebenswichtig in Edel-Kontakthöfen: in jeder Situation richtig entscheiden! Sucht das Gegenüber einen geduldigen Zuhörer oder den Dialog? Will es viel loswerden oder möchte es sich offensiv langweilen? Der Weg zum Mitläufer, Claqueur, Requisit, ist hart und langwierig, als Lehrberuf existiert er nicht. Sich zeigen darf niemals heißen, den anderen offen bloßzustellen. Diskretion ist oberstes Gebot, selbst wenn dabei die gröbsten Gemeinheiten ausgetauscht und die größten Schweinereien inszeniert werden. In Tanztempeln sind die Möglichkeiten solcher Selbstinszenierungen gleich null — drum ließen die Glamour-People die »American-Bar« und »Dining and watering holes« zum Nippen und Kippen und Dippen neu bzw. wieder entstehen, wo man zwischen Topfpalmen, auf bequemen Clubsesseln oder höchst schmerzenden postmodernen Möbeln im Art-Deco-Stil rumlümmeln kann. Bewacht von riesigen Gipshelden aus der Antike. Der Gesamteffekt dieses Milieus — maßlos erheblich, wenig beeindruckend und kein bißchen aufregend. Da bewegt selbst der allabendliche Auftritt von Silvia nichts. Kaum einer der Etienne-Aigner-Männer wendet den Blick von der Bild-Zeitung ab, wenn das blonde Girl mit den Maßen 88-62-88 mit wiegenden Hüften und wippendem Pferdeschwanz vorbeistöckelt. Eine phantastische Bühne, eine wunderschöne Mischung aus Broadwayatmosphäre, Dorfsaal und Freilichttheater im Stil ländlicher Heimatspiele.

★

bahnhofsviertel

BISTRO, Moselstr. 20. Tgl. 07-01. Bier 3, Cola 3. Menü 10,90 (Suppe, Wiener Schnitzel, Pommes, Salat), Menü 14,90 (Suppe, Rumpsteak Tiroler Art mit Bratkartoffeln, Salat). Frühstück ab 07 Uhr.

Weiße Schleiflackimitate, pseudoklassische Einrichtung (griech. Säule). Gehobenes Milieu. Sehr gute kleine Karte mit einer Mischung aus französischer und italienischer Küche. Wer keinen Lottogewinn in Luxuslokalen verjubeln kann und wem die vielen Imbißverpflegungsstätten zu spartanisch sind, wird sich hier sehr gut bedient fühlen. Strategische Marktgespräche etwas wild aussehender Kleingruppen am Nebentisch sollten nicht irritieren und nicht von der gastronomischen Qualität ablenken. VERSUCHEN! ★

CAFÉ BISTROT 87, Taunusstr. 25. ☎ 233147. Mo-Do 8-01, Fr 8-02, Sa 12-02, So 09-01. Warsteiner Bier 0.3l 3, Kaffee bis 10 Uhr früh 1,50, Cappuccino 2,50, Ital. & dt. Küche.

Die Betreiber bewegt so ziemlich alles mehr als feine Gastlichkeit. Chaotische Öffnungszeiten sind das einzig Originelle an dieser Geldwaschanlage. Selbst als echter Wettbewerber um die Gunst von Kaffee- und Biertrinkern, futtergeilen Dany-Snack- und Maximilian-Currywurst-Fressern wie den Liebhabern ähnlicher Delikatessen, könnte der Laden mit umliegenden Qualitätsanbietern niemals mithalten. Auch Lockvogelangebote, Tasse Kaffee von 8-10 nur 1,50, Cappuccino 2, belegtes Brötchen 2, ziehen kein zahlreiches Publikum an. Hier verkehren vorwiegend Gäste jener Gesinnung: «Seid mutig in der schweren Zeit, die Männer stehn' in blut'gem Streit, und wer von ihnen draußen fällt, der stirbt fürs Milieu als Held!« Weshalb mußte dieser überflüssige Laden eine vielgerühmte, alteingesessene Fahrradwerkstatt verdrängen!? Dafür strahlen dem Passanten, der eh nie zum Gast wird, billige Belle-Epoque-Imitationen durch die Fenster entgegen. Vorsicht: mit alternativen Häkelvorhängen getarnt! Sage mir einer: Was macht aus einem solchen Geschmacksschlachthof ein Bistrot? SCHLECHT. ★

CITY BISTROT, Münchener Straße 59. Tgl. 10-01, Sa 10-02. Hawaii-Schnitzel 13,50, Cordon Bleu 13,50. s.S. 271

M 20, Münchener Str. 20. ☎ 231060. Pils 0.2l 2,50. Frühstück Continental 8,50 — zwei Brötchen & Pippifax.

Eins diese überflüssigen, neuen «Bistrots». Weiß lackiert, gekachelt, ebenso von der Stange wie mittlerweile jede Gastroeinrichtung! PERSONAL EKLIG! ★

bockenheim

AUGUSTIN, Friesengasse 1. ☎ 777817. Jever 3, Cola 3, Wasser 3, Kaffee 2,50, Elsäß. Riesling 5. Salatteller mit gebratener Wachtel 12, Menü (drei Gänge) 37.

Wir nähern uns dem «Neuen Bockenheim«. Die Einrichtung wirklich originell, ausgesprochen schön! Die Wände handgestrichen in einer Marmortechnik, aus ca. drei Schichten bestehend in rosa, beige und blau. Lichtleisten mit Mosaiken, Spiegelwänden, Halogenlämpchen. Aber die Leute! Arme Augustins! Mit Herren und Damen, genügend Mäuse in den Brieftaschen, mit Benz und Porsche vor der Tür, umgibt man sich hier vorzugsweise, bzw. mit jenen, die sowas gerne hätten. Außer damals, vor der Jura-Prüfungskommission, habe ich in Bockenheim selten so viele anzutragende Herren — bei «Annas» ausgestattet — auf einem Platz gesehen. Ab und an ein paar verirrte Deplazierte. Direkt neben dem «Gargantua» gelegen, treffen sich hier und auch dort Leute, die lieber in adäquater, gleichgesinnter Gesellschaft essen und trinken. Dumme Augustins. Neben uns ein allerliebster Herr mit neckischem Ringelschwänzchen im Nacken und von vorne straff aus der Stirn frisiertem Haar. Der leichte, seichte Touch der Kunst der Werbeagenturen und Schalterhallen. «Gepflegte» Gesten, «gepflegtes» Lächeln, spitze Mündchen. Themen: Karriere und Aufstieg. Verblüffend: Die Getränkepreise sind auffallend niedrig! Vielleicht ist das hier das Vereinslokal der «Junioren», auf den unteren Sprossen der Karriereleiter... Aber beim Essen schlägt die Wirtschaft preislich erbarmungslos zu. Hildegard hatte neulich einen lustigen Traum: Ab und zu wurde mal eines jener liebreizenden schwarz-grauen Tierchen mit den langen Schwänzchen in eines der Frankfurter Feudal-Bistrots reingeschmissen. Das Publikum flüchtete massenhaft in okkultistische Sitzungen. Surrealismus für rauhe Nächte, schöner als es die Realität erlaubt. AUFBAUEND.   ☆ ☐

BISTRO SALUT, Varrentrappstr. 47, ☎ 7072222. Di-Fr 09-24, Sa 09-21, So 10-21, Mo zu.

«Absolut liebe Wirte» stellte der Kollege mit leuchtenden Augen fest. Das Kompliment gilt den Wirten des «Bistrot Salut». Sie geben dem grauen Alltag wieder Sinn. Und das kurz vor der Autobahnauffahrt. In der Tat, die Einschätzung stimmt. Das sie richtig ist, beweist die Praxis. Halten sie doch ein ganzes Sortiment von Schokoladenköstlichkeiten für die BesucherInnen des naheliegenden Jugendzentrums bereit. Wenn's das nun nicht gerade sein muß: Die Speisekarte ist klein, aber ausgesprochen fein!!!... und preisgünstig. SYMPATHIECENTER.   ☆

CAFÉ ORFEO, Hamburger Allee 45. ☎ 709118. Mo-Fr 12-01, Sa 10-02, So 10-01. Bier 2,70, Kaffee 2,50, Baguette 6, Tageskarte von 10-25, Mittagstisch.

«Wir senden direkt aus einem Frankfurter Scene-Treffpunkt». Die Kampfsprecherin einer jener langweiligen TV-Kulturverstümmelungssendungen versprüht während der Buchmesse vorgebliche Insiderkenntnis und Pseudooriginalität. Offensichtlich weiß die Frau nicht, von welcher «Szene» sie spricht. In gastronomischen Stätten wie dem Orfeo ist die klassisch Links-Alternative-Öko-Scene ausgegangen. Vielleicht leergetrunken und nicht mehr nachbestellt. Wer weiß. Hier speisen mittlerweile Werber und noch mehr ihr Fußvolk zusammen mit neureichem Alt-68iger, heute Mitglieder der altehrwürdigen Frankfurter Spesenschickeria, die früher Häuser besetzten und heute besitzen. Mehrmals im Jahr treffen sich ehemalige Verfechter der «Kritischen Theorie», zeitgeistig «ökolibertär», eine grünlich-konservative Variante des modernen Späth-Kapitalismus. Dazu eine Brise Verleger und Autoren in der Tradition der «Frankfurter Schule» bzw. was sie dafür ausgeben, um neue Produkte, Projekte oder sich selbst zu promoten. Und so werden dann die späten sechziger Jahre und ihre Konkursverwalter aus der Alt-Sponti-Mao-Fraktion nie beerdigt. Vorneweg das Szene-Edelweiß Cohn-Bandit, bei Festen des Establishments gerne als Relikt geladen, treu gefolgt vom Grünen Ex-Bürovorsteher im Ministerrang, Joschka Fischer, und dem etwas flügellahmen Yang-Tse-Kiang-Huhn Joscha Schmierer, dem großen Ex-KBW-Vorsitzende, schon wieder krampfhaft bemüht, den Anschluß zu halten. Voll im Trend ist man Stammgast, zumal Frankfurt mit den Segnungen solcher Lokale im Vergleich zu anderen bundesdeutschen Städten ganz weit hinten liegt. Wirklich. Das gibts nur einmal, das kommt nie wieder. Wer zur Täuschung die Haarsträhnen dekorativ über die kahlen Stellen legt, kommt mit diesem Trick in diesen Etablissements nicht weit. Dafür wird zu genau hingeschaut. Auf jede und jeden. Nun ist die Seele des kulturell interessierten Metropolenstrizzis für Schmähungen in Sachen Eitelkeiten nicht ganz undurchlässig. Folglich bemühen sich die Gäste hier penibel ums modische Äußere. Ums persönliche «Outfit», oder sprachlich abgerüstet, um grelle Fassadenwerbung, damit einen — bitteschön — nur Insider anmachen; sich nicht etwa der tölpelige und besitzlose Nachtschwärmer aus dem Umland erdreistet, das erlesene Arrangement, diese Pracht an Selbstinszenierung, im Kontakthof der Erfolgreichen zu stören. Vielfalt, das weiß man, ist nicht ganz unangebracht. Diese Leitidee prägt auch Fränzchens Zlunkas' Speisekarte, und der bekommt das ausgesprochen gut. Übers' Wochenende und nicht nur dann, kann man bei gehobenen Haushaltsetat durchaus hochqualitativ satt werden. «Naß oder trocken», eine solche Frage an den Kellner in Sachen Wein richten, weist den Gast als heillosen feinschmeckerischen Dilettanten aus. Je weniger Tische und Stühle — um so besser. Weg mit dem unfeinen Massenpublikum, freie Sicht auf das Marktpotential: Schrille Postkonservative, Bänker, Werber, Künstler, Schreiber. UPGRADED. ★

ELEPHANT VILLAGE, Schloßstr. 55. ☎ 702153. Tgl. ab 17 geöffnet.

LINIE, Jordanstr.10, ☎ 774105. Mo-Do 10-01, Fr 10-02, Sa 16-02, So 16-01.

Die niveaulose Räucherkammer «Pub», die sich zuvor hier versteckte, war mit seiner jahrzehntelangen beharrlichen Niveau-und-Stillosigkeit schon wieder ein Bockenheimer Original. Mit Wandkontakt fast zur Uni ließ man alle neumodischen Wellen Revue passieren. Von Karl Marx, Mao-Tse Tung, den Stadtindianern, der Frauenbewegung, den Baghwans und den Punks bis, ja bis die neue Bistrot-Welle dem Lokal den nicht unverdienten Gnadenstoß ver-

paßte. Nur: Was nachkam, ist nicht unbedingt origineller, wenn auch zugegebenerweise heller. Viel Licht wollte Fausto Settembrini fast schon missionarisch in die dunkle Rustico-verseuchte Ecke bringen, aber ach du elendes Volk, warum hörst du das Rufen deines Propheten nicht. Reservierungen sind nämlich nicht nötig. Man kann seine Cola auch ohne Anmeldung beim volumig gebauten und betuchten weiblichen Schoppeschaffner bekommen. Für wen, außer für das Wachstum um die Dreißig, sind solche Einrichtungen notwendig. Ich hatte nicht angenommen, daß ich mich jemals noch würde wundern können, denn ich war der Meinung, diese Scene sei ausgestanden, weil sie alle ihr möglichen Schattierungen und Tönungen bereits vorgebracht habe. Die Speisekarte — einfach DIE Wucht; ja sowas an Witz und einmaliger Spritzigkeit habe ich in Frankfurt bisher nicht erlebt. Wo sonst noch werden doch tatsächlich Spaghetti, Baguettes und Toasts angeboten? Und zwar in Variationen! Sollen sie nur kommen und es versuchen: Es gibt nichts, was es nicht gibt. DURCHGEFALLEN. ★

PAPAGAYO, Robert-Mayer-Str. 41. ☎ 700432. Mo-Fr 10-23, Sa 18-23, So u. feiertags 10-23. Kaffee 2, Riesenmilchkaffee 3,30, Weizenbier vom Faß 3,90, Aubergine mit Schafskäse 10,50, selbstgemachte Waffeln. s.S. 71

WESTPOL, Bockenheimer Landstr. 111. ☎ 752322. Tgl. 11-01. Bier 3,40, Kaffee 2,40, Wasser 2,50, Beaujolais 5,50. Gulasch- und Zwiebelsuppe je 4,50.

Teure und biedere Einrichtung unter den neuen, postmodernen Bockenheimer Arkaden, die architektonisch nicht uninteressant gemachten neuen Einfallstoren in die City. Was den Bauwerken an ästhetischer Spannung reichlich gegönnt ist, der Kneipe ermangeln ähnliche Qualitäten bis ins kleinste Detail. Graugestreifte, gepolsterte Stühle und ein Wirt mit Sinn für Philosophie, «das Leben im Fluß mit Ruhe«. Mittvierziger tragen den typischen Samenkoller im Blick. Sie wollen den Weg nicht nach Hause finden, sondern begehren anderes. Erotische Pantoffel-Revoluzzer, die sich lieber zusaufen, als wirklich etwas zu riskieren: Z.B. eine vor Aufregung und aus schlechtem Gewissen drohende Früh-Ejakulation. Dem Testteam mißfällt alles. Drum fällt ihm einfach nicht mehr ein. Oh du glückliches Sprechzimmer eines Mittelkassen-Psychotherapeuten! Von uns droht dir bestimmt keine zweite Heimsuchung. EINSEIFER.   ★□

bornheim

BISTRO, Berger Str. 232. ☎ 463388. Tgl. 16-01, bei Messe -04, Sa zu. Bier 0.5l 5, O-Saft 0.4l 4, Schinken- u. Käsebaguette 4,50, franz. Käseplatte 7.

Originell eingerichtete, kleine gemütliche Kneipe. Knapp 40 Sitzplätze drängen sich um oder unter nettem altem Plunder, wie alte Musikinstrumente oder olle Grammophone. An die Holzdecke gepinnt sind Geldscheine, von denen einige Dollarnoten sogar noch gültig sind. Das Bistro mutet etwas nach Trödelladen an, dazu gibts eine herzliche Wirtin. Wir sitzen an kleinen Bistrotischen, die Enge ist an kalten Tagen angenehm, sein Glück kann man im Sommer draußen neben dem Springbrunnen finden. Stammpublikum. Generationskonflikte gibt es nicht. GUT.   ~~

BISTRO AM MERIANPLATZ, Berger Str 31. ☎ 493866. Mo-Sa 8.30-24, So 10-24. Milchkaffee, kl. 2,80, gr. 5, Kaffee 2,40. Baguettes 6,50-7,50, kleine Speisen.

Nach dem Umbau ist es hier luftiger und heller geworden. Trotzdem bleibt es eng. Für die Berger Straße, die nicht gerade mit gastronomischem Reichtum und Esprit gesegnet ist, ist dieses Bistro — eine Mischung aus Café und Feierabendtheke — NORMALER DURCHSCHNITT.   ☆

GEGENWART, Bergerstr. 6. ☎ 4970554. Mo-Do 09-01, Fr 09-02, Sa So 10-02. Pils 3, O-Saft frisch gepreßt 4, Weine 4-6. Diverse Salate 9-12, Sommergemüsegratin 10,50, Filetsteak 19,50. Frühstücksbuffet mit Preis nach Hunger.

So verwirrt wie an jenem Sonntagmorgen im Oktober habe ich meine Bekannte aus Hamburg noch selten gesehen. »Jetzt ist alles aus«, stöhnte sie beim Anblick der Köstlichkeiten. »Ich schlittere direkt in eine Katastrophe«. Recht hatte sie. Das Buffet ist für bestimmte Figuren mit bestimmten Mentalitäten reines Gift, und ich bestellte sofort ihre heiße Schokolade mit Schlagsahne ab. Andererseits wollte sie kulinarisch entflammt werden, sie brannte ja so darauf. Vor bald zwei Jahren gaben wir diesem Ort eine Chance, und seine Dramaturgen verstanden es, ihre bessere Seite, ihr »alter ego« freizusetzen. Die Kneipiers würdigten solchen Vertrauensvorschub und kreierten eine der wenigen akzeptierten und innenarchitektonisch richtungsweisenden Neu-Schöpfungen einer völlig überlaufenen Szenerie. Mittlerweile nicht mehr wegzudenkendes Scene-Lokal für Werber, Schriftsteller, Musiker, Künstler samt der dazugehörigen Hofstaates für die Zeit vom Frühstück bis zur Sperrstunde. Frankophile Küche mit täglich frischen Speisen und Desserts. Bestechend die Souveränität des Bedienungspersonals, das auf fast jede dümmliche Arbeitshetze — go baby go — mit deftigen Retouren reagiert. Genüßlich zu ertragen: Mit diesem gewissen Charme läßt sich bei Überfüllung aufkommender Mangel an Geschwindigkeit mehr als wettmachen. Glücklicherweise bleiben die Wirte gegenwärtig und knallen trotz des Erfolges nicht durch. Sommers um die Mittagszeit bieten Schmuckkünstlerinnen in Eingangsnähe ungehindert ihre Ar-

beiten zum Verkauf an. Den ambulanten pakistanischen Blumenhändlern hat noch niemand die Tür gewiesen. Zurück zum Frühstücksbüffet. ES IST WAS ES IST.(Erich Fried).　　★

MONOKEL, Berger Str. 213. ☎ 455000. Mo-Sa ab 9, So ab 11. Frühstück, Kaffee, Kuchen, Eintöpfe.　　s.S. 179

gallus

CAFÉ-BISTRO WEISS, Frankenallee 161. Mo-Fr 9-22, Sa So zu. Cola 2,20, Kaffee 2,20, Café au lait groß 3,20, Frühstück ab 4, Salat, Schinken, Käse, Thunfisch 7, Tortellini Gorgonzola 7,50, div. Baguettes 4,50, heißer Apfelstrudel, Eis, Sahne 5,80.

Liebliche Oase im harten Gallus-Milieu.

Prima Service, tolles, freundliches Personal. SEHR SCHÖN.　　★

innenstadt

BAFF, Langestr. 59. ☎ 295693. Mo-Fr 08-24, Sa So 10-01. Russische Gemüsetorte 6, Kartoffelplätzchen mit Lachs u. Kräutercreme 12, Frühstücksbuffet aber auch Komplettangebote 6-14, große Franz-Wein-Karte, Kaffee 2-3,50, Pils 2, Alt 3,70, Säfte 2,80.

Der Übergang von der Innenstadt zum Ostend ist café-mäßig tot. In der bisher unbelebten Langestraße ist das Projekt Scene-Wave-Café ein lobenswertes Unterfangen. Bunt und poppig — aber in Halbtonfarben, so kommt das Design daher. Zugegeben, ein belebender Farbtupfer in dieser depressiven

Ecke. Der Lockruf tönt aus dem Metropolendschungel. Wir tanzen aus der Reihe. Mal sehn, was der gute Geist dieser Zeitschrift, Robert, am Donnerstag dazu sagen wird. Viel Liebe wurde der Außenfassade gewidmet. Man lebt nicht nur vom Viertel, sondern auch für die Sehgenüsse der Bewohner. Hans Duskanic und Nicole Volpert ist ein richtiges Fassadenkunstwerk gelungen. Zum Glück kein Zufall, daß beide als erste im Lokal Bilder ausstellen. Ganz normale Leute, moderne Menschen. Für den nächsten Sommer ist Gartenbetrieb geplant. Ab 11.30 täglich mit wechselnder Karte Mittagstisch. Wobei es keine Ausschlüsse gibt, keine strikte Trennung zwischen vegetarisch und Tote-Tiere-Essen. Das eine nicht ohne das andere. Für die Spätfresser wird auch noch nach 23 Uhr die Pfanne auf die Herdplatte geschmissen. Das Sechserteam hat an alles gedacht. Auch an die Nichtraucherkabine. Im Gegensatz zu mancher Neueröffnung keine Schlichtgarage mit armseliger Dekoration und beschränkter Handlung. Das Etablissement ist relativ jung und noch weiß keiner, ob es sich bewähren wird. Das hat auch seine Vorteile, es ist meistens Platz, man kann ungestört die Zeitungen lesen und eine wunderbare rote Grütze mit Vanillesauce schlabbern. Das Essen ist ansonsten mittelprächtig — die Getränkekarte, besonders in Sachen Wein, üppig. Zur Erholung vom wilden Treiben in manch schlechterer Kneipe durchaus in Betracht zu ziehen. Die Bewohner des Ostends sind jedenfalls dankbar für die neue Anlaufstelle vor ihrer Haustür. PRIX JEUNESSE. ★

BISTROT BIANCO, Großer Hirschgraben. ☎ 280244. Mo-Fr 11.30-21, Sa 10-15, langer Sa -19, So zu. Frühstück 6-18.50, Frische Mixgetränke 4.50-8, Salate 6.50-10.50.

Neudeutsches Kaffeehaus, badezimmergekachelt und Musikvideos in die Deckengestaltung integriert. Lustige, originelle Beleuchtungskörper an den Wänden. Leichtmetallbe-

stuhlung. Aufmerksames, überaus freundliches Personal. Croissants werden mit einem Schälchen Butter, nicht einfach mit einer Portionspackung hingeknallt. Zum etwas dürftigen, in Essig bereits ersoffenem, Italienischen Salat, wird in roten Plastikkännchen Öl und — wie originell — Essig gereicht. In Zeilnähe erhöht dieses Bistro zwar das Grauen, aber es mindert auch wieder den Schrecken. Das Lokal illustriert vortrefflich das Dilemma, in dem die neudeutschen Innenarchitekten und Gastronomiewürstchen stecken, die hierzulande den letzten Scheiß als »Bistro« anpreisen müssen. Schade um den guten Willen und die Mühe. ENGSTIRNIG. ★

CALVIN, Hochstr. 39, ☎ 285211.

Werber wie Uwe Duvendack und Partner Umpfenbach versuchen sich öfter nebenberuflich in der Abfüllbranche. Nicht selten dilettieren sie. Duvendack kann ein Liedchen vom quicken »In« und »Out« , dem Bäumchen-Wechsle-dich-Spiel der Modekneipen singen. Das Oyster, ein Stehimbiß mit »American Bar«, war einige Zeit beliebtester Treffpunkt der Werbescene. Man sah diese feinnervige Zunft vor Austern und Veuve clicquot palavern. 50% der Existenzgründer machen jedoch innerhalb der ersten vier Jahre Konkurs. Bei hoher Miete und enger Stehfläche konnten selbst so erfolgreiche Werbestrategen ihren Nebenerwerbzweig niemals in die Profitzone steuern. Sie beschämten so in gewisser Weise ihr Hauptgewerbe, die Werbebranche. Was soll man von »Denkern« und »Lenkern« halten, die in der konkreten Business-Praxis versagen? Pfui, Nestbeschmutzer! Imagemäßig echt kontraproduktiv. Lediglich die munter sprudelnde Haupterwerbsquelle vermied den offenkundigen Eklat, die Schließung des Mode-Treffs. Der Pickel im Image-Make-up wurde prompt standesgemäß ausgequetscht. Und bitteschön, mit Stil: Die beiden Mondschein-Gastronomen hefteten sich den Gründer-Orden an die Brust und ließen das harte, niedere Tagesgeschäft von Dritten betreiben. Will heißen: Sie reichten die hohe Kirche exklusiver Pleite-Gesellichkeit weiter und ließen dem Ort ihrer Niederlage einen neuen Namen verpassen. »Calvin«. So puritanisch wie jener Kirchenstifter war, geht es nicht zu, dennoch retirierten die Werbe-FreundInnen vorübergehend ins »PX« bis sie im »Sonus«, dem »Plus« und dem »Augustin« landeten. Der große Herdenauftrieb wird sich nie mehr einstellen. Auch in dieser Branche gelten Gesetzmäßigkeiten aus dem Big-Business des Profiboxens: they never come back. Für kleinere Ring-Schlachten findet es aber immer noch seine Liebhaber. MONUMENTAL. ★

EINS ZWEI, Hochstraße. ☎ 285166. Tgl. 19-01.

»Wie reizvoll ist sie in ihrer Kleidung«, meint Silvie zu Gerda. »Ich will aber schon sehen, was ich kauf« repliziert einer der Männer aus der Kleintruppe am Tresen. Kaufen — oder einfach nehmen? So wie es auch viele Männer sportlich finden, beim Obsthändler, im Vorbeigehen? Die schöne Inderin, diese attraktive Verkäuferin in der Jil-Sanders-Filiale — wie lebensgefährlich ist eigentlich Sex-Appeal? Keine der Frauen verzichtet hier auf exquisite Aufmachung. Jede will beglotzt, betatscht, beleidigt werden. »Nur im Tierreich«, meint Herbert, »ist Unauffälligkeit bei Weibchen gefragt«. Claudi und Luise arbeiten sich lieber in Ball- und Cocktail-Kleidern, zum Teil aus Plastik, ab. »Wenn man mit so einem Kleid ausgeht, lernt man mindestens zehn Leute kennen!« Weshalb leben diese High-Tech-Gestalten, Börsenjobber und »Junioren« gerade hier ihre Bedürfnisse aus? »Mein Bezug zu dieser Scene ist, daß hier die Arche Noah des ewigen Luxus angelegt hat.« Jungmänner wie Philipp haben ein Karriereziel: Sie wollen alle potentielle Konkurrenten wenn schon nicht zur Sau, so doch zur Schnecke machen. Jeder von ihnen redet so, als setze er morgen zum Sprung nach New York an. Schnappte sich auf leisen Raubtiersohlen 20 Mio Dollar und brächte sich somit in Rekordzeit auf den Top-Standard. Keinem in der Kommandozentrale der Möchtegern-Aufsteiger und Jungzyniker kommen die Tränen. Kein Wunder, erst der nackte Affe lernt das Weinen. Jedenfalls wollen sie unter sich sein. Drum paßt der Türsteher höllisch auf. Weitere Informationen gefällig? Plötzlich hatte ich keine Lust mehr. Mich fröstelte in diesem Treibhausklima. Ich wollte nichts wie — nach Hause. DER ULTIMATIVE WEG ZUM GLÜCK. ★

FÜNFUNDVIERZIGER, Weberstr. 45. Tgl. 20-01, Fr Sa -02, während Messe bis 04, Di zu. Bier 3, Wasser 1,50, Kaffee 2,50.

New Wave, Spiegel, hell, Glas. Prunkstück der Kneipe ist eine alte Rock ola (Musikbox), in der Musik der 60er bis 80er Jahre (drei Titel für eine Mark) gedrückt werden kann. Die Kinks-Titel »Party Line« und »Dandy« gibt es auch, alle Hochachtung! Die 45 des Kneipen-

namens steht natürlich nicht nur für Single-Schallplatten, sondern auch für die Hausnummer. Mit der gleichnamigen 45er Knarre aus diversen Filmkrimis der Schwarzen Serie hat der Name weniger zu tun, zumindest sieht das Publikum nicht danach aus. Eher New Wave und neue Vergeblichkeit. In der Kneipe ist es entsprechend hell, zwei Riesen-Spiegel und eine Kümmer-Palme bemühen sich verzweifelt, die coole Atmosphäre etwas aufzumotzen. GANZ NETT.

LEITER, Kaiserhofstr. 11-13, ☎ 289977. Tgl. 12-01, So ab 19.

Wenn fast jeder Tag kurz und seelisch grau dämmert und das begehrte Time-Sharing-Objekt, also die Kurzbeziehungsinvestition, noch unter einer Decke aus emotionalen Eiskristallen schläft, entzündet sich bereits wieder das Ausgehfieber dieser Sumpfblüten. Die Rennbahn ruft! Das Karriereblut schreit! Nichts wie rein in den Glitzerfummel und heftig die Hüften geschwenkt. Die meisten Imitationen edelster Night-Life-Geschöpfe stammen aus den Eigentumswohnungen des Nordends, Bockenheims und neuerdings des Ostends. In Wahrheit sind die halbseidenen Schönen und Schamlosen der Nacht bestenfalls kleine, gefrorene Lichter, und strahlen deshalb gerade im Winter so künstlich warm ins Herz. Die unerträgliche Seichtigkeit des Scheins materialisiert sich förmlich im Styling: Teilweise angeblich aus den Hollywood-Studios stammende Bühnenscheinwerfer sollen eine überoriginelle Bühnenatmosphäre erzeugen, gehobener Plüsch, der in bestimmten Kreisen Anklang findet. Gewiß, die Küche muß exzellent bis formidabel sein — letztlich gehört die Küche auch zur Dekoration, wer kommt, will sehen und gesehen werden. Gefüllte Teller verirren sich nur selten auf die Tische. Was man hat hat man — und wenn es ein Koch fast nur zum Vorzeigen ist. Ekstase? Sex? Orgie? Disko? Von allem etwas, vor allem viel gebremster

Schaum. Zur Anbahnung eindeutiger Geschäfte mit einem coolen Drink bei gedämpftem Licht zieht man sich ins dazugehörige »Chamäleon« zurück. Die eleganteste Spielart von Kontakthof, die Frankfurt zu bieten hat. Bei der Fahndung nach den Ursprüngen solch zerstückelter Kulturbräuche in uniformen Gleichschaltungszentren, stoßen wir auf den Frankfurter Zoo. Der hat ja schließlich auch ein Gesellschaftshaus. Im Gegensatz zu Einsatzorten wie dem »Leiter« ist das Treiben dort sexuell, ästhetisch und sozial. SERENGETI DARF NICHT STERBEN. ★

POUR TOI, Goethestr. 31-33. ☎ 292535. Mo Sa 10.30 — 04. So. 16-04. Küche bis 04!!!

Wie schnell aus Gewohnheit eine schlechte Gewohnheit und aus einer schlechten Gewohnheit eine Krankheit werden kann, zeigt die Entwicklung dieses Bistros. Der Abstieg in die zweite Liga nach einem fulminanten Bundesligastart im Herbst 1985 war nicht abzusehen. Wenn eine In-Tränke die Seh-Leute nach dem ersten Massenandrang nicht zu binden vermag, kommts knüppeldick. Warme Küche bis um 04 Uhr war schon eine gute Antwort auf die sich abzeichnende Krise. Das Siechtum konnte vorübergehend gebremst werden. Leider suchen die Übriggebliebenen der Nacht um diese Zeit andere Hinweise als den nach dem neuesten lukullischen Top-Act. Nach durchzechter Nacht noch schnell zwei bis drei Schmerztabletten oder Ähnliches hinunterzuspülen, ist eher einer der gängigsten Geheimtips. Besser einen chemotherapeutischen Hammer als zusätzlich zu dem dicken Schädel noch einen verdorbenen Magen. Das »Filet danach« würde den Körper nur durch enorme Mehrarbeit schocken. Man fühlte sich deshalb nur für eine Stunde top. Der Flop folgt dann auf dem Fuß. Mineralwasser, Säfte und dergleichen sind bei offenkundigen Konditionsmängeln um diese Uhrzeit eher angesagt. Das belebt die Nachtfalter und ruiniert den

Wirt. Offen gesagt: DER SOMMER BEGINNT
SCHON MORGEN.   ★

RIKI'S BISTRO/WEINSTUBE, Hirschgraben
5. Mo-Sa 11-24, So & Feiert. zu. Wein 5-9. Bihun-
suppe 6, Salami Brot 10,50, Geräucherte Entenbrust 18,50, Rumpsteak mit Champignons
und Brot 22,50.   s.S. 442

TAT-CAFÉ, Eschersheimer Landstr. 1. ☎
1545113. Mo-Fr 10-02, Sa So 17-02, Kaffee 2,20,
Bier 3, gem. Salatplatte 11, Frühstück und Hochseefische im Angebot. Unregelmäßig, aber
häufig Kleinkunstveranstaltungen.

Das Folgende ist teilweise Schmäh vom
vergangenen Jahr. Vieles ist anders. Aber vieles noch dasselbe. Der alte Wirt ist mittlerweile
weg vom Showfenster. Das alte Publikum gibt
in dieser Jukebox keinesfalls mehr alleine den
Ton an. Etwas mehr wirkliches kulturelles Niveau, Inspiration sind gefragt. Portobellos Out-
fit-Männer, mit hohlem Kern, aber Vorzeigea-
telier, sind nicht mehr gefragt. Dabei gab es
beim ehemaligen Publikum versteckt schon
immer Hochniveau und stille Genies. Viele,
auch wir, wollten das offensichtlich nur nicht
sehen. Nein, auch neuerdings gehts sehr zeitgemäß zu. Jeder dritte bundesdeutsche junge
Mann bekennt sich zum beruflichen Ehrgeiz.
Damit liegt das Publikum voll im postideolo-
gischen Trend. Leistungsdenken ist die Ma-
xime, dabei ist der Besucher nicht nur techni-
kfreundlich, sondern zugleich auch modisch
umweltbewußt, sofern — ja sofern man ihm
nicht mit dogmatischem Körnerfressen kommt!
Tiroler-Trachten unter Gabadin-Mantel auf Jä-
gerschuhen mit Hornbrille garniert. Für ihn ist
Leistung ein Mittel zum Vorwärtskommen.
Blindwütiger Aktionismus, Choleriker und
Vandalen sind unter den Besuchern nicht zu
finden. Erstochen wird aus rasender Leidenschaft niemals. Man könnte es auch Egozen-
trik, Egomanie nennen. Das Denken, die Philosophie, jene bösen Linksideologen, wie

Hermann Treusch und Konsorten, vertrieben
haben. Alles »Lebenserotiker«! Die Frauen?
Frischfleischfanatiker entdecken auf einmal,
daß diese Szene mehr zu bieten hat, als allein
Theaterkunst, Pausenfüller, Champagner,
Chanel und Camenbert. Die Frauen hauen
kräftig in die Kleider. Also her mit den kleinen
Dramaturgen, Regisseuren, Schauspielern?
Von wegen! Die Kinder von Cherry-Cola und
Jil Sander fegen jeden direkten vulgär-sexisti-
schen Ansprung kokett zur Seite. Den Männern
kommt man mit entwaffnendem, brillantem
Charme. Virtuoses Spagat zwischen Marylin
und früher Loren — ein zwerchfellerschüttern-
des Extrem. Savoir vivre mit ironischer Distanz,
Sinnlichkeit und Eleganz im Tändeln und
Schlendern der Ulla Meinecke zwischen den
vielseitigen Kulturen — das findet man hier
schlichtweg unwiderstehlich. Die Küche, das
muß man zugeben, ist perfekt, geschmacklich
vorbildhaft, preislich korrekt. Lob der Konsequenz! Verwendet werden nur Produkte, die
nicht aus Südafrika kommen. Wären die Gäste so wenig überzogen und so überzeugend
wie die Gastronomie, man könnte sich an den
Ort direkt gewöhnen. WELCOME TO HAWAII.
                                        ★

*n*ordend

BISTRO CACTUS, Glauburgstr. 1, ☎ 552434.
Tgl. 08-01.

Viel Grün, echt oder Imitation, sei dahingestellt. Ähnelt einer mediteranen oder mexikanischen Bühnenlandschaft. Der Besucher
mag sich's aussuchen. Sommers wird die gastronomische Leibesübung teilweise im Freien
praktiziert. Es fehlt der Kellner im pastellfar-
benen Overall. Nicht nur ein Treff für Kaffee-
trinkerInnen, sondern auch für Liebhaber kleiner in- und ausländischer Speisen. Heutzutage
ganz modern »Snacks« genannt. Viele Schüler
und Schülerinnen und im Nordend beheima-

tete Studenten erholen sich vom nervenden Alltagsstreß. Alles zu vernünftigen Preisen, was ein gestandenes Kaffeehaus ausmacht. KOMMEN UND GEHEN. ★

CAFÉ RIFF, Rotlintstr. 47. ☎ 431859. Mo-Fr 10-01, Sa 10-19, So 11-01. Kaffee 2, Frühstück 3,70-13.50., Top-Teller (Calamares, Thunfisch, Schafskäse, Tomaten, Oliven) 10,50 wöchentlich wechselnde Speisekarte. Draußen sitzen. Wechselnde Ausstellungen. s.S. 86

CANAPE, Spohrstr. 48 / Ecke Nibelungenallee. So-Do 10-01, Sa So 18-01. In den Semesterferien erst ab 17. Pils 2,80, Cola 2,50, Kaffee 2,50.

Der Name ist Programm. Treffpunkt von Solariumsfritzen und -Fritzinnen aller Bräunungsgrade, Benetton-Schick — gepflegt. Gesucht gefunden, auf die Canape. Wenn's sein muß wochenlang, kann man alles tun, fun fun fun, was man kann, wenn man die Zeit irgendwie totschlagen muß. Außerdem bemühen sich krampfhaft alle, sich ein dermaßen internationales Flair zu geben, daß selbst niedrigste Kontaktspannung zum erotischen Super-GAU auflaufen läßt. Schwarze, tiefergelegte Benz und BMW der schnellen 3er Reihe vor der Tür. Die Wasserstoff-super-oxyd gefärbte Blondine vor dem Tresen versucht den Infantilitätsgrad der kindlichen Stimme von Madonna zu übertrumpfen. Im Visier das Opfer, die etwas schmalere, verhärmtere Variante von Gilbert Becaud, der ausgepumpte, abgewrackte, schlaffe Wirt mit Schnauzer, überhört gekonnt die Annäherungserzählungen der Dame, deren Lust am Plaudern in der Information gipfelt, sie habe ihren Wagen neulich tatsächlich »vorm Jardin in der Kaiserhofstrasse parken dürfen, direkt neben dem Lotus vom Fred«. Düfte wie aus den Probefläschchen der Douglas-Parfümerie entfleucht, schweben über dem Raum, garniert mit vielen Spiegeln und reichlich Tischplatten aus Marmorimitat. Die Spiegel suggerieren Tiefe, die weder der La-

den noch die Gäste aufweisen: »Besuch' ich jetzt nächste Woche die African Queen oder buche ich doch 14 Tage Mallorca pauschal bei Neckermann«. Für solche Fälle gibts reiselustige Hemden aus Korea, mit unermeßlichen Brusttaschen, in denen Berge von Gummibärchen. Platz haben. Die nächste Depression kommt bestimmt. DAUERHAFTER NAKOSE-ZUSTAND. ★

ROTLINTCAFÉ, Rotlintstr. 60. ☎ 449691. Mo-Sa 09-01, So und feiertags 11-01, Kaffee 2,10, Licher vom Faß 0,31 2,50, Weine ab 3,50. Broccoli-Suppe 5,50. Frühstück 3,80-13,80. s.S. 87

WEINSTUBE IM HINTERHOF, Egenolfstr. 17. ☎ 435044 Tgl. 19-01. Cola 2, 27 offene Weine. s.S. 442

*o*stend

CAFÉ MELANGE,, Friedberger Anlage 1, Zoopassage. ☎ 4960675. Mo-Sa 09-01, So 10-01. Bier 3, Wasser 2,80, O-Saft 3,50, Milkshakes 6,50, Wieißherbst 5,50, Glas Sekt 6, Glas Campari 6, Kaffee 2,80, Schoko mit Sahne 3,50. Frühstück 6,50-18,50, Minestrone 5,90, Salat Melange 10,50, Rumpsteak 19,80, Spaghetti Carbonara 9,50, Pizza 5-13, heißer Apfelstrudel 5,50.

Die Einrichtung entspricht der Architektur der Einkaufspassagen der späten 80er. Soll heißen: Alles plastikhölzerne Rundbögen, Spiegel und Plastikgrün. Nicht leicht, es sich dort gemütlich zu machen. Sommers sitzt man besser draußen, und dann ist es gerade noch erträglich. Die Gäste wollen fein sein, packens aber nicht immer. Eher kommen Anwohner aus der Nachbarschaft her, die sich kleidungsmäßig vergewaltigen. Um nochmal ein Bier um die Ecke trinken zu können, fühlen sie sich veranlaßt, schnell noch einen Schlips umzubinden. Die frischen Backwaren, Kuchen und Torten aus eigener Bäckerei sind besser

als Heberer. Ansonsten kann man auch für weniger Geld gut essen. KALTER OFEN. ★ ↘↘

D'ACCORD, Friedberger Anlage 1-3, Zoopassage. ☎ 433255. So-Do 14-01, Fr Sa 14-02. Bier 3, Wasser 2,80, O-Saft 3,50, Kaffee 2,50, Wiener Café 3,50, Weißwein 6, Baccardi 3,50. Div. Suppen 4,50, Schinkentoast 6, Schmalzbrot 4,50.

Viel Neon und postmoderne Kleinigkeiten, z. B. aufwendige Aschenbecherkonstruktionen auf der Theke. Um Interesse zu wecken, wird zu anstehenden Gelegenheiten auch nochmal extra geschmückt, z.B. Oktoberfest — Weißwürste und Brezeln umsonst. Vorwiegend junges Publikum aus dem Stadtteil, das, vom ständig gleichbleibenden Angebot der Videothek nebenan gefrustet, zum Würfelbecher zurückkehrt. Die Thekenmannschaft bzw. -frauschaft kommt aus bayrischen Gefilden — es fehlt nicht an Herzlichkeit. Zum Kontrast hat man sich architektonisch so konsequent auf die kühle Linie eingefahren, sogar die Spielbretter der Brettspiele sind gläsern, daß es eine gehörige Portion Wärme braucht, um über all die klirrenden Kleinigkeiten hinwegzusehen. Am Wochenende füllt es sich deutlich... Könnte als Kulisse für die nächste Girokonten-Reklamekampagne der 1822 voll hinhauen! LIKE ICE IN THE SUNSHINE. ↘↘

Sachsenhausen

BISTRO EMPOR, Schneckenhofstr. 8. ☎ 617502. Mo-Fr 17-0.30, Sa So 18-0.30. Bier 4, Wasser 3,50, O-Saft, frisch gepreßt 6,50, Kaffee (nur bis 19 Uhr) 4, Weizenbier 5, Wein ab 6, Longdrinks 11. Salatplatte 17,50, Käsewürfel 8,50.

Hier sitzt man etwas gedrängter und wärmer als in den neu ausgehobenen Sachsenhäusener Etablissements. Leider hat man sich jedoch preislich angeschlossen und bietet Speis und Trank ordentlich überteuert an. Dementsprechend halten sich hier vor allem Stammgäste mit der bewußten Mark mehr in der Tasche auf. Das Bistro «Empor» dient Sachsenhäusern inzwischen aber auch als Rückzugsmöglichkeit vor den neugierigen Cafébesuchern im «neuen Sachsenhausen». DAS GIBT'S AUCH.

CAFÉ BAR, Schweizer Str. 14. ☎ 622393. Mo-Do 12-01, Fr 12-02, Sa 14-02, So 14-01. Bier 3,50, Wasser 2, O-Saft 3,50, Kaffee 2,80, Campari 5, Bourbon 6,50, Cuba Libre 9,50. Salat della Casa 11,50, Crepes mit Gemüse 12,50

Wie ein ägyptischer Sakrophag/postmodern, schwarz, quadratisch, gut, Theken- und Eßbereich wurde getrennt. Künstler, Kenner, Gernegroß. Ganz klar, läßt sich schon im Vorübergehen abschätzen, wer in der Café-Bar sein Frühstücksei pellt. Nostalgikern und eher gemütlichen Menschen wird beim Anblick der Schwarzlackarchitektur die Gänsehaut kommen, andere vermuten hinter der Fassade den passenden exklusiven Charakter. Neidlos anzuerkennen und von erster Klasse der direkte Einblick von der Theke in die Kunst der Köche. Ein Vorbild an «Glasnost». Zumindest garantiert diese Praxis Grundstoffe und Zutaten erster Qualitäten für die exklusive Küche. Chemische Keulen statt Filet-Gulasch-Stroganoff bleiben dem Gast auf diese Weise erspart. Die Café-Bar gehört zu den ersten Schicki-Micki-Läden der Schweizer Straße und ist nicht nur von diesem Mileu akzeptiert, sondern zumindest auch von den Flaneuren des Museumsmarathons. Weiterhin zuzugeben: Nach dem Frust mit dem Café im Filmmuseum, trotz aller grundsätzlicher Bedenken, schon wieder eine Oase. So schön und schlecht zugleich ist diese Welt. SPANNEND.
★

PLUS, Oppenheimer Landstr. 31. ☎ 615999. So-Do 10-01, Fr Sa 10-02. Cocktails 10-15, Frühstück

bis 12 Uhr, später französische Küche. Draußen sitzen.

»Ich hab mein Auto verkauft.« »Welches?«.
Das Ambiente hier: Durchgestylt in Weiß mit
einer langen raffinierten Bank als Blickfang.
Im Sommer ist es angenehmer draußen auf
der Terrasse als drinnen, nicht nur wegen der
Luft, sondern auch wegen der kühlen Einrich-
tung. Publikum von Schicki-Micki bis Yuppie.
Berühmt berüchtigt dafür, daß hier die Mitvier-
ziger auf Fleischbeschau gehen. FEUER
BITTE.   ∞

SCHWEIZER 96. ☎ 619696. Sa So ab 17, sonst
11-01. Bier 1,90, 2,80, Wasser 2,60, O-Saft 3, Kaffee 2,50, gute Weine ab 3,50 — sehr teuer. Mat-
jesfilet 13,50, Frikadellen mit Kartoffelsalat, Leberkäs' mit Spiegelei 10,50, 7,50, Rumpsteak
mit Schafskäse 16,80, kleiner Salat 4,50.

Große Theke, »lauschige« Ecke oder der
Sitzplatz am Panoramafenster — Stand- und Sit-
zort ganz nach Geschmack. Kunst an der
Wand, wie es sich heute gehört, und überwiegend männliches Publikum auf dem Laufsteg.
Der dynamische Mitvierziger erholt sich vom
Berufsalltag, legt eine Kreativpause ein. Dazwischen die Jungen, die davon träumen, auch
mal für Colgate mit dem blauen Streifen, einen
Werbestand bei Massa zu entwerfen. Eine der
neueren Blüten der schicken Kneipen der
Schweizer Straße. Die Küchenmannschaft versucht die goldene Mitte zwischen Cuisine exclusive und Frikadellen mit Kartoffelsalat zu treffen. Eine Frau alleine muß stark sein, es sei
denn, es unterhält sie, zu erfahren, wann wer
seinen Porsche anmeldet. NUR DER ROSÉ
WAR VORZÜGLICH!

TAGTRAUM, Affentorplatz 20, ☎ 618757. Tgl.
9-24, Fr zu. Wasser 1, Kaffee 2,10, Frühstück 3-1.

AGREE (Disco)/CASABLANCA (Bistro),
Bahnhofstr 18. ☎ 883022. Fr & Sa 21-06, So 15-22.
Säfte 5, Longdrinks 9. Tomatensuppe 6. Eintritt;
Fr/Sa 10.- mit Getränke, So 8.- Mindestverzehr.

Im ersten Stock Bistro, unten Disco. Das Bistro hell gehalten mit Plastikpalmen in den
Ecken. In der Disco haben Technik, Sound und
Licht hohen Standard. Musik: Plastikpop zum
Ohrenzukleistern. Am Rande der Tanzfläche
stehen Gipsfiguren im Antik-Styling, die sich
nahtlos in die Umstehenden einfügen. Publikum insgesamt ist recht geputzt. Hoher Ausländeranteil. Zwischendurch stört auch schon
mal einer der dienstältesten alternativen Knei-
penwirte das Bild positiv. Vom Publikumsmix
her die noch bei weitem interessanteste Offenbacher Discothek. GEMISCHTE GEFÜHLE. ✔

BISTRO LUTHERPARK, Waldstr. 34. ☎
881513. Tgl. 10-01. Frühstück 5,20-9,90.

Beim Sterben ist dieses ätzende Etablissement leider nicht das Erste gewesen. Oder anders ausgedrückt: Dem Bösen widersteht kein
Mensch. Selten hat ein Bistro dermaßen auf
den Zufall von Laufkundschaft gesetzt und irgendwie überlebt. Ganz bösartige Menschen
würden sagen, der Laden ist herausragendes
Beispiel für einen gastronomischen Abnormi-
tätenzirkus. Aber: So gut, um ihn dermaßen
niederzumachen, ist er auch wieder nicht. Zur
ungemütlichen Einrichtung von der Stange
kommt noch fader Musik-Background: Disco-
musik. Den Gipfel setzt allem die kotzige, herausragend unfreundliche Bedienung auf. ÄT-
ZEND.   ✔

BISTRO P., Pirazzistr.12 ☎ 810906. Mo-Fr 10-01,
Sa 14-01, So & Feiert. zu. Weizen 3,50, Mittagsmenu 10-15, Mittagsmenu von 12-14 Uhr, einfache Fleischgerichte.

Gastronomische Belanglosigkeit in der

ehemaligen Rheinberger-Schuhfabrik. Stilmöbel bringen zwar ein bürgerliches Flair, aber kein Profil. Mittagsmenu zivil, aber nur für Fleischvertilger. Im Sommer auch Open-Air. DRÖGE. ✔

LE CAVE, Berliner Str. 50. ☎ 815362. Fr & Sa 21-05. Pils 4, 12 Cocktails 8-12. s.S. 45

LE JARDIN, Berliner Str. 118. ☎ 880784. Tgl. 11-01, künftig Nachtkonzession. Apfelwein 2, drei Suppen 5. So Frühschoppen von 11-18 mit ermäßigtem Pils, Korn und Baguette.

Bistro-Einheitsstyling mit Proppellern, die einen auch nicht zum Abheben bringen. Marmortische, Spiegel, Kitsch-Zeichnungen und etwas Grünzeug. UNGÄRTNERISCH. ✔

LE JOURNAL, Domstr. 71. ☎ 8002551. Tgl. 18-01, Sa -02. Kaffee 2,20, Französische Zwiebelsuppe 5,50. Feldsalat mit Speckcoutons 8,50.

Bistro-Styling mit Fachwerk-Decke. Eher für Angestelltenpublikum und nicht für die Arbeitslosen, die aus dem gegenüberliegenden Arbeitsamt kommen. Topmodisches Styling und hochaktuelle Frisuren herrschen vor, beides jedoch eher in der biederen Variante. GESETZT. ✔

WINTERGARTEN, Berliner Str. 77. ☎ 880138. Mo-Do 10-24, Fr/Sa 10-01, So zu. Kaffee 2,50, Pizza Baguette 4. Cafe Amaretto 4,80, Fitneß-Brot 5,80. s.S. 93

darmstadt

CAFÉ BISTRO GRAFENSTRASSE, Grafenstr. 31. ☎ 06151/23547. Mo-Sa 10-01, So/Feiertag 14.30-01. Bier 0.3l 3, Wasser 2,20, O-Saft 2,80, Kaffee 2,40, Berliner Weiße 3,80. Frühstück »Grafenstraße« 12,50, kl. Speisen, Kuchentheke, Frühstück für Feinschmecker mit Champagner 25,80.

Die Einrichtung besteht aus Marmortischen, Bistrostühlen, umgeben von gekachelten Wänden, bemalt mit Jugendstil-Motiven. Jugendstil auch an den Spiegeln und Lampen; gepflegt, alles neu. Hier hängen lauter gelangweilte poppermäßige Yuppies rum. Der Espresso zieht einem die Schuhe aus. Man trifft sich nach dem Shopping, zum Plaudern, Angähnen und Kaffeetrinken aus Verzweiflung. Mittagstisch laut Tageskarte bei gedämpfter Swing- und Barmusik. DAUMEN RUNTER.□●

ELEDIL, Adelungstr.9. ☎ 06151/ 25479. Mo-So 18-01. Biere 2,80, Cola, Fanta 2, Weine 4, Sekt 5, 100 Getränke. Snacks, Salate, Sandwiches 3-10. s.S. 210

FESTIVAL KINO & BISTRO, Wilhelminenstr. 9. ☎ 06151/26076, 291333. 11-01. Kaffee 2,50, Pils 3, Wasser 2, O-Saft 3, Kir Royal 8. Während des Vorprogramms wird im Kino bedient. Während des Hauptfilms kann man per Ruftaste bestellen.

Neon-Leuchtschriften illuminieren den Abgang im Helia-Center zum »Kinobistro Festival«. In der Bar leuchten die Strohhalme in pinkrosa und grellgelb. Kommt gut als Kontrast zum schlichten Grau der Wände und dem Schwarz der Theke und des Mobiliars. Perfekt durchgestylt vom Architekten, angenehm fürs Auge. Entspricht voll den ästhetischen Ansprüchen von Birgit. Für den, der nicht ins Kino gehen will, laufen Musikvideos am laufenden Band (leider meistens nur vom eintönigen Schrott). Trotzdem kann man das Bistro empfehlen, auch ohne einen Kinobesuch. Die Weinauswahl bietet beim Weiß-, Rosé oder Rotwein leider nur jeweils eine Sorte und die ist reichlich lieblich. Einzigartig in Darmstadt: Hier gibt's zum Kaffee nicht nur Zucker und Milch, sondern auch Süßstoff. Wenn nicht geade »Ich und Er«, wo Birgit schon beim Vorfilm der sprechende Schwanz als reichlich abgeschmackt

Café N.N.

vorkam, gezeigt worden wäre, hätten wir uns bestimmt noch einen Film reingezogen. Denn gut im Kino: Die Sitzplätze werden verteilt. Also keine Keilerei um die besten Plätze. ZUM REINZIEHEN. □●

KAISERS CAFÉ, Wilhelm- Leuschnerstr. 30. ☎ 06151/27711. Tgl. ab 19.

Alles stand schon immer auf des Messers Schneide. Kompromißlos futuristisch-wavig, schon ziemlich abgenutzt, mit viel Stahlequipment. Keine Mißverständnisse: Den Innenraum dominiert ein wirklich einmaliges Kunstwerk. Eine Mischung aus Käfig und Orgelpeifen. Die Küche bemüht sich um Orginalität und Qualität. Zuweilen gelingt Außergewöhnliches. Die Präsentation elsässischer Spezialitäten, mal nicht dumm gemacht. Herr Fritz, der Besitzer, mag dieses Buch, den »Doppelkorn« nicht. Weshalb nur? Schließlich besorgt ihm die jährliche Neuerscheinung mindestens einen kostenlosen Aggressionsschub. In Darmstadt wurde den Autoren schon des öfteren Prügel bis zum Tode angedroht. Dabei kommt Herr Fritz mit seiner Tränke zeilenmäßig doch so vortrefflich weg! Und wie werden solche Glanzleistungen erst abgefeiert! Das mittlerweile schon etwas in die Jahre gekommene super-coole Ambiente für in die Jahre gekommene super-coole Leute. Schließlich muß eine Kneipe die Stimmungs- und Bewußtseinslage der Konsumentenschaft spiegeln, sonst bleibt sie leer. Die letzten Orginale aus der Scenesumpfes sind auch ausgegangen. Jetzt kann man schon nicht mal mehr lästern! Das war noch eine Gaudi vor Jahren, wenn scenebekannte Nachtfalter in den Neondschungel der Nacht eindrangen, und es bei »Kaisers« dann irgendwann spät sehr eng wurde. Reste der ehemaligen wilden linken Darmstädter Politscene

hängen auch nicht mehr durch, selbst diese Reste sind links ausgegangen. Dafür dominiert jede Menge abgedrehter Kunststudenten, die gewiß sehr gekonnt über Kunst, Malerei und Fotografie »Geistreiches« versprühen, aber selten mal die Kamera aufs Objekt richten oder den farbgetränkten Pinsel auf die Leinwand drücken. Ach ja, schon damals brachten diese Leutchen nicht mehr den gewünschten Schuß Intellektualität in die Cocktails. Die Bühnenrollen werden heute von schlechteren GymnasiastInnen ausgefüllt. Jeder Ersatz schmeckt schaler als das schlechteste Orginal. Mist, was? Vom zweifelhaften Nachtleben der Stadt zu sprechen und »Kaisers« auszulassen wäre ridicül. Gäste, die gerne im BMW-M1 vorfahren würden, sind nicht die Ausnahme. Leider kommen sie nie in den Genuß. Dabei hatten es die Leute schwer genug, in der Glitzer- und Glimmer-Scene einen anerkannten Rang einzunehmen. Der Smalltalk ist small, getrunken wird wie überall soviel der Geldbeutel hergibt. Und das ist manchmal erschreckend wenig. Zuviel geht für Styling drauf. Der überaus anonyme Service tröstet manchmal darüber hinweg, daß dieses »Gesamtkunstwerk« keine Höchstleistungen bringt. Mode-Schwarze und Nachtblinde sind hier richtig. Wer Geld ausgibt, muß wissen, daß er nicht so recht wissen darf, wofür. DEFTIG. ★

LA FLEUR, Karlstr. 96 (im Stadthaus). ☎ 06151/61700. Tgl. 14-01. O-Saft 3, Kaffee 3, Warsteiner 3, gem. Salat 6,50. Draußen sitzen.
s.S. 216
PALLAS, Pallaswiesenstr. 39, ☎ 06151/293868, Tgl. von 9-01. 0.3l Pils 2,60, 0.2l Kölsch 2, Milch 2, Wasser 2, Bergsträsser Weine, Cocktails von 7,50-9, Kaffee 2,20. Frühstück von 5-14.
s.S. 216
QUARTIER LATIN, Wenckstr. 17. ☎ 06151/713221. Tgl. 09-01. Kaffee 2,20, Pils 3, Crepes & Snacks.

Wie sehen eigentlich die Mütter von Poppern aus? Hier ist endlich die ganze Schicki-Micki-Family zu bewundern, wie sie Crepes verschiedener Bauart knabbert; erschreckende Szenen mitten im Strafraum — d.h. unter verschnörkelten Laternen und inmitten grün beleuchteter Grünpflanzen. Die Bistro-Kategorie ergibt sich aus der Türbeschriftung: »Tirez« auf der einen, »poussez« auf der anderen Seite. Die Süßspeisem kann man auch mitnehmen und woanders verzehren. Eine Empfehlung, die hier auf's Nachdrücklichste ausgesprochen werden soll. PARFÜMIERT. ∞

REM, Beckerstr.22 (Friedrich Ebert Platz), ☎ 06151/7110337. 6.30-10, 18-01. Kaffee 1.50, Cocktails, Drinks, Longdrinks 5-10.   s.S. 122.

SCHINDERHANNES — BISTROTHEK, Karlstr. 46. ☎ 06151/44354. Ab 18, Sa zu. Bier 3, Wasser 3, O-Saft 3, Kaffee 3, Haus-Champagner 9.

Eine graue Männergestalt aus Metall sitzt am Eingang. Behängt mit Glühlämpchen und Drähten. Da drängt sich uns unwillkürlich die Frage auf: Was will der denn von uns? Besser aus Zink als lebendig. Von Männern hab ich im Moment ja genug. Gediegen, elegante, moderne Einrichtung in braun/schwarz. Gut angezogene Mitglieder der familiären Peek & Cloppenburg-Gemeinde. Die Brinkmanns aus der Schwarzwaldklinik könnten hier ihren Wochenendausflug beenden. Wie im Leben, so an der Wand: Männergestalten. Kunstobjekte aus Silbermetall, Halogenlämpchen und Kühlerfronten geben eine »kunst«liche Szenerie. Die Ausstellungsobjekte gefallen. Wer Wert darauf legt, die Zigarettenasche in ein marmornes, formschönes Gefäß abzustreichen, wem das Weinglas besser gefällt als der darinbefindliche Wein, wer sich selbst so gut gefällt, seinen Anblick nur an ein zahlenmäßig geringes Publikum zu verschenken, der wird sich hier wohlfühlen. WIRKLICH ELEGANT. ☐●

wiesbaden

BILLARD-CAFÉ CITY-BISTRO, Wellritzstr. 57. ☎ 06121/404136. So-Fr 8-01, Sa -02. Bier 0.3l 2,50, Wasser 0.2l 2,50, O-Saft 0.2l 3, Kaffee 2, Wein 0.2l 3,50, Sekt 0.75l 20-35. Snacks (Hamburger, Baguettes, Pizza) 3-5.

Teppichläufer, antike Deckenleuchter, Marmorrelief an der Wand, gemütliche Sitzmöglichkeiten, das ist der lange Mittelgang. Weiter hinten ein bißchen spielothekenmäßig, Spielautomaten, zwei Billardtische und sonstiges. Der Eingang auf vornehmste Art à la Akropolis. Säulenattrappen suggerieren Marmor; Fenster u. Torbögen griechischem Stil nachempfunden. Jugendliche aller Altersklassen, sind hier zu finden. Sie erholen sich bei Billard und Automatenspiel vom Streß in der Schule oder der Lehre. Aber auch Ältere verteilen sich über die großzügig ausgestattete Räumlichkeit. Wenn es nicht überall stünde, würde man denken, hier hat schon Poseidon seinen Bölkstoff zu sich genommen. Das ist alles, nur kein Bistro oder gar Café. Aber lassen wir den Jungs ihren Glauben. Die Getränkepreise sind von der niedrigen Kategorie. Musik von poppig bis leicht hardrockmäßig angehaucht. Die Anlage ist überholbedürftig. AUSREICHEND.
■

BISQUIT, Dotzheimer Str 35. ☎ 06121/379849. Mo-Sa 09-01, So 11-0.30. Frühstück ab 4,20, Kaffee 2,30, Bier 3,40, Wein ab 3,30. Schinkentoast 3,50, Pizza 7,50.   s.S. 101

BISTRO AX, Oranienstr. 62. ☎ 06121/379630. Tgl. 09-14, 18-01, So 10-01.   s.S. 223

BISTROT REMIS, Rheinstr. 22, ☎ 06121/379567. Tgl. 7.30-17, So zu.

Ein kleines Bistro in kühler Atmosphäre. Und dennoch entbehrt es nicht der Gemütlichkeit. Ein Blick durch einen der hohen Fensterbögen auf die Hektik des Alltags läßt die Sehn-

überflüssiger, schmarotzender, sabbernder Weinkorken in geklauter Generalsuniform. Wenn die Gulaschsuppe von der Menge her nun noch wenigstens etwas großzügiger dimensioniert gewesen wäre und nicht bereits in der Mitte der Tasse ihre Endmarke gesetzt hätte, ich wäre nicht umhin gekommen zu sagen: »Hier ist es angenehm, hier bleibe ich«. So bleibt's bei einer ENTTÄUSCHUNG. ☆

RAINBOW BISTRO, Neugasse 24. ☎06121/300507. So-Do 11-01, Fr, Sa 13-02. Kleine Speisen von 3,50-7,20.

Rainbow, welch schöne Assoziationen an milde, feuchte Sommertage mit bunten pastellfarbigen Lichtstreifen! Das phantastisch leichte Naturschauspiel stellt sich bei dem Wort bei mir ein. Solche Anspruchsnamen — das ist mir zu innig. Der Schock folgt auf dem Fuße. Beim Betreten des Bistros hat sich flugs die Sonne verzogen. Man kriegt kalte Füße und es schifft. Schon wieder hat der Brauerei-Innenarchitekt für das Rhein-Main-Gebiet den Leuten eine dunkelbraune Theke, die kleinen Sitz- und Tischgruppen mit Platz für zwei Erwachsene und einen Yorkshireterrier von der Stange angedreht. Diesmal Tische und Bänke mit Kunst-Pelzbezug. OHJE. ☆

SPITZWEG, Nerostr. 6. ☎ 06121/520418. So-Do 18-01, Fr/Sa 18-02, Kaffee 2,50, Bier 2,90, O-Saft 3, Cordon Bleu 9,90, Gyros 8,80. Speisekarte.

Bistro im bekannten Nostalgiestil, das von einem recht jungen Publikum besucht wird. Zu empfehlen sind die preiswerten, aber reichhaltigen Speiseangebote, besonders die wechselnden Wochengerichte und der Salat. Früh hingehen, da oft ab 21 Uhr kein Platz mehr frei ist. RICHTUNGSWEISEND. ⮞⮞

BISTRO SCHÖNER BRUNNEN, Augustinerstr.22. ☎ 06131/226765. Tgl. ab 9, So-Do -01, Fr & Sa -02.0.3l Henninger 3, 0.4l Guiness 4,50, Cola Fanta O-Saft und Kaffee je 2,50, Schweppes 3, Speisen ab 4.

Gewiß, man kann immer Wesentlicheres erreichen. Dennoch wurde hier ein Scenestandard gesetzt. Gänzlich neu, sehr hell, die Wände in grau mit Spiegeln und der Boden aus Stein, so präsentiert sich das Bistro »Schöner Brunnen«. Junges durchaus kritisch angehauchtes Publikum, zumindest sind die Indikatoren ausgestellt. Zeitschriften und Zeitungen für und wider den Zeitgeist. Die neue Übersichtlichkeit feiert Triumphe. Von der Wandverkleidung, den passenden Art-Deko-Lampen, stilechten ovalen Tischen mit Marmorplatte und schwarzen Stühlen. Passend dazu die lange Theke mit Spiegelwand. Last not least die weißen Lilien auf dem Tresen. Farbmix aus schwarz/weiß/grau Tönen. Die Küche rundum vollverglast mit postmodernem Portal voll im Trend des gastronomischen »Glasnost«. Die Köche lassen sich auf die Finger gucken. Keiner soll behaupten können, hier würde einem mit teurem Essen aber billigsten Zutaten organisiert der Magen verdorben und das Geld aus der Tasche gezogen. Sehr lobenswert, diese Initiative! Das macht den ganzen Laden glaubwürdiger. Die Ergebnisse der Küche lassen sich bundesweit (!!!) vorzeigen. Z.B. Die hervorragende Kartoffel-Lauch-Creme-Suppe mit Sahnehäubchen und Weißbrot für 4 Mark, dafür lohnt sich der Weg von der Neustadt in die Altstadt allemal. Dabei waren wir einander ursprünglioch alles andere als sympathisch. SEHR GUT. ★ ★

BAGATELLE, Gartenfeldplatz. Mo-Fr 11-14.30, 17.30-01, Sa & So ab 09. Kaiser Pils 0.3l vom Faß 2,70, Salatteller 9, Frikadelle mit Brot 4,80.

sucht aufsteigen, diesen Platz nicht mehr zu verlassen. Aufgrund eines ausgesuchten Sortiments für den kleinen und großen Hunger finden die Gäste in diesem Revitalisierungscenter nach einer Zeit des Speisens und der Erholung wieder Energie und Freude an der erneuten Pflichterfüllung. Was immer das auch sei! Frühstück ein reichhaltiger Mittagstisch und verschiedene Kuchen für den Nachmittagskaffee, was will der Rhein-Main-Hallen-Geschädigte Kurstadt-Citoyen sonst noch? Zumal hier Übungen für Gehirnquäler stattfinden, zu deutsch. Ein feines Vereinslokal für Schachspieler — und Literaten. VOM RIESENSPAß ZUM KARO-Aß. ★

CAFÉ FLAIR, Goldgasse 17. ☎ 06121/375424. So-Do 13-01, Fr/Sa 13-02. Bier 0.3l 3, Wasser (Perrier) 3,50, O-Saft 3,50, Kaffee 2,50, Longdrinks 10, Champagner 0.75l 85-190. Frikadelle, bei einem anderen Wunsch holt der Wirt die Pizza von nebenan, die Speisekarte von dort liegt parat. Preise zw. 5 und 11.

Nicht nur im Tierreich sind auffällige Weibchen und Galane gefragt. Letztere müssen wenigstens appetitlich »aussehen«, denn sonst passen sie nicht zu diesem noblen Ort. Viele Männer kommen her, die es sportlich finden, beim Obsthändler einfach im Vorbeigehen ein Äpfelchen mitzunehmen. Weil's gar so lecker ist — oder nur um zu zeigen, was für ein Wagemut in dem Kerl steckt! Man setzt sich an einen achteckigen Tisch, unter einen Sonnenschirm, der vor Glühbirnen nur so strahlt, angetan von schnuckelichen Accessoires: U.a. ein Glas Streichhölzer und ein Strauß Blumen. Ein Tisch kommt einem Veilchenaltar gleich. Sowas findet der schaulüsterne Gast nächst dem Fenster. Musik für Popper, Yuppies und AB-BA-Fans. Glasvitrine mit Dekorationsstücken von Sekt und Champagner. Gardinenüberzogene Decke mit Rundstrahler. Mallorca-Urlauber, braungebrannte Frohnaturen aller Altersklassen vorhanden. Alles in Allem ist die Show

sehr dünn besetzt. Treibhausklima wie im Dschungel des Amazonas. Gut für die Triebe, gut für die Liebe? So heavy jedenfalls, daß die Schweißperlen triefen. Dafür unverschämt hohe Anti-Alk Preise. Normales Mineralwasser — Fehlanzeige! »Perrier« oder »San Pellegrino« muß es schon sein. Wo doch seit Jahrzehnten bereits ultimativ geklärt ist: Gerolsteiner Sprudel aus dem Herzen der Eifel ist das Beste! Das Traumschiff-Team würde hier den optimalen Drehort finden, wo bleibt nur der Hummer! HILFE! ∎

DAILY, Neugasse/Eche Goldgasse. ☎ 06121/306662. Tgl. 7-01. Cola 3, Kaffee 3, O-Saft 3,50, Ginger Ale 3,50. Frühstück 4,50-50 (1/2 Fl. Moskovskaya, Iran-Kaviar Toast, 1 Glas Sekt). s.S. 225

LE MONDE DES JOURNAUX, Kranzplatz 5/6. ☎ 06121/598565/526981. Bier 0.3l 3, Wasser 0.25l 2,50, O-Saft 0.2l 3,50, Kaffee 2,50, Wein, Cognac/Metaxa zel 8,50, Likörs 3,50-4,50, Champagner 0.75l 185. Eis 4-7, 3x Frühstück 5,50-9,50, Baguette 6, Shrimpscocktail 10,50, Desserts 4-5, siehe auch Tagestafel. s.S. 105

FLAMINGO BISTRO, Moritzstr. 13, ☎ 06121/373227. Ab 7 Uhr Frühstück. 0.2l Cola 2,50, Kaffee 2,30, Perrier 3, 0.3l Pils 3.

Straßenverkehr und Dreck der Moritzstraße machen durstig. Rein in die nächste Kneipe und das vermeintlich billigste und durstlöschendste Getränk bestelllen. Was ich meine? Mineralwasser natürlich! Eine sehr nette Bedienung serviert auf schwarzem Tablettchen ein kleines »Perrier« zum Umwerf-Preis von 3 Mark. Das produziert Magenschmerzen und Antipathie. Schade. Hansi durfte recht behalten: Der helle Laden verfügt über einen Vorraum zum Wohlfühlen wie einen Wintergarten. Erholsam nach so vielen abgedunkelten Einerlei-Pilsstuben mit depressionsfördernder Atmosphäre. Doch diese Perrier-Preise! Sie verfolgen mich bald in meinen Alpträumen als eine Armee fettgefressener,

Freundschaft konnte nicht entstehen. Eher eine Zwangsgemeinschaft, denn die Umgebung in der Neustadt bietet nur wenige Alternativen. Der absolute Stil-Misch-Masch. Bilder aus der Tradition der »Neuen Wilden« entstanden, an den Wänden. Luxuskarossen, die Symbole ideologischer Orientierung an den Pepsi-Cola-Welten sind die Motive. Über den Tischen eine Abart gläserner Küchenlampen, in Form von Ufo-Karikaturen. Der Rest im Art Decor, der Deadline gastronomischer Kneipeneinrichtung. KONKURRENZLOS.   ☆

CENTRAL, Heugasse 6. ☎ 06131/225666. Mo-Sa 10-01. Frühstück: Ital., franz., engl., ca 4,50-10, kleinere Speisen, Toast, Nudeln usw.

Der Domsgickel-Wirt (Preise billiger als im Domsgickel) wollte aus seiner räumlichen Enge heraus und hat sich das geschaffen, was er suchte. Drangvolle Enge muß die Scenerie bestimmen. Allerdings überfrachtet dürfen solche in weiß-grau gehaltenen Lokale mit ihrer Einrichtung auch nicht wirken. Weg mit dem Raumteiler, freier Blick ins Dekolleté am Nachbartisch. Dem Trend gehorchend, setzte man aufs Marketing, und so erfand man dieses Kneipenresto und stattete es mit schlicht-noblem Design und höflich-distanziertem Bedienungspersonal aus. Der weibliche Teil ziemlich zum Anschauen gedacht, der männliche hinter der Theke weniger. Erlebnisgastronomie, die einzige Neuerung des Genres seit der Einführung des Neon Cafés Ende der 70er. Auf hohem Niveau wünscht sich der PR-Chef leibhaftig die Wiederentdeckung von Kommunikation hier drinnen. Löblich, löblich. Da gehören aber auch Individuen jenseits des Yuppie- und Oberschülertums dazu, die noch nicht so gestört sind, daß sie sich verbal und nonverbal überhaupt noch verständigen wollen. Lange Theken, helle Ausleuchtung, Sitzgruppen, Industriefußboden und Kachel. Nun, im Gegensatz zu anderen modernen Lokalen dieser Art wird hier wenigstens noch der Versuch deutlich, ehrende Gastro-Worte, wie »Gemütlichkeit«, in das Wesen einer In-Kneipe verträglich zu integrieren. Gewiß, alle diese Kneipen sind abgeklatschte Postmodernisten, hier scheint jedoch wenigstens das kleinere Übel zugange zu sein. Ein unverzeihlicher Fauxpas allerdings: Der Cidre! Ein Billigprodukt aus dem Supermarkt. Die Mischung der Kulturen und Subkulturen ist gegeben, arrivierte Alternativler treffen auf Rechts- und Linksanwälte, Einzelhändler, schreiwütige Künstler, also Bohemes und der aufgestiegene Bankangestellte kontakten skeptisch. Industriekaufmann müßte man sein, dann würde man hier gut aussehen. KLEINERES ÜBEL.   ★

C'EST LA VIE, Gaustr. 73. ☎ 06131/224593. Mo-Fr 11-01, Sa 11-02, So zu. Bier 2,70, Wasser 2,20, Wasser 2,20, Perrier 3, O-Saft 3,50, Kaffee 2,40, Café au lait, Wein 3, 5. Nachos — ein Fünfmarkstück, pro stk. 1,50-3, Salate 5, 8, Fleisch 8,50-19, Crepes (32 Sorten) 3-9,50, Eis (Mövenpick).

Versuche nie mit Gewalt ein Ziel zu erreichen. Bleibe immer mit beiden Beinen auf dem Boden. Wenn dieses Bistro eines Tages Karriere gemacht haben sollte, dann hat das auch mit der Philosophie der Betreiber zu tun. Keine gastronomischen Pseudo-Höhenflüge, keine unmäßigen Protzereien und Aufschneidereien, sondern moderne, preisbewußte Küche abseits von Billigheimer-Reißern. Die Einrichtung auf dem Stand der Dinge. Kleine Marmortische, Fliesenboden, Palmen am Schaufenster, Strahler und Neonröhren, bemalte Bilder, Tücher an den Decken, alles, worauf sich moderne Leute heute freuen. In den heute üblichen Tönen grau/schwarz/weiß. Den kleinen »anderen Kick« bekommt das Bistro durch die gelbe Deckenbespannung aus Tuch. Wirkt alles etwas abgedunkelt. Nach dem Berufsalltag lädt der Ort zum Entspannen, Ausruhen ein. Mit der Sitzhöhe am Fenster, genießt der Gast den schönen Film einer lebendigen Alstadt. Man wird provoziert abzutauchen, zu träumen, jenseits von Traumweltillusionen aus schrillen Nächten und Kostümierungen in teuren Seidengarderoben. Die Bedienung ist sehr service-freundlich, und selbst wenn das Essen »ganz schnell geh'n muß«, bleibt sie gelassen und erledigt den Akordzuschlag prompt und freundlich wie zuvor. Die kleine ausgewählte Speisekarte mit der in Mainz einmalig großen Auswahl unter 32 »Crepes« ist schon toll. Außerdem findet der strukturell angebotsbenachteiligte Vegetarier endlich einmal ein gescheites Speiseangebot. Eine Sache so selten wie eine Nichtraucherkneipe. ENKLAVE. ☆

FLORIAN BISTRORANTE, Heringsbrunnestraße 1/Ecke Weissliliengasse. So-Do 10-01, Fr & Sa 10-02. 0.3l Sonnenbier 2,80, Weizenbier 4, 0.25l Wasser 2,50, Kaffee 2,50, 0.2l Rhg.Riesl. 4.

Mit dem Charme von viel Marmor und Grautönen, gibt sich das Florian exclusiv. Geschäftsleute und Leute mit Chic und Kohle im Brustbeutel sind hier gerne unter sich. SOLLEN SIE. ✕

JOURNEE, Schottstr./ Ecke Kaiserstr. ☎ 06131/235590. Mo-Sa 09-01, So 11-01. Kaffee 2,30, Bier 2,80, Frühstück 6,50-12,50, Gulaschsuppe 5,50. Tageszeitungen und Ausstellungen.

Das Flair der Bahnhofsvorstraße wird von Oberbayern-Kultur und dem heruntergekommenen Strip-Lokal »Moulin Rouge« dominiert. Alles hat schon bessere Tage gesehen. Vielleicht liegt darin die Faszination der Gegend. Morbides reizte schon immer. Kein Gast des «Journee« läßt die klassischen Kaffeeköstlichkeiten aus. Wenige nehmen Bier, eher Säfte und alkoholische Mixgetränke. Die Karte weist alle geläufigen Standards aus. Merci Cherie! Mein Mineralwasser war mit einer ganzen Scheibe Zitrone garniert. Innenarchitektonisch wird fast jährlich viel getan. Dominierte vor zwei Jahren noch die wilde Wirtschaftswun-

Cafe Bistro Kneipe

Engl., Franz., Dtsch., Ital. Frühstück
5 verschiedene Biere vom Faß
Durchgehend warme Küche

Central

Rheinstraße
Nähe Fischtorplatz
☎ 0 61 31 / 22 56 66
10.00 – 1.00 Uhr

derkultur, setzt man jetzt fragmentarisch auf Kultur, respektive den Kulturbetrieb. Alte Bühnenscheinwerfer lösen alte »Time« und »Newsweek-Titelbilder« ab. Die futuristische Nische mit Rot-Blau Gemälden wurde verdrängt von einem großflächigen Kunstwerk das offenkundig das Feeling der »Neuen Wilden« assoziieren soll. Die Imitation des Jugendstils mit einem umlaufenden Deckendekor aus Stuckfertigteilen ist glücklicherweise verschwunden. Bekanntlich schläft der Japaner nie, und Mainz ist vor Touristenrudeln aus Ostasien mittlerweile auch nicht mehr sicher. Zumindest besetzten solche Trupps sommers die schönen Sitzmöglichkeiten im Freien. Empfehlenswert immer noch das junge Journee Frühstück. Damit landet der Gast qualitativ wie quantitativ weit über dem durchschnittlich Gebotenen. GUT. ★

bad homburg

BISTRO/KORKENZIEHER, Rathausstr. 1, Bad Homburg. ☎ 06172/22411. Mo-Sa 18-01, So zu. Wiener Schnitzel 19, Pils 3.

Ein derartiges Sammelsurium abgeschmackter Fantasy-Klischees hat man selten auf wenigen Quadratmetern zusammengedrängt gesehen. Lebendig wie die Kulisse eines Boulevardtheaters. Alles paßt wie die Faust aufs Auge: Marmortischchen, Kristalleuchter, Bauernschrank(!), Loriot-Sofa, und immer wieder Palmen, ferner 8 unmotivierte Säulen und als Gipfel Lorbeerbäumchen. Nun ja, man wartete krampfhaft auf den Tag, an dem die große Konjunktur heranrücken sollte. Na sowas! Sie kamen nicht. Zumindest nicht hierher. Das Traum-Duo Aufschwung & Reichtum. Was blieb war der Ausbruch von Bunkermentalität. Rückzug, ab in den Keller, die Wiedereröffnung des Bistros steht in den Sternen. Unten kommt gleich Günther Ungeheuer! Der ge-

langweilten Yuppie-Unterschicht gefällt's. Mögen sie unter sich bleiben. ERSCHRECKEND. ★ ∞

kelkheim

BISTROT ELEDIL, Mühlstr. 2. ☎ 06195/4492. Tgl. 18-01. Bier 2,80, Wein 4, Kaffee 2,20. Galamenüs, 5-6 Gänge, einmal monatlich. Wechselnde Ausstellungen.

Das «Eledil« ist der neue Treffpunkt der Vordertaunus-Scene. Die Gestaltung der Inneneinrichtung erinnert an den Rohbau eines neuen Gebäudes mit offen verlegten Elektroleitungen und vielem anderen, was einen unfertigen Eindruck erweckt, aber das ist alles so gewollt und hat dem Innenarchitekten eine beachtliche Geldsumme eingebracht. Besonderheit des Lokals ist die Bestuhlung: Kein Stuhl gleicht dem anderen, jedes Sitzmöbel kommt in der Kneipe nur einmal vor. Zum Essen gibt es preiswerte und gute Gerichte. Kleine Auswahl, die gelegentlich wechselt. Ab und zu ist's mit dem Essen etwas schwierig, weil die Kneipe häufig brechend voll ist und man für Messer, Gabel und Ellenbogen nicht genug Platz hat. RICHTUNGSWEISEND. ⚓

neu-isenburg

BISTRO FROSCH. ☎ 06102/17870. 10-01. Bier 3, Wasser 2,50. Rollbratenbrötchen 3,50, Frikadellenbrötchen 3,50, Baguettes 4. s.S. 265

schöneck
kilianstädten

CONFETTI, Frankfurter Str. 16. ☎ 06187/6608. Tgl. 18-01, Sa/So 14-01, jeden ersten So im Monat Frühstücks-Bufet von 10-13.

LADYS ON THE ROCK

»Ich kann stutenbissige Weiber nicht austehen. Ich esse vegetarisch, trage immer high heels und die Nacht ist meine Sache. Was sonst? — So isses. Die Frauenbewegung sich hat auch ein paar Emanzi-Panzi-Exoten, schillernd-gilbige Sumpfblüten, angeschafft. Nach dramatisch bis melodramatisch erkämpften lilafarbenen

Freiräumen, gilt es ihnen neuerdings als zeitgemäß zu tingeln. Sie steigen in die schwarzen, ledernen Brocken und wildern in traditionellen Männerrevieren.

»Only one woman« —, statt »for women only« ! Der Begriffswechsel steht für die Transformation des weiblichen Selbstverständnisses: Weg von der beschützenden Trinkhalle hin zum offenen Schlagabtausch an Theken und Tresen. Man genießt die verflossenen, siegreichen Kriege, schwelgt spöttisch in verklärten Vorzeiten. Damals war das Leben düster und mager, heute ist es eher straight, hell und gestylt und fett. Zwar hart, aber im direkten Verdrängungskampf mit Männern um Posten und Positionen äußerst übersichtlich — und erfolgreich.

Der putzige Karottensaft-Ritter von ehedem, der Softi als biederer Zunftgeselle, dieses malerische Bettelvolk, Schmarotzer, die sich eh' nur an den Gefühlsressourcen der Frauen sattsoff, sind definitiv out! Der alternative Asket hat verloren. Erotisch ist die mittlere Schwemme dickleibiger Leckerbissen aus dem Middle-Management.

Die selbstbewußte Aneignung gastronomischer Männerräume hat Kneipen und Treffs hervorgebracht, die als frauenfreundlich gelten, das heißt, Frauen können hingehen, ohne blöde, dreist und feist von fettigen, klebrigen Fingern betatscht und begrabscht zu werden. Dort finden sich keine Frauen, die an der Seite irgendwelcher »Helden« hübsch aussehen oder sich aus den Armen böser Finsterlinge retten lassen. Die Scene ist phantasiereicher und spannender als unter die Männer zu fallen: Frauen treffen auf Frauen, die selbst Geheimdienstringe sprengen könnten, oder gar Einbrüche durchziehen wollen, ganz nebenbei auch noch für Gags sorgen.

Vorsicht! Anmache ist auch unter Frauen beliebt! So manche schleppt manche nach einer hitzigen Nacht ins Hotelzimmer, was in der Regel der Anfang einer turbulenten Geschichte voller haariger Wendungen werden kann.

Die Lila-Halstuch-Fraktion ist neuerdings schockiert über die Zunahme rabiater Lederfrauen mit Dienerinnen oder Sklavinnen. Sie tragen manchmal auch öffentlich ihre Zuneigung aus, wie es sich für echte Kerle gehört: Mit Ketten, Kneipenmobilar, noch ohne Messer. Schlechtes Gewissen ist nicht gefragt: »Keine Angst Baby, hier geht's immer so zu«. ★

bahnhofsviertel

CAFÉ KAFKA, Gutleutstr. 15. ☎ 251145. Mo-Fr 12-01, Sa, So 19-01, Licher vom Faß 0.5l 4, O-Saft 2,50. Präger Schokolade 5,50, Germknödel 4. Frühstück 3,60-9. Ausstellungen. s.S. 65

CAFÉ KÄMPF, Weserstr. 14. ☎ 232985. Mo-Fr 07-22. Frühstück 5,70-15,90. Bier 0.33l 3,50, Kaffee 2,50, Mosel 5,20. Türkische Spezialitäten. s.S. 65

bockenheim

CAFÉ ALBATROSS, Kiessstr. 27. ☎ 7072769. Mo-Do 10-23, Sa-So 10-20, Fr zu. Kaffee 1,80, Licher 0,5l 3, Milchkaffee 3. Pfannkuchen 3,50-6,50, Frühstück 2,80-15,00, Baguettes 1,50-5,50. Tgl. wechselnde Karte. Draußen sitzen. s.S.68

CAFÉ ORFEO, Hamburger Allee 45. ☎ 709118. Mo-Fr 12-01, Sa 10-02, So 10-01. Bier 2,70, Kaffee 2,50. Baguette 6, Tageskarte von 10-25, Mittagstisch. s.S. 400

CELSIUS, Leipziger Str. 69H. ☎ 7072890. Mo-Sa 18-01, So 9.30-01. Cola 2, Wasser 1, Kaffee 2. Wechselnde u. feste Speisekarte, Rumpsteak in Gorgonzolasoße mit Beilagen 17. s.S. 171

DIESSEITS, Konrad-Broßwitz-Str. 1. ☎ 704364. So-Do 20-01, Fr/Sa 20-02. Apfelwein 1,70, Kaffee 2,20, Cola 2,50, Bitburger vom Faß 1,70. Currysuppe mit Garnelen 7, Spaghetti Bolognese 8, Thailänder Schweinefilet 18. Warme Küche bis 24 Uhr. s.S. 172

FRAUENCAFÉ IN DER FRAUENSCHULE, Hamburger Allee 45. ☎ 772659. Nur während des Semesters geöffnet. Mo-Fr 17-24. Veranstaltungen im Programmkalender der az-Andere Zeitung.

Immer wieder hart am Existenzminimum, trotzt die Frankfurter Frauenschule noch heute allen politischen Bestrebungen, ihre materielle Grundlage endgültig auszutrocknen. Seit dem Umzug innerhalb des Gebäudekomplexes in der Hamburger Allee vor wenigen Jahren, gibt es das Frauencafé. Die Hoffnung vieler feministischer Frauen, die glaubten nun endlich eine gastronomische Heimatstätte in Bockenheim finden zu können, hat sich nur teilweise erfüllt. Das Café ist hauptsächlich als Kantine für die Frauen vor und nach den Seminaren gedacht. Selbstbedienung und personelle Nicht-Besetzung während den Seminaren und den Semesterferien bestätigen das — zum Bedauern und Ärger nicht weniger Frauen. Trotzdem, nach den Seminaren wimmelts und wieselts, ein Stimmengewirr diskutierender und Erfahrungen aufarbeitender Frauen, und wer meint, das alles schon hinter sich zu haben, die kann sich aus dem reichlichen Angebot von Büchern und Zeitungen ein Dämmerstündchen bereiten. Alles in allem: EINE FEMINISTISCHE REISE WERT. ☆

HECK-MECK, Friesengasse 19. ☎ 772586. So-Do 18-01, Fr Sa 18-02. Bier 2,80, Cola 1,50. Salate 4-9, Spaghetti à la panna 8,00, Tageskarte. Draußen sitzen. s.S. 172

SCHAMPUS, Konrad-Broßwitz-Str. 12. ☎ 774132. Fr Sa -2 Uhr, sonst 20-01, im Sommer ab 19. Wein ab 3, Bier 3, Kaffee 2. Draußen sitzen. s.S. 174

STATTCAFÉ, Grempstraße 21. ☎ 708907. Mo-So 10-20, Mi 10-24, Do zu. 0,5 Bier 3, 0,2 Apfelsaft 1,50, Kaffee 1,50. Sensationelles Frühstück 3-19. s.S. 72

bornheim

CAFÉ YPSILON, Bergerstr. 18. ☎ 447989. Mo-Fr 09-21, Sa So & Feiertag 10-21. s.S. 72

DARKOSTAN, Leibnitzstr. ☎ 4990977. Tgl. 20-01, bei Messe bis 04. Mo, Di, Mi Sessions. s.S. 127

GEGENWART, Bergerstr. 6. ☎ 4970554. Mo-Do 09-01, Fr Sa 10-02, So Feiertags 10-01. Wein ab 4,50. Filetstreifen auf Salat 15. s.S. 402

MAMPF, Sandweg 64. ☎ 448674. Die Öffnungszeiten richten sich nach dem Fahrplan der Bundesbahn: Winter ab 18, Sommer ab 20 Uhr geöffnet. Tucher 0,41 3, Limo 1. Frankfurter Würstchen 4. AZ-Andere Zeitung 3,50. s.S. 179

PUMPE, Sandweg 9. ☎ 437500. So-Do 20-01, Fr Sa 20-02. 0,4 Bier 3,20, Cola 1,50. Belegte Brote 2. Ab und zu Veranstaltungen. s.S. 180

WEISSE LILIE, Bergerstr. 275. ☎ 453860. So-Do 17-01, Fr Sa 17-02. Apfelwein 1,40, 0,3 Pils + Alt 2,50, 0,3 Ex 2,20, »Birne« Helmut 2 cl 2,50, 0,4 Mc Cauls Stout 3,40. Saure Gurken 10 cm groß 1, Schweinesteakbrot »Pepito« 8,50. s.S. 180

eschersheim

BATSCHKAPP, Maybachstr. 24. ☎ 531037. Fr Sa bis 02, an Messetagen bis 03. Konzerte Einlaß 20 Uhr. Fr & Sa ist Disco. Eintritt 4 Mark. 0.5l Bier 3,50, Tequilla 4. s.S. 127

ELFER, Maybachstr. 24. ☎ 539433. Mo zu, Di-Do 20-01, Fr Sa 20-02, So 20-01. Bier 3,00, Kaffee 2. Ausstellungen. s.S. 181

gallus

GALLUS-DISCO, im Gallus Theater, Krifterlerstr. 55. ☎ 7380037. Nur Do 22-01. Eintritt 3. Bier 2,50, Kaffee 2. s.S. 24

MÄDCHEN-CAFÉ TREFF, Hufnagelstr. 55. ☎ 7381888. Mo, Di, Mi 15-19.

gutleutviertel

ERMIS, griech. Gutleutstr./Schleusenstr. ☎ 251102. Mo-Fr 11-14.30 & 17.30-01, Sa So 17-01. 0.31 Bier 2,50, Ouzo 2, Cola 2. Griech. Teller 11,50, Mousaka 12,50, Gyros mit Beil. 11,50. s.S. 319

hausen

COLLAGE, Bachmannstr. 2-4, Brotfabrik. ☎ 7891889. Mo 19-24, Di-Fr 16-24, Sa So 11-24. Kaffee 2, Bier 3-3,50, O-Saft 2. s.S. 76

höchst

BOLONGARO-BIERKELLER, Bolongarostr. 113, ☎ 304515

FROSCHKÖNIG, Gebeschusstr. 28. ☎ 315848. So-Do 18-01, Fr Sa 18- 02. 0,4 Pils 2,80, Korn 1,50 , Campari-Orange 4,50. 3-Sterne-Rindswurst. Besteht seit November 85. s.S. 183

WUNDERBAR, Antoniterstr. 16. ☎ 318783. So-Do 10-01, Fr Sa 10-02. Pils 3, Kölsch 2, Rauchbier 4, alkfreies Bier. Biosäfte 2,50-3, Weine 4, Bio-Weine 4, Cocktails. Große Speisekarte incl. veget. Gerichte bis 28 Mark. s.S. 184

Innenstadt

BAR CENTRAL , Elefantengasse 11-13. ☎ 292926. Tgl. 16-01, Fr, Sa -02. Pils 3,50, Apfelwein 2. s.S. 433

CLUB VOLTAIRE, Kleine Hochstr. 5. ☎ 292408. Mo-So 18-01, Fr Sa -02. Bier vom Faß 0,4l 3,20. Kleine Speisen. s.S. 151

LILIPUT, Neue Kräme 29 (Sandhofpassage). ☎ 285727. Tgl. 10-24. Getränke ab 2,20. Speisen ab 3. Draußen sitzen. s.S. 84

MADAME, Allerheiligenstr. 25. ☎ 283164. Tgl. 17-01, Sa So 19-01, Di zu.

Ehe sich Frauen etwas zutrauen, kommt die Ehe dazwischen. Schluß damit! Und nicht mehr weiter nach der männlichen Langeweile suchen. Liebe zwischen Frauen ist hier angesagt. Kesse Väter und schunkelnde Witwen unter knisternden Girlanden. Zwischen Kuschelmuschel und Sex. In Rotlichtatmosphäre, unterlegt vom Discoschmalz der 70er Jahre bis heute. Gespräche über die Kinder, den Geschiedenen, die Hypotheken, das Büro und zwischendrin ein Foxtrott zu zweit. Nicht für die Öffentlichkeit bestimmt, vielmehr Enklavenatmosphäre derer, die ihr Lesbischsein nicht zum Thema politischer Kämpfe machen. Kommunikativ, prickelnd, ein wenig bieder, aber intim, mit einer Barfrau, die was von ihrem Job versteht und uns prompt und pfiffig bediente. KONTAKTIG PRICKELND. ☆

SINKKASTEN, Brönnerstr.9. ☎ 280385. Im Sommer So-Do 21-02, Fr Sa 21-03. Im Winter So-Do 20-01, Fr Sa 20-02. Mo Do Disco. Live-Veranstaltungen. Eintritt je nach Veranstaltung. s.S. 129

nordend

AUFSCHWUNG, Oederweg 80. ☎ 553769. Tgl.

18-01, Fr Sa 18-02. Kl. Bier 1,60, gr. Bier 3,20, Kaffee 2,20. Maultaschen 8,50. Kleine Speisen. s.S. 190

BLAUES KROKODIL, Günthersburgallee 2. ☎ 448383. So-Fr 19-01, Sa 20-01. Bier 3,30, Weizen 3,70. Kleine Speisen. Draußen sitzen. s.S. 191

BLUEMOON, Eckenheimer Landstr. 86. ☎ 559077. Tgl. 20-01, Mo zu. Mindestverzehr 5, Getränke ab 3.

Bar, Wohnzimmer und Disco für Frauen auf der Suche nach Frauen, und Schonraum vor Männeranmache. Anlaufpunkt für die bewegten Homo-Frauen, die nicht hinter geschlossenen Gardinen lesbisch sind. Trotzdem: Geknutscht ist nicht gern gesehen, darüber wacht die Wirtin. Hier geht's auch am Samstag erst später am Abend rund. Vorher ist die Atmosphäre recht eisig und für Nicht-Insiderinnen nur bedingt gemütlich. Kesse Väter und Femmes, Lyrik und Hardcore. Für Frankfurt, das nicht gerade reich bestückt ist mit Frauenkneipen, eine erhaltenswerte AUSNAHMEERSCHEINUNG. ☆

FILMWIRTSCHAFT MAL SEHN, Adlerflychtstr. 6H (im Hinterhof). ☎ 5970845. Mo-Do 20-01, Fr 15-01, Sa So -12. Milchkaffee 2,20, Selters 1, Apfelwein 1,50. Dreimal die Woche Video-Kino im Nebenraum. s.S. 152

GRÖßENWAHN, Lenaustr. 97/Nordendstr. ☎ 599356. Tgl. 16-01, Fr Sa 9-02, So ab 10. s.S. 192

HORIZONT, Egenolffstr. 39. ☎ 432523. Mo-Do 18-01, Fr Sa 18-02, So 18-01. 0,4l Pils 3,30. Cous Cous 15,50. s.S. 193

ROTLINTCAFÉ, Rotlintstr. 60. ☎ 449691. Mo-Sa 09-01, So & feiertags 11-01. Kaffee 2,10, Licher vom Faß 0,3l 2,50, Weine ab 3,50. Broccoli-Suppe 5,50. Frühstück 3,80-13,80. s.S. 87

STRANDCAFÉ, Koselstr. 46. ☎ 595946. Mo-Sa 9-19, So 10-19. Kaffee 2, großer Kaffee 3, O-Saft 2,50, 0,3 Bier 3, Verkaufshit: Eiersalat: 2,50. Draußen sitzen.   s.S. 88

TANGO, Friedberger Landstr. 63 (hinter BP-Tankstelle versteckt). ☎ 5978940. Tgl 18-01, Fr Sa -02, Mi zu. Pils 0,3l 3, Wein 0,2l 4,50. Specials: argent. Steaks. Diverse Tapas. Live-Musik am Flügel.   s.S. 194

WEINSTUBE IM NORDEND, Nordend/Ecke Lenaustr. ☎ 5971161. So-Do 20-01, Fr 20-02, Sa zu.
                                                s.S. 443

ostend

KULTKELLER IN DER ROMANFABRIK, Uhlandstr. 21. ☎ 4980811. Mo-So 19-01. Cola 2,50, Baguettes 4-5.   s.S. 154

sachsenhausen

ALTER HUT, Deutschherrnufer 28. ☎ 621316. Tgl. 20-01, am Wochenende -02. Guiness vom Faß 4,40, Bier 2,80, Erdinger Weißbier 3,80.
                                                s.S. 197.

CAFÉ SÜDSTERN, Siemenstr. 9. ☎ 625445. Mo Mi Do 20-01, Sa 20-02, Sa 10-16, So Di zu. Bier 0,5l 2,70, Saft 2,50, gr. Kaffee 3. Baguettes 3-7.
                                                s.S. 154

FAR OUT, Klappergasse 16. ☎ 622647. Eintritt Fr Sa 5, in der Woche 3, Mo zu. 0,3l Export 4, Cola 3, div. Säfte 4, Wasser 2,50. SONNTAGS FRAUENDISCO.   s.S. 40

GAGGIA, Schwanthalerstr. 16. ☎ 626220. Mo-So 10-01, Di zu. Frühstück ab 3,50 und lauter frische selbstgemachte Sachen.   s.S. 198

LA GATA, Seehofstr. 3. ☎ 614581. So-Do 20-01, Fr Sa 20-02, bei Messe -04. 0,3l Bier 2,20, Cola 3, Grillwürstchen 6, Schmalzbrot 2,50.

Meine Freundin Martina aus Gelnhausen lernte hier Moni aus Butzbach kennen. Dann wohnten sie ein paar Jahre zusammen in Fechenheim. Heut ist's aus. Wie so Geschichten halt enden: Moni hielt die Eifersuchtsszenen von Martina nicht mehr aus und Martina hatte keine Lust mehr auf die Erzählungen über die Kolleginnen bei den Stadtwerken. Das »La Gata« gibts zum Glück noch und das Lob an die beiden »guten« Barfrauen in der letzten Ausgabe des Doppelkorn soll auch hier wieder ausgesprochen werden. Mit überzeugender Emsigkeit vertreten und bedienen sie ihre Kneipe, und dem Versuch eines Herren mit zweifelhaftem Interesse, ins »La Gata« reinzuhuschen, bereitet die Wirtin ein mit körperlicher Unzweideutigkeit drohendes Ende. Nichts also für die dumm-geilen männlichen Sexurlauber, Voyeure und Klemmer. Hier treffen sich Frauen mit Freundin oder allein. Die Musik ist nicht jederfraus Geschmack. Ein bißchen viel des deutschen Schlagerschmalz der frühen Siebziger, ein bißchen viel musikalische rosa Unschuldsromantik. Viel Tanz und Foxtrottübungen in derber Ausstattung mit Hufeisen und Ketten, bei Rotlicht aus Kupferlampen. Das löst bei den Nicht-Kennerinnen leichtes Erstaunen aus. Trotzdem herrscht eine kontaktfreudige Atmosphäre, bei der am Samstagabend der Bierhahn nicht zum Stillstand kommt. Im Schummerlicht fühlt frau sich geborgen und wohl. PRIMA.   ☆

LESECAFE, Diesterwegstr. 7. ☎ 622523. Mo-Fr 8,30-18.30, Sa So 10-18,30 , Mi zu. Kaffee 2, Bier 2,80, Frühstück 3-12. Wechselnde Mittagstische ab 12 Uhr.   s.S. 90

PALMCAFÉ, Schifferstr. 36. ☎ 627162. Mo-Sa 09-22, So 10-22. Kaffee 2,20, Cola 2. Frühstück 3,90-13,90, grüne Soße mit Kartoffeln 7,80, Brottaschen 7,50-8,50. Wechselnde Ausstellungen.
                                                s.S. 91

westend

EPPSTEINECK , Eppsteinerstr.26/Ecke Unterlindau ☎ 723662. Mo-Fr 11-01, Sa 11-18, So zu.
s.S. 205

OPUS 111, Palmengartenstr. 8. ☎ 745784. Mo-Fr 09-01, Sa-So 10-01, Kaffee 2,30, Cola 2,50. Frühstück von 6-18,50 , belegtes Brötchen 2,90, bieten auch warmes Essen an. s.S. 92

offenbach

FIRLEFANZ, Kirchgasse 29. ☎ 813090. Mo-So 11-1.
Kaffee 2, Pils 2,70, Apfelwein 1,80. Frühstück 6-17, überbackener Camenbert 7,50. Baguette 4,50. Große Baguettes, große Salate. Riesenterrasse. s.S. 92

TARNKAPPE, Bettinastr. 36. ☎ 813697. Mo-Fr 19-01,
Sa 20-02, So 20-01. Weizen 3,20, Apfelwein 1,50, Piccolo Mumm 6,50, Pils 3, Cola 1,80, Schinkenbaguette 4,50. s.S. 208

WÜRTTEMBERGISCHE WEINSTUBE, Taunusstr. 19. ☎ 884256. So-Do 17-02, Fr Sa 17-04. Pils 2,80. Speisen bis 8. Drei bis fünf warme Gerichte und vier kalte. s.S. 446

darmstadt

CAFÉ BELLEVUE, Eckardstr. 26. ☎ 06151/79592. Fr-Mi 09-21, Do zu. Kaffee 2, Bier 2,50. Frühstück 5-17, Blätterteigtaschen 4,50.
s.S. 93
CAFÉ-CHAOS, Mühlstr. 36. ☎ 06151/20635. Mo-Fr 11.30-01, Sa 19-01, So 14-01, Kaffee 2,30, Cola 2,20. Verschiedene türkische Fladenbrote 4,50-7 (die für 7 sollen der Renner sein). s.S. 94

CAFÉ-GODOT, Bessungerstr. 2. ☎ 06151/664881. Mo-Fr 09-01, Sa 11-01, So 15-01. Kaffee 2,20, Cola 2,50. Frühstück 2-7, Hühnersuppe 5,50. s.S. 96

CAFÉ-N.N., Lichtenbergstr. 75. ☎ 06151/714266. Mo-Fr 18-01, Sa So & Feiertag 10-01. 0,4 Pils 2,90, Wasser 1, N.N. Spezialfrühstück für Zwei-Für den Morgen danach. . . 28 Mark, für jede weitere Person. . .14, gebackener Camenbert 7. s.S. 96

CAPONES POOL RESTAURANT, deutsch/ital. Frankfurter Str. 69. ☎ 06151/75146. Mo-Fr 12-14.30, Mo-So 18-01, Fr Sa 18 -03. s.S. 46

ELEDIL, Adelungstr.9. ☎ 06151/ 25479. Mo-So 18-01. Biere 2,80, Cola, Fanta 2, Weine 4, Sekt 5, 100 Getränke. Snacks, Salate, Sandwiches 3-10. s.S. 210

GOLDENE KRONE, Schustergasse 18. ☎06151/21352. Tgl. 20-01. Tgl. Disco, Konzerte, Fernsehraum, Billardtisch. s.S. 134

KNEIPE 41, Kahlertstr. 41. ☎ 06151/25517. Mo-So 18-01. Bier 0.5l 3,50, Wasser 1,30, O-Saft 2,20, Kaffee 2, Guiness 0.3l 2,80. 31 gute Pizzen von 4,80 bis 8,50, und für den kleinen Appetit die Mini-Pizza für 3,50. s.S. 213

KULTURCAFÉ, Hermannstr. 7. ☎ 06151/25832. Bier 2,60, Wasser 1,50, O-Saft (ohne Zucker) 3, Kaffee 2,20, Kinder-Cappuccino 2,40, Apfel-Holundersaft 3. Frühstück 4,30-13,70, Gemüsequiche 3,80, Eissspezialitäten 4,80-6,80. s.S. 156

LAGERHAUS, Julius Reiber-Str. 32 ☎ 06151/21891. Mo-So 18-01, Mittagstisch Mo-Fr 11.30-14.30. Deutsch/intern./frische, vollwertige Kost. Omelette mit Mozarella, Sonnenblumenkernen und türk. Fladenbrot 7,50. s.S. 393

LOKALES, Dieburger Str. 50. ☎ 06151/714737. Tgl. 11.30-01. Super Pizza 8,80. 0.4l Pils 2,60, Cola 1,40. Spezialität: Pizza Fantasy. s.S. 296

MON CHER, Heinheimer Str.18. ☎ 06151/75746. Tgl. 19-01. Bier 3, Ginger Ale 2,50. s.S. 437

REM, Beckerstr.22 (Friedrich Ebert Platz), ☎ 06151/7110337. 6.30-10, 18-01. Kaffee 1,50, Cocktails, Drinks, Longdrinks 5-10. s.S. 122

SCHLOSSGARTENCAFE, Robert-Schneider-Str. 23. ☎ 06151/79417. Mo-So 08-22. Kaffee 2,40, Bier 2,0,
Frühstück 6-14, Mittagstisch. s.S. 99

SCHLOSSKELLER, Im Residenzschloß. ☎ 06151/163117. Im Sommer Mi-Sa 21-01, im Winter Di-Sa 20-01, von Mitte Juli bis Anfang August zu. Bier 2,50, Säfte 1. Würstchen mit Brot 2,30. EINMAL MONATLICH FRAUENDISCO.
s.S. 134

wiesbaden

BEBOP, Saalgassenpassage 11. ☎ 06121/598724. Sommer : So-Do 20-01, Fr Sa 20-02. Winter: So-Do 18-01, Fr Sa 18-02. 0.3l Bier 2,80, Cola 2,20, Chili 6,80. s.S. 135

BIG APPLE, Kirchgasse 66. ☎ 06121/374033. Tgl. ab 20, So ab 18. Eintritt 5. s.S. 50

BISQUIT, Dotzheimer Str. 35. ☎ 06121/379849. Mo-Sa 09-01, So 11-24. Kakao 2,60, Cola 2,20, Bitburger vom Faß 2, Wein 3,30. Kaffee 2,30, Cappuccino 2,60. Frühstück 4,20-7,60, Pizza ab 7,50, Baguette 5, kleine Speisen. s.S. 101

CAFE KLATSCH, Marcobrunnenstr. 9. ☎ 06121/440266.
Di-Do 08-01, Fr Sa 08-02, So 10-01, Mo zu. Nicaragua-Kaffee 4-5, Bier, Säfte 0.2l 2,80, ansonsten: übliches, außer Coca-Cola, Preise unauffällig, 1,50-6,50. Pfannkuchen 2,50-6,50, Kuchen 2,20-2,80, Baguettes 2,50-4,50, Bio-Bier 0.5l 3.50, gr. Milchkaffee 4, Mövenpick-Eis (4,50-8) oder Kugel (-.90), nicht zu kleine Portionen! Pfann-

kuchen aus Buchweizenmehl ausgewogenes Frühstück 1,50-9,50.Küche bis 24 Uhr. s.S. 157

CHAT D'OR, Westendstr./Ecke Scharnhorststr., 6200 Wiesbaden. 10-01. 0.4l Pils 3,20. Frühstück klein 4, groß 8. Kaffee 2. s.S. 104

CICERO, City-Passage (zw. Schwalbacher- u. Kirchgasse) ☎ 06121/303120. Mo-Mi 10-18.30, Do-Sa 10-24, So zu. s.S. 156

COURAGE, Römerberg 13. ☎ 06121/304623. So-Do 18.30-01, Fr Sa 18.30-02. Bier 3,20, Cola 2, Baguette 6,50. Draußen sitzen. s.S. 224

DOMIZIL, Moritzstr. 52. ☎ 06121/370442. Tgl. von 17-01, Fr Sa 17-02. Gulaschsuppe 6, Calamares 8,50. Apfelwein 1,80,
Pils 0.3l 2,60. s.S. 226

ECKHAUS, Hirschgrabenstr. 17. ☎ 06121/378576. Fr Sa 17-02, sonst 17-01. Bier 1,60, 0.4l Alt 3,20, Cola 2, versch. Weine, Kaffee 2,20. Handkäs' mit Musik 3,50; Geschnetzeltes m. Beil. 9.80. s.S. 226

KNEIPCHEN, Scharnhorststr. 32. ☎ 06121/400644. Seit ca. 1976. Mo-Do 19-01, Fr 19- 02, Sa 20-02, So 20-01. Wasser 1,60, Cola 1,60, 0.4l Pils v. Faß 3, Wein 3. s.S. 228

MEPHISTO-KELLER, Kaiser-Friedrich-Ring 61. Mo-Fr ab 17, Sa/So 16-01. Pils ab 2,80, Cola 2, Budweiser, Guiness. Dart-Spiel. s.S. 229

SHERRY & PORT, Adolfsallee 11. ☎ 06121/373632. Mo-Fr ab 17-01, Sa So Feiertags ab 19-01. 0,3 Jever Pilsner 2,90. s.S. 138

U-BOOT , Scharnhorststr. 35. ☎06121/40667.
s.S. 55

WIRTSHAUS, Nerostr. 24, ☎ 06121/520570. Kneipe, Fr Sa Disco. Tgl. 20-01. 0.3l Pils 2,70, Cola 2,00, Apfelwein 2,00. s.S. 231

ZICK-ZACK, Alte Schmelze 12. ☎ 06121/22336. Do, Fr, Sa 19-01, So zu (außer bei Konzerten).

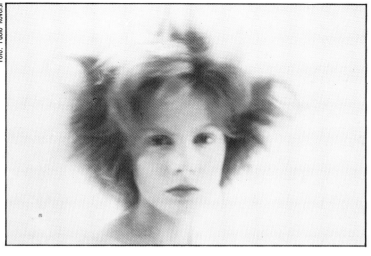

Lüneburger Pils 0,3l 2. Jeden Do gibt es 0,3l Bier für 1.   s.S. 232

mainz

ALTSTADT CAFÉ, Schönbornstr. 9. ☎ 06131/224868. Mo-Sa 09-20, So 10-20. Kaffee 2,50, Frühstück 4,50-12. Alles tgl. frisch, Ausstellungen.   s.S. 106,

AVALON, Wallaustr. 52. ☎ 06131/632634. Mo-Fr 12-01, Sa 15-02, So 10.30-01. Kaffee 2,20, Wein ab 3, Cola 2. So gibts Frühstück. Nudelauflauf 4,50-8. Terrasse.   s.S. 234

BALLPLATZ 2, Ballplatz 2. ☎ 06131/221771. Großer Milchkaffee 3. Mo-Sa 9-01, Fr-Sa 9-02, So 14-01.   · s.S. 106

BISTRO SCHÖNER BRUNNEN, Augustinerstr.22. ☎ 226765. Tgl. ab 9, So-Do -01, Fr Sa -02. 0.3l Henninger 3, 0.4l Guiness 4,50, Cola, Fanta O-Saft und Kaffee je 2,50, Schweppes 3. Speisen ab 4.   s.S. 417

CAFÉ AM MUSEUM, Schießgarten 1. ☎ 06131/231489. Mo-Fr 09-19, Sa 10-16, So 11-18. Kaffee 2,30, Cappuccino 2,60, Tee ab 2, Cola 1,80. Stammessen und Extras auf Wunsch. s.S. 107

CAFE NIXDA, Raimundstr.13, Ecke Frauenlobstr. ☎ 06131/670330. Di-So 9-01, Fr Sa 9-02. Frühstück 9-23. Prima Preise. Prima Leistung.   s.S. 107

CALIBURN, Kirschgarten 2. ☎ 06131/221850. Tgl. 10-01, Fr Sa 10-02. Weizen vom Faß 0.5l 4,30. Verschiedene Cocktails. Frühstück ab 3,90. Ausstellungen.   s.S. 238

C'EST LA VIE, Gaustr. 73. ☎ 06131/224593. Mo-Fr 11-01, Sa 11-02, So zu. Bier 2,70, Wasser 2,20, Wasser 2,20, Perrier 3, O-Saft 3,50, Kaffee 2,40, Café au lait, Wein 3, 5. Nachos — ein Fünfmarkstück, pro Stk. 1,50-3, Salate 5, 8, Fleisch 8,50-19, Crepes (32 Sorten) 3-9,50, Eis (Mövenpick).   s.S. 418

DISCO TERMINUS, Industriestr. 12. ☎ 06131/688847. Di-Do, So 20-03, Fr Sa -04. 0.4l Bier 4, Cola 3, Wasser 2,50. Essen bis zum Schluß. Musikvideos.   s.S. 58

DOMSGICKEL, Grebenstr.16. ☎ 06131/221211. Mo-So 18-01, im Sommer bis 22.00 Hof. 0.3l Bit 2,90, 0,4 Guiness 4,50, 0.2l Cola (auch Light) Fanta Selters 2,50, 0.2l Rhg. Riesl.4, versch. Tagesgerichte, auch veget.   s.S. 239

EINSTEIN, Uhlandstraße. ☎ 06131/613767. Tgl. 18-01, Fr Sa 18-02. Kaffee 2, Cola 2, Wein 3, Pils 2,50, kleine Küche von 5-7,50.   s.S. 239

FRAUENCAFÉ im Frauenzentrum. Goethestr. 38. ☎ 06131/613676. Mo-Fr 17-20. Jeden ersten Sa im Monat 20 Uhr Kneipenabend.

HINTERSINN, Gaustr. 19. ☎ 06131/571630. Mo-Do 10-01. Fr & Sa 10-02. Kaffee 2,30, Cola 2,20, Pils 0,3l 3. Frühstück ab 3,50-22,50 (für 2 Pers.). Essen von 19-24.00.   s.S. 244

JOLIFANTE, Leibnitzstr. 55. ☎ 06131/614130. Tgl. 18-01, Sa -02. KöPi 2,50, Cola 2,20, Flasche Flens 3, Wein 2,70, Tass Kaff 1,50. Mohnstange mit Schinken und Käse überbacken und Salat 5,80.   s.S. 245,

LINDENBAUM, Emmerich-Josef-Str. 13. ☎ 06131/227131. Tgl. 19-01, Fr Sa 19-02. Kaffee 2,50, Wein ab 3,20, Cola 2,50, 0.3l Binding 3,30.
                                                 s.S. 246

MILES TONE, Mittlere Bleiche 17. ☎ 06131/220656. Tgl. 18-01, Fr Sa 18-02. Kaffee 2, Cola 2, Riesling 3, 0.3l Pils 2,60, Wein aus biolog. Anbau 3,60.   s.S. 247

QUARTIER MAYENCE, Weihergarten 12. ☎ 06131/220044. Tgl. 11-01, Fr Sa 11-02. Kaffee 2,20, Wein 3, Cola/Fanta 2,20, 0.3l Pils 2,80. Kleine Küche ab 19 Uhr.   s.S. 249

hanau

BRÜCKENKOPF, Wilhelmstr. 15a, ☎ 06181/15789. Mo-Sa 15-01, So 12-01. Cola 1,50, Kaffee 1,50, Michelsbräu 0,4l 2,80. Tagesgerichte z.B. Cordon Bleu mit Kartoffeln und Salat 11, Fladenbrote, Toasts 5-6, vegetarische Gerichte.   s.S. 257

CAFÉ PIERROT, Nordstr. 8. ☎ 06181-15204. Mo-Sa 08-24, So zu. Bier 2,50, Kaffee 2,20. Frühstück 7-10,50, belegtes Brötchen 3.   s.S. 110

JAZZ CLUB HANAU, Philippsruher Allee 22. ☎ 06181/259965. Tgl. 19-01, So zu. Kaffee 2,20. Fr Sa Live-Musik. Do Session.   s.S. 143

KULTURBASAR, Kesselstadt. Kastanienallee 20. ☎ 06181/28940. Mo-So 19-01. 0.4l Bier 2,50, Cola 1,50. Fr Sa Musikveranstaltungen, Sa Disco.   s.S. 144

SIMPLICISSIMUS, Vorstadt 13. McGaul's Staut 0.4l nur 3.   s.S. 259

SPUNDLOCH, Jakob-Rüllmann-Str.9. ☎ 06181/253771. Tgl. 19-01, So zu.   s.S. 260

rüsselsheim

FRAUENCAFÉ VOLLE KANNE, Weisenauer Str. 19. ☎ 06131/81370. Tgl. 12-17, Sa So zu. Gartencafe.

FREIES KULTURCAFE, Mainstr. 11, ☎ 06142/12333. Do-Mo 10-24, bei Veranstaltungen u. Festen länger. Kaffee 2, 0.3l Faßbier 2,50, Salate 5,50-8,30; Frühstück 2,80 — 12,80. s.S. 165

Intro Foto: Dieter Bachnick

CASANOVA LEBT

Männerliebhaber in Rhein-Main waren sehr verwöhnt, was das reichhaltige Angebot an Schwulentreffs angeht. Sie genossen den Zustand bis hin zur überdrüssigen Selbstverständlichkeit. Zwar strömen wochenends die Brüder und Schwestern aus einem Umkreis von bis zu 200 Kilometern immer noch in die Schwulenmetropole BRD

Mitte. Die vom Virus noch nicht abgemurksten Kneipen, Discos, Tanzsäle, Plüsch-monster, sind allerdings nicht mehr überfüllt, die Scene-Hotels nur noch halb be-setzt, die Schmusebetten zunehmend leerer. Männer, die Frauen sind und umgekehrt, wagen sich fast gar nicht mehr reizend und offen auf die Piste. Wochentags geht's fast total-langweilig zu. Für alle etwas. Aber zu wenige wollen naschen. Dennoch, die Stadt, ihr Triebfieber, ihre sexuelle Hitze — sie lebt und bebt: Sammelbecken für »lonely hearts« wie professionelle Nachtschwärmer, durchschnittliche bis aufre-gende Altmodler, Exoten, Lover, Diener, Herren, Knechte. Hier ein zum Atlas hoch-gepushter Bodybuilder, dort eine naturbelassene grazile Schönheit. Alle sind da! Die Ledermaus, der proletarische, rüpelhafte junge Gott, der ältere, nette Kumpel, schwuler »Handwerker«, »Flötist«, Fummeltrine, Gelegenheitsstricher, Spanier und Türke, Prokurist wie Opernbesucher. Schließlich fehlt auch er nicht. Der Überdrehte: »Nein, nein — ich hasse Seidenwäsche für Männer. «

In vielen Lokalen steht auf der Theke die Spendendose der AIDS-Hilfe, Signal für zunehmendes Problembewußtsein im Milieu. Seit der Krankheit ist vieles anders. Die schwule Gastronomie lebt — von Ausnahmen abgesehen — mehr vom Idealis-mus ihrer Betreiber als von realen Umsätzen. Da kann die Männerbewegung offen-siv sein, wie sie will. Die Folge: Innenarchitektonische Bemühungen, wohin das Auge reicht. »Gemütlichkeit« war schon immer in. Manchmal bis hin zum schwäbischen Biedermeier. Kotz, würg. Geschmack soll ab sofort nicht mehr nur geheuchelt, son-dern endlich nachvollziehbar demonstriert werden. Und plötzlich hat jede Bar, die was auf sich hält, Rahmenprogramm zu bieten. «Rote Abende« und »Bikini-Nächte« zählen noch zu den weniger aufwendigen.

Die Macht der Nacht heilt viele Wunden, die die Einsamkeit schlägt. Und wer zu einem Callboy will, für den ist es nicht zu schwierig den richtigen zu finden. Perlen und Peinlichkeiten zuhauf. Nur kaum einer will sie noch. Das Milieu hat zweifellos Stärken: Man kann zuhören und läßt reden, ohne gleich vor Wut einen roten Kopf zu bekommen. Nicht selten trifft man auf Talente ohne verschleimende Gefühligkeit mit klaren Ansagen zum Thema Nummer eins. »Komm Liebling, küß' mich«. ★

bornheim

ALBA'S PILSSTUBE, Berger Str. 14. ☎ 443109. Sa 20.30-02, sonst bis 01. Snacks, belegte Brote ab 3. Bier 0.2l 1,80, Mineralwasser 2,50.

Sehr düster, überdies voll jener herben Süßlichkeit einer typischen Abfüllkneipe. Mit sozialem Biß. Ab 23 Uhr lebendes Gemälde in düsteren Formen und Farben, viel Spannung und ab und zu Humor. Die Trennung vom Tresen fällt den Kandidaten nicht leicht. FÜR ROT-BÄCKCHEN. ★ ☆

ZUM WINDLICHT, Gaußstr. 4. ☎ 498967. Tgl. 15-01, im Winter ab 17. Snacks, tgl. wechselnde Suppen, Frikadellen. Bier 0.2l 1,60, Long-Drinks ab 4.

Wegen hemmungsloser Einfallslosigkeit besser meiden. Ungemütlich. Längst nicht mehr das, was sie vor Jahren mal war. Sollte man nur ernsthaft in Erwägung ziehen, wenn sonst gar nix mehr geht. Mein Körper ist bereit. Ich bin es nicht. NUR WENN DIE TRINK-HALLE GESCHLOSSEN IST. ★ ☆

innenstadt

AMSTERDAM STUBE, Gelbe Hirschstr. 12. ☎ 284100. Tgl. 11-01, Fr Sa -02. Bier 1,50 (0.2l), Aqua 2,10, Kaffee 2,20. Suppen ab 4,20.

Inmitten des Red-Light-Districts für Männer eine Bar mit ausschließlich schwulem Publikum und Standardangebot. Hier gibt es Kleinigkeiten zu Essen und Käufliches in mittleren Preislagen für andere körperliche Gelüste. Im dazugehörigen Hotel Amsterdam übernachten Pärchen recht preisgünstig. Transis werden nicht abgewiesen. KONTAKT. ★ ☆

BAR CENTRAL, Elefantengasse 11-13. ☎ 292926. Tgl. 16-01, Fr, Sa -02. Pils 3,50, Apfelwein 2.

Auch der ehemalige Schwulen-Oldie »Pink Elephant« mußte was tun, um in Zeiten wirtschaftlicher Flaute in der schwulen Gastronomie überleben zu können. Spartanisch-dunkelblau gehts jetzt hier zu (die grünen Sitzbänke sind geblieben), Spots auf den Tresen vermitteln zumindest Ansätze weltstädtischer Bar-Kultur.

Hier ist einer der wenigen Orte in Frankfurt, wo sich Schwule und Lesben treffen. Insofern ein echtes Schmuckstück und unbedingt empfehlenswert. NOCH AUSBAUFÄHIG. ☆ ∞

BINGER LOCH, Seilerstr. 25. ☎ 293466. Tgl. 20-01, Fr, Sa -02. Messe -04. 0.2l Bier 1,90, Kaffee 2,50, Wasser 1,90, Longdrinks ab 7.

Im Innenstadtbereich ausschließlich für Gays verschiedenster Altersgruppen. Hetero-Schleute unerwünscht. FÜR TAUCHER ★

BLUE ANGEL, Brönnerstr. 17. ☎ 282772. Tgl. 21-04, Fr Sa 21-06. Campari 5, Cola 3,50. Verzehrbon 5. Wochenends 8.

Nicht sehr groß, dafür entsprechend sinnvoll eingerichtet. Standard- Adresse für schwule Frankfurter und solche, die es werden wollen. Fester Anlaufpunkt auf der allabendlichen Rennstrecke. Die Bedienung ist wahrscheinlich genauso Franzose wie Thomas ein Österreicher. Quadratbar, Schmuseecken, Tanzfläche, alles da. Noch Fragen? GEHOBENER STANDARD. ∞

CASINO AM TURM, Taubenstr. 3. ☎ 292944. Tgl. 10-01, Fr, Sa -02. Div. Suppen im Angebot.

Das Blue Velvet-Plakat, indirekt beleuchtet, ziert die Wand. Die silberne 25 deutet an, wie lange sich seit Einführung der speckigen Tischtelefone nichts verändert hat. Die verschrammten Holzbänke im Casino belegen: Stricher sind anspruchslos und teuer. Das übrige Enddreißiger-Publikum mit Aktentasche ist nur anspruchslos. KONSTANT. ☆ ∞

CHAPEAU, Klapperfeldstraße 16. ☎ 285223. Pils 3,50, Limo 2,80.

Traurig, traurig. So ziemlich alles, was das Chapeau mal originell machte, ist verschwunden. Kein Wohnzimmer mit Tresen mehr wie einst, sondern eine stinknormale Kneipe. Na gut, für Schwule, aber sonst aus keinem äußerlich erkennbaren Grund näher beschreibenswert. Auch die angekündigte »Bikini-Nacht bei André« ist nur WENIG AUFREGEND. ∞

COME BACK, Alte Gasse 35. ☎ 293345. So-Fr 12-01. Bier 3, Wasser 2,50, Longdrinks 7,50, Frikadellen 2,50.

Treffpunkt für Freunde exorbitanter Quickies. Wer suchet, der findet, man kommt direkt zur Sache. Ebenso schnörkellos ist die Einrichtung. Hier dominiert keine »neue Übersichtlichkeit«, sondern die bewährte Konzentration auf's Wesentliche: Plüsch und Fummelpomp. Come back, baby baby come back. GESCHMACKSACHE. ★ ☆

CONSTRUCTION FIVE, Alte Gasse 5. ☎ 291356. Fr Sa 22-06. Bier 6, Wasser 5, Verzehrbon 10.

Die angeblich größte Schwulendisco der Republik ist kaum auffindbar, Tip: schräg gegenüber der Mr.DGay-Bar. Drinnen alles, was Liebhaber des Heavy-Trends mögen: kühl und hart nicht nur die Musik, sondern auch die Umgangsformen der Machos und Lederfreunde. Weil diese Zielgruppe bestens bedient wird, bestens besucht. Da mischen sich Zärtlichkeit und Roheit, Erregung und Niedergeschlagenheit. Wochentags wurde versucht den Laden als Super-Luxus-Disco zu präsentieren. Der Akt mit den bestellten vorfahrenden Rolls Royce und den austeigenden Komparsen war dermaßen unterm Strich, daß selbst die Türsteher schamrot anlaufen mußten. Na.Na! SPEZIELL. ∞

EAGLE, Klingerstr. 24. ☎ 284888. So-Fr 21-01, Sa 21-02. Bier 3,30, Wasser 2,50.

Der an Deutschnationales erinnernde Adler ist Programm: Hier treffen sich die Freunde der härteren Gangart. Die Atmosphäre international, aber rauh, weil arg ramponiert. Der Animateur hinter'm Tresen macht trotz seines dominant männlichen Auftretens und des gewissen Etwas eines tiefen Baritons die langweiligen Pornovideos auch nicht wett. HARD & HEAVY. ∞

FUNZEL, Gelbe Kirschstr. 10. ☎ 293472. So-Fr 18-01, Sa 18-02. Bier 1,70, Apfelwein 1,70.

Kleine nette Scheunenkneipe für den älteren Männerliebhaber. Viele Stammgäste. Stricher wandern von der Amsterdam-Bar hin und her. Man hat die Ehre, inmitten prickelnder, schwüler Erotik standgehalten und dennoch jungfräulich überlebt zuhaben. MITTLERES ANSPRUCHSNIVEAU. ★

GASTHOF ZUR TRAUBE, Rosenbergerstr. 4. ☎ 293746. Mo-Sa ab 19, Sa, So & Feiertags auch 6-11, So abend zu. 0,3l Pils 3, Apfelwein 2,20, Cola 2,20. Frühstück ab 5.

Versteckter Fachwerkbau aus dem frühen 18. Jh., gemischtes Publikum. Frankfurts kleinstes Hotel an der kürzesten Straße. Kein Ort zur Darstellung männlicher Eitelkeiten, niemand will der Schönste sein und bewundert werden, sagt Wirt Siegfried Hofmann, und es ist nicht ganz klar, ob diese Meinung nur Ausdruck eines schätzenswerten schwarzen Humors war. Musik, von Bach bis Beatles, muß mindestens 10 Jahre alt sein, um auf den Plattenteller zu landen. Aber auch andere Rockklassiker und Oldies. Wer Disco-Musik nicht mag und sich eher unterhalten will, ist hier richtig. Nur die stickige Luft muß man tolerieren. Beachtenswert ist das frühe Frühstücksangebot am Samstag und Sonntag für die nächtlichen Übrigbleiber. ECHT IN ORDNUNG. ★ ☆ ∞

KELLER 38, Bleichstr. 38. ☎ 294900. So-Do 20.30-01, Fr Sa -02. Bier 3,50, Limo 2,50.

Die einstigen Videos sind vom Programm gestrichen. Coole Atmo, doch durchaus nett. Die sehr ansprechenden Bartträger fühlen sich im Kellergewölbe auch von den biederen Schwestern — Markenzeichen: oberster Hemdknopf zu — nicht gestört. Am Wochenende erträglicher Mindestverzehr. GEFÄLLT.

∞

LILIPUT, Neue Kräme 29 (Sandhofpassage). ☎ 285727. Tgl. 10-24. Getränke ab 2,20, Speisen ab 3.   s.S. **84**

LUCKY'S MANHATTAN/CHEZ RAYMOND, Schäfergasse 27. ☎ 284919. Fr Sa 12-02, So 15-01, Mo Do 12-01. Wein 5, Salat, Baguette & Butter 9,50, Lammkeule mit Beilage 18,50. Franz. Küche

«Sämtliche Einrichtungsklischees« fanden wir noch bei unserem letzten Rundgang vor — ein Zustand, der längst der Vergangenheit angehört. In apartem Schwarz gehalten, hat sich Lucky's gemausert zur geschmackvoll-schnieken Bar, die räumlich und innenarchitektonisch fließend übergeht ins Chez Raymond, mit direktem Blick in die Hinterglas-Küche. Im Restaurant ist die Bedienung mehr als zuvorkommend und freundlich, nämlich schlicht ein Traum. Die Elsässer Schneckenrahmsuppe mit Gewürztraminer (8,50) ebenso. DARK DREAM.

∞

MÄNNER-CAFÉ IM CAFÉ SÜDSTERN , Siemensstr. 9. Jeden 2. Sonntag des Monats.

Kein selbständiger gastronomischer Betrieb, vielmehr ein regelmäßiger Treffpunkt im bekannten Frankfurter Szene-Lokal Südstern. Einmal im Monat treffen sich hier schwule und hetero Männer, um Fragen zu Fragen der Männer zu sprechen. Dies alles veranstaltet vom Informationszentrum für Männerfragen e.V. PROBLEMBEWUßT.   ☆

MR.D. GAY BAR, Alte Gasse 34. ☎ 294506. Mo-Do 18-01, Fr Sa -02, Messe -04. Bier 0.31 3,50,

Cola 2,50. Rindswurst 3, Gulaschsuppe 4,50.

Gerüchte besagen, die Betreiber von Frankfurts angeblich nobelster (Flughafen-) Disco »Dorian Gray« hätten gegen die schwule Konkurrenz im Stadtzentrum geklagt, wg. Gefahr möglicher Namensverwechslung. Damals hieß das D. Gay noch Dorian Gay. Man mag zum Protz-Tempel »Gray« stehen, wie man will — aber der Name war auch das einzige, was die beiden Etablissements gemeinsam hatten. In der letzten Zeit ging die Gay Bar den konsequenten Weg weiter in Richtung Rinnstein-Ästhetik, und die Bedienung fügt sich drein. Folgerichtig wird dem am Tresen hockenden Besucher erst nach geraumer Zeit der Blick freigeräumt, der zuvor durch volle Aschenbecher und fettige Gläser mit Colaresten verstellt war. Zu sehen ist dann noch die Wandwerbung für das Frankfurter Gesellschafterteam. Zahlreiche Buben machen aus der Bar gerade noch ein Schwulen-Jugendzentrum mit grünen Samtvorhängen. AUWEIA. ∞

NA UND, Klapperfeldstr. 16. ☎ 294461. Tgl. 16-01, Fr 16-02, Sa 20-02. Bier 1,80, Kaffee 2,50, Wasser 2.

Ein Klingeldruck, und die Tür öffnet sich. Ein etwas theatralischer Einstieg in eine Standard-Bierbar, die sich um Attraktivität bemüht mittels Veranstaltungen wie der »Roten Nacht mit Salatbüffet«. Right on, ältere Schwule gehen hin, man kennt sich, und schlecht würde ich das »Na Und « sicher nicht nennen. BIEDERE WÄRME.   ∞

PICCOLO, Elefantengasse 11. ☎ 293663. So-Do 20-01, Mo zu. Bier 2,50, Wasser 2,50, Kaffee 2,50. Chili con Carne 6.

Bürgerlich, sagt Schorsch zum Piccolo. Und der Schorsch, der muß es wissen.   ☆

PLASTIK, Seilerstr. 34. ☎ 285055. Di Sa zu, sonst 21-04, Fr -05. Cola 5, Bier 0,31 5, Säfte 6. Salat 6-17, Pommes 3. SONNTAGS 18-22.30 SCHWULEN-TANZTEE.

RENDEZVOUS, Zeil 1. ☎ 283327. Mo-Sa 9.30-20, So 10-20. Eintöpfe ab 8,80, Kaffee 1,90, Cola 2,10. Frühstück 4,50-13.

Ländliche Stammtisch-Atmosphäre mit dem Unterschied, daß die Papas und Opas schwul sind. Eine echte Café-Rarität am oberen Anfang der Zeil, das neben dem Treff mit dem gewissen Etwas auch Kiosk-Charakter für die nahen Anwohner hat, die sich hier mit einer Dose Kaffeemilch, Brot, Würfelzucker und Alk eindecken. ORIGINAL.   ★ ☆

SWITCHBOARD, Alte Gasse 36. ☎ 283535. Info- und Beratungsstammtisch Di-Fr 13-20, Offener Treff/Café Fr-So 15-23. Pils 4, Cola 1,80.

Ausgerechnet Sigrid findet's »unheimlich nett«, wegen des »anderen Niveaus« vor allem. Kein Wunder, wenn man aus der benachbarten D. Gay kommt. Seit September 1988 ist der Vorgänger, nämlich Clair's Pinte raus, und Switchboard drinnen. Da kommt keiner dran vorbei, der als politisch bewußter Schwuler eine Menge Gleichgesinnte sucht — wozu auch immer. Die schwule Jugendclique und ein regelmäßiger AIDS-positiv-Stammtisch gehören zum Standardprogramm. Und was das Switchboard sonst noch alles zu bieten hat? Ja, das sollte man sich schon mal selbst angucken! LEBENSNOTWENDIG.   ☆ ∞

TANGERINE, Stiftstr. 39. ☎ 284879. Tgl. 11-04, So*& Feiertags ab 16. Snacks ab 2,20, Toasts ab 5.
Bier 2,50, Cola 2,50, Tasse Kaffee 2, Kuchen ab 1,50, Longdrinks ab 6, Cocktails ab 6.

Das Personal ist auf Doornkaat und Korn geeicht. Die Gäste, unter ihnen jede Menge Frauen, stehen auf »Hütchen«. Die Hausmaus auf Käse! Das Programm von Klaus und Leon ist kurz und knapp auf internationale Integration ausgerichtet: deutsch-jugoslawisch- holländische Freundschaft. Besonders zu empfehlen: Jackys Brötchen, Stellis Bier, Wolfgangs

Dornkaat, Klausens Korn, Jürgens Kuchen, Michas Framboise, Leons Orange-Natur!!! KAUM NACHAHMBAR.
                                        ★ ∞

THE STALL, Stiftstr. 22. ☎ 291880. Tgl. 21-03, Messe -04. Fr Sa 5 Mindestverzehr. Bier 3, Wasser 2, Stall-Pisse (Pinot & Appel-Korn) 2,50.

Früher ausschließliches Hard-Core-Lokal, mischte sich das Publikum in letzter Zeit mit Soft-Sex-Schwulen. Trotzdem bleibt die besondere Vorliebe für Jeans und Leder, in einer Atmosphäre des spontanen »Kommens« und Gehens mit und ohne Begleitung. Schock ist eine Frage des Wochentags, der Uhrzeit und des Pornovideos.   ★ ☆

TORSOS, Klingerstr. 26. ☎ 280335. Mo-Sa 16-01, So 6-01. Pils 3,50, Wasser 2. So ab 12 Frühschoppen mit hausgemachtem Eintopf, Mo ab 21 Video-Show, Do Oldie-Night.

Monatelang war das Torsos geschlossen, und wir dachten schon, Frankfurt hätte seine dezenteste und wirklich optimal durchgestylte Schwulenbar verloren. Aber mit neuem Wirt kam neues Glück — nur hat der das geschmackvolle Konzept nicht weiterentwickelt, sondern sich auf den Lorbeeren des Vorgängers ausgeruht. Leichte Nachpolitur könnte nicht schaden, ansonsten bleibt die kleine, aber feine Bar ebenso elegant wie schrill und stilvoll stimmig. KLEINER LIEBLING.   ∞

ZUM SCHWEJK, Schäfergasse 20. ☎ 293166. Mo 16-01,
Di-Do 11-01, Fr Sa 11-02, So 15-01. Wasser, Apfelwein 2, 0.3l Bier 2,90, Hütchen 3,50.

«Das ganze Jahr Fasching« verspricht der Besitzer Dietmar Bokelmann für den Schwejk und prophezeit dem Besucher eine lustige und ausgelassene Atmosphäre. Zentral gelegen, ein zur Zeit beliebter und gemütlicher Treffpunkt für Schwule, der bereits am Nachmittag geöffnet hat. Nach uns zugespielten Informationen gelten die musikalischen Soloauftritte des Wirtes als Insidertip. SING A SONG.   ☆

nordend

ALLIGATOR, Koselstr. 42. ☎ 553660. Tgl. 20-01, Fr Sa -02, Messe bis 04. Bier 0.2l 1,80, Hütchen 3,50, Long Drinks ab 7.

Wo soll das denn sein? Wird sich so manch einer auf der ratlosen Suche nach dem Alligator fragen. Intimes Etablissement, das selbst Kenner der Szene und Taxifahrer schon verzweifelt die Koselstraße auf und ab ziehen ließ. VERSTECKT. ☆

GRÖßENWAHN, Lenaustr. 97/Nordendstraße. ☎ 599356. Tgl.16-01, So ab 10. s.S. 192

offenbach

ILONA'S MEN CLUB, Herrenstr. 60. ☎ 816085. Mo-Sa 21-06, So zu. Mineralwasser 3, Pils 4.

Schwulen-Bar, so klein und intim, daß man sich schnell näher kommt. Zwangsläufig. Nicht zu verwechseln mit dem Night-Club im selben Haus. Partnersuche oder von vorneherein zu zweit kommen, beides ist möglich. Läßt das Schwulenherz höher schlagen. NOTWENDIG. ✔

darmstadt

MON CHER, Heinheimer Str.18. ☎ 06151/75746. Tgl. 19-01. Bier 3, Ginger Ale 2,50.

Einzige Schwulen- und Lesben-Bar Darmstadts — das ist schon ein Verdienst an sich. Der Wirt hat seit 1984 die homogene Szene belebt. Man will unter sich bleiben, ist zu hören: auch gut. Das schwülstig-rote Interieur fördert dieses Bestreben. Stimmung füllt diese Boudoir erst nach Einbruch der Dunkelheit. Dafür geht's dann richtig los. Eine Institution in Darmstadt, und gäbe es einen Stadtrat mit einem Etat für Sex-Kultur, dann müßte das Mon Cher öffentlich gefördert werden. UNVERZICHTBAR. ★ ☆ ∞

wiesbaden

CAFÉ FLAIR, Goldgasse 17, ☎ 06131/375424. Tgl. 13-01

Inmitten. der Wiesbadener Einkaufsrauschzone das Café Flair. Ein Gläschen Sekt, ein kleiner Snack; sehen und gesehen werden, inmitten eines gemischt-geschlechtlichen Publikums. GEPFLEGT. ☆

DIE FALLE, Römertor 7. ☎ 304569. Fr Sa & So Frühstück ab 6, sonst ab 11 geöffnet.

Der Besitzerwechsel vor einigen Monaten hat dem Konzept der Kneipe keinen Abbruch getan. Während planetarische Begriffe offensichtlich bei der Beschreibung des Barmannes, der in der Szene der Göttliche genannt wird, versagen (die Kirche wird Euch auch das nicht verzeihen!), geht's sonst recht heimelig zu. Besonderheit der Falle: hier gibt's am Wochenende schon ab 6 Uhr am Morgen Frühstück. An den anderen Tagen ist ab 11 Uhr geöffnet und somit auch wochentags schon für die frühen Trinker gesorgt. Im Sommer sitzt man draußen, zeigt Schenkel bei Kaffee und Kuchen am Sonntagnachmittag. HERZHAFT. ★ ☆

PUSSY CATS, Adler Str. 33. ☎ 06121/51739. Tgl. 22-04. Mo zu.

Ja, ja, auch Heteros wissen die gewisse Atmosphäre einer klassischen Plüschbar zu schätzen, ist sie doch seit Jahren der Fixpunkt für Wiesbadens Nachtfalterszene. Wer in anderen Läden seinem Vergnügungsbegehren bis nach 02 Uhr noch nicht so richtig nachgeben konnte, hier geht's ab ohne gebremsten Schaum. Aber bitteschön mit Niveau. EMPFEHLUNG. ★

ROBIN HOOD, Häfnergasse 3. ☎ 06121/371009. Tgl. 17-01

Hier treffen sich Vertreter aller Subgliederungen der schwulen Szene: Tuntige, Ledermänner, Bräute und Kerle, verspielte, grobe. Das Ganze ist ein einziges Kommunikationsfestival, und fast jeder läßt sich nicht nur von den Wirten eins einschenken. Obwohl das Interieur etwas volkstümelnd im wenig neuzeitlichen Rustico-Stil daher kommt, kommt Atmosphäre auf. Das vielleicht deshalb, weil man trotz des lockeren und regen Treibens nie den Eindruck gewinnt, zwei Leute könnten hier nicht an großen Tischen ungestört miteinander Ruhe finden. SPITZE. ★

mainz

CHAPEAU CLAQUE, Kleine Langgasse 4, ☎ 06131/223111. Tgl. 17-04. Bier 3, Cola 2,50, Kaffee 2,50. Kleine Karte.

Wo fast nichts, also kein lebendiges Milieu ist, haben es auch die wenigen Ausnahmeerscheinungen schwer. Um so lobenswerter die Bemühungen der Wirte, vor allem jüngeren Schwulen und auch älteren, einen Fixpunkt für Kommendes, anzubieten. Daß bei dem Außendruck die Atmosphäre sehr gut ist, spricht für die Souveränität der Beschäftigten. SPITZE. ★

HINTERSINN, Gaustr. 19. ☎ 06131/229530. Mo-Do 10-01. Fr Sa 10-02. Kaffee 2,30, Cola 2,20, Pils 0.3l 3. Frühstück ab 3,50. Essen von 19-24.

s.S. 164

N.f.E., Osteinstr. 9. ☎ 06131/672163. So-Do 20-01, Fr Sa bis 02. Im Sommer ab 21 geöffnet.

Sie steh'n dazu. Der rosarote Charakter verbirgt sich hinter den Buchstaben. N.f.E. heißt auf neudeutsch: Not for everyone. Disco mit Abschußcharakter. Nur schwules Publikum. Prinz Eisenherz, Lavendelschwert und zwei Heilige Väter verloren hier ihre Unschuld an Regierungsbeamte. Wie kam's? Die Wissenschaft sagt uns dazu: Laute Musik macht Mäuse schwul. Das ein Fakt. Herausgefunden von der Agäischen Universität in der Türkei im Jahr 1979. Na, denn mal hin, in die Disco. LAUT/SCHWUL/LAUT. ☆

hanau

CARUSSELL, Schützenstr. 16. ☎ 06181/20365. Tgl. 19-01, Jever 0.3l 2,70, Wasser 2, O-Saft 2,50. Toasts ab 4,50.

Wer es mit Bier nicht schafft, den machen wahrscheinlich der Anblick eines achteckigen Tresens, umhäkelte Lampenschirme und schockierende Bauernmalereien, dazu harte Discoklänge aus der Box, etwas schwindelig. Aber gut, der Weg auf's Klo ist interessant, der Tester neidet dem Wirt die blaue Brille und, wen's angeht: gutaussehende, willige Männer finden sich hier (auch) ein. Dafür, daß es im Carussell rund geht, ist das natürlich noch kein ausreichender Beweis. ZWEIFELHAFT. ∞

FUSEL, FASELWASSER UND DELIKATE BOUQUETS

Weg mit dem Neon — täglich Schmalzbrot bis Eins! Wir fahnden vor und hinter schummrigen Theken, unter der Null-Ebene nach den wahren Trieb-Kräften des Geschäfts! Weinkeller kommen in der Regel nur als hochqualitative, giftfreie Ausschankstationen über die Jahre! Niemals als Chemikalienhandlung. Die hier aufgeführten Lokale sind grundsolide, gastronomische Perlen. Kein Zunftbruder ist bisher durch den Verkauf von Gift in Flaschen unangenehm aufgefallen. Sie bestehen in der Regel nicht dogmatisch auf ausschließlichem Verzehr von Wein. Ausgefallene, hochwertige Biere dürfen es auch sein. Cola, Limos findet man weniger, Fruchtsäfte zur Alk-Kompensation schon eher. Neuerdings wurde modischer Schnickschnack gesichtet: Alkoholfreier Wein! Fragt sich nur wo der Unterschied zur Limo bleibt? Neben langjährigen Dauerbrennern gibt es neuerdings mehr als ein Dutzend New-Comer mit allermodernster Küchentechnik, so daß der Traum eines jeden Weinliebhabers, von den kleinen Köstlichkeiten wie Weinbergschnecken, perfekt in Erfüllung gehen kann. Die kleine, sich an Martkfrische orientierende Speisekarte, paßt sich dekorativ in das stimmungsvolle Gesamtensemble ein. Der Geist des Weines regt bekanntlich die Sinne an. Addiert man den fashionable Schlankheitstrend, ist die Faszination, die von solch eigenwilligen Orten ausgeht, auch von schwerfälligeren Denkern recht fix nachzuvollziehen. In den Kellerlabyrinthen verirrten sich schon die Eltern unserer Eltern. Was dabei herauskam, mußte man schon zwei Generationen lang schwer ertragen. Und vor dem Weinkorken hat Angelika immer noch Angst. Dabei hatte sie noch nie Mühe mit dem Propfen! Wahre Camps für Unerschrockene!   ✴

frankfurt

bergen

BERGER WEINKELLER, Marktstr. 3lb. ☎ 06109/21143. Tgl. ab 18, Mo zu. Bier 0.33l Warsteiner 3, Licher Pils 2,50, Wasser 2, O-Saft 2, Kaffee 2, Weine, besonders deutsche; Dürkheimer Feuerberg 4-4,50, besondere Empfehlung des Hauses: Charly's Trollschoppen (halb Wein, halb Sekt) 5, Wodka/Feige 3,50, Willi mit Birne 3,50. Grill Haxe 8,50, Champignons gebacken 9,50, Camenbert geb. 6,50, Salatschüssel 8,50.

Das Licht macht's. Kerzenflackern, indirekte Beleuchtung, ganz heimelig treffen sich hier die Bergener Neu-Bürger. Keine urige Weinkneipe, vielmehr im Neubau untergebracht, bewirtet hier ein Familienbetrieb die Freizeitbedürfnisse ruhiger Zeitgenossen. Das Essen wußten wir zu schätzen, obwohl der Wein zu kalt serviert wurde. NETT.   ∧

bockenheim

BOCKENHEIMER WEINKONTOR, Schloßstr. 92, Hinterhaus. ☎ 702031. Mo-So 20-01.

Kistenetablissement mit Kamin und Garten. Ganz im Verborgenen hat sich über die Jahre ein allseits bekannter «Geheimtip» etabliert. Die Scene, ihre Senioren und ihr studentischer Nachwuchs treffen sich hier zum heimeligen Gespräch und Kontaktknüpfen. Seit Anbeginn von einem Frauenkollektiv geführt entwickelte sich ein akzeptiertes und erfolgreiches Weinstübchen mit freundlicher Atmosphäre. Im Sommer sitzt es sich ganz herrlich im Hinterhof. GUT.   ☆

bornheim

ARNSBURGER WEINKELLER, Arnsburgerstr. 38. ☎ 444806. Mo-Do 17-01, Fr, Sa -02. Wein 2,70-5,60.

Vor Jahren schon, als die Weinkellerinflation Frankfurt noch nicht überrollt hatte, konnten Besucher sagen: «Ich habe die Zukunft der Weingastronomie gesehen.» Siehe da, sie kam in einem kleinen Kellergewölbe daher. Man ist geneigt in solcherlei Hymnen auszubrechen, so trefflich hat sich die Konzeption der Wirtin bewährt, so sehr freut man sich für alle noch zu bewirtenden Gäste. HERVORRAGEND.   ★

HENNERS' WEINLADEN, Berger Str. 64. ☎ 496460. So-Do 17-24, Fr 15-24, Sa 11-24. O-Saft 2, Kaffee 2, bietet 20 verschiedene Weine an. Draußen sitzen.

Ein Weinladen, der Orangensaft anbietet, steht wohl eher auf «genießen» als auf dumpfes Abkippen. Wobei das letztere ersteres nicht ausschließt. Die Atmosphäre ist entspannt, Stammgäste, welch' ein lustiges Völkchen! Besonders faszinierend für LiebhaberInnen von Körperkontakt. Der Laden ist immer so vollgestopft, daß dieser Service zwangsläufig enthalten ist. Sommers draußen sitzen. Im Vorbeifahren sieht man die Köpflein glühen und die Äuglein leuchten — verdammt nochmal, an dem Tag brannte die Sonne gar nicht so heftig! Kein Ort für Bewohner von Häusern im viktorianischen Feudalstil. Leute und Scene aus Bornheim, bestens gemischt. APPETIZER   ★

RIVE GAUCHE, Waldschmidtstr. 37. ☎ 490568. So-Do 18-01, Sa, So ab 20, Fr, Sa -02.

Der Weinkeller mit großem Herzen für Frankfurter Künstler. Ständig Ausstellungen, sehr originelle Ausstattung in hellem Holz, ohne daß profane Ikea-Adaptionen stattfanden. Ein Besuch kann aufgeschlossenen Menschen

vielversprechende Wendungen bringen, nämlich unverhofft in ein Stimmungshoch versetzt
zu werden! Das Publikum gibt sowas in seiner
Orginalität allemal her. PRIMA KLIMA.   ★

WEINBEISSER, Berger Str. 14. ☎ 435566. So-
Do 17.30-24, Fr Sa 17.30-02. Bier 2,50, O-Saft 2,
30 verschiedene Weine, Chili con Carne 5, Baguette 3. Draußen sitzen.
　　　Der Weinkeller als Ladengeschäft für un-
dogmatische Trinker. Bier gibt es auch. Zu
empfehlen ist die kleine Karte, die von der
Wirtschaft gepflegt wird wie ein Augapfel.
GUT.   ★

WEIN DÜNKER, Berger Str. 265. ☎ 451993.
Mo-Fr 12-22, Sa 11-16, So zu.
　　　Kein Neonglitzern weist den Weg, niemand
vermutet im Hof dieser etwas vergammelten,
aber vom Sanierungsbagger verschonten
Haus in der oberen Berger Straße Frankfurts
skurrilsten Weinkeller. «Weinkeller» ist schon
eine liebevolle Bezeichnung, eher eine «kell-
rige» Rumpelkammer mit allerlei Sammelsu-
riums und Weinkisten, die zu Stühlen umfunktioniert sind. Nein, das Ganze ist nicht renovierungsbedürftig, dieser «Zustand» bedeutet
«Normalität», es ist der Charakter des Ladens
und der bleibe bitteschön erhalten. Wem's
nicht paßt, der kann sich ja in den zahlreichen
Schicki-Micki-Kellern vergnügen. Das Publikum ist das, was man als spezielle Bornheimer
Mischung bezeichnet: Scene, Nicht-Scene, alte
Hüte, neue Jacken, Werbefritzen, Professoren
und Trinkhallenhelden. ERLEBENSWERT. ★

innenstadt

DOMENICUS WEINKELLER, Brückhofstr 1.
☎ 287474. Tgl. 18-01. Essen bis 15. Fleisch vom
Grill 12.
　　　Uriger ungarischer Weinkeller mit Kerzenlicht und 300(!) Sitzplätzen. Der Gulasch, der

dort serviert wird, ist nicht aus Pampe, auch
kein Maggi-Minutenmenue. Weil es sich hier
um echte Szegediner Gulaschsuppe handelt,
vermuten eingefleischte Fast-Food-Jünger bereits eine böse Verschwörung. In diesem rustikalen Kellergewölbe sind die Umgangsformen nicht weitgehend auf's Essen und Trinken
beschränkt, dennoch sind die Empfindungen,
die durch die Gratis-Schmalzbrote geweckt
werden interessanter als so manches Gespräch über die Krise der Frankfurter Eintracht. SEHR GUT.   ★

RIKI'S BISTRO WEINSTUBE, Hirschgraben
5. Mo-Sa 11-24, So & feiertags zu. Wein 5-9. Bi-
hunsuppe 6, Salamibrot 10,50, Geräucherte
Entenbrust 18,50, Rumpsteak mit Champignons
und Brot 22,50.
　　　Kleines Bistro mit antiken Kleinigkeiten an
den Wänden. Weinstubenatmosphäre mit netter Bedienung, aber zu harten Stühlen. Die
Weine sind fein, aber auch etwas teuer.
TROTZDEM SCHÖN.   ⌐

nordend

HINKELSTELZCHEN — OBSTWEINSTUBE,
Lortzingstraße/Ecke Schwarzburgstraße. ☎
593068. Mo-So 19-01, Di zu. Kaffee 2, O-Saft 2,
10 verschiedene Obstweine, Frikadelle 1, Käsewürfel 4. Draußen sitzen.   s.S. 512

WEINSTUBE IM HINTERHOF, Egenolfstr. 17.
Tgl. 19-01. Cola 2, 27 offene Weine.
　　　Obwohl hier niemand lauthals Patentre-
zepte ankündigte, ist das Ergebnis der Renovierung und Erweiterung sehr patent und mul-
tifunktional gelungen. Hin und wieder werden
jetzt sogar Kleinkunstveranstaltungen möglich.
Wahrheit erläutert nicht, Wahrheit strahlt. Mir
strahlte die ganze Wahrheit der Küche in Form
einer Gulaschsuppe ins Gesicht. Im ersten Augenblick dachte ich an kulinarische Lyrik, an

Kurioses. Kommt die Flüssigkeit doch auf einem normalen Suppenteller daher. Weder im Brotmantel noch in Tassen. Mein heldenhafter Mut zur Konfrontation wurde reichlichst belohnt: ich aß die schmackhafteste Gulaschsuppe seit Gedenken. Mit festen Fleischstücken versehen, keine Mehlpampe, kein braunes Spülwasser. Dazu wurde Brot mit Butter gereicht. Seither lasse ich mich von keiner Kneipenschlampe mehr einmachen und den Magen kleinmachen. Die Weine, gehobenes Niveau – aber auch vom Normalverdiener zu bezahlen. Das Bier gepflegt, bei vielen Weinkellern eine absolut vernachlässigte Größe, sofern es die puristische Hauspolitik überhaupt zuläßt. Sommers empfehle ich den Garten. Das Publikum ist bestens bestückt mit der typischen Nordend-Mischung. LICHTBLICK. ★

WEINSTUBE IM NORDEND, Nordend/Ecke Lenaustr. ☎ 5971161. So-Do 20-01, Fr 20-02, Sa zu.

Hier flackern keine Flash- und Spotlights, hier flackert der kritische Geist auf. Es gibt keine technischen Raffinessen, allenfalls liefern ein paar Strahler etwas diffuses Licht auf die großformatigen Fotos von den legendären Ost-Park-Kickers, die später Josef Fischers Ministerbüro bevölkerten, bevor jener von Holger Börner die rote Karte bekam. Das Mobi-

liar ist kühl, nüchtern bis minimal. Ein edelgammliges Sammelsurium von Tischen und Stühlen soll wohl an die glorreichen Zeiten aus der Wohngemeinschaftsära der siebziger Jahre erinnern. Dieser wetterfeste Alt-Linken Treff hat nicht nur im Winter seinen Reiz. Der Laden selbst quillt sympathischerweise nicht über von allzu verbindlichen Regelungen. Weder vor dem Tresen noch dahinter. Er muß laufen — und er läuft. Die vielgeschmähte Rotation funktioniert hier vorbildlich. Es macht schon Spaß, zu raten, wer mir heute einschenken wird. Zumal man dieses und jenes Gesicht aus anderen Szene-Einrichtungen kennt. Job-Sharing. An warmen bis heißen Tagen blüht die alte Spontanität auf. Dann ist der Laden ab und zu Startplatz für nach dem Ereignis schon legendäre Unternehmungen nach außerhalb. Was Außenstehende als typische Unentschlossenheit wahrnehmen, ist in Wirklichkeit eine Phase intensiven Aushandelns, wer mit wem nun zu welchem Ziel loszieht. Am Ende bleiben viele da. Absolutes Sympathiecenter gegenüber dem «Größenwahn», Frankfurts erster und bester schwuler Sceneekneipe auch für Heteros. Treffpunkt leidenschaftlicher Pferdewetter und Polit-Strategen aus dem realpolitischen GRÜNEN Spektrum. Gut durchgemischt und an einigen Abenden dominiert von bewegten Frauen aller Fraktionen und Strömungen. Keines dieser überpeinlichen Kneipen-Scenarien aus wattebärtigen Trotteln und konventionellen, aufgetakelten Sexbom-

ben. Folglich eine der gastronomischen Raritäten, wo sich Solo-Frauen und Frauen solo hinkönnen, ohne blöd angemacht zu werden. Saunettes Personal, man fühlt sich wie in einer ganz ganz großen Familie. AUSNAHMEERSCHEINUNG.
★

$s$achsenhausen

ABTSKELLER, Abtsgässchen 7. ☎ 626832.
s.S.130
DREIKÖNIGSKELLER, Färberstr. 67. Mo-Sa 17-01, So zu. Tgl. wechselnde Snacks. 0.3l Pils 3,50, Pfalz-, Saar-, Ruwer-, Franken-Weine, alle wesentlichen Franzosen auf Lager, Kaffee 2,80.
s.S. 131
LOBSTER, Wallstr. 21. ☎ 612920. Mo-So 18-01.
Ein Weinlokal seiner vielen Weinsorten wegen loben? Kann ich auch gleich den Bäcker loben, weil er Brötchen backt. Blödsinn. Der Wirt hat's mit der Kunst, vor allem mit schwarz-weißen Plakaten, Picasso-Ausstellungsankündigungen, und Becket-Theaterplakaten. An der Theke schwärmt ein Mitt-Vierziger von einem Keith-Richards-Interview im TV. An der Theke alles härtere Trinker aus dem intellektuellen und gehobenen Angestelltenmilieu. Sympathischer als die Gäste nebenan in »Halles aux Vins«, weil nicht ganz so versnobt. Für kleine Geldbeutel kein guter Platz. Im angrenzenden Speiseraum nur wenige Tische. Wenn Sie zu den Stammgästen dazugehören wollen, schlafen Sie im Büro täglich genug, borgen Sie sich alsdann einen Bio-Bräuner und verlieben Sie sich monatlich neu. Berufsziel: Lieber Umsätze akkumulieren als Leergut zählen. ANSEHENSWERT.
★

WEINLOCH — WEINKELLER, Affentorplatz 14. ☎ 624493. Ab 19 bis früh morgens, je nach Laune. Wasser 2, O-Saft 2,50, Weinkarte : 3,30-7. Käsebrot 3,50, Schmalzbrot 1,50, Brot und Landjäger, Paar 4.

Wein-Dünker

Stammpublikum aus der Nachbarschaft schart sich um die Holztheke, die Tischfässer drumrum sind selten vollbesetzt und auch nicht sehr bequem. Große Weinauswahl kann trotzdem zum Verweilen verführen — vorsicht! Die Treppe vom Keller zurück an die frische Luft wird mit jedem Glas steiler und schlüpfriger. Trotz Adresse Affentorplatz überhaupt kein Touristenrummel (eben die andere Straßenseite) — von daher: Willkommene Alternative, wenn's denn bei Altsachsenhasen bleiben soll. ALTERNATIVE.   ➘

WENTZ & DIX, Galerie im Weinkeller, Schifferstr. 8. ☎ 622870. Tgl. 20-01, Fr, Sa -02, So zu. Käsewürfel 5, Schmalzbrot 1,50, Weine 3-7. Fr Piano live.

Wechselnde Ausstellungen in «gehobener Urigkeit«. Fr und Sa Piano live. Wie wahr wie wahr: Wer einmal hier war, kommt entweder immer wieder oder nie mehr. Dafür sorgt die schon legendäre Diskretion des Wirtes. Das macht schon scharf, die Frage nach der Notwendigkeit zur Diskretion! Wir Deutschen sind halt ein hochsensibles Volk, wir Künstler leiden sehr, wir Genießer haben es schwer, weil die anderen in der Zeit, in der wir trinken, durch TV und Computer verdummen. Das Thema Energie im Weinkeller ist damit gerade erst angeschnitten. Energie ist nötig, um Atmosphäre zu schaffen, Stimmung, Lust und Laune. Das Unvergleichbare, das hier geschieht, läßt sich nicht so leicht fassen. RICHTUNGS-WEISEND.   ★

westend

ART VINS, Liebigstr. 12. So-Fr ab 17, Sa zu.
Zehn Minuten, die ihr Denken entscheidend beeinflussen können. Als wirklicher

Weinkenner werden Sie nach dem Besuch dieser «Kunsteinrichtung» verstehen, daß es Leute gibt, die des Weines wegen Weinkeller besuchen, die aber niemals hierher kommen. Bitte denken Sie nicht, daß deshalb nur wenige Leute in Weinkneipen gehen. Alt-rosa Tapeten und Tischdecken geschmückt mit langstieligen Gläsern erinnern den Vorbeieilenden eher an Spielfilmkulissen, die eingesetzten Schauspielerinnen kommen aus dem Sekretariat umliegender Werbeagenturen. Wenn Sie also diese Art Weinkunst schon leicht genießen möchten, dann sollten Sie sie im ureigensten Interesse wenigstens aufmerksam wahrnehmen. Das dankt Ihnen Ihr auf sinnvolle Nutzung Ihrer Kapitalien eingefuchster Finanzminister. ÜBERFLÜSSIG. ★

offenbach

BISMARCK WEINKELLER, Bismarckstr. 32. ☎ 887528. Di-Sa 18-01, Mo zu. Kellerschoppen 3,50, überbackener Schafskäse 12,50, Knoblauchbrot 2. Elsässer Fruchtschnäpse (Obstler) 5.

Etwas versteckt und normalerweise nur Eingeweihten bekannt ist dieser Weinkeller etwas abseits der Offenbacher Innenstadt. Sehr ruhige und ein wenig gediegene Athmosphäre. Im Sommer mit Möglichkeit zum Raussetzen im Hof, der sogar vergessen läßt, daß er ein Lagerhof ist. Die Ruhe überhaupt, wenn gerade kein Zug vorbeirauscht. Hinterhof-Atmosphäre. Speisenpreise etwas überzogen. MITTELMASS. ✔

WEINKISTE, Schloßstraße/Ecke Berliner Straße. ☎ 814977. So-Do 18-01, Fr & Sa 19-04. Weine 3,50-7,40, garnierter Camenbert 7,50.

Weinstube für die etwas gesetzteren Naturen. Reichlich Stoff-Grünzeug an der Decke, ansonsten auf rustikal getrimmt. GEHT SO. ✔

WEINSTUBE AM SCHLOSS, Schloßgrabengasse 3. ☎ 887655. Mo-Fr 17-24. Spätburgunder 5,40, Käse-Pick 6,50, Oberhessische Brotzeit 8.

Innen zwar die übliche Weinstuben-Rustikalität, dafür aber gemütlicher Garten mit Eberesche und bunten Lichtern. Die Rebensäfte fließen bei mittlerer Preislage. Schwerer Kopf am nächsten Morgen ist unwahrscheinlich, denn an frischer Luft trinkt es sich am besten. GUT. ✔

WÜRTTEMBERGISCHE WEINSTUBE, Taunusstr. 19. ☎ 884256. So-Do 17-02, Sa 17-04. Pils 2,80, Speisen bis 8. Drei bis fünf warme Gerichte und vier kalte.

Trotz Besitzerwechsel bleibt alles beim alten, nur die Nachtkonzession ist vorläufig erst mal weg (bei Redak-Schluß wieder da!!), doch man bemüht sich wieder darum. Die wohltuend subversive politische Schieflage der Betreiber symbolisiert eine schräg aufgehängte Holztäfelung. Hier trifft sich alles, was in der Offenbacher Szene einfach dazugehört. Die wahren Dramen spielen sich in Offenbach in der Württembergischen Weinstube ab, müssen auch die Theaterorganisatoren vom städtischen Kulturamt neidlos anerkennen. Auch wenn die alkoholschwangeren Sitzungen derzeit nicht so tief in die Nacht reichen können, weil die Sperrstunde dieser ein Ende setzt, zählt die Kneipe mit dem erstklassigen Bier- und Rebensaftsortiment nach wie vor zum Besten, was diese Stadt zu bieten hat. Zwei Mal monatlich Live-Musik nach Vorankündigung. ABSOLUTE SPITZENKLASSE. ✔

darmstadt

OSTTANGENTE WEINKONTOR, Liebfrauenstr. 38, ☎ 06151/77133, Tgl. 17-01. 0,21 Wein 2,70-5. Breton. Fischsuppe 6,50, ital./franz. Vorspeisenteller 6,50.

Sehr lebendiges Denkmal gegen das verhaßte Straßenbauprojekt und schlicht «die» Weinstube im berühmten Martinsviertel. Stilvoll designed eingerichtet, «rustikales New-Wave» wie Albrecht das Outfit bezeichnet. Stets proppevoll ist es hier — selbst im Sommer lassen sich die Stammgäste aus der Darmstädter Scene bei Bruttemperaturen den Genuß nicht entgehen, neben «kleinen leckeren Gerichten» (stimmt) und diversem Qualitätsbier auch ca. 60 Weine im Glasausschank und 14 vom Faß auszuprobieren. Genießen ist ja nichts Schlimmes mehr und das ist auch gut so. Bei der Bedienung ist die Tagesform entscheident, doch meistens 1a. MUSS.   ∞

WEINSEMINAR, Heinrichstr. 52. ☎ 06151/46701. Tgl. 19-01. Bier 3,50, Wein 3-4,50, Wasser 1,50. Käse-Schinken-Toast 4, Camenbert-Toast, Hawaii-Toast.

Die Darmstädter scheinen Antiquitätenfans zu sein. Es mutet an, wie eine Gartenlaube von außen, doch ein Überraschungseffekt, es offenbart sich als ein dunkles, verwinkeltes Antiquitätenkabinett. Alte Schlafzimmerlampen, zerbrochene Krüge, Kreissägeblätter und Posaunen, kombiniert mit frischem Bier vom Faß und Wein diverser Jahrgänge. Die Gäste sitzen teils erhöht auf Hockern, teils erniedrigt auf Sofas. Die Leute fühlen sich spürbar wohl und stapeln sich im möblierten Chaos. ABGEDUNKELTE GEBORGENHEIT   ☼□

WEINSTUBE UND CAFE SCHUBERT, Dieburger Straße. ☎ 06151/74378. Tgl. 10-01. Mo zu. Bier 0,2l 1,60, Wasser 1,80, O-Saft 2,50, Kaffee 2, Mirabellenschnaps 2,50. Hausgemachter Kochkäse mit Butter und Brot 5,80, Obatzter 6.   s.S. 100

WEIN-STÜTZ, Lauteschlägerstr. 42. ☎ 06151/75242. Sa/So zu, sonst 17-01. Faßbier 2,70.

Dorfkneipencharakter, vom freakigen Publikum sehr geschätzt, das sich des Sommers auch im Hof unter wild wuchernden Weinstöcken gruppiert. Die Stimmung kennt kein Halten, wenn Folk-Club-Sympathisanten gemeinsam mit Komplizen Schüttelreime üben — das steckt sogar den fast grenzenlos gutmütigen Herrn mit Tablett an. GEMÜTLICH.   ∞

ZUR WEINSTUBB', Heidelberger Landstr. 258. 06151/57149. Tgl. 18-01. Bier 3, Wasser 2,20, O-Saft 3, Kaffee 2,50.

wiesbaden

ALTES FASS, Wagemannstr. 19. ☎ 06121/379880. Tgl. 17-03, So zu. Bier vom Faß 2,70, Wein ab 3,60.

CASPARI WEINSTUBE, Wagemannstr. 5. ☎ 06121/302415. Mo-Fr 17.30-02, Sa/So 18-02. Pils 3,80, O-Saft 3,50, Sekt 30-75. Mettbrot, Bavaria Blue, Hausmacher Wurstplatte 6-9, Wein ab 3,80.

In diesen holzvertäfelten und mit «alten» Bildern geschmückten vier Wänden kann man jeden Abend ab 20 h in gediegen rustikaler Atmosphäre dezenter Klaviermusik lauschen und sich zu dem Rheingauer Riesling, wofür das Haus ausgezeichnet wurde, ein paar deftige Kleinigkeiten servieren lassen. BÜRGERLICH.   ○

mainz

AUGUSTINERKELLER, Augustinerstr. 26. ☎ 06131/222662. Tgl. 18-01. Pils 3,30, Cola 0.3l 3,30, Wein ab 2,50. Im Oktober gibt es roten Rauscher mit Zwiebelkuchen. s.S. 234

WEINHAUS BLUHM, Badergasse l. ☎ 06131/228354. Tgl. 11.30-01, Mo zu. Kaffee 1,80, Wein ab 1,80, Riesling 2,90, Cola 1,80, 0.5l Bier 2,50, Essen 3,20-9. Kicker und Flipper im Nebenraum.

Seit 33 Jahren geht's im Bluhm hoch her. Zu Niedrigpreisen kann man im Familienbetrieb ab 12 Uhr mittags essen, trinken und schlucken. Der Zahn der Zeit nagt hier an der Einrichtung, nicht aber an dem über die Stadtgrenze hinaus bekannten Ruf. Das durstige Publikum: Alternative, Freaks, 68er und andere. BERÜHMT-BERÜCHTIGT. ×

WEINHAUS MICHEL, Jakobsbergstr.8. ☎ 06131/233283. Tgl. 16-24, So zu. Wein 2,60-3,30. Kleine und große Speisen.

Bei allgemein hohem Niveau der Mainzer Weinstuben fällt das Weinhaus Michel durch Standard-Resopal-Tische stark ab. Weine aus eigenem Gut zu günstigen Preisen können die fehlende Gemütlichkeit nicht wettmachen. NICHT BERÜHMT. ×

WEINHAUS WEISSLILIENKELLER, Weissliliengasse 5. Mo-Sa 17-24, So zu. 0.2l Rhg.Riesl. ab 2,80, 0.2l Bier 1,80, 0.2l O-Saft 2,50. Knoblauchbaguette 3,50, Port. Riesenchampignons 8,50, Rumpsteak m. Beil 20,50.

Seit Juli 85 wirbt der «Weisslilienkeller« mit umfangreicher Speise- und Getränkekarte (23 offene Weine + Fl.W.- Karte) um Kunden. Das gepflegte, rustikale Kellergewölbe bietet etwa 80 Personen Platz. Auch für Stammtische und Gruppen geeignet. GÜNSTIG. ×

WEINKELLER, Frauenlobstr.14. ☎ 06131/ 672250. So-Do 18.30-01, Fr Sa 18.30-02. ca.70 offene Weine, Cola Fanta 2,70. Gulaschsuppe 5,50, Pellkartoffeln mit Quark 8,50, reichhaltige Speisekarte bis hin zum Spanferkel (auf Bestellung).

In altem, riesigem Kreuzgewölbe finden um die 250 Personen Platz. Von kleinen 2er Tischen, bis hin zur großen Rittertafel (in seperatem Kellerraum) alles auf verschiedenen Ebenen und mit Geschmack eingerichtet, ist er in Mainz konkurrenzlos, leider auch bezüglich der Weinpreise. GUT, ABER ZU TEUER.×

WEINSTUBE BACCHUS, Jakobsbergstr. 7. ☎ 06131/224229. Tgl. 18-01, (im Sommer ab 16) So zu. 0.2l Riesling ab 3, Spätlese 3,90. Kasseler mit Kraut 9,50, Essen unter 10, Spundekäs 5,50, gute Portion Rippchen 9,50.

Das gemütliche Altstadtlokal bietet 12 offene Weine, diverse Essen, alle unter 10,-DM. Ein Rippchen zum Sattwerden gibt's für 9,50. Gelegentlich wird am Klavier von Stammgästen gespielt, wobei die Texte nicht immer jedermanns/ -fraus Geschmack sind. Wenn's Zusammenrücken nicht mehr hilft, kann man auch nach oben ins Winzerstübchen ausweichen (auch für Gruppen geeignet). URIG GEWACHSEN. ×

WEINSTUBE HOTTUM, Grebengasse 3. ☎ 06131/223370. Tgl. 16-01, Mo zu. 16 versch. Weine von 2,60-5,60, Cola 2, Kaffee 2,40. Spundekäs 5,90, Gulaschsuppe 6, Kasseler Kotelett mit Beil. 13, Handkäs mit Musik 4,80, Schnitzel 12,50.

Nahe dem Kirschgarten, in Richtung Rhein, auf der linken Seite hinter Bleiverglasung, findet sich das Weinhaus Hottum. Wer den Viertel Liter aus der Mainzer Weinstange (sprich: Schoppeglas) liebt, nette Bedienung schätzt und auch gerne 'mal mit den Stammgästen über dies und das ratscht, sitzt hier richtig (und das bei 22 offenen Weinen). Das Lokal ist rustikal, gemütlich; ein Kachelofen macht's im

Beichtstuhl

Winter wohlig warm. Original Meenzer Woistubb! DEFTIG. ×

WEINSTUBE LÖSCH, Jakobsbergstr. 9. ☎ 06131/220383. Tgl. 16-01. Feiertage zu. 0.25l Riesling ab 2,90 (im Schoppeglas), Essen 5-30, Spundekäs 6,20, Handkäs mit Musik 5, Rumpsteak 24, Tagesgericht ab 17 Uhr, ca. 7 DM.

Direkt neben dem Bacchus und vis à vis vom Michel befindet sich . die Weinstube Lösch. Betrachtet man die alte, schwarze Holzvertäfelung und die echt rustikalen, langen Tische, könnte man glauben, daß sich seit dem Bestehen der Weinstube (1926) nichts verändert hat. Das Nebenzimmer ist freilich etwas neueren Datums. Im Sommer gibt's auch im Freien noch Plätze. Beim Essen wird hier vom Wurstbrot bis zum Rinderfiletsteak (der Chef kocht selbst) überdurchschnittlich viel zu normalen Preisen geboten. Essen ist natürlich keine Bedingung, man kann sich bei 17 offenen Weinen (viel Rheingau, auch Mosel) in netter Atmosphäre auch satt- trinken, vorausgesetzt, man findet noch Platz. GUT. ×

ZUM BEICHTSTUHL, Kapuzinerstr. 30. ☎ 06131/233120. Tgl. 16-24, außer So & Feiertage. Essen 3,40-5,70, Spundekäs 5, Handkäs mit Musik 4,10, 12 Weinbergschnecken 12,80.

s.S. 461

bad vilbel

DER WEINKELLER, Frankfurter Str. 60. ☎ 06101/1389. Mo-Sa 19-24, So zu. Warsteiner 5, Wasser 2, O-Saft 3,50, Beaujoulais 6,50, Edelzwicker 5,50, Volkacher Kirchberg 6,30, Burglayer Rotenberg 3,90, Frankfurter Königsgarten 4,20. Fünf Saure Zipfel 6, gemischte Käsewürfel, Schmalztöpfchen 4.

Steinernes Kellergewölbe, nicht sehr groß.
Der Wirt macht die Kunst an den Wänden
selbst und zeigt sich darin recht talentiert. Zum
Wein stellt der Wirt jedesmal ein Glas Salzstangen auf den Tisch. Knabbernderweise unterhält es sich so richtig geborgen gemütlich. Hier
gibt's Quotierug und manchmal nicht mal das:
An manchen Tagen sind die Männer total in
der Minderheit. Das macht den Wert dieser
Katakombe für eine Kleinstadt wie Bad Vilbel
aus. UNENTBEHRLICH!   ∧—⌒

hanau

ROTE REBE.

Hier fand das erste Alternativprojekt statt,
bevor die Alternativbewegung aufblühte. Altlinke legten zusammen und schufen sich ihre
eigene Abfüllstation. Von nun an wußten sie,
wovon ihnen schlecht wurde. Spaß beiseite.
Sehr früh wurde ökologisch angebauter Wein
aus Frankreich und später aus der BRD ange-
baut. Natürlich funktionierte der Ort auch als
prima Kommunikationszentrale und so manche
gute politische Aktionsidee ist nur in diesen
Räumlichkeiten denkbar geworden. WUN-
DERBAR.   ★

SO GELINGT DAS GELAGE

JedeR hat sie zuweilen über die Haxen dicke satt! Diese überzüchtete Pseudoexotik und Krüppel-Erotik des »Stils«. Aufgedonnertes Night-life, das so oft als Krach-Kultur-Stotter-dilettant-einfachst-Programm daherkommt. Der Wunsch, mal richtg schön gewöhnlich essen zu gehen, bleibt zuweilen ebenfalls aus. Der »Point of no return« ist erreicht, ich stürze mich ins Risiko. Verlasse ausgetretene Urwaldpfade, in Routine gegossene und erstarrte Laufrichtungen und lasse mich tatsächlich auf ein willkürlich zusammengesetztes, fremdes Publikum mit ungewöhnlichen Stimmungen ein.

Auf geht's! Die routiniert-gewohnte Sichtweise ablegen, sich auf Unvorhergesehenes, Zombies der gestrigen Art freuen. Das kann existentiell bedrücken, belustigen, erregen. Vom »höheren« Bewußtseinszustand unseres Intellektuellos oder unseres Chi-Chi-Jüngers aus gesehen sind solche Kulturen »pervers«, einfach »traurig« und noch viel Diffamatorisches mehr.   Es geht um Momente und Leute, die man so gerne übersieht, an denen man peinlich berührt vorbeischaut. Um Läden, an denen der Wavige und Jet-Setige Nachtfalter einen Schritt schneller vorbeirast, weil allein der Gedanke an einen kürzeren Aufenthalt der Ästhetik, ehernen Ansprüchen nicht gerecht wird. Regelmäßig treffe ich hier »Nachtschattengewächse«, die sonstwo keine Chance haben, ihre schönen Blüten zu zeigen.

Überflieger, gescheiterte Existenzen, ältere Alleinstehende. Die Stimmung ist immer euphorisch. Im Alltag gibt's für sie sonst nix zu lachen. Dieses Publikum schämt sich weniger als die sich so lasterhaft gebenden und so züchtig-schamhaft verkehrenden Sumpfblüten der Disco-Scene. Ekel, Dreck, tolldreiste Umgangsweisen wechseln ab mit schönen, kitschigen bis lieblichen Szenen und Atmosphären. Jawohl!   Dafür dominieren wie nirgendwo anders herbe, trockene, erfrischende unverdauliche Weisheiten und wahrhaftig verdorbener Umgang mit Sexualität. Besuche an diesem Abschnitt der Nacht-Front strotzen nur so vor Direktheit und Ehrlichkeit. Fürs' Leben lehrreicher als 13 Jahre Gymnasium. Was wohlbehüteten Kiddies mit antiseptischer Resopalmöbel-Erziehung niemals bewußt werden konnte. Wir präsentieren das schönste, bisher Veröffentlichte dieses Genres. ★

bahnhofsviertel

MAIER GUSTLS' BAYRISCH ZELL, Münchener Str. 57. ☎ 232092. Mo-So 19-04. Kein Eintritt. 1 Ltr. Bier 10, 1 ganzes Eisbein, Sauerkraut und Pürree 15. Warme Küche bis 03 Uhr. Tgl. zwei Kapellen, eine bayrische Trachtenkapelle und eine moderne Showband. Zwei Tanzflächen.

Im Telefonhörer die letzten tonalen Zukkungen, auf der Herrentoilette ein Schießstand. Wo sonst noch spielt eine Trachtenkapelle Lieder von Falco und der Ersten Allgemeinen Verunsicherung? Und nach einem Jodler »An der Nordseeküste«? Einmalig in Hessen: In dem Lokal mit Balkon und Platz für 1000 Personen finden Schmusewillige 100 Tischtelefone zur Anbahnung erster Kontakte. Zwischen der Tischreihen, in der ersten Etage, den Aufgängen, überall agieren eine Unzahl eigenartiger Leute, die alle nur auf den wichtigen ersten Körperkontakt lauern. Die Telefone haben eine zwielichte Funktion. Derjenige, der anwählt, will die Angeläutete durchs Klingeln erschrecken. Ei ham wer uns wieder köstlich amüsiert! Schwupp ist die Nächste dran. Die Damen nehmen dies sehr gelassen hin. Heben ab. Legen stoisch auf. Zur Sache Schätzchen — auf dem Tanzboden. Da zeigt's sich ob er nur ein großer Redner war oder mindestens genauso locker die Hüften schwingt. Und nur das zählt. Was sonst. Dialektik der Abklärung: Da kann der Yugo der schwergewichtigen Sonja noch so schöne Augen machen. Umsonst. Der Ort für jung und alt, vor allem für Alleinstehende. Mittwochs Damenwahl. »Ich will den Bikini, die Dame könnt ihr haben«. Worüber könnte man hier lachen? Über vieles. Über das Metallschränkchen im Vorraum der Herrentoilette mit ausgelegten Kämmen und Präservativen, das an die Sterilisationsbox mit Operationsbesteck eines Krankenhauses erinnert. Über dieses und jenes Kuriosum. Nur nicht über die Ausgelassenheit, die hier jeden Tag herrscht. Auf den ersten Blick irritierender, letztlich aber wohltuender Gegensatz zur Pseudoabgeklärtheit der modernen Cool-Generation mit innerem Eisschrank als neuer Lebensphilosphie. »Mein Haar mag Ausstrahlung und Format«. Nicht dröge Wirklichkeit abkupfern, sondern mit der Suggestivkraft lebender Bilder die Augen für die Wirklichkeit öffnen, das leistet, sehr völlig unbeabsichtigt, dieser Spiegel deftigster bis trivialster bundesdeutscher Volkskultur. Das Oberbayern öffnet Türen zu einer phantastischen Welt, deren faszinierendem Sog sich nur hoffnungslos Phantasielose entziehen können. EINMALIG AUFREGEND.   ★

OLDIES KISTE, Elbestr. 19. ☎ 232454. Mo-So 06-04.   · s.S. 15

bornheim

GASTSTÄTTE RINK, Sandweg 68.(autofreie Verbindung von Sandweg und Musikantenweg) Mo-Fr 17-01, Sa 17-02, So, feiertags zu. 0.2l Export 1.30, Kaffee 1.50, Apfelwein 1,40, Cola, Korn 1,50

höchst

AUTOMATENDISCO NR 1, Kranengasse 2.
Wo ein Schimpfname als Ehre empfunden wird. Kaum zu glauben, aber wahr: Die Betreiber empfinden die mit Geldspielautomaten vollgerammelte Kleinstbude nicht nur als obergeil, sie sind so dämlich und glauben es auch noch. Die Theke wird von zwei wasserstoff-superoxyd-gefärbten Blonden, abgetakelten Bardamen und einem etwas ärmeren, zugeknall-

ten Zuhältertyp belagert. Der Laden ist an einem Mittwochsabend nahezu leer. Ein übergorener Rentner spielt Automatenaufsteller und will dauernd heim nach Offenbach. Ausländische Jugendliche strecken den Kopf rein und hauen wieder ab. Der Türke am Tresen gibt stolz Asbach-Cola aus. Dafür darf er reden. Interessieren tuts eh niemand. Falsch: Die blöden Blonden lallen stolz: «Wir sind Deutsche: Echte. Reinrassig. Das kannst du ja an unserer Harrfarbe sehen». WÜRDE AUCH DURCH EIN VERBOT NICHT LEBENSKRÄFTIGER. ★

*i*nnenstadt

DIE NEUE WELT, Allerheiligenstr. 26e. ☎ 291127. Tgl. 9-01.

Straße der Verlierer. Ältere, mittlerweile ausrangierte Damen des bewußten Gewerbes, tragen unter Bundesligatabellen und Fotos der Boxcracks der vergangenen 20 Jahre, rote Netzstrümpfe zur Schau. Reminiszensen an erfolgreiche Tage als Vamp, der Vorstadt-Vamp. Wer braucht sowas auf seine alten Tage nicht? Erotisch wie's Bahnhofsklo, fast zu hell für die Promille und der interessanteste Zapfer der Stadt mit garantiert frischer Platzwunde über'm Auge. Schöne «DAUERATTACKE». ★ ∞

PUPPENKISTE , Elefantengasse, Mo-Fr 18-01, sonst zu.

«Rosi verwöhnt sie». Inmitten einer fast unerträglichen, plüschumrahmten Puppensammlung hinter Glas. Soviel Süßes macht Zahnschmerzen — nur nicht die nicht wenigen jungen Menschen, die sich auch (bzw. nur — siehe Ö-Zeiten) wochentags hier aufhalten. Unsere Meinung bleibt diesselbe. Dieser verwinkelte Backsteinkeller ist ein Horrorkabinett und einfach zu wenig abgefahren, um schon wieder gut zu sein. Außerdem nur Flaschbier, müssen

wir uns das bieten lassen? Wir meinen: NÖ. OBSKUR. ∞

TEESTUBE RIKI, Kleiner Hirschgraben 5. ☎ 294276. Mo-Sa 11-24, Sa 11-17, So zu.

Hier wird nicht dem großen Publikumsgeschmack nachgehechelt, die Betreiber der Teestube riskierten von Anfang an geringere Publikumsfrequenz. Die wenigeren wurden zu einer echten Fangemeinde, also zu Stammgästen. Die Liebe zum Kunsthandwerk wird überdeutlich, viel helles Holz dominiert die Einrichtung, und wer auf handgefertigte Puppen steht, der kann hier eine erwerben. Im Gegensatz zu gewollt nervösen Schuppen eine Erholung, ein aktives Antistreßzentrum, wo man fast meditativ zur Besinnung kommen kann. Der Tee wird nicht nur hingeklatscht, Teekultur wird zelebriert, und störende Kellner, die unbedingt zum Austrinken drängen, fehlen ebenfalls. SEHR GUT. ★

ZUR SONNE VON MEXICO, Allerheiligenstr. 20. ☎ 283625. Tgl. 18-01.

Der Absturz ins Bodenlose für Randexistenzen und Kamikazeschlucker. Wer vorher den Frust hatte, gibt sich hier die Kugel. Bekanntlich zieht dieses Mileu zu später Stunde auch Literaten an. Nicht nur Journalisten. Die spielen Skat. Not gegen Elend. Vielleicht gehört dieses Erlebnis in die Kategorie, «wenigstens einmal im Jahr eine handfeste Perspektive». Schließlich will man doch wissen, wo man sich als Frührentner später mal rumtreibt. Gelle! TÖDLICH. ★ ∞

*n*ordend

MOLLIS PINTE, Spohrstr. 26. ☎ 598600. Di-Do 16-01, Fr Sa 16-04, So 16-01, Mo zu. Apfelwein 2. Mollis Hits: Cuba libre 4,50, Whisky-Coke 4,50. Frikadelle 1,80, Gulaschsuppe 3,80, Kartoffelsalat 2,50.

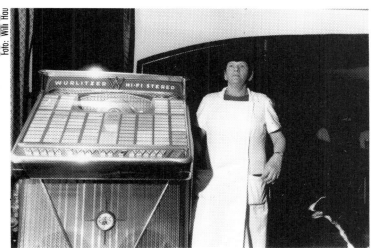

Glücksstuben

Sachsenhausen

ALTDEUTSCHE BIERSTUBE , deutsch. Schifferstraße 38. ☎ 610751. Mo-Fr 06-24, So 11.30-15. 0,3l Bier 2,80 bzw. 3,20, O-Saft 1,80.

Der Geheimtip für späte Groupies. Mittelmäßig berühmte Pop-Rock-Musiker sowie verblichene, auf der Revival reitende Helden der Vinylindutrie, steigen im dazugehörigen Hotel Maingau ab. In der Bierstube geben sie sich dann den Rest. Dann starten regelmäßig die Dramen mit den Damen, die bei ihrem Jugendidol zum Schuß kommen wollen. In solchen schwachen Momenten eines Musikerlebens, eben jetzt, die beste Möglichkeit, einen Erfolg zu landen. Vorsicht: Bei aller Liebe zu den Musikern. Private Gesangsvorträge sind nicht erwünscht! Auch wenn sich der Mädchentraum der Dame, er möge doch einmal im Leben nur für sie singen, sich nicht verwirklicht. Zurückhaltung überflüssig: Spätlese-»Stars« willigen in der Regel immer ein. Es sei denn sie sind zu besoffen und wollen ein typisch männliches Debakel vermeiden. So oder so: Er zerbricht nicht am Zwiespalt zwischen Beruf und Liebe. Ein neuer Tag, die nächste Stadt. Folglich nimmt sich niemand das Leben. ★

DOWNTOWN-ROCK-STATION, Kleine Rittergasse 4. ☎ 610530. So-Do 18-01, Fr Sa 18-02.

Kneipe von Rockern für Rocker. Im Sommer Auftrieb schwerer Maschinen und ihrer Fahrer vor der Tür. Heavy Metal Musik, was sonst? Keine falsche Freundlichkeit seitens des Personals, kein Anbiedern, kein Verzehrdruck. Rauh, herzlich, aber bestimmt: »Wenn de penne willst, gehsde haam«. Irgendwie harter, aber zugleich erfrischender Kontrast zum üblichen Konsumrummel im Herzen des Sachsenhäuser Vergnügungsviertels. TUT GUT. ★

RAINBOW, Dreikönigstr. 19. ☎ 628302. Tgl. außer Di. 18-01, 0.3l Export 3, Stiefel mit Bier für harte Trinker 40, Cocktails 10.

Netter Yankee macht für Amerikaner eine nette kleine Kneipe im lieblich nostalgisch anmutenden Flower-Power Stil. Randalierende Soldadeska, Berufs-Besuffskies unerwünscht. Dezente Backgroundmusik ermöglicht intensive Gespräche — sofern man sich was zu sagen hat. LOBENSWERT FRIEDVOLL. ★

RENDEZVOUS BEI SIGRID UND HELMUT, Wallstr. 20. ☎ 619390. Mi, Do 19-01, Fr, Sa 19-02, Mo Di zu.Campari-Orange 8. Tgl. Tanz. Mi Do Damenwahl. So.Nachmittag Tanztee.

Man zieht sich an den Leib, was einem in den Kram paßt. Helmut fiedelt an der Gitarre einschmeichelnde deutsche Schlager zum Thema Einsamkeit, Tristesse, Melancholie, und alle Lieder enden mit Liebes-Happy-End. Tanzende. Erwartungsvoll blickende Männer und Frauen ab vierzig aufwärts rutschen ungeduldig auf ihren Stühlen hin und her und suchen Anschluß. Erstkontakt. Überraschend viele Stammgäste. Man kennt sich. Omis und Muttis kommen zu zweit, sitzen zu zweit, tanzen aber nur mit feschen, jungbliebenen, verliebten Jungs um die sechzig, die noch ganz munter die Beinchen schwingen. Junge Vorstadtgigolos sind weniger gewünscht. Spanische Jung-Spritzer haben auch keine Chancen. Alternativen gibts für diese Single-Altersgruppe keine. Oder man hält sich trotz Gefühlsflaute eher mit den Toten und Totgesagten. Der Laden ist mit einer Schaumgummi-Decke perfekt schallisoliert. Krachpop, Heavy Musik gehen trotzdem nicht ab. Helmut der Schlawiner, hat seine Band längst wegrationalisiert. Bis auf seine fistelige Solostimme säuselt ein Playback, gibt der Drum-Computer den sonst stichigen Hyatt-

Schlag monoton wieder, und auch alle anderen Instrumente kommen aus dem 64 er Commodore. Nix dagegen. Den Leuten gefällts. Illustres Publikum vor der Theke. Angst allein macht auch nicht unglücklich. Man trifft sich an jedem Öffnungstag, bleibt bis nach Feierabend und plaudert wie zu hause über alle Abenteuer dazwischen. Quasi eine einzige große Familie, Wirtschaft und Gäste. Wer sich bei der Beurteilung seiner Herzensdame unsicher ist, überpüft auf dem Tanzboden die Anmut der Bewegungen. Oh Misses Wunderbar! Mit bald 70 Jahren fegt sie ihren ca fünfunddreißigjährigen Sohn über die Tanzfläche. Dynamisch, mit lachenden Augen, schlohweißem Haar. Kein Platz für «Softies«, «Frusties«, und «Resies«. Früher begann sein Tag meist mit einem Volltreffer — heute kann Amor Bogen und Pfeil entmotten und wenigstens ab und an ein Treffer landen. Gäbe es dieses Tanzlokal nicht, die Stadt Frankfurt müßte es erfinden und hoch subventionieren. Hier kriegen die Leute das, was ihnen städtische Altenclubs leider nicht bieten: sie kriegen das Liebesglück hin und wieder wenigstens am Rockzipfel zu fassen. WUNDERBAR. ★

SACHS, Darmstädter Landstr. 119. ☎615002. Tgl. ab 19, So Mo zu. Eintritt je nach Wochentag 3 oder 5, Di frei. 0,3l Cola 3, 0,2l O-Saft 3,50, Campari 4,50.

Kneipenstadt, Stadt der Kneipen. Am Wochenende ein Kommen und Gehen. Ein unterirdischer Rummelplatz des Saufens in altväterlichem Gewölbe. Seinerart nach einzigartig im Rhein-Main-Gebiet präsentiert das Management die neue kapitalintensive Form von Erlebnisgastronomie. Kabinchen, kleine gastronomische Einheiten, Kneipen, Abfüllecken . . . oder ich weiß nicht wie man die bestuhlten Fassaden mit Bierausschank nennen soll. Ein in Pappfassaden nachgebautes Frankfurt. Mit

Uhrtürmchen, Klappergass' großdimensioniertem Römer und Discotanzfläche. Aus dem Papphäuschen raus, ins nächste Zuckerhäuschen rein. Dort ist es voll, macht nichts, zwei Meter weiter das nächste Lebkuchenhaus, aus dessen warm beleuchtetem Fenster jugendliche Gesichter aus Butzbach, Hanau und Groß-Gerau angereist, gutfrisiert und glänzend, wie eingepfercht, zu sehen sind. Gegenüber eine Metzgerei. Marke steriler, gekachelter Stehimbiß mit deftigen Würsten an den Wänden. Im Stehen wird hier schnell eine heiße Rindswurst zu sich genommen, um dann, die Hände noch mit der Serviette abwischend, am Brünnchen um die Ecke ein Bierchen zu sich zu nehmen. Die zwei jungen Frauen ziehen es vor »draußen« auf dem Platz zu sitzen, Beine schlendernd, als säße es sich hier auf dem Platz eines Dörfchens in einem südlichen Urlaubsland. Ich erkenne eine frühere Schulfreundin aus Hanau. Mit den Freunden von der freiwilligen Feuerwehr aus dem Nachbardorf sitzen sie oben im geschmackvollen Eissalon (Gino Ginelli) und ziehen einen Eiscafé ein. Alles dreht sich, nix ist mehr wahr. Fassaden und Realität. Einbildung und sinnliches Vergnügen. Wer spinnt denn jetzt? Die Betrachter oder die Amüsierten hinten, unter den Plastikpalmen? Seh ich da Sonnenbrillen, Ringelhemdchen und Nivea-Sonnenöl? Spielen die hier Puppenstube auf der Dippemess? Oder ist das der Ernstfall? Die Luft geht mir aus. Mein Kreislauf rebelliert. Ist es die schlechte Belüftung, die Kunstbeleuchtung, oder die surreale Umgebung? Die Treppe hinauf, einen letzten wehmütigen Blick auf das herrliche Gewölbe und dem, was davon noch zu sehen ist, vorbei an dem Türsteher mit Pokerface und gutsitzendem Anzug, der mir leise zuflüstert: Dies ist der Ernstfall. NIX WIE WEG. ☆

SAFTLADEN, Walter-Kolb-Str. 17. ☎ 614918. Mo-Fr 17-01, Sa So 19-01, Mi zu. 0,2 Pils 1,60.

s.S. 201

offenbach

NASHVILLE RODEO SALOON, Kaiserleistr. 44. ☎ 886909.
Mo-Fr 11.30-14.30, Mo-Do 18-01, Fr -03, Sa 20-03. Tequila 4. Argentinisches Hüftsteak 18. Fr u. Sa Live-Musik mit 8 Verzehraufschlag.

Das gastronomische Mischkonzept aus Steakhaus und Country-Live-Musik-Kneipe hat sich über die Jahre bewährt, wenngleich auch einem Tony Sheridan auf die Frage, wie seine Musik denn wohl ankomme, von der Tresenfrau schon mal beschieden wird, er müsse vor allem die Lautstärke ein bißchen herunterdrehen. Sicherlich nicht die helle Freude für manchen abgetakelten Ex-Star, hier aufzutreten. Die Steaks genießen jedoch regionalen Weltruf unter Kennern, und es kommt sicherlich auch Freude auf, wenn man am Wochenende zu später Stunde auf dem elektrischen Bullen die Amis fallen sieht. Trotz eines gewissen Kuriositäts-Wertes: SCHLECHT. ✔

SENNHÜTTE, Bernardstr. 36. ☎ 811805. Tgl. 18-01, Mo zu. Apfelkorn 1,50, Wasser auch. Leberkäse mit Ei 6. Calamares mit Knoblauchbutter. Do Hütchen-Abend, Hütchen 2-7,80.

Der beste Kneipen-Fassaden-Bluff der Stadt. Außer Jodel-Flair des Vorbesitzers immer Michael-Jackson-Musikkonserven. Gemütliche Wirtsleute, die als Publikumsschicht «von 17-70» angeben, beim Testbesuch waren jedoch die Rentner in der Minderzahl. JUGENDFREI. ✔

darmstadt

CAFÉ OTTO ROTH, Lauteschlägerstr. 8. ☎ 06151/74242. Mo-Fr 07-18.30. Kaffee 2,20. Frühstück 3,95-7,50, Obstkuchen 1,90, Schwarzwälder Kirschkuchen 2,60.

s.S. 96.

KURIOS
458

Bei Sigrid und Helmut

Scorpions, Wolf Maahn und Saxxon ist hier alles möglich. Einzige und nicht imitierbare Garagenkneipe südlich des Taunus. Die Marga hat bisher noch jede Jungspunde-Generation überlebt. Früher kamen sie als Westentaschenrocker, heute als brave Familienväter mit «Mutti & Kind». Das schrille grünlich-lila Licht stammt aus der ersten Neonwelle der Fünfziger. Ebenso wie das übrige Styling, Rundbögen, Schmiedegitter, Resopal der ersten Generation. Von daher war die Marga ungewollt dem Zeitgeist immer mindestens eine Nasenlänge voraus. Göttlich, weil hier vollkommen integriert: dazwischen ein Preungesheimer auf Bewährung... Unser Top-Favorit! Jedesmal wieder viel schöner als der stupide Hessenparkbesuch am Sonntag. SPANNEND GRENZWERTIGES TRAUMSCHIFF.   ★ ∞

hanau

GARTENLAUBE, Langstraße/Parkhaus. Tgl. 19-01. Pils 3, Weißwein 4,50, Asbach/Cola 3,50, Barcardi/Cola 6,50, Campari/Orange 7,50, Kir Royal 10.

Spiegel um die Tanzfläche. Wer tanzt mit wem? Der luftschwingende Kleine Spanier mit der Zwei-Zentner-Mutti, oder nur mit sich selbst? Vicky Leandros: « Nimm meine kleine Hand, kleine Tina, du mußt nicht mehr traurig und einsam sein. Die Tränen sind weg, du weinst nicht mehr.« Kräftige Frauen um die fünfzig aus «dem Geräusch«, aber auch aus Hanau-Stadt fegen den schmächtigen kleinen Italiener mit glücklichen Augen übers Parkett. Mayr Gustl für Hanau.O SOLE MIO.   ★

mainz

AM PRÄSIDIUM, Klarastr. 4a. ☎ 06131/226482. 10-24, Sa zu. Bier 2,20, Wein ab 2, gelegentlich Kaffee, Wasser 1,30. Warme Speisen 5-15, Schnitzel mit Beilagen ab 9,50, mittags Stammessen
s.S. 232

EVERGREEN, Bauhofstr. 3a, ☎06131/224594. Tgl. 21-04, O-Saft 6, Cola 5, Warsteiner 0,3l vom Faß 4,80. Tanzlokal.

Der ideale Ort für Zweckbündnisse und Zufallsereignisse. Am Eingang im Schaukasten wird Willy Klein, der Fernsehmann, als Diskjockey angekündigt. Eine ältere, männliche Hupfnudel, auf den dynamisch-kess gebliebene Hausfrauen ab 50 allabendlich abfahren. Man wirbt so für sich: «Das liebenswerte Tanz-

lokal, wo Gäste Freunde werden». Gefühlsfrost als Frustmittel existieren weder an der Theke noch in den schweren, abgewetzten Polstersesseln, die schon glänzendere Nächte gesehen haben. Über allem liegt die süßliche Schwere dumpfer Geilheiten. An der Theke der braungebrannte Mädchenhirte. Er führt sein Tierchen, diese bewundernswert barock aufgemachte, mittelschwere Blondine, aus. Schonzeit statt Stoßzeit heute abend. Überlässig an den Barhocker gelehnt, die Beine gespreizt, sein vermeintlich Bestes, die ausgebeulte Hose rausdrückend, reckt nervös ein übermotorischer Südländer voller Augenlust den Hals, um den Blick einer gerade angekommenen Dame zu erhaschen. Welch' wunderschöne Kaugummi-Erotik! Das Personal — ein Volk voller Plattnasen. Weiß der Teufel, welche branchenfremden Gewerbe hier noch betrieben werden. Ist auch egal. Die Hobbyvoyeure Hinz und Kunz finden nichts zum Spannen. Zum einen sind die Schlüssellöcher zu scheunentorgroß, zum anderen ist hier nichts heimlich: Wir haben alles verloren — packen wir's an. Die schminkebehangenen Allerweltsdamen bringen die Zungen einiger Männer wenigstens zum Raushängen und suggerieren eine Nacht mit der schönsten Frau der Welt. Na, wenn das nichts ist. Warum drumherumreden, schlimmstenfalls fördert dieser Kontakthof die Bildung von Hornhaut auf der Seele. So übel ist dieser Laden nicht. Er verspricht nichts, was er nicht hält. Die Fellini-Typen und Trivial-Omis, die verklemmten Buchhalterbäuche und der südländische Dandy mit dem Samenkollerblick — alle werden sie mit ihrer von Heuchelei freien Direktheit mögen: Wer hüllenlos daherkommt, kann sich keine Blöße geben. NORMALFALL ALS ERNSTFALL.   ★

GASTSTÄTTE OBERBAYERN , Schottstr. 2, Tgl. 18-02, Mo zu. ☎ 06131/224014. 0,4l Binding 6,50

Im Aushang wird der Ringelpietz zum Anfassen so angepriesen : «Tanz & Unterhaltung!« Donnerstags ist Totentanz: »Damenwahl mit Gratis-Tombola für Damen: 3 Preise kommen zur Verlosung. Aktuelle deutsche Hits, Oldies und Schlager. Nur die Damen fordern zum Tanz. Wir bitten die Herren die Spielregeln zu beachten«. An den übrigen Veranstaltungstagen normaler Herdenauftrieb. Wer Maier Gustl's Oberbayern in Frankfurt nicht kennt, diese Kultur also schätzt , wird hier auf etwas niedrigerer Flamme ähnlich gut abkochen. Nach 24 Uhr treten die Lonely-Schleicher auf. « Heute sind keine drin«. Hühner? Schnepfen? Oder was? WER HAT GABRIELE HENKEL GESEHEN?   ★

MAINZELDORF , Große Bleiche 17, ☎ 06131/22 60 03. Do, Fr, Sa 20-02. 0,3l Pils 4, Asbach Cola 5, 0,2l Cola 4. Jeden Do Bier 1. Eintritt 5.

ZUM BEICHTSTUHL, Kapuzinerstr. 30. ☎ 06131/233120. Tgl. 16-24, außer So und Feiertage. Essen 3,40-5,70, Spundekäs 5, Handkäs mit Musik 4,10, 12 Weinbergschnecken 12,80.

Unsaniert und original geben sich die Kapuzinerstraße und der Beichtstuhl. Ungeniert wurde hier ein Beichtstuhl aus der nahegelegenen Stefanskirche in die Täfelung eingebaut. Die wirklich kleine Stubb in dem um 1500 erbauten Haus bietet, je nach Korpulenz der Gäste, für 30-35 Personen Platz. Nach Bier oder anderem Alk als Wein sollte gar nicht erst gefragt werden, das gibt's hier nicht. Im Schoppeglas dafür je nach Durst 0,2 oder 0,4 l, es ist dann nur noch zwischen 21 Sorten zu wählen. Die Preise sind günstig und immer incl. MwSt. und der Originalität der patenten älteren Wirtin. Früh am Abend sitzen hier viele Ältere, später dann mehr Studenten, deren lesenswerte Graffiti auf und in den Speisekarten für deren Zufriedenheit spricht. Aber Achtung: ab 23 Uhr ist die Haustür zu und um 24 Uhr ist drinnen auch Schluß. Frau Wunderlich und ihr «Beichtstuhl« sind in ihrer Art in Mainz. EINZIGARTIG.   ×

bad homburg

GLÜCKSSTUBEN, ☎ 06172/83389. Mi-Sa 19-01. Selbstgemachte Gulaschsuppe 3.

Die Perle des Vordertaunus und das richtige Gegengift zur «Taunus-Bar«, kurz: ein Phänomen, eine der wenigen wirklichen Nachbarschaftstränken. Wirtin Marga ist seit Jahrzehnten die Seele vom Ganzen. Bei Marga trinken Punks & Prolls, Fußballer und Bürgerinitivaler. Wer die unscheinbare Stahltür in den schmucklosen Innenhof öffnet, wird zuallererst mit der original Wurlitzer Hifi-Stereo-Musicbox aus den Sechzigern konfrontiert. Zwischen Frank Sinatra, Chubby Checker, Four Tops,

Gregory Edwards

SE BEDDER FEELING

Frankfurt und das »Stöffche« sind nicht nur eins, sie sind auch ewig, wie die Frankfurter Würstchen, die Grün' Soß', die Haspel, Leiterche, und »Quer dorch de Garte«, Gemüsesuppe, deren Einlage, je nach Geldbeutel, zwischen Fleisch und Brot wechselt. Ebenso wie »Sipi«, Spinat mit Spiegelei, erleben alte Frankfurter Gerichte in den letzten Jahren einen regelrechten Boom. Der Pizza-, Gyros-, und Hamburger-schwemme stellt sich traditionsreiches, wie »Flöh«, Kraut mit Kümmel, »Stich«, »Bauch-läppche«, »Kreppel« entgegen. Mit dem »Bembel«, dem Krug, aus dem das Stöffche, der Apfelwein, fließt, werben nicht nur kleingewerbliche Keramikmanufakturen. Seit den späten 70ern stilisieren die Öffentlichkeitsarbeiter und Tourismusstrategen im Presse- und Informationsamt den »Bembel« zum umsatzschwangeren Wahrzeichen der Stadt. Quasi als Tribut an die feuchtfröhliche Tradition der Frankfurter.

Im Frühsommer labt man sich am »Sparchel« oder »Sporchel«. In der Erntezeit wird »Ebbelbrei« und »Pannekuche« gereicht. In jüngster Zeit findet man diese Ge-richte mehr oder weniger oft und variantenreich auf der Speisekarte traditionsreicher Äppelwoi-Wirtschaften. Nur allzuoft allerdings wird dieses Milieu, dieses herrlich chao-tische und zugleich deftige Gemisch aus Kultur, Tradition, Dekadenz, savoir vivre, und zum Teil Superspießertum, im Verlauf einer touristischen »Fremdenführung« vom profanen Alkoholrausch zugedeckt.

Waschechte Traditionstrinker sind rede- und klatschfreudige Exhibitionisten, also schlichtweg gemeinschaftsfördernd, präpotente Genießer und Meister(innen) der Im-provisation. Der echte Frankfurter ist ein knorriger, aber liebenswerter Chaot. Wirk-lich ausschlaggebend ist, daß sie mal wieder das richtige Produkt zur richtigen Zeit an die Frau und an den Mann bringen. »Boeuf-Bourgingnon« oder »Sposau«, Span-ferkel, Muscadet oder »Gespritzte«, Apfelwein, mit einem Schuß Mineralwasser oder Limonade? Sowohl — als auch!

★

bergen-enkheim

SCHÖNE AUSSICHT, Im Sperber 24. ☎ 4500/21420. Tgl. 11-24, Di ab 16. Apfelwein 1,70, Cola/Wasser 2,20, Bier 3,90. Schlachtplatte 15,90, Mastochsenbrust nach Frankfurter Art, Grüne Soße 15,90.

Hier scheint die Zeit stehen geblieben zu sein, oder: ein Klassiker verjüngt sich bestenfalls. Undenkbar, daß hier jemals ein Gyros-Spieß mit den flinken Händen eines ionischen Gastronomen serviert wird. Um die Jahrhundertwende war an schönen, lauen Sommerabenden und Sonntagnachmittagen schwer was los. Die »Berger« hatten was zu glotzen. Reiche Frankfurter Vorzeiger-Familien präsentierten das perfekte Business-Outfit jener Tage und genossen die Bewunderung der Besitzlosen, was die rausgeputzten Großbürger so dringend brauchten, wie der Fisch das Wasser. Ganze Familien fuhren mit Kutschen und Chaisen vor, schlangen den mindestens bis nach Offenbach gelobten Quetschekuchen in sich hinein und gaben ihrem Magen den Rest mit saurem Berger Wein. Ihr Blick schweifte dabei in die Ferne. Auch heute sieht man bei klarem Wetter bis zu den Rändern des Odenwaldes und die Gipfel des Vogelsberges. Money makes the world go round! Vor Jahren noch war die »Schöne Aussicht« ein reines Gartenlokal und nur im Sommer gut besucht. Inzwischen ist sie ganzjährig geöffnet. Die Gäste scheinen vorwiegend Stammgäste zu sein, zumindest benehmen sie sich so: Ziemlich erfolgreich beim Small-talk. Offensichtlich haben die Wirtsleute über Generationen die richtige Gesichtspflege betrieben. Nur wenigen Gästen ging im Anblick ernsthaft auf den Wecker. Sonst wäre die 1832 erbaute Abfüllstation schon längst trocken gelegt worden. Hört, hört! In einem alten Hölderlin-Roman von Carl

Haensel, der um 1800 in Frankfurt spielt, ist die Gaststätte schon erwähnt. Dort unternimmt die Bankiersfamilie Gontard einen Ausflug nach Bergen, kehrt in der »Schönen Aussicht« ein und genießt — wie einfallslos — »Äpfelwein mit Zucker stark aufgerührt«. Heute ist der ältere, knapp rentenfähige, gutbürgerliche Mittelstand zugange. Den Fernsehfilm von gestern haben alle gesehen. Hu hu, hu hu. Kein rotgrün gefärbtes Haar. Ein Ring im Ohr ist auch nicht da! KANN MAN MAL MACHEN.   ★

SCHÜTZENHOF, Marktstr. 94. ☎ 06109/23133. Mo ab 17, Di-So ab 16. Mi Do zu. Bier 0.2l 1,70, Wasser 0.2l 1,70, O-Saft 2,60, Kaffee 1,60 u. 1,80, Apfelwein (selbstgemacht) 1,70. Schnitzel, paniert mit Beilage 12,50, Dt. Beefsteak mit Röstzwiebeln 9,80, Strammer Max 7,30, Rippchen mit Kraut und Brot 9,20, Marinierte Heringe mit Pellkartoffeln 8,20, Handkäs mit Musik 3. Di gibt's Schlachtplatte 9,20.

Wir fürchten uns vor nichts! Bedienung und Küche sind sehr flott. Essen sieht gut aus, und es sind schöne Portionen. Also große Portionen. An den Wänden gibt's ein paar Alt-Bergen-Fotos. Leider keine echten, flämischen Meister! Karge, asketische Inneneinrichtung. Einziger Schmuck: Deckenbalken. Wirklich! Deckenbalken, wir konnten uns so richtig sattsehen. Ohne mit der Wimper zu zucken, der Apfelwein ist gut — zwar nicht Spitze — aber gut. Veredelt mit größeren Wasseranteilen, als Spitzenklassen-Äppler enthalten sollte. Während einer halben Teststunde lassen sich doch tatsächlich drei Leute Apfelwein in Kanister bzw. Süßen in Flaschen abfüllen. Tröstet euch. Kanzler Kohl ist auch durch den Pepsi-Test gefallen. Beides stimmt. Angenehme Traditionskneipe auf Apfelweingrundlage. Publikumsprofil 1988: Nix geschniegelt-protzig bis verchromt-borniertes. Mit 100-jähriger Tradition ist der Schützenhof die einzige Kneipe mit Selbstgekeltertem in Bergen-Enkheim. Es sind immer noch die alten Eichenfässer von früher, in welchen im Keller der Apfelwein zum »Stöffche« gedeiht. Dennoch verschließt sich niemand der Moderne. Nicht zu übersehen die deutliche Hinwendung zum aktuellen Gastro-Trend: Erlebniskneipe für Erwachsene. Die festsitzenden Vereine wissen das zu schätzen. Non-plus-ultra: An den Intimorten sollt ihr sie erkennen. Auch die Klos sind sauber und geräumig. Sagt Maich. Die Wertung soll kein Geheimnis bleiben: SENSATIONELL. ∧|||___o

WILHELMS ALTER DORFKELLER/DORFKELLER HÖFCHEN, Marktstr. 82-84. ☎ 06109/21419. Durchgehend geöffnet von 11-01. Mo zu. Bier 0.3l 1,90, Wasser 0.2l 1,60, O-Saft 2, Kaffee 1,80, Hannen Alt 0.3l 2,30. Haspel 11, Sauerkraut 1,50, Bratkartoffeln 1,50, Handkäs mit Musik 3,60, Do Schlachtessen.

Das Interessanteste an diesem Alk-Fitness-Studio sind die zehn Exemplare Gäste. Könnte das eine schöne Kneipe sein, wären die alten Dekorationsgegenstände im ursprünglichen Scheunenraum arrangiert worden. Aber beim Ausbau mußten die Wände ja unbedingt mit diesem häßlich-braunen Schalenholz tapeziert werden. Dazu Zierleistchen mit Ziersprüchen; Zierlinien und Zierkacheln; Zierhölzer mit Ziersprüchen. Das erschlägt! Ansonsten wär's eine gemütliche Kneipe zum Sitzen und Schwätzen. Draußen preisen die Wirtsleute diesen Absurditätenzirkus als »gemütliche Apfelweinkneipe«. Erster Trost: Vor dem Eingang parken keine dieser braungebrannten Menschen ihre herrlichen Automobile im absoluten Halteverbot. Zweiter Trost: Die Fahrer dieser Wagen, die alle Unterwäsche tragen, die nur allerhöchsten modischen Ansprüchen genügt, sind hier niemals anzutreffen. Dritter Trost: Drinnen gibt's bloß Hochstädter. Da schmeckt nicht einmal der »Süße« nach was. Schade! Aus der Kneipe wäre mehr zu machen. Die Wirtin ist immerhin nett. Vorm Haus wurde die Abenteuerzone »Picknickparkplatz«

arrangiert. Drei häßliche Tische mit Bänken stehen rum. Freitagabend waren nur Männer in der Kneipe. Ca. 10 Exemplare. Vier spielten Skat. An ihren Intimorten sollt ihr sie erkennen: Die Klos sind total eng. Sagt Maich. JAWOLL ICH ABONNIERE — NIEMALS.

∧|||___o

ZUR ALTEN POST, Marktstr. 50. ☎ 06109/22421. Di-Sa 17-01, So u. Feiertag 11-24. Durchgehende Küche. Mo zu. Bier 0.3l 2,30, Wasser 3, O-Saft 0.2l 2,50, Kaffee 1,80, Altheim Apfelwein 1,70. Handkäs mit Musik 3,20, Strammer Max 8,50, Rippchen mit Kraut 9,50, Schnitzel mit Bratkartoffeln und Salat 13,50, Bauernfrühstück mit Salat 10,50, geröstete Blutwurst und Krautsalat 9,50, Rumpsteak mit Zwiebeln 19,50.

Klassik-Power: Nette alte Kneipe. Holzfenster, niedrige Decke, dicke Holzbalken und buntverglaster Windfang hinter dem Eingang. Wie bei Oma mit gebackenem Posthorn. Bis auf die häßlichen Kunststoffplatten im Kolleg sehr heimelig. Very äppel-like. Zum Kolleg geht's zwei Stufen abwärts durch eine Schwingtür. Um 10.30 läuft dieser scharfe Streifen an: Wenn der Brezelmann zweimal bimmelt. Der bimmelt wohl öfter hier. Zum Ausschank kommt ein sehr guter Apfelweintropfen, ein echter Hausener von der Firma Althenn. Man kann ihn trinken, für den Dienst am Magen gibt es aber besseren. Eine knallechte Dorfkneipe, wie Dorfkneipen halt sind: NETT.

∧|||___o

berkersheim

LEMP, Obergasse 12. ☎ 543246. Di Do Sa 14.30-24, So ab 11, Mi/Fr zu. 0.3l Bier 2,50, Wasser 1,40, Rippche mit Kraut 9, Handkäs' mit Musik 3,50. Open Air.

»Mir fehlt richtig was, wenn ich aussetze. Außerdem kann ich die Säcke hier langsam nicht mehr sehen«. Gäste gibt's hier — sagenhaft. »Interessiert hier irgendjemand die Schönheit der Milz?« Der Lemp ist praktisch eine Pausenstation auf dem Spaziergang von Berkersheim über die Niddawiesen nach Harheim zum Löwen. Der selbstgekelterte Apfelwein zeichnet sich durch seinen milden Charakter aus. Zeitweise ulkiges Szenarium, vor allem, wenn Träger von »Birkenstöckern« aus der Öko-Familie mit den schweren Benzfahrern aus der Reihenhaussiedlung der Umgebung aufeinandertreffen. Es gibt hier sogar Spinner, die Apfelwein trinken wie andere Anabolika nehmen, um schneller zum Erfolg zu kommen: Wer sich bis jetzt noch nicht übergeben hat, braucht auch im weiteren nicht um das Wohlbefinden seines Magens zu fürchten. Und diese kleinen alltäglichen Dramen ereignen sich schon seit 100 Jahren. Seither ist der »Lemp« nämlich in Familienbesitz. Gut Aussehen ist eben alles. Anders ist dieser Fanatismus nicht zu erklären. EXTRA-FEUCHT.   ★

*b*onames

GASTHAUS ZUM EINHORN, Alt Bonames 2. ☎ 501328. Tgl. 11.30-14 u. 18-24, Di zu.

Manche können nicht anders. Neulich ist Old-Herbert wieder eine andere Kneipe empfohlen worden. Er hat hin und her überlegt. Er mußte ablehnen. Er meinte, er müsse hier ständig am Ball bleiben, sonst hauen ihm die Saufkumpels irgendwo anders hin ab. Nein, es ist nicht die gegrillte Schweinshaxe, die es mittwochs immer gibt. Es ist irgendwie die Verbundenheit zu einem Stück Heimat. Seit 1608 wird diese Kneipe als Familienbetrieb geführt, und immerhin haben alle Senioren-Gäste etwas gemeinsam: tagsüber Zeit, sich zwei, drei, ja manchmal sogar vier Stunden hier herumzu-

drücken, sich volldudeln zu lassen und von der Schönheit ihrer Jugend zu erzählen. NIX FÜR GELDSCHEIßER.   ★

*b*ornheim

EULENBURG, Eulengasse 46. ☎ 451203. Tgl. 16-24, Mo Di zu. Apfelwein/Apfelsaft 1,70, Rotwein/Weißwein 4, Wasser 1,60. Essen zwischen 5,80 und 22.

Ein Glas, und es fetzt Ihnen die Lifting-Maske vom Gesicht. Seit 1852 Appelwoi-Kultur im Familienbetrieb, mit einem Rasse-Klasse-Stöffche. Hier läßt sich gut saufen und mit der Kollegin aus der Registratur ihre Befruchtung planen. Jugendgefährdend sei der Laden nicht. Sagte mein Tischnachbar. Halb zu mir, halb zu seiner Frau. Die lachte verlegen. Er ist schließlich Malermeister um die Ecke, kommt seit Jahren her, und der muß es ja schließlich wissen. Soviel zur episch angelegten und meisterhaft zelebrierten Atmosphäre des Lokals. Hier geht soviel zusammen wie sonst kaum. Anhänger von Krachpop der Marke Trash-Core, Psycho-Trash und wie das alles heißt, streiten ernsthaft mit dem älteren Kumpel um die fuffzig, der meint, das Volk habe endlich wieder Achtung vor dem Volkslied. Wie auch die Beliebtheit Heinos in Punkerkreisen beweisen würde. Besonders beeindruckend der fast steinalte Wirt, der sich herzhaft mit Jung-Unionisten fetzt. Im hinteren Schankraum und im Garten sorgt sich die alte ehrwürdige Arbeiterpartei um die Bestechungsaffären im Römer. Und um die JUSOS. Die würden neuerdings wieder rotzfrech werden. Neulich habe einer behauptet, St. Nikolaus sei der Schutzpatron der Vermummten. Bei soviel Bühnenshow rundherum kommt man gar nicht mehr zum trinken. Das gefällt dem Kellner gar nicht. Ich zahle dann eben, ohne getrunken zu haben. So wie er mich anglotzt, wird er kaum das

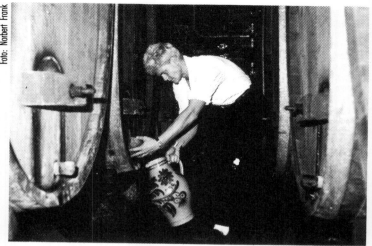

Germania

Gerümpel aus der Küche von ehedem: Backpfannen, Schmalztöpfe, Sammeltassen von Tante Emi. Das Publikum ist gut gemischt: vom angetüdelten Opi bis zur Jung-Spund-Clique. Der Apfelwein ist selbstgekeltert und gut. △⌒

*e*ckenheim

GASTSTÄTTE HORST SCHEID, Eckenheimer Landstr. 302, ☎ 543536. Tgl. 10-14 u. 16-24, Mo Di zu.

Die Veränderungen, die auf uns zukommen, heißt es aus höchsten Wirtschaftskreisen, verlangen einen erneuten Qualitätssprung: Noch größere Anstrengungen in der Forschung und Entwicklung, aber auch in der Qualität der Kommunikationen. Man kann sich als Bürger aus niedrigeren Wirtschafts-Kreisen das Leben aber auch einfacher machen, um zur gleichen »neuen Kommunikationsqualität zu kommen«. Die wird nicht gefordert, weil traditionelle Kommunikationsformen wirkungslos sind, sondern weil sie viel zu wenig »operationalisiert«, also gepflegt werden. Auf geht's! Beim Scheid und anderen Kommunikationszentren der lebenslustigen, natürlichen Art ist das Schärfste, was kein Video und kein Fernsehen bieten kann, noch hautnah zu erleben: Man kann den letzten Klatsch aus der Umgebung, der Straße nebenan, dem Stadtteil hören, herzhaft-derb kommentieren »oh, aha, das hab' ich schon immer gesagt, nicht zu glauben, so eine dumme Schnecke, dieser alte Bock etc..« Ein wahrer Do-It-Yourself-Schuppen. »Alte Eckenheimer« — und nicht nur sie — treffen sich gerne zum Essen und **Selbst**gekelterten. In der dritten Generation wird **selbst**geschlachtet. Körperkontakt garantiert: Die

Bedürfnis haben, sich mit mir dem Gesang zu zweit zu widmen. ALLEIN DER GUTE WILLE ZÄHLT. ★

FRIEDBERGER WARTE, Friedberger Landstr. 360. ☎ 592465.
Mache uff, wenn se wolle un zu, wann se wolle, lieber mache se zu. Mo zu. Bier 0.3l 3-3,50, Wasser 1,70, O-Saft 1,70, Apfelwein (selbstgekeltert): Schoppe 1,60, Handkäs' mit Musik 3,60, Rippchen m. Kraut u. Brot 11, Schäufelchen m. Karut u. Brot 15,80, Hirschgulasch m. Nudeln u. Salat 15,80, Thunfischsalat m. Brot 9,50, Salatteller 9,50. Käseplatten, diverse Käsesorten: Camenbert, Allgäuer, Emmentaler, usw.

• Selbstgemachter Apfelwein. Recht gut, jedenfalls um Klassen besser als Possmann. Dabei kann es ein genauso verhängnisvoller Irrtum sein, wie der Glaube an die Unfehlbarkeit des Papstes. Was wirklich war, am Abend zuvor, rein oder nicht rein der Stoff, das zeigt erst die gute Laune am Morgen danach. Keine Musik im Hof, ruhige Atmosphäre zum Schwätzen, wenn nicht rundherum die Autos wären. Diese Autos! Verdammt nochmal, warum auch immer diese diabolische Feinfühligkeit! Die Lage ist aber wirklich eher schlecht — man kann trotzdem gemütlich sitzen und bekommt einen Platz, auch im Sommer, weil es nicht allzu bekannt ist. Oder eben doch wegen der ungünstigen Lage. . .WIE GEHT DAS BLOß ALLES WEITER? ∧﹏◠

IM BLAUEN BOCK, Saalburgstr.36. ☎ 453536.
Tgl. 16-24, So ab 17, Mo zu
Etwas im Schatten der wunderschönen Bornheimer Apfelweinkneipen, der Blaue Bock. Wenn im Sommer also weder in der Sonne noch beim Solzer Plätze zu kriegen sind und die Gelüste nach selbstgekelterten Apfelwein einfach nicht nachlassen sollten: Gelassenheit bewahren! Bornheim hat im Blauen Bock noch eine Bastion des guten Stöffchen bewahrt. STÖFFCHE ★

SCHMÄRRNCHE, Kleine Spillingsgasse 10. ☎ 452690. Di-So 11.30-14 & 17-24. Mo zu.
Am Eingang wird die Namensherkunft erklärt: »Nach der Jahrhundertwende wurde Wilhelm Johann Wilhelm Schreiber beim Ausführen eines Fohlens mit dem Huf an seiner Wange verletzt. Es blieb eine Narbe zurück. Zu dieser Zeit war Gast im Schreiberhof der Oberbürgermeister der Stadt Frankfurt am Main, Dr.Franz Adickes. Er leitete von dieser Narbe, Schmarren, den Beinamen 'Schmärrnche' ab.« Ansonsten ist's ein echtes Bornheimer Traditionslokal, mit schönem Garten und einer 46 Meter hohen Kastanie. GUT. ★

SOLZER, Berger Str. 260. ☎ 452171. Mo-So 16-23. Fr zu. Im Winter auch Sa zu. Apfelwein 1,70, Apfelsaft 2,20, Wasser 1,70. Rumpsteak, Salat und Brot 15, Kalbfleischsülze, Kartoffeln 9, mageres Suppenfleisch, Wirsing, Bratkartoffeln 11, immer noch alles unter 15.
Bald 250 Jahre alt ist diese Kneipe und damit sicher eine der ältesten »Baumwirtschaften« der Stadt. Sommers trifft man den Teil der Scene an, dem Apfelweinkultur grundsätzlich nicht als »spießig« gilt. Geschäftsprinzip der Familie Solzer, die hier seit 1872 regiert: Alle Gerichte bleiben unter 15 Mark. Auch sonst reichlich sympathische Eigenheiten des Wirtes und des Bedienungspersonals. SPITZENKLASSE.
★

ZUR SONNE, Berger Str. Tgl. 16-23, So Mo zu. Apfelwein 1,40, Cola 2, Pils 0.4l 3,50, Handkäs' mit Musik 3,20, Toast mit Schinken u. Käse überbacken 7,90, Rumpsteak mit Bratkartoffeln u. Salat 17,90.
Die Sonne ist neben dem alten Rathaus Bornheims untergebracht. Das 300jährige Haus ist einfacher ländlicher Barockstil und zweitältestes Gasthaus Frankfurts. Innen der Gastraun gleicht einem Trödelladen — oder einer Ausstellung: Neben Bildern (Zeichnungen, Radierungen, Gemälde) gibt's überall

Wirtsstube ist relativ klein, und der Gäste sind viele. Der Garten eher ein Gärtchen. GEMEIN-SINN GEGEN VORURTEILE.

★

*e*schersheim

SCHERER, Lindenau 9. ☎ 526062. 10-14, 16.30-24, So und feiertags zu. Bier 1,40, Cola 1,50, Apfelwein 1,40. Handkäs' mit Butter und Brot 3, Handkäs' mit Musik und Brot 3,20, Eisbein mit Brot 6, Strammer Max 9,50, Lende mit Zwiebel und Beilagen 18, Rippchen mit Kraut und Brot 10.

Einfache Einrichtung, halbhohe Holzverkleidung. Brauereitische. Kitsch-Tapeten. Verwinkelte Kneipe mit verschieden großen Räumen. Stark gemischtes Publikum, auch Härtnertypen, wissenschaftlich begrifflich ausgebeutet, also soziologisch gesehen »gesellschaftliche Randfiguren«. Mehrheitlich »Normalos«. Keine Neureichen, kein Freaks, keine wandelnden Neonröhren. Wir saßen neben Taubstummen, die gewürfelt haben. Der eine war Schuster, der andere Rentner. Selbstgekelterter, guter Apfelwein. Beim Scherer gibt's deftiges Essen — nicht ganz billig, aber viel und gut. Der Diätfreund kriegt seinen Fettschock. Weshalb kommt er dann her? Die Speisekarte: Hessisches Uressen. Beinahe eine Dorfkneipe, was heutzutage bei all dem Einrichtungsflitter und -glitter, den Phon- und Leichtmetallorgien ein absolutes Kompliment ist. Viel Kitschiges, aber seien wir mal ehrlich, lieben sie etwa keinen Kitsch? Zumindest hin und wieder mal. Eine kleine Portion? Am Faschingsdienstag treffen sich beim Scherer immer ab 10 Uhr »halbe Narren« — die Bembel werden reihenweise geleert und ab 13 Uhr geht's dann ins benachbarte »Klaa Paris« zum »Zuch«. Wenn man reinkommt, kann man gleich in die Küche sehen. Runde Frauen kochen und bedienen. Welche Mütter, welche Sehnsüchte! Das ganze

Ensemble ist unglaublich verwinkelt und verbaut. WUNDERBARE FEELINGS.

∧‿◠

*g*riesheim

DEUTSCHES HAUS, Am Brennhaus 9. ☎ 381565. Tgl. 16-23, Sa ab 17, Di Mi zu. Apfelwein 1,30, Apfelsaft 1,50, Wasser 1,50, Essen: 4,50-14, Rumpsteak 14, Schlachtplatte 8,50.

Griesheim? Griesheim! Griesheimer Soß'? Banause! GRIEN Soß'! Dabei werden hier schon schon seit 1904 Gäste bewirtet und bis heute wird der Apfelwein selbstgekeltert. Aber kaum ein Nicht-Griesheimer aus Frankfurt weiß es. Hoher Rustical-Raum für 70 Personen. Körperkontakt kommt beim Publikum bestens an — die Tische stehen dicht beieinander. Kein Wunder, wenn 64% der bundesdeutschen Bevölkerung an Paradenthose, blutendem Zahnfleisch leiden. Diese Art Speisekarten mit Wellfleisch, Schlachtplatte oder Ochsenbrust — und danach drei Tage keine Zähne putzen — bringt uns dem Übel auf die Spur. Nein, das Deutsche Haus ist nicht DER Seuchenborn! An seiner Spiesekarte dokumentieren sich lediglich folgenschwere, schlechte Ernährungsgewohnheiten. GUT.

★

*h*arheim

GOLDENER LÖWE, Reginastr. 6. ☎ 4509/42982. Di-Sa 16-24. So ab 11, Mo zu. Apfelwein 1,60, Limo 1,80, Wasser 1,60, Bier 2,50. Rumpsteak 14, Schnitzel 10, jeweils + 4, wenn mit Beilage, Rippchen 9,50.

Von Berkersheim kommend zieht den Spaziergänger vor allem sommers die große Gartenwirtschaft an. Vorsicht vor stechenden Mücken! Nach dem Genuß diverser echt Harheimer Naturprodukte aus ortseigenem Feldanbau genießt man im Hineindämmern in den Sommerabend die Szenerie manchmal als komisches Delirium, beschwipst vom süß- und sauergespritzten Apfelwein. UNHEIMLICH. ★

heddernheim

MOMBERGER, Alt Heddernheim 13. ☎ 576666. Mo-Fr 16.13-24, So 10.13-13 u. 16.13-24, Sa zu. Apfelwein 1,10, Cola 1,60, Wasser 1,60, Handkäs' mit Musik 3, Tartar 5, Camenbert 4, Pfefferlenden mit geschrotetem Pfeffer 17,50, warme Küche bis 22.

»Appelwei is net sauer. Kaan Appelwei, des is sauer« — das ist der Thekenspruch beim Momberger. Unter diesem Motto drängeln sich die Leute in der gemütlichen, immer überfüllten, Gaststube. Die Leute sitzen auch im Kolleg und stehen im Hausflur. Kein Wunder. Viele Frankfurter Intellktuelle, Geldleute, und solche die es sein wollen, loben den Momberger über den grünen Klee. Vor allem soll er das noch können, was viele Innenstadtköche irgendwie verlernt haben. Hervorragend Rindfleisch zubereiten. Die Volumen enstprechen korrekt dem Preisniveau. Anderswo bekommt man fürs'gleiche Geld nur eine Andeutung von Momberger! Es ist ein altes, hessisches Haus, die Gaststube ist niedrig mit klobigen Möbeln, Deckenbalken, Holzvertäfelung. Neben einer alten Standuhr ist der »Stammtisch für Schlächtschwätzer und Lüchebeutel«. An den Wänden hängen Bilder, u.a. eines zum Thema »Deutschlands schlimmste Zeit«. Es ist aber nicht der Faschismus gemeint, sondern die Weltwirtschaftskrise zu Zeiten der Weimarer Republik: die Preise für's Stöffche während der Inflation sind graphisch dargestellt. Publikum von 15-95 Jahre. Der Apfelwein ist selbstgekeltert und echt super. LEBENSLÄNGLICH. ∧—੭

niederrad

ÄPFELWEINWIRTSCHAFT GASS, Schwarzwaldstr.8, ☎ 676176. Tgl. 16-23, Mi zu.

Viele selbstkelternde Wirtschaften zeichen sich durch hohes Alter und den Charakter des Familienbetriebes aus. Fast automatisch empfindet der Spanplatten- und Plastikästhetik geschädigte Gast solche »gewachsenen« und erhaltenen Einrichtungen »gemütlich«. Nostalgiegefühle überkommen jeden, behaupte ich mal, und diese Orte geben ihnen Raum. Wenige Apfelweintraditionslokale weisen auf ihrer Ahnentafel einen Bürgermeister aus. Ein alter »Gass« hat es zwar nicht zum Frankfurter Oberbürgermeister gebracht, immerhin regierte er Niederrad. Und somit hatte er die gleiche honorige Bedeutung wie sein Kollege im etwas größeren Dorf auf dem rechten Mainufer. Bis vor ein paar Jahren trafen sich

Familienkelterei Possmann Frankfurt

POSSMANN

Apfelsaft

BAUMFRISCH IM AROMA

.. das beste, was ein Apfel werden kann

Reif für die »Insel«

Eine Apfelweinkneipe in Frankfurts
verloren geglaubtem Stadtteil
Sachsenhausen

Von Uwe Fritzsche

,,Drücken'' steht auf der Tür, wo es mit Ziehen auch getan wäre. ,,Ziehen'' steht auf der anderen Seite, wo Drücken auch zum Erfolg führen würde. Der klare Benutzungshinweis an der alten Pendeltür kann nicht schaden. Denn niemand weiß, wieviele Promille hier Abend für Abend aufeinandertreffen. Gedrückt oder gezogen — wer den Weg in den Hinterhof der Textorstraße 16 erst einmal gefunden hat, kommt nicht umhin, auch den letzten Schritt zu tun. Und der führt unweigerlich durch die alte Holztür zur ,,Germania auf der Insel''. So heißt die alte Ebbelwoi-Kneipe aus dem Jahre 1904, als Sachsenhausen noch klein und die ,,Germania'' wie eine Insel auf dem freien Feld war. Längst ist Sachsenhausen weit über die ,,Germania'' hinausgewachsen, doch eine ,,Insel'' ist sie schon wieder. Daß Sachsenhausen ein Ebbelwoi-Viertel sei, reden städtische Werbetexter allenfalls noch Touristen ein, die es nicht besser wissen können. Das Fichtenkränzje, einst deutlicher Hinweis auf die Ebbelwoi-Seligkeit und Remmidemmi nach Frankfurter Art, ist zwischen Fast-Food und Schicki-Micki im Vergnügungsviertel zum folkloristischen Tupfer degradiert. Die legendäre ,,Frau Rauscher'' würde sich die ,,Beul' am Ei'' heute kaum noch vom Ebbelwoi holen, eher von ein paar wildgewordenen Touries, die Randale machen. Sachsenhausen flackert im Neon-Licht, erobert von allradgetriebenen Neureichen.

Die ,,Germania'' leistet Widerstand, einfach, weil sie da ist. Sie ist eine von rund fünfzehn uneinnehmbaren Bastionen der Ebbelwoi-Kultur in Sachsenhausen. Ein spärlicher Rest — dafür umso urwüchsiger. Wie eine Mis-

sionsstation in der Diaspora einer beinahe apfelweinfreien Zone, wo man Touristen predigen muß, daß der Handkäs' nur mit dem Messer eingeschoben wird und die Gabel den Durchreisenden verrät.

Eigentlich wollte Claus Adleff Lehrer werden. Doch jetzt steht er hinter dem Tresen und bedient den ,,Faulenzer'' über ein Gestell mit einem dickbauchigen Bembel, aus dem die Schöppchen abgefüllt werden.

Auf der Insel pflegt man Job-Sharing nach Sachsenhäuser Art: Vier Wochen lang regieren Claus Adleff und Erika Nolte als Pächter die ,,Germania'', dann ist für zwei Wochen wieder die Eigentümerin Erika Dauth dran.

Biertrinker haben es schwer in der ,,Germania'' — das gibt es nicht, weder gezapft, noch aus der Flasche. Die ,,Germania'' ist eine Ebbelwoi-Kneipe und damit basta! Claus Adleff ist eisern: ,,Wenn ich ins Hofbräuhaus gehe, kann ich auch keinen Ebbelwoi bestellen.''

In der ,,Germania'' gelten zudem die ehernen Ebbelwoi-Regeln. Klar, daß man auf harten Holzbänken an langen Tischen sitzt. Über einen ,Süßgespritzten', den Ebbelwoi mit Limo, heißt das vernichtende Urteil: Panscherei. Der Sauergespritzte ist dagegen erlaubt: Selters im Ebbelwoi verdirbt ihn nicht, sondern verdünnt ihn nur. Mit Grausen erzählt man in der ,,Germania'', daß mancher schon mit Cola im Ebbelwoi Schande über das Stöffche gebracht hat.

Das Publikum in der alten Kneipe ist eher jung, sonst aber ist alles, wie es früher wohl auch schon war. Im Winter hält dicker Filz die Kälte aus den Fensterritzen ab. Über der Theke stehen säuberlich aufgereiht die Ebbelwoi-Gläser mit aufgemalten Namen. Eine Ahnengalerie der Schleucher und Schoppepetzer, die einst in der ,,Germania'' ein und aus gingen. Geblieben sind die Gläser auf dem Regal — ein Stück Tradition, wie der Mond, der alle Jahre wieder zum Karneval in der ,,Germania'' aufgeht: An Seilen geführt, schwebt eine Mondlaterne über die Köpfe, das Licht geht aus, die Musik spielt ,,Guter Mond, Du gehst so stille...''. Dann kriegen alle große Kinderaugen und stimmen ein ins Ständchen für das Mondgesicht an der Decke.

Die Glückseligkeit der Germania-Insel entspringt ihrem sechs Meter tiefen Keller. Zwei Stockwerke steigt man über schmale Steintreppen hinab. In 25 riesigen Fässern lagert das Stöffche, teils in Fässern, die schon 1898 hergestellt wurden. Früher mußte der Ebbelwoi in Bembeln aus dem Keller nach oben getragen werden. Heute fließt er über eine kleine Pipeline zur Theke, um als einzelner Schoppe für Vorsichtige oder im Bembel für Kenner auf die langen Holztische zu kommen.

Im Sommer liegt das Raunen ebbelwoiseliger Geschwätzigkeit über dem Hinterhof in der Textorstraße 16. Zum echten Ebbelwoilokal gehört die Gartenkneipe ganz selbstverständlich dazu — das war schon immer so. Wer erst einmal draußen gesessen hat, versteht plötzlich auch den Sinn der Ebbelwoi-Deckel, die das Stöffche vor Laub und Mücken schützen sollen.

Wenn die dumpfe Schwüle der Stadt die Menschen ins Freie treibt, sind auch die reif, die sich sonst an Bierhteken drängeln. Reif für die Insel.

hier regelmäßig die Bundesliga-Schiedsrichter beim »Schobbe«. Heute haben die alten Niederräder den Laden voll im Griff. Bis ihnen so ab 20 Uhr die Kondition ausgeht. Dann erfolgt Publikumswechsel und alle, die in zehn oder zwanzig Jahren auch um acht gehen müssen, nehmen Platz und tun sich mit den Produkten aus eigener Schlachtung gutes oder weniger gutes an. Je nachdem wie sie bisher gelebt haben.
SCHÖPPCHETRINKER HABEN IMMER RECHT. ★

BUCHSCHEER, Steinkautweg 17. ☎ 635121. Mo-Fr 15-23, Sa 11-23, So 10-23, Di zu. Selbstgekelterter Apfelwein. Draußen sitzen.

Schönes Gartenlokal für bis zu 300 Personen. Ist zu empfehlen im Zusammenhang mit einem Ausflug in den Stadtwald zur Oberschweinstiege oder zum Jacobiweiher. Wie für ein Traditionslokal Pflicht, gibt es selbstgekelterten Apfelwein. Deftiges, aber auch kalorieneinsparende, salatige Begierden werden prompt umfassend befriedigt. SEHENSWERT.
★

niederursel

ZUM LAHMEN ESEL, Krautgartenweg 1. ☎ 573974. Tgl. 16.30-24, Mo zu. Apfelwein 1,50, Export 0.4l 3. Schnitzel 8,20-10,50, Rumpsteak 14,80. Mi: Ofenfrische Haxen, Do: Haspel frisch aus dem Kochtopf. Draußen sitzen.

Typisches Frankfurter Traditionslokal. Prima Preis-Leistungsverhältnis. Hier agierte früher die extrem schnelle, korrekte, geschäftstüchtige Kellnerin, mit der Vivi-Bach-Stukkatur, die heute in der Praunheimer »Concordia«

Rentner und Feuerwehrleute kirre macht. Macht nix, das ist der Lauf der Zeit. Freddy tritt heute auch mehr winters im Seniorenclub Schwalbe auf Mallorca auf. Showbusiness like Nobusiness. Dietmar Schönherr steht auch in der Concordia nicht hinterm Tresen. Viele Gästinnen bedauern das. Früher war Vivi Mit-Chefin hier. Heute macht der Chef selbst die »Honneurs«. Publikum: Vom Schmalspur-Rokker, über den Pop-Musikkritiker bis zum eingeborenen, waschechten Frankfurter Nordwestler. Daruntergemischt hier und da ein Intellektuello oder Gruppenleiter aus dem Middle-Management. Beide suchen sowohl vom Speiseangebot als auch vom Ambiente her die Nähe des einfachen Volkes. Ambulante pakistanische Nelkenhändler unerwünscht. Empfehlung: Sämige (von Sahne) Kartoffelsuppe mit Röstis zu 4,50, große Salatschüssel (italienisch) mit echten Thunfischstücken 10,50. Der Umsatztrick der abgewanderten Mini-Vivi wird von ihren Epigoninnen fleißig kopiert: Beim Kassieren sind sie lahmste und berechnendste Esel. Wartezeiten wie beim Sommerschlußverkauf. Ärgerlich. Keine Veränderung! Da hilft auch das lückenloseste Kontrollsystem nicht weiter. Was sonst bestens organisiert wirkt und eine Belobigung des Personals forderte, wird in diesem Fall zu einer Kreuzung aus Laufstall und Irrenhaus. Der Wirt beweist Humor. Er meldete uns ordnungsgemäß den Rausschmiß von Mini-Vivi, die er fortan offensichtlich nicht mehr so sehr liebte wie früher, und schrieb: »Wenn auch nicht sehr informativ und etwas unverständlich, so ist Ihr Eintrag über den Lahmen Esel doch amüsant zu lesen. Die korrekte Beurteilung der Speisenqualität freut natürlich. Und nicht zuletzt aufgrund Ihrer Kritik wurde das Servicepersonal verdoppelt! Bedauerlich, daß Sie von »Mini Vivi« so abgelenkt waren, daß Sie den wirklich erwähnenswerten Garten unter den alten Bäumen mit Außentheke und Grill ganz übersehen haben.« SEHENSWERTE RARITÄT. ★

nordend

STALBURG, Glauburgstr. 80. ☎ 557934. Mo-Sa 13-23, So 16.30-23, Do zu. Apfelwein 1,70, Cola 1,80. Handkäs mit Musik 3,50, Rippche mit Kraut 10. Biergarten.

Wie so viele Apfelweinkneipen hat auch die Stalburg eine spannende Geschichte. Bevor sie zur Kneipe wurde, soll sie laut Volksmund Sommersitz der Familie von Stalburg gewesen sein mit unterirdischem Gang zum Holzhausenschlößchen. Hier versammeln sich viele Stammgäste, also Eingeborene aus dem Nordend. Besonders im Sommer bekommt man im großen Garten den sympathischen Eindruck von einem gigantischen Nachbarschaftszentrum. Jeder scheint jeden zu kennen. Altersgrenzenüberschreitend. Reichlich bedudelt vergeht den Besuchern gegen Mitternacht die Angst, daß ihnen, als Angehörigen einer ganz besonderen Glaubensgemeinschaft Unheil droht. ZOMBIEFREIE ZONE.   ★

ZUR SCHÖNEN MÜLLERIN, Baumweg 12. ☎ 432069. Mo-So 12-14 & 16-01. Apfelwein 1,50, Cola 0.3l 2,50, Fleischwurst mit Sauerkraut 6,50, Jägerschinken mit Beilage 13,50.

Nur ein geringer Teil der Gäste weiß um die 100jährige Tradition des Hauses. Dem Jungvolk ist sie egal. Die älteren Stammgäste wissen sie zu schätzen. Die Wirtsfamilie begann das Gewerbe mit selbstgekeltertem Apfelwein vor 100 Jahren in der Krawallschachtel, einem ehemaligen kleinen Lokal in der Alten Gasse. Aus Platznot wanderte man ins Nordend aus. Bemerkenswert nicht nur die Qualität der Frankfurter Küche, sondern vor allem die schöne Baumlandschaft aus alten Kastanien unter denen sich mehr als 300 Gäste wohlfühlen. LUSTIG & LUFTIG.   ★

oberrad

ZUM HIRSCH, Offenbacher Landstr.289. ☎ 652397. Tgl. 11-24

In den alten Geschichten und Chroniken taucht das Gasthaus Zum Hirsch immer wieder auf. Bereits seit Ende des 16. Jahrhunderts kauften sich die reichen Leute bevorzugt Land in Oberrad. Sie schätzten die Gegend und schon bald den Selbstgekelterten als wahre Wonne. Die Liebe ging so weit, daß sich bald die Bierbrauer über den zunehmenden Absatz des Apfelweins und die abnehmende Sauferei beim Bier beschwerten. Umsonst! Wie man sieht ist die Hochburg des Oberräder Stöffche auch heute noch eine Wirtschaft, in der vor allem die Einheimischen zusammenkommen und Familien nach dem Sonntagsausflug einkehren. Bei schönem Wetter Lust aufs Sauer Stöffche mit deftigem Essen? Den Hirschen mal ausprobieren! GUT   ★

praunheim

CONCORDIA — (HOTEL UND GAST-STÄTTE), Alt Praunheim 13. Mo-Sa 16-24, So 10-24, Mi zu. Bier 2, Wasser 0.3l 3, O-Saft 2,50, Kaffee 2,50, Apfelwein 0.3l 1,70. Außer Frankfurter Spezialitäten gibt's Steaks in allen Farben und Formen zw. 13 und 23 (große Auswahl), Rippchen mit Sauerkraut und Brot 9,50, Hacksteak mit Zwiebel und Brot 7,50, Handkäs' mit Musik 3, Grillhaxe mit Brot 14, Grüne Sauce 14,50.

Eine Institution auf dem Gebiet der Generationen-, Kulturen- und Geschlechterverständigung, die ihrem vorzüglichen Namen schon seit Jahrhunderten gerecht wird. Nein, keine chambres separées, sondern eine grundsolide Tradionskneipeneinrichtung. Steingutkrüge und Lampen, Blumen auf den Tischen. Altersmäßig stark gemischtes Publikum, auch Solo-Frauen, Omis und wohlproportionierte anständige junge Männer. Der Apfelwein ist sehr gut, kein Wunder, ist er doch selbstgekeltert. Der Koch scheint ein Faible für Steaks zu haben — es gibt viele verschiedene in allen Preisklassen. Hoffentlich würzt er sie besser, als das Rippchen, das ich probiert habe. Überwiegend treffen sich »normale« Leute. Die Concordia blickt auf eine spannende Geschichte zurück: Die Nazis hatten mit diesem Unruheort größte Probleme. Die Wirtschaft Bender-Schuch, wie die Concordia damals hieß, war eine der wichtigsten Treffpunkte des Frankfurter Widerstandes. Hier wurde grundsätzlich nicht mit Heil-Hitler gegrüßt und 1940 wurde im Prozeß am Oberlandesgericht Kassel gegen den Frankfurter Widerständler Albrecht Ege die Wirtschaft immer wieder erwähnt. Regelmäßig fanden Skatrunden statt, zu denen sich Frankfurter Widerständler zusammenfanden. Sie dienten dem organisierten Meinungsaustausch über die politische Situation im faschistischen Deutschland. Im Hinterzimmer wurden verbotene Rundfunksendungen gehört. Die Gastwirtschaft war der Ort, in dem der eingeschleuste Gestapo-Spitzel »umstürzlerische-hetzerische Auslassungen ausmachte und in die 1934 die KPD und SPD ein Einheitsfrontabkommen abschlossen, daß später von der Restpartei zurückgenommen wurde. Heute gibts ab und zu einen Auftritt des Blasmusikkorps der städtischen Müllabfuhr. Früher waren es nur einheimische Bläser, mittlerweile blasen auch »Auswärtige« mit, will sagen: Leute aus Fechenheim und angrenzenden Stadtteilen. Eigene hervorragende Kelterei. Der Stoff wird kanisterweise abgegeben. Schöne Rarität: Die Alten aus Praunheim und der Römerstadt beherrschen vollkommen das Kneipenbild. TOP-FIT. ∧★

Sachsenhausen

AFFENTORSCHÄNKE, Neuer Wall 9. ☎ 627575. Mo-Fr 12-15 u. 17-24, Sa, So 16-24. Apfelwein 1,70, Apfelsaft 2, Cola/Wasser 2, Bier (Flasche) 2,90. Handkäs' mit Musik 2,90, Rippchen 9,80, Leiterchen 10,80, Schäufelchen ab 13,50, Haxe ab 16,50.

Wer es in Sachsenhausen's Anmach- und Trinkerviertel aushält und Humor für leicht Skurriles aufbringen kann bzw. Selbstgekelterten trinken will, der kann mal hierher gehen. Hier wird das Stöffche zur Akkordeon-Musik gekellnert. OH HA! ☆

APFELWEIN DAX, Willemerstr. 11. ☎ 616437. Tgl. 11.30-24. Apfelwein/Apfelsaft/Cola 1,70, Bier (Flasche) 2,40. Handkäs' mit Musik 2,60, Rippchen 9,80, Rumpsteak 18,90, Schnitzel ca. 12.

Hier kann man sie anschauen, die wirklichen Bewohner Sachsenhausens, die einheimischen Sachsenhäuser. Jung und alt. In tra-

APFELWEIN
478

ditionsgepflegter Einrichtungsaskese. Holzbänke, Holztische hier und da ein Stuhl, u.s.w.
Besonders hervorzuheben das flinke und wenig mürrische Personal. Die Männerwirtschaft
garantiert für wirklich »netten« Service. MEHR
ALS IMMER NUR DASSELBE.   ★

ATSCHEL, Wallstr. 7. ☎ 619201. Mo-Sa 18-01, So
zu. Elsässer Weine 4,80-6,50, Cola 2, Bier 3,50.
Elsässer Backkartoffeln 14, wechselnd frischer
Fisch 18-24, Kuddeln 10,50.

      Küchenchef Jean-Louis Michel hat hier et-
was Einmaliges fertiggebracht. Frankfurts einzige traditionelle Apfelweinpinte mit echt elsässischer, also französischer Küche.
Schmeckenswert. Sehenswürdigkeit. Christopher Sommerkorn und andere HR-Akteure
wissen das bestens zu schätzen. HERVORRA-
GEND.   ★

DAUTH-SCHNEIDER, Neuer Wall 5-7. ☎
613533. Tgl. Di-Fr 16-24, Sa/So 12-24, Mo zu. Apfelwein 1,70, Apfelsaft/Cola 1,60. Handkäs' mit
Musik 2,90, Rippchen/Kraut/Brot 9,50, Rumpsteak mit Beilage 19,50, Haxe 13,80.

      100 Jahre Augenschmaus. Ein Hauch von
Gestern, ein Ruch von Morgen. Ball der einsamen Herzen, Kontakthof für Jung-Manager
und Chef-Assistentinnen. Nicht vergessen: Japaner in Konzernstärke schlafen nie. Unglaublich. Das alles fast zum Null-Tarif, bedenkt man,
was für diese Qualitäten anderenorts zu zahlen ist. Seit 5 Generationen geht das mit dem
Apfelweinrausch und seinen Folgen nun schon
so. Arrangiert von immer derselben Familie.
Langgestreckter Gastraum, lange, sandge-
scheuerte Holztische und -bänke. Großer Garten. Selbstgekelterter. Hier stimmt die Welt.
Hier stimmen auch die Werte, denn es geht gerecht zu. Wer auf seine liebliche, bissige bis
makabre Art nicht schön ist, gehört zu den Ver-
lierern, mag er sich auch noch so rabiat be-
trinken und entkleiden. Manch einer rettet sich
vor dem optischen Fallbeil der Damenwelt mit
dummem Geschwätz über Automarken, Zweit-

wagen und Doktortiteln, manch anderer versteckt die Schwellungen der Figur hinter Bergen von Nelken, die ihm der ambulante Händler aus Pakistan eifrigst verkauft. Der
»Dauth-Schneider« ist nicht so sehr ein wirkliches Stück Apfelweinkultur als vielmehr ein
schwülstiges Gefühl, ein Treibhauseffekt. Dieses Gefühl ist meinethalben auch ein Mythos,
aber einer der lebt! Und da muß man vor allem nach einsamen Stunden, wenn's unter dem
Gürtel brennt, einfach irgendwann mal hin!
Weltweit sitzen die Fans dieser Stöffche-Liga:
»Ich habe die Luft von Leipzig versucht, die von
München, Florenz und Genua: Dauth-Schneider hat gewonnen!« Solche wichtigen Orte
klassen- und schichtenübergreifender wirklicher sozialer Kommunikation fallen bei unseren fundamentalistischen Moralaposteln der
puritanisch-asketischen Alternativen und Linken natürlich voll untern Tisch. Dort wo ständig der Anspruch zur Selbstreflexion, zum bewußten Sein postuliert wird, »hinterfragt« natürlich niemand, wo der tatsächliche Spießer
sitzt. Mit Recht! Könnte ja gut sein, daß er sich
mit diesem und jenem »guten Herz« tarnt. Und
dann wundert man/frau sich über die Pickel
im Gesicht. Die Öko-Kosmetikindustrie reibt
sich die Hände. Da aber Soft-Kosmetik nur geringe Erfolgsquoten verspricht, ist der Weg
zum Chemie-Hardcoreprodukt der Firmen
Hoechst und BASF verdammt kurz und der
liebe Moralapostel die nächsten zehn Jahre
voll mit seinen inneren Widersprüchen be-
schäftigt. In Ebbelwei-Seligkeit bei Akkordeon-Musik geht's vergleichsweise unkompliziert voran. Einfach wunderbar! FAST IMMER
GEHT'S DANEBEN!   ★

EICHKATZERL, Dreieichstr. 29. ☎ 617480. Do-
Di 15-24, Mi zu, und jeden ersten Do im Monat
zu. Selbstgekelterter Apfelwein 1,70, Apfel-
saft/Cola 1,60. Sülze 7,40, Handkäs' mit Musik
3, Rippchen mit Kraut 8,50. Garten.

      Sie hat schon was, die Alt-Frankfurter
Idylle. Platanen- und Walnußbäume im Garten,

Vom Lehrer zum Ebbelwoi-Wirt

holzgetäfelter Innenraum, blanke Tische und Holzbänke. Wäre die Altstadt nicht in Schutt und Asche gefallen, müßten sich die Erinnerungsbedürfnisse nicht auf die wenigen musealen Flecken konzentrieren. Kein Wunder wenn hier die alten Sachsenhäuser, aber auch viele »Zugereiste« aus anderen Stadtteilen sitzen und sich Alltagstratsch erzählen. Die warme Küche ist derb, deftig und von einfacher Machart, aber sehr nachgefragt. Was man von den Rinderfilets mancher Nobel-Schuppen nicht behaupten kann. Niemand über den Tisch gezogen, ausgepokert oder sonstwie verdorben. Hier und an ähnlichen Orten wird Frankfurt nicht als abgelebte Legende behandelt. Die Geschichtchen von früher machen die Stadt berühmt, die Lokalpatrioten zu sympathischen Schwatzmäulern. DAS TÄGLICHE HOROSKOP IST WICHTIG! ★

GERMANIA, Textorst. 16. ☎ 613336. Fr Sa So 11-24, sonst 16-24, Mo zu. Wein 3,50, Apfelwein 1,70, Wasser 1,60, Cola 1,60, Rippche 9,80, Leiterche 11,80, Fr gibt's Fisch. Garten.

Besonders zu empfehlen: Schäufelchen, Haxen, Saure Nieren, Rippchen, wie der Wirt es auf den sinnigen Nenner bringt: Einfach alles! Auch wenn sich das seit 1906 bestehende Traditionslokal mit Coca Cola Aussperrung als »gut bürgerlich« versteht, auf den einfachen Holzbänken und gescheuerten Tischen trifft sich der »Volksdurchschnitt«. Alle sind glücklich, weil angedudelt von der Getränkerarität des Etablissements: Dem immer noch erstklassigen, selbstgemachten, spritzigen Apfelwein. Die Germania ist untergebracht in einer der ehemals für die Apfelweinkultur typischen schönen Holzhütten, von denen es nicht mehr viel in den Höfchen Sachsenhausens gibt, und wenn, werden sie nur noch äußerst selten als Wirtschaften betrieben. Wer die Sensibilitäten und sonstigen empfindlichen Kleinigkeiten der nouvelle cuisine schätzt, wird hier Ärger mit seinem Magen bekommen. Alles deftig und kräftig. Umfangmäßig, geschmacklich und auch ästhetisch. Interiör mindestens aus den goldenen Zwanzigern. Einschließlich der bedrohlich wirkenden Kleiderhaken rund um die Sitzbänke herum. Der Wirt ist alles andere als eine kommunalpolitische Schlafkappe. Er mischt sich ein, setzt sich mit seinem Berufsstand weitergehend als über die allabendliche Kassenzählung auseinander. Solche Leute braucht die Äppler-Szene, soll das Viertel in den nächsten zwanzig Jahren nicht zum Disneyland werden! Sommers Open-air! IMMER WIEDER HERVORRAGEND. ★

KANONENSTEPPEL, Textorstr. 20. ☎ 611891. Mo-Sa 10-24, So zu. Selbstgekelterter Apfelwein 1,70; Handkäs' mit Musik 3,40, Rippche 10,40. Draußen sitzen.

Hat, was ein gutes Apfelwein-Traditionalo auszumachen hat: Lange Bänke, blankgescheuerte Tische und holzgetäfelte Wände. Bemerkenswert: Der Apfelwein-Mann im Herbst zur Kelterzeit. Da krempelt er die Ärmel hoch, trennt einen Teil des Hofes mit Holzwänden ab und schaufelt dahinter viele Fuhren mit Kelteräpfeln. Von dieser Strapaze merkt der Gast unmittelbar beim Saufen gar nichts. Erst wenn diese Grundlagenarbeit für Selbstgekelterten nicht mehr geleistet wird, dann wird die Brühe dünner, der Kopf eventuell dicker. Dann kriegt er hier keinen Selbstgekelterten mehr. REKORDVERDÄCHTIG. ★

KLAANE SACHSHÄUSER, Neuer Wall 11. ☎ 615983. Tgl. 16-24, So zu. Apfelwein 1,70, Apfelsaft/Cola 1,80, Wasser 1,70. Schweineschulter, je nach Gewicht zw. 12 und 20, Schweinshaxe, je nach Gewicht 12-15.

Erfreuliche, viele Besonderheiten! Im Nebenraum: Frankfurter Schimpf- und Kosena-

men an den Wänden. Dann: Die Lino-Salini-Stubb. Karikaturen damaliger Frankfurter Persönlichkeiten dieses Heimat-Malers an der Wand: Vom Streichholzkarlche, dem Pfarrer Kännchen, Schneider Dippel und der Fechterin Helene Mayer. Fehlt nur ein Vertreter der jüngeren Frankfurt-Originale: Jürgen Grabowski. Das kann nicht mehr vom Salini, braucht auch von keinem seiner Epigonen sein. Eine Computer-Grafik täte es auch. Selbstgekelterter Apfelwein. Im Innenhof eine riesige Platane. Immer voll. Betrieb der alteingesessenen Sachsenhäuser Familie Wagner. Seit 5 Generationen im Familienbesitz. Das Kelterhaus zieht sich rund um das Gebäude. Echt Frankforterisch alles. Pampapower. Daher keine Jagd auf Jachtfrauen möglich. Nur ein außerordentliches Schlappmaul und zynischer Witz helfen hier gegen das Alter. Für den Stöffche-Fanatiker: OBLIGATORISCH. ★

LORSBACHER TAL, Große Rittergasse 49-51. ☎ 616459. Tgl. 16-24, So 10-14 u. 16-24.

Was soll man da noch sagen: Apfelweinkneipe mit langen Bänken und Tischen, Garten im Hof, selbstgekelterter Apfelwein. Alles mitten in der Sachsenhäuser Touri- und Trinkermeile. ALLES KLAR? ☆

SCHREIBER HEYNE, Mörfelder Landstr. 11. ☎ 623963. Tgl. 15-24, Sa zu. Apfelwein 1,60, Apfelsaft/Wasser 2, Cola 1,80. Handkäs' mit Musik 3, Rippchen 8,60, Kartoffelwurst, warm, mit Kraut und Brot 8,50, Preßkopf mit Musik 5,80.

Typisches Essen, Original-Wirtschaft im alten Stil. Kartoffelwurst mit Kraut und Brot. Na wenn diese Spezialität keine Sensation ist. Unbedingt Copyright sichern. Sonst imitieren die Vollwert-Fanatiker zu Wucherpreisen diese Delikatesse und schaden so dem Ruf des Gerichtes! JAWOLL. ★

WAGNER, Schweizer Str. 71. ☎ 612565. Tgl. 11-24.

Im Prinzip ein reiner Provinztempel. Die

APFELWEIN

Spesen- und Speckjäger sind völlig uninteressiert an dem, was riungsum in der Welt passiert. Einzig wichtig ist, ob dieser oder jener Art-Direktor angekommen ist, ob er immer noch im Penthouse wohnt, wo er sonst auftritt und wie er angezogen ist. Auch untenrum. Wichtig ist, daß die junge blonde Kathrin im Airport-Hotel um ihren Liebeslohn gebracht wurde. Sie wurde um ein Paar perlhuhneiergroße Juwelen bestohlen. Das tägliche Horoskop ist wichtig — und die Wetterkarte der BILD-Zeitung, um mitzuteilen, daß am Ort des nächsten Wunsch-Weekends, entlang der ganzen Cote d'Azur, die Sonne scheint. Die Scene ist so liebenswert inhaltlos. Genau typisch für die Neureichen dieser Stadt, wo jeder die Seele, die Beine, die Titten baumeln läßt — aber nicht viel mehr kann. In nationalen Zentralorganen der Schönen und Schamlosen, der Halbreichen Möchtegern-Gunter Sachs, wird der »Wagner« dermaßen angepriesen, also mit kostenloser PR (Public Relations) zugeschüttet, daß der Herr Schütz mit seinen Puffs in der Elbestraße vor Neid erblaßt. »Heftig ist das Begehren, das die munter sprudelnden Spirituosen auslösen. Das lockert die Sitten und löst die Zungen. Männer werden ohne falsche Schüchternheit angeraunzt, ‚Mensch mach doch mal der Frau Platz' und schwupp, hat ihm die robuste Kellnerin mit dem wogenden Busen ein junges Mädchen auf den Schoß geschubst. Hier ist man Mann, hier darf man's sein. Und wenns' gar zu schön ist, erscheint so manchem der blaue Bock. . .« Kein Wunder. Hildegard, die hier um die Ecke wohnt, ist immer wieder aufs neue empört, wenn der Name »Wagner« fällt. »Eine einzige Zusammenrottung obergeiler Männer aus der Werbeszene. Frauen werden beglotzt wie auf dem Viehmarkt, aber echt du!« Die Pferdchenfänger treibt es sonntags zur Pferderennbahn, wo man eindrucksvoll die Scheine loswerden kann. Die bekannt »kleinen Preise« im Äpplerviertel bieten dazu keine Vorzeigemöglichkeit. Der »Wag-

ner« hält sich das Apfelwein-Image aus optischen Gründen — gebraucht wird es nicht. DA STEIGT DER HORMONSPIEGEL. NÖ NÖ. ★

ZU DEN DREI STEUBER, Dreieichstr. 28. ☎ 622229

Hier babbeln schlappmäulern die Sachsenhäuser und zugereisten Fans des selbstgekelterten Apfelweins in friedlicher Koexistenz miteinander und aneinander vorbei. Es herrscht die typische geräuschvolle Apfelweinseligkeit bei Rippchen und Sauerkraut. KOMMUNIKATIV. ☆

ZUM FICHTEKRÄNZI, Wallstr. 5. ☎ 612778. Tgl. 17-01, So zu. Apfelwein 1,70.

Im Fichtekränzi endetet die Tour der beiden Apfelweinkneipentesterinnen. Über die Dreieichstraße hinüber, wird die Atmosphäre angenehmer. Hier stolpert es sich nicht ständig über junge und alte Herren in der Absicht sich zu besaufen und für das Stündchen danach Frauen zu kontakten. Wir hatten genug davon. Die Wallstraße bietet ein wenig Entlastung, wenn sie doch nicht die bewährten Szenekneipenpfade der bekannten Frankfurter Stadtteile ersetzen kann. Wenn's nun mal Apfelwein im Bermudaeck sein muß, ist das Fichtekränzi nicht die schlechteste Adresse. O.K. ☆

ZUM GEMALTEN HAUS, Schweizer Str. 67. ☎ 614559. Tgl. 10-24, Mo & Di zu, außer bei Messe. Apfelwein (Theke) 1,60, Rippche mit Kraut 9,60, Schlachtplatte 8. Draußen sitzen.

Kommt Ihnen das langweilige Ende eines langweiligen Kneipenbummels bekannt vor? Kommt ihnen der Reflex bekannt vor, in deftigen Äpplerkneipen Auftrieb zu suchen, wenn in schrillen, hellen, aber superspießigen »Bistros« und »Clubs« gar nichts aber auch rein gar nichts abließ? Das liegt daran, daß man a) zuviele bessere Kneipen gesehen hat, oder b) die Einfallslosigkeit des Wirtes größer ist, als es sich sogar der übelste Hetzer vorstellen kann. In dieser Traditionswirtschaft hier, einer

wirklichen Institution in Sachen Ebbelwei seit 1890, überkommen keinen Besucher Anödungsanfälle. Eher Platzangst vor ausbrechender Massenheiterkeit. Man meint, es gäbe nur noch hier Apfelwein und Frankfurter Spezialitäten. Natürlich ist das wunderbare, dominierende Ölgemälde an der Wand eine Attraktion. Nur: Es gibt viele bemalte Wände von Gartenwirtschaften und dennoch ziehen sie nicht soviel Aufmerksamkeit auf sich. Die Faszination geht ebenso von der Leistungsfähigkeit von Küche und Keller aus. Die Gerichte sind einfach, billig, die Portionen reichlich. Keine »Spezialitäten« für Leute mit Diäten von Plöger auf der Freßgass. Folglich fehlt blödes »Wagner-Publikum«. Weshalb? Weil hier zu »einfache Leut« verkehren. Das Personal macht sich durch absolute Ruhe bei der Bewältigung des täglichen Massenandrangs sehr beliebt. Die KellnerInnen bringen immer wieder eine persönliche Note hinein. Das erweckt so manchen vom Kälteschock neudeutscher Neonläden. Die Geschädigten tauen auf, beginnen glatt wieder zu leben. SPITZENKLASSE. ★

ZUR LOUISA, Königsbrunnenweg 21. ☎ 632416. Fr-Mi 17-01, Do zu. Cola 2,50, Pils 0.2l 1,70. Speisekarte je nach Saison. Draußen sitzen.

Kleines originelles Rustico, das von der Kochkunst und dem Einfallsreichtum seiner Wirtin Brigitte Strack zehrt. Seltsame Verbindungen stellt die Küche her. Von norddeutschen Sylter Gerichten bis zu polnischen Spezialitäten, Pommerschen Delikatessen. AUSPROBIEREN. ★

Schwanheim

FRANKFURTER HOF — SEPPCHE, Schwanheim 8. Mo-Fr 18-01, Sa/So 10-01. Pils 1,50, Äppler 1,80. Handkäs mit Musik 3,50, Hackbraten und Brot 6,50, Haspel mit Kartoffeln oder Kraut 12,20, Rumpsteak mit Zwiebeln und Pommes, Salat 17,80.

Unter wunderschönen Kastanienbäumen röhrt der sommerliche Äppler-Blues der Vororte. Im Garten einer steinalten, typisch frankfurterischen Gastwirtschaft, drängt sich bei schönem Wetter alles so eng aneinander, daß die kleine überdachte Empore, als Bühne für die dörfliche Blaskapelle gedacht, spätestens gegen 20 Uhr als zusätzliche Sitzmöglichkeit freigegeben werden muß. Daran führt kein Weg vorbei. Es sei denn, die Geschäftsleitung riskiert eine mittelschwere Revolte. Ganz Schwanheim, so suggeriert der Eindruck, möchte dort nach unverschämter Völlerei rülpsen. Die Küche liefert traditionell kräftige Gerichte. Vielfresser jeder Altersstufe, jeder Szene, ob Rentnerin oder Jungvolk, schaufeln schmatzend, gleich lustvoll, erstaunlich große Portionen in sich hinein. Die Kellner? Die letzten echten Hessenoriginale. Und sowas von schlagfertig! Ein geschniegelter Anhänger der neuen deutschen teuren Minimal-Mengen-Küche erhält auf seine Frage nach der Einstellung des Kochs zum Entrecote und dessen wohl passende sorgfältiger Behandlung, prompt die passende Antwort: «Besser eine Portion Kraut mit Liebe als ein gemästeter Ochse mit Haß!« Nein, das Brot ist nicht selbstgebacken und die «Lotte« wird auch nicht jeden Tag frisch aus Douarnarez, Bretagne, eingeführt. Dafür goutiert der abgefüllte Gast beim Verlassen des Tatorts genußvoll und nostalgisch den Klang eines vielstimmigen, kräftigen Männerchors. Die Truppe probt im Obergeschoß. Welch' kulturelle Delikatesse! Im Gegensatz zu Garnelen von Grönland allerdings etwas kostengünstiger: Nämlich gratis! EIN GENUß. ★

Seckbach

ZUR KRONE, Wilhelmshöher Str. 162. ☎ 479385. So & feiert. ab 16, sonst ab 17, Sa zu. Bier gibt's nur zur Not, Wasser 1,50, Apfelsaft u. Cola 1,50, Apfelwein: Schoppe 1,50. Hausmacher Wurst 3,50-4,70, Bratwurst 3,50, 4,50 mit Kraut, Rippchen mit Kraut 8, Haspel mit Kraut Gewicht, Handkäs'mit Musik 3, Sauerkraut ist supergut!

Man hört Frankfurter Dialekt. Die Bedienung findet gespritzten Apfelwein unfein. Man kann sich zwar eine Flasche Wasser zum Bembel bestellen, aber ausgeschenkt wird er pur. Supergut und selbstgemacht! Es gibt eine hervorragende hausgemachte Bratwurst. Die Hausmacher ist generell supergut. Das Kraut schmeckt gut — weil die Rippchen darin gekocht werden. Die Gabi könnte hier ihren Rudi kennengelernt haben — beide waren anschließend vier Tage unauffindbar. . . Gute hessische Dorfkneipenatmosphäre und nette Bedienung mit Frankfurter Slang. SEHR GUT! ★ ∧ ⌒

ZUM RAD, Leonhardsgasse 2. ☎ 479128. Mo-Sa 16-24, So u. Feiert. 15-24, Di zu. Rumpsteak mit Bratkartoffeln 15,90, Seckbacher Handkäs' mit Brot, hessische Speckpfanne, Kuchen, Haxen, Schäufelchen.

Seit 1806 selbstkelternde Apfelweinwirtschaft. Eines der ältesten Lokale im Apfelwein-klassizistischen Stil, umgeben von einer weitläufigen Landschaft mit Tischen, Stühlen, Bänken und sonstigem Interior, die eine ach so heimelige Apfelweinstimmung ausmachen. Ein Garten — ein Gedicht! Recht preisgünstig, Qualität und Auswahl typischer Frankfurter Spezialitäten, erreichen den Topstandard dieses Kneipengenres. Welch eine Erholung: Vorspeisenbuffet fällt hier ebenso aus, wie das Angebot von Cocktails, Krabben und Kaviar. RICHTUNGSWEISEND.   ★

Sossenheim

ZUR KRONE, ZUM RIWWLER, Alt Sossenheim 37. ☎ 341955. Mo-Fr 16-24, Sa & So zu. Selbstgemachter Apfelwein 1,40, Flaschenbier 2,50, Rippchen mit Kraut 7,50, halbes Hähnchen 7,50. Draußen sitzen.

«Beim Riwwler gibt's kein Klasenhaß, da trinke alle aus dem gleichen· Faß.» Leider bleibt's beim Wunsch nach klassenüberschreitender Kundschaft, nach gesellschaftlicher Harmonie. In der Realität kommen die kleinen und mittleren Leut'. Bankdirektoren und »höhere Tiere« waren leider keine da. Vermißt hat sie der Rezensent keinesfalls, dennoch hätte ihnen dieses Stück abgewandter Volksnähe gutgetan. Die Gaststube ist geschmückt mit diversen Pendeluhren, die unterschiedliche Zeiten in der Welt anzeigen, um Sossenheim — wie anders — in die Phalanx von Weltstädten einzureihen. »Ebbelweiwirte sinn als ebissi grob, awwer sie maanes aach so.« Der Riwwlerwirt, ein kräftiger, stämmiger, nicht uncharmanter Bärbeißer, ist aber keineswegs so grob, wie der Spruch verheißt. Auf jeden Fall sollte sich niemand ängstigen und vom Besuch abhalten lassen. Die besten, größten Rippchen aller Frankfurter Vororte. Regelrecht barock! Solide Hausmannskost mit revitalisierenden Kraftstoffen. Garten. Hierher führt Papa sonntags die Mama und die Kinder aus. Trinkgelder veranlassen den Wirt zum Läuten einer großen Glocke. Je großzügiger der Ablaß ausfällt, um so heftiger das Geläute. ORGINELL & SEHR GUT.   ★

ZUM LÖWEN, Alt-Sossenheim 74. ☎ 341357, Mi-Sa 16-01, So 11-01, Mo & Di zu. Apfelwein 1,40,

Jägerschnitzel mit Brot 10, Salatteller spezial 9,50. Draußen sitzen.

Eines der beiden Sossenheimer Apfelweinlokale mit Tradition. Gigantische Portionen, also für Alles- und Vielfresser geeignet. EMPFEHLENSWERT.   ★

offenbach

APFELWEIN-KLEIN, Bettinastr. 16. ☎ 812310. Tgl. von 15.30-23, Di zu. Apfelwein, selbst gekeltert 1,20, Handkäs mit Musik 3. Kegelbahn, Strammer Max 8.

Man fühlt sich fast wie auf dem Lande. Hier geht's noch zünftig zu, im Hintersaal trifft sich der Gesangsverein. An der Tür zeigt das Fichte Kränzi: »Hier werde gude Schoppe gezappt«. Selbstgekeltert, versteht sich. Und das seit 1889. UNVERWÜSTLICH.   ✔

darmstadt

APFELWEIN HEISST, Niederramstädter Str. 69. ☎ 06151/47749. Mo 16-21, Di-Fr 16-23, Sa 9-13, 16-21, So zu. Bier 2,20, Wasser 1,70, Apfelsaft 1,70, Apfelwein 1,70, Doppelkorn 1,70. Zwiebelkuchen (im Herbst), selbst Geschlachtetes. Heiße Hausmacher Leberwurst mit Brot 6,50, Rippchen mit Kraut und Brot 10,50.

Alte, ewig zockende Skatspieler erfreuen sich, auf die harten Stühle gepackt, an dem anregenden Einblick in erregende Ausschnitte des guten Blattes eines Mitzockers, der sich nur einen Moment umdrehte und neues Stöffche bestellte. Durchwachsenes Publikum. Die Öffnungszeiten sind Richtwerte, man kann täglich versuchen, ob die Öffnungszeiten auch wirklich die geöffneten Zeiten sind. Aber der hausgekelterte Apfelwein und das hauseigene »Geschlachtete« lohnen die Mühe. GEHEIMTIP.   ●

HISTORISCHES RATHAUS, Hauptstraße (Apfelweinstraße). ☎ 06181/441144. Mo-So 16-01, Mi zu. Apfelwein 1,30, gefülltes Schnitzel 12, Haspel 10,50, Schlachtplatte, Kraut, Salat 8, Leberknödel, Kraut, Brot 6.

Um die Jahrhundertwende der Ausflugsort Frankfurter Ebbelwoifreunde. Mit Bahn oder Pferdefuhrwerk pilgerte alles Richtung Hochstadt. Direkt neben dem Stammhaus der großen hessischen Apfelweinkelterei Hoehl versucht ein agiler und unterhaltsamer Wirt dem alten Spruch gerecht zu werden: »Ja, beim Ebbelwoi beginnt der Mensch erst Mensch zu sein«. AUFBAUENDE ALTBAUTEN.   ★

APFELWEIN FÖHL, Marktplatz 1. ☎ 06102/39669. 10.30-14.30, 16.30-24, Di zu, Mi ab 16.30. Bier 1,60, Wasser 2. Gutbürgerliche Küche.

Einfache, mit Holztischen ausgestattete Kneipe, auch für größere Gruppen geeignet. Hier trifft man Einheimische, und wo gibt's die sonst noch in der typischen Frankfurter Schlafkolonie. Große Speisekarte, ebensolche Portionen bei wechselnder Qualität. Sie ragen meistens etwas aus dem faden Haspel-Sauerkraut-Wienerschnitzel-Mischmasch sonstiger Traditionells heraus. Manchmal geht aber qualitätsmäßig auch alles, was schiefgehen kann, schief. Apfelwein vom Faß. Zu empfehlen, wenn die Ansprüche des Geldbeutels größer sind, als die der Geschmacksnerven. Der Gast wird satt. Kellner sind oft maulig: Sie blöken und stieren zuweilen recht ausdruckslos vor sich hin. Im Sommer am Wochenende Heurigenmusik im Innenhof. Wenn jemand diese Kultur nicht veträgt, sollte er bleiben, wo's ihm besser geht. Wenn man sich verirrt, stehen die Chancen nicht schlecht, daß er durch den Zufallsbesuch nach einigen Stunden nachweisbar Schaden am Gemüt nehmen könnte. VON ALTERS HEILIG.   ★ ≠

ZUM GRÜNEN BAUM, Marktplatz 4. ☎ 06102/34651. 12-14.30, 17.30-24, Mo zu. Bier vom 3, Wasser 2, O-Saft 3, Kaffee 2.

Gemütlich, aus Holz im alten Teil des traditionsreichen Gasthauses, erträglich im Nebenraum, nüchtern im Anbau, Spitze der Innenhof um den »Grünen Baum«. Isenburger Bürgertum, Gäste aus der Umgebung, Jugend fällt kaum auf. Weit bekannte und beliebte Apfelweinwirtschaft, inzwischen mit höheren Ansprüchen an Küche und Keller. Mit Spezialitäten aus der Tiefkühltruhe sind diese allerdings nicht immer zu halten. Am ehesten Verlaß ist auf die große Tageskarte, Weine aus dem Rheingau und von der Bergstraße und natürlich Ebbelwoi. HOFFNUNGSVOLL.   ≠

ZUR GUTEN QUELLE, Waldstr. 68. ☎ 06102/27960. 11.30-01, Sa zu. Warsteiner 2,50, O-Saft 2, Kaffee (Tasse) 1,80. Käsebrot 3, Hausmacher Wurst 5.

Holztische, einfach, getäfelte Wände — nach der Art traditioneller Äbbelwoi-Lokale Stammlokal von Feuerwehr, Vereinen, Damenkränzchen. Besucht auch von jungen Hungerleidern. Wenn es darum geht, preiswert hessisch zu essen, Bratkartoffeln zum Beispiel, Spessartapfelwein oder Eder Pils dazu zu trinken, dann unbedingt zu empfehlen. Liebhabern der Nouvelle Cuisine und feiner Gastlichkeit abzuraten. WARTE, WARTE NUR EIN WEILCHEN, DANN KOMMT LEO AUCH ZU DIR.   ≠

SCHMERZ LASS NACH

»Die grenzenlose Inkompetenz aller Beteiligten spottet jeder näheren Beschreibung«. So endet mancher Polizeibericht über das dramatische Ende einer sonntäglichen Ausflugsfahrt. Kaum finden die Metropolenstrizzis den Weg über die Großstadtgrenze hinaus und den Fuß in den Wald oder See hinein, hat das Rote Kreuz Hochkonjunktur, die Blaulichter stehen nicht mehr still.

Mit unnachahmlicher Treffsicherheit verfangen sich zwei linke Füße im Wurzelwerk einer hundertjährigen Eiche — knacks. Zur Freude aller Paddelboot-Heimer und bräunungsgeiler Badenixen zelebriert Hansi beim ersten Wassergang einen Salto rückwärts — platsch. Beide Male Bein gebrochen.

Was geht nur in den Köpfen der ausgeflippten Sonntags-Touris vor? Sind sie so verstört beim Anblick der frischen, jungfräulichen Natur, daß ihre Gedanken nur noch ums Fremdgehen kreisen? Gewiß, viele Ausflugsorte lassen die Wünsche der Stadtflüchtlinge unerfüllt — die pure Kopie ihrer Stammkneipe finden sie da draußen in der Wildnis bestimmt nicht! Nicht zu übersehen auch, daß mit zunehmender Entfernung von Stammtisch die Sehnsucht nach dem Gewohnten kräftig zunimmt. Dabei ist die Heimattränke den sonntäglichen Entzugs-Jubel gar nicht wert!

Was macht man nur mit einem solchen Döskopp, den schon nach zwanzig Minuten Fahrtzeit im Wald das Heimweh plagt? Die Augen dumpf, den Körper gebeugt, setzt er sich nach der ersten Rast ins Auto.» Ich hab da 'nen Fehler gemacht. Schon wieder Kaffee getrunken und Kuchen gegessen. Das schmeckt mir halt, aber bei Ausflug bekommt mir das gar nicht!«. Und. Und. Und. Gequäke und Larmoyanz weichen für einen Moment mächtigem Selbstbewußtsein: »Gefordert ist der Schock — die wichtigste Waffe des Weltstädters«. Klaro. Und schon versinkt er wieder in sattes Schnarchen. Die Landschaft zieht eindrucklos vorbei. Er träumt so gerne, wenn Ausflug ist: »Auf Schmittens sündigster Hochtaunusmeile entblättern sich blutjunge Schönheiten. Die nackte Lust am süßen Leben äußerst sich in heftigen Hüftschwüngen zu feurigem Zigeunerfidel und heißen Taunus-Klängen. Derweil suggelt er sein Apfelwein-Soda in der Imbißbude und ordert souverän-gelangweilt gegrillte Buletten bei Jean-Pierre. Mit viel Ketchup und Mayo. Dann schlendert er locker rüber zum Brunnen. Da trifft er vielleicht wieder Brischitt. Mit ihren Hunden.

★

ANGLERHEIM, Nied. Grüne Weide 20. ☎ 394666. Tgl. 15-01, Mo zu, So ab 10. Cola 0.3l 2,10, Kaffee 1,70, O-Saft 1,80. Sommer-Terrasse.

Ich will heute genießen, nicht in tausend Jahren. Habe soviel Ausflüge verpaßt, will das jetzt nicht erklären. Ich bin jetzt hier, an einem stillgelegten Seitenarm der brutal begradigten Nidda. Südlich der Siedlung am abgerissenen Bundesbahnausbesserungswerk Oeserstraße, inmitten von Feldern und Wiesen, in erstklassiger Teichlage, findet der Spaziergänger oder Radfahrer die Heimgaststätte des dortigen Anglersportvereins. Eine wahre Idylle, inmitten angrenzender Schrebergartenkolonien mit gehobenem «Bebauungsniveau.» Treffpunkt für Freunde jugoslawischer Küche, sonntags Kaffee und Kuchen. Erfreulicherweise bleibt einem trotz Anglertempel das Tote-Nidda-Fische-Essen erspart. Ein Geheimtip war der lauschige Ort spätestens nach dem 88er Doppelkorn nicht mehr. Ausflugskultur für alle! Die wenigsten Sonntagsfrischler und Feiertagserholer parken ihr Auto frühzeitig, schauen sich vor dem Kampf um das größte Stück Tiefkühltorte ein Reststück Arbeiterkultur, die Eisenbahnersiedlung an. Dabei sind es dann nur noch fünfzehn Minuten bis zur Erfrischungsstation! Vorsicht Frischluft! Man könnte dran ersticken. Derlei perfekte Siedlungsbau-Poesie verblüfft zunächst, nimmt aber im Verlauf des Aufenthalts immer mehr Gestalt an und ergreift auch härteste Gemüter. Zumal dann, wenn man die Tristesse bekannter Trabantenstädte erinnert, die Frösche quaken und sonstiges Getier rührend romantische Gefühle hervorlockt. Solche «Schwächen» empfinde ich nicht störend, folglich kann ich mich nach dem melancholischen Teil sofort an dem opulenten Mahl zu günstigen Preisen ergötzen. Anfangs klebt man vor Freßlust

rülpsend, dann eher aus Ermüdung am Stuhl. Seit ein stadtbekannter Rödelheimer Autobeträger den idyllischen Flecken definitiv meidet, ist eine Spitzenbewertung unumgänglich. SEHR GUT. ★

F.R.G. OBERRÄD. Sommer 13-01. 0.3l Pils 3, Schweineschnitzel paniert 11, Rumpsteak Mirabeau mit Sardellenfilet, Pommes und Salat 24,80.

FRANKFURTER RUDERCLUB. Mo-Fr ab 15, Sa So ab 11. Mi zu. 0.4l Pils 3,20, 0.25l Apfelwein 1,50, Cordon Bleu, Karotten, Erbsen, Möhren, Salat 18,30, Pfeffersülze angemacht, Bratkartoffeln 7,80.

F.R.V.. Tgl. 14-01, Mo zu. Rahmschnitzel 13.

Sie haben den Großstädtern ganz neue Welten eröffnet. Zumindest vermitteln sie diesen Eindruck gerne. Unterhalb der bei schönem Wetter völlig überfüllten Gerbermühle flüchtet sich der etwas schlauere Draußensitzer — so sein Selbstbild — zwei Kilometer mainabwärts am Mainufer der Stadtmitte zu. Hier siedeln zentriert die Frankfurter Rudersportler, die eine Marktlücke erkannt haben und für die Vereinskasse den Gartenwirtschaftsbetrieb ganz schön rentierlich nutzen. In der Öffentlichkeit hat sich seit Jahren die angeblich schöne Qualität als Dogma zementiert und die Konsumenten mit vielerlei Neoromantik cremig und gut eingestimmt. Ruft man sich hingegen die nächtliche Tortur im Bett nach dem Überfall einiger Mückenschwärme in Erinnerung, dann drängt sich eher der Charakter existentialistischer Second-Hand-Gastronomie auf. Wirklich, es ist ja schön gemeint mit dem volksnahen Entertainment und den schönen, bunten Lämpchengirlanden, aber wenn einem im nachhinein die Zunge vor Fieberschmerz versagt, dann sprengt das den Rahmen allen Wohlwollens. Es sei denn, eine Survival-Schule macht hier ihren ersten Trocken-kurs. Der brasilianische Urwald ruft schließ-lich. Zur Ehrenrettung: Die Ruderer können ja nichts dafür, wenn die Gäste so gern draußen sitzen und sich dafür von Mücken bestrafen lassen. Und warum überhaupt ist die Umwelt so belastet, daß soviel Ungeziefer sein Unwesen treibt! Jedenfalls promenieren wir hier nicht über die Promenade d'Anglais in Nizza, sondern den Oberräder Schnitzelpfad rauf und runter.So unterschiedlich die Qualitäten und Speisekarten aussehen, so einheitlich ist nämlich die Grundausstattung. Um die diversen Schnitzelvarianten glauben die Ruderwirte nicht rumzukommen. Sie teilen den hohen Verdienst vieler deutscher Köche, dem Gast seit dem Mittelalter äußerst schwer Verdauliches konsumierbar gemacht zu haben. Drum klammert sich der eine ehrenrettungsmäßig an seine Matjes, der andere an sein Pfeffersteak mit poivre vert, und damit an das Märchen, den großen Wurf für Schlemmer geboten zu haben. Nun ja, in der Welt des permanenten Schwindels ist der Qualität einer Soße so sehr zu trauen, wie der Echtheit von Lachsersatz. Sie taugt so lange, bis der Betrug entlarvt ist, das heißt, bis es einem übel ist. Nun gut, wo kräftige Ruderer zupacken, regieren harte Fakten und manches nicht hundertprozentig gelungene Nebenangebot zum Sport braucht man ja nicht gleich hysterisch zu einem Moment grenzmoralischen Handelns hochzustilisieren. Laue Abende sind nun mal verführerisch. Und einen zweiten Main mit so vielen Sitzmöglichkeiten auf einem Fleck in Wassernähe gibts auch nur einmal. FÜR DIE STUNDE VOR DEM MORGENGRAUEN. ★

GERBERMÜHLE, Sachsenhausen. ☎ 652560. Mo-So 11-01.
Goethe trieb sich hier rum, und wo sich Frankfurts berühmtester Sohn vergnügte oder gar dichtete, ma waas es net, da rühmt jeder schlechtere Stadtführer die Attraktivität des Ortes. Gemessen an seiner werblichen Nutzung fällt die Ausstattung herzlich lieblos und profan aus, vergleicht man sie mit bombastischen, denkmalschützerischen Ausschweifungen im Westend. Viele Radler, mit den besseren Geräten ab 900 Mark aufwärts, mischen sich mit modebewußten Cabriofahrern. Sonntags viel Kindergeschrei. Ja, ja das Leitziel, das humanistische Bildungsideal treibt junge Eltern hierher. Geschichte zum Runtertrinken, oder: Auch der Nachwuchs muß ja irgendwie an den Bembel herangeführt werden. Der Weg am Main entlang hier herauf zu drittklassiger Gastronomie, war auch schon mal gesünder und attraktiver. Dennoch: Wer die Einbildung unbedingt braucht, daß ein Hauch klassischer Literatur im Nacken wenigstens sonn-und feiertags kitzeln muß, weil es alltags nur zu BILD-Zeitung und zeitgemäßer Lyrikrezeption, dem Studium der Tabellen von erster und zweiter Fußballbundesliga reicht, ist hier absolut richtig. Wenn Hunger zu Folter ausartet, und Vielfresser foltert Hunger spätestens alle 55 Minuten, empfiehlt sich schon vorher, 2 km flußabwärts, eine Rastpause. An den Mainwiesen 31 bietet die Gaststätte der Rudergesellschaft Borussia außer Stechmücken sommers überdurchschnittlich Kulinarisches zu vernünftigen Preisen. Geöffnet von 11-01 Uhr. WENN ES SEIN MUSS. ★

HUNDEZUCHTVEREIN, Rödelheim. Biegwald.
Neun von zehn Sportvereinslokalen sind witzlos, blöd und zeigen, daß sie ihr Publikum geringschätzen. Die Ausstattung dieses Lokals bezeugt die Geistesnähe der Verantwortlichen zu Sportfreunden anderer Disziplinen. Das ästhetische Leiden an den Ausstattungsverhältnissen wird erheblich gemildert von den verabreichten Schmerzstillungsmitteln in Form von bald 30 Schnitzelvarianten. Schwein gehabt! So manche überromantische Pute schmilzt angesichts der untergehenden

Abendsonne mit ihrem Puter wie Mövenpickeis dahin. Diese schönen, wehmütigen Gefühle nach dem Motto «wir werden niemals auseinandergehen», werden vom Getöse der nahe vorbeirauschenden S-Bahn brutal zerstört. So geht die Liebe danach oft etwas schwerer von der Hand. Trotzdem gewinnen die Gäste in dieser Idylle Lebensmut. Sonntags gibt es in freier Natur Kaffee und Kuchen. ICH BIN BEI DIR. ★

LOHRBERGSCHÄNKE, Seckbach. Auf dem Lohr 9, Lohrpark. ☎ 479944. Sommer 10-22, Mo zu. Winter 10-19, Mo zu. Handkäs mit Musik 4, tgl. wechselnder Mittagstisch von 11.30-14.30. Draußen sitzen.

Dort wo Frankfurts teuerster Sauerampfer wächst, beim einzigen Weinberg im Stadtgebiet um die Ecke, liegt richtig süß hingeschmiegt ein schon historischer Rundbau Marke Dolomiti-Skihütte. Wochentags weniger überfüllt. Vor allem bei schlechtem Wetter. Die absolute Attraktion des Hauses, der altgediente, rappeldürre Kellner, ein echter Valentin-Typ, macht das mehr als wett. Jede Bestellung wird zur Beleidigung. An seine weißen Lippen kann ich mich gut erinnern. Der ist nicht am Ende, auch wenn ihm scheinbar so ist. Diese besondere Art Stolz erinnert an DDR-Kellner. Seine realsozialistischen Kollegen verstehen sich ebenfalls nicht als «dienendes Personal», sondern als Teil einer Versorgungsleistung. Das erhöht noch den Charme dieser köstlichen Knalltüte. Mürrisch — liebevoll bringt er schließlich doch Kaffee und Kuchen, knallt die Bestecke ebenso heftig und unkoordiniert auf den Tisch wie den Salatteller und schleicht sich betont desinteressiert davon, noch bevor das Geschirr zum Stehen kommt. Der Ausblick auf Seckbach, Riederwald und Offenbach ist gerade bei Regen für melancholische Typen diese kleine Reise wert. Bei sommerlichen Temperaturen kann man sich auf den angrenzenden Rasenflächen an den graziösen Übun-

gen gutgebauter Bumerangwerfer ergötzen. Ich war dabei als Frau Hildegard, keine Kostverächterin antiker Statuen, vor Staunen den Mund aufmachte, und den Ort als wahres Dorado für Ästhetinnen lobte. Solche Ausflugsziele sind heute Raritäten. Echte Geheimnisse und mit dem richtigen Sinn für verborgene Schönheiten attraktiver als Erlebnisurlaub im Wohnwagen auf dem Campingplatz von Schmitten. Dieses Lohrbergpanorama mit seiner göttlichen Jausestation ist die wahre Ausflugshölle. Gäbe es sie nicht, man müßte einen Sponsor suchen, der sie von den bayrischen Almen importierte. MACHT MICH RASEND. ★

OBERSCHWEINSTIEGE, Stadtwald am «Vierwaldstätter See». ☎ 684888. Mo-So 11-22. 0.3l Bier 2,50, Apfelsaft 2. Kalbsgeschnetzeltes mit Butterspätzle 17,70. Draußen sitzen.

Wieder im Wald, wieder unterwegs. Wieder kein Kurhaus, wieder kein Weltniveau. Inmitten der Frankfurter Lunge betreten Som-

mer wie Winter StadtwaldpirscherInnen erschöpft dieses Lokal, um sich von zwei extrem strapaziösen Wanderstunden auf flacher Piste zu erholen. Schließlich muß man sich die wenigen abgenommenen Schweißgramm flugs wieder anessen. Nicht umsonst fragt man im Volksmund bei «Gewichtsreduktion» den «Betroffenen» trauend: «Wieviel Kilo hast du denn ‚verloren'?« Nebenan der Jacobi-Weiher, im Volksmund «Vierwaldstätter See« genannt. Er hat dem ganzen Ensemble den erwarteten romantischen Touch zu verleihen. Das Personal ist schlichtweg schlecht erzogen. Der Service zeichnet sich durch völlig witzlose Trägheit aus. Der Calvados müßte nicht unbedingt der billigste Sprit sein, den es unter No-Name Produkten gibt. Dafür ist er teurer als anderswo ein hochwertiges Markengetränk. Die Einrichtung versöhnt ein wenig. Der Laden ist kein langweiliges Modeprodukt. Ausschließliches Zehren vom guten Namen aus besseren alten Zeiten und von konkurrenzlos guter Lage kann jedoch auch Trostlosigkeit und Besucherschwund produzieren. WENIG AUFREGEND.

★

PETER SCHLOTT, Höchst. Schiffscafé ankert am Mainberg. ☎ 315480. Tgl. 11-23. Bis 1. November geöffnet, in der Wintersaison zu. Cola 2,50, O-Saft 4, Kännchen Kaffee 5. Im Winter ist das Café So ab 14 offen. Do & Sa Live-Musik. Als Geheimtip vom Wirt gepriesen: Oberdeck ideal für Feiern aller Art.

Generationen von Besuchern haben schon versucht, hier das große Traumschiff-Feeling für die kleine Mark zu erhaschen, den Sehnsüchten der großen Meere nachzuspüren und der verschwenderischen Gastronomie von Luxuslinern zu frönen. Sie alle sind hier schon mal verzweifelt. An der nicht immer optimalen Verköstigung. Kommt dann noch pralle Sonne auf dem Deck dazu, fängt das Café auf dem ausgefahrenen Steg backbords an zu schaukeln, weil ein kleines Motorboot kleine Wellen ver-

ursacht, ist der Höchster plötzlich auf Helgolandfahrt, auf hoher See, und solche Wahnsinnsabenteuer machen seekrank. Garantiertes kurioses Erlebniskuchenessen am Sonntagnachmittag. Erfolgversprechender als der Besuch des unsinkbaren Höchster Titanic-Verschnittes aus dem Jahre 1926 ist das Übersetzen mit der von Stillegung bedrohten Fähre auf das andere Mainufer zu den Schwanheimer Dünen. Hier findet der Frischluftler sommers Kiesgruben und Natur wie es das Herz begehrt. KEINE STARS.

★

RESTAURANT IM HENNINGER TURM, Sachsenhausen. Hainer Weg. ☎ 6063500. Tgl. 10-22.30. Mo zu. Kännchen Kaffee 4,80, Grillschaufel mit Beilage 21,50, Handkäs mit Musik 7,50.

Sonntagsnachmittags kein Geschenk an die Trauerklöße dieser Welt. Social life unter den Wolken, abseits oder zur Garnierung des trögen Tourialltags, wenn wieder mal die Besatzung des Schulbus aus Eiterfeld hoch über den Dächern der Stadt nach der Skyline und kleinen Gartenhäuschen gaffen muß — Gulliverwelteffekt. Dann findet die legendäre Schellackparty statt. Garantiert keine Avantgarde-Musik, punkiges Personal und strenge Outfitkontrolle am Eingang. Ganz einfach für Leute, die positive Erinnerungen an die Schlager-, Operetten- und Walzermusik des Prä-Vinyl-Zeitalters aktivieren und sie stilgerecht genießen möchten. Bei soviel Schönheit des Augenblicks und der Harmonie ist so manch einer verliebt in sich selbst und die eigene Jugend. Dem bei solch bombiger Stimmung verständlicherweise euphorischen Geschäftsführer bleibt manchmal vor Glücksgefühlen nichts anderes übrig als hilflos, verunsichert, Postkarten seines Etablissements an die Gäste zu verteilen. Nein, Tränen stehen ihm noch nicht in den Augen. NUR NOCH EINE FRAGE DER ZEIT.

★

SPEISEGASTSTÄTTE RUDERCLUB BORUS-SIA, Sommer 14-01. 0.25l Apfelwein 1,60, Hausplatte für eine Person 16. Jugoslawische Spezialitäten. Große Eiskarte.

ZUM LAHMEN ESEL, Niederursel. Krautgartenweg 1. ☎ 573974. Tgl. 16.30-24, Mo zu. Apfelwein 1,50, Bier 3, Schnitzel 8,20-10,50, Rumpsteak 14,80, mittwochs ofenfrisches Haspel.

s.S. 476

wiesbaden

BEAU SITE, Nerotal 66. ☎ 06121/526066. Mo-Fr 12-01, Sa So 11-01. Pils v. Faß 3.

An der Talstation der Nerobergbahn gelegener idealer Ausgangspunkt oder Treff zum abschließenden Dämmerschoppen für alle Wanderer, Jogger oder auch nur für Freunde des Im-Grünen-Sitzens. Bei schlechtem Wetter wird im gutbürgerlich eingerichteten Restaurant serviert (z.B. tägl. wechselnder Mittagstisch ab 10). RICHTUNGSWEISEND.   O

TREIBHAUS, Klarenthaler Str. 127. ☎ 06121/467277. Im Sommer 12-01, im Winter 18-01. Bier 3, ll 8,50, Wasser 3, O-Saft 3, Kaffee (Kännchen) 5, Kirsch-, Brombeer- und Erdbeerwein 4, Apfelwein 0.25l 1,90, ll 7,50, 2l 14. Broccolisuppe 5, Salate 3,50-12,50, Handkäs' 6, Calamares 11,50, Nudeln 10,50-11,50, Steaks 18,50-26,50, die Portionen sind recht groß.

A und O dieses gigantischen Grundstückes ist der Garten, der im Sommer gut besetzt ist. Hier fährt man vorbei und hält an, wenn man Hunger hat und von Wiesbaden nach Limburg will. Oder in den Bronx von Wiesbaden, die Mega-Trabantenstadt Klarenthal. Oder man will auf dem Weg zur Fischzucht lieber weniger von piefigen Heimurlaubern gequält werden als im dortigen Sommerfrischler-Resto. Im nackten Haß schleudere ich

ihnen meinen Ekel entgegen! Für wirkliche Ausflügler geeignet. Die Küche, preislich leicht angehoben, gilt als varianten- und ideenreich und sieht nicht nur gut aus, sondern schmeckt auch so. Dezente Musik inklusive. Cocktail-Bar empfehlenswert, so sagte man uns. Leute, die in relaxter Atmosphäre das Besondere auf dem Teller wünschen und nicht gleich das ganze Haus kaufen möchten, beim Auswahlprozeß unbedingt in die engere Wahl ziehen. SOMMER, SONNE, WONNE.   ★ ■

bad könig

BRUNNENSTUBE, Hohe Str. 68. ☎ 06063/1008. Mi-Mo
10.30-22, Di zu. Selbstgekelterter Apfelwein.

Gemütliches, extrem billiges Ausflugslokal mit Biergarten im Hof. Rustikal, aber herzlich, ländlich-bäuerliches Flair. Nach tagelangen, ausschweifenden Wanderungen genauso geeignet, wie nach dem kurzen Spaziergang am Wochenende. Jung und alt gemischt, gemeinsam ziehe man zuvor in den Wald, wo ihnen viele liebe Tiere begegnen. Nachher sitzt man in lockerer Atmosphäre gemeinsam am Biertisch. Eine hübsche, ansehnliche, rundherum gelungene Sache.   WANDEREROASE.   ✔

bad nauheim

BISTRO, Am Marktplatz 3. ☎ 06032/32719. Mo-Fr 10-01, Sa/So 11-01, bei gutem Wetter draußen bestuhlt. Pils 2,50. Frühstück 6-12,50.

Bad Nauheim macht alt, Bad Nauheim kuriert, Bad Nauheim engt die Stirn und Bad Nauheim hat ein Bistro. Bad Nauheim hat auch ein schickes Jugendzentrum, nur gehen die Jugendlichen dort nicht hin, stattdessen gehen sie ins Bistro, rauchen Dschitanes bis ihnen

Foto: Werner Schmitz

Lohrberg

schlecht wird und wünschen sich nichts sehnlicher als endlich Papis Bankkontonummer auswendig zu können. Abends, wenn der halbe Marktplatz vollsteht, weil der Innenraum höchstens Platz für 17 Bogarts und einen Hund läßt, kann man die rührendsten Szenen beobachten, wenn Sie (umhüllt von einer parfümierten Giftwolke) Ihm (ganz lässig in der neuesten Ich-geh-meilenweit-für-ne-zerrissene-Hose-Ausgehuniform gekleidet) den Unterschied zwischen Ledergürtelfachverkäuferin und Hosenlatz erklärt. Nun, was kann eine Kneipe für ihr Publikum? Denn eigentlich ist die Lage und die Intimität der Kneipe mehr als einladend und der Kakao, der Café au lait und das Baguette sind Spitzenklasse. So ist das Bistro in zweifacher Hinsicht interessant. Zum einen kann man, wenn man bei gutem Wetter nachmittags draußen einen Platz ergattert, zweifellos gemütlich die Zeit vertreiben, zum anderen kann man abends die sich auf dem Marktplatz tummelnden «typischen» Jugendlichen unserer Zeit «studieren». ZWIESPÄLTIG. ⌐╚

HANAUER HOF, Hauptstr. 54. ☎ 06032/4495. Mo-Fr 15-01, Sa/So 10-01, im Sommer Biergarten, tgl. 10-22.30.

Viele Etablissements lassen sich gern Kneipe mit Anspruch nennen, hier braucht man keinen Anspruch, denn in dieser Kneipe ist alles echt. Angefangen bei der Einrichtung bis hin zu den Gästen. Wo sich andere Kneipen um ein Flair bemühen und mit gekonnt plazierten Einrichtungsgegenständen ihrem Anspruch hinterherhecheln, läßt man hier ganz lässig alle Mode- und Zeiterscheinungen vorbeiziehen. Mitten in der von Kurgästen, Schicki-Micki-Rourkies und Oberschülern besetzten Kneipenlandschaft Bad Nauheims, existiert diese, von unbeugsamen Galliern bevölkerte Kneipe, die nicht aufhört, den Eindringlingen Widerstand zu leisten. Aber auch der Hanauer Hof hat sein zweites Gesicht, der Biergarten ist nämlich schon über die Grenzen

Ockstadts hinaus ein Begriff. Und so lockt er auch diejenigen zum selbstgemachten Apfelwein, die sonst nie einen Schritt über die Schwelle des Hanauer Hofes tun würden. Erst nach 22.30 h, wenn der Biergarten zumacht und man sein Getränk vorne in der Kneipe weitertrinken muß, ist man wieder unter sich, und wenn man in Stimmung ist und der Apfelwein seine Schuldigkeit getan hat, werden die Lampen aus dem Weg gehängt, wird die Musik aufgedreht und schon ist wieder Fastnacht und Kerb gleichzeitig. EINMALIG UND UNERREICHT. ⌐╚

bischbrunn/spessart

FÜRSTLICHES FORSTHAUS SYLVAN, Wandergaststätte und Schutzhütte des Alpenvereins. Im Weihersgrund. ☎ 09394/585. Di zu. Essen ist billig, maximal 9. Übernachtung: 7.

Bei der Anmeldung zur Übernachtung nach der Adresse des örtlichen Wandervereins fragen. Schlafsack bzw. Bettzeug mitbringen. Keine Anfahrt mit dem Auto möglich. Parkplatz 2,5 km enfernt am Torhaus Aurora, Nähe der Autobahnausfahrt A 3 Rohrbrunn. Diese Schutzhütte — etwas für Leute, die wirklich Ruhe wollen! Aber Gift für Typen Marke «Ruhet in Frieden». Weit und breit nichts als Wiesen, Wald, ein Bach. Das nächste Dorf liegt ein Tal weiter an der Hafenlohr: Sieben bis acht Häuser — keine Kneipe! Hinter der Hütte beginnt der Fürst-Löwenstein'sche Park — ein ehemaliger Wild- und Jagdpark — heute ein geschlossenes Waldgebiet mit uralten Bäumen. Es gibt auch noch ein Forsthaus mit Wochenendbewirtung im Park. MODERNES MÄRCHEN. ∧

BUSTERS WORKSHOP, Hochweiseler Str. 12, 6308 Butzbach. ☎ 06033/15455. Mi, Fr, Sa geöffnet. 0.33l Bier 2.

Den Schnee von gestern nicht gesehn? Den Hit des Jahres kennst du nicht? Ruppiger wirds da schon eher im «Busters Workshop». Der Meister selbst hat sich mittlerweile zurückgezogen und bastelt lieber an Autos oder kümmert sich um seine Familie. Migo und Drea, die schon seit langen Jahren zum festen Inventar der Discothek gehören, haben das Ruder übernommen und machten im Sommer 87 sogar möglich, woran keiner so recht glaubte. Daß der «Buster» renoviert ist, drang innerhalb nur einer Woche sofort bis nach Frankfurt vor, und bereits am «Einweihungs»abend gab es Zoff mit den Stammgästen. Böse Zungen behaupten, man wolle mit der frischen Farbe die schwarzen Punks verjagen, aber selbst, wenn dies die Intention der Macher gewesen sein sollte, so werden sie mit den paar Pinselstrichen nichts erreichen. Außerdem befände man sich in diesem Fall sehr schnell selbst auf verlorenem Posten. Die wirkliche Plastikdiscoanhängerschaft hat in der Wetterau genug andere Läden, die sie mit Modern Talking-Stuff bedröhnt und würde auch dann das alternative Haus auf der Fahrt Richtung Hoch Weisel links liegen lassen. Allzuviel hat sich nicht verändert. Die BustergängerInnen werden sich schnell an die verkürzte Theke gewöhnen und die Preise haben sich bisher auch noch nicht zu ihrem Nachteil verändert. Für Frankfurter ist schließlich ein Bier für zwei Mark schon nah an paradiesischen Zuständen. Nach wie vor geht man am besten mittwochs in den Workshop, da kostet das Reinkommen garnix und man kommt ohne Prellungen bis zum Klo durch. Im Tanzsaal fehlen seit der Renovierungspause die alten Sofas, in denen sich zuvor Mensch und Hund einen Schlafplatz einrichteten, und ein paar Lichter mehr zucken durch die Nebelschwaden (um Gottes Willen — keine Nebelmaschinen, sondern starker Tabakgenuß sind die Ursache). Für eines hatte man bei der Neuerung natürlich kein Geld mehr: Das waren ein paar aktuelle Platten für den DJ, aber da sich eh alles «revivalt», spielt man hier eben nach wie vor Zappa, Kwesi Johnson und explosiv-afrikanische Percussionmusik. Entsprechend heftiger wird sich hier bewegt — die Hippies tanzen sich die Seele aus dem Leib und der Rest grinst sich eins. Verflossene GRÜNE Landtagsabgeordnete wie Jan Kunert fühlen sich samstags ihrer Basis näher als Josef Fischer in Frankfurt — Westend, im Luxus-Resto «Humperdinck». Dorthin emigrierte Wetterauer Berufsjugendliche zieht es inclusive anhängender Mitternachtskinder immer wieder zum Schlüsselort ihrer ersten Abnabelungsabenteuer zurück. Und das Kribbeln im Bauch heißt: Jetzt gehts wieder los. Das wichtigste der örtlichen Kommunikation ist, sich seine gegenseitige Sympathie zu verleugnen und einander bis aufs Mark zu bekämpfen. Das geht ganz subtil und nicht im Pogogerempel über die Bühne, aber ein stiller Beobachter bekommt die Vibrationen schnell zu spüren. Amerikaner frequentieren den Workshop übrigens nicht mehr «as usual» — man hat sich auf seine Gießener Ghettos zurückgezogen bzw. zurückziehen müssen. Bedauern macht sich deshalb nicht breit und frau kann inzwischen vielleicht sogar mit geringerem Verfolgungswahn über die Felder nach Haus... Um ein Uhr macht der Laden übrigens dicht, gefegt wird allerdings so etwa bis zwei. Perspektivisch gebe ich dem Laden noch eine kleine Ewigkeit... SPITZENKLASSE. ↘
★

TRIANGEL, Weiselerstr. 81. ☎ 06033/2746. Tgl. 19-24, Fr Sa -01. Cola 1,50, Bier 2,40, Apfelsaft 1,50, Wasser 1, Essen: Mo Verwöhnpreise 19-20.

Der Wochenendtreff für den «gemütliche-ren» Teil der Butzbacher Tanzjugend. Wie überall in Rustical-Schuppen mit gräßlichem Hausbar-Flair wurde auch hier mit Schalen-brettern und Baumstämmen hemmungslos ge-wütet wie im wilden Westen. Wagenräder könnten passen, schmiedeeiserne Kleider-ständer, wären sie nicht zu teuer, springen voll-kommen ins Bild. Der Gesamteffekt: Unüber-sichtlichkeit, wenig erhebend, eigentlich nicht sehr aufregend. Neidlos anzuerkennen: Die In-novationsfreudigkeit des Wirtes. Das Zauber-wort heißt «fun-music», und zwar «life». Die Prä-sentation leichter musikalischer Zitate aus der Flowerpower-Ära, ein wenig «Crimson and Clover», sehr viel Elegisches der Qualität «Bridge over troubled water». So wahnsinnig locker, daß Männer und Frauen in derber Jeans-Mode bierzelt-selig schunkeln, wie ihre Eltern im Bierzelt beim Heimatabend mit Tony Marschall. Immerhin ist er der einzige im Um-kreis von 30 Kilometern, der solches kontinu-ierlich anbietet. Dazu präsentiert er ein piffi-ges Monatsprogramm: Nasenabend, Sockenfest, Tischfußballturnier, Erdnußparty mit Wettessen bis hin zum Weinflaschen-Schlachten. An diesem Wirt ist ein Club-Mediterannee-Animateur der Spitzenklasse verlorengegangen. Zu lange geschlafen, zu oft gebadet. Wen wundert es da noch: Ganz Butzbach ist im Triangel-Rausch! GEISELBACHER GOLD. ★

BISTRO SORBONNE, Wetzlarerstr. Pils 2,50; Cola 2.

Kein welterschütternder Vorgang: Eine Wirte-Generation läuft aus. Im ältesten Gast-hof in Marktnähe zieht «die Jugend» ein. Mit viel Mut zur Veränderung fällt der Name gewagt assoziativ aus. Die Pariser Universität stand bei der Namensgebung Pate. Welch ein An-spruch, welche Erwartungen an heiteres ge-löstes «savoir vivre» in den neuen Räumen! So-was löst kein vergleichsweise schwerblütiger

Mittelhesse ein und so fällt die Wirtschaft schließlich auch aus. Das düstere, schumme-rige der Traditionskneipe mit ihren Ecken, Ni-schen und dem Dekorationsgerümpel, das sich über Jahrhunderte angesammelt hatte, ist heller Übersichtlichkeit gewichen. Die Tradi-tion wird nur fragmentarisch bemüht. Hier ein Blubberofen, dort hinter der Theke ein Oma-Uhr. Paris und die Sorbonne kommen kaum vor. Bis auf wenige «Bildchen» an der Wand fällt nicht ein, welches Motiv gerade dieser Na-mensgebung zugrunde lag. Hier tobt keines-falls das halbweltliche, sündige Leben. Zuviel gesoffen, zuviel geredet, zuviele Nächte rum-getobt? Nein, keine jungen Leute, eher die äl-teren Wandersleut' die schon immer hier Sta-tion machten, sitzen sonntags irritiert am Tisch. Dafür ist der «Kaffee komplett» vorbildlich ar-rangiert. In Frankfurt, der selbsternannten Weltstadt, im universellen Hessendorf, wurden mir in den letzten Jahren zur Tasse Kaffee keine zwei Schoko-Bisquits und Kaffesahne zu zwei Mark serviert! Vielleicht könnten ein biß-chen französische Musik statt HR 3-Musikbox, ein kleines Baguettes-Sortiment und ein Zwie-belsüppchen Profil verleihen. Eine Belebung mit französischer Lebensart, ein bißchen furchtbar Erschrecken des Butzbacher Publi-kums, täte dem durch und durch steifen Trei-ben und Schlurfen rund um den Marktplatz nur gut. GIB GAS. ★

flörsbachtal

ZIEGELHÜTTE, zwischen Kempfenbrunn und Lohrhaupten. ☎ 06057/713. Tgl. 11-niemand mehr da ist, Mo zu. 0.4l Frammersbacher Bier 2,20, 0.3l Cola 2. Gemüseplatte nach Jahreszeit 11,80, Vollkornnudeln mit Rahmsoße und Salat 9,80.

Von der Räuberwirtschaft zum gastrono-misch-kulturellen Anlaufpunkt im Spessart.

Einst gingen hier die Spessarträuber ein und aus. Heute sind's die öko-bewußten Ausflügler aus dem nahen und fernen Umland. Während in früheren Zeiten die Spessarträuber die neuesten Coups aushheckten und so manch einer überstürzt das Haus durchs Fenster verlassen mußte, um nicht von den Gendarmen hinter Schloß und Riegel gebracht zu werden, haben die heutigen Besitzer die Tradition der alten Zigelhütte wieder aufgegriffen. Auch heute kein Heim der Reichen und Möchte-Gerns, sondern handfester, ökologischer und kultureller Treffpunkt im Spessart. Bekannt und mittlerweile eine feste Einrichtung für Progressive ist das jährlich einmal stattfindende Kulturfestival, schwerpunktmäßig von Künstlern aus der DDR gestaltet. Eine Besonderheit jedes Jahr wieder. Auch zu Nicht-Festivals-Zeiten empfiehlt sich ein Besuch: Hier gibts Fleisch vom glücklichen Schwein und das süffige Frammersbacher Bier, natürlich nach alter Tradition im Nachbarort gebraut. Durchaus nicht häufig im Spessart zu finden: Die Ziegelhütte bietet auch für Vegetarier eine besondere Karte. Für Kinder gibts Tiere zum Anfassen und viel Platz zum Toben. Alles in allem: EINE REISE WERT. ☆

friedberg

LITERATURCAFÉ, Hospitalgasse 16. ☎ 06031/91539. Mo-Fr 8-18.30, Sa 9-16, So 14-18. Kaffee 1,90, O-Saft 2, 15-20 versch. Teesorten. Fr ab und zu Veranstaltungen.

Das «Litcafé» war einst als Kombination von Buchladen und Lesecafé gedacht, inzwischen floriert das Gastronomische wohl weit besser als der bereits verkleinerte Buchladen. Das Buch darf zwar nicht mit rüber an den Cafétisch, aber es lassen sich Leseproben zwischendurch einrichten. Das Angebot im Café richtet sich nach den Standards — kleine Eßgerichte sind laufend lieferbar und ab und zu gibt's mal was Besonderes. Das Friedberger Lesecafé führt die Tradition des Jugendzentrums insofern fort, als einige Initiativen oder Gruppen inzwischen in seinen Räumen den ständigen Stammtisch abhalten. Natürlich handelt es sich hierbei nur noch um Treffen der ruhigeren Art und eine Spontandemo wird von hier aus nicht mehr ihren Ausgang nehmen… SPITZENKLASSE. »

gettenbach/büdingen

TURMSCHÄNKE, in der alten Schule, Eichelkopfstr. 26. Tgl. ab 17, So ab 11.

Insider-Tip für Leute aus der Gegend, die nach der Radtour Wert auf kräftiges und gutes Essen mit einem guten Schuß Knoblauch legen. Abseits der stark frequentierten Wochenendrennbahnen gelegen, bleibt hier der Sturm der Ausflügler aus den Großstädten aus. In dem ehemaligen Schulhaus ist heute eine griech. Wirtschaft mit gutem Essen und herzlicher Atmosphäre. Im Sommer ist der wunderschöne Garten eine Attraktion und bei schönem Wetter grillt der Wirt Lamm auf dem offenen Holzkohlengrill unter freiem Himmel. OASE. ☆

giessen

WUNDERTÜTE, Bahnhofstraße 46. ☎ 0641/73499. Sommer tgl. 11-01, Winter tgl. 11-15 & 18-01. Bier 2, Cola 1,50, Kaffee 2, Baguettes 2-6, Salate 4,50-8, Frühstück 5-10. Frühstücksbuffet.

Nahe der Kaufrauschzone eine erholsame Oase. Der Café au lait — vorbildlich. Kein schlaffer Pinsel. Die aufmerksame Bedienung erinnert an eine äußerst muntere Hupfdohle. Solche Qualitäten lernt man schätzen, wenn man in Alternativ-Cafés unzählige Male die alternative Warteorgie erleiden mußte. Viele Plakate zu Veranstaltungen Giessener Kleinkünstler geben dem Ort das schöne Flair. Man möchte sich so richtig schön und wollüstig in den trögen Samstagmorgen treiben lassen. Kleine Gerichte sind zur Ermunterung zu empfehlen, Veranstaltungen unbedingt zu besuchen. Hier fehlen Leute der Marke «Ich weiß nichts. Ich weiß nur meinen Hintern zu schwenken». Wohltuender Kontrast zum Krieg der Sinne in sogen. Life-Style-Bistros. Neuerdings sind bewahrende Alternativler, auch linke Konservative, deren Veränderungskompetenz abhanden kam, und die mindestens ebenso komisch wirken wie mein toter Opa, in Cafés und Kneipen zuhauf anzutreffen. Im Prinzip richtig. Aber nicht hier. Raststätte auf dem Samstagausflug nach Marburg oder Zielstation einer rasante Wetterautour. GROSSE SAUSE. ★

OKTAVE, Liebigstraße 30. Mo-So 20-24. ☎ 0641/74265

Und vor der Heimreise noch auf einen kleinen Sprung in diese alternativ-linke Traditionskneipe. Sie hat schon Revoluzzer gesehen, als die zahmen Studies von heute noch in die Windeln schissen. Die Übernahme der Kneipe selbst war schon ein Akt kultureller Revolution. Welches Milieu jahrelang bis jahrzehntelang den Ton angab, sieht man an der Inneneinrichtung, die sowohl zur Warnung aber auch zum Beweis ihrer Überwindung erhalten blieb. Angenehmes Publikum, sympathischer Wirt von Groß-Giessen, was will man mit einem guten Schoppen im Bauch mehr mitnehmen als Überlebensmittel für die nächsten Tage und Wochen nach Krankfurt? HEIMAT DEINE STERNE. ★

hain/spessart

SCHWARZER ADLER, Alter Weg 1. ☎ 06093/8573. 19-01, So ab 15, Mo zu. Bier Ex 2,50, Pils 2,40, Wasser 1, O-Saft 2, Kaffee 1,50. Adler-Pizza nach Art des Hauses (mit allem, was gerade zur Hand ist) 8.

Alternatives bis chaotisches Publikum. Wie soll frau das beschreiben? Eine Kneipe, betrieben nach dem Lustprinzip von sympathischen Chaoten, die auch im Haus wohnen und chaotisch ist fast alles. Wenn in der Umgebung irgendwo Festivals, Dorffeste oder ähnliche Veranstaltungen stattfinden, bleibt der Laden einfach zu. Also am besten vorher anrufen. Und so wird das Chaos zum Kunstbegriff. Das Essen: Pizza nach Art des Hauses s.o., aber immer gut. Die Getränke: Meistens vorhanden, wenigstens Bier und Kaffee. Sonstige Besonderheiten: Im Sommer kann man draußen sitzen. Ein Betätigungsfeld für Pyromanen (Feuerstelle), im Winter sorgt ein gußeiserner Ofen in der Kneipe für Wärme und Gemütlichkeit. LIEBENSWERT/ABENTEUERLICH. ⊂

hanau

DRUCKHAUS , Steinheim. Illertsr. 2. ☎ 06181/659291. Mo-Fr 17.30-01, Sa 12-01, So 11-01. Bier 3, Cola 2, Pizza 8, Spaghetti Bolognese 7,50. Draußen sitzen. Mi Sa Disco, Fr Veranstaltung, So Frühschoppen. s.S. 142

ALTES FORSTHAUS AN DER FASANERIE (WILDPARK), Klein-Auheim. Ausflugslokal.

Das Gasthaus gehört zum Wildpark Fasanerie in Klein-Auheim. Mittlerweile eine Einrichtung der hessischen Landesforstverwaltung, wurde die Fasanerie inklusive Wirtschaft bereits zu Beginn des 18. Jahrhunderts gegründet. Ein Ausflug hierher lohnt sich. Zwar gibt's keine Krokodile und Klapperschlangen dafür aber Wild- und Vogelarten, die heute und in früheren Zeiten in Hessen lebten. In Freigehegen, die insgesamt etwa zehnmal so groß wie der Frankfurter Zoo sind, leben Wölfe, Dachse, Luchse und andere, uns meistens nur aus Märchenbüchern und Filmen bekannte Viecher. Ein wahres Aktiv-Feld. Am Eingang kauft man Futter, das im Laufe des Spaziergangs verfüttert werden darf. Danach eine Stärkung im Gasthaus mit gutbürgerlichen Speisen und geprüft kinderfreundlichem Service. KLEINES ABENTEUER. ☆

hofheim

WALDGASTSTÄTTE GUNDELHARDT, Münsterstr. 65. ☎ 06192/6599. Di-Sa 11-23, So 10-23, Mo zu. Bratwurst 5,80. 100 Sitzplätze im Freien.

Auf dem Bergrücken Jause- & Pausestation für Wanderer auf dem Weg von Kelkheim nach Hofheim. Renoviert, neues Team. Jetzt lustiger und niveauvoller. GUT. ★

katzenelnbogen

SCHLOSSGASTSTÄTTE, Römerberg 10. ☎ 06486/1204. Mo Di Fr 17-24, Sa So feiertags 11-24, Mi zu. Cola 2, 0,4l Bier 3 Speisenpreise zwischen 8 und 45. Burgknochen, Schippe Dreck, Geisterschmaus, Hinrichtung (zwei Personen), Burggeist! Flüssig und brennend.

Ein breites Angebot bietet die Schloßgaststätte. Kultur für alt und jung, Seminarräume, Speisen der deftigsten Sorte und für die, die die Kurve danach nicht mehr kriegen: Hotelzimmer. Heftig geht's auf den servierten Tellern zu. Die Speisekarte verheißt Schocker wie Hinrichtung, Burgknochen, Schippe Dreck und Geisterschmaus. Zugegeben, nicht für jedes Mägelchen was. Wer's trotzdem wissen will: Mutig probieren! Neben Scenetrendsettern, jungen Ehepaaren mit und ohne Kind, finden durchaus auch gediegene Damen und Herren den Weg hierauf. Ebenso einträchtig wie Benz und Ente auf dem Parkplatz nebeneinanderstehen, begeistern sich der Öko und der Filialleiter einer Sparkasse für das Programm. SCHLOSSIG   ☆ ⩔

kelkheim

ROTE MÜHLE, an der B8 zwischen Kelkheim-Hornau und Königstein. ☎ 06174/3793. Mo Di zu. Im Winter (Nov.-März): Mi-So 12-18, Im Sommer: Mi-So 12-23. Bier 2,80, Schnitzel mit Beilage 9,80. Draußen sitzen.

    Die Rote Mühle liegt in der Nähe von historischem Boden. Nur wenige hundert Meter entfernt das Liederbachtal bei Kelkheim-Hornau, in dem junge Umweltschützer von 1979-1982 auf einem für die geplante Taunus-Autobahn B8 errichteten Erddamm ein Naturdorf mit vielen Holz- und Lehmhütten errichtet hatten. Die Dammbesetzer, die zwei Jahre ohne Elektrizität und fließendes Wasser ausharrten, lieferten das Vorbild für die Widerstandsdörfer gegen die Startbahn West des Frankfurter Flughafens und gegen die WAA Gorleben. Von der Polizei geräumt und dem Boden gleichgemacht wurde das Dorf 1982. Der Widerstand gegen die vierspurige Taunusautobahn existiert in den umliegenden Ortschaften weiter. 1987 hob das Verwaltungsgericht Frankfurt einen Teil der Straßenbaupläne auf. Allerdings ist das zuständige Ministerium fieberhaft bemüht, neue Planungen vorzulegen, da an der Straßenbauabsicht eisern festgehalten wird. Als kleines ökologisches Täuschungsmanöver soll der ehemals besetzte Damm, der die Kaltluftströme behindert, abgetragen und durch ein großes Brückenbauwerk ersetzt werden. Solange die Rote Mühle

noch nicht zur Autobahnraststätte degeneriert ist, lohnen sich schöne Spaziergänge im Liederbachtal und im Braubachtal. Zu erreichen ist die Rote Mühle über die B8 von Frankfurt/Höchst aus in Richtung Limburg. Nach dem derzeitigen Ende des vierspurigen Ausbaus geradeaus über die Straße Kelkheim-Königstein. WENN ICH JETZT NICHT GLEICH REINKOMM!   ☇

GIMBACHER HOF. ☎ 06195/3241. Sommer Mo-Sa 11-24, So 10-24, Mi zu. Winter: tgl. 14-24, Sa 11-24, So 10-24, Mi zu. Apfelwein 1,40, 0,5l Bier 2,60. Bauernfrühstück 9,80, Wildragout 14,20. Draußen sitzen. Kinderspielplatz.

    Traditionslokal wie so viele der außerhalb liegenden alten Ausflugslokale, die noch nicht der Spekulation um Rendite und Grundstückpreise zum Opfer gefallen sind. Ihr Wert wird umso mehr gerade vom jüngeren Publikum geschätzt, das sich auch im Gimbacher Hof die Klinke in die Hand gibt. Geprägt von der Persönlichkeit der Wirtin geht's hier ohne Glanz und Gloria, sondern herzlich und, was das Leibliche betrifft, deftig zu. Preise wie man sie sich in den Großstädten nur erträumen kann. Das alles in einer Atmosphäre, die nicht dem ewig Gestrigen verhangen bleibt, sondern für Jazz- und Kulturveranstaltungen unter alten Kastanien offen ist. EMPFEHLUNG.   ☆

königstein

NATURFREUNDEHAUS, Borsigweg, Nähe Kreuzung mit Pioniersweg, 6240 Königstein, B8 in Richtung Glashütten nach dem Haus Billtalhöhe, Waldweg nach links, 800 Meter. 10-20, Mo zu. Erbseneintopf 6,90.

    Die Gaststätte ist ein guter Ausgangs- oder Zielpunkt für Spaziergänge durch Taunuswälder. Von der B8 hinter der Billtalhöhe fährt man/frau mit (hoffentlich) gebührend schlechtem Gewissen über einen Waldweg bis zum Parkplatz des Naturfreundehauses. Dort gibt es bürgerliche Gerichte (kleine Auswahl) und was zu trinken. Das alte Holzgebäude versorgt auch den Camping/Caravanplatz der Naturfreunde im dortigen Wasserschutzgebiet, wo er eigentlich aus ökologischen Gründen gar nicht liegen dürfte. Nur wenige hundert Meter entfernt vom Naturfreundehaus soll nach offiziellen Plänen einmal die vierspurige Taunus-Rennbahn B8 verlaufen. Da noch unsicher ist, ob der Erfolg der Umweltschützer vor Gericht Bestand haben wird, sollte die jetzt noch ruhige Gegend in näherer Zukunft noch für erholsame Spaziergänge ausgenutzt weden. In der Nähe des Naturfreundehauses befindet sich auch eine Meßstation zur Registrierung von Schadstoffen in der Luft. ORIGINELL.

lich

STATT GIEßEN, Giessener Str. 15, ☎ 06404/5428. Mo-Sa 18-01, So 15.30-01. Cola 1,70. 0.4l Bier 3, Kaffee 1,80. Speisekarte. Überbackene Baguettes 4-6,50, wechselnde Nudelgerichte 7,50, Kleiner Salatteller 5. Biergarten.

Treffpunkt der Leute aus dem Umland von Gießen, die sich mit der normalen dörflichen Gastronomie nicht zufrieden geben wollen und Gleichgesinnte in Szene-Atmosphäre suchen. Im gleichen Gebäude befindet sich das Traumstern-Kino, mit einem der besten Kino-Angebote der ganzen Rhein-Main Region. Und das mitten in der Provinz! Eine riesige Sensation! Wer hierher reist, kann sich ein rundes Programm zusammenstellen. Kino, manchmal auch Theater für Groß und Klein, Spazierengehen, Trinken und Essen. GANZ HERVORRAGEND. ☆

langenselbold

ZUM BUCHBERG, im Wald etwas außerhalb von Langenselbold gelegen. Nähe Bahnhof. Tgl. 11-01. 0.4l Bier 2,60, O-Saft 2,50. Ital. Küche.

Landschaftlich reizvoll gelegen, mitten im Wald, 950 m hoch, bietet sich die Gaststätte für alle Kurzausflügler aus dem Rhein-Main Gebiet an. Über die A66 Ausfahrt Richtung Hasselroth, liegt sie außerhalb von Langenselbold. Wer sagts denn: Wem das Wandern zu schwer in die Beine geht, der kann auch mit dem Auto den Berg erklimmen. Ich bin rumgerannt, bin rumgerannt. Ein Spielplatz, großer Garten und der vor kurzem renovierte Aussichtsturm bieten Aktionsfeld hoffentlich nicht für Suizidgefährdete und Liebeskummergeplagte. MOUNTAIN-BIKE-VERDÄCHTIG. ☆

limburg elz

ANYWAY, Vor den Eichen. ☎ 06431/52260. Do-So 20-02, Mo und Mi zu. Bier 3,50, Wasser 2, O-Saft 2,50, Kaffee 3, im Imbiß 1,80, Long-Drinks 3,50. Kaugummi 1, Bratwurst 2,80, halbes Hähnchen 5,50, Seelachs 3,80, Kartoffelsalat 8, Anyway Spezial 3.

Die Straße immer weiter runter, raus aus dem Ort, mitten im Gewerbegebiet steht das Superprojekt «Anyway». Modern, aber nicht im New-Style. Entbehrt nicht jeglicher emotionaler Tiefe, erzeugt durchaus romantisches Flair. Achtung, Achtung! Hier erleben wir ein Meat-Loaf-Memorial. Obwohl der Meister bis auf sein Mitwirken in der Rocky-Horror-Picture-Show musikalisch eine eklatante Fehlbesetzung ist. Schon der Eintritt führt zwangsläufig an einem überdimensionalen, nachgemalten LP-Cover des Schwergewichts vorbei. Straight geradeaus die Tanzfläche. Groß, aber voll. Vorsicht Trinker! Nicht über die Absperrung stolpern. Links und rechts Theken, gemütliche Ecken für die zärtlichen Stunden — danach? Und erst die Kommandobrücke mit der Steuerzentrale dieser hochwilden Phonwerfer! Die LP-Auswahl ist stark. Links hängt wieder ein Plattencover — wie anders — von Meatloaf. Irgendwo trifft man sich in einer Spielhalle mit Flippern, Videospiel-Automaten und Tischfußball. Für den Hunger eine überdachte Imbißbude, wo man u.a. Hamburger — einmalig lukullische Creation — mit Remoulade essen kann. Sollte die Nachfrage nach Pommes stark sein, schweben die entstehenden Geruchsschwaden durch die ganze Disco. Irgendwo sind auch Toiletten, hallenbadähnlich gekachelt. Die Klossprüche sind alt, aber nicht flach. Wenn tagsüber in Germany hart gearbeitet wird — der Taiwan-Chinese schläft nie — bleibt es hier ruhig. Nachts sieht man auf dem Parkplatz und auf den Straßen schon: Ganz Hessen kennt das Geheimnis vom Westerwald: «Fahr'n wir mal ins Anyway.» Von KS-DA, von FD-TR. Nein, hier gibt's (noch) keine Meatloaf-Konzerte, ein Besuch kann aber den gleichen Effekt auslösen. Von Langeweile keine Spur. Einfach ein scharfer Streifen. Freitags bis samstags abwechslungsreiche Musik bis über die Sperrstunde hinaus, je nach Laune. Der Sound reizt zum Dableiben. Dienstags absoluter Spitzentag. Da werden bis Mittwoch früh um Vier Oldies aller Musikklassen mit Hochniveau gespielt. Marc Bolan, Bob Dylan, Deep Purple, Stones und natürlich Meatloaf sind Pflichtprogramm für die Jungs auf der Kommandobrücke. Die Kür überspannt den Bogen — überraschen lassen. Schön, daß an einem Wochentag eine Disco im Großformat so voll werden kann. Lifehaftig — zweimal im Monat, samstags, mit ein bißchen Eintrittsgage, recht hübsch besucht, suchen und finden Nachwuchsbands aus dem Taunus und dem Westerwald ihre Chance. Auch die Straßenjungs (solche Bands sind am meisten gefragt) haben hier schon begeistert. Ob Punkies vor der Eingangstür, Motorradfreaks im Vorraum, Normales vor und auf der Tanzfläche, Verschmuste an und in Ecken, sie sind alle da. Niemand fällt auf — trotz aller Bemühungen. Höchstens negativ, wenn man nach einem Lottogewinn mit dem neuen 911-er auf dem Parkplatz vorfährt. Flugs könnte man zur gerupften Ente werden. Aber wer weiß, ob nicht auch unter den anderen ein paar getarnte Neureiche agieren mit ihren ziemlich ausdrucksarmen Gesichtern. Wahrscheinlich verbringen sie Unsummen von Stunden ihres Lebens an Theken. Die Preise sind nicht vom Feinsten! Dafür ist der Eintritt frei. Ohne Gewähr. Vorfahren kann alles, was Räder hat und unter 100 PS bleibt, hinkommen kann man nur motorisiert oder per Tramp — Öffentliches fährt um diese Zeit dort nicht mehr. Weitermachen, das hier ist Himmel und Hölle für Existentialisten. RIESIGE SPITZENKLASSE.   ∎

maibach

MAIBACHER HOF, ☎ 06081/3756 u. 6027. Mi-So 11-22, Mo Di zu. Cola 1,70, Bier 1,70-2,20, O-Saft 2,20, Kaffee 2,20, Essen 4,50-22.

Die Tradition des Gasthofes geht bis auf das Jahr 1927 zurück. Die Familienchronik wirkt als Intro der Speisekarte erst richtig eindrucksvoll. Die Histörchen sind recht neckisch les- und interpretierbar. Der Ort liegt abseits der Wochenend-Touri-Rennbahnen. Die wahre Unschuld vom Lande. Der Landstrich nennt sich nicht unverdient Maibacher Schweiz. Nirgendwo in der Welt habe ich bisher ein Sackstraßen-Dorf erlebt. Wer reinfährt, kommt rückwärts wieder raus. Das riecht verdammt nach Guiness-Book der Kuriositäten. Wandersleut' stehen fanatisch auf diesen Gasthof. Der

AUSFLUG
505

absoluten Ruhe wegen, und weil nach dem Wandern das üppige, deftige Essen bekömmlich ist! Wer nächstens nicht mehr nach Rhein-Main runterdonnern will, kann hier im Doppelzimmer übernachten. Sommers gibt's ein Naturbad gratis. Auf der anderen Straßenseite kann man im wohl kleinsten öffentlichen Freibad Hessens schwimmen. Das Quellwasser ist eine Wucht. Wenn der Herr Pfarrer Kneipp dasgewußt hätte. Wer nicht nur in der guten alten JU 52 über Frankfurt fliegen will, sondern auch schönen Tourismus von anno dazumal erleben möchte, muß einfach herkommen. Natur, Geschmack pur. URIG ★

münzenberg

ZUM BURGBLICK (Bubis Gaststätte), 6309 Münzenberg-Trais. ☎ 06004/2061. Mo-Fr 15-24, Sa 11-14.30 & 16.30-24, So 9-14.30 & 16.30 -24. Licher 0.2l 1,40. Strammer Max 7,50. Draußen sitzen.

Wenn's den Bubi nicht gäb', müßt' er erfunden werden. Ein einmalig sinnesfroher Wirt, für den das Posieren mit der Sünde ein wunderbar ansteckendes Übel ist. Als Sünde dürfte jeder Müsli- Freak die unverschämten Fleischportionen empfinden und sich mit dem Puritaner einig sein: Wer dermaßen Tote-Tiere-Essen liebt muß ein gar schlechter Mensch sein. Also ein durch und durch vermenschlichter Wirt sorgt für die knalligsten Lacher. Alle Familienmitglieder sind in den Massenbetrieb voll eingespannt . Wirtsleute mit Seele. Gäste haben besseres zu erwarten, als das, was bei Überfüllung sonstwo droht: Muffiges, fluchend durch den Schankraum rasendes Personal! So heimsen die Schnitzel-und Steakschaffner sofort die volle Zuneigung der Gäste ein. Solche Spitzenleistungen bleiben bundesweit kein Geheimnis, folglich laden Reisebusse aus nah und fern Fresser in Kompaniestärke ab. «Das große Fressen» endet im Kino mit dem Tod der Teilnehmer, ist aber im Vergleich zur hier vorgeführten Eßkultur auf dem Niveau des gutdeutschen Volksempfindens, ein ästhetischer Genuß erster Güte. Im Film geht's ums Kotzen. Beim Anblick der freßgeilen Tanten und Onkels hier kommt einem das Kotzen. Dafür können Bubi und seine Truppe garnichts. Vor dem Besuch empfiehlt sich die telefonische Nachfrage, ob organisierte Schweinefütterung droht oder nicht. Wenn Bubi mit roten Bäckchen in Fahrt kommt, kennt er kein Pardon. Dann muß jeder einen Weinbrand mitheben. Es sei denn, der große kräftige Junge, der er auch noch mit 100 sein wird, hat mal wieder eine Diät hinter sich gebracht und fühlt sich ohne die gewohnte Körperfülle irgendwie komisch. Also schlecht. Das schlägt aufs' Gemüt. In solchen schrecklichen, leidvollen Zeiten gibt er keinen aus. Das Münzenberger Rotbäcken guckt dann auch nicht so lieb und beseelt wie sonst, sondern guckt so traurig, daß jedem etwas sensibleren Gast die Tränen kommen. SCHÖNER ALS EIN TRAUM ERLAUBT. ★

schmitten

CAFÉ KUCKUCKSNEST, Cambergerstr. 17. Seelenberg. ☎ 06082/2859. Nur So geöffnet von 12-20. Export 0.5l 2,50, Cola 1,40. Kaffee 1,80. Gebackener Schafskäse mit Salat 7,50, selbstgebackener Kuchen 1,80. Special: Doppeldecker Pfannekuchen.

Also, sonntags um drei, wo andere Leute wie ich sich zum Mittagsschlaf niederlegen, da verpassen die uns was. Sonntags um drei da gehen aufrechte Jung- und Altalternativler der frühe und späten Latzhosengeneration ins kind- und hundfeste Kuckucksnest, das ultimative Freak-Lokal im Taunus. Mit etwas Nerven und Geduld kann man da die gemütlichsten

Flöts-Mittage verbringen. Der neuste Hit ist die Ein-Mann-Feuerzangenbowle. Auf Anfrage bringt Franz — die gute Seele — ein wunderschönes Stövchen auf dem eine entzückende Tasse gefüllt mit aromatischem Rotwein steht. Auf diese Tasse legt man dann eine kleine Schiene mit vielen wunderbaren Zuckerwürfeln. Diese Zuckerwürfel werden mit einem winzigen Schöpflöffelchen getränkt — und zwar kommt Rum drauf, hochprozentig. Dann leiht dir dein Nachbar sein Feuerzeug und der Traumschiff-Effekt ist perfekt. Ist doch eine nette Idee, oder. Willi behauptet zwar, daß im Kuckucksnest nur »Mondscheinwirte« ihr Bestes versuchen, aber ich persönlich hab' nichts gegen Mondschein, und gar nichts gegen den Wirt, gell. Der Laden hat historische Bedeutung für die »Bewegung«. Die ersten Stadtflüchtlinge der Alt-Sponti-Scene suchten hier ihre Glücksinsel. Kommune hin, Kommune her, schließlich rissen sich Pädagogen den Laden unter den Nagel — und sehet es wurde Licht. Eva meint, letztens seien die Lampen ausgefallen. Auch irgendwie geil. AROMATISCH.

✖

schotten

FALLTORHAUS, Außenliegend 22. ☎ 06044/2880. Tgl. 16-23, Sa/So 11-21, Mo zu. Bier 2, Wasser 1,50, O-Saft 2, Kaffee 1,50. Falltorschnitzel mit Salat 14,50, Pflaumen-, Erdbeer-, Kirschkuchen, Gulaschsuppe 3.

Treffpunkt, Ausflugsziel und Zwischenstation für MotorradfahrerInnen. Friedel, der Wirt, hat sich mit dieser Kneipe einen Traum erfüllt und nicht nur sich selbst. Eindeutig die «Seele in von's Janze«, hilft er gern mit Werkzeug und Tourentips aus, hat meistens Zeit für einen kleinen Schwatz und kennt seine Pappenheimer. Nur bei gutem Wetter sind er und seine Frau in der Küche schon mal überfordert —

dann ist nämlich drinnen und draußen die Hölle los: Motorradfahrer, die das ganze Wochenende da sind (Schlafplatz in der Scheune oder in Zelten auf der Wiese 2,50 DM), massenhaft Tourer und ein paar Wandersleute dazwischen. Am besten also während der Woche mal vorbeischauen. Zu essen gibt es gut, billig und reichlich: Der Obstkuchen (je nach Jahreszeit) schmeckt immer nach mehr, und das Falltorschnitzel (mit Käse und Schinken überbacken) reicht für den größten Hunger. NOTWENDIG WIE DIE LINDENSTRAßE..   ⊂

selingenstadt

EISKAISER, Gr. Maingasse 2. ☎ 06182/21860. Mitte Oktober-1.März Winterpause. Sa-Do 11-22. Fr zu. 12 Spezialbecher 4,50.

Die allsonntägliche Belagerung sommers gilt nicht der Seligenstädter Basilika, nein, es sind eher die vergleichsweise profanen Gaumengelüste, die Heerscharen von Besuchern anlocken. Man könnte meinen, im ganzen Umland gäbe es nur diese eine Eisverkaufsstelle. Zugegeben: Qualität, Geschmack und Quantität fallen über Durchschnitt aus, die wahre Attraktivität liegt aber eher im Mythos dieser Versorgungseinrichtung als in ihrer geschmacklichen Extravaganz. BESCHAUENSWERT.   ★

waldems/esch

CLUB '74, Schwalbacher Str. 19a. ☎ 06126/4228. Mi, Fr, So 21-01, Sa 21-02, Mo, Di, Do zu. Bier 3, Wasser 2, O-Saft 2,50, Long-Drinks 4,50, Sa alle Getränke 3, Eintritt 3, Mi frei. Zu essen gibt es nebenan in der Gaststätte, im Club selbst nicht.

Eingerichtet wurde hier schonmal was, seitdem wurde nichts mehr verändert. Die Seele vom Taunus. Holz überwiegt, naturbelassen wie ein kanadisches Trapperhaus. Gemälde von freien Pferden, also Jagdszenen an der Wand, treffen schmerzvoll ins Auge. Super die Tanzfläche: Ein Boxring mit Holzraum. Ring frei für Bots! Der Taunus und sonstige Variationen im «Esch-Stil». Die Männer tragen noch Bärte, Kleidung von Schlafanzug bis hin zu Schulklamotten. Ausgelassene Naturfreaks, die noch ein bißchen Interesse zeigen, damit der Taunus flüssig bleibt. Glücklicherweise fehlen Typen dieser Machart: Er möchte auf kein Tennis-Match verzichten, einmal bei einer eleganten Jagdgesellschaft mit von der Partie sein und auf den besten Golfplätzen der Welt seine Bälle schlagen. Dafür hin und wieder Motorradbesuch aus Frankfurter Rocker-Scenes. Die stören nichts und niemanden! Kerze und lange Haare treffen sich. Die Frauen: Manche sind schön, keine ist reich. Manche sind wohltätig wie bei einer Rot-Kreuz-Gala, andere weihen ihren Ponys ihr Leben. Aber immer sind diese Frauen extra-ordinaire!! Eine tolle Aktion -der samstägliche Oldie-Abend. Was hier alles einläuft! Limburg, Wiesbaden, Darmstadt, Dortmund; Platzangst und Atemnot müssen einkalkuliert werden. Bei Deep Purple, Led Zeppelin, Stones wird die Disco zum Meeting, in dem man voll auf seine Kosten kommt — sofern man Dieter Bohlen, Ex-Modern Talking, nicht mag. Hin und wieder zärtliche Oldies (von Janis Joplin bis Styx). Licht gibt es nur in rot und die Lightshow ist treffend dürftig. Die Sicht nebelig, das Klima schwül. In der Woche etwas kühler, da sich hier viele Einheimische treffen, um sich warm zu halten. Sie nennen den Club einfach «Esch». Ein unfehlbarer Ort, der Kasten, ein Ausflugziel, das man nicht so leicht vergißt. Egal wie, man trifft immer welche, die man kennt. Die Taunusblüte überhaupt! SENSATIONELL. ■✦

weilrod

MAPPESMÜHLE, an der B 275 (Hochtaunusstrasse), Weilrod- Neuweilnau. ☎ 06083/2731. Mi-So 18.30-01, Fr & Sa 18.30-03. Henninger 0.33l 4, Cola 0.2l 3. Restaurant Mo & Di zu. Von Zeit zu Zeit Veranstaltungen. Fr & Sa Disco.

Auf dem Weg von Usingen nach Wiesbaden, knapp hinter der Abfahrt Weilrod-Altweilnau, liegt dieser kleine aber leistungsstarke gastronomische Komplex mit Abendrestaurant und Disco-Tanzclub. Die Disco, freitags und samstags, ist schon seit Jahren einen abendlichen Ausflug wert — sofern man auf wavige und punkige Musikgenüsse verzichten kann. Spezialitäten des Restaurants sind die verheißungsvollen Wildgerichte, aber auch für alle anderen Geschmäcker bietet die Speisekarte einige Aufmerksamkeiten. FÜR JEDEN ETWAS.   ★ ☆

wiesen

ZUM WIESBÜTT-SEE, zwischen Wiesen und Flörsbachtal. Tgl. 10-01. ☎ 06096/385. Kanne Kaffee 3,50, selbstgebackener Kuchen 2,50. Tgl. Stammessen.

Direkt am Wiesbütt-See. Mit angeschlossenem Campingplatz, kurz hinter der bayrischen Landesgrenze. Dort wo das wässrige Wiesener Bier herkommt. Kleiner schöner Waldsee zum Baden und Relaxen im Schatten. SCHÖN.

☆

SAND IN SICHT!

Der Wunsch, die Begierde, »draußen zu sitzen«, hat zuweilen etwas von innerer Spezial-Verwüstung, auf die Spitze getriebenem seelischen wie körperlichen Gleichgewichtsverlust infolge zu exzessiver Alkoholgenüsse nächtens zuvor. Oder die potenzierten Folgen des Freilufttrinkens wg. Sondereinwirkungen von Sonne und Luft werden sträflichst unterschätzt. Beim großen Sturm auf die Gartenwirtschaften saufen sich unerfahrene Draußen-Zecher, gewöhnliche Raum- und Hallensäufer und solide bis exzessive alkvertilgende Heimarbeiter folglich oft den letzten Rest »Verstand« weg. Das gibt dann sowas wie Sonnenbrand in der Birne. Gastlichkeit im Freien ist ja so verführerisch! Zumal jede bessere Wirtschaft, die was auf den Service hält, dem Ordnungsamt für eine »Garten-Konzession« das Ohr abschwätzt. Die Sonne brennt auf's Hirn und auf die Hosen, die Gefühle steigen, die trockene Kehle lechzt mit vielfacher Geschwindigkeit nach köstlichem Naß. Lose Sprüche sind die Folge. Lose Sprüche, die man »drinnen« niemals wagen würde. Wo da die Logik bleibt? Es gibt keine. Man kann bestenfalls sagen: Ein Phänomen. Oder: Es ist einfach ein Vergnügen, auch mal draußen, in aller Öffentlichkeit, die Wutz rauszulassen. Sozusagen legal. Von der Polizei erlaubt. Wir verraten nicht auch die allerletzte Idylle, sondern verweisen auf Normalverkehr. Gemein, was? So finden sich manche Verrücktheiten: Cafés, Wirtschaften, Bistros, die keinen Etikettenschwindel auslassen und sich nicht erblöden, zwei, drei kleine, sitz-unfreundliche Tische rauszustellen und großmäulig, angeberisch von, »Straßencafé«, »Biergarten« zu schwafeln. Im Übergang vom Dämmerzustand in Trancezustand hinein ins Irrlicht der Nüchternheit, blühen zuweilen skurrilste Assoziationen. Die dralle Hausfrau von nebenan wird von zwei totalbekifften Außerirdischen entführt und will es im Raumschiff mit einem Roboter treiben. Wunsch und Wirklichkeit werden von der Gratwanderung zwischen Rausch und Ausnüchterung verwischt. Wenn dann die untergehende Sonne dem gequälten Körper, dem geschundenen Geist, endlich Ruhe bringt, wenn die Birne vom dritten Nachsuff nicht völlig verwirrt ist, verabschiedet man sich am frühen Sonntagabend von den letzten Tischnachbarn und fliegt davon. Neuen Abenteuern entgegen.   ★

frankfurt

bockenheim

CAFÉ ALBATROSS, Kiessstr. 27. ☎ 7072769. Mo-Do 10-23, Sa-So 10-20, Fr zu. Kaffee 1,80, Licher 0.5l 3, Milchkaffee 3. Pfannkuchen 3,50-6,50, Frühstück 2,80-15, Baguettes 1,50-5,50. Tgl. wechselnde Karte. Draußen sitzen. s.S.68

CAFÉ BOHNE, Schloßstr. 24. ☎ 779239. So 16-01, Mo-Sa 17-01. Salatbuffet 8, Kaffee 2,30, Bier 0.4l 3.
Draußen sitzen. s.S. 70

CAFÉ-GASTSTÄTTE PIELOK, Jordanstr. 3. ☎ 776468. Mo-Fr 11.30-24, Sa So zu, warme Küche 11.30-14.30 & 18-22.30, 15-17.30 zu. Auch vegetarische Küche. Kaffee 1,80, Cola 1,70. Gemüsevollkornpfannkuchen mit Salat 8. s.S. 273

DIONYSOS, griech. Rödelheimerstr.34. ☎ 703689. Mo-So 16-01. 0.4l Pils 3, Cola 2,50, Ouzo 2. Gyros mit Beil 14. Großer Garten. s.S. 310

bornheim

BERGER STR 319. Mo-Sa 18-01. Bier 3, Wasser 2, O-Saft 2, Kaffee 2, Federweißer 3,50. Schnecken mit Kräuterbutter 8,50. s.S. 175

eschersheim

DROSSELBART, deutsch/intern. Eschersheimer Landstr. 607. ☎ 534393. Tgl. 18-01, So ab 17 Uhr. Bier 0.4l 3,20, Cola 2, Wasser 1,50, viele Weine, Cocktails. Große Speisekarte, wechselt täglich. s.S. 276

JAHNVOLK, deutsch/jugosl. Kirschwaldstr. 10. ☎ 529379. Im Sommer Mo-So 16-01, im Winter So-Fr 19-01, Sa zu. Metaxa, Ouzo, Tequilla 2,50, Apfelwein 1,30. Jugoslawische und deutsche Speisen, Grillteller mit Beil. s.S. 276

ginnheim

ZUM ADLER, Ginnheimer Hohl 2a. ☎ 580981. Mo-So 11.30-01. Küche durchgehend bis 24. s.S. 318

höchst

MAINTERRASSEN, Mainzer Landstr. 793. ☎ 391071. Mo-Sa 17-01, So ab 11. Küche bis 24. 0,4l Bier 3, Cola 2,50, Wein ab 3,50. Fleischplatte 17, Gyros 13,50. Große Terrasse. s.S. 279

innenstadt

CHAPEAU CLAQUE, Hanauer Landstr. 2/Ecke Obermainanlage. ☎ 4980048. Mo-Fr 18-01, Sa 18-02, So 05-01. Bier 3, Wasser 2, O-Saft 3, Kaffee 2,50, Kaffee Menta (Minzelikör) 5, Milch Mix 4,30. Eis 5-7,50. Lauchcremesuppe 5, Pfannkuchen mit Konfitüre 6, Salate 7-12, Brottaschen 5-9,50. s.S. 186

GILDESTUBEN, böhmisch. Bleichstr. 38a. ☎ 283228. Mo-So 10-01. Cola 1,60, Budweiser/Pilsner Urquell 3,50. Böhmische Küche. s.S. 325

nordend

BLAUES KROKODIL, Günthersburgallee 2. ☎ 448383.
So-Fr 19-01, Sa 20-01. Bier 3,30, Weizen 3,70. Kleine Speisen. Draußen sitzen. s.S. 191

GARTEN

511

DELPHI, griech. Weberstr. 84 (Ecke Schwarzburgstr.). ☎ 598707. Im Sommer: 11.30-14.30 u. 17-01. Im Winter: 17-01. Draußen sitzen.
s.S. 328

FLIC-FLAC, Mittelweg 47. ☎ 597175. Mo-Sa ab 17. Cola 2, Bier 2,80-3, Wein 4,50-5,50. Speisen von 8-18.
s.S. 108

HINKELSTELZCHEN-OBSTWEINSTUBE, Lortzingstraße/Ecke Schwarzburgstraße. ☎ 593068. Mo-So 19-01, Di zu. Kaffee 2, O-Saft 2, 10 verschiedene Obstweine. Frikadelle 1, Käsewürfel 4. Draußen sitzen.

Nur ein guter Mensch kann andere Menschen ändern. Aus einem Bunker, dem zivilen Symbol für Krieg, Friedenstiftendes zu machen, dazu bedarf es schon «anderer Menschen«. Daß sowas auch Atmosphäre haben, anspruchsvoll unterhalten kann, wird in jedem Detail bewiesen. Ich wünschte, jeder Kommunalpolitiker, der die Bunker reaktivieren will, wäre gefesselt von diesem Ort wie von einer geschenkten goldenen Gans, an der jeder kleben bleibt, der sie berührt. Aber wie sie so sind die holzköpfigen Politiker, Vater und Sohn haben nichts aus der Geschichte gelernt. Im März muß dieses Sympathiecenter aus dem Bunker raus — weil der Bunker wieder Bunker wird, ein Bunker nun mal keine Weinstube ist und weil nicht sein kann, was nicht sein darf. Und wenn sie diese Gedanken auf Anhieb verstanden haben, dürfte ihnen das Nachfolgeprojekt große Freude bereiten! IST DAS LEBEN NICHT SCHÖN?   ★

TAVERNE KORFU, griech. Weberstr. 90. ☎ 5961966. Tgl. 17-01, Sa -02, kein Ruhetag, Garten geöffnet von 17-23. Gyros 13.

*o*stend

MÜHLE MYKONOS, griech. Ostendstr. 49. ☎ 448865. Mo-So 12-15 & 17.30-01, warme Küche

bis 24 Uhr. 0.3l Pils 2,40. Mix Grill 16, Steinzeitessen Fr, Sa, So 22.
s.S. 336

*s*achsenhausen

LESECAFE, Diesterwegstr. 7. ☎ 622523. Mo-Fr 8,30-18.30, Sa So 10-18,30 , Mi zu. Kaffee 2, Bier 2,80, Frühstück 3-12. Wechselnde Mittagstische ab 12 Uhr.
s.S. 90

SCHWARZES CAFE (HILKO CAFE BAR), Schweizer Str. 14. ☎ 622393. Mo-Do 12-01, Fr 12-02, Sa 14-02, So 14-01. Premiumpilse 0.3l 3,50, offene Weine, trocken bis leicht 4,50-6,50. Frisch gerösteter Kaffee u. Expresso (von kleiner Frankfurter Rösterei).

TANNENBAUM, Brückenstr. 19. ☎ 611304. Mo-Do 18-01, Fr 18-02, Sa 11-02, So 11-01. 0,4 Bier 2,90, Cola 1,80. Tageskarte, Essen 8,50- 20. s.S. 174

TIVOLI, Darmstädter Landstr. 236. ☎ 681116. Mo-So 11-01. 0,4 Bier 3, 0,2 Wasser 2. Deutsche und türkische Küche, z.b. Wiener Schnitzel mit Beil. 16,50, Lammspieß mit Beil. 15,50, Tageskarte. Biergarten, ab und zu Veranstaltungen.
s.S. 203

ZIPPO, Textorstr. 72. ☎ 615344. Mo-Do 09-14 & 17-01, Fr Sa 09-14 & 17-02, So zu, während der Schulferien erst ab 17. 0,4 Bier 3,20, Kaffee 1,50. Frühstück von 5-11, Spaghetti Bolognese 6,50.
s.S. 204

offenbach

VENEZIA, Stadthof 1. ☎ 819704. März bis Sept. von 09-22 geöffnet. Milk-Shake 2,70, Erdbeerbecher 6.

Eine der fabelhaften Verlockungen des Sommers, Open Air, zentral gelegen und vor allem, ein Eis-Café, das sich selbst beim Wort nimmt: Es gibt hier nur Eis, Eis und ansonsten garnichts. Keine Getränke, noch nicht einmal den obligatorischen Kapp-Uh-Chino . . .oder so. TOP EISIG. ✔

WEINSTUBE AM SCHLOSS, Schloßgrabengasse 3. ☎ 88765. Mo-Fr 17-24. Spätburgunder 5,40, Käse-Pick 6,50. Oberhessische Brotzeit 8.
s.S. 446

WIENER CAFÉ Stadthof 1. ☎ 882017. Mo-Sa 08-19, So/Feiertag 14-19. Kaffee 2,30. Französische Zwiebelsuppe 4,90. Topfenpalatschinken 5,50. ☎
s.S. 93

WUNDERTÜTE, Goethestr. 59. ☎ 814437. Mo-So 19-01.
Pils 3, Schafskäse angemacht 4,50. Budweiser vom Faß 3.

Immer wieder ein Erlebnis. Nette Bedienung, bunt gemischtes Publikum im Toleranzbereich der Offenbacher Szene. Wer's sportiv mag, kann sich am leider elektronischen Darts-Brett vesuchen, im von der Straße durch hohe Hecken abgeschirmten kerzenbeleuchteten Garten als besondere Attraktion: Eine Bowling-Bahn. KONSTANT RICHTUNGSWEISEND. ✔

darmstadt

BÖLLENFALLTOR, Nieder-Ramstädter Str. 251. ☎ 06151/422987. Mo-So 12-01. Bier 2,60, Kaffee 2, Frühlingsrolle 3,50, gegrilltes Schweinesteak mit Brot 6,50. Biergarten und Weinlaube im Sommer.
s.S. 294

GLASSCHRANK, Pützerstr. 6. ☎ 06151/41471. 11-15, 17.30-24, So zu. Bier 3, Wasser 2,30, O-Saft 3,50, Kaffee 2,50. Frascati 5, Crespella (Teigröllchen mit Spinat und Gorgonzola) 10,50, Gemüseplatte für Vegetarier 17,50.
s.S. 351

SAN REMO, Grafenstr. 22. ☎ 06151/20778. Tgl. 08-01. Bier 2,90, Wasser 2, O-Saft 3,20, Kaffee

2,30. Averna (Likör) 3,50. Sehr knusprige Pizzen ab 5,50, Reis «Mailänder Art« 7,50.
s.S. 354

VIKTORIA, Viktoriaplatz 12. ☎ 06151/25152. Tgl. 12-01. Vorübergehend von 15-18 geschlossen. Bier 2,80, Wasser 1,50, O-Saft 2,50, Kaffee 2, Chianti 3. Zabagione für zwei Personen 8, Pizza Margarita 6.
s.S. 354

WIENER KRONENBRÄU GARTEN, Dieburger Straße /Ecke Spessartring. ☎ 06151/54634. Bei trinkfähigem Wetter 14-01. Export, Alt, Pils 3, Kein Glaspfand. Cola, Limo 3. Frikadelle mit Brot 2,50, Heiße Rindswurst 2,50, Landjäger 1.

Vornehmlich jüngeres Publikum fühlt sich von diesem Ambiente der Trümmer-Wiederaufbauzeit angezogen. Nein, unordentlich ist hier gar nichts, kaputt erst recht nicht. Trümmer — bestenfalls Vollgesuffkies nach Zapfenstreich. Es ist die Ausstrahlung des gesund gewachsenen Unvollkommenen in einer schon triebgestört nach Ordnung gierenden Alltagswelt, die so gewaltig reizt. Alles ungeheuer locker. Eine Gartenwirtschaft ohne Gastraum. Keine Theke, nur ein Ausschank, eine mit schönen Graffiti bemalte, steinerne Baracke. Sie erinnert an die legendären Buden auf Fußballplätzen dörflicher Sportvereine. Das Schlangestehen wird gar nicht als belastend empfunden. Ob an den üblichen Festzelttischen oder in Reih' und Glied der Abfüllung entgegenschleichend — geredet wird so und so. Ein unwahrscheinlicher Sound liegt über den bald 300 Menschen. Es hat den Anschein, als hätten sich die Leute privat in der Öffentlichkeit noch etwas zu sagen! Die ganzen Schweigepriester hochgestylter Eisschranklokale fehlen hier. Und das tut gut! Hier ist Leben und nicht Isolation! Die Omi und der Opi betreiben dieses Etablissement schon so lange, wie die Farbe mit dem Schriftzug der Brauerei auf den Begrenzungsmauern zum Abblättern brauchte — und das sind schon einige Jahrzehnte. Trotz allem Gedränge an der Futterstelle, keiner verliert die Ruhe und auch Hektikern bringen

die beiden Alten jede Menge Geduld entgegen. Ich erinnere mich an diese Biergartenkultur, als Kind sonntags immer diese frittenbudenähnliche Einrichtungen aufzusuchen galt. Daß solche Fossile, lebendige Kulturdenkmäler mitten in der Stadt, am Rande des berühmten Mathildenhöhen-Hügels, noch existieren, grenzt im goldenen Zeitalter der Bodenspekulationen schon nahe an ein Wunder. Biergläsereinsammler, Jungspunde vom Nebentisch, denen das Taschengeld ausgegangen ist, und der schmalwangige, durstige Student, treten unaufgefordert an die Tische, räumen ab, schnorren Zigaretten, machen diese und jenen an. Sabbeln einem die Ohren voll, welch' außerirdisch tolle Typen sie doch seien. Seltsamerweise: Hier nervt mich das nicht, hier leiste ich mir die Muse, die ansonsten längst verloren ist, und lasse mich auf das Treiben ein. Ich wage folgende Prognose: Wenn sich hier nichts geändert hat, will das heutige Publikum in zehn Jahren sich in erster Linie nicht mehr zusaufen, sondern vielmehr die Hände der beiden Alten küssen. Die Kinder, die heute noch am Rande des Biergartens auf dem Spielplatz herumtollen, werden selbst einen zischen und verstehen, daß die Wiener-Kronen-Schwärmereien nichts mit jener elterntypischen Unart, alles und jede schöne Erinnerung an ihre glorreichen, wilden Jugendjahre zum Non-plus-ultra hochzustilisieren, zu tun haben. Nein, mal im Ernst, es gibt wohl niemanden hier, dem der Laden keine bleibende Erinnerung beigebracht hat. SCHUTZ GEGEN SCHNELLE VERBLÖDUNG.   ★

WORSCHTKÜCH/LITFASS, Erbacher Str. 7. ☎ 06151/293141. Mo-So 19.30-01, Mo & Mi Live-Music 21-0.30. Bier 3, Wasser 2, Spezialität

«Feigling« Wodka mit Feige 3,50. Brezel, Wurst- und Schmalzbrote, Soleier. s.S. 135

ZUM SCHINKENKRUG, Landgraf-Philips-Anlage 52. ☎ 06151/315412. Tgl. ab 18 geöffnet. Bier 2,80, Wasser 2,50, O-Saft 3, Kaffee 2,50, steinzeitdeutsche Speisen, Pils im Steinkrug. Holzfällersteak 15,80, Essen vom warmen Stein: Geschnetzeltes vom Rind 16,80.

ZUR FRAU SCHMITT, Bessunger Str. 91. ☎ 63370. Bier 1,50, Wasser 1,50, O-Saft 2, Kaffee 1,60, Stemmler (Wein, trocken) 4,20, gr. Weinkarte, Flaschen- und offene Weine. Sehr gute und reichhaltige Auswahl und billige Hausmannskost, z.B. Hammelbraten mit Beil. 12,80, Wild. s.S. 293

wiesbaden

HAUPTMANN VON KÖPENICK, Mauergasse 10. ☎ 06121/372702. Mo-Fr 16-01, Sa 14-02, So/Feiertag 18-01. Bier 3,20, Wasser 2,50, O-Saft 3,50, Kaffee 2,50, Whiskey 6,50-9, Wein 4, Champagner 95. Rustikal-Germany-Hessen, Gulaschsuppe 5,80, Handkäs' 5,50, Spiegeleier mit Brot 5,80.

TREIBHAUS, Klarenthaler Str. 127. ☎ 06121/467277. Sommer 12-01, Winter 18-01. Bier 3, Wasser 2, O-Saft 3, Kaffee (Kännchen) 5, Kirsch-, Brombeer- Erdbeerwein 4, Apfelwein 0.25l 1,90, 1l 7,50, 2l 14. Broccolisuppe 5, Salate 3,50-12,50, Handkäs' 6, Calamares 11,50, Nudeln 10,50-11,50, Steaks 18,50-26,50.

mainz

DOCTOR FLOTTE, Im Kirschgarten 21. ☎ 06131/234170. Mo-Do 11-01, Fr Sa 11-02. Kaffee 2,50, Cola 2,50, Bier 3,20, Riesling 4,20.

Am Mittagstisch hat vor allem gehobeneres Publikum Gefallen, was sich auch in den Preisen (Obergrenze in Mainz) niederschlägt. Geschmackvolle Inneneinrichtung wird durch 80 Plätze im Freien am schönen Kirschgarten ergänzt. GESELLSCHAFTSFÄHIG. ✕

KLOSTERSCHÄNKE, Karthäuserstr. 3. ☎ 06131/234315. Tgl. 12-01. Kaffee 2,50, Cola 2,30, Riesling 3,30, 0.5l Pils 4. Okt. bis Jan. Wildsaison.

Hier treffen sich schöne Menschen im großen Gartenrestaurant unter alten Kastanienbäumen zu zupflegtem Essen und Trinken. Vom bizarren Charme des ehemaligen Goldsteins ist hier nichts mehr zu spüren. WENDE-GEIST. ✕

QUARTIER MAYENCE, Weihergarten 12. ☎ 06131/220044. Tgl. 11-01, Fr Sa 11-02. Kaffee 2,20, Wein 3, Cola/Fanta 2,20, 0.3l Pils 2,80. Kleine Küche ab 19 Uhr. s.S. 493

ZUM GEBIRGE, Große Weißgasse 7. ☎ 06131/223968. Tgl. außer Mi 11-01. Kännchen Kaffee 3,30, Wein ab 2,30, Cola 1,50, 0.4l Pils 2,70. Essen 3,50-16. s.S. 300

dreieichsprendlingen

KLAMOTTE, Offenbacher Str. 34. ☎ 06103/32240. Tgl. 18-01. Cola 1,80, kl. Bier 1,50. Bauernsalat 7,50. Draußen sitzen. s.S. 256

hanau

BOOTSHAUS SKG, Katharina-Belgica-Str. 11. ☎ 06181/259267. Tgl. 16-01, ab Okt. 17-01, Mo zu. Kaffee 2, Bier 0.3l 2,30, Cola 1,50. Bürgerl. Küche, draußen sitzen. s.S. 256

LA MOVIDA, span. Philippsruher Allee 50. ☎ 06181/253523.   s.S. 367

hofheim

NASSAUER HOF , Hauptstraße. Tgl. 11-24, Mo zu. Bier: Ex 1,70, Pils 1,80, Wasser -.50, Roter Korn 1,80. Wurst mit Kraut, Rippchen, Schinken mit Brot, Wurst/Käse Brot, Handkäs'.

Jeder Zecher braucht einen Engel. Eine Ersatzmutti. Bewährte Wirtinnen werden oft in diese Rolle gezwungen, obwohl sie gar keine hundert Männer als Kindsköpfe bemuttern wollen. Folglich tut sie für eine große Schar seelisch Hilfsbedürftiger täglich kleine Wunder. Eine auf den ersten Blick trostlose Bierkneipe. Bei genauerem Hinsehen aber gemütlich. Es herrscht eine rege Kommunikation durch alle Altersschichten (von 15 bis in die 90-er). Treffpunkt für viele Alternative, Männer mit Raucherstimme und verschiedene eingeschworene Hofheimer Cliquen, auch der Fußballclub «Roter Stern». Und da viele Gesangs-

brüder mit von der Partie sind, dürfen wir uns auch an vielen, spontanen Tanz- und Gesangseinlagen erfreuen. Die Inhaberin, das betagte, liebenswerte «Fräulein«, betreibt die Kneipe seit mehreren Jahrzehnten. Im Sommer kann man auch draußen unter dem Scheunendach sitzen. Sauber, flott und auch in schauspielerischer Hinsicht SAUGUT.   ★ ⟼

königstein

BIER AKADEMIE, Limburger Str. 18. ☎ 06174/23280. Tgl. 18-01, 11.30-14.30 Mittagstisch, Sa-Do. Prager Schnitzel 13,80. Biere ab 2,80. 18 verschiedene Sorten Bier.   s.S. 262

neu-isenburg

TREFFPUNKT, Bahnhofstr. 50. ☎ 06102/8607. 17.30-01, Sa zu, wenn keine Gruppen spielen. Bier 3, Wein 3,50.   s.S. 148

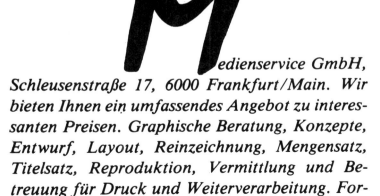

Medienservice GmbH, Schleusenstraße 17, 6000 Frankfurt/Main. Wir bieten Ihnen ein umfassendes Angebot zu interessanten Preisen. Graphische Beratung, Konzepte, Entwurf, Layout, Reinzeichnung, Mengensatz, Titelsatz, Reproduktion, Vermittlung und Betreuung für Druck und Weiterverarbeitung. Fordern Sie uns: 069/25 14 31/25 37 84

BERLIN

Vorwahl: 030

Name	Adresse, Telefon	Sonstiges
AROMA	Hochkirchstr.	
KASTANIE	Schloßstraße	
LEYDIKE	Mansteinstr. 4	
OSTERIA	Kreuzbergstr. (Nähe Wasssserfall)	
SCHWARZES CAFÉ	Kantstr. 148. Tel. 313 80 38	Durchge. geöff. Di 8-20 h zu.

BOCHUM

Name	Adresse, Telefon	Sonstiges
SACHS	Viktoriastraße	Bis 4 Uhr geöffnet.
CAFÉ FERDINAND	Ferdinandstr./Rückseite vom Hbf.	
BHF LANGENDREER	Bahnhofstraße in Langendreer	Kneipe, Kulturzentrum, Disco.

BONN

Name	Adresse, Telefon	Sonstiges
CAFÉ GÖTTLICH	Fürstenstraße (an der Uni)	
NAMENLOS	Bornheimer Straße	
NERVEUS	Franzstr. 36 (hinterm Stadthaus)	

BREMEN

Name	Adresse, Telefon	Sonstiges
CABANA	Schwachhauser Heerstr. 4	
PIANO	Fehrfeld	
ROTKÄPPCHEN	Am Dobben 97	

KÖLN

Name	Adresse, Telefon	Sonstiges
CAFÉ CENTRAL	Lütticherstraße	
SPIELPLATZ	Ubierring/Rheinufer	
STADTGARTEN	Fenloerstraße/Westbahnhof	

MÜNCHEN

Name	Adresse, Telefon	Sonstiges
KLEMZI	Klemzistr. 17, Nähe City	Hier gibts Augustiner-Bier und was zu Essen
FRAUNHOFER	Fraunhofer 9, Nähe City.	Junge Leute im uralten Haus

NÜRNBERG

Name	Adresse, Telefon	Sonstiges
PALAIS SCHAUMBG.	Kernstraße 46	
SELECT	Pleydenwurffstraße 1	

SAARBRÜCKEN   **Vorwahl: 0681**

Name	Adresse, Telefon	Sonstiges
GASTHS. BINGERT	Nauwieserstr. Tel. 390 83 39	Tgl. 17-01 h. Versch. Speisen zwischen Snacks und Gediegem
KURZES ECK	Nauwisenstr. Tel.3 68 64	Tgl. 20-01 h

STUTTGART

Name	Adresse, Telefon	Sonstiges
LITFASS	Schwabenzentr., Eberhardstr. 61 Stuttgart-Mitte	
WEINSTB. WIDMER	Leonhardstr.5, Stuttgart-Mitte	

DÜSSELDORF

Name	Adresse, Telefon	Sonstiges
DIE WIRTSCHAFT	Stresemannstraße	
OB DE ECK	Hammerstr. 38	
MAASSEN	Kaistr. 4	

ESSEN

Name	Adresse, Telefon	Sonstiges
SCHLEIFMÜHLE	Bohrmühlental, Eschenstraße	Szene, Kultur, Garten u.v. Leute
ZECHE KARL	Alten-Essen	Kulturzentrum und Kneipe

HAMBURG

Name	Adresse, Telefon	Sonstiges
BAR CENTRAL	St. Pauli, Clemens-Schulz-Str./Wohlwillstr.	
CAFÉ UNTER DEN LINDEN	Schanzenviertel, Juliusstr. 16	
GOLEM	Schanzenviertel Schulterblatt 28	
INSBETH	Altona. Bahrenfelderstr. 176	
SAMBRAZIL	St. Pauli, Kiez. Silbersackstraße 27	Brasilianisches Essen ab 22 Uhr Live-Musik.

KASSEL

Name	Adresse, Telefon	Sonstiges
NORDPOL	Gottschalkstraße	
SOWIESO	Friedrich-Ebertstr. 179	

Frankfurt (069)	Tel. 230033 Tel. 230001 Tel. 250001
Offenbach (069)	Tel. 80451
Darmstadt (06151)	Tel. 86086 Tel. 26868
Wiesbaden (06121)	Tel. 39911
Mainz (06131)	Tel. 60011 Tel. 671080

FRANKFURT

Adalbertstr. 2 (Bockenheim)	Sparkasse von 1822
Alt-Fechenheim 84 (Fechenheim)	Stadtsparkasse
Am Platz der Republik/Cityhaus (Zentrum)	Volksbank
Am Weißen Stein 9 (Zentrum)	Volksbank
An der Hauptwache 3 (Zentrum)	Sparkasse von 1822
Berger Str. 183 (Bornheim)	Sparkasse von 1822
Berger Str. 212 (Bornheim)	Stadtsparkasse
Bockenheimer Landstr. 42 (Triton Haus)	Deutsche Bank
Borsig Allee 26 (Hessen Center)	Deutsche Bank
Börsenplatz 5 (Zentrum)	Stadtsparkasse
Bruchfeldstr. 25 (Niederrad)	Sparkasse von 1822
Elisabethenstr. 3-9 (Sachsenhausen)	Stadtsparkasse
Große Bockenheimer Str. 41 (Zentrum/Alte Oper)	Sparkasse von 1822
Hauptbahnhof (Zentrum)	Post
Hostatostr. 19 (Höchst)	Kreissparkasse
Hügelstr. 128 (Eschersheim)	Sparkasse von 1822
Kaiserstr. 35 (Zentrum)	Dresdner Bank
Leipziger Str. 48 (Bockenheim)	Volksbank
Niddacorso C1 (Nordweststadt)	Sparkasse von 1822
Opernplatz 6 (Zentrum)	Commerzbank
Schweizer Str. 30 (Sachsenhausen)	Sparkasse von 1822
Theaterplatz 2 (Zentrum)	BfG
Zeil (Kaufhof)	Service Bank
Zeil 65-69 (Konstabler Wache)	Sparkasse von 1822
Zeil 110 (Zentrum)	Post

OFFENBACH

Aliceplatz 5 (Zentrum)	Bayer. Vereinsbank
Aschaffenburger Str. 29 (Bieber)	Raiffeisenbank
Bieberer Str. 4 (Zentrum)	Städt. Sparkasse
Frankfurter Str. 54 (Zentrum)	Dresdner Bank
Marktplatz 1 (Zentrum)	Sparkasse von 1822
Richard-Wagner-Str. 93 (Lauterborn)	Städt. Sparkasse

DARMSTADT

Heidelberger Landstr. 202 (Eberstadt)	Volksbank
Hügelstr. 22 (Zentrum)	Sparkasse
Luisenplatz 3 (Zentrum)	Post
Rheinstr. 10-12 (Zentrum)	Sparkasse
Rheinstr. 27 (Zentrum)	Sparda-Bank

WIESBADEN

Armenruhstr. 11 (Biebrich)	Dresdner Bank
Bahnhofstr. 69 (Zentrum)	Nass. Sparkasse
City Passage/Kirchgasse (Zentrum)	Post
Frankfurter Str. 46-48 (Zentrum)	Sparda-Bank
Friedrichstr. 20 (Zentrum)	Volksbank
Moritzstr./Adelheidstr. 36 (Zentrum)	Volksbank
Rathausstr. 56 (Biebrich)	Nass. Sparkasse
Schwalbacher Str. 45 (Zentrum)	Nass. Sparkasse
Taunusstr. 3 (Zentrum)	Dresdner Bank

Wilhelmstr. 18-22 (Zentrum)	Deutsche Bank

MAINZ

Am Brand 20 (Zentrum)	Sparkasse
Bahnhofstr. 2 (Zentrum)	Post
Breite Str. 23-27 (Gonsenheim)	Volksbank
Bürgermeister-Keim-Str. 2 (Hechtsheim)	Raiffeisenbank
Emmeransstr. 21 (Zentrum)	Sparda-Bank
Gutenbergplatz 18 (Zentrum)	Bayer. Vereinsbank
Portlandstraße 2 (Weisenau).	Raiffeisenbank
Hauptstr. 106-110 (Mombach)	Genossenschaftsbank
Rhabanusstr. 1 (Zentrum)	Sparda-Bank
Schöfferstraße (Zentrum)	Volksbank

FRANKFURT

Mitte:
Eckenheimer Landstr. 98 (Aral)
Friedberger Platz (BP)
Mainzer Landstr. 58/60 (Esso)

Nord:
Eschersheimer Landstr. (Shell)
Eschersheimer Landstr. 204 (BP-Automat)
Friedberger Landstr. (Shell)
Friedberger Landstr. 300 (Aral)
Ludwig-Landmann-Str. (Esso)

Süd:
Am Oberforsthaus (Aral)
Darmstädter Landstr. (BP)
Kennedyallee (Shell)
Mörfelder Landstr. (Shell)
Siemensstr. 37 (BP)
Unterschweinsstiege (Esso)

Ost:
Hanauer Landstraße (Shell)

West:
A 66, Nord- und Südrichtung (Aral)
A 66, Wiesbadener Str. (Esso)
Mainzer Landstr. 545 (Aral)
Mainzer Landstr. 378 (Esso)
Theodor-Heuss-Allee, Opel-Rondell (Shell)

OFFENBACH

Bieberer Str. 157 (Aral)
Strahlenerger Weg (Shell)

DARMSTADT

Frankfurter Str. 65 (Esso)
Heidelberger Str. 126 (Esso)
Kasino Str. 66 (Esso)
Heidelberger Str. 55-59 (Shell)
Neckarstr. 19 (BP)
Rheinstr. 69 (Aral)

WIESBADEN

Bundes-Sonderstraße West (Esso)
Schiersteiner Str. 92 (Esso)
Schiersteiner Str. 62-64 (Shell)
Bahnhofsvorplatz (BP)
Mainzer Straße 103 (Aral)
Dotzheimer Straße 93 (Aral)

MAINZ

Pariser Str. 1 (Esso)
Binger Str. 27 (Shell)
Binger Str. 25 (Aral)

HANAU

Eugen-Kaiser-Str. 5-7 (Esso)
Oderstr. 10 (Esso)
Leipziger Str. 76-78 (Shell)

FRANKFURT

Vorwahl: 069

Name, Adresse	Telefon	Preise	Preise
Adria Neuhaußstr. 21	59 45 33	47,- bis 52,-	94,- bis 124,-
Am Anlagenring Eschenheimer Anlage 23		50,- bis 75,-	70,- bis 130,-
Am Schloß Bolongarostr. 168 Ffm-Höchst	30 18 49	40,- bis 55,-	60,- bis 80,-
Backer Mendelsohnstr. 92	74 79 92 o. 74 79 00	25,- bis 40,-	40,- bis 60,-
Haussecker Frankenallee 3		25,- bis 30,-	42,- bis 50,-
Lohmann Stuttgarterstr. 31	23 25 34	35,-	58,-
Moselhof Moselstr. 46	25 20 48	10,- bis 100,-	25,- bis 140,-
Pauli Rebstöckerstr. 93	73 18 50	45,-	74,-
Stella Frauensteinstr. 8	55 40 26	40,- bis 55,-	79,50 bis 100,-
SVG am Autohof Ost Hanauer Landstr. 425	41 30 67	35,-	54,-

DARMSTADT

Vorwahl: 0 61 51

Name, Adresse	Telefon	Preise	Preise
Pension Wetzstein Landwehr 8	2 04 43	28,- bis 40,-	50,- bis 60,-
Zentral-Hotel Schuchardstr. 8	2 64 11/12	40,- bis 75,-	55,- bis 95,-
Hotel Ernst-Ludwig Ernst-Ludwig Str. 14	2 60 11	39,- bis 78,-	75,- bis 105,-
Hotel Regina Moosbergstr. 94	6 50 61/62	50,-	85,-

Hotel Härting Heinheimer Str. 38	7 48 21	33,- bis 43,-	54,- bis 67,-
Hotel Rehm Heidelberger Landstr. 306 DA-Eberstadt	5 50 22	32,- bis 65,-	50,- bis 98,-
Pension am Elsee Raiffeisenstr. 3, DA-Arheiligen	37 26 13	35,-	60,-
Pension Kimmel Im Elsee 8 DA-Arheiligen	37 56 04	35,-	—
Hotel Schneider Wilh.-Leuschner-Str. 60 DA-Griesheim	0 61 55/23 11	35,- bis 40,-	55,- bis 65,-

WIESBADEN   Vorwahl: 0 61 21

Name, Adresse	Telefon	Preise	Preise
Hotel Condor Berliner Str. 27	7 46 47/8	42,- bis 65,-	90,- bis 95,-
Hotel Jägerhof Bahnhofstr. 6	30 27 97	50,-	80,-
Haus Klemm Matthias-Claudius-Str.25	30 43 13	ohne Frühstück 35,-	ohne Frühstück 50,-
Hotel Mainzer Hof Moritzstr. 34	37 20 28/9	39,- bis 65,-	64,- bis 90,-
Ring-Hotel Bleichstr. 29	40 01 77	30,- bis 58,-	55,- bis 90,-
Hotel Singer garni Untere Albrechtstr. 9	37 37 28	42,-	78,-
Hotel an den Städt. Kliniken Feldstr. 6	52 22 02	40,- bis 50,-	70,- bis 90,-
Gästehaus Veith Am Heiligenstock 4	56 51 24	—	74,- bis 80,-

MAINZ

Vorwahl: 0 61 31

Name, Adresse	Telefon	Preise	Preise
Richters Eisenbahnhotel Alicestr. 6	23 40 77	46,- bis 48,-	66,- bis 70,-
Terminus Hotel Alicestr. 4	22 98 76	40,- bis 55,-	70,- bis 85,-
Stadt Coblenz Rheinstr. 49	22 76 02	40,- bis 45,-	70,- bis 95,-
»Zum Laternchen« An der Kirchenpforte 37 MZ-Bretzenheim	3 45 46	35,- bis 37,-	70,- bis 75,-
Roseneck An der Bruchspitze 3 MZ-Gonsenheim	68 03 68	30,-	52,- bis 60,-
Zarewitsch Kurt-Schumacher Str. 20 MZ-Gonsenheim	4 24 04	29,- bis 40,-	48,- bis 60,-
Gasthaus Goldene Ente Oppenheimer Str. 2 MZ-Laubenheim	8 61 16	32,-	60,-

FRANKFURT

Vorwahl: 069

Name, Adresse	Telefon
Notruf	110
Feuerwehr	112
Telefonseelsorge	111 01/02
AIDS-Telefon	63 60 36
Anwaltsnotdienst (in Strafsachen), 18-8 Uhr	28 30 83
Ärztlicher Notdienst	79 50 22 00
Ärztlicher Bereitschaftsdienst, dienstbereite Apotheken	1 15 00
Notruf für vergewaltigte Frauen	70 94 94
Notrufzentrale / Kontaktstelle für Alkoholkranke und Medikamentenabhängige	36 38 47
Sorgentelefon für Kinder und Jugendliche	55 08 09
Verein Frauen helfen Frauen e.V.	43 95 41

OFFENBACH

Vorwahl: 069

Ärztliche Notdienstzentrale	84 10 94
Beratung für mißhandelte Frauen Frauenhaus für Offenbach e.V.	81 65 57

DARMSTADT

Vorwahl: 0 61 51

AIDS-Hilfe	31 11 77 / 1 94 11
Ärztliche Notdienstzentrale	2 62 44

Frauenhaus	37 68 14
Frauennotruf Pro Familia 9-16 Uhr	4 55 11

WIESBADEN   Vorwahl: 0 61 21

AIDS-Hilfe	30 92 11
Ärztlicher Notfalldienst	46 10 10
Frauen helfen Frauen e.V.	5 12 12
Wildwasser Verein gegen sexuellen Mißbrauch von Mädchen und Frauen	80 86 19

MAINZ   Vorwahl: 0 61 31

AIDS-Hilfe	22 22 75
Ärztlicher Notfalldienst	67 90 97
Notruf für vergewaltigte Frauen	61 36 76

Willi Hau ★
Lead-Guitar, Vocals,
Sound-Programming,
Producer, Designer

Sigrid Weiser ☆
Co-Producer, Guitar,
Vocals, Programming
and Pre-Works

Thomas Östreicher ∞
Tenor and Bariton-Sax

Birgit Wieschendorf ●
Guitar, Vocals

Stefan Michalzik ✓
Keyboard, Vocals

Gisela Hand ±
Booking, Franchising,
Refreshing, Cost-Con-
troller, Backing Vocals

Ditta Krebs O
Vocals, Acoustic-Guitar

Frank Schröder ■
Guitar, Vocals,
Paradise-Sounds

Karin Hobler
Engineering, Sound-
Styling

Anette Deeg
Keyboards

Norbert Frank
Cover-Foto, Inside Fotos

Sabine Boeckel
Recording, Lights,
Backing-vocals

PETER POLAROID

Eine Krise
ist ein äußerst kreativer Zustand,
man muß ihr nur den Beigeschmack der
Katastrophe nehmen.

Hildegard Bernasconi ☐
Guitar, Vocals, Fotos,
Advertisment

Katja Lukat ☼
Drumms, Vocals, Adver-
tisment

DIE
PETER
POLAROID
BAND

1989
spielen
mit:

Robert Rohr ∾
High-Flights, Vocals

Martina Storck ∾
Tenor-Sax, Vocals

Weitere Autoren und Mitwirkende:

Manfred Back, Jürgen Krebs ✕ Günter Schuler ⊥ ,
Gisela Knab ⌣ , Rudi Kötter-Faulhaber ⌐ ,
Maich Faulhaber ⫼ , Doris Schubert ⋝ , Francisco
Ibanez ↻ , Jörg Rode ≽ , Annette Kallweit ⌐
Manfred Schiefer ⫽ , Eva Kinkel ✖ , Poldi Weipert ↦ ,
Manfred Knispel ≡ , Stefan Schell ⋀ ,
Holger Corzilius ∿ Eric Ertl ≠ , Peter Warnecke ∈ ,
Claudia Heß , Thomas Velte ⟍ , Josef Bercek ⊶
Harald Gerlach ⋁ , Sabine Horst, Bernd Biehl,
Uwe Fritzsche ∣ , Michael Schlögel (Fotos)
Karsten Kramer (Fotos) , Waldemar Hanke (Fotos)
Volkhard Kantner ∣ Ingo Laube (Neonschrift)
Winnie Eberhard (Fotos)

Special Thanks to:

Beate Baszok, Beate Weider ≙ ,
Thomas Hellwig ⊬ , Monika Makone ∾ , Hedda Han-
sen, Hans-Dieter Halle.

Gabi Faulhaber ⋀
Guitar, Engineering and
Recording

Maren Diehl ⊂
Drumms, Stylist,
De-Chaotisation

INHALTSVERZEICHNIS,
WUNDERBAR SATIRISCHES

7 Minuten Pizza. Da 381	Altkorn. Da 381
7 Minuten Pizza. Weiterstadt 384	Altmünster Pavillon. Mz 232
7th Heaven. Ffm 17	Altstadt Café. Mz...............................106/429
Abtskeller. Ffm 130/444	Amsterdam Stube. Ffm 433
Achter Kontinent. Ffm 197/291	Anadolin, Café. Ffm 65
Adler, Zum. Ffm 318/511	Andalucia. Ffm 309
Affentorschänke. Ffm 478	Angelika, Zur. Ffm................................119/196
Agadir. Of..293/345	Angelo, Da. Ffm 324
Agree, Casablanca, Disco/Bistro. Of 45/411	Anglerheim. Ffm...489
Akropolis. Mz...361	Annas. Ffm 185
Alabama. Ffm...38	Antonio, Da. Ffm 318
Alba's Pilsstube. Ffm 433	Anyway. Limburg..503
Albatross, Café. Ffm 68/423/511	Aoxomoxoa. Taunusstein 62
Alberto, Da. Ffm 328	Apfelwein Dax. Ffm 478
Alexis Sorbas. Mz 361	Apfelwein Föhl. Neu-Isbg................................486
Alexis Sorbas. Wi 356	Apfelwein Heisst. Da......................................485
Alexis Sorbas/La Giaconda. Ffm 336	Apfelwein-Klein. Of...485
Alf Schlemmerecke. Ffm 117/373	Arcade, L'. Mz 246
Ali Baba. Wi...123/356	Argo. Da 348
Allee, An der, Piz. Mz 383	Arnsburger Weinkeller. Ffm.............................441
Alligator. Ffm...437	Art Tropic Bar. Wi 222
Alt Athen. Da 348	Art Vins. Ffm 445
Alt Athen. Da 337	Artischocke. Wi 296
Alt Frankfurt. Ffm 279	Asia. Bad Soden 364
Alt Mainzer Stubb. Mz 55/298	Asia. Of...345
Alt-Offenbach. Of 345	Aspendos, Taverna. Wi 359
Altdeutsche Bierstube. Ffm 119/197/455	Atelier. Ffm 310
Alte Druckerei. Ffm 169	Atmo, Ouzerie. Ffm 333
Alte Meierei. Ffm 196	Atschel. Ffm 338/479
Alten Fritz, Zum. Da 355	Au Lait, Café. Ffm 69
Alter Bahnhof. Ffm...190	Aubergine. Ffm 322
Alter Fritz. Da 209/355	Aufschwung. Ffm 190/425
Alter Hut. Ffm 197/426	Augustin-Bierkeller. Bad Homburg 252
Altes Bierhaus. Ffm 197	Augustin. Ffm 399
Altes Fass. Wi 49/222/447	Augustiner. Mz 233
Altes Forsthaus/Fasanerie. Hu.......................501	Augustinerkeller. Mz 234/298/448

Automatendisco Nr. 1. Ffm	25/453
Avalon. Mz	234/429
Ax, Bistro. Wi	223/415
Bacchus, Weinstube. Mz	448
Bachmann, Café. Ffm	76
Backblech, Zum. Mz	300
Baff. Ffm	78/118/403
Baff. Mz	124/234
Bagatelle. Mz	235/417
Balalaika. Ffm	131
Ballplatz 2. Mz	106/429
Bangkok. Ffm	313
Bar Central. Ffm	185/425/433
Bar Tao, Café. Ffm	91
Bar, Café. Ffm	410
Basalteck. Ffm	310
Bastille, La. Mz	55
Batschkapp. Ffm	18/127/424
Bauer, Café. Ffm	69/118
Bauernstube. Da	209
Bavaria Bierakademie. Langen	262
Bazille. Neu-Isenbg	265
Bazillus. Wi	50
Bören, Zum. Ffm	279
Beau Site. Wi	493
Bebop. Wi	135/222/428
Bei Bully (Frankf. Hof). Da	209/294
Beichtstuhl, Zum. Mz	449/461
Bella Italia. Ffm	11/117/373
Belle Epoque. Mz	235
Bellevue, Café. Da	93/427
Berger Str. 319. Ffm	175/511
Berger Weinkeller. Ffm	441
Bergstübel. Ffm	181
Bianco, Bistro. Ffm	404
Bianco, Dal. Ffm	380
Biba Club. Ffm	40
Bierakademie. Da	209
Bierakademie. Königstein	262/516
Bierakademie. Of	205
Bierbrunnen. Hu	256
Biergarten. Dieburg	59/254
Bierstube. Ffm	11/117/169
Big Apple. Wi	50/428
Billardcafé, City Bistro. Wi	223/415
Binding Quick. Ffm	377
Binger Loch. Ffm	433
Bismarck, Weinkeller. Of	446
Bisquit. Wi	101/415/428
Bistro 77. Ffm	338
Bistro am Merianplatz. Ffm	402
Bistro M. Ffm	338
Bistro P. Of	411
Bistro. Bad Nauheim	493
Bistro. Ffm	399
Bistro. Ffm	402
Bitburger, Zum. Ffm	284
BKA/Schützenhof. Münster b. Diebg	165/264
Blaubart. Ffm	281
Blauen Blume, Zur. Dr.-Sprendl	256
Blauen Bock, Im. Ffm	468
Blaues Krokodil. Ffm	191/425/511
Blue Angel. Ffm	433
Bluemoon. Ffm	425
Bluhm, Weinhaus. Mz	448
Blum, Zur. Ffm	169
Bockenheimer Bierfaß. Ffm	170
Bockenheimer Weinkontor. Ffm	441
Bodega Granada. Maintal	369
Bodega Luciano. Ffm	310
Bodega, La. Da	352
Bodega. Mz	237
Bogart. Königstein	147/262
Bohne, Café. Ffm	70/118/511
Bolongaro-Bierkeller. Ffm	424
Bombay Palace. Ffm	307
Bonaparte. Ffm	80
Bonne Auberge, La. Ffm	340
Bootshaus SKG. Hu	256/515
Bootshaus Wiking. Of	133/293
Bornheimer Ratskeller. Ffm	274
Bottoms Up. Oberursel	265
Boukaron. Büttelborn	365
Böck, Café. Wi	101
Böllenfalltor. Da	294/513
Börsenkeller. Ffm	281
Brando. Mz	237
Brasserie de France. Bad Soden	364
Bratwurstglöckle. Ffm	379
Brick-House. Wi	136
Broccoli. Mz	394
Brotfabrik. Ffm	128
Brunnenstube. Bad König	493
Bruno, Da, ,,Luigiano''. Hu	367
Bruno, Da. Ffm	307
Brückenkeller. Ffm	281
Brückenkopf. Hu	257/302/430
Buchberg, Zum. Langenselbold	503

Buchscheer. Ffm...476
Budecker, Böckerei. Wi.....................................123
Buffet Vitesse. Ffm...................................117/373
Bumerang. Wi...223
Burgas' Bierhütte. Ffm......................................175
Burgbeilz, Burgkeller. Dreieich.........................255
Burgblick, Zum. Münzenbg/Wetterau................506
Burgwiese, Zur, Kostas. Ffm.............................316
Busters Workshop. Butzbach.............................497
Bück dich, Café. Ffm...77
Byblos. Ffm...323
C'est la vie. Mz...418/430
Cactus, Bistro. Ffm...407
Cadillac. Hu...60
Café Bistro 87. Ffm..................................117/399
Café Bistro Grafenstraße. Da...........................412
Caféhaus, Das. Ffm...........................26/83/119
Caféhaus. Ffm...73
Caliburn. Mz..238/429
Calvin. Ffm...404
Canadian Pacific Ffm Plaza. Ffm......................118
Canape. Ffm...408
Cantina, La & Zum Treppchen. Da...................352
Capones Pool Restaurant. Da.............46/295/427
Carbonara, La. Ffm..378
Carioca, Café. Ffm....................................70/118
Carmelo, Pizzeria. Königstein...........................369
Carussell. Hu..438
Casa Algarve. Da...348
Casa di Cultura. Ffm................................171/310
Casa Louis. Da..210/348
Casa Nova. Ffm..338
Casablanca. Da...348
Casablanca. Hu...258
Casino am Turm. Ffm..433
Caspari, Weinstube. Wi.....................................447
Cave du Roy. Ffm...89
Cave, Le. Of...45/412
Cellar, The. Ffm..202
Celsius. Ffm...171/423
Christine, Café. Ffm....................................76/118
Ciao Italy. Ffm..324
Ciao Italy. Königstein.......................................368
Cicero. Wi...105/156/428
Cigalle, La. Wi..359
Cimino, Da. Ffm..377
City Bazar. Ffm...373
City Bistro. Ffm..271/399
Claro, Café. Ffm..86

Claudio, Da. Ffm...316
Club 74. Waldems-Esch.....................................507
Club Voltaire. Ffm....................................151/186/425
Club, Le/Downstairs. Ffm....................................41
Collage. Ffm..76/424
Centra. Ffm...185
Central Park. Ffm..25
Central. Mz..107/418
Centro Espagnol Democratico Obrero. Hu....258/365
Centro Italia. Wi..356
Chaos, Café. Da..94/427
Chapeau Claque. Ffm.......................................186/511
Chapeau Claque. Mz...........................55/239/438
Chapeau Claque. Wi...224
Chapeau. Ffm...434
Charles The Bar. Wi...50
Charlot. Ffm...323
Chat d'Or. Wi...104/428
Chat Noir. Da..97
Chez Pierre. Mz...138/164
Chico. Ffm..339
China Haus Chan. Da..349
Chopraya. Of..345
Come Back. Ffm..434
Comeback. Of...205
Como Lario. Mz..361
Concordia. Ffm..477
Confetti. Kilianstätten.................................112/420
Confetti. Wi...50
Construction five. Ffm.......................................434
Conti, Café. Ffm..72
Cookys. Ffm..26
Cool-Club. Ffm..25
Costa Smeralda, Piz. Ffm...................................377
Cottage. Ffm..197
Courage. Wi...224/428
Cristal. Ffm...66
D'Accord. Ffm..88/410
Daily. Wi...124/225/416
Dali. Ffm...313
Dampfkessel. Ffm..13/117/169
Dampfkessel. Wi...124
Darkostan. Ffm...127/176/424
Darmstädter Hof. Da...295
Darmstädter Hof. Weiterstadt........................148/384
Datscha. Of...345
Dauth-Schneider. Ffm..479
Delicatessa. Wi..382
Delphi. Da...350

Delphi. Ffm 328/512
Delphi. Mz 361
Depotcafé. Ffm 70
Derwisch. Ffm 335
Deutsches Haus. Ffm 470
Dick & Doof. Ffm 378
Dickworz. Kelsterb 261/302
Diesseits. Da 172/423
Dimitris. Da 350
Dino. Of 346
Dionysos. Da 310/342/511
Dippegucker. Ffm 271
Dischritzer. Da 210/350
Divan. Ffm 307
Djang-Won. Ffm 318
Doctor Flotte. Mz 239/515
Domenicus, Weinkeller. Ffm 442
Domino. Ffm 192
Domizil. Wi 226/428
Domsgickel, Mz 239/299/430
Dorfschmiede. Ffm 316
Dorian Gray. Ffm 18
Down by the Riverside. Ffm 130
Downtown Rock-Station. Ffm 455
Döner-Hütte. Ffm 379
Dr. Flotte. Ffm 172
Drei Steuber, Zu den. Ffm 482
Dreikönigskeller. Ffm 131/444
Drosselbart. Ffm 276/511
Druckhaus. Hu 142/501
Druckkammer. Dr.-Sprendl 60/255
Du Theatre, Café/Restaurant. Of 45/119
Dubrovnik. Of 346
Durchbruch, Café. Da 96/155
Dünker, Wein. Ffm 442
E-Werk Jugendtreff. Bad Homburg 165
Eagle. Ffm 434
Eckhaus. Wi 226/428
Eckstein. Ffm 186
Eden. Ffm 388
Ei. Of 205
Eichkatzerl. Ffm 479
Eins Zwei. Ffm 405
Einstein. Mz 239/299/430
Eintracht Gaststätte. Ffm 196/290
Eis-Frieder. Da 381
Eiskaiser. Seligenstadt 507
Elbe, Café. Ffm 65
Eledil, Bistro. Kelkh 420

Eledil. Da 210/412/427
Elephant Village. Ffm 401
Elfer. Ffm 181/424
Ellerfeldschänke. Ffm 320
Elsass, Gasthof. Ffm 314
Emjo's. Ffm 89
Empor, Bistro. Ffm 410
Endstation. Dr.-Buchschlag 255/365
Ente vom Lehel. Wi 357
Entrecote. Ffm 324
Eppsteineck. Ffm 205/427
Erdnuss. Ffm 342
Ernis. Ffm 319/424
Ernos' Bistro. Ffm 342
Erzhäuser Hof. Erzhausen 396
Erzherzog Johann. Ffm 322
Escalier, L'. Mz 56
Estragon. Ffm 328
Eule. Mz 362
Eulenburg. Ffm 467
Europa, Café. Wi 101/123
Europa-Bar. Ffm 373
Evergreen. Mz 55/460
Express, Café. Ffm 12
F.R.G. Oberrad. Ffm 489
F.R.V. Ffm 489
Fabrik. Ffm 198
Falle, Die. Wi 124/437
Falltorhaus. Schotten 507
Fan's. Da 350
Far out. Ffm 40/426
Fayette, La. Da 214
Feldberg, Gasthaus zum. Kronberg 303
Feldschlößchen bei Ceonidas. Ffm 315
Festival, Kino & Bistro. Da 412
Feuerwache, Zur alten. Wi 124
Fiasko, Café. Riedstadt 114/267
Fiasko, Café. Stockstadt 267
Fichtekränzi, Zum. Ffm 482
Filiale. Wi 227/358
Fillwood. Bad Vilbel 58
Filmwirtschaft Mol Seh'n. Ffm 152/425
Finegans Pub. Ffm 176
Firenze. Ffm 314
Firlefanz. Of 92/427
Flair, Café. Wi 416/437
Flamenca, Bodega. Ffm 318
Flamingo, Bistro. Wi 124/416
Flanell. Wi 51

Fleur, La. Da 216/414
Flic Flac. Dieburg 108/254
Flic-Flac. Ffm 108/192/512
Flo. 27
Florastuben/Kostas. Ffm 311
Florian, Bistrorante. Mz 419
Flot, Café. Hofh. 110
Folk Pub Krone. Hattersh. 146
Franco, Da. Ffm 313/337/378
Frank's Oldie Kiste. Ffm 40
Franke-Stubb. Langen 264
Frankfurter Bierhaus. Ffm 186
Frankfurter Hof-Seppche. Ffm 484
Frankfurter Ruderclub. Ffm 489
Frankfurter Schnitzelstubb. Ffm 271
Frankfurter Stubb. Ffm 282
Frau Schmitt, Zur. Da 209/293/515
Frauencafé in der Frauenschule. Ffm 423
Frauencafé. Mz 430
Freies Kulturcafé. Rüsselsh 114/165/267/430
Friedberger Warte. Ffm 468
Frigale, La. Ffm 343
Frosch, Bistro. Neu-Isenbg 265/420
Froschkönig. Ffm 183/424
Fruchtbar im Hesseneck. Ffm 374
Funkadelic. Ffm 27
Funkadelic. Wi 51
Funzel. Ffm 434
Fünfundvierziger. Ffm 192/405
Fürstliches Forsthaus Sylvan. Bischbrunn 496
Gaggia. Ffm 89/198/426
Galleria, La. Ffm 326
Gallo Nero. Da 351
Gallus-Disco. Ffm 24/424
Gambero, Al. Ffm 322
Gambrinus. Bad Homburg 139
Gambrinuskeller. Ffm 182
Gans, Die. Ffm 339
Gargantua. Ffm 311
Garniers Keller. Friedrichsdorf 142
Gartenlaube. Hu 60/462
Gass, Äpfelweinwirtschaft. Ffm 471
Gassenschänke. Hochh 261
Gasthaus Zum Eichhorn. Ffm 467
Gasthof, Der. Ffm 282
Gaststätte Horst Scheid. Ffm 469
Gata, La. Ffm 426
Gates of Heaven. Ffm 176
Gaylord. Ffm 307

Gebirge, Zum. Mz 250/300/515
Gegenwart. Ffm 73/177/402/424
Gehlhaar, Café. Wi 102
Geiger. Ffm 177
Gemalten Haus, Zum. Ffm 482
Gerbermühle. Ffm 490
Germania. Ffm 480
Gickelschlag. Ffm 314
Gig. Ffm 198
Gildestuben. Ffm 325/511
Gimbacher Hof. Kelkheim 502
Girasole. Wi 358
Gitanos, Los, Bodega. Ffm 338
Glasschrank. Da 351/513
Globetrotter. Ffm 199
Globus. Da 210/296
Glotze, Die. Da 210
Glücksstuben. Bad Homburg 461
Glühlämpchen. Ffm 290
Godot, Café. Da 96/427
Goethetheater, Café im. Ffm 70
Goldene Krone. Da 134/427
Goldene Nudel. Ober-Ramstadt 112
Goldener Löwe. Ffm 470
Goldener Stern ,,Bei Benito''. Hu 366
Green Hill. Ffm 388
Griechischer Imbiss. Ffm 374
Grohe. Da 210/296
Groschenoper. Wi 156/227
Größenwahn. Ffm 192/329/425/437
Grünen Baum, Zum. Neu-Isbg 486
Grüner Bambus (Trexanh). Ffm 335
Grüner Panther. Ffm 329
Guiseppe, Da. Da 381
Gundelhardt, Waldgaststätte. Hofheim 501
Guten Quelle, Zur. Neu-Isbg 486
Gutenberg, Zum (griech.). Mz 362
Gutenberg, Zum (jugosl.). Mz 362
Güners-Grill. Ffm 380
H. Neubauer, Bäckerei. Ffm 117
Halia. Of. 346
Halles aux Vins. Ffm 339
Hanauer Hof. Bad Nauheim 496
Hannen-Fass. Wi 296
Hanseatic. Da 47
Hard Rock Café. Da 97/210
Hard Rock Café. Ffm 199
Hardrockcafé. Ffm 83/186
Harmonie, Gaststätte. Ffm 119

Hauptmann von Köpenick. Wi 515
Hauptwache Café. Ffm 80/119
Haus der Jugend. Wi 158
Haus Wintergarten. Da 98/122
Heberer. Ffm 117/374
Heck-Meck. Ffm 172/423
Hedi's Bierstube. Ffm 13
Hellas. Maintal 369
Henners Weinladen. Ffm 441
Henninger Turm, Restaurant im. Ffm 492
Hermis. Königstein 368
Hesseneck. Ffm 311
Hessischer Hof. Of 205
Hilde Müller-Haus, Café im. Wi 101
Hinkelstelzchen, Obstweinstube. Ffm 442/512
Hintersinn. Mz 164/244/430/438
Hippopo-Tamus. Da 48
Hirsch, Zum. Ffm 477
Historisches Rathaus. Hochstadt 486
Historix. Ffm 188/282
Hochstätter, Der alte. Ffm 281
Hof, Café im. Ffm 80
Hofgarten.~ Dr.-Götzenhain 256
Hollywood. Wi 51
Holzhausen, Café. Ffm 86/119
Holzwurm. Rüsselsh 267
Homburger Hof. Ffm 274
Hong Kong. Of 346
Hong Tam. Of 346
Hoppenstedt, Bei. Wi 222
Horizont. Ffm 193/329/425
Hottum, Weinstube. Mz 448
Hotzenplotz. Da 210
Huckebein. Da 48
Humperndinck. Ffm 343
Hundezuchtverein. Ffm 490
Ilonas Men Club. Of 45/437
Immanuel Kant. Ffm 314
Indian Snacks. Ffm 376
Intakt, Café. Mz 107/238
Interconti. Ffm 13
Ireland-Pub. Da 211
Irish Pub. Da 211
Irish Pub. Ffm 131/200
Irish Pub. Of 206
Isoletta, La. Ffm 345
Isoletta. Ffm 343
Istanbul, Grillstube. Mz 383
Italia. Of 346

Italiano Il Quarto Folio. Mz 362
Jade. Ffm 329
Jade. Mz 362
Jagdhof-Keller. Da 134
Jahnvolk. Ffm 276/511
Jardin, Le. Ffm 29
Jardin, Le. Of 412
Jasmin, Grillhaus, Rest. Ffm 377
Jazz Club Hanau. Hu 143/430
Jazz-Kneipe. Ffm 128/28
Jazz-Life Podium. Ffm 131
Jazzclub. Kelkh 147
Jazzhaus. Ffm 28
Jazzkeller Hofheim. Hofh 147
Jazzkeller. Ffm 128/28
Jean Bastos. Ffm 71/118
Jimmys'. Ffm 44
John Wayne. Of 206
Joker. Bad Homburg 252
Jolifante. Mz 245/430
Josef, Pizzeria. Oberursel 369
Journal Aktuell. Wi 105
Journal, Le. Of 412
Journee. Mz 108/419
K 8. Wi 227
Kaffeehaus. Da 98/122
Kaffeemühle. Ffm 73/118
Kafka, Café. Ffm 65/423
Kaiplinger, Café. Wi 102
Kaisers Café. Da 414
Kamin, Zum. Mz 250/300
Kanne, Zur/Dionysos. Da 356
Kanonensteppel. Ffm 481
Kapuzinereck. Mz 245
Karagöz. Da 352/392
Kartoffel. Wi 227/297
Karussell. Ffm 282
Kastoria. Ffm 307
Katakombe. Wi 227
Kämpf, Café. Ffm 65/423
Käsmühle, Zur. Of 208
Kebab Oriental. Wi 358/382
Kebabhaus Istanbul. Ffm 14
Keller 38. Ffm 434
Keller, Der. Ffm 198
Kelter, Zum. Mz 250
Kempf's Gaststätte. Ffm 283
Kid Creole. Wi 358
King Long. Ffm 335

King's Palace. Ffm 38
Kinoklause. Mz 245
Klaa Pariser Hof. Ffm 278
Klaane Sachshäuser. Ffm 481
Klamotte. Dr.-Sprendl 256/515
Klappe, Die. Wi 227/298
Klatsch, Café. Friedrichsdorf 110
Klatsch, Café. Wi 102/123/157/228/428
Kleine Janson, S'. Mz 108
Kleine Toscana. Hu 366
Kleiner Peter. Ffm 18
Klimperkiste. Ffm 132
Klingelbeutel. Mz 246
Klosterschänke. Mz 246/515
Kneipchen. Wi 228/428
Kneipe 41. Da 213/352/427
Knoblauch. Ffm 343
Knossos. Ffm 315
Kontiki. Ffm 28
Kopernikus, Zum. Da 221
Korfu. Mz 362
Korkenzieher, Bistro. Bad Homburg 420
Kornkammer. Ffm 387
Koryo. Ffm 326
Kölner Eck. Ffm 181
König David, jüd. Restaurant. Ffm 343
Krone, Zur. Ffm 484
Krone, Zur. Rüsselsh 268
Krone, Zur; Zum Riwwler. Ffm 485
Kronprinzeneck. Ffm 14/117/169
Kuckucksei, Café. Ffm 78
Kuckucksnest, Café. Schmitten 506
Kuckucksnest. Da 214
Kultkeller in der Romanfabrik. Ffm 154/426
Kulturbasar. Hu 144/430
Kulturcafé. Da 98/122/156/214/393/427
Kulturzentrum. Mz 55/138/164
Kurdistan, Kebab-Kiste. Mz 383
Kurschänke. Königstein 302
Kutsch, Hotel. Ffm 131
Kutscher-Kneipe. Ffm 28
Künstlerkeller. Ffm 188
L'Emir. Ffm
Lagerhaus. Da 216/296/393/427
Lahmen Esel, Zum. Ffm 476/493
Lakritz. Ffm 377/387
Lanterna, La. Wi 359
Latina Pasto. Ffm 308
Laumers-Filmcafé. Ffm 90

Leberecht. Hu 302
Lee's Restaurant. Königstein 368
Leiter. Ffm 406
Leiterchen. Bad Homburg 253
Lemp. Ffm 466
Lesecafé. Ffm 90/426/512
Lian-Yi. Ffm 308
Lighthouse Pub. Neu-Isenbg 265
Liliput. Ffm 84/425/435
Linde, Zur. Königstein 302
Lindenbaum. Mz 56/246/430
Linie. Ffm 401
Linse, Die. Oberursel 304
Literaturcafé. Friedberg 499
Lizzy's Bier & Weinstube. Of 206
Lobster. Ffm 444
Lohrbergschänke. Ffm 491
Lokales. Da 216/296/381/427
Lokum Kebab House. Wi 359/382
Lopos Werkstatt. Da 48
Lord Jim's. Ffm 344
Lorsbacher Tal. Ffm 481
Lotos. Bad Vilbel 364
Louisa, Zur. Ffm 483
Löffel's Frankfurter Stuben. Ffm 278
Lösch, Weinstube. Mz 449
Löwen, Zum. Ffm 485
Löwen, Zum. Mz 362
Lucia, Da. Kelkheim 368
Lucio e Mario, Da. Ffm 344
Lucky's Manhattan/Chez Raymond. Ffm 435
Luigi, Da. Of 345
Lutherpark, Bistro. Of 411
M 20. Ffm 399
M Diskothek. Mz 56
Maarschanz. Ffm 340
Mac Boss. Mz 299
Madame. Ffm 425
Maharaja. Ffm 309
Maibacher Hof. Maibach 504
Maier Gustls Bayrisch Zell. Ffm 14/453
Main-Taunus-Salatstuben. Sulzb 384/396
Mainterrassen. Ffm 279/511
Mainzeldorf. Mz 461
Mainzer Bierdorf. Mz 247
Mainzer Kneipendorf. Mz 56
Mainzer Rad, Bei Dorle und Helmut. Ffm 182/278
Malaga, Bodega. Ffm 348
Maldaner, Café. Wi 102

Malepartus. Ffm...177/274
Malkasten. Langen...264
Mamma, La. Bad Homburg............................363
Mampf. Ffm...179/424
Mappesmühle. Weilrod...................................508
Mar Mite, A la. Da...347
Maredo. Ffm..327
Margellina-Die Zwei, Piz. Ffm.......................377
Markt im Bahnhof. Ffm..................................117/376
Marktklause. Ffm..119/195
Marktschänke. Ffm...183
Marktstube. Ffm...195
Marmaris, Imbiß. Ffm.....................................13
Marotte. Ffm...389
Martinsstuben. Mz...299
Mathildenhöhe, Café. Da................................97
Mauerblümchen. Wi.......................................228
Maxim's. Ffm..14
Maxim's. Wi..52
Mazedonia. Rüsselsheim.................................369
Mäckie Messer. Ffm..14
Mädchen-Café Treff. Ffm................................424
Männer-Café im Cafe Südstern. Ffm.............435
Melange, Café. Ffm..408
Mephisto-Keller. Wi..........................136/229/428
Merten, Bei. Hu..384
Meschugge. Oppenh.......................................266
Messerestaurants. Ffm...................................291
Messina. Ffm...320
Mexiko, Zur Sonne von. Ffm..........................454
Michel, Weinhaus. Mz.....................................448
Michelangelo. Ffm..315
Michelangelo. Königstein................................369
Midi, Le. Ffm...343
Miguel, Bodega. Da..348
Mikumi. Ffm..327
Miles Tone. Mz..247/430
Milliways. Hu...258
Minicafé. Da..98
Mischas Bierakademie. Ffm...........................194
Mistik. Ffm..378
Misty. Hochh..146
Mittelpunkt, Pilsstube. Wi...............................124
Mocca, Café. Wi..102
Mollis Pinte. Ffm.................................37/194/454
Moltkestube. Ffm...............................118/174/273
Momberger. Ffm..471
Mon Cher. Da..428/437
Mona-Lisa, Piz. Mz...383/395

.........monde des Journaux, Le. Wi...............................105/416
Mondo. Of..46
Moni's Bierstube. Ffm......................................15
Monokel. Ffm......................................76/179/403
Morrison. Ffm...189
Moskito, Café. Riedstadt................................114/267
Mousonturm, Café im. Ffm..............................153
Moustache. Of..206
Movida, La. Hu..367/516
Mozart Café. Ffm...84/119
Mövenpick. Ffm..283
Mövenpick. Wi..124/298
Mr. D. Gay Bar. Ffm..435
Mrs.P.-Patricia Perkins. Hofh.........................111
Muschelhaus. Ffm..340
Museum, Am, Café. Mz...................................107/429
Museumspark, Café im. Ffm............................88
Music Hall. Ffm..16
Music-Corner. Ffm...184
Musikbox. Ffm...200
Musikerbörse. Mz..248
Musterklause. Ffm...329
Mutter Courage. Da...216
Mutter Ernst. Ffm..283
Mühle Mykonos. Ffm.......................................336/512
Mühle Mykonos. Of...347
Mühlstr. 36, Ind. Spezialitäten. Da................351
Müllerin, Zur schönen. Ffm.............................477
Münchener Hof. Ffm..24
N.f.e. Mainz...438
N.N., Café. Da.....................................96/216/427
Na und. Ffm...435
Nachtcafé. Wi..229
Nachteule. Ffm..41
Nashville Rodeo Saloon. Of............................133/457
Nassauer Hof. Hofh...261/516
Naturbar. Ffm..388
Naturfreundehaus. Königstein.........................502
Naturhaus Kornkammer. Hu............................396
Naturhaus. Mz...395
Naxos. Ffm...332
Negativ. Ffm..41
Nemrut-Kebab. Mz...383
Neues Theater. Ffm...151
Neuhofstube. Ffm..194
New Order. Laudenbach b. Heppenh...............61/148
New Yorker. Ffm..200
Nibelungenschänke. Ffm.................................332
Niddastübchen Edgar Pohl. Ffm......................272

Nil, El. Ffm 339
Nixda, Café. Mz 107/164/429
Norma's Place. Ffm 312
Nostradamus. Ffm 129
Nr. 16. Ffm 332
Nudeltöpfchen/Don Giovanni. Hu 367
O Galo, Im Haferkasten. Mz 362
Oberbayern, Gaststätte. Mz 55/461
Oberschweinstiege. Ffm 491
Oktave Jazz Club. Da 134/216
Oktave. Gießen 500
Olbia, Piz. Ffm 379
Old Fashion. Da 48/216
Old Henry's Bistro Café. Ffm 91
Oldies Kiste. Ffm 15/117/169/453
Olympia. Da 353
Omen. Ffm 29
Omonia. Ffm 333
Onkel Willys Pub. Mz 248
Oppenheimer, Bar. Ffm 38
Opus 111. Ffm 92/427
Orangerie. Da 353
Orfeo, Café. Ffm 400/423
Orfeo. Wi 230
Orientexpress, Grillstube. Mz 383
Osttangente, Weinkontor. Da 446
Ottavio. Of 347
Otto Roth, Café. Da 96/457
Pacifico, El. Ffm 314
Palais des Bieres. Ffm 200
Palladium. Hu 144
Pallas. Da 99/216/414
Palm Beach. Mz 57
Palmas, Las. Da 353
Palmcafé. Ffm 91/426
Panda. Königstein 368
Pandora, Kebab-Imbiss. Hu 384
Paolo, Ristorante. Hu 367
Papagayo. Ffm 71/401
Papanoah. Da 217
Pappilon. Da 49
Paradieshof. Ffm 291
Pariser Hoftheater. Wi 158
Park, Tanzpalast. Wi 52
Park-Café. Ffm 85
Parsival. Wi 230
Parthenon. Ffm 340
Pastis. Ffm 179

Patio, El. Ffm 26
Pattaya. Wi 359
Paulaner. Ffm 194
Pavillon. Wi 52/298
Pelikan. Ffm 174/273
Pentola, La. Ffm 312
Pepe, Piz. Mz 383
Peppino. Ffm 377
Pergola, La. Rüsselsheim 370
Peter Schlott. Ffm 492
Peter, Zum. Ffm 334
Petri. Da 218
Pfannkuchenhaus. Ffm 377
Piccolo Giardino/Kleiner Garten. Ffm 333
Piccolo. Ffm 435
Pictor-Domus. Da 218
Pielok, Café-Gaststätte. Ffm 273/511
Pierrot, Café. Hu 110/430
Pillhuhn. Da 218
Pils an Pool. Königstein 262
Pinguin. Mz 56
Pinoteca. Mz 382
Pinte, Zur. Ffm 37
Pinte, Zur. Of 46/208
Piwitt, Café-Galerie-Kneipe. Raunh...............266
Pizza Pa. Mz 383
Pizza-Express. Hu 384
Planlos, Café. Raunh. 165/266
Plantage, Café. Wi 104/124/222
Plastik. Ffm 30/435
Platon, Taverne. Ffm 334
Plaudertäschchen. Mz 248
Plus. Ffm 410
Pomfrit. Ffm 376
Porto, Al. Wi 356
Poseidon, Bei Taso. Da 353
Poseidon. Da 353
Post, Zur alten. Ffm 466
Post, Zur. Königstein 302
Posthofkeller. Hattersh 146
Pour toi. Ffm 30/406
Präsidium, Am. Mz 232/298/460
Präsidium. Da 218
Prinz-Stube. Ffm 16
Prinzenstube. Ffm 169
Prisma. Dieburg 255
Pumpe. Ffm 180/424
Pumpe. Königstein 303

Puppenkiste. Ffm..454
Pussy Cats. Wi...52/437
Px. Ffm...344
Quartier Latin. Da..414
Quartier Mayence. Mz.........................249/430/515
Rad, Zum. Ffm..484
Rahn, Bäckerei. Ffm...................................117/373
Rainbow, Bistro. Wi..417
Rainbow. Ffm..201/456
Ralfs Essbahnhof. Mz.......................................383
Rebstock, Zum. Of..208
Rebstock-Gastronomie. Ffm..............................278
Rem. Da.............................99/122/219/415/428
Remih, Piz. Ffm...341/380
Remis, Bistro. Wi..415
Rendezvous bei Sigrid u. Helmut. Ffm...............456
Rendezvous. Ffm...436
Restaurant im Palmengarten. Ffm.....................344
Richter, Trinkhalle. Ffm....................................379
Ried Casino. Nauh. b. Groß-Gerau...........165/264
Riff, Café. Ffm...86/408
Riki's Bistro/Weinstube. Ffm.....................407/442
Rimini. Mz..362
Rink, Gaststätte. Ffm.................................176/453
Rita & Willi, Bei. Ffm......................................268
Rive Gauche. Ffm..441
Riviera, La. Rüsselsheim...................................370
Riviera. Ffm...344
Riwwelmaddes. Da.....................................219/296
Robin Hood. Wi..438
Roczek's Destille. Wi..230
Rodeo. Ffm...317
Rolli. Ffm...380
Roma, Piz. Ffm...341
Romana, Taverna. Da..354
Romanella. Ffm...333
Romios. Ffm..312
Rosa L., Café. Ffm..154
Rosa, Bistro. Ffm..342
Rote Mühle. Kelkheim.......................................502
Rote Nelke. FFm..169
Rote Rebe. Hu...450
Roten Löwen, Zum. Hu................................261/302
Rotlintcafé. Ffm.............................87/408/425
Römer, Zum. Bad Homburg................................253
Ruderclub Borussia. Ffm..................................493
Rumpelstilzchen. Da...219
Saan Han. Of..347

Sachs. Ffm...44/456
Saftladen. Ffm...201/457
Saladin. Wi..382/393
Salut, Bistro. Ffm..400
Salvatores Pizza. Bad Homburg........................363
Sam Steakhaus. Hu..367
Samos, Taverne. Ffm...316
Samos, Taverne. Of....................................293/347
San Remo. Da..354/513
Santiago, Club Latino. Ffm.........................174/312
Schach-Café. Ffm..66
Schachtel. Mz..58/249
Schampus. Ffm...174/423
Schaufenster. Of...93
Scheffeleck. Ffm..284
Scherer. Ffm..470
Schickeria. Da...219
Schildkröte. Ffm..30
Schinderhannes, Bistrothek. Da........................415
Schinderhannes. Mz...................................249/299
Schinken-Krug, Zum. Da....................................296
Schinkenkrug, Zum. Da.....................................515
Schirn, Café in der. Ffm......................................81
Schlachthof. Ffm..132
Schlemmer-Imbiss. Da.......................................382
Schlosskeller. Da.......................................134/428
Schloßgartencafé. Da.......................99/123/428
Schloßgaststätte. Katzenelnbogen....................501
Schlösschen, Café. Hu.......................................110
Schlund. Ffm...276
Schmärrnche. Ffm...468
Schnecken-Schröder. Ffm.................................341
Schneider, Altes Café. Ffm.........................78/118
Schobbeklopper. Neu-Isenbg.............................265
Schöne Aussicht. Ffm..465
Schöner Brunnen, Bistro. Mz......................417/429
Schreiber Heyne. Ffm..481
Schulte, Josef. Of......................................92/122
Schützenhof. Ffm...465
Schützenhof. Kronberg......................................304
Schwarzer Adler. Hain/Spess............................501
Schwarzes Café. Ffm...512
Schwarzes K., Café. Ffm.....................................77
Schwarzwaldstübchen. Ffm...............................184
Schwarzwälder-Eck. Ffm...................................376
Schweizer 96. Ffm...411
Schwejk, Zum. Ffm..436
Schwille, Café. Ffm.....................................82/119

Second Life. Langen 60
Senfkorn. Mz 249/300/395
Sennhütte. Of 206/457
Sesam. Of 381/392
Sevilla, Taverne. Ffm 24/317
Sherry & Port. Wi 138/428
Siam. Ffm 309
Sicks, Rasthaus. Eschborn 302
Siegfried, Fisch-Stübchen. Of 293
Silks. Ffm 44
Simpatica, La, Bodega. Of 345
Simplicissimus. Hu 259/430
Sinkkasten. Ffm 36/129/425
Sir Winston Churchill. Wi 52
Sky. Ffm 44
Smugglers Inn. Da 49
Sofra, Grillstube. Mz 382
Sofra, Kebab-Stube 2. Mz 382
Sofra, Kebab-Stube. Mz 382
Solzer. Ffm 468
Sonderbar, Café. Ffm 89/119
Sonne, Zur, Brauhaus. Mz 237/298
Sonne, Zur. Ffm 468
Sonus. Ffm 190
Sorbonne, Bistro. Butzbach 498
Sparta, Taverne. Ffm 334
Speak Easy. Ffm 201
Speckdrum. Ffm 284
Spitzweg. Wi 298/417
Sportzentrale. Ffm 196/290
Spritzehaus. Ffm 132
Spundloch. Hu 260/302/430
Stadt Athen. Ffm 312
Stalburg. Ffm 477
Stall, The. Ffm 436
Starkenburg, Café. Of 92/122
Statt Gießen. Lich 503
Stattcafé. Ffm 72/423
Steinbruch-Theater. Nieder-Ramstadt 62/148
Stern-Café. Ffm 68/118/377
Stoltze Stubb. Ffm 190
Storch, Zum. Ffm 284
Strada, La. Ffm 379
Strandbus. Of 206
Strandcafé. Ffm 88/426
Sumpf. Da 220
Südbahnhof. Mz 58/124
Südstern, Café. Ffm 154/426

Switchboard. Ffm 436
Sympatica, La, Bodega. Of 45
Tagtraum. Ffm 202/411
Taj-Indien-Restaurant. Ffm 327
Take Off. Rüsselsh 268
Tangente. Ffm 45
Tangente. Mz 58/250
Tangerine. Ffm 436
Tango. Ffm 194/426
Tannenbaum. Ffm 174/202/512
Tapas, Las. Ffm 329
Tarnkappe. Of 208/427
TAT-Café. Ffm 85/407
Taube, Zur. Of 347
Taunustherme. Bad Homburg 301
Taverne Korfu. Ffm 329/512
Teatrino. Wi 138/231
Teestube Riki. Ffm 454
Teggiano. Da 354
Tennis-Bar. Bad Homburg 58
Terminus. Mz 58/430
Terrazzino, Al. Ffm 328
Textor Keller. Ffm 202
Textorgalerie. Ffm 202
Textorstube. Ffm 342
Thai Orchid. Wi 360
Thai-Puket. Wi 360
Theatercafé. Ffm 85
Three Flags, The. Hu 146
Tiffany. Mz 250
Tigerpalast. Ffm 36/151
Tik-Treff im Keller. Ffm 36/130
Tino, Pizzeria. Rüsselsheim 370
Tivoli. Ffm 203/512
Tong's Aloha. Ffm 36
Tonino, Da. Ffm 324
Tony's Pizza. Hu 367
Topas. Da 49
Torsos. Ffm 436
Tramps. Bad Homburg 253
Traube, Zur. Ffm 119/434
Traviata, La. Ffm 340
Treffpunkt Kafenion. Ffm 334
Treffpunkt. Neu-Isenbg 148/265/516
Treibhaus, Zum. Of 122
Treibhaus. Wi 298/493/515
Tres Pablos. Ffm 322
Triangel. Butzbach 497

Triangolo. Ffm...313
Triptycon. Ffm..203
Tuffli, Imbiss, Piz. Mz...383
Tulpencafé. Ffm...88
Turmschänke. Gettenbach b. Büd.......................500
Tuva Loo. Wi...54
U-Boot. Wi..55/428
Union International Club. Ffm...........................313
Uno. Ffm...36
Unterhaus. Mz...164
Valentino, Café. Ffm...89
Vater Jahn. Ffm..291
Vecchio Muro, Il. Ffm..328
Venezia, Piz. Mz...383
Venezia. Of..512
Verses. Of..93/122
Vesuvio. Wi...360
Viktoria. Da..354/513
Village. Hu..60
Vivarium. Da...355
Vogt, Josef Bäckerei. Ffm..................................119
Volle Kanne, Frauencafé. Rüsselsh..................430
Voy, Voy. Hu...260
Wackers Café. Ffm..85/119
Waffelstubb. Ffm..378
Wagner. Ffm..481
Waikiki. Ffm..37
Wald, Zum grünen. Kronberg............................304
Waldcafé. Ffm...91
Walz, Café. Wi...104/124
Wartburg. Wi...55
Wasserweibchen, Zum. Bad Homburg...............301
Wäldches-Bräu. Ffm..182
Weck, Der. Da...381
Weidemann, Restaurant. Ffm............................334
Wein-Stütz. Of..447
Weinbeißer. Ffm..442
Weinkeller, Der. Bad Vilbel................................449
Weinkeller. Mz..448
Weinkiste. Of..446
Weinloch, Weinkeller. Ffm.................................444
Weinseminar. Da..220/447
Weinstubb', Zur. Da...447
Weinstubb, Zur. Da...222
Weinstube am Schloß. Of.............................446/513
Weinstube im Hinterhof. Ffm.......................408/442
Weinstube im Nordend. Ffm.........................426/443
Weinstube und Café Schubert. Da................100/447

Weiss, Café-Bistro. Ffm......................................403
Weissenburger Hof. Wi.......................................361
Weiße Lilie. Ffm..180/424
Weißlilienkeller, Weinhaus. Mz.........................448
Welt, Die neue. Ffm..454
Wendy. Ffm...118
Wengers Restaurant. Da.....................................220
Wentz & Dix. Ffm...445
Werkstatt. Ffm..132
Werkzeugkasten. Bad Homburg.........................253
West, Speisegaststätte. Ffm.................................38
Westpol. Ffm...401
Why not Toastkneipe. Da....................................220
Wieland-Eck. Ffm..195
Wieland-Stubb. Ffm..195
Wiener Café. Of..93/122/513
Wiener Kronenbräu-Garten. Da..........................513
Wiesbütt-See, Zum. Wiesen.................................508
Wilden Kegler, Zum. Ffm....................................316
Wilhelms Alter Dorfkeller. Ffm..........................466
Windlicht, Zum. Ffm...433
Wintergarten. Of...93/412
Wirtshaus. Wi..138/231/428
Wolkenbruch, Vollkornpiz. Ffm..........................392
Worschtküch/Litfaß. Da................................135/221/514
Wunderbar, Café. Ffm.................................78/184/424
Wundertüte. Gießen...500
Wundertüte. Of..208/513
Württembergische Weinstube. Of...46/208/427/446
Yellow. Ffm..17
Ypsilon, Café. Ffm..72/424
Zagreb. Königstein...368
Zagreb. Oberramstadt...369
Zeitlos, Café. Dr.-Sprendl...........................108/255
Zeitungsente. Mz..250
Zéro. Da..221/355
Zick-Zack. Wi...138/232/428
Ziegelhütte. Flörsbachtal....................................498
Zillestube. Mz...300
Zin-Long. Bad Homburg......................................364
Zippo. Ffm..204/512
Zitadelle. Ffm...274
Zorbas. Ffm...342
Zwei, Die. Ffm..310
Zwiebel, Zur. Ffm...274
Zwiebel. Da...222
Zwiebel. Mz...250
Zwölf Apostel. Ffm.......................................190/290